STUDIA
HUMANITATIS
문명텍스트

STUDIA
HUMANITATIS
문명텍스트
21

新民說

신민설

양계초 지음 | 이혜경 주해

서울대학교출판문화원

STUDIA
HUMANITATIS
문명텍스트
21

신민설

초판 1쇄 인쇄 2014년 9월 25일
초판 1쇄 발행 2014년 9월 30일

지은이 양계초
주해 이혜경
펴낸곳 서울대학교출판문화원
펴낸이 성낙인

책임편집 전수형
디자인 장혜원

출판등록 제15-3호

주소 151-742 서울 관악구 관악로 1
대표전화 02-880-5252 | 팩스 02-888-4148
마케팅팀(주문상담) 02-889-4424, 02-880-7995
이메일 snubook@snu.ac.kr
홈페이지 www.snupress.com

ISBN 978-89-521-1591-1 94150
978-89-521-1574-4 (세트)

이 저서는 2007년 정부(교육과학기술부)의 재원으로
한국연구재단의 지원을 받아 수행된 연구임(NRF-2007-361-AL0016).

옮긴이의 말

양계초와의 인연이 꽤 오래되었다. 일본 교토대학에 유학 간 것도 그곳 인문과학연구소에 '양계초연구' 공동연구팀이 생겼다는 소식을 들었기 때문이었으므로, 그전부터 양계초를 어찌하리라 벼르고 있었던 거다. 왜 양계초에게 꽂혔는지 기억은 안 나는데, 내가 박사논문을 쓰면서 양계초를 대했던 태도는 꽤 냉담한 것이었다. 역사적 인물들을 그저 죽은 고기로 여기면서 하이에나처럼 씹었던 것도 같다.

양계초를 주요 재료로 하여 박사논문을 쓴 뒤 대략 15년 만에 『신민설』 완역본을 낸다. 이전보다 양계초와 지긋하게 마주할 시간이 적었다. 너무 허겁지겁 끝낸다는 느낌을 지울 수 없다.

그런데 이전과는 달리 그 마음이 짐작되었다. 실제로 내가 깨어서 활동하는 시간에 만나는 사람들을 생각해 보면, 지금 살아서 움직이는 사람보다 양계초처럼 책 속에 있는 사람들과 더 긴 시간 함께한다. 그들의 이야기가 나를 건드리고 나를 움직인다. 죽은 사람 취급할 이유가 없다.

더구나 양계초가 절박한 마음으로 동시대의 젊은이들에게 피처럼 토해 낸 이야기는 우리에게 너무나 현재적이다. 몸에 익숙한 것을 배척해야 하는 마음, 그러면서 또 갈래갈래 갈라지는 마음, 그렇게 자신을 고달프게 하지만 나아지지 않는 현실. 그 속에서 양계초는 불굴이었다. '불굴의 의지'란 그런 사람을 보고 만든 말일 것이다. 그는 한순간도 긴장을 늦추지 않고 새로운 활로를 모색했다. 어떤 것도 그를 좌절하고 절망하게 하지 못했다. 건실한 신체를 가진 것도 아니었다. 50대의 나이에 신장병으로 죽었다고 하니, 평생 축적된 과로였으리라 생각한다.

양계초의 글은 거의 시차 없이, 그리고 거의 변용도 없이 한반도에도 퍼졌다. 양계초가 오늘날 우리에게 주는 가장 큰 의미는 여전히 그의 글에서 오늘날의 우리를 발견할 수 있다는 점이 아닐까. 생존하기 위해 어떤 식으로든 변화하지 않을 수 없었던 그때, 양계초의 방식은 유가적 전통 위에서 받아들일 수 있는 최전선이 아니었을까. 좋음 혹은 옳음의 기준을 갖고 양계초를 평가할 수도 있을 것이다. 보다 좋음을 지향하며 현실을 반성할 때 양계초는 우리에게 시사해 주는 것이 있을 것이다.

2014년 8월

이혜경

차례

양계초와 신민, 『신민설』

■ **해제**

『신민설』의 근대 구상

1900년을 전후한 백 년의 동아시아를 설명하는 다양한 시각과 언어가 있다. 규모로나 성격으로나 거대한 변동이 일어난 시기이기 때문이다. 이 시기를 가장 간편하게 부른다면 '시대적 근대'이다. '시대적'이라고 단서를 붙이는 것은 '근대'라는 것을 규정하고 평가하는 또 다양한 시각과 언어가 있기 때문이다. '근대'를 어떻게 규정하느냐에 따라 그것을 기준으로 하여 이 시대의 변화에 대처했던 인물에 대한 평가도 달라진다.

'근대'를 보는 시각 가운데 여전히 큰 힘을 가진 것은 '문명'의 보편성과 그에 동반한 '계몽'의 진보에 대한 믿음을 전제한 시각이다. 이 '문명', 즉 civilization은 18세기 유럽에서 '이성의 발휘와 지식의 진보에 의한 정치, 교육, 제도, 도덕의 완성' 등으로 정식화된 그것이다.[1] 이에 의하면, 시빌라이제이션(civilization)은 근대 유럽만의 것이

1 "인간의 이성은 이제까지 충분히 행사되지 못했다. 인간의 civilization 또한 아직 완성

고, 이 고유한 시빌라이제이션을 성취하는 것이 계몽이고 문명화이다. 그리하여 이 '문명화'는 '서구화'와 같은 의미로 통용되는 '근대화'가 된다.

이러한 문명화의 길로 설명하면, 중국의 근대화는 양무(洋務) → 변법(變法) → 혁명(革命)의 순서로 '근대화'의 길을 걸었다. 양계초(梁啓超, 1873~1929)의 『신민설』(1902~1906)은 그 가운데 '변법' 시기를 대표한다. '양무'가 정치제도와 가치체계는 종전대로 유지하면서 무기를 위시한 기술 분야를 서구화하려는 것이었다면, '혁명'은 기존의 왕조를 전복하여 공화제를 수립하고, 그에 수반되는 모든 사회제도와 정신까지도 서구화하는 것을 기도했다.

그 가운데 위치한 '변법'(제도개혁)은 '입헌군주'의 성취를 정치적 목표로 했다. 이 개혁운동은 청 정부와 그 수장인 광서제(光緖帝, 재위 1874~1908)를 그대로 받아들이고, 광서제의 결단에 의해 헌법을 갖춘 근대국가로 이행한다는 구상이었다. 이러한 입헌군주제는 근대국가의 아버지인 영국이나 성공한 이웃인 일본이 그 영화를 보장하는 모델이었다.

양계초의 스승 강유위(康有爲, 1858~1927)의 개혁안을 받아들인 광서제는 1898년 무술년 여름 '무술신정'(戊戌新政)을 선언하고 제도개혁을 추진해 나간다. 헌법의 제정과 의회의 개설, 교육제도와 관리임용제도의 개편 등이 그 구체적 구상이었다.

되지 않았다. 이 지식의 진보만이 유일하게 우리의 정치, 우리의 법, 교육, 우리의 제도와 도덕을 완성하는 데 기여할 것이다": Baron d'Holbach, *Système social ou principes naturels de la morale et de la politique*, London, 1774. 노르베르트 엘리아스 저, 박미애 역, 『문명화과정』, 한길사, 1996에서 재인용.

그러나 그 신정은 서태후를 필두로 한 구관료들에 의해 103일 만에 좌절되고, 양계초는 강유위와 함께 일본행 배를 타야 했다. 이들은 청 정부가 무너지고 공화국이 건설되는 1912년이 되어서야 다시 중국 땅을 밟을 수 있었다.

『신민설』은 『신민총보』(新民叢報, 1902~1907)의 창간호서부터 연재된 글이다. 실패한 무술신정의 이념을 계몽의 장에서 펼친 것으로, 양계초의 작품 가운데 가장 유명한 것이 되었다. 즉, 이 글은 양계초의 글 가운데 가장 큰 파급력과 영향력을 발휘했다. 그 영향력이란 중국의 젊은이들에 그치는 것이 아니라 거의 동시에 조선의 애국청년들에게도 막대한 것이었다. '백성의 자기혁신'을 의미하는 '신민'(新民)은 그들에게 다른 무엇보다 강렬한 개혁의 슬로건이었다.

그렇다면 『신민설』은 근대 유럽의 '계몽' 프로그램을 충실히 이행한 것일까? 『신민총보』는 양계초가 일본에 정착한 뒤 『청의보』(清議報, 1898~1901)에 이어 간행한 반월간지이다.[2] 적지 않은 그 지면을 매번 절반 이상 양계초가 작성했다. 아래는 『신민총보』 창간호에서 양계초가 밝힌 발간취지이다. 이는 그대로 『신민총보』의 간판 칼럼인 『신민설』의 집필취지이기도 했다.

• 본보(本報)는 『대학』(大學)의 '신민'(新民)의 뜻을 취해 우리나라를 유신하기 위해 우선 우리 백성(民)을 유신한다. 중국이 부진한 것은 국민에게 공덕(公

2 1902년부터 1907년까지 총 96호를 발간했다. 처음에는 음력 1월과 15일에 발간되었으나, 1903년부터(제25호부터) 음력 14일, 29일에 발간되었다. 1904년 2월 이후에는 정기적으로 발간하지 못했다.

德)이 결여되고 지혜(知慧)가 열리지 않았기 때문이다. 그리하여 본보는 오로지 이 병을 치료한다. 중국과 서양의 도덕을 아울러 취해 덕육(德育)의 방침으로 삼고, 정치와 학문의 이론을 널리 망라해서 지육(知育)의 근본으로 삼으려 한다.

- 본보는 교육을 주안으로 하고 정론(政論)을 부차로 한다. 그러나 오늘날 세계가 중점을 두는 것은 국가주의의 교육이므로 정치 방면도 상세하게 다루지 않을 수 없다. 단 논의하는 내용은 우리 국가사상을 키우는 데 힘을 쏟는 것이므로, 정부의 현행 시책에 대해 하나하나 논평할 겨를은 없다.
- 본보는 우리나라의 전도를 위해 오로지 국민의 공리공익을 목적으로 한다. 논지는 지극히 공평하기를 기하여 일당 일파에 치우치지 않는다. 심한 욕설을 토해 내지 않는 것은 중국을 망친 죄가 누구 한 사람에게 있지 않기 때문이며, 위험하고 격렬한 말을 토해 내지 않는 것은 중국의 진보를 이끄는 것이 '점진'(漸)에 의한 것이어야만 하기 때문이다.[3]

이는 당시 중국계몽계의 대표주자로서 양계초의 이른바 '계몽'이 어떤 성격의 것이었는지를 명료하게 보여 준다. 먼저, 세 번째에서는 양계초의 '입헌파' 혹은 '개량파'가 '혁명파'와 대립하면서 추구하는 분명한 노선을 밝히고 있다. 이들은 "점진"에 의한 "진보"를 꾀하고 있다.

두 번째는 장기적 전망을 가지고 정치보다 교육에 더 비중을 두고 힘쓰겠다는 입장을 밝힌 것이다. 그런데 세계의 교육방침이 "국가주의"에 중점을 두고 있다고 이해하고 있으며, 이와 관련하여 "국

---

3 丁文江·趙豊田 편, 『梁啓超年譜長篇』, 島田虔次 편역, 岩波書店, 2004에서 재인용. 『신민총보』 창간호 장정에 인쇄된 말.

가사상"의 함양을 자신들의 과제로 설정하고 있다. 이들의 "점진"적 "진보"는 "국가주의" 혹은 "국가사상"의 고취와 관련되며, 이 점에서 자유주의와는 거리가 있는 것이리라 짐작된다.

첫 번째는 좀 복잡하다. "유신"을 기치로 내세우면서 중국의 고전인 『대학』의 중요 개념을 가져온 것도 그렇지만, 유신할 구체적 영역으로 "지혜"와 함께 "공덕"을 들고 있다는 점이 그렇다. 앞에서 언급한 "문명"의 정식화에서도 볼 수 있듯이, 근대 유럽의 계몽과 지식의 성장은 바로 연결되지만, '공덕'의 강조는 사정이 좀 다르다. 공덕은 오히려 유럽에서는 계몽시대를 반성하면서 등장하는 후대의 일이다. 게다가 양계초의 이 '공덕'은 단순히 '유럽' 혹은 '서양'의 것을 수입하겠다는 것이 아니다. 『신민총보』는 "중국과 서양의 도덕을 아울러 취"하겠다고 선언한다.

이 취지를 그대로 받아들이면, 양계초의 『신민총보』는 계몽에 의한 진보를 꿈꾸는 것은 분명하지만, 그 계몽이 근대 유럽의 그것은 아니라는 점 역시 분명하다. 양계초의 계몽은 지식뿐만 아니라 공덕의 성장을 필요로 하며, 그 기획에는 "서양의 도덕"뿐 아니라 "중국"의 "도덕"도 관여한다. 그리고 양계초는 그 방향으로의 "진보"를 통해 "국가주의"가 주도하는 세계에서 어깨를 나란히 할 수 있으리라 기대했다.

양계초와 그의 계몽사업에 대한 이해와 평가는 지속적으로 변화해 왔다.[4] 이는 '근대' 혹은 '문명', '진보' 등에 대한 이해의 변화와

---

4 양계초 연구사에 관해서는 백지운, 「近代性 담론을 통한 梁啓超 啓蒙思想 재고찰」, 연세대학교 박사학위 논문, 제2장 참조.

관련된다. 유럽의 근대를 문명의 원형이라고 보는 시각에서도 한 가지 평가만 있는 것은 아니다. 가령 양계초의 계몽이 자유, 평등, 민주 등의 보편정신을 전파한 것이라는 평가가 있는 반면,[5] 양계초의 '자유'는 저들의 개인주의와는 달리 민족주의 혹은 집체주의와 연결됨으로써 원형의 '근대성'을 왜곡했다는 평가도 있다.[6]

유럽의 계몽과 다른 양계초의 계몽의 성격은 주로 유학 전통에서 왔다. 양계초는 어느 지점에서는 분명 유럽의 계몽을 전범으로 설정하여 유학을 비판하기도 한다. 그러나 앞에서도 확인하듯이 그에게 유학은 그렇게 단순히 정리의 대상이 아니었다. 이러한 양계초의 특성을 포착하여, 유럽의 '계몽' 관점에서 그 유학을 계몽되어야 할 대상으로 보지 않고, 중국적 계몽을 실행할 긍정적 요인으로 보는 시각도 있으며,[7] 더 적극적으로 양계초가 구사한 유학적 계몽의 '탈근대적' 역량을 평가하는 시각도 있다.[8]

위에서 언급한 시각들은 어떤 방향으로 전개되든 '원형의 계몽', '원형의 근대'를 전제한 것이다. 이 전제를 공유하는 한 가지 해석 가능성을 덧붙인다면, 『신민설』이 근대국가 건립의 가장 큰 힘을 '덕'으로 설정했다는 점에서, 오히려 현대 자유주의와 거리를 두며

---

5 李澤厚, 『中國近代思想史論』, 人民出版社, 1979, 임춘성 역, 『중국근대사상사론』, 한길사, 2005 참조.

6 Phillip C. Huang, *Liang Ch'i-ch'ao and Modern Chinese Liberalism*, Seattle and London: University of Washington Press, 1972 참조.

7 黃克武, 『一个被放棄的選擇：梁啓超調適思想之硏究』, 臺北: 中央硏究院近代史硏究所, 1994 참조.

8 Tang Xiaobing, *Global Space and the Nationalist Discourse of Modernity: The Historical Thinking of Liang Qichao*, Stanford, California: Stanford University Press, 1996 참조.

논쟁하고 있는 '공화주의'와 더 가까운 것일 수도 있다. 그러나 공화주의가 전제하고 있는 자유와 평등의 조건을 『신민설』이 얼마나 충족하고 있는지는 또 다른 문제이다.[9] 최근 비서구권에서 자신들의 근대를 연구하는 주된 경향은 '유일한 근대성'을 거부하며 '다수의 근대성'을 상정하고, 그 다양한 근대성의 구조를 세우는 것이다.[10]

이렇게 다양한 해석은 '근대'에 대한 평가가 달라지기 때문에 공존하는 것이지만, 실제로 양계초 안에 그러한 평가를 가능하게 하는 요소들이 없다면 일어나지 않았을 것이다. 앞의 『신민총보』 취지에서 엿볼 수 있듯이, '근대적'인 것 혹은 '진보적인 것' 또는 '문명적인 것'에 대한 양계초의 이해가 우리가 쉽게 짐작하고 규정할 수 있을 만큼 간단한 것이 아니라는 이유가 오히려 클 것이다.

『신민설』 읽기의 까다로움

『신민설』은 1902년 2월, 『신민총보』 창간호부터 시작하여 1906년 1월까지 연재된 글이다. 『신민설』은 처음부터 이 이름으로 연재되었고

---

9 이혜경, 「공화주의의 시민적 덕의 관점에서 본 양계초(梁啓超)의 '공덕'(公德)」, 『철학사상』 46, 2012. 11. 참조.

10 다중근대성(multiple modernities)의 논의는 1990년대 사회학 분야에서 시작됐다. 대표적인 논자는 Shmuel Eisenstadt이다["Multiple Modernities" *Daedalus129*(*1*), 2000]. 그의 논문을 묶은 다음의 책이 국내에 번역되었다. 쉬무엘 N. 아이젠스타트 저, 임현진 외 역, 『다중적 근대성의 탐구』, 나남, 2009. 국내 학자의 것으로는 다중적 근대성과 근본적으로는 같은 문제의식에서 "중층근대론"으로 논의를 진전시키고 있는 김상준의 『맹자의 땀, 성왕의 피』(아카넷, 2011)를 참조하라.

뒤에 단행본으로 편집되었다. 그러나 수미일관하는 글은 아니다. 물론 중국인들의 자기혁신을 촉구했다는 점, 그럼으로써 제국주의 시대에 중국의 존립과 약진을 꿈꾸었다는 점은 달라지지 않는다. 그러나 무엇이 그리로 가는 길인지에 대한 판단이 쉽지 않았기 때문인지, 그가 제시한 길이 한 길은 아니었으며, 그 주장의 논리가 정연한 것도 아니었다. 그렇게 된 데에는 여러 가지 이유가 있을 것이다.

먼저, 1902년부터 1906년 초에 걸친 시기는 중국의 근대화 운동에서 균질적인 시간이 아니다. 양계초에게도 그렇고 중국 전체로 보아도 그렇다. 중국의 근대화 운동 면에서 보자면, 1903년 무렵부터 강유위나 양계초로 대표되는 이른바 '입헌파'는 손문(孫文, 1866~1925)을 필두로 하는 '혁명파'에게 그 주도권을 조금씩 잠식당한다. 똑같이 '구국'을 위하는 것이라도 그 방향 혹은 방법이 다른 실력 있는 상대의 등장은 나를 다시 돌아보게 한다. 이전에는 의식되지 않았던, 상대와 다른 나의 성격을 자각하게 하고, 또 그러한 나의 특성을 밝혀야 할 필요까지 생기게 한다.

그처럼 두드러진 변화는 아니더라도, 이 몇 년 동안 양계초는 보통 사람들의 수 배에 해당하는 시간을 압축적으로 살았다. 무술변법의 실패 후 26세의 나이로 일본에 도착한 양계초는 일본에 머무는 십수 년 동안, 일본인의 저서뿐만 아니라 일본인들이 번역해 놓은 다양한 서양 서적을 마치 굶주린 사람처럼 섭렵했다. 비상한 두뇌와 함께 타의 추종을 불허하는 열정과 성실함으로 그는 엄청난 양의 독서를 했으며, 도저히 한 사람이 할 수 없을 것 같은 분량의 집필을 지속적으로 했다. 계통 없이, 두서없이 읽어 치운 양계초는 중국인들에게 하나라도 더 전해 주기 위해 미처 소화하지도 못한 것을 반월간지를 통해 토해 냈다. 수출한 나라에서는 서로 대립적으로 형성된 두 이론을 동시에 한자리에 모아 놓으면서도 그것이 서로 모순되는 것임을 알지 못했다. 또한 오늘 말하는 것이 어제 말한 것과 어긋난다는 것을 때론 알고 고백하면서 번복했지만, 때론 모순되는 것인지도 모르고 할 때도 있었다.

그런데 이러한 외적인 이유보다 내면의 문제가 더 근원적인 것일지도 모른다. 쉽게 변하는 것이 있는 만큼 변하기 어려운 것도 있다. 경험과 기억의 축적은 인간을 만들고, 그 축적은 그 사람이 살아 있는 한 사라지지 않는다. 새로운 것을 배우기 위해서는 자신이 이미 알고 있는 것을 토대로 할 수밖에 없다. 영민했던 양계초가 태어나서 처음 배운 학문인 유학은 양계초의 마음을 만들었다.

세상을 바라보는 눈을 아무리 넓히고 닦아도 양계초의 마음을 처음 물들인 유학의 흔적은 쉽게 지워지지 않았다. 양계초는 유럽의 계몽 관점에서 유학을 비판하고 비하하기도 하지만, 유학과 완전히 절연한 적은 없었다. 특히 먼저 깨달은 사람으로서 세상을 구원해야 한다는 선각자의식과 늦게 깨닫는 사람을 위해 헌신해야 한다는 책임의식은 평생토록 양계초를 분투하게 한 원동력이었으며, 그것이야말로 뿌리 깊은 유학자의 것이었다.

이러한 점을 염두에 두면, 『신민설』이 단일한 사상을 드러내지 않는다는 것은 오히려 자연스러운 일이다. 당시의 중국과 양계초가 놓여 있던 현실, 『신민설』을 만들어 낸 복합적인 환경이 만들어 낸 자연스러운 결과일 것이다. 그러므로 『신민설』 읽기는 특정 이념의 요소를 찾아내 라벨을 붙이기보다는, 급박한 사정과 복잡한 속내 등을 그대로 드러낸 시대의 자화상으로 받아들이며 읽는 것이 보다 실상에 다가갈 수 있는 방법일 것이다.

구체적으로 어떤 길을 제시하는가의 문제에서 계몽사상의 유파를 특정하는 것이 어렵고, 또 서로 모순되는 내용이 공존하지만, 그 안에서 추려 낼 수 있는 공통점이 없는 것은 아니다.

양계초와 『신민설』은 중국뿐 아니라 동아시아에서 근대의 정신과 근대화의 노력을 대표하는 상징적인 것으로서 의미가 부여되었다. 혁명파와 대치했던 입헌파의 대표작으로서 『신민설』이 업었던 가장 대표적인 근대의 가치는 '자유주의'이다. 그러나 실제로 『신민설』을 읽어 보면 이러한 평가에 선선히 동의하기 어렵다. 물론 양계초는 '자유', '권리' 등을 중요한 가치로 인식하고 선전한다. 그러나 그보다 더 상위의 가치는 '국가'였다. 그리고 그 '국가'의 가치를 실현할 힘은 '덕'(德)으로부터 나와야 한다고 요청했다. 『신민설』에서 시종 확인할 수 있는 한 가지 특징은 국가주의와 도덕주의의 공조이다.[11]

『신민설』을 연재하기 반년 전에 양계초는 「열 가지 덕이 서로 반대되면서 서로 성립시키는 뜻」이라는 제목의 글을 발표했다. 여기에서 양계초는 중국인이 갖춰야 할 덕성으로 독립(獨立)과 합군(合群), 자유와 제재, 자신감(自信)과 허심(虛心), 이기와 이타, 파괴와 성립의 다섯 쌍을 소개한다. 그리고 각각의 쌍이 "형질상으로는 확연히 반대되"지만 "정신상으로는 완전히 일관된 동체"라고 주장했다.[12] 그 일관된 정신은 무엇인가? 가령 '이기와 이타'에 대해서는 다음과 같이 설명한다.

---

11 이혜경, 『량치차오: 문명과 유학에 얽힌 애증의 서사』, 태학사, 2007 참조.

12 「十種德性相反相成之義」, 『청의보』(淸議報) 제62호, 1901. 6. 16.

금수와 마주하여 스스로를 존중하고 동류를 사랑할 것을 주장하는 것이 바로 이기(利己)이다. 인류가 세계를 주재할 수 있었던 것은 그것 덕분이다. 다른 종족과 마주하여 애국을 주장하고 종족의 보호를 주장하는 것이 바로 이기이다. 국민이 진보하고 번영할 수 있는 것은 그것 덕분이다. … 사람은 자기 한 몸으로 세계에 홀로 서야 하므로 사회를 이룰 수밖에 없다. 한 사회 속에서 동료들과 공영공존(共營共存)하는 것이다. … 그러므로 스스로의 이익을 잘 도모하는 자는 반드시 먼저 사회의 이익을 꾀한다. 그러면 그 뒤에 스스로의 이익 역시 따라서 좋아진다. 이른바 이타라는 것은 스스로를 위하는 것일 뿐이다.[13]

양계초가 '이기'라는 용어를 긍정적으로 사용하는 것은 자유주의의 영향이다. 자유를 비롯하여 독립, 자유, 자신감, 이기, 파괴 등이 모두 그 라인의 가치들이다. 그러나 양계초는 이들 가치를 누리는 주체를 개인이 아니라 국가라는 집단으로 설정한다. 즉, 양계초에 의하면 이기의 주체(己)는 개인이 아니라 집단이다. '이기'는 내가 속한 집단을 향한 배타적 사랑이다. 이타는 개인이 집단의 이익을 도모하는 일이다. "형질상으로 확연히 반대"되는 이 둘이 "완전히 일관된 동체"가 되는 "정신상"의 지평은 내가 속한 집단을 향한 사랑이다. 양계초에게 집단의 최고는 국가이므로, 특히 "국가를 향한 사랑", 즉 "애국"이다. 나머지 네 쌍 역시 '애국'을 정신상의 지평으로 하여 겹쳐진다. 스스로를 부양할 능력을 길러 다른 사람에게 의존하지 않는 것이 '독립'이며, 그러면서도 스스로의 이익을 추구하는 것이 아니라

13 위의 글.

사회의 이익을 추구하는 것이 '합군'이다. '독립'의 덕과 '합군'의 덕을 갖추는 것이 바로 나라를 사랑하는 길이다. 그러한 사람들이 모인 나라라면 부유해지고 강해질 것이기 때문이다.

이처럼 양계초는 국가의 이익을 도모하는 태도 혹은 자세를 '덕'이라고 부른다. 애국과 덕의 결합은 『신민설』에서도 일관되게 유지되는 기조이다. '신민'이란 애국이라는 최고 가치를 창출하는 덕을 지닌 사람이다.

『신민설』의 기저에 변함없이 흐르는 또 하나의 중요한 요소가 있다. 문명은 문명으로 규정되기 위해 야만을 필요로 한다. 문명은 야만으로부터 이탈해 가서 도달할 진화의 극점이다. 유럽문명은 사회진화론과 동행하여 아시아에 상륙했다. 양계초에게 사회진화론은 특히 '우승열패' '적자생존'의 구호로 다가왔다. 양계초는 "생존경쟁은 천하만물의 공리"라고 받아들였다. "생명체가 존재한 이래 피할 수 없는" 보편원리[14]라고 생각한 것이다. 경쟁에 의해 더 좋은 상태로 나아가는 것은 세상 만물의 운동법칙이며, 피하고 싶어도 피할 수 없는 필연의 법칙이었다. 경쟁에 의해 전진하는 문명의 길에서 이탈하면, 정체도 아니고 후퇴도 아니고, 소멸만이 기다리고 있다는 살벌한 힘의 원리를 뼛속 깊이 받아들였다.

그러나 그것은 단순히 냉정한 힘의 원리로 받아들여진 것이 아니라, "경쟁은 문명의 어머니"이며 "경쟁이 절멸하면 문명 또한 절멸"할 것이라는 가치의 원리로 받아들여졌다. 문명은 인간이 추구해

---

14 『自由書·豪傑之公腦』, 『청의보』 제32호, 1899. 12. 13.

야 할 가치였고, 그가 판단하기에 국가는 "경쟁의 최고점"[15]이므로, 그에게 독립국가의 성취는 문명의 성취와 같은 의미를 가졌다.

근대 유럽인이 소유했다는 그 문명은 보편적인 것이라 주장되었고, 보편적인 것이기 때문에 누구나 성취할 수 있는 것이었다. 그곳으로 가는 길이 생사를 건 외길 낭떠러지의 길이더라도, 갈 수 있다는 가능성은 누구에게나 열려 있었으며, 그 길을 가는 것은 당위였다.

양계초가 『신민설』을 통해 소개한 것은 먼저 그 문명을 성취한 사람들의 특성이었다. 그것은 곧 그들이 경쟁에서 승리할 수 있었던 힘이었고, 양계초는 그 힘의 원천을 '덕'이라 판단한 것이다. 양계초가 『신민설』에서 나열한 '덕'은 이미 문명을 가진 자들이 소유한 특성이었으며, 동시에 진화의 원동력이자 문명을 성취하기 위한 자격이었다. 사회진화의 운동법칙에 의해 움직이는 이 세계에서 살아남은 유능함은 경쟁력이었지만, 양계초에게 그 경쟁력의 원천은 '덕'이었다. 그 덕은 이미 유능함을 과시한 자들에게서 추출된 것으로서, 자유, 권리, 모험, 진취, 진보 등과 같이 이전에는 보지 못했던 것들을 포함하고 있었다.

그 '덕'이 개인이 아니라 국가의 안위에 관계한다는 점에서 그 덕은 '공덕'(公德)이라 불렸다. 그 내용이 어떤 것이든 '덕'은 윤리적인 가치이다. 윤리적으로 선하면서 동시에 정치적으로 유능함은 유학자들이 추구했던 가치이다. 그러나 약육강식을 당연시하는 새로운

---

15 「신민설·공덕(論公德)」, 『신민총보』 제3호, 1902. 3. 10.

'공리'는 '자연의 법칙'일 수는 있어도 '가치'이기는 어렵다. 더욱이 언제 어디서나 누구에게나 옳은 '보편'의 가치일 수는 없다.[16] 그러나 양계초는 유능한 정치가가 되어 강한 독립국가를 성취하려는 데서 그치는 것이 아니라, 유가적 세계관에서와 마찬가지로 생존경쟁의 세계에서도 여전히 '덕'을 소유한 도덕인이고자 했다.

사회진화론, 국가주의, 도덕주의, 이 요소들은 『신민설』에 일관되게 공존하는 특징이다. 사회진화의 원리에 의해 움직이는 세상에서, 문명을 실현하는 방법으로 '덕'의 소유를 설득하는 『신민설』의 불협화음은 이처럼 근본적으로 구조적인 것이다. 이 구조는 양계초와 중국이 놓여 있던 그 맥락을 단적으로 보여 주고 있다. 사회진화론, 국가주의, 도덕주의는 각각 새로운 세상, 당면한 과제, 과제를 풀어갈 자산이었다. 생존경쟁의 세계에서 국가주의를 통해 존립을 모색해야 할 중국인에게, 도덕주의는 유학전통을 통해 다져 온 장기이자 무기였던 것이다. 『신민설』은 새로운 세상에서 생존하고 도약하기 위해 그 무기를 어떻게 써야 하는지 안내하는 책이었다.

그러나 국가주의와 도덕주의는 차치하고서도, 사회진화론과 도덕은 어떻게 공존할 것인가? 우승열패의 공리에 따라 승자를 목표로 하는 자신의 삶을 양계초는 윤리적으로 정당화할 수 있는가? 우승열패의 전쟁터로 내던져진 중국 백성의 삶은 또한 윤리적으로 어떻게

16 힘의 논리를 '강권'(强權)이라 부르고, 인도적인 원리를 '공리'(公理)라고 부르며, 이 둘을 대립적으로 파악하는 시각은 제1차 세계대전이 끝나고 중국의 화두가 되었다. 1918년 2월에 창간된 『매주평론』(每週評論)의 창간취지는 "공리를 주장하고 강권에 반대한다"였다. 진관타오, 류칭펑 저, 양일모 외 역, 『관념사란 무엇인가』 1권, 푸른역사, 2010, 550쪽 참조.

정당화될 수 있는가? 중국 백성들에게 경쟁력을 갖춰 타인을 패자의 처지에 떨어뜨리고 승자의 자리에 서라고 고무하는 일은, 그리고 승자의 자리에 서는 일은 윤리적으로 선인가? 그것에 성공한다면 양계초는 과연 유덕자(有德者)라 할 만한가? 중국이 누구도 넘보지 못할 강한 나라가 된다면 중국인들은 과연 유덕자가 되는 것인가? 양계초가 『신민설』에서 제시한 그것들은 진정 덕이라 부를 수 있는 것인가?

『신민설』의 비틀림은 지극히 자연스럽다. 절박했던 양계초 자신이나 당시의 중국 백성들은 의식하지 못한 비틀림이었지만, 이 비틀림은 비틀림의 연쇄를 낳았다. 곧 양계초는 유학에게도 승자가 되기를 독려하는 역할을 요구한다.

『신민설』의 구성

양계초가 '덕'만이 가치의 유일한 원천이라고 생각한 것은 아니다. 『신민설』은 문명의 성취는 중국인 전체에 달려 있으며, 특히 중국인 "4억 인민의 민덕(民德), 민지(民智), 민력(民力)"[17]이 경쟁력을 갖춰야 한다고 말한다. 그러므로 신민이란 지, 덕, 체를 갖춘 국민이다. 그러면서도 『신민설』은 그 가운데 '덕'만을 강조했다. 다른 지면에서 지와 체를 따로 다루었기 때문이 아니다. "우리 국민에게 가장 결여

---

17 「신민설·오늘날 중국 제일의 급선무인 신민(論新民爲今日中國第一急務)」, 『신민총보』 제1호, 1902. 2. 8.

되어 있는 것은 공덕 그 한 가지"[18]라는 판단, 그리고 물질문명이 수입되고 지식교육이 융성해짐에 따라 도덕교육은 쇠퇴할 것이라는, 때 이른 걱정 때문이다. 그는 도덕이란 "사회를 이롭게 하는 것"[19]이라고 규정하며, 특히 공덕은 사회를 "하나로 관통해서 서로 연결시키는 무엇"[20]이라고 말한다. 이런 말로 미루어 짐작하면, 지식과 물질문명은 사회가 아니라 개인을 이롭게 하는 데 사용될 것이라고 예상한 듯하다.

그는 덕을 공덕과 사덕(私德)으로 나누었다. 『맹자』가 치세와 난세의 올바른 처신에 대해 각각 제시한 '독선기신'(獨善其身)과 '겸선천하'(兼善天下)를 그는 각각 사덕과 공덕에 연결시킨다. 실제로 『맹자』의 '독선기신'은 난세에는 몸을 웅크리고 도를 지키라는 의미인데, 양계초는 사회와의 교섭이 끊어진 상태라는 의미로 사용했다. 『맹자』의 '겸선천하'는 '사람마다 그 사회(群)을 좋게 함'(人人相善其群)으로 변형됐다. '겸선천하'의 '천하'가 '사회'(群)로 바뀐 것은 경쟁의 시대에 '천하'의 평화는 더 이상 가치가 아니기 때문이다.

'군'(群)은 당시 엄복(嚴復)이 'society'의 번역어로 사용한 것인데, 실제로 양계초에게 국가와 사회의 차이는 거의 없었던 듯하다. 국경이 없는 천하를 윤리정치활동의 대상으로 하는 것이 아니라, 분명하게 테두리 쳐진 단체를 대상으로 한다는 의미로 사용했으니, 그가 생각하는 최고의 경쟁주체인 민족국가를 염두에 두고 한 말이다. 그

18 「신민설·공덕」, 『신민총보』 제3호, 1902. 3. 10.
19 같은 글.
20 같은 글.

의 이해에 의하면, 문명이라는 가치는 국가 간 경쟁에 이김으로써 얻어지니, 경쟁이 없어지면 문명은 소멸할 것이다. 국경이 무너지고 단일한 '천하'가 된다면, 경쟁은 사라지고 문명은 후퇴할 것이다.

당초에 양계초가 공덕과 사덕을 나눈 것은 국가에 이바지하는 덕은 평가하고, 그렇지 않고 홀로 고귀한 생활을 영위하는 것은 덕이라 하더라도 폄하하기 위해서였다. 국가에 이바지하는 것이 생존경쟁 시대의 승리와 직결되는 것이므로, 종래 유학의 효라든지 청렴이라든지 하는 것은 그 경쟁력의 관점에서 평가되기 어려운 것들이다. 그리하여 『신민설』에서 그의 '덕' 소개는 실제로는 '공덕'의 소개를 위한 것이다. 이 공덕의 목록은 문명의 선진국이 갖고 있는 특징들로 채워졌다.

『신민설』은 총 20개의 절로 이루어졌다. 앞의 네 절은 왜 '신민'을 문제 삼는지, '신민'의 효용이 무엇인지에 대한 소개이며 제5절부터 본격적으로 '공덕'에 대한 이야기가 전개된다. 제5절의 제목은 "공덕"(論公德)으로 공덕 일반을 다루었다. 제6절부터 제20절까지는 제18절의 '사덕'을 제외하면 이른바 '공덕의 세목'들이다. 국가사상, 진취모험, 권리사상, 자유, 자치, 진보, 자존, 사회통합(合群), 경제활동(生利分利),[21] 의력(毅力), 의무사상, 상무(尙武), 민기(民氣), 정치능력 등이 그 제목들이다. 이들이 모두 '공덕', 즉 도덕적 품성으로 설명되니, 어떤 방식으로 소개되는지 주목하는 것도 필요하다.

그런데 제18절은 그동안 폄하하며 논외로 두었던 '사덕'에 대해

21 본문에서는 "이익을 낳음, 이익을 나눔"으로 번역했다.

새삼 논의한 것이다. 더 이상 소극적이거나 부정적인 것으로서가 아니라 공덕과 나란히 선 것으로서 그 가치가 인정된다. 양계초의 공-사 개념 사용이 일반적인 것은 아니다.

중국 전통에서는 '사'가 '공'과 나란히 서서 대등한 가치를 표현하는 것의 이름으로 사용된 적은 없다. '사'는 "간특하고 사악함"이라는 기본 의미를 가진 이래, 사욕(私欲), 사리(私利), 사사로운 소유(私天下) 등의 부정적인 의미로 사용되었다. '공'과 상대하여 자체의 적극적 의미를 갖는 개념으로서 '사'는 근대 유럽의 자유주의의 영향일 것이다. 그러나 유럽의 자유주의가 사적 영역을 공적 영역과 분리한 것은 경제 영역을 비롯한 모든 가능한 영역에서 국가의 개입을 최소화하고 개인의 자유를 극대화하기 위해서였다. 그러나 양계초에게 '사'는 아무리 긍정적으로 평가된다 해도 '공'을 능가하지는 못한다.

양계초의 '공' 역시 굴절된 것이다. 한자어 '공'(公)은 기본적으로 배타적 주체인 '사'를 부정하는 의미로 사용되었다. 가령 『예기』 「예운」의 "천하위공"(天下爲公)에서처럼, '공'은 누구에게도 독점될 수 없는 보편의 것이라는 의미를 갖는다. 그런데 양계초의 '공'은 앞에서 보듯 최대한 '민족국가'의 공공성이다.

제18절에서 양계초는 사덕을 다시 긍정적으로 평가하고 적극적으로 요청하는 이유를 설명하고, 자신이 사덕을 함양하기 위한 방법을 소개한다. 「공덕」 편에서의 판단에 따르면, 공덕과 사덕은 별개의 것이었으며, 과거 중국 도덕의 9할은 사덕이었다. 그 때문에 공덕을 외부에서 수입하는 일이 절실했다. 그러므로 사덕의 재평가는 실제로는 과거 중국의 도덕에 대한 재평가를 의미한다. 과거 중국의 도덕 가운데에서도 특히 유학이었다. 사덕을 부정적으로 다루든 긍정

적으로 다루든, 양계초는 유학이 사덕, 즉 사적 영역에 치중한 윤리체계라고 평했지만, 이것은 적절한 평가라고 할 수 없다. 유학은 일관된 마음과 실천으로 수신에서 치국을 거쳐 평천하까지 꿰뚫기를 꿈꾸는 윤리-정치 체계이다. 그리고 실제로 동아시아에서 정치이론으로 오랫동안 자신의 역할을 해 왔음을 부정할 수 없다. 어떻게 공적인 영역이 배제되었겠는가.

양계초가 유학에서 공덕의 역할을 기대하지 않은 것은 그의 '공'이 민족국가라는 것을 상기하면 이해된다. 유학에는 민족국가의 실력 향상에 기여하는 역할을 기대할 수 없다고 판단했기 때문이다. 이 판단은 부분적으로는 옳다. 유학은 차등은 있지만 경계는 없는 사랑으로 존재 전체를 감싸겠다는 보편주의를 표방한다. 이 세계관 안에서는 어떻게 해도 생존경쟁, 우승열패가 미덕으로 평가될 수는 없다.

그러한 유학을 왜 그는 돌연 긍정적으로 평가하는가? 개인의 인격 함양이라는 사덕의 독자적 역할을 인정해서는 아니었다. 민족국가의 실력 형성을 기대할 수 없다는 판단을 재고했기 때문이다. 그리고 실제로 유학은 양계초의 기대에 부응했다고 하지 않을 수 없다. 즉, 유학은 보편주의를 표방하면서도 배타적 단체의 이익옹호를 위해서 동원되어 그 역할을 다할 수 있었다.

공덕은 국가의 이익에 헌신하는 덕성이다. 그러한 덕성이라면 결과를 보이면 얻을 수 있는 평가로서, 사람의 됨됨이를 묻지는 않는다. 양계초는 구국에 헌신하면서도 자신과 노선을 달리하는 사람들, 특히 이 무렵부터 부상한 손문의 혁명파와 대결해야 했다. 그들이 구국을 위해 활동하고 있다는 것은 부정할 수 없었다. 공덕이 애국하는 행위에 붙이는 이름이라면, 혁명파들은 공덕 면에서 나무랄 데가 없다. 오히려 자신의 안위를 돌보지 않고 온갖 위험을 불사하는 그들이라면 공덕상에서 누구에게도 뒤지지 않을 것이다. 그런데 그런 사람이 사덕상에서 패륜아일 수도 있다. 부모와 처자식을 부양하지 못하는 것은 다반사이다. 비밀을 유지하며 이루어지는 정치활동 때문에 친구의 신의를 저버릴 수도 있고 때론 친구를 속이고 이용할 수도 있다. 양계초가 패륜아 애국자를 심각한 문제로 느껴서 사덕의 중요성을 환기했는지, 혁명파의 노선을 비판하기 위해 이러한 이유를 찾아냈는지는 알 수 없지만, 「사덕」 편에서 혁명파는 '파괴주의', '막가파' 등으로 지칭되면서 사덕이 결여된 집단으로 비판된다.

「사덕」 편의 논리에 따르면 사덕은 공덕의 근원이다. 즉, 사덕이 확충되어 공덕이 된다. 논리적으로 사덕이 없으면 공덕도 없으므로 사덕이 더 중요한 것 같지만, 실제로 양계초의 평가로는 여전히 공덕이 중요하다. 양계초가 사덕을 재평가한 것은, 유용성과 관계없는 인격의 중요성을 재평가한 것이 아니라, 공덕의 성취를 위해 더욱 효과적인 방법을 찾기 위해서였기 때문이다. 양계초는 국가의 건설이라는 대사는 인격을 갖춘 사람만이 감당할 수 있다는 논리로 사덕의 중요성을 부각시킨다. 그 논리가 어찌 되었든 사덕과 공덕의 결합은 실질적으로는 이기적이지 않은 마음을 평가하는 사덕과 국가의 이익을 도모하는 마음을 평가하는 공덕의, 이가 맞지 않는 접합이다. 다른 측면에서 보면 유학의 재해석 혹은 왜곡이 일어난 것이다.

이가 맞지 않는 결합이어도, 공덕과 사덕의 결합, 국가와 도덕의 결합은 동아시아 근대화론에 이정표가 되었다. 국가주의와 도덕주의의 공조는 동아시아 유교문화권에서 대단히 강력한 근대화론으로 작용했다. 국가주의와 도덕주의가 결합하면 국가를 위한 모든 것이 개인에게 도덕으로서 요구된다. 부유한 국가가 필요하면 국가의 부를 창출하는 개인의 능력이 덕으로 요구되며, 강한 국가가 필요하면 국가의 강함을 창출하는 개인의 능력이 덕으로 요구된다. 자유와 독립도 그렇다. 국가적 차원의 자유와 독립이 먼저 인지되어야 개인의 독립과 자유가 필요해진다. 국가의 자유와 독립을 창출하는 개인의 능력이 자유정신, 독립정신 등의 이름을 가진 덕으로 요구되는 것이다.

메이지 일본에서는 충효를 근간으로 하는 '교육칙어'(敎育勅語)를 전 국민이 매일 아침 암송했으며, 충효의 고취는 한국의 근대화 과정에서도 비슷한 방식으로 이루어졌다. 이 두 나라와 마찬가지로 "구국이 계몽을 압도한" 사회주의 국가 중국 역시도 국가주의와 도덕주의가 압도한 사정은 다르지 않았다. 『신민설』은 동아시아 근대화론의 전형이 된 것이다.

『신민총보』에 1902년 2월부터 1906년 1월에 걸쳐 연재된 『신민설』이 단행본 형태로 등장한 것은 양계초 사후이다. 1932년 친구 임지균(林志鈞)이 편집하고 중화서국(中華書局)이 발행한 『음빙실합집』(飮冰室合集)[22]에 수록되면서이다. 『신민설』은 『음빙실전집』 제3책, 제4권에 수록되었다.

각 절이 게재된 『신민총보』 호수와 제재 연원은 다음과 같다. 제19절이 가장 마지막에 연재되었는데, 책으로 편집되면서 제20절

22 『음빙실문집』(飮冰室文集)과 『음빙실전집』(飮冰室專集)으로 이루어졌다.

「정치사상」과 자리를 바꿨다.

제1절 서론 / 제1호, 1902. 2. 8.

제2절 오늘날 중국 제일의 급선무인 신민(新民) / 제1호, 1902. 2. 8.

제3절 신민의 뜻 / 제1호, 1902. 2. 8.

제4절 우승열패의 원리에 의해 '신민'의 성과를 증명하며, 누구를 모범으로 삼아야 하는지 논함 / 제2호, 1902. 2. 22.

제5절 공덕(公德) / 제3호, 1902. 3. 10.

제6절 국가사상 / 제4호, 1902. 3. 24.

제7절 진취와 모험 / 제5호, 1902. 4. 8.

제8절 권리사상 / 제6호, 1902. 4. 22.

제9절 자유 / 제7~8호, 1902. 5. 8~5. 22.

제10절 자치 / 제9호, 1902. 6. 6.

제11절 진보(일명 중국 군치가 부진한 원인) / 제10~11호, 1902. 6. 20~7. 5.

제12절 자존 / 제12호(1902. 7. 19), 제14호(1902. 8. 18)

제13절 사회통합 / 제16호, 1902. 9. 16.

제14절 이익을 낳음, 이익을 나눔 / 제19~20호, 1902. 10. 31~11. 14.

제15절 의력(毅力) / 제24호, 1903. 1. 13.

제16절 의무사상 / 제26호, 1903. 2. 26.

제17절 상무(尙武) / 제28~29호, 1903. 3. 27~4. 11.

제18절 사덕(私德) / 제38·39합호(1903. 10. 4), 제40·41합호(1903. 11. 2), 제46·47·48합호(1904. 2. 14)

제19절 민기(民氣) / 제72호, 1906. 1. 6.

제20절 정치능력 / 제49호(1904. 6. 28), 제62호(1905. 2. 4)

양계초와 『신민설』 후 그의 향방

『신민설』의 저자 양계초(梁啓超, 1873~1929)가 태어난 중국은 두 차례의 아편전쟁을 치르고 절치부심하던 때였다. 청 정부는 자신들을 이긴 서양의 강함을 인정하고 그 강함의 원천을 파악하고 배우기 위해 노력하고 있었다. 총포와 함선을 사들이는 한편, 직접 생산하기 위해 공장을 설립했으며, 1870년대에 들어서면서는 전신, 철도, 면방직, 광산 분야에서 민영 공업도 육성했다. 마침 서양 열강이 아프리카 분할로 중국에 더 이상 압력을 가해 오지 않는 때이기도 했으며, 국내적으로는 태평천국을 진압하고 비교적 정세도 안정되어 있었다. 그래서 당시 중국인들이 '동치중흥'(同治中興, 1862~1874)이라고 자평하던 시대였다.

폭풍 속의 소강 시대였기 때문이었을까? 광동성(廣東省) 신회현(新會縣) 남단의 섬에서 태어난 양계초는 자신의 아버지나 할아버지처럼 과거시험 공부를 하며 유년기를 보냈다. 심상스럽지 않게 공부 잘하는 소년이었다. 12세에 현(縣)의 시험에 합격하여 수재(秀才)가 되었고, 17세에는 거인(擧人)이 되었다. 30세에 쓴 자기회고록에서 재미없어서 하기 싫은 과거 공부를 꾸역꾸역했었다고 하는 말까지 보면, 타고난 뛰어남이 있었던 것이다.

과거 공부에 흥미를 못 느끼다 16세에 과거시험 공부와 거리가 있는 훈고학을 배우러 학해당(學海堂)에 입학했는데, 거기에서 진천추(陳千秋, 1869~1895)를 동학으로 만난다. 먼저 강유위를 스승으로 모시던 진천추는 1890년, 18세의 양계초를 강유위와 대면시켰다. 양계초의 인생에서 역사적인 전환이 이루어지던 순간이었다. 강유위를 만난 양계초는 학해당을 자퇴하고 강유위의 학생이 된다.

양계초가 강유위에게서 배운 것은 입헌군주제의 개혁안을 비롯해, 공양학과 대동사상, 그리고 양명학에 이르기까지 폭넓은 것이었다. 강유위는 광서제에게 개혁안을 상소하면서, 한편에서는 과거를 통해 중앙정계 진출을 끊임없이 기도하고 있었다. 회시를 보러 상경한 강유위는 거인(擧人)들에게 연서를 받아 올린 이른바 '공거상서'를 통해 정치적으로 명성을 얻고 광서제에게도 자신을 알릴 수 있었다. 회시에 합격한 강유위는 광서제에게 가까이 갈 수 있었고, 광서제는 강유위의 개혁안을 바탕으로 '무술신정'(戊戌新政)을 단행했다.

양계초는 이 무술신정의 개혁의도와 방향, 그 세목을 알리는 글 「변법통의」(變法通議)를 순간지 『시무보』(時務報, 1896~1898)에 연재하면서 계몽사상가로서 첫발을 내딛고 필명을 알리기 시작했다. 일본에 도착하자마자 발간하기 시작한 반월간지 『청의보』(淸議報)에서부터는 일본어 번역본을 통해 접한 다양한 서양사상가들이 등장한다. 루소, 몽테스키외, 애덤 스미스, 칸트, 다윈, 스펜서, 벤담, 블룬칠리 등의 사상가에서부터, 나폴레옹, 크롬웰, 비스마르크, 워싱턴 등에 이르기까지 '문명' 세계의 다양한 인물들이 폭넓게 소개됐다.

1902년부터 1907년까지 발간된 『신민총보』 역시 『청의보』와 마찬가지로 중국 본토에 즉시 운송되고 또 그곳에서 다시 복사되어 수많은 중국인에게 영향을 주었다. 『신민총보』 시기는 계몽사상가로서 가장 많은 청중을 가진, 그의 인생에서 가장 화려한 시기였을 것이다. 양계초는 『신민총보』에 『신민설』을 연재하면서 시대에 적응할 새로운 국가의 '국민'을 제시했다. 중국의 수많은 젊은이는 양계초의 글을 읽으며 '신민'이 되어 격동의 시대에 휘청거리는 중국을 다시 일으켜 세우고 세계에 웅비하기를 꿈꿨다.

그 화려한 시절은 그다지 길지 않았다. 역시 일본에 근거지를 두고 있던 혁명파는 점점 세력을 규합하며 대오를 정비했고, 마침내 1905년 손문을 대표로 하여 중국동맹회(中國同盟會)를 발족시켰다. 이 시기 계몽가로서의 주도권은 입헌파에서 혁명파로 넘어간다. 양계초는 혁명을 반대하는 자신의 입장을 더욱 분명한 어조로 밝히는 데 그치지 않고, 시기상조라는 이유로 공화제의 도입을 미루자는 주장도 분명하게 한다.

『신민설』의 「사덕」 편에서 개인적 도덕성의 중요함을 강조함과 동시에 그는 선각자의식과 책임감으로 각성된 도덕적 엘리트들의 분발을 호소한다. 이러한 행보는 도덕적 엘리트들이 운영하는 개명전제(開明專制)의 주장과 맞물린다. 양계초는 혁명파를 앞으로 보내며 명백한 보수로 뒤에 남게 된 것이다.

공화제는 어려울 것이라는 양계초의 전망과는 달리 중국은 신해혁명을 거쳐 민주공화국을 건설했다. 공화제의 실현에 반대했던 양계초였지만, 개명전제는 민주공화로 가기 위해 필요한 단계였다고 주장하며 중화민국의 정치에 참여했다. 그는 차례로 원세개(袁世凱) 정부(1913년)와 단기서(段棋瑞) 정부(1917년)에 입각했다. 그러나 그 안에서 자신의 영향력을 발휘할 여지는 없었다. 사방에서 군벌들이 난립하여 투쟁하던 난장의 시기였다.

양계초는 정치적 활동의 전망을 상실하고 1917년 정치계에서 은퇴한다. 은퇴 직후 양계초는 1년 동안 유럽을 여행하면서, 제1차 세계대전을 겪은 유럽을 경험한다. 그 경험은 양계초에게 유럽의 문명에 대해 새롭게 정리할 수 있는 영감을 주었다. 양계초는 동양과 서양을 정신문명과 물질문명으로 양분했으며, 동양의 정신, 특히 유학의 정신을 미래의 정신으로 자리매김했다. 양계초는 유가가 정신적 지도자의 역할을 하는 미래를 꿈꾸며 『선진정치철학사』(先秦政治哲學史)를 비롯한 유학의 정신을 발양하는 데 남은 힘을 쏟았다.

이 유학은 중국만의 유학이 아니라 세계의 유학이었으며, 물질을 포괄하는 정신의 유학이므로, 이미 예전의 유학은 아니었다. 즉, '문명'을 삼킨 유학으로서, 양계초의 희망대로라면 명실상부한 '천하'의 보편원리를 제공할 세계의 유학이었다.[23]

양계초는 자신의 주장을 쉽게 그리고 자주 번복한 사람으로도 유명하다. 부정적으로 평가할 수 있다. 그러나 시각을 바꿔 보면, 온 힘을 다해 노력해도 해결책이 보이지 않는 문제 상황에 그처럼 장기적으로 놓여 있으면서, 반복적으로 밀려오는 절망감을 이겨 내고 새로운 활로 찾기를 계속한 결과라고 평가할 수도 있다. 이론의 정합성은 무엇을 위한 것인가? 지조는 무엇을 위해 지켜야 하는 것인가? 그는 이론을 위한 이론을 추구한 사람이 아니다. 그에게 가장 중요한 것은 중국의 존립이었고, 중국인의 자주독립과 번영이었다. 그가 그것에 등을 진 적은 없었다. 그는 누구보다도 헌신적이었으며, 한순간도 게으른 적이 없었다. 그리고 57세의 나이로 신장병으로 죽었다. 평생을 쉬지 않고 수십 인분의 정신을 쓰고 수십 인분의 글을 쓰며 신장을 혹사한 결과였다.

---

23 양계초의 만년의 학술 방향에 관해서는 이혜경, 『천하관과 근대화론: 양계초를 중심으로』, 문학과지성사, 2002, 제3부 참조.

일러두기

1. 판본

- 林志均 편, 『飮冰室合集』, 中華書局, 1932년, 『專集』 제3책 제4권에 수록된 『新民說』을 저본으로 하였다.

2. 번역

- 이 책은 양계초(梁啓超)의 『신민설』(新民說)을 완역하고, 번역·주해자가 각주와 장별 해설을 달았다. 양계초의 원주는 '원주'로 표기하고 괄호 안에 넣어 본문 안에 병렬하였다.
- 원문에는 없는데 주해자가 의미를 명료히 하기 위해 보충해 넣은 부분은 〔 〕로 표시하였다.
- 이 시기는 현대번역어가 정착되기 이전으로, 이른바 번역어의 경쟁 시기이다. 의미소통을 위해 당시 양계초가 사용한 번역어는 현대어로 번역하고, 특기할 만한 양계초의 번역어는 괄호 안에 병기했다.
- 양계초가 같은 단어로 표시한 것을 문맥에 따라 달리 번역한 경우가 있다. 예를 들어 '群'은 양계초가 일본어 역 '社會'에 해당한다고 밝히며 사용하는데, 경우에 따라서는 한자 의미 그대로 사용한 경우도 있다. 이를 고려하여 문맥에 따라 '단체' 혹은 '무리 짓다' 등으로 번역하기도 했다.
- 괄호 안의 한자어는 양계초 원어이다. 괄호 표기는 음독과 훈독을 구별하지 않고 괄호로 통일했다.

3. 원문 병기와 단락 끊기

- 양계초의 용어 사용은 중국어의 현대화 과정을 보는 데도 중요할 뿐 아니라, 동시대 한국에서 새로운 개념어의 등장에도 중요한 의미를 가지므로, 원문을 병기했다.
- 단락 끊기는 원저자의 의도를 존중하여 기본적으로는 그대로 따랐으나, 너무 긴 경우 읽기의 용이함을 위해 주해자가 더 끊기도 했다.

新民說
신민설

제1절 서론[1]

세계에 처음으로 인류가 있게 된 이래 오늘날까지 지구(環球) 상의 나라들이 천에 그치고 만에 그치겠는가! 그 가운데 지금까지 우뚝하게 존속하며 오대주의 지도에 색깔을 점하고 있는 나라는 몇이나 되는가? 백 열 개뿐이다. 이 백 열 개 나라 가운데 늠름하고 강하게 서서 세계를 좌우하는 힘을 갖고 장차 진화(天演)[2]의 세계에서 싸워 이길 나라는 몇이나 되는가? 네다섯뿐이다. 똑같은 해와 달 〔아래서〕 똑같은 산천 〔속에 살며〕 똑같이 네모진 발뒤꿈치와 똑같이 둥근 머리를 가졌는데, 누구는 흥하고 누구는 망하며 누구는 약하고 누구는 강한 것은 무엇 때문인가?

어떤 사람은 지리적 이로움 때문이라고 말한다. 그러나 지금의 아메리카는 옛날의 아메리카와 같은데, 왜 앵글로색슨(원주 — 영국인종의 이름) 민족이 번영을 누리게 되었는가? 옛날의 로마는 지금의 로

1 『신민총보』(新民叢報) 제1호에 실림. 1902. 2. 8.

2 '천연'(天演)은 'evolution', 즉 오늘날 '진화'로 번역되고 있는 용어로, 동시대인 엄복(嚴復, 1854~1921)의 번역어였다. 엄복은 T. Huxley의 *Evolution and Ethics*(1893)를 『천연론』(天演論)이라는 제목으로 번역하였다.

마와 같은데 왜 라틴 민족은 〔과거의〕 영예를 땅에 떨어뜨렸는가? 어떤 사람은 영웅 때문이라고 말한다. 그러나 알렉산더〔와 같은 영웅이〕 없지 않았는데도 마케도니아는 왜 잿더미가 되었는가? 칭기즈칸〔과 같은 영웅이〕 없지 않았는데도 몽골은 왜 거의 흔적도 남지 않게 되었는가?

아아! 나는 그 이유를 안다. 나라는 백성이 모여서 이루어지며, 나라에 백성이 있는 것은 몸에 사지와 오장, 근육, 힘줄, 혈구가 있는 것과 같다. 사지가 단절되고 오장이 병들고 근육과 힘줄이 상하고 혈구가 마르면 몸도 더 이상 지탱할 수 없는 것처럼, 백성이 어리석고 비루하고 비겁하고 나약한 채 뿔뿔이 흩어져 혼탁하다면 나라는 성립할 수 없다. 그러므로 오래 살고 멀리 보기[3]를 바란다면 섭생술을 연구하지 않을 수 없고, 나라의 안전과 부유함과 존귀함과 번영을 바란다면 신민(新民)[4]의 도를 강구하지 않을 수 없다.

第一節 敍論

---

3 '오래 살고 멀리 보기'는 '長生久視'의 번역이다. 처음 보이는 곳은 『노자』 59장으로, "… 근본이 있는 나라는 오래 갈 수 있다. 이를 가리켜 뿌리를 깊고 단단히 하여 오래 살고 오래 보는 도라고 한다"(有國之母 可以長久. 是謂深根固柢 長生久視之道)라는 글에서 등장한다. 후에 양생술의 맥락에서 불로장생을 표현하는 말로 사용되었다. 『황제내경』 『영추·본신』(靈樞·本神): "그러므로 지혜로운 자의 양생은 반드시 사시에 따라 추위와 더위에 적응하고, 기쁨과 노여움을 조화시켜 거처를 편안히 하며, 음양을 조절하여 강함과 부드러움을 조화시킨다. 이렇게 하면 병이 되는 나쁜 기운이 이르지 않아 오래 살고 오래 볼 수 있다"(故智者之養生也, 必順四時而适寒暑, 和喜怒而安居處, 節陰陽而調剛柔° 如是, 則僻邪不至, 長生久視).

4 '신민'의 출전은 『대학』이다. 『대학』에서는 다음과 같은 맥락에서 사용되었다. "대학의 도는 밝은 덕을 밝히고 백성을 새롭게 하고 지극한 선에 머무는 데 있다"(大學之道, 在明明德, 在新民, 在止於至善). 양계초가 새롭게 부여한 의미에 대해서는 제3절에서 논의된다.

自世界有人類, 以迄今日, 國於環球上者何啻千万. 問其巋然今存, 能在五大洲地圖占一顔色者, 幾何乎. 曰百十而已矣. 此百十國中, 其能屹然強立有左右世界之力, 將來可以戰勝於天演界者, 幾何乎. 曰四五而已矣. 夫同是日月, 同是山川, 同是方趾, 同是圓顱, 而若者以興, 若者以亡, 若者以弱, 若者以強, 則何以故. 或曰是在地利. 然今之亞美利加, 猶古阿美利加, 而盎格魯撒遜(英國人種之名也)民族何以享其榮. 古之羅馬, 猶今之羅馬, 而拉丁民族何以墜其譽. 或曰是在英雄. 然非無亞歷山大, 而何以馬基頓今已成灰塵, 非無成吉思汗, 而何以蒙古幾不保残喘. 嗚呼噫, 吾知其由. 國也者積民而成, 國之有民, 猶身之有四肢五臟筋脈血輪也. 未有四肢已斷, 五臟已瘵, 筋脈已傷, 血輪已涸, 而身猶能存者, 則亦未有其民愚陋怯弱渙散混濁, 而國猶能立者. 故欲其身之長生久視, 則攝生之術不可不明. 欲其國之安富尊榮, 則新民之道不可不講.

○ 해설

『신민설』의 서론으로, 『신민설』의 연재 의도를 보여 준다. 나아가 양계초가 당시의 정세를 어떻게 파악하고 있는지도 엿볼 수 있다. 즉, 이미 세계는 '오대주'로 표현되듯, 중화가 아니라 세계로 확대되었으며, 그 안에서 인류는 '나라'를 단위로 하여 생존경쟁을 일삼으면서 '진화'해 간다. 그가 '신민'에 대한 논의를 시작하려는 이유는 진화의 세계에서 살아남을 수 있는 근원적 힘이 바로 '신민'이라고 판단했기 때문이다. 그는 "나라의 안전과 부유함과 존귀함과 번영"을 이룰 수 있는 힘은 '신민'(新民)을 강구하는 데에 있다고 말한다. '새로운 백성', 즉 '신민'이 되어, 개인의 약육강식보다는 '나라'의 약육강식에 참여해야 한다는 논의가 되리라 예상된다.

제2절 오늘날 중국 제일의 급선무인 신민(新民)[1]

나는 지금 신민이 급하게 힘써야만 할 일이라는 것에 대해 힘을 다해 얘기하려 한다. 입론의 근거는 두 가지이다. 첫째는 내정(內治)과 관련된 것이고 둘째는 외교와 관련된 것이다.

第二節 論新民爲今日中國第一急務

吾今欲極言新民爲當務之急. 其立論之根柢有二, 一曰關於內治者, 二曰關於外交者.

이른바 내정과 관련된 것이란 무엇인가? 정술(政術)에 대한 논의는 세상에 많다. 걸핏하면 모씨가 나라를 망쳤다느니 모씨가 백성에게 재앙을 초래했다느니 한다. 어떤 사건은 정부의 실책이고 어떤 제도는 관리의 직무태만으로 이렇게 됐다고 한다. 이런 일들에 대해 나는 감히 그렇지 않다고는 하지 못한다. 그러나 정부는 무엇으로 이루어지는가? 관리는 어디에서 나오는가? 백성들 가운데서 나오는 것

---

1 『신민총보』 제1호에 실림. 1902. 2. 8.

이 아니겠는가! 모씨, 모씨는 국민의 일부가 아닌가! 눈먼 무리를 모은들 눈 밝은 한 사람의 이루(離婁)를 만들어 내지 못하고, 귀머거리 무리를 모은들 귀 밝은 한 사람의 사광(師曠)을 내지 못하고, 나약한 무리를 모아도 한 사람의 힘센 오확(烏獲)을 얻지 못한다.[2] 이렇게 된 지 오래되었다. 이러한 백성으로 이러한 정부, 이러한 관리가 될 수밖에 없는 것은 이른바 콩 심은 데 콩 나고 팥 심은 데 팥 나는 것과 꼭 같은 이치이니, 그 또한 누구를 탓하겠는가. 서양 철학자(西哲)의 격언에 "정부와 인민의 관계는 온도계와 공기의 관계와 같다"는 것이 있다. 실내의 기온은 온도계 바늘의 수은과 서로 정확한 균형을 이루고 조금의 오차도 허용하지 않는다. 국민의 문명 정도가 낮으면, 아무리 현명한 군주와 어진 재상이 대대로 다스린다고 해도, 그 사람이 없어지면 그 정치도 멈춘다. 이는 마치 엄동설한에 온도계를 끓는 물 속에 넣으면 갑자기 상승하기는 하나 물이 일단 식으면 다시 전과 같아지는 것과 같다. 국민의 문명 정도가 높으면 우연히 폭군과 탐관오리가 나와 일시적으로 살육을 자행해도, 민력(民力)은 스스로 보완하고 구제하여 정돈할 능력이 있다. 몹시 더울 때 온도계를 얼음덩어리 위에 놓으면 그 도수는 급히 내려가지만, 얼마 안 있어 얼음은 녹고 도수는 이전 상태로 되돌아가는 것과 마찬가지이다. 그러니 진정 신민(新民)이 있다면, 새 제도가 없고 새 정부가 없고 새 국가가 없어도 무슨 걱정이겠는가! 이렇지 않고, 오늘 법 하나를 바꾸고 내일 사람

---

2 이루, 사광, 오확은 각각 중국 전설상의 눈 밝은 사람, 귀 밝은 사람, 힘 센 사람이다. 이루와 사광은 『맹자』「이루상」 1에서 언급되며, 오확은 『논어』「술이」 20, 『맹자』「고자하」 2 등에서 언급된다.

하나를 갈아 치우며, 동쪽은 그리면서 서쪽은 지우며[3] 남의 걸음걸이를 흉내 내고 미인의 찡그린 얼굴을 흉내 내는 것이라면,[4] 이렇게 구제되는 것을 본 적이 없다. 우리나라가 법을 새롭게 하자고 한 지 수십 년이 지났는데도 효과를 보지 못한 것[5]은 무엇 때문인가? 아직 신민의 도에 마음을 두는 자가 없었기 때문이다.

所謂關於內治者何也. 天下之論政術者多矣. 動曰某甲誤國, 某乙殃民, 某之事件, 政府之失機, 某之制度, 官吏之溺職. 若是者, 吾固不敢謂爲非然也. 雖然政府何自成, 官吏何自出. 斯豈非來自民間者耶. 某甲某乙者, 非國民之一體耶. 久矣夫, 聚群盲不能成一離婁, 聚群聾不能成一師曠, 聚群怯不能成一烏獲. 以若是之民, 得若是之政府官吏, 正所謂種瓜得瓜, 種豆得豆, 其又奚尤. 西哲常言, 政府之與人民, 猶寒暑表之與空氣也. 室中之氣候, 與針裏之水銀, 其度必相均, 而絲毫不容假借. 國民之文明程度低者, 雖得明主賢相以代治之, 及其人亡則其政息焉, 譬猶嚴冬之際, 置表於沸水中, 雖其度驟升, 水一冷而墜

3 '동쪽은 그리면서 서쪽은 지우다'는 '동도서말'(東塗西抹)을 번역한 것으로, 본래는 여자가 화장하는 것을 묘사한 것이다. 뒤에는 자신의 문필이나 그림 활동을 겸양하여 표현하는 말로도 사용되며, 여기에서처럼 근본이나 규칙 없이 일하는 것을 비판하는 뜻으로도 사용된다.

4 '남의 걸음걸이를 흉내 내고 미인의 찡그린 얼굴을 흉내 내는' 것은 '학보'(學步)와 '효빈'(效顰)을 번역한 것이다. 각각 『장자』「추수편」(秋水篇)과 「천운편」(天運篇)에 나오는 이야기이다. 조(趙)나라 수도인 한단(邯鄲) 사람의 걸음걸이가 멋있다고 소문나서 지방 청년이 흉내 내다 자기 본래 걸음걸이도 잊어버렸다는 이야기, 그리고 월나라의 절세미인 서시(西施)가 심장의 병으로 얼굴을 찡그리고 다니는 것을 보고 어떤 추녀가 얼굴 찡그리는 것이 아름다운 줄 알고 따라했다는 이야기이다. 모두 중심 없이 남을 흉내 내는 일의 어리석음을 풍자한 이야기이다.

5 아편전쟁(1840, 1860) 이후 청이 추진해 오던 개혁운동을 평가하는 것이다. 중체서용(中體西用)의 기준으로 근대 유럽문명을 받아들인 '양무운동'(洋務運動)을 가리킨다.

如故矣. 國民之文明程度高者, 雖偶有暴君汚吏, 虔劉一時, 而其民力自能補救之而整頓之, 譬猶溽暑之時, 置表於冰塊上, 雖其度忽落, 不俄頃則冰消而漲如故矣. 然則苟有新民, 何患無新制度, 無新政府, 無新國家. 非爾者, 則雖今日變一法, 明日易一人, 東塗西抹, 學步效顰, 吾未見其能濟也. 夫吾國言新法數十年而效不覩者, 何也. 則於新民之道未有留意焉者也.

지금 초야의 우국지사들은 왕왕 홀로 깊은 생각에 잠겨, "어떻게 해야 현명한 군주와 재상이 나타나 우리를 구원할 수 있을까" 탄식하며 바란다. 나는 이른바 현명한 군주와 재상이라는 것이 어떠해야만 비로소 그 기준에 부합하는지는 모르겠다. 그러나 오늘날의 민덕, 민지, 민력[6] 같은 것으로는 아무리 현명한 군주와 재상이 나오더라도 그 뒷날까지 좋게 할 수 없다는 것을 안다. 나폴레옹은 세상에 드문 명장이지만 만약 〔청조의〕 팔기군이나 녹영군[7]의 게으른 병사들을 데리고 있었다면 검은 야만인[8]을 대적할 수 없었을 것이다. 콜럼버스는 항해의 대가이지만 썩은 나무를 풀로 붙여 만든 배[9]를 타고

6 지, 덕, 체는 Herbert Spencer의 *Education Intellectual, Moral And Physical*(1861)에서 중요한 세 가지 교육모토로 언급된 것이다. 양계초는 엄복(嚴復)을 매개로 스펜서의 사회학에 접한 것으로 보인다.

7 '팔기군과 녹영군'은 '기녹'(旗綠)을 번역한 것이다. 팔기(八旗)는 청나라의 근간이 되는 군사제도이자 사회제도로, 만주족, 몽골족, 한족을 망라했다. 녹영(綠營)은 청조 상비군 가운데 하나이다.

8 '검은 야만인'은 '흑만'(黑蠻)을 번역한 것이다. 나폴레옹 군대가 프랑스령 해외 섬, 특히 아이티에서 노예봉기를 진압했던 사건을 가리키는 듯하다.

9 '풀로 붙여 만든 배'는 '교선'(膠船)을 번역한 것이다. 진(晋) 황보밀(皇甫謐)의 『제왕세기』(帝王世紀) 「주」(周)에 의하면, 초(楚)나라 소왕(昭王)의 이야기에서 유래한다. 덕

있었다면 해협을 건널 수 없었을 것이다. 저 군주와 재상들은 홀로 다스릴 수 없으므로, 추세상 〔책임은〕 강신(疆臣)에게 넘어갈 수밖에 없으며, 강신은 감사(監司)에게 맡길 수밖에 없다. 감사는 부현(府縣)에게 맡길 수밖에 없으며, 부현은 서리에게 맡길 수밖에 없다. 이 여러 등급의 사람 가운데 현명한 자가 반이고 어리석은 자가 반이어도 오히려 다스리기에 부족한데, 하물며 백 사람 가운데 〔현명한 사람은〕 한 사람도 얻을 수 없는 지경이라면 어떻겠는가? 지금 이러한 논의를 하는 사람들은 서양(泰西) 정치(政治)가 우수하다고 굳게 믿고 우리나라도 그것을 본받았으면 좋겠다고 생각한다. 그러나 그 뜻을 미루어 보면, 저들 〔서양〕의 정치는 군주와 재상이 혼자 힘으로 만들어 낸 것이라고 여기는 것은 아닌가? 영국, 미국, 독일, 프랑스의 도시에 가서 그 인민들의 자치(自治)가 어떤지 한번 보라. 그 인민들과 정부의 관계는 어떠한가? 하나의 성(省)을 보면 그 치법(治法)은 엄연히 하나의 나라와 같다. 하나의 도시, 하나의 촌락을 보라. 그 치법은 엄연히 하나의 나라와 같다. 하나의 회당, 하나의 회사, 하나의 학교를 보라. 그 치법은 엄연히 하나의 나라와 같다. 심지어는 한 사람을 보라. 그 자치의 법 역시 엄연히 하나의 나라와 같다.

今草野憂國之士, 往往獨居深念, 歎息想望, 曰安得賢君相, 庶拯我乎. 吾未知其所謂賢君相者, 必如何而始爲及格. 雖然, 若以今日之民德民智民力, 吾知雖有賢君相而亦無以善其後也. 夫拿破侖曠世之名

은 없이 정벌만 일삼는 왕에게 아교로 붙인 배를 주자, 배는 물 한가운데서 해체되고 왕과 신하들은 물에 빠져 죽었다. 구제할 수 없는 일, 혹은 쓸모없는 방책을 비유하는 말로 사용된다.

將也, 苟授以旗綠之惰兵, 則不能敵黑蠻. 哥侖布航海之大家也, 苟乘以朽木之膠船, 則不能渡溪沚. 彼君相者非能獨治也, 勢不得不任疆臣, 疆臣不得不任監司, 監司不得不任府縣, 府縣不得不任吏胥. 此諸級中人, 但使其賢者半, 不肖者半, 猶不足以致治, 而況乎其百不得一也. 今爲此論者, 固知泰西政治之美, 而欲吾國之效之矣. 但推其意, 得毋以若彼之政治, 皆由其君若相獨力所製造耶. 試與一游英美德法之都, 觀其人民之自治何如, 其人民與政府之關係何如. 觀之一省, 其治法儼然一國也, 觀之一市一村落, 其治法儼然一國也, 觀之一黨會一公司一學校, 其治法儼然一國也, 乃至觀之一人, 其自治之法. 亦儼然治一國也.

소금의 짠맛에 비유해 보자. 소금을 언덕처럼 쌓으면 짠맛은 더 진해진다. 그러나 나누면, 언덕처럼 쌓인 소금은 몇 섬(石)이 되고, 섬은 몇 두(斗)가 되고, 두는 몇 승(升)이 되고, 승은 몇 과(顆)가 되고, 과는 몇 개의 아톰[10]이 된다. 〔그 작은 것〕 어느 하나라도 짜지 않은 것이 없게 된 뒤에야 '큰 짠맛'이 이루어진다. 만약 모래를 쳐서 가루를 만들어 짠맛을 구한다면 〔그 모래산이〕 태산처럼 높이 솟아 있더라도 얻을 수 없을 것이다. 그러므로 영국이나 미국의 각 나라 백성들은 항상 현명한 군주와 재상에 기대지 않아도 다스림을 이룰 수 있다. 그들 원수는 요순과 같이 '수상'(垂裳)의 정치[11]를 할 수도 있고 성왕

---

10 양계초는 '阿屯'으로 표기했으며 'atom'을 음차한 것이다. 현대어로 번역하면 '원자'(原子)이다.

11 '수상'은 옷소매를 늘어뜨린다는 말로 '무위'의 정치를 했음을 표현한 것이다. 『주역』「계사하」: "황제와 요, 순은 옷을 늘어뜨리고 있는데 천하는 다스려졌으니, 이는

과 같이 '위구'(委裘)의 정치[12]를 할 수도 있다. 그들 관리는 조참(曹參)처럼 '순주'(醇酒)의 정치[13]를 할 수도 있고, 성진(成瑨)처럼 '좌소'(坐嘯)의 정치[14]를 할 수도 있다. 어떻게 가능한가? 백성이 있기 때문이다. 그러므로 군주와 재상은 항상 국민에게 의지하지만 국민은 군주와 재상에게 의지하지 않는다. 작은 나라도 이러한데 우리 중국처럼 넓은 나라는 한두 사람의 긴 채찍만으로는 더더욱 다다를 수 없다.

譬諸鹽有鹹性, 積鹽如陵, 其鹹愈醲, 然剖分此如陵之鹽爲若干石, 石爲若干斗, 斗爲若干升, 升爲若干顆, 顆爲若干阿屯, 無一不鹹, 然後大鹹乃成. 摶沙掇粉而欲以求鹹, 雖隆之高於泰岱, 猶無當也. 故英美各國之民, 常不待賢君相而足以致治. 其元首, 則堯舜之垂裳可也, 成王之委裘亦可也, 其官吏則曹參之醇酒可也, 成瑨之坐嘯亦可也. 何也. 以其有民也. 故君相常倚賴國民, 國民不倚賴君相. 小國且然, 況吾中國幅員之廣, 尤非一二人之長鞭所能及者耶.

건곤에서 취한 것이다"(黃帝堯舜衣裳而天下治, 蓋取諸乾坤).

12 '위구'는 '갖옷에 맡기다'라는 뜻으로, 역시 '무위의 정치'를 의미하는 말이다. 『한서』「가의전」(賈誼傳)에 제도를 갖춰 놓으면, 선왕이 죽은 뒤 유복자를 세우고 선왕이 입던 갖옷에 조회하게 해도 어지럽지 않다는 이야기가 나온다.

13 한나라 유방 밑에서 재상을 하던 소하(蕭何)는 죽으면서 조참(曹參)을 천거하였다. 조참은 소하가 정한 법률을 하나도 바꾸지 않고 그대로 실행했다고 한다. 밤낮으로 진한 술, 즉 순주를 마셨으며 또 자기를 찾아와 한마디씩 하려는 사람에게도 순주를 마시게 하고 돌려보냈다고 한다. 역시 '무위의 정치'를 의미한다. 『사기』「조상국세가」(曹相國世家) 참조.

14 성진은 후한(後漢) 때 사람이다. 환제(桓帝) 때 남양태수(南陽太守)에 올랐다. 잠질(岑晊)이라는 사람을 공조(功曹)로 삼고 모든 일을 맡겨 사람들이 남양태수 일은 모두 잠질이 하고, 성진은 앉아서 휘파람만 분다(成瑨但坐嘯)고 평했다. 이 역시 '무위의 정치'를 의미한다. 『후한서』「당고전서」(黨錮傳序) 참조.

한 집안을 한 나라에 비유해 보자. 한 집안에 아들과 며느리, 아우와 형이 각자 본업이 있고 각자 재주와 기량이 있으며, 충실하고 신의 있고 돈독하고 경건하며, 힘써 노력하고 나아간다면, 그 집안은 부쩍부쩍 흥하지 않을 수 없다. 그렇지 않고 각각 자신의 책임을 방기하고 오로지 가장만 바라보고 있다고 하자. 가장 또한 현명하지 못하면 문을 닫고 굶어 죽을 것이고, 설사 현명하다고 해도 나를 보호하고 지켜 줄 수 있는 자가 몇이나 되겠는가? 지켜 낸다고 해도 아들과 동생이 되어 아버지와 형에게 누를 끼쳐 평생 고생하며 몸을 움직이게 하고 밤낮으로 걱정하고 애쓰게 한다면, 마음이 편안하지 않을 뿐 아니라 끝내 집안의 누가 되지 않겠는가. 지금 걸핏하면 정부를 탓하면서 현명한 군주와 재상을 바라는 자들은 어찌 이리 헤아리지 못하고 어찌 이리 지혜롭지 못한가.

則試以一家譬一國. 苟一家之中, 子婦弟兄, 各有本業, 各有技能, 忠信篤敬, 勤勞進取, 家未有不勃然興者. 不然者, 各委棄其責任, 而一望諸家長, 家長而不賢, 固闔室爲餓殍, 藉令賢也, 而能蔭庇我者幾何. 即能蔭庇矣, 而爲人子弟, 累其父兄, 使終歲勤動, 日夕憂勞, 微特於心不安, 其毋乃終爲家之累耶. 今之動輒責政府望賢君相者, 抑何不恕, 抑何不智.

영국 사람이 항상 하는 말에 "That's your mistake. I couldn't help you"라는 것이 있다. 그 뜻을 풀이하면 "당신의 잘못입니다. 나는 당신을 도울 수 없습니다"라는 것이다. 이는 이기주의의 야박한 말이지만, 사실은 사람을 채찍질하여 스스로 다스리고(自治) 스스로 돕도록 하는 경계의 말이다. 그러므로 나는 비록 날마다 어진 군주와 어진 재상을 바라지만, 더욱 두려워하는 것은 현명한 군주와 재상이 있어 나를 아껴준다고 해도 나를 도울 수 없다는 것이다. 왜 그런가? 현명한 군주와 재상을 책망하는 마음이 깊으면 자신을 책망하는 마음은 옅은 법이다. 남을 탓하고 자신을 탓하지 않고 남에게 바라고 자신에게 바라지 않는 악습은 중국이 유신할 수 없는 큰 원인이다. 내가 남을 탓하면 남도 나를 탓하고, 내가 남에게 바라면 남도 내게 바란다. 이렇게 4억 명[15]이 서로를 탓하고 서로에게 바라면서 서로 갉아먹는다면 나라는 누구와 세울 것인가? '신민'이란 새로워지는 자가 따로 있고 새롭게 만드는 자가 따로 있는 것이 아니니, 우리 백성 각자가 스스로 새로워지는 것일 뿐이다. 맹자는 "그대가 힘써 행하면 또한 그대의 나라를 새롭게 할 수 있을 것이다"[16]라고 했는데, 이것이 바로 스스로 새로워진다는 의미이며 바로 '신민'의 의미이다.

英人有常言曰, That's your mistake. I couldn't help you. 譯意言, 君誤矣, 吾不能助君也. 此雖制[17]己主義之鄙言, 而實鞭策人自治自助警句也. 故吾雖日望有賢君相, 吾尤恐卽有賢君相亦愛我而莫能助也. 何也. 責望於賢君相者深, 則自責望者必淺. 而此責人不責己望人不望己之惡習, 卽中國所以不能維新之大原. 我責人, 人亦責我, 我望人, 人亦望我. 是四萬萬人, 遂互消於相責相望之中, 而國將誰與立也. 新民云者, 非新者一人, 而新之者又一人也, 則在吾民之各自新而

---

15 '四萬萬人'의 번역. 당시 중국 인구수라고 일컬어지는 숫자이다.

16 『맹자』「등문공상」 3: "시에서 말하길 '주는 비록 오래된 나라이나 그 명은 오직 새롭다'고 했으니, 문왕을 이릅니다. 그대가 힘써 행한다면 또한 그대의 나라를 새롭게 할 수 있을 것입니다"(詩云周雖舊邦, 其命惟新, 文王之謂也. 子力行之, 亦以新子之國).

17 '制'는 '利' 자의 오기인 듯하다.

已. 孟子曰, 子力行之, 亦以新子之國. 自新之謂也, 新民之謂也.

이른바 외교와 관련된 것은 어떤 것인가? 16세기 이래(원주 — 약 3백 년 전) 유럽이 발달하고 세계가 진보한 이유는 모두 민족주의(Nationalism)가 성대하게 일어나 서로 부딪히면서 성립했기 때문이다. 민족주의란 무엇인가? 각지에서 같은 종족으로서 같은 언어를 사용하고 같은 종교와 같은 습속을 가진 사람들이 서로를 동포로 여기고 독립과 자치를 위해 노력하여, 완비된 정부를 조직해서 공익을 도모하고 이민족을 막으려는 것이다. 이 민족주의의 발달은 극에 달해 19세기 말(원주 — 최근 20~30년)에 더욱 나아가 민족제국주의(National Imperialism)로 진행하기에 이르렀다. 민족제국주의란 무엇인가? 그 국민의 실력이 안으로 충만해서 밖으로 넘쳐나지 않을 수밖에 없게 되어, 다른 지역으로 급급히 그 권력을 넓혀 나가는 것을 자신의 귀착점[18]으로 삼는 것이다. 그 시작은 병력이 될 수도 있고 상업이나 혹은 공업이나 혹은 교회가 될 수도 있지만, 한결같이 정책을 써서 그 지역을 지휘하고 제어하고 보호한다. 최근에 러시아가 시베리아와 터키를 공략하여 점령하고, 독일이 소아시아와 아프리카를 공략하여 점령하고, 영국이 보어인에게 군사력을 쓰고, 미국이 하와이를 성으로 편입

18 '귀착점'은 '미려'(尾閭)를 번역한 것. '미려'는 『장자』 「추수편」에서는 "바닷물이 빠져나오는 곳"이라는 뜻으로 사용되었다.("천하의 물은 바다만큼 큰 것이 없으니, 만 줄기의 하천이 여기로 모여드는 것이 언제 멈춰 가득하지 않게 될지 알 수 없으며, 미려로 빠져나오는 것이 언제 그쳐 비지 않게 되는지 알 수 없다": 天下之水, 莫大於海, 萬川歸之, 不知何時止而不盈, 尾閭泄之, 不知何時已而不虛), 여기에서는 사물이 모이는 곳, 즉 귀결되는 곳으로 풀이하였다.

시키고 쿠바를 약탈하고 필리핀을 손에 넣은 것은 모두 이 새로운 주의의 조류가 그렇게 만들지 않을 수 없었기 때문이다.

所謂關於外交者何也. 自十六世紀以來(約三百年前), 歐洲所以發達, 世界所以進步, 皆由民族主義 Nationalism所磅礴衝激而成. 民族主義者何. 各地同種族同言語同宗教同習俗之人, 相視如同胞, 務獨立自治, 組織完備之政府, 以謀公益而禦他族是也. 此主義發達旣極, 馴至十九世紀之末(近二三十年), 乃更列進而爲民族帝國主義 National Imperialism. 民族帝國主義者何. 其國民之實力, 充於內而不得不溢於外, 於是汲汲焉求擴張權力於他地, 以爲我尾閭. 其下手也, 或以兵力, 或以商務, 或以工業, 或以教會, 而一用政策以指揮調護之是也. 近者如俄國之經略西伯利亞土耳其, 德國之經略小亞細亞阿非利加, 英國之用兵於波亞, 美國之縣夏威掠古巴攘非律賓, 皆此新主義之潮流, 迫之不得不然也.

지금 동방 대륙에 가장 큰 나라에, 가장 기름진 토양, 가장 부패한 정부, 가장 뿔뿔이 흩어져서 약한 국민이 있다. 저 족속들이 일단 내부 사정을 간파하여, 이에 이른바 민족제국주의를 이리로 들여오자, 개미 떼들이 누린내를 좇듯이, 뭇 화살들이 과녁을 향하듯이, 꾸역꾸역 이 한 곳으로 몰려들고 있다. 저 러시아인이 만주에, 독일인이 산동에, 영국인이 양자강 유역에, 프랑스인이 〔광동과 광서〕 양광(兩廣)에, 일본인이 복건에 있는 것은, 모두 이 새로운 주의의 조류가 그렇게 만들지 않을 수 없었기 때문이다.

而今也於東方大陸, 有最大之國, 最腴之壤, 最腐敗之政府, 最散弱之國民. 彼族一旦窺破內情, 於是移其所謂民族帝國主義者, 如群蟻之附羶, 如萬矢之向的, 離然而集注於此一隅. 彼俄人之於滿洲, 德人之於山東, 英人之於揚子江流域, 法人之於兩廣, 日人之於福建, 亦皆此新主義之潮流, 迫之不得不然也.

이른바 민족제국주의와 고대의 제국주의는 확연히 다르다. 옛날에는 알렉산더가 있었고 샤를마뉴[19]가 있었고 칭기즈칸이 있었고 나폴레옹이 있었다. 그들은 모두 웅대한 계획을 품고 원정에 나서 대지를 유린하고 약한 나라들을 병합하려 했다. 그러나 저 〔고대의 제국주의가〕 한 사람의 웅대한 마음에 의거했다면, 이 〔민족제국주의는〕 민족의 팽창력에 의거한다. 고대의 제국주의는 권위에 의해 움직이지만 민족제국주의는 시세의 추이에 의해 움직인다. 그러므로 고대제국주의의 침략은 한때에 지나지 않으니 이른바 폭풍·폭우와 같이 날이 밝기도 전에 그친다. 그러나 민족제국주의의 진행은 오래도록 멀리 가며 날이 갈수록 확대되고 날이 갈수록 심화된다. 우리 중국은 불행히도 이 소용돌이의 바로 중심에 놓여 있으니, 앞으로 어떻게 대처할 것인가? 나는 말한다. 저들이 한두 사람의 공명심으로 오는 것이라면, 나는 한두 사람의 영웅에 의지해 대적할 것이다. 저들이 멈출 수 없는 민족의 기세로 오는 것이라면 우리 민족 전체의 능력을 합하지 않으면 반드시 제어할 방법이 없다. 저들이 일시의 기염으로 돌진해 오는 것이라면 나는 일시의 피 끓는 용기를 고무하여 막아 낼 수

19 프랑크 왕국의 샤를마뉴 대제(Charlemagne, 742~814)를 가리킨다. 독일식으로는 카알 대제(Karl der Grosse)이다. 그는 왕위에 오르면서 모든 게르만 민족을 하나의 왕국으로 결합하는 확장정책과, 자신이 정복한 모든 영토 내의 사람들을 그리스도교로 개종시키는 정책을 추진했다.

있다. 〔그러나〕 저들이 장기적인 정책을 가지고 점차로 다가오는 것이라면 백 년의 원대하고 강건한 계획이 아니라면, 요행이라도 우리가 생존할 방법은 없다. 물속에 잠긴 병을 보라. 병에 물이 반밖에 없으면 밖의 물이 바로 들어온다. 만약 내부의 힘으로 스스로 그 병을 채울 능력이 있다면, 타고 들어올 수 있는 조금의 틈도 없으므로 다른 물은 들어오지 못한다. 그러므로 오늘날 열강의 민족제국주의에 대항하여 그 재난에서 인민을 구제하려 한다면, 오직 우리가 우리의 민족주의를 실행한다는 한 가지 방책만이 있을 뿐이며, 중국에 민족주의를 실행하려 한다면 신민(新民)이 아니고서는 다른 방법이 없다.

夫所謂民族帝國主義者, 與古代之帝國主義迥異. 昔者有若亞歷山大, 有若查理曼, 有若成吉思汗, 有若拿破侖, 皆嘗抱雄圖, 務遠略, 欲蹂躪大地, 呑幷弱國. 雖然, 彼則由於一人之雄心, 此則由於民族之漲力, 彼則爲權威之所役, 此則爲時勢之所趨. 故彼之侵略, 不過一時, 所謂暴風疾雨, 不崇朝而息矣. 此之進取, 則在久遠, 日擴而日大, 日入而日深. 吾中國不幸而適當此盤渦之中心點, 其將何以待之. 曰彼爲一二人之功名心而來者, 吾可以恃一二之英雄以相敵, 彼以民族不得已之勢而來者, 非合吾民族全體之能力, 必無從抵制也. 彼以一時之氣焰驟進者, 吾可以鼓一時之血勇以相防, 彼以久遠之政策漸進者, 非立百年宏毅之遠猷, 必無從幸存也. 不見乎瓶水乎. 水僅半器, 他水即從而入之, 若內力能自充塞本器, 而無一隙之可乘, 他水未有能入者也. 故今日欲抵當列强之民族帝國主義, 以挽浩劫而拯生靈, 惟有我行我民族主義之一策, 而欲實行民族主義於中國, 舍新民末由.

지금 천하에는 외환(外患)을 걱정하지 않는 이가 없다. 그러나 진정 밖이 걱정거리라면 한갓 걱정만 한다고 될 일이 아니다. 저들이 완고하고 강력한 민족제국주의로 저처럼 극렬하게 돌진해 오는데 우리는 오히려 밖이 진정 걱정거리인가 아닌가를 연구하고 있으니, 얼마나 어리석은 일인가! 나는 걱정거리인지 아닌지는 밖에 있지 않고 안에 달려 있다고 생각한다. 각 나라가 모두 이 주의를 사용하는데, 러시아는 왜 영국에게는 쓰지 않고, 영국은 왜 독일에게는 쓰지 않으며, 독일은 왜 미국에게는 쓰지 않는가? 구미 여러 나라는 왜 일본에게는 쓰지 않는가? 역시 틈이 있느냐 없느냐에서 갈라지는 것일 뿐이다. 사람이 병드는 데는, 바람, 한기, 더위, 습기, 건조함, 열[20] 어느 하나 침입하지 못할 것이 없다. 만약 혈기가 왕성하고 피부가 튼튼한 자라면 눈보라를 맞고 뙤약볕을 쏘이고 전염병에 걸리고 파도에 휩싸인들 무슨 일이 있겠는가. 스스로 섭생하지 않고 눈보라, 뙤약볕, 파도, 전염병 등이 야속하다고 원망한들, 저쪽에서 받아들일 리 없으며 나 또한 원망을 한들 〔그 해를〕 면할 수 있는 일이겠는가. 그렇다면 오늘날 중국을 위해 계획을 세우려면, 한때의 어진 군주나 어진 재상에만 의지해서도 난을 막을 수 없으며, 초야에 있는 한두 영웅의 궐기에 의지해서도 성공을 꾀할 수 없다. 반드시 우리 4억 인민의 민덕·민지·민력이 그들과 대적해야 한다. 그러면 밖은 저절로 걱정거리가 될 수 없으니 우리가 왜 걱정을 하겠는가! 이 공은 하루아침에 성취될 수 있는 것은 아니지만, 맹자가 말하지 않았는가. "7년 된 병에 3년

20 바람, 한기, 더위, 습기, 건조함, 열은 한의학에서 병을 일으키는 여섯 가지 외부요인으로 꼽는 것이다. 육음(六陰) 혹은 육기(六氣)라고 한다.

된 쑥을 구하니, 기르지 않는다면 끝내 얻을 수 없다"고.[21] 오늘날 이 일을 버려두고는 달리 좋은 방법이 없다. 다시 허송세월을 보내며 수년이 지나 오늘날과 같은 것을 구하려 해도 더 이상 구할 수 없다. 아아! 우리 국민은 두려워해야 하지 않겠는가. 힘써야 하지 않겠는가.

今天下莫不憂外患矣. 雖然, 使外而果能爲患, 則必非一憂之所能了也. 夫以民族帝國主義之頑强突進如彼其劇, 而吾猶商搉於外之果能爲患與否, 何其愚也. 吾以爲患之有無, 不在外而在內. 夫各國固同用此主義也, 而俄何以不施諸英, 英何以不施諸德, 德何以不施諸美, 歐美諸國何以不施諸日本. 亦曰有隙與無隙之分而已. 人之患瘵者, 風寒暑濕燥火, 無一不足以侵之, 若血氣强盛膚革充盈者, 冒風雪, 犯暴暵, 衝瘴癘, 凌波濤, 何有焉. 不自攝生, 而怨風雪暴暵波濤瘴癘之無情, 非直彼不任受, 而我亦豈以善怨而獲免耶. 然則爲中國今日計, 必非恃一時之賢君相而可以弭亂, 亦非望草野一二英雄崛起而可以圖成, 必其使吾四萬萬人之民德民智民力, 可與彼相埒, 則外自不能爲患, 吾何爲而患之. 此其功雖非旦夕可就乎, 然孟子有言, 七年之病, 求三年之艾, 苟爲不蓄, 終身不得. 今日舍此一事, 別無善圖. 寧復可蹉跎蹉跎, 更閱數年, 將有欲求如今日而不可復得者. 嗚呼, 我國民可不悚耶, 可不勗耶.

21 『맹자』「이루상」: "今之欲王者, 犹七年之病, 求三年之艾也."

● 해설

이 절에서는 생존경쟁을 통해 사회가 진화하는 시대에 왜 다른 것이 아닌 '신민'의 창출이 중국의 급무인가에 대해 논했다. 진화의 시대임을 인정한 뒤에 양계초가 한 일은 진화의 선단에 서 있는 나라들, 즉 가장 강한 경쟁력을 가진 나라들은 누구이며 그들의 힘은 어디에서 오는 것인가를 파악하는 것이었다. 그는 당시 가장 경쟁력 있는 나라는 민족제국주의를 구현하는 나라들이라고 판단했다.

즉, 아시아와 아프리카에 식민지를 확장하고 있는 제국주의 나라들이 진화의 선두에 있다고 평가했다. 양계초의 판단에 의하면, 그 민족제국주의는 민족주의를 출발점으로 해서 자연스러운 추세로 발전한 것이다. 양계초는 민족주의를 "각지에서 같은 종족으로서 같은 언어를 사용하고 같은 종교와 같은 습속을 가진 사람들이 서로를 동포로 여기고 독립과 자치를 위해 노력하여, 완비된 정부를 조직해서 공익을 도모하고 이민족을 막으려는 것"이라고 정의한다. 즉, 그가 이해한 민족주의란 '지역, 종족, 언어, 문화를 공유하는 사람들이 독립된 정치공동체를 이룩하는 것'이다.

양계초가 중국의 과제로 받아들인 것은 이 민족주의를 고취하는 일이다. 이미 지역, 종족, 언어, 문화를 공유하는 중국인들의 과제는 유능한 정치공동체, 즉 경쟁력 있는 정치공동체가 되는 것이다. 양계초는 고대의 제국주의는 한두 사람의 영웅에 의해 성립된 것이라는 점에서 민족제국주의와 다르다고 말한다. 그 점에서 로마 알렉산더의 제국뿐만 아니라 비교적 가까운 시기의 나폴레옹의 제국도 고

대의 것이다. 그에 비해 민족주의를 발판으로 해서 진화한 민족제국주의는 민족 전체의 역량에 의해 이룩된다.

이러한 민족제국주의를 고취하기 위해 양계초는 두 가지 방면에서 그 필요성을 역설한다. 양계초의 표현대로 하면, 하나는 내정과 관련되고 하나는 외치와 관련된다. 내정과 관련된 점은 민족 구성원 한 사람 한 사람의 역량의 총합이 민족주의라는 점에서, 개개인이 민족주의를 발양해야 한다는 점이고, 외치와 관련되는 점은 세계가 민족주의의 각축장이 되었다는 점에서, 민족주의의 발양은 이미 선택이 아니고 생존을 위해 취해야 할 유일한 길이라는 인식이다.

그리하여 결론은 구성원 한 사람 한 사람이 민족주의를 가진 사람이 되어야 한다는 것이다. 그것이 '신민', 즉 새로운 백성의 내용이다. 양계초는 '신민'이란 새롭게 만드는 사람을 따로 전제하고 수동적으로 '새로워지는 백성'이 아니라, '스스로 새로워지는 백성'이라는 의미라고 분명히 말한다. 즉, 이 민족주의는 구성원 전체의 자발성에 의해서만 성취된다. 신민은 민족주의를 성취할 정치적 주체인 것이다.

제3절 신민의 뜻[1]

신민이란 우리 백성들이 옛것을 다 버리고 남을 따르라고 하는 것은 아니다. '신'(新)에는 두 가지 뜻이 있다. 하나는 본래 가지고 있던 것을 담금질하고 연마하여 새롭게 하는 것이고, 하나는 원래 없던 것을 수용하고 보완함으로써 새로워지는 것이다. 두 가지 '신'에서 하나라도 빠진다면 효과가 없다. 선철(先哲)이 세운 가르침은 〔타고난〕 "재질을 살려 돈독히 하는 것"[2]과 "기질을 변화시키는 것"[3] 두 가지에서 벗어나지 않는다. 이는 내가 말한, 원래 가지고 있던 것을 담금질하고 연마하는 것과 원래 없던 것을 수용하여 보완하는 것 〔각각〕에 해당한다. 한 사람의 경우도 이와 같고 여러 백성들도 마찬가지이다.

第三節 释新民之義

---

1 『신민총보』 제1호에 실림. 1902. 2. 8.

2 '〔타고난〕 재질을 살려 돈독히 하는 것'은 다음에서 온 말이다. 『중용』 17, "하늘이 만물을 낳으며 반드시 그 재질을 살려 돈독히 한다. 그러므로 반드시 심은 것은 북돋아 주고 기운 것은 엎는다"(故天之生物, 必因其材而篤焉. 故栽者培之, 傾者覆之).

3 '기질을 변화시키는 것'은 다음에서 온 말이다. 『근사록』 『위학편』(爲學篇) 100, "학문을 하는 큰 이익은 스스로 기질을 변화시키려고 하는 데 있다"(爲學大益, 在自求變化氣質).

新民云者, 非欲吾民盡棄其舊以從人也. 新之義有二, 一曰淬厲其所本有而新之, 二曰採補其所本無而新之. 二者缺一, 時乃無功. 先哲之立敎也, 不外因材而篤與變化氣質之兩途, 斯卽吾淬厲所固有採補所本無之說也. 一人如是, 衆民亦然.

한 나라가 세계에 설 수 있는 것은 반드시 그 국민만이 갖춘 특질이 있기 때문이다. 위로는 도덕과 법률에서부터 아래로 풍속과 관습, 문학, 미술에 이르기까지 모두 일종의 독립된 정신이 있어서, 〔그것을〕 조부가 전해 주고 자손이 이은 후에야 그 사회(群)[4]가 이루어지고 나라가 성립한다. 이것이 실로 민족주의의 근저이며 원천이다. 우리 동포가 아시아 대륙에서 수천 년 동안 나라를 세울 수 있었던 것은 분명 우리가 갖춘 특질에 광대하고 고상하고 완미한 점이 있기 때문이다. 그 특질은 다른 여러 민족들(群族)에게는 없는 빛나는 것이므로 우리는 그것들을 보존해서 잃지 말아야 한다. 그런데 보존한다고 하는 것은 저절로 태어나고 저절로 자라도록 내버려 두면서 게으르게 나는 보존하고 있노라고 입으로만 떠드는 것이 아니다. 나무에 비유하면 해마다 새싹이 나오지 않는다면 그것이 마르는 것은 잠깐 서서 기다릴 정도일 것이고, 우물에 비유하면 쉬지 않고 새로운 물이 솟아나지 않으면 역시 마르는 데 시간이 걸리지 않을 것이다. 새싹

4 '사회'는 일본에서 만든 번역어이고, '群'은 엄복(嚴復)의 번역어이다. 엄복은 H. Spencer의 *The Study of Sociology*을 '군학이언'(群學肄言)이란 제목으로 번역했다. 즉, '사회학'을 '군학'(群學)이라 번역한 것이다. "군학이란 무엇인가? 과학의 율령을 사용하여 민군(民群)의 변화의 단서를 살핌으로써 지나간 것을 밝히고 앞으로 올 것을 추측하는 학문이다"(群學何. 用科學之律令, 察民群之變端, 以明既往, 測方來也:「譯群學肄言序」).

과 새 샘이 어찌 외부에서 온 것이겠는가! 옛것이면서도 새로운 것이라고 하지 않을 수 없다. 오직 날마다 새로워지는 것, 그것이 바로 옛것을 온전하게 하는 방법이다. 씻고 닦아 밝고 빛나게 하며, 두드리고 정련하여 그 모습을 완성하고, 북돋고 늠름하게 하여 그 본원을 두텁게 한다. 그러면 계속 이어지고 더욱 향상되어 나날이 나아가고 다달이 성큼성큼 매진할 것이다.[5] 국민의 정신은 이렇게 함으로써 보존되며 이렇게 함으로써 발달한다. 세상에는 간혹 '수구'(守舊)라는 두 글자를 가장 혐오스러운 명사로 보기도 하는데, 그것이 어찌 그렇겠는가! 내가 걱정하는 것은 '수구'가 아니라 진정으로 수구할 수 있는 자가 없다는 것이다. 진정으로 수구할 수 있다는 것은 무엇인가? 즉, 내가 말하는, 이미 가지고 있는 것을 담금질하고 연마하는 것일 뿐이다.

凡一國之能立於世界, 必有其國民獨具之特質. 上自道德法律, 下至風俗習慣文學美術, 皆有一種獨立精神, 祖父傳之, 子孫繼之, 然後群乃結, 國乃成. 斯實民族主義根柢源泉也. 我同胞能數千年立國於亞洲大陸, 必其所具特質, 有宏大高尙完美, 簅然異於群族者, 吾人所當保存之而勿失墜也. 雖然, 保之云者, 非任其自生自長, 而漫曰我保之我保之云爾. 譬諸木然, 非歲歲有新芽之茁, 則其枯可立待. 譬諸井然, 非息息有新泉之湧, 則其涸不移時. 夫新芽新泉, 豈自外來者耶. 舊也而不得不謂之新, 惟其日新, 正所以全其舊也. 濯之拭之, 發其光晶, 鍛之錬之, 成其體段, 培之俊之, 厚其本原. 繼長增高, 日征月邁, 國民之精神, 於是乎保存, 於是乎發達. 世或以守舊二字爲一極可厭

5 "나날이 나아가고 다달이 매진할 것이다"는 "日征月邁"의 번역으로 출전; 『시』『소아·소완』(小雅·小宛) "나는 나날이 매진하고 다달이 나아간다"(我日斯邁, 而月斯征).

之名詞, 其然豈其然哉. 吾所患不在守舊, 而患無眞能守舊者. 眞能守舊者何, 卽吾所謂淬厲其固有而已.

단지 본래 가지고 있던 것을 담금질하고 연마하기만 하면 족한가? 그렇지 않다. 지금의 세상은 옛날의 세상이 아니고 지금의 사람은 옛날 사람이 아니다. 옛날에 우리 중국은 부민(部民)만 있었고 국민(國民)은 없었다. 국민이 될 수 없었던 것이 아니라 세(勢)가 그렇게 만들었다. 우리나라는 우뚝하게 대동(大東)에 솟아 있었고 주위를 둘러싼 것은 모두 작은 오랑캐들뿐이어서, 다른 곳의 큰 나라와 한 번도 교통해 본 적이 없었다. 그래서 우리 백성은 항상 나라를 천하로 여겨 왔으며, 이목으로 접하는 것, 정신을 물들이는 것, 성인·철인이 가르치는 것, 조상이 물려준 것, 이 모든 것이 한 사람이 될 수 있는 자격이었고 집안의 일원이 될 수 있는 자격이었고 한 동네·한 종족이 될 수 있는 자격이었으며, 천하인(天下人)이 될 수 있는 자격이었다. 그러나 유독 한 나라의 국민이 될 수 있는 자격은 없었다. 국민으로서의 자격이 이 몇 가지 것들보다 훨씬 우월한 것은 아니지만, 오늘날처럼 열국이 병립한 약육강식·우승열패의 시대에 이 자격이 없으면 결코 천지 사이에 자립할 수 없다.

僅淬厲固有而遂足乎. 曰不然. 今之世非昔之世, 今之人非昔之人. 昔者吾中國有部民而無國民, 非不能爲國民也, 勢使然也. 吾國夙巍然屹立大東, 環列皆小蠻夷, 與他方大國未一交通, 故我民常視其國爲天下. 耳目所接觸, 腦筋所濡染, 聖哲所訓示, 祖宗所遺傳, 皆使之有可以爲一個人之資格, 有可以爲一家人之資格, 有可以爲一鄕一族人之資格, 有可以爲天下人之資格, 而獨無可以爲一國國民之資格. 夫國民之資格, 雖未必有以遠優於此數者, 而以今日列國幷立弱肉强食優勝劣敗之時代, 苟缺此資格, 則決無以自立於天壤.

그러므로 오늘날 우리나라를 강하게 할 생각이 없다면 그만이지만, 우리나라를 강하게 할 생각이라면 각 나라의 민족이 자립할 수 있었던 도를 널리 연구하여, 그 가운데 장점을 취해 우리가 미치지 못하는 점을 보완해야 한다. 지금 정치, 학술, 기예 등을 논하는 사람들은 모두 남의 장점을 취해서 우리의 단점을 보완해야 한다는 것을 모르지 않는다. 그러나 사실은 민덕, 민지, 민력이 바로 정치, 학술, 기예의 큰 근원이라는 것은 모른다. 여기에서 취하지 않고 저기에서만 취하는 것은 근본을 버리고 말단만을 베끼는 것이다. 저들의 나무가 울창한 것을 보고 그 가지를 잘라다 우리의 마른 나무에 붙이려는 것과 무엇이 다른가! 그들의 우물이 잘 솟아나는 것을 보고 그것을 우리의 마른 우물에 부으려는 것과 무엇이 다른가! 그러므로 우리에게 본래 없었던 것을 보충해 우리 백성을 새롭게 할 방법에 관해 심사숙고하지 않을 수 없다.

故今日不欲强吾國則已, 欲强吾國, 則不可不博考各國民族所以自立之道, 彙擇其長者而取之, 以補我之所未及. 今論者於政治學術技藝, 皆莫不知取人長以補我短矣, 而不知民德民智力實爲政治學術技藝之大原. 不取於此而取於彼, 棄其本而摹其末, 是何異見他樹之蓊鬱, 而欲移其枝以接我槁幹, 見他井之汨湧, 而欲汲其流以實我眢源也. 故採補所本無以新我民之道, 不可不深長思也.

세상만사의 현상은 두 가지 주의를 벗어나지 않는다. 하나는 보수이고 하나는 진취이다. 사람들은 이 두 주의를 운용하는데, 어떤 사람은 보수에 치우치고 어떤 사람은 진취에 치우치며, 혹 어떤 사람은 두 가지를 함께 사용하여 충돌하게 하고, 또 어떤 사람은 두 가지를 병존시키면서 서로 조화시킨다. 어느 하나만을 취한 사람이 존립할 수 있었던 적은 없다. 충돌이 있으면 반드시 조화가 있으니, 충돌이란 조화의 선구이다. 잘 조화시키는 자들이 위대한 국민이 되는데, 앵글로색슨 인종이 그렇다. 걷는 일에 비유한다면 한 발로는 딛고 한 발로는 앞으로 나간다. 물건을 줍는 일에 비유한다면 한 손으로는 쥐고 한 손으로는 들어 올린다. 그러므로 내가 말하는 '신민'이란 서양풍에 심취해서 우리 수천 년의 도덕과 학술과 풍속을 업신여겨 버리고 남에게 섞여 들어가려는 것도 아니며, 수천 년 동안 내려온 도덕과 학술과 풍속을 오로지 지키기만 하면서 대지에 발을 딛고 설 수 있다고 말하며 옛것을 묵수하는 것도 역시 아니다.

> 世界上萬事之現象, 不外兩大主義, 一曰保守, 二曰進取. 人之運用此兩主義者, 或偏取甲, 或偏取乙, 或兩者并起而相衝突, 或兩者并存而相調和. 偏取其一, 未有能立者也. 有衝突則必有調和, 衝突者, 調和之先驅也. 善調和者, 斯爲偉大國民, 盎格魯撒遜人種是也. 譬之蹞步, 以一足立, 以一足行, 譬之拾物, 以一手握, 以一手取. 故吾所謂新民者流, 必非如心醉西風者, 蔑棄吾數千年之道德學術風俗, 以求伍於他人, 亦非如墨守故紙者流, 謂僅抱此數千年之道德學術風俗, 遂足以立於大地也.

○ 해설

이 절의 주제는 "신민의 의미"이다. 앞 절에서 양계초는 '신민'은 새롭게 만드는 자와 새로워지는 자가 따로 있는 것이 아니라는 새로운 풀이를 했다. 이에 덧붙여 이 절에서 양계초는 '신'(新)에 두 가지 뜻을 담았음을 말한다. 즉, 없던 것을 '새로 들여오는 일'이 그 하나이며, 있던 것을 '새롭게 진작시키는 것'이 다른 하나이다. 앞 절에서 말하듯이 '신민'이 민족주의를 실천할 주체라고 한다면, 이러한 '신'의 두 가지 뜻은 필연적이다. 민족주의는 종족과 문화의 공동체가 강력한 정치공동체로 거듭나야 한다는 것이다. 종족과 문화의 공동체임을 확인하는 것은 이미 있는 것을 새롭게 함으로써 가능하다. 그러한 공동체가 강력한 정치공동체로 거듭나기 위해서는 없던 것을 새로 들여와야 하며, 양계초에 의하면 그것은 '국민'의 자격이다. 국민의 자격은 "열국이 병립한 약육강식, 우승열패의 시대"에 생존하기 위해 필수적이다. 즉, 국가를 이룰 수 있는 자격이다. 그러므로 하나의 민족임을 확인하고 그 민족의식을 북돋는 것이 한 가지 '신'이며, 그 민족으로 국가를 이루어 우승열패 시대의 강한 경쟁주체가 하도록 하는 것이 또 하나의 '신'이다.

그러므로 양계초에 의하면, 신민은 '보수'와 '진취'의 조화에서 성취된다. 오래된 민족의 정신을 새롭게 진작하여, 국가공동체로서 생존경쟁에서 이길 수 있는 경쟁력을 키우는 것이 바로 양계초가 이해한 민족주의이며, 이것을 성취할 수 있는 개개인이 바로 신민이다.

양계초는 신민이 될 자질은 민덕, 민지, 민력이라고 말한다. 그

것은 결국 강한 국가의 근원이 될 것들이다. 즉 지, 덕, 체를 갖춘 백성이 되는 것이 바로 신민이 되는 것이며, 그러한 신민은 자연히 민족주의를 고취하여 강한 국가를 구성할 것이고, 그 국가는 열강대치의 시대에 강한 경쟁주체로서 세계에 웅비할 것이다. 그렇다면 앞으로 이 『신민설』은 그 민덕, 민지, 민력이 어떤 내용을 갖는 것인지, 중국인 개개인은 그것을 어떻게 얻어야 하는지, 그러한 자질을 가진 개개인은 어떤 메커니즘에 의해 민족주의를 고취하고 민족국가를 성취할 것인지에 대한 내용이 될 것인가? 실제로 이 이후의 전개는 "덕", 즉 "민덕"에 집중된다.

제4절 우승열패의 원리에 의해 '신민'의 성과를 증명하며, 누구를 모범으로 삼아야 하는지 논함[1]

민족주의로 나라를 세우는 오늘날, 백성이 약하면 나라가 약하고 백성이 강하면 나라도 강한 것은, 마치 그림자가 형체를 따르고 메아리가 소리에 응하는 것과 같아, 조금의 오차도 용납하지 않는다. 지금 지구상 민족(民族)[2]의 대세를 표로 만들어 보고, 그 흥망성쇠가 교체하는 이유에 대해 논해 보자.

第四節, 就優勝劣敗之理以証新民之結果而論及取法之所宜

在民族主義立國之今日, 民弱者國弱, 民强者國强, 殆如影之隨形, 響之應聲, 有絲毫不容假借者. 今請將地球民族之大勢, 列爲一表, 而論其所以迭代消長之由.

지구의 민족(民族)은 크게 다섯으로 나뉜다. 오늘날 세상에서 가장 세력을 가진 것은 누구인가? 백인종(白色種人)이다. 백색 민족

---

1 『신민총보』 제2호에 실림. 1902. 2. 22.

2 양계초가 '인종'의 의미로 '民族'을 사용하고 있으며, '種族'과도 혼용하고 있다. 제3절에서 '민족주의'를 정의한 것을 보면, '민족' 개념에 대해 분명히 정리하고 있는 듯도 하나, 이곳을 보면 꼭 그런 것 같지는 않다.

<table>
<tr><td rowspan="8">민족</td><td>흑색 민족</td><td colspan="2"></td></tr>
<tr><td>홍색 민족</td><td colspan="2"></td></tr>
<tr><td>종색 민족</td><td colspan="2"></td></tr>
<tr><td>황색 민족</td><td colspan="2"></td></tr>
<tr><td rowspan="4">백색 민족</td><td>라틴 민족:
프랑스, 포르투갈, 스페인 등의 나라</td><td rowspan="2"></td></tr>
<tr><td>슬라브 민족:
러시아, 오스만 등의 나라</td></tr>
<tr><td rowspan="2">튜튼 민족:
영국, 독일, 네덜란드 등의 나라</td><td>게르만 민족: 독일</td></tr>
<tr><td>앵글로색슨 민족:
영국, 미국 두 나라</td></tr>
</table>

民族 (一)黑色民族 (二)紅色民族 (三)棕色民族 (四)黃色民族 (五)白色民族 (甲)拉丁民族(Latin)法葡班諸國 (乙)斯拉夫民族(Slavonians)俄奧諸國 (丙)條頓民族(Teutons)英德荷諸國 (子)日耳曼民族德國 (丑)盎格魯撒遜民族(Anglo Saxon)英美兩國

(白色民族) 안에 중요한 것이 셋이다.(원주 — 백인종(白種)은 이 셋에 그치지 않으며 튜튼 역시 이 둘에 그치지 않는다. 여기에서는 그 중요한 것을 들었을 뿐이다. 이 글은 종족(種族)을 탐구하는 것이 아니기 때문에 자세하게 논하지 않는다.) 그 가운데 오늘날 세상에서 가장 세력을 가진 것은 누구인가? 튜튼인이다. 튜튼 민족(民族) 가운데 중요한 것이 둘이다. 그 가운데 오늘날 세상에서 가장 세력을 가진 것은 누구인가? 앵글로색슨인이다. 〔인류가〕 처음 구획을 나누어 거주했을 때는 서로 섞이지 않았으므로 어느 민족을 막론하고 모두 각자의 구역 안에서 휴식하고 보양하며 살아갈 수 있었다. 그러나 진화(天演)와 생존경쟁(物競)[3]

3 '천연'(天演)과 '물경'(物競) 모두 엄복의 번역어로(『천연론』), 오늘날의 번역어로는 각각 '진화'와 '생존경쟁'이다.

의 공례(公例)[4]가 이미 인류로 하여금 접촉하고 교통하고 다투지 않을 수 없게 몰아갔다. 일단 접촉하고 교통하고 다투면, 하나가 일어나면 하나가 쓰러지는 운명이 곧 나타난다. 저 귀뚜라미의 싸움을 보지 않았던가! 백 마리의 귀뚜라미를 한 새장 안에 넣어 보라. 각각 용맹을 뽐내지만 한곳에 넣어두면 하루에 열에 예닐곱은 죽는다. 이틀이 되면 열에 여덟아홉이 죽고 사흘째 되면 살아남는 것은 겨우 한두 마리뿐이다. 남은 한두 마리는 분명 가장 강한 놈일 것이다. 그러니 조금이라도 덜 강한 놈은 위태로울 뿐이다.

凡地球民族之大別五, 聞其最有勢力於今世者誰乎. 白色種人是也. 白色民族之重要者三, (白種不止此三派, 條頓亦不止彼二派. 此不過擧其要者耳. 此文非考據種族不必鰓鰓也) 其最有勢力於今世者誰乎. 條頓人是也. 條頓民族之重要者二, 其最有勢力於今世者誰乎. 盎格魯撒遜人是也. 當其始溝分而居, 不相雜厠也, 則無論若何之民族, 皆可以休養生息於其部分之內. 然天演物競之公例, 旣驅人類使不得不接觸不交通不爭競. 一旦接觸交通爭競, 而一起一仆之數乃立見. 不觀於鬪蟀者乎. 百蟀各處一蘢, 各自雄也, 幷而一之, 日而死十六七, 兩日而死十八九, 三日而所餘者僅一二焉矣. 所餘之一二, 必其最强者也, 然則稍不强者殆而已矣.

흑인(黑人), 홍인(紅人), 종인(棕人)이 백인과 만나면 마치 끓는 물을 눈에 부은 듯 순식간에 소멸해 버린다는 것을 사람들은 안다.

---

4 '공례'는 『신민설』 안에서 '공리'(公理)로도 표현되며, 주로 '사회진화론'을 가리킨다. '보편원리'라는 의미로 사용된다.

지금 황인(黃人)이 그들과 만나 또한 차례차례 실패하고 있다. 백인들끼리의 다툼을 보자. 저들 슬라브 민족은 늘 오스만 전제정부와 로마노프 및 합스부르크의 튜튼인 왕가에 의해 속박을 당해, 지금까지도 거의 스스로를 펼치지 못하고 있다. 라틴 민족은 일찍이 중세 시대에 전성기를 맞았지만, 튜튼인과 만난 후에는 끝내 견뎌낼 수 없었다. 로마의 기강이 무너진 이후 오늘날 유럽의 건국까지, 어느 하나 튜튼인의 손에 의해 이루어지지 않은 것이 없다. 스페인의 서고트인,[5] 포르투갈의 사애위(士埃威)인,[6] 이탈리아의 롬바르드인,[7] 프랑스와 벨기에의 프랑크인, 영국의 앵글로색슨인, 덴마크, 스웨덴, 노르웨이의 스칸디나비아인, 독일, 네덜란드, 스위스, 오스트리아의 게르만인이 모두 튜튼족이다. 이들은 모두 현대 각국의 주요 세력들로서, 모두 하나같이 튜튼인이 일으키고 이룬 것이다. 이 튜튼인이 전 세계 동력의 주인이며, 튜튼인 가운데에서도 앵글로색슨인이 주인 가운데 주인이며 강자 가운데 강자이다. 오늘날 지구의 육지는 4분의 1 이상이 그들에게 점령되었고 인류의 4분의 1 이상이 그들의 통제를 받고 있다. 그 세력 범위는 오대주 각지에 분포해 있으며, 또한 나날이 멈추지 않고 진전하고 있다. 지금 최근 백 년 동안 각국 언어 사용 인구수의 변천을 표로 만들었다. 〔이것을 보고〕 앵글로색슨 민족의 진보가 〔어느 정도

---

5 양계초가 '皮士噶'로 표기한 것을 추측한 것이다. 현재 중국어는 '西哥特人'(Visigoths)으로 표기한다.

6 어느 종족을 가리키는지 불명이다. 포르투갈을 이룬 종족 가운데 士埃威(shiaiwei)로 발음되는 종족은 없다. 포르투갈을 구성했거나 하고 있는 민족은 이베리아, 켈트, 루시타니아, 게르만, 무어 등이다.

7 롬바르드(Lombard). 568~774년에 이탈리아 반도의 한 왕국을 다스렸던 게르만족의 일파.

사용언어 비교표 (단위: 천)

	1801년 각국 사용 언어			1890년 각국 사용 언어		
	순위	인구수	백분비	순위	인구수	백분비
프랑스어	1	31,450	19.4%	4	51,200	12.7%
러시아어	2	30,770	19%	3	75,090	18.7%
독일어	3	30,320	18.7%	2	75,200	18.8%
스페인어	4	26,190	16.2%	5	42,800	10.7%
영어	5	20,520	12.7%	1	111,100	27.7%
이탈리어	6	15,070	9.3%	6	33,000	8.3%
포르투갈어	7	7,480	4.7%	7	13,000	3.2%

인지) 알면 참으로 놀랄 것이다.

黑紅棕之人與白人相遇, 如湯沃雪, 瞬卽消滅, 夫人而知矣. 今黃人與之遇, 又着着失敗矣. 若夫觀白人之自競也, 彼斯拉夫民族, 常爲阿士曼黎之專制政府與盧馬納及哈菩士卜之條頓人王家所軛縛, 至今罕能自伸. 拉丁民族, 雖當中世時代曾臻全盛, 及其與條頓人相遇, 遂不可支. 自羅馬解紐以來, 今日歐洲之建國, 無一不自條頓人之手而成, 如皮士噶人之於西班牙, 士埃威人之於葡萄牙, 郞拔人之於意大利, 佛蘭克人之於法蘭西比利時, 盎格魯撒遜人之於英吉利, 士康的拿比亞人之於丹麥瑞典那威, 日耳曼人之於德意志荷蘭瑞士奧大利, 凡此皆現代各國之主動力也, 而一皆自條頓人發之成之, 是條頓人不啻全世界動力之主人翁也, 而條頓人之中, 又以盎格魯撒遜人爲主中之主, 强中之强. 今日地球陸地四分之一以上, 被其占領, 人類四分之一以上, 受其統制, 而勢力範轉之布於五洲各地者, 且日進而未有已焉. 今試就百年來各國用語之人數變遷, 列爲一表, 而知盎格魯民族之進步,有令人驚絶者.

이 표를 비교해 보면, 최근 90년 사이에 영어의 위치는 제5위에서 제1위로 도약했다. 2,052만에서 1,100만으로, 12.7퍼센트에서 27.7퍼센트로 도약하였다. 이렇게 내달려 결국에는 전 지구와 사해를 다 삼킬 기세이니, 앵글로색슨인의 기염을 누가 막을 수 있겠는가? 이를 보면 오늘날 세계에서 가장 우월한 민족을 알 수 있다.

由兩表比較之, 則此九十年間, 英語之位置由第五躍至第一, 由二千零五十二萬, 躍至一萬一千一百萬, 由百分之十二有奇, 躍至百分二十七有奇, 駸駸然遂有呑全球括四海之勢. 盎格魯撒遜人之氣焰, 誰能禦之. 由此觀之, 則今日世界上最優勝之民族可以知矣.

오색인종을 서로 비교하면 백인이 가장 뛰어나다. 백인 안에서 서로 비교해 보면 튜튼인이 가장 뛰어나다. 튜튼인 안에서 서로 비교해 보면 앵글로색슨인이 가장 뛰어나다. 이는 내가 현재의 추세와 이익을 좇아 얘기하는 것이 아니라, 진화계(天演界)의 피할 수 없는 공례(公例)가 실제로 이러하다. 게르만인이 스스로 새로워져 앵글로색슨인보다 더 우월하게 된다면 훗날 그들을 대신해서 흥성할지도 모르는 일이다. 슬라브인이나 라틴인이 스스로 새로워져 튜튼인보다 우월해지고, 황인이 스스로 새로워져 백인보다 우월해질 수도 있다. 그렇게 되면 훗날의 결과 역시 마찬가지일 것이다. 요컨대, 현재의 지위로 보면 우열의 형세가 실제로 이와 같다는 것이다. 그러므로 내가 말하는, 민족이 자립할 수 있는 길을 널리 모색하려면, 여러 장점을 선택하여 우리의 부족한 부분을 보충해야 한다. 앞의 예에서 모범을 취한다면 백인에게서 구하지 않을 수 없으며, 백인 가운데 튜튼인에게서 구하지 않을 수 없으며, 튜튼인 가운데 앵글로색슨인에게서 구하지 않을 수 없다.

> 五色人相比較, 白人最優. 以白人相比較, 條頓人最優. 以條頓人相比較, 盎格魯撒遜人最優, 此非吾趨勢利之言也, 天演界無可逃避之公例實如是也. 使日耳曼人能自新, 以優勝於盎格魯撒遜, 則他日能代之以興, 亦未可知. 使斯拉夫人拉丁人能自新以優勝於條頓人, 使黃人能自新以優勝於白人, 則其他日之結果亦然. 要之, 現在之地位, 則其優劣之數, 實如上所云云矣. 然則吾所謂博考民族所以自立之道, 匯擇其長而取之以補我所未及者, 援取法乎上之例, 不可不求諸白人, 不可不求諸白人中之條頓人, 不可不求諸條頓人中之盎格魯撒遜人.

백인이 다른 종의 사람보다 뛰어난 점은 무엇인가? 다른 종의 사람은 고요함을 좋아하나 백종인(白種人)은 움직임을 좋아한다. 다른 종의 사람은 평화에 빠져 있지만, 백종인은 경쟁을 불사한다. 다른 종의 사람은 보수적이지만 백종인은 진취적이다. 그렇기 때문에 다른 종의 사람이 단지 문명을 발생시킬 수 있었다면, 백종인은 문명을 전파할 수 있었다. 문명을 발생시키는 자는 자연(天然)에 의지하며, 문명을 전파하는 자는 인사(人事)에 의지한다. 서양(泰西) 문명의 동력의 중심점을 보면, 안식(安息)[8]과 이집트(埃及)에서 희랍으로 옮

8 이란 고원에 B.C. 247년에 건국되었던 파르티아 제국을 말한다. 안식은 '아르사크'(Arsacid)의 음차로서 개국 군주의 이름이고, 이것이 한대(漢代)에 '아얼사시'(阿尔撒息)로 표기되면서 이 왕의 이름을 따서 '안식'이 나라 이름이 되었다.

겨 갔고, 희랍에서 로마로, 로마에서 대서양 연안의 여러 나라로, 다시 대륙을 기세 좋게 편력하여 아메리카로 건너갔다. 지금은 동방을 다시 돌아보며 동방의 근본으로 돌아오려 하니,[9] 그 활동은 하루도 멈춘 적이 없다. 용맹하고 과감하고 활발하고 웅장한 그들의 기운은 인도인과 비교해서 어떠한가? 중국인과 비교해서 어떠한가? 그 밖의 작은 나라들은 더 말할 필요도 없다. 그러니 백종인이 전 지구에 웅비하는 것은 천행이 아니다. 그 민족의 우월함이 그렇게 만드는 것이다.

> 白人之優於他種人者, 何也. 他種人好靜, 白種人好動. 他種人狃於和平, 白種人不辭競爭. 他種人保守, 白種人進取. 以故他種人只能發生文明, 白種人則能傳播文明. 發生文明者, 恃天然也, 傳播文明者, 恃人事也. 試觀泰西文明動力之中心點, 由安息埃及而希臘, 由希臘而羅馬, 由羅馬而大西洋沿岸諸國, 而徧於大陸, 而飛渡磅礴於亞美利加. 今則回顧而報本於東方焉, 其機未嘗一日停. 其勇猛果敢活潑宏偉之氣, 比諸印度人何如, 比諸中國人何如. 其他小國, 更不必論矣. 然則白種人所以雄飛於全球者, 非天幸也, 其民族之優勝使然也.

튜튼인이 다른 백인보다 뛰어난 점은 무엇인가? 튜튼인의 정치능력은 대단히 강해서 다른 종족이 따라갈 수 없다. 가령 희랍인들과 슬라브인들은 지방자치제를 수립할 수는 있었으나 확충할 수는 없

9 "(동방의) 근본으로 돌아온다"는 '보본'(報本)을 번역한 것이다. 『예기』「교특생」(郊特牲)에, 자신의 근본이 되는 천지와 부모에게 제사 지내는 행위의 의미를 표현한 말로 "근본에 보답하고 처음을 돌이킨다"(報本反始)라는 말이 나온다.

었다. 그 능력이 전적으로 최소 단위의 공공단체에만 집중되어 있었다. 그 단체 위에는 국가기관이 있고, 그 단체의 아래에는 개인의 권리가 있는데, 희랍인이나 슬라브인들의 〔능력은〕 여기에는 미치지 못했다. 이로 인해 생긴 결과에 세 가지 결함이 있다. 인민의 권리가 불완전하다는 것이 첫째요, 단체와 단체 사이에 서로 연결이 없다는 것이 둘째요, 외적에 방어하는 힘이 없다는 것이 셋째이다. 그러므로 희랍인들은 로마에 일차로 속박되었고 터키에 재차 속박되었으며, 튜튼인에게 삼차 속박되어, 수천 년 동안 하늘의 해를 보지 못했다. 또한 슬라브인은 지금도 전제의 자의적인 폭정체제에서 신음하며 아직도 벗어나지 못하고 있다. 가트[10] 민족(원주 — 로마가 통일하기 전의 골리앗인과 지금의 아일랜드인, 스코틀랜드의 고지대인이 모두 이 종족이다.)은 용감한 기운이 있어 한 시대에 으뜸이었지만, 정치사상은 몹시 박약하였다. 이 때문에 한두 명의 힘센 영웅만 숭배할 줄 알았을 뿐, 국민은 독립단결할 수 없었다. 그리하여 무수하게 많은 소규모 군사국가를 세웠지만 통일의 도(道)는 없었으며, 거대 종교를 창시할 수는 있었지만 거대 국가를 세울 수는 없었다.

> 條頓人之優於他白人者, 何也. 條頓人政治能力甚强, 非他族所能及也. 如彼希臘人及斯拉夫人, 雖能立地方自治之制, 而不能擴充之. 其能力全集注於此最小之公共團體. 而位於此團體之上者, 有國家之機關, 位於此團體之下者, 有個人之權利, 皆非彼等所能及也. 以故其所

10 가트(Gath). 필리스티아(블레셋)의 5개 도시왕국 가운데 하나. 현재 이스라엘의 어디인지는 밝혀지지 않았다. 『구약성서』에 여러 번 등장하는데, 용사 골리앗이 가트 출신이라고 한다.

生之結果, 有三缺點. 人民之權利不完, 一也. 團體與團體之間, 不相聯屬, 二也. 無防禦外敵之力, 三也. 故希臘人一軛於羅馬, 再軛於土耳其, 三軛於條頓人, 數千年不見天日. 而斯拉夫人今猶呻吟於專制恣暴政體之下而未有已也. 至如迦特民族, (羅馬一統前之部皃人, 及今之愛爾蘭人, 與蘇格蘭之高地人, 皆屬於此族.) 雖其勇敢之氣, 冠絶一時, 而政治思想更薄弱, 故惟知崇拜一二膂力之英雄, 而國民不能獨立團結, 雖能建無數之小軍國, 而無統一之之道, 能創大宗教, 而不能成大國家.

라틴인은 그들 가운데서도 월등히 우월해서, 위대한 로마제국을 건설하여 유럽대륙을 통일하고, 완비된 로마민법을 갖추고 천년을 유지할 수 있었다. 그러나 그 사상은 너무 커서 실제로 실현할 수는 없었으며, 걸핏하면 천하(宇內)를 통제하려고 했지만 지방자치제도는 파괴되고 개인의 권리는 유린되었으며, 국력 신장에는 힘을 쓰면서 인격은 양성하지 않았다. 그리하여 로마 말엽에 이르면 라틴의 부패와 비열함은 천하에 알려졌고, 오늘에 이르기까지 그 이어 내려온 구태는 여전히 제거되지 않았다. 텅 빈 화려함을 좋아하고 참된 실질은 과소평가하면서, 때로는 보수로 기울어 진부함을 싸안고 조금의 변화도 하려 하지 않으며, 때로는 급격함으로 달려 급변화하면서 절차를 밟지 않으니, 프랑스인이 대표적이다. 〔프랑스는〕 백 년 안에 정치체제의 변동이 여섯 차례 있었고, 헌법을 바꾼 것이 열네 차례였다. 지금 이름은 민주이지만, 지방자치와 개인의 권리는 조금도 확충하지 못했다. 이것이 라틴인이 진화(天演)의 현장에서 날로 위축되어 가는 이유이다.

至於拉丁人, 則遠優於等矣, 能建偉大之羅馬帝國, 統一歐陸, 能製完備之羅馬民法, 垂型千年. 雖然, 其思想太大而不能實施, 動欲統制宇內, 而地方自治之制被破壞焉, 個人權利被蹂躪焉, 務張國力而不養人格, 故及羅馬之末葉, 而拉丁之腐敗卑劣聞天下. 雖及今日, 而其沿襲之舊質, 猶不能除. 好虛榮, 少沈實, 時則傾於保守, 抱陳腐而不肯稍變, 時則馳於急激, 變之不以次第, 若法蘭西人, 其代表也. 百年之內, 變政體者六, 易憲法者十四, 至今名爲民主, 而地方自治與個人權利, 毫不能擴充. 此拉丁人所以日蹙於天演之劇場也.

튜튼인의 경우, 처음 게르만의 산림에서 일종의 야만족이었을 때 개인은 자유의 기개를 강하게 세우고 자손들에게 전해 주어 잃지 않았으며, 또한 로마 문화의 훈습과 단련을 거쳐, 〔게르만과 로마 문화〕 양자가 화합하여 특성을 가진 민족을 이루어 민족국가(National state)를 형성할 수 있었다. 그들은 대의제도를 창제하여 인민들이 모두 참정권을 갖게 했으며, 인민의 뜻을 모아 공의(公意)로 삼고, 인민의 권리를 모아 국권으로 삼았으며, 또한 단체와 개인의 권한을 정하고 중앙정부와 지방자치의 권한을 정하여, 각각 서로 침해하지 않도록 했다. 이리하여 민족 전체가 때의 변화에 적응하여 점점 발달할 수 있었다. 그러므로 튜튼인이 오늘날 드디어 천하에서 뛰어나게 된 것은 천행이 아니라 그 민족의 우월함이 그렇게 만든 것이다.

若夫條頓人, 則其始在日耳曼森林中爲一種蠻族時, 其個人强立自由之氣概, 傳諸子孫而不失, 而又經羅馬文化之薰習鍛練, 兩者和合, 遂能成一特性之民族, 而組織民族的國家 National state. 創代議制度, 使人民皆得參預政權, 集人民之意以爲公意, 合人民之權以爲國權,又能定團體與個人之權限, 定中央政府與地方自治之權限, 各不相侵, 民族全體, 得應於時變, 以滋長發達. 故條頓人今遂優於天下, 非天幸也, 其民族之優勝使然也.

앵글로색슨인이 다른 튜튼인보다 뛰어난 점은 무엇인가? 그들은 독립자조의 기풍이 가장 강하다. 그들은 어려서부터 가정과 학교에서 부모와 스승, 연장자들이 〔자식, 제자, 연소자들을〕 부속물(附庸) 부리듯이 대하지 않고, 세상일을 익히고 단련하게 해서, 〔그 자식, 제자, 연소자들은〕 조금 크면 자립할 수 있어 타인에게 의지하지 않는다. 기율을 지키고 질서를 따르는 생각이 가장 두텁고, 상식(Common sense)은 가장 풍부하며 항상 무모한 경거망동을 하려 하지 않는다. 그들의 권리사상은 매우 강해서 권리를 제2의 생명으로 보아 조금도 포기하려 하지 않는다. 그 체력은 매우 강하여 온갖 모험을 감행할 수 있으며, 그 성질은 매우 강인하여 백번 꺾여도 굴복하지 않는다. 그 사람들은 실업(實業)을 주로 삼고 허영을 숭상하지 않아 사람들이 모두 직업을 갖는데 힘쓰며, 고하를 막론하고 무위도식하는 관리나 정객은 세상에서 존중받지 못한다. 그 보수의 성질 역시 매우 강하면서도 늘 시세에 따를 줄 알아, 외부의 사회(群)를 거울삼아 그 고유의 본성을 광대하게 발휘할 줄 안다. 이런 이유들 때문에 북쪽 끝의 작은 3개의 섬이 북아메리카와 오스트레일리아 양 대륙에 그 종을 번식시킬 수 있었다. 해 뜨는 곳 어디에나 그 국기를 휘날리고, 오대주와 사방의 바다 요충지에 그 우방을 공고히 해 놓았으니, 천하에 대적할 자가 없다. 앵글로색슨인이 19세기에 세계를 제패할 수 있었던 것은 천행이 아니라 그 민족의 우월함 때문이다.

盎格魯撒遜人之尤優於他條頓人者，何也. 其獨立自助之風最盛，自其幼年在家庭，在學校，父母師長皆不以附庸待之，使其練習世務，稍長而可以自立，不倚賴他人. 其守紀律循秩序之念最厚，其常識 Common sense 最富，常不肯爲無謀之躁妄擧動. 其權利之思想最强，視權利爲第二之生命，絲毫不肯放過. 其體力最壯，能冒萬險，其性質最堅忍，百折不回. 其人以實業爲主，不尙虛榮，人皆務有職業，不問高下，而坐食之官吏政客，常不爲世所重. 其保守之性質亦最多，而常能因時勢，鑒外群，以發揮光大其固有之本性. 以此之故，故能以區區北極三孤島，而孳殖其種於北亞美利加澳大利亞兩大陸，揚其國旗於日所出入處，鞏其友力於五洲四海衝要咽喉之地，而天下莫之能敵也. 盎格魯撒遜人所以定霸於十九世紀，非天幸也，其民族之優勝使然也.

그렇다면 우리는 누구를 모범으로 삼아야 하는지 알 수 있을 것이다. 저 종족들이 쇠약해지고 이 종족들이 강성한 이유를 살피고, 한번 스스로를 돌아봐야 한다. 우리 국민의 성질과 저처럼 쇠약을 부른 이유는 어디가 같고 어디가 다른가? 〔우리 국민의 성질과〕 이처럼 흥성을 이룬 이유는 어디가 같고 어디가 다른가? 대체(大體)의 결함은 어디에 있으며 세부적인 박약함은 어떤 것들인가를 하나하나 조사하고, 하나하나 거울삼고, 하나하나 고치고, 하나하나 보충해야 새로운 국민이 설 수 있다. 지금 우리 국민이 스스로 새롭게 해야 할 대강과 항목들에 대해, 몇 개의 분절로 나누어 다음 절에서부터 상세히 논하겠다.

然則吾之所當取法者可知已. 觀彼族之所以衰所以弱，此族之所以興所以强，而一自省焉. 吾國民之性質，其與彼召衰召弱者異同若何. 與此致興致强者異同若何. 其大體之缺陷在何處. 其細故之薄弱在何處. 一一勘之, 一一鑒之, 一一改之, 一一補之, 於是乎新國民可以成. 今請擧吾國民所當自新之大綱小目, 條分縷析, 於次節祥論之.

○ 해설

이 절의 제목은 "우승열패의 원리에 의해 '신민'의 성과를 증명하며, 누구를 모범으로 삼아야 하는지 논함"이다. 양계초가 이런 제목을 붙인 이유는 '신민'의 성과는 우승열패의 전쟁터에서 승리하는 존재가 그 존재 자체로 증명한다고 생각했기 때문이다. 그리고 그 힘의 근원이란 민족주의이며, 민족주의의 힘이란 영웅이 아니라 백성 개개인의 힘이 모인 것이라 판단했다.

그의 판단으로는 민족이 단위가 되어 경쟁주체가 되는 것이 추세이며, 그 형태가 경쟁에 가장 바람직하다고 생각했다. 그러므로 '우승열패의 원리에 의해 신민의 성과를 증명'해 줄 것들은 오대주에 식민지를 건설하고 자기 나라의 깃발을 꽂아 가고 있는 민족제국주의이다. 그는 오색인종 가운데 백인종, 백인종 가운데 튜튼족, 튜튼족 가운데 앵글로색슨족을 진화계의 승리자로 꼽는다. 그리고 그들이 승자가 될 수 있었던 그 민족적 자질 혹은 특성을 뽑아내고자 한다. 그 특성들을 중국인들도 가져야만 우승열패의 전장에서 살아남을 수 있을 것이기 때문이다.

문명을 전파하는 백인종의 진취적 성격, 민족국가를 조직하는 튜튼인의 정치능력은 그들의 오늘날 성취가 행운이 아니라 민족의 우월함 때문임을 증명한다고 양계초는 설명한다. 나아가 앵글로색슨인만의 장점으로 꼽히는 것들은, 독립자조의 기풍, 풍부한 상식, 강한 권리사상, 모험을 강행하는 체력, 허영을 배척하고 실업을 중시하는 정신, 보수의 성질을 갖고 있으면서도 변화에 따르는 성격 등이다. 이는 당시 유럽의 제국주의가 식민지 개척을 하면서 대동했던 이념들, 즉 문명보편주의, 사회진화론, 인종주의 등을 양계초가 그대로 받아들이고 있음을 보여 준다. 정치능력, 독립자조, 상식, 권리, 체력, 실업에서 보수적 성격까지, 모든 것들이 일단은 '우승열패'의 기준에서 배열되고 있음을 볼 수 있다. 마지막에 양계초가 말하듯, 다음 절부터는 성공한 국민으로부터 뽑아낸 특질들이 차례로 언급될 것이라고 기대된다.

제5절 공덕(公德)[1]

우리 국민에게 가장 결여되어 있는 것은 공덕(公德) 그 한 가지이다. 공덕이란 무엇인가? 사회(人群)[2]가 사회가 될 수 있고 국가가 국가가 될 수 있는 것은 이 덕에 의지하여 성립하는 것이다. 사람은 사회(群)를 잘 이루는 동물이다.(원주 — 이는 서양 학자 아리스토텔레스의 말이다.) 사람이 사회를 이루지 않으면 금수와 무슨 차이가 있겠는가. 그러나 단지 사회(群), 사회 하면서 공허한 말로 고담준론해서는 안 되며, 결과를 낼 수 있어야 한다. 그러려면 반드시 하나로 관통해서 서로 연결시키는 무엇인가가 필요하다. 그래야만 사회라는 실제의 결실을 거둘 수 있다. 이와 같은 것을 공덕(公德)이라 한다.

第五節 論公德

我國民所最缺者, 公德其一端也. 公德者何. 人群之所以爲群, 國家之所以爲國, 賴此德焉以成立者也. 人也者, 善群之動物也(此西儒亞里

---

1 『신민총보』 제3호에 실림. 1902. 3. 10.

2 이 절의 뒤 단락에서 양계초는 '社會'라는 말도 사용하면서, "사회는 즉 '인군'(人群)"이라고 한다(주 12 참조). 즉, '군'과 '사회'를 같은 의미를 가진 단어로 혼용한 것이다.

士多德之言). 人而不群, 禽獸奚擇. 而非徒空言高論曰群之群之而遂能有功者也. 必有一物焉貫注而聯絡之, 然後群之實乃擧. 若此者謂之公德.

도덕의 본체는 하나일 뿐이다. 그러나 발동해서 밖으로 드러나면 공(公)과 사(私)의 이름이 세워진다. 사람들이 홀로 자신을 선하게 하는 것(獨善其身)[3]을 사덕(私德)이라고 하며, 사람들이 그 사회(群)를 좋게 하는 것을 공덕(公德)이라고 한다.[4] 이 둘은 모두 사람이 사는 데 없어서는 안 될 도구이다. 사덕이 없으면 바로 설 수가 없다. 비루하고 허위적이고 잔인하고 어리석고 겁 많은 사람들을 아무리 많이 합해도 나라를 이루지 못한다. 공덕이 없으면 단체를 이룰 수 없다. 자기만을 단속하며 스스로 만족하고 청렴하고 겸손하고 선량하고 신실한 사람들이 아무리 많아도 역시 나라를 이루지 못한다.

道德之本體一而已. 但其發表於外, 則公私之名立焉. 人人獨善其身者, 謂之私德, 人人相善其群者, 謂之公德, 二者皆人生所不可缺之具也. 無私德則不能立. 合無量數卑汚虛僞殘忍愚懦之人, 無以爲國也.

---

3 '홀로 그 몸을 선하게 함'은 다음과 같이 『맹자』에 등장하는 용어로, 군자가 처한 상황에 따라 선을 실천하는 방법 중에 하나이다. 여기에서 양계초는 이 일부분의 방법을 유학 전체의 성격으로 몰아가는 경향이 있다. 『맹자』 「진심상」 9: "옛사람이 (정치의) 뜻을 이루면 은택이 백성에게 미쳤다. 뜻을 이루지 못하면 수신하여 세상에 드러났다. 궁하면 홀로 자신을 선하게 하고 이루면 천하와 함께 선을 실천한다"(古之人, 得志, 澤加於民, 不得志, 修身見於世. 窮則獨善其身, 達則兼善天下).

4 '善其身'의 '善'은 도덕적 선을 의미할텐데, '善其群'이 반드시 같은 맥락의 도덕적 선의 의미로 읽히지는 않는다. '선'은 도덕적 선의 의미 외에, '좋다', '유능하게 하다'라는 의미로도 해석될 수 있는데, 여기에서 똑같은 구조를 갖는 구절의 '선'을 '좋게 하다'로 번역했다.

無公德則不能團. 雖有無量數束身自好廉謹良愿之人, 仍無以爲國也.

우리 중국에서 도덕의 발달은 빨랐다고 할 수 있다. 그러나 사덕에만 치우쳐 있었을 뿐 공덕은 거의 결여되어 있다. 『논어』 『맹자』 같은 책들을 보자. 그 책들은 우리 국민의 목탁(木鐸)이며 도덕이 나오는 근원이다. 그 안에서 가르치는 것은 사덕이 9할이고 공덕은 1할에도 미치지 못한다. 『고요모』(皐陶謨)의 "아홉 가지 덕"(九德),[5] 『홍범』(洪範)의 "세 가지 덕"(三德),[6] 『논어』의 "온화, 선량, 공경, 검약, 겸양"(溫良恭儉讓), "자신을 이기고 예로 돌아감"(克己復禮), "충심, 신의, 독실함, 공손함"(忠信篤敬), "허물을 적게 함과 후회를 적게 함"(寡尤寡悔), "강직함, 의연함, 소박함, 어눌함"(剛毅木訥), "명을 알고 말을 앎"(知命知言),[7] 『대학』의 "머물 곳을 앎과 홀로 있을 때 신중함"(知止

5 『서경』 『우서·고요모편』(虞書·皐陶謨篇): "고요가 말했다. '사람이 행위 하는 데 아홉 가지 덕이 있다. 너그러우면서도 위엄이 있으며, 부드러우면서도 꿋꿋하며, 신실하면서도 공손하며, 잘 다스리면서도 공경하며, 온순하면서도 굳세며, 곧으면서도 온화하며, 간략하면서도 사리 분별에 세심하며, 굳세면서도 충실하며, 날래면서도 의로운 것을 말한다. 이러한 것들이 뚜렷하게 나타나고 한결같으면 길할 것이다"(皐陶曰, 行有九德. 寬而栗, 柔而立, 愿而恭, 亂而敬, 擾而毅, 直而溫, 簡而廉, 剛而塞, 彊而義, 彰厥有常吉哉).

6 『서경』 『홍범』: "세 가지 덕이 있다. 첫째는 바르고 곧은 것, 둘째는 굳건함으로 이기는 것, 셋째는 부드러움으로 이기는 것이다"(三德, 一曰正直, 二曰剛克, 三曰柔克).

7 『논어』 안의 각각의 출처는 다음과 같다. '溫良恭儉讓': "선생님은 온화, 선량, 공경, 검약, 겸양으로써 〔위정자의 신뢰를〕 얻는다"(溫良恭儉讓以得之: 『학이』 11); '克己復禮': "자신을 이기고 예로 돌아가는 것이 인이다. 하루 자신을 이기고 예로 돌아가면 천하가 인으로 귀의한다. 인의 실천은 나에게서 비롯하는 것이지, 타인에게서 비롯하는 것이 아니다(克己復禮爲仁. 一日克己復禮, 天下歸仁焉. 爲仁由己, 而由人乎哉: 『안연』 1); '忠信篤敬': "말에 충심과 신의가 있고 행동에 독실함과 공손함이 있다면 오랑캐 나라에 가더라도 통용될 것이다"(言忠信, 行篤敬, 雖蠻貊之邦, 行矣: 『위령공』 6); '寡

愼獨), "스스로를 속이지 말로 스스로 흡족함을 구함"(戒欺求慊),[8] 『중용』의 "배움을 좋아하고 힘써 실천하며 부끄러움을 앎"(好學力行知恥), "남이 보고 듣지 않는 데서 두려워하며 신중함"(戒愼恐懼), "상세한 곳까지 극진히 살핌"(致曲),[9] 『맹자』의 "마음을 보존하고 본성을 기름"(存心養性), "스스로를 돌아보고 힘써 헤아림"(反身强恕)[10] 등,

---

尤寡悔': "많이 듣고 의심나는 것은 빼고 그 나머지를 신중히 말하면 허물을 적게 할 수 있다. 많이 보고 위태로운 것은 빼고 그 나머지를 신중히 행하면 후회가 적을 것이다"(多聞闕疑, 愼言其餘, 則寡尤, 多見闕殆, 愼行其餘, 則寡悔: 『위정』 18); '剛毅木訥': "강직함, 의연함, 소박함, 어눌함은 인에 가깝다"(剛毅木訥近仁: 『자로』 27); '知命知言': "명을 알지 못하면 군자가 아니며 예를 알지 못하면 설 수 없으며 말을 알지 못하면 사람을 알 수 없다"(不知命, 無以爲君子也, 不知禮, 無以立也, 不知言, 無以知人也: 『요왈』 3).

8 『대학』 안의 각각의 구절이 등장하는 맥락은 다음과 같다. '知止': "머물러야 할 곳에서 머물 줄 아는 것을 사람이 새만큼 못하겠는가. … 군주는 인에 머물고 신하는 경에 머물고 아들은 효에 머물고 아버지는 자애에 머물고 나라 사람과 사귈 때에는 신의에 머문다"(於止, 知其所止, 可以人而不如鳥乎. … 爲人君, 止於仁, 爲人臣, 止於敬, 爲人子, 止於孝, 爲人父, 止於慈, 與國人交, 止於信); '愼獨': "이를 마음이 정성되면 밖으로 드러난다고 하는 것이다. 그러므로 군자는 홀로 있을 때 신중하다"(此謂誠於中 形於外 故君子必愼其獨也); '戒欺求慊': "이른바 그 뜻을 성실하게 한다는 것은 스스로 속이지 않는 것이다. 악취를 싫어하듯 예쁜 여자를 좋아하듯 하는 것이다. 이를 스스로 흡족함이라 한다. 그러므로 군자는 반드시 홀로 있을 때 신중하다"(所謂誠其意者, 毋自欺也, 如惡惡臭, 如好好色, 此之謂自謙. 故君子, 必愼其獨也).

9 『중용』 안의 각각의 구절이 등장하는 맥락은 다음과 같다. '好學力行知恥': "배움을 좋아하는 것은 지혜에 가깝고 힘써 실천하는 것은 인에 가까우며 부끄러움을 아는 것은 용기에 가깝다"(好學近乎知, 力行近乎仁, 知恥近乎勇); '戒愼恐懼': "그러므로 군자는 남들이 보지 못하는 곳에서 〔실수할까〕 신중하고, 남들이 듣지 못하는 곳에서 〔잘못할까〕 두려워한다"(是故君子, 戒愼乎其所不睹, 恐懼乎其所不聞); '致曲': "그 다음은 상세한 곳까지 극진히 살피는 것이다. 상세할 수 있으면 성실함이 있게 되고, 성실하면 밖으로 드러난다"(其次致曲, 曲能有誠, 誠則形).

10 『맹자』 안의 각각의 출처는 다음과 같다. '存心養性': "마음을 다하는 자는 그 본성을 알게 된다. 본성을 알면 하늘을 알게 된다. 그 마음을 보존하고 그 본성을 키우는 것이 하늘을 섬기는 방법이다"(盡其心者, 知其性也. 知其性, 則知天矣. 存其心, 養其性, 所以事天也); '反身强恕': "만물이 모두 내게 갖춰져 있다. 스스로를 돌아보아 성실하

이러한 것들은 사덕에 관한 것으로서 남김없이 발휘되어 사인(私人)(원주 — 사인이란 공인(公人)과 대비해서 일컫는 말로, 한 사람이 타인과 교류하지 않을 때를 말한다.)의 자격은 거의 갖춰졌다. 그러나 단지 사인의 자격만 있다고 해서 완전한 인격이 될 수 있는가? 절대 그렇지 못하다.

吾中國道德之發達, 不可謂不早. 雖然, 偏於私德, 而公德殆闕如. 試觀論語孟子諸書, 吾國民之木鐸, 而道德所從出者也, 其中所教, 私德居十之九, 而公德不及其一焉. 如皐陶謨之九德, 洪範之三德, 論語所謂溫良恭儉讓, 所謂克己復禮, 所謂忠信篤敬, 所謂寡尤寡悔, 所謂剛毅木訥, 所謂知命知言, 大學所謂知止愼獨, 戒欺求慊, 中庸所謂好學力行知恥, 所謂戒愼恐懼, 所謂致曲, 孟子所謂存心養性, 所謂反身强恕, 凡此之類, 關於私德者, 發揮幾無餘蘊, 於養成私人(私人者對於公人而言, 謂一個人不與他人交涉之時也)之資格, 庶乎備矣. 雖然, 僅有私人之資格.遂足爲完全人格乎. 是固不能.

지금 중국의 구(舊)윤리를 서양(泰西)의 신(新)윤리와 비교해 보자. 구윤리는 군신, 부자, 형제, 부부, 붕우[11]로 분류된다. 신윤리는 가

다면 이보다 더 큰 즐거움은 없다. 힘써 헤아려 실천한다면 인을 얻는 데 이보다 가까운 길이 없다"(萬物皆備於我矣. 反身而誠, 樂莫大焉. 强恕而行, 求仁莫近焉: 『진심상』 4).

11 『맹자』 이래로 유학의 인륜으로 언급되는 '오륜'을 말한다. "사람에게는 길이 있다. 배불리 먹고 따뜻하게 입고 편안하게 거처하게 하고 가르치지 않으면 금수에 가까워진다. 성인이 이를 걱정하여 설을 사도로 삼아 인륜을 가르쳤다. 즉, 부자 사이에는 친애함이 있고, 군신 사이에는 의로움이 있으며, 부부 사이에는 구별이 있고, 장유 사이에는 순서가 있으며, 붕우 사이에는 신의가 있어야 한다"(人之有道也, 飽食煖衣逸居而無教, 則近於禽獸. 聖人有憂之, 使契爲司徒, 教以人倫, 父子有親, 君臣有義, 夫婦有

족윤리, 사회(원주 — 즉, 인군(人群))[12]윤리, 국가윤리로 분류된다. 구윤리가 중시하는 것은 한 사인(私人)과 한 사인의 관계이다.(원주 — 한 사인이 '홀로 자신을 선하게 하는 것'(獨善其身)은 본래 사덕의 범위에 속한다. 또한 한 사인과 다른 한 사인이 교섭할 때의 도의도 여전히 사덕의 범위에 속한다. 이는 법률상으로 공법과 사법[13]의 범위로 증명할 수 있다.) 신윤리가 중시하는 것은 사인과 단체의 관계이다.(원주 — 신윤리의 분류법으로 구윤리를 재분류해 보면, 가족윤리에 속하는 것이 셋이다. 즉 부자, 형제, 부부이다. 사회윤리에 속하는 것은 붕우 하나이다. 국가윤리에 속하는 것은 군신 하나이다. 그러나 붕우 하나만으로는 결코 사회윤리를 다할 수 없으며, 군신 하나만으로는 더욱 국가윤리를 다할 수 없다. 왜 그런가? 사람이 사회에 대해 지는 의무는 결코 단지 서로 알고 지내는 붕우에만 있는 것이 아니다. 자취를 끊고 사람과 교류를 하지 않는다고 해도 여전히 사회상으로 다해야만 하는 책임이 있다. 또한 국가윤리에 이르면 군주와 신하가 독점할 수 없는 것이 있다. '군신의 의'에 대해 조심스럽게 말하자면, 예로 신하를 부리고 충으로 군주를 섬기는 것은 전적으로 두 사인 사이에서 은혜를 느끼고 힘을 다하는 일일 뿐, 대체(大體)와는 무관하다. 이른바 '일민(逸民)은 왕후를 섬기지 않는다'고 할 때, 이 경우는 군신윤리의 범위 밖에 있지 않은가! 사람은 이 세 가지 윤리(즉 가족윤리, 사회윤리, 국가윤리)의 의무를 갖춰야만 인격이 완성된다. 중국의 오륜이라면 오직 가족윤리만 겨우 완비되었을 뿐, 사회윤리, 국가윤리 분야에서는 갖춰지지

別, 長幼有序, 朋友有信: 『등문공상』 4).

12 여기에서 양계초는 '社會'라는 용어를 사용하면서 '人群'과 같은 용어라고 표기했다.

13 공법(公法)은 국가의 조직이나 국가와 개인 관계를 규정하는 법률로 헌법·행정법·형법·소송법·국제법 등이 이 법에 해당한다. 사법(私法)은 개인의 의무와 권리에 대하여 규정한 법률로, 민법과 상법을 들 수 있다.

않은 것이 많다. 이는 반드시 보완되어야 하는 결함으로서, 모두 사덕을 중시하고 공덕을 소홀히 한 데서 온 결과이다.) 한 사인이 혼자 있을 때와 다른 사인과 관계할 때, 그 사이에서 도덕적인 것이 있다는 것을 귀하게 여겨야 함은 말할 필요도 없다. 그러나 이것은 도덕의 일부분이지 전체가 아니다. 전체는 공과 사를 합해서 함께 선을 실천하는 것이다.[14]

今試以中國舊倫理, 與泰西新倫理相比較. 舊倫理之分類, 曰君臣, 曰父子, 曰兄弟, 曰夫婦, 曰朋友. 新倫理之公類, 曰家族倫理, 曰社會(卽人群) 倫理, 曰國家倫理. 舊倫理所重者, 則一私人對於一私人之事也. (一私人之獨善其身, 固屬於私德之範圍, 卽一私人與他私人交涉之道義, 仍屬於私德之範圍也. 此可以法律上, 公法私法之範圍, 證明之) 新倫理所重者, 則一私人對於一團體之事也, (以新倫理之分類, 歸納舊倫理, 則關於家族倫理者三, 父子也, 兄弟也, 夫婦也. 關於社會倫理者一, 朋友也. 關於國家倫理者一, 君臣也. 然朋友一倫, 決不足以盡社會倫理, 君臣一倫, 尤不足以盡國家倫理. 何也. 凡人對於社會之義務, 決不徒在相知之朋友而已. 卽絶跡不與人交者, 仍於社會上有不可不盡之責任. 至國家者, 尤非君臣所能專有. 若僅言君臣之義, 則使以禮事以忠, 全屬兩個私人感恩效力之事耳, 於大體無關也. 將所謂逸民不事王侯者, 豈不在此倫範圍之外乎. 夫人必備此三倫理之義務, 然後人格乃成. 若中國之五倫, 則惟於家族倫理稍爲完整, 至社會國家倫理不備滋多, 此缺憾之必

14 '함께 선을 실천한다'는 '겸선'(兼善)을 번역한 것으로 『맹자』에서 '홀로 자신만을 선하게 함'(獨善其身)과 상대적으로 언급된다. "옛사람이 〔정치의〕 뜻을 이루면 은택이 백성에게 미쳤다. 뜻을 이루지 못하면 수신하여 세상에 드러났다. 궁하면 홀로 자신을 선하게 하고 뜻을 이루면 천하와 함께 선을 실천했다"(古之人, 得志, 澤加於民, 不得志, 修身見於世. 窮則獨善其身, 達則兼善天下).

當補者也, 皆由重私德輕公德所生之結果也.) 夫一私人之所以自處, 與一私人之對於他私人, 其間必貴有道德者存, 此奚待言. 雖然, 此道德之一部分, 而非其全體也. 全體者, 合公私而兼善之者也.

사덕과 공덕은 본래 병행해도 상충하지 않는 것이다. 그러나 제창한 자에게 이미 치우침이 있었고 말류에 이르면 혹은 서로 장애가 되기도 했다. 미생묘(微生畝)는 공자가 말재주만 부린다고 비방하고,[15] 공도자(公都子)[16]는 맹자가 논쟁하기를 좋아한다고 의심했으니,[17] 이들 외도(外道)나 천학(淺學)의 무리[18]가 공덕을 모르리라는 것은 말할 필요도 없지만, 대성인이나 통달한 철인도 왕왕 그런 일을 면하지 못했다. 나는 지금 옛날 사람들의 단편적인 말들이나 의도가

---

15 미생묘는 은자로 추정되며, 공자를 이름(丘)으로 호칭하며 비난했다. "미생묘가 공자에게 말했다. '자네는 왜 이렇게 분주한가? 너무 말재주만 부리는 것은 아닌가?' 공자가 말했다. '감히 말재주를 바라는 것이 아니라 고루한 것을 싫어할 뿐이오'"(微生畝謂孔子曰, 丘何爲是栖栖者與 無乃爲佞乎 孔子曰, 非敢爲佞也, 疾固也: 『논어』 『헌문』 32).

16 『신민설』에는 '공도자'가 아니라 '공손추'(公孫丑)로 되어 있으나, 실제 『맹자』 안에서 확인할 수 있는, 맹자가 '논쟁하기 좋아한다'(好辨)는 의문을 제기한 제자는 공손추가 아니라 공도자이다. 양계초의 실수인 듯하여, 공도자로 바꾸었다.

17 『맹자』 『등문공하』 9에서 맹자의 제자 공도자는 "밖의 사람들이 선생님 보고 논쟁하기를 좋아한다고 하는데, 어떠신가요?"라고 물었다. 맹자는 이에 자신은 요임금 이하 성인들이 이룩해 온 문화를 잇는 것을 자신의 사명으로 삼고 있고, 자기 세대의 구체적인 사명은 양주와 묵적을 물리치는 것이므로, 그들을 종식시키기 위해 부득불 논쟁할 수밖에 없다고 해명한다.

18 '외도'는 길을 벗어났다는 의미로 이단을 지칭하는 말이고, 여기에서는 미생묘를 가리킨다. '천학'은 배움이 천박함을 의미하는 말로, 공도자를 가리킨다. 공자의 입장에서 '외도'는 유학 밖의 주장들을 가리킬 텐데, 양계초는 무슨 마음으로 이 '외도'라는 말을 썼을까?

있어 한 말들을 끌어모아 드러내서 모두 그 단점을 매도하도록 하려는 것이 아니다. 요컨대, 우리 중국은 수천 년 이래로 '자기 한 몸 단속하고 허물을 줄이자는 주의'(束身寡過主義)가 실제로 덕육(德育)의 중심이었다. 그래서 〔도덕의〕 범위는 날로 축소되었다. 그 가운데 말이나 행동이 범위에서 벗어나서 이 사회(群)와 이 나라의 공리(公利)와 공익을 위해 힘을 다하는 자가 있으면, 저 고루하고 천박한 선비[19]들은 걸핏하면 "그 지위에 있지 않거든 그 자리의 정사에 대해 논하지 말라"[20]는 등의 치우친 도리를 끌어와서 비웃고 배척했다. 나쁜 씨앗이 퍼지고 전해져 옳지 못한 것을 익혀 오히려 옳은 것을 이겼으니,[21] 국민은 공덕이 어떤 것인지 더욱 모르게 되었다.

私德公德, 本幷行不悖者也. 然提倡之者旣有所偏, 其末流或遂至相妨. 若微生畝譏孔子以爲佞, 公孫丑疑孟子以好辨, 此外道淺學之徒, 其不知公德, 不待言矣, 而大聖達哲, 亦往往不免. 吾今固不欲摭拾古人片言隻語有爲而發者, 摘之以相詬病. 要之吾中國數千年來, 束身寡過主義, 實爲德育之中心點. 範圍旣日縮日小. 其間有言論行事, 出

19 '고루하고 천박한 선비'는 '곡사천유'(曲士賤儒)를 번역한 것이다. '曲士'는 『장자』 「추수」에 "고루한 선비에게는 도를 얘기할 수 없다. 배운 것에 묶여 있기 때문이다"(曲士不可以语於道者, 束於教也)라는 글에서 등장한다. '賤儒'는 『순자』 「비십이자」에 등장하는데, 외관이나 점잖게 꾸미고 겸손한 척 별말 없이 실질적으로 선비가 힘써야 할 일에 대해서는 외면하고 있는 선비연한 사람들을 비판하는 말이다. 실제로 순자는 그 천박한 선비로, 자장(子張), 자유(子遊), 자하(子夏)를 지목했다.

20 『논어』 『태백』 14.

21 '옳지 못한 것을 익혀 오히려 옳지 못한 것을 이겼으니'는 '습비승시'(習非勝是)를 번역한 것이다. 양웅(揚雄), 『법언』(法言) 「학행」(學行) : "익히고 또 익혀라. 옳지 못한 것을 배워도 옳은 것을 이기니, 하물며 옳은 것을 배워 옳지 못함을 이김이랴"(習乎習, 以習非之勝是, 况習是之勝非乎).

此範圍外, 欲爲本群本國之公利益有所盡力者, 彼曲士賤儒, 動輒援不在其位不謀其政等偏義, 以非笑之擠排之. 謬種流傳, 習非勝是, 而國民益不復知公德爲何物.

사람이 사회(群) 속에서 살아가면서 그 사회의 권리를 편안히 누리려면 그 사회에 대한 의무를 다해야 한다. 그렇지 않다면 이는 사회의 좀벌레일 뿐이다. '자기 한 몸 단속하고 허물을 줄이자는 주의자들'은 자신이 비록 사회에 도움은 되지 않지만 해(害)도 되지 않는다고 생각한다. 그러나 도움이 되지 않는 것이 해라는 것을 그들은 어찌 모르는가? 왜냐하면 사회가 나에게 이익을 주는 것이 있는데 나는 사회에 이익을 주는 것이 없다면, 이것은 내가 사회에 빚을 지고 갚지 않는 것이기 때문이다. 한 사인(私人)이 다른 사인과 교섭할 때, 갚아야 할 빚을 갚지 않으면 사덕상으로 그것은 반드시 죄가 된다. 그 해가 다른 사람에게 미치기 때문이다. 그런데 사회에 빚을 지고 갚지 않았는데도 오히려 선인(善人)이라는 이름을 감히 쓸 수 있다면 어떻겠는가? 한 사회 안의 사람 모두가 서로 빚을 지고 갚지 않는다면 그 사회의 밑천(血本)은 얼마나 되겠는가? 끝없이 많은 채무자들이 밤낮으로 갉아먹고 나눠먹는다면, 그래서 소모만 있고 증보는 없다면, 얼마나 오래갈 수 있겠는가? 그 사회 역시 빚을 갚지 않는 채무자 때문에 반드시 질질 끌려가며 무너질 수밖에 없다. 이는 사인에게 일어나는 것과 마찬가지의 결과로, 이렇게 되는 것은 필연적인 이치이다. 오늘날 우리 중국이 날로 쇠락해 가는 이유가 달리 있으랴! 저 '자기 한 몸 단속하고 허물을 줄이자는' 선비들이 너무 많고, 권리를 누리기만 하고 의무를 다하지는 않으며, 사람들은 모두 사회에 진 빚이 없는 듯 생각하기 때문이다. 사람은 많은데 사회의 이익이 되지는 못하고 오히려 사회의 누가 되니, 어떻게 날로 위축되지 않을 수 있겠는가.

今夫人之生息於一群也, 安享其本群之權利, 卽有當盡於其本群之義務. 苟不爾者, 則直爲群之蠹而已. 彼持束身寡過主義者, 以爲吾雖無益於群, 亦無害於群, 庸詎知無益之卽爲害乎. 何則, 群有以益我, 而我無以益群, 是我逋群之負而不償也. 夫一私人與他私人交涉, 而逋其所應償之負, 於私德必爲罪矣, 謂其害之將及於他人也. 而逋群負者, 乃反得冒善人之名, 何也. 使一群之人, 皆相率而逋焉, 彼一群之血本, 能有幾何. 而此無窮之債客, 日夜蠹蝕之而瓜分之, 有消耗, 無增補, 何可長也. 然則其群必爲逋負者所拽倒, 與私人之受累者同一結果, 此理勢之所必然矣. 今吾中國所以日卽衰落者, 豈有他哉. 束身寡過之善士太多, 享權利而不盡義務, 人人視其所負於群者如無有焉. 人雖多, 曾不能爲群之利, 而反爲群之累, 夫安得不日蹙也.

부모는 자식을 낳고 키우고 보호하고 가르친다. 그러므로 자식은 부모의 은혜에 보답할 의무가 있다. 사람들이 모두 이 의무를 다한다면 자식이 많을수록 부모는 더욱 순탄하고 가족은 더욱 번창한다. 이와 반대면 가족은 번창하지 못한다. 그러므로 자식이 부모에게 진 빚을 갚지 않는 것을 불효라고 한다. 이 〔불효가〕 사덕(私德) 가운데 가장 중요한 것임을 사람들은 모두 안다. 사회(群)가 개인(人)[22]

22 '人'을 번역한 것인데, '군'과 대비되어 사용되었으므로 '개인'의 의미이다. 제4절에 '단체'와 대비되어 '개인'(個人)이라는 용어가 이미 등장했다.

에게, 국가가 국민에게 베푸는 은혜는 부모의 은혜와 같다. 사회(群)와 나라가 없으면 우리의 생명과 재산은 의탁할 곳이 없으며 우리의 지혜와 능력은 발휘할 곳이 없어, 이 몸은 천지 사이에 하루도 설 수 없다. 그러므로 사회에 보답하고 나라에 보답해야 하는 의무는 혈기를 가진 사람은 모두 갖는다. 이 책임을 방기한다면, 사덕으로 볼 때 선인이든 악인이든 관계없이 모두 사회와 나라의 좀도둑이다. 열 명의 아들을 둔 집에 비유해 보자. 어떤 〔아들은〕 머리 깎고 출가를 하고, 어떤 〔아들은〕 바둑과 음주에 빠져 있다. 하나는 구도를 하지만 하나는 무뢰한이므로 그 선악의 성질은 판이하게 다르지만, 요컨대 부모 보양하기를 돌아보지 않아 명교의 죄인인 점에서는 한가지이다. 이 뜻을 분명히 안다면 자기 한 몸 깨끗이 하며 자족하는 것과 불효는 실제로 한 종류이다. 그 사회에 대역부도의 죄를 범했다고 말하더라도 또한 지나치지 않다.

父母之於子也, 生之育之, 保之敎之, 故爲子者有報父母恩之義務. 人人盡此義務, 則子愈多者, 父母愈順, 家族愈昌. 反是則爲家之索矣, 故子而逋父母之負者, 謂之不孝. 此私德上第一大義, 盡人能知者也. 群之於人也, 國家之於國民也, 其恩與父母同. 蓋無群無國, 則吾性命財産無所託, 智慧能力無所附, 而此身將不可以一日立於天地, 故報群報國之義務, 有血氣者所同具也. 苟放棄此責任者, 無論其私德上爲善人爲惡人, 而皆爲群與國之蟊賊. 譬家有十子, 或披剃出家, 或博奕飮酒, 雖一則求道, 一則無賴, 其善惡之性質迥殊, 要之不顧父母之養, 爲名敎罪人則一也. 明乎此義, 則凡獨善其身以自足者, 實與不孝同科, 案公德以審判之, 雖謂其對於本群而犯大逆不道之罪, 亦不爲過.

어떤 설부(說部)[23] 우화에 다음과 같은 이야기가 있다. 어떤 관리가 죽어서 그 죄를 심판받기 위해 염라대왕 앞에 갔다. 그 혼은 말했다. "나는 죄가 없습니다. 나는 관리로서 대단히 청렴했습니다." 염라대왕이 말했다. "나무 인형을 조정에 세워 놓는다면 물조차 마시지 않을 테니, 그대보다 청렴하지 않겠는가. 〔그대에 관해서는〕 청렴하다는 것 외에 들은 바가 없으니, 이것이 그대의 죄다"라고 하고는 달군 쇠로 살을 지지는 형을 내렸다.[24] 자기 한 몸 단속하고 허물을 줄이는 것을 유일무이한 좋은 덕이라고 여기는 자는 자기가 이 죄에 빠져 용서받을 수 없음을 스스로는 모른다. 근세 간행된 『관잠』(官箴)에서 가장 인구에 회자되는 세 단어는 바로 청렴(淸), 신중(愼), 근면(勤)이다.[25] 청렴, 신중, 근면이 어찌 고상한 사덕이 아니겠는가! 그러나 저들 관리는 한 사회(群)의 위탁을 받아 일을 담당하는 자들이다. 그 자신이 사회에 대해 지는 의무가 있는 데다, 또한 위탁받은 것에 대한 의무까지 있다. 단지 이 청렴, 신중, 근면 세 단어로 이 두 종류의 책임을 다 채울 만한가? 〔청렴, 신중, 근면만을 아는 것은〕 모두 사덕이 있

23 소설(小說)이나 숨겨진 이야기, 잡다한 일 등에 관한 내용을 담은 저작을 일컫는 말. 여기에서는 구체적으로 기윤(紀昀)의 『열미초당필기』(閱微草堂筆記)이다.

24 기윤, 『열미초당필기』 권1, 『난양소하록』(灤陽消夏錄)에 실린 '정소선몽명부'(鄭蘇仙夢冥府)라는 이야기이다. 인용문이 그대로는 아니다.

25 『관잠』은 송대 이후 등장한 서책류로, 지방관이 정치를 하면서 주의해야 할 사항을 기록해 놓은 책이다. 여기에서 인용된 것은 남송의 여본중(呂本中, 1084~1145)이 편찬한 『관잠』이다. 그는 책의 첫 부분에서 다음과 같이 말했다. "관리가 지킬 법은 오직 세 가지이다. 즉 청렴, 신중, 근면이다. 이 셋을 지킬 줄 알면 녹위를 보존하고 치욕을 멀리할 수 있으며, 윗사람의 인정을 받고 아랫사람의 지원을 받을 수 있다"(當官之法, 唯有三事, 曰淸曰愼曰勤. 知此三者, 可以保祿位, 可以遠恥辱, 可以得上之知, 可以得下之援).

다는 것은 알면서 공덕이 있다는 것은 모르기 때문이다. 그러므로 정치에 진보가 없고 나라의 광휘가 나날이 사그라지는 것은 모두 이 때문이다. 저들 관리로서 공인의 지위에 있는 자들도 그러하니, 민간의 사인은 더 말할 것도 없다. 우리 국민 가운데 한 사람도 나라 일을 자기 일처럼 여기는 사람이 없다. 이는 모두 공덕의 대의가 아직 밝혀지지 않았기 때문이다.

某說部寓言, 有官吏死而冥王案治其罪者. 其魂曰, 吾無罪, 吾作官甚廉. 冥王曰, 立木偶於庭, 并水不飮, 不更勝君乎. 於廉之外一無所聞, 是卽君之罪也. 遂炮烙之. 欲以束身寡過爲獨一無二之善德者, 不自知其已陷於此律而不容赦也. 近世官箴, 最膾炙人口者三字, 曰淸愼勤. 夫淸愼勤豈非私德之高尙者耶. 雖然, 彼官吏者受一群之委託而治事者也. 旣有本身對於群之義務, 復有對於委託者之義務. 曾是淸愼勤三字, 遂足以塞此兩重責任乎. 此皆由知有私德, 不知有公德. 故政治之不進, 國華之日替, 皆此之由. 彼官吏之立於公人地位者且然, 而民間一私人更無論也. 我國民中無一人視國事如己事者, 皆公德之大義未有發明故也.

또한 논자들은 도덕이 일어난 이유를 아는가? 도덕은 사회(群)를 이롭게 하기 위해 세워진다. 그러므로 그 사회의 야만과 문명 정도에 따라 적합한 도덕 역시 왕왕 다르다. 요컨대 도덕의 의의는 그 사회를 단단하게 하고 좋게 하고 진보하게 하는 것으로 귀결한다. 영국헌법은 군주를 침범하는 것을 반역부도(反逆不道)한 것이라고 정했으며,(원주 — 군주국은 모두 그렇다.) 프랑스헌법은 군주를 세우려고 모의하는 것을 반역부도로 정했다. 미국헌법은 함부로 귀족과 작위를 만드는 것을 반역부도로 정했다.(원주 — 헌법을 위반하는 것은 모두 대역부도이다.) 그들 도덕의 외형은 이처럼 서로 상반되지만 그 정신은 하나이다. 그 하나란 무엇인가? 한 사회의 공익을 위한다는 것이다. 고대 야만인들은 부녀를 공유하는 것을 도덕으로 여기기도 했고(원주 — 한 사회 안의 부녀는 그 사회 안 남자들의 공유물로서, 혼인제도가 없었다. 고대 스파르타가 이러한 풍습에서 벗어나지 못했다.) 노예를 사람으로 취급하지 않는 것을 도덕으로 여기기도 했다.(원주 — 노예를 인간으로 보지 않은 것이다. 옛 현인인 플라톤과 아리스토텔레스도 모두 이를 잘못된 것으로 생각하지 않았다. 남북전쟁 이전의 구미인들도 이 일을 악덕이라고 생각하지 않았다.) 근세 철학자들도 그것이 도덕이 아니라고 할 수는 없다. 모두 당시의 정황에서 사회를 이롭게 하는 것을 옳은 것으로 여겼을 뿐이다. 그러니 도덕의 정신은 사회의 이익에서 나오지 않은 것이 없다. 이 정신에 위배되면 지극한 선이라 할지라도 때로는 지극한 악으로 변할 수 있다.(원주 — 자유제도 같은 것은 오늘날에는 지극히 아름다운 것이지만 야만의 미개사회라면 지극히 악한 것이며, 전제정치가 고대에는 지극히 아름다운 것이었지만 문명개화사회에서는 지극한 악이 되는 것 역시 그 예증이다.) 그러므로 공덕은 여러 나라의 원천이다. 사회를 이롭게 하는 것은 선이고 사회에 무익한 것은 악이다.(원주 — 이익은 주지 않고 해만 주는 것은 큰 악이고, 해도 입히지 않고 이익도 주지 않는 것은 작은 악이다.) 이 이치는 사해에 비춰 보아도 옳고 수백세 후에도 흔들리지 않을 진리이다.

且論者亦知道德所由起乎. 道德之立, 所以利群也. 故因其群文野之差等, 而其所適宜之道德, 亦往往不同, 而要之以能固其群善其群進其群者爲歸. 夫英國憲法, 以侵犯君主者爲大逆不道. (各君主國皆然)

法國憲法, 以謀立君主者爲大逆不道. 美國憲法, 乃至以妄立貴爵名號者爲大逆不道. (凡違憲者皆大逆不道也.) 其道德之外形相反如此, 至其精神則一也. 一者何. 曰爲一群之公益而已. 乃至古代野蠻之人, 或以婦女公有爲道德. (一群中之婦女, 爲一群中之男子所公有物, 無婚姻之制也. 古代斯巴達尙不脫此風) 或以奴隸非人爲道德. (視奴隸不以人類, 古賢柏拉圖, 阿里士多德, 皆不以爲非. 南北美戰爭以前歐美人, 尙不以此事爲惡德也) 而今世哲學家, 猶不能謂其非道德. 蓋以彼當時之情狀所以利群者, 惟此爲宜也. 然則道德之精神, 未有不自一群之利益而生者. 苟反於此精神, 雖至善者, 時或變爲至惡矣. (如自由之制, 在今日爲至美. 然移之於野蠻未開之群, 則爲至惡. 專制之治, 在古代爲至美, 然移之於文明開化之群, 則爲至惡. 是其例證也.) 是故公德者, 諸國之源也, 有益於群者爲善, 無益於群者爲惡. (無益而有害者爲大惡, 無害亦無益者爲小惡.) 此理放諸四海而準, 俟諸百世而不惑者也.

그 도덕의 외형은 그 사회(群)의 진보 정도에 따라 달라진다. 사회의 문명과 야만 정도가 다르면 이익이 되는 것도 다르고 도덕이 되는 것 역시 저절로 달라진다. 덕이라는 것은 한 번 성립하면 변하지 않는 것이 아니다.(원주 — 이 말은 세상 사람들을 자못 놀라게 하겠지만, 내가 말하는 것은 덕의 조리이지, 덕의 본원은 아니다. 그 본원은 본래 만고에 변하지 않는 것이니, 독자들은 부디 오해하지 마시라. 본원이란 무엇인가? 사회를 이롭게 하는 것일 뿐이다.) 수천 년 전의 옛사람이 일정한 격식을 세워 천하 만세를 아우르는 도덕을 만들 수 있는 것이 아니다.(원주 — 사덕의 조목은 비교적 조금 변천하고, 공덕의 조목은 그보다는 많이 변천한다.) 그렇다면 우리는 이 사회에서 태어나 이 사회의 현재에 살고 있으니, 세상의 대세를 널리 파악하고 우리 종족에게 적절한 것을 가만히 살펴 일종의 신도덕(新道德)을 만들어 밝혀야 한다. 그럼으로써 우리 사회를 단단하게 하고 좋게 하여 우리 사회가 나아가야 할 길을 찾아야 한다. 과거의 왕이나 선철들이 드물게 말한 것이라고 스스로 한계를 긋고 나아가지 못해서는 안 된다. 공덕이 있음을 안다면 새로운 도덕이 출현할 것이고 신민(新民)이 출현할 것이다.

至其道德之外形, 則隨其群之進步以爲比例差. 群之文野不同, 則其所以爲利益者不同, 而其所以爲道德者亦自不同. 德也者, 非一成而不變者也.(吾此言頗駭俗, 但所言者德之條理, 非德之本原. 其本原固亘萬古而無變者也, 讀者幸勿誤會. 本原惟何, 亦曰利群而已.)非數千年前之古人所能立一定格式以範圍天下萬世者也.(私德之條目變遷較少, 公德之條目變遷尤多.) 然則吾輩生於此群, 生於此群之今日, 宜縱觀宇內之大勢, 靜察吾族之所宜, 而發明一種新道德, 以求所以固吾群善吾群進吾群之道. 未可以前王先哲所罕言者, 遂以自畫而不敢進也. 知有公德, 而新道德出焉矣, 而新民出焉矣.

(원주 — 지금 유신(維新)을 주장하는 세상의 인사들은 모든 일을 유신하자고 하지만, 도덕을 새롭게 하자는 말은 감히 하지 못한다. 이는 학계의 노예성이 아직 없어지지 않았고 사회(群)를 사랑하고 나라를 사랑하고 진리를 사랑하는 마음이 아직 정성스럽지 않기 때문이다. 그들은 도덕이라는 것은 해와 달이 하늘에 번갈아 뜨고 강과 시내가 땅 위를 흐르는 일처럼, 태고 이래로 불어난 일도 줄어든 일도 없다고 생각한다. 옛 성인과 현인들이 그 깊은 뜻을 모두 밝혀 후세에 물려준 것인데 어떻게 이른바 옛것과 새것의 구별이 있겠느냐고 생각한다. 그들은 도덕이라는 것이 자연에서 나온 것이 반이고 인사(人事)

에서 나온 것 역시 반으로서, 발달도 있고 진보도 있어 한결같이 진화(天演)[26]의 대법칙에 따르는 것임을 모른다. 옛 철인이 오늘날 살아 보지 않았는데 어떻게 오늘날에 모두 합당한 도덕을 제정할 수 있었겠는가! 공자와 맹자가 다시 살아와도 덜어 내고 보태지 않을 수 없다는 것은 명백하다.[27] 오늘날은 마침 과도기의 시대로, 묵은 곡식은 이미 동이 났는데 햇곡식은 아직 추수되지 않은 그런 시기이다. 이전 철인의 깊은 뜻은 혹은 파묻혀 아직 드러나지 않았고, 세속에서 전해지던 간단한 도덕은 후대 사람들의 마음을 감싸 안을 만한 힘이 없다. 또한 그 진부함을 싫어해서 모든 것을 토해 버리려는 자들도 있을 것이다. 진부함을 토해 버리는 것은 오히려 괜찮다. 만약 도덕까지 다 토해 버린다면 재앙의 범람이 어찌 끝이 있겠는가. 지금 이 재앙의 단서가 이미 보이자, 나이든 스승과 명망 높은 유학자들 혹자는 이를 걱정하여 수고롭게 송원(宋元)의 남은 가르침을 가지고 그 흐름을 막아 보려 하지만, 그들이 어떻게 우승열패의 법칙이 피할 수 없는 것임을 알겠는가! 한 줌의 썩은 흙으로 맹진(孟津)[28]을 막고 한 잔의 물로 불타고 있는 땔나무를 끄는 일을, 내 재주를 다 바친다 해도

26 '天演'은 엄복(嚴復)의 번역어이다. 『신민설』에서는 제11절, 「진보」(『신민총보』 제11호, 7. 4)에 '進化'라는 용어가 처음 등장한다.

27 '덜어 내고 보태다'는 '손익'(損益)을 번역한 것이다. '손익'은 『논어』에서 다음과 같은 맥락에서 사용된 이래, 유가의 정치체제가 그 근본은 유지하되, 시대에 맞춰 조금씩 변통을 가한다는 의미로 사용되었다. 『위정』 23: "은나라는 하나라의 예를 따랐으므로 덜어 내고 보탠 것을 알 수 있으며, 주나라는 은나라 예를 따랐으므로 덜어 내고 보탠 것을 알 수 있다. 주나라를 누가 잇든지 주나라를 잇는다면 백세 뒤라도 알 수 있다"(殷因於夏禮, 所損益, 可知也, 周因於殷禮, 所損益, 可知也. 其或繼周者, 雖百世, 可知也).

28 지금의 하남 맹현의 남쪽에 있는 나루터의 이름. 『서』(書) 『우공』(禹貢): "하수에 길을 터서 적석에서 용문에 이르게 했으며 … 또 동쪽으로는 맹진에 이르게 했다"(導河積石, 至于龍門 … 又東至于孟津).

어떻게 감당할 수 있겠는가. 서둘러 중외고금의 것들을 참작하여 새로운 도덕을 만들어 제창하지 않는다면, 앞으로 지식교육이 융성해짐에 따라 도덕교육은 쇠퇴할 것이고, 서양(泰西)의 물질문명이 남김없이 중국에 수입될 테니, 우리 4억 인의 중국인이 서로를 이끌어 짐승처럼 되지 않을까 걱정이다. 아아! 도덕혁명의 주장이 분명 온 나라의 지탄을 받으리라는 것을 알지만, 나는 다만 내 재주가 미치지 못함을 한탄할 뿐이다. 이 시대 세상 사람들의 도전을 받아 결투를 해야 하는 것은 내가 두려워하는 일도 아니며 사양할 일도 아니다. 세상에 열성적인 마음으로 사회(群)를 사랑하고 나라를 사랑하고 진리를 사랑하는 사람이 있을까? 나는 그들을 위해 앞장서서[29] 이 문제를 연구하려 한다.)

(今世士夫談維新者, 諸事皆敢言新, 惟不敢言新道德. 此由學界之奴性未去, 愛群愛國愛眞理之心未誠也. 蓋以爲道德者日月經天江河行地, 自無始以來不增不減. 先聖昔賢盡揭其奥以詔後人, 安有所謂新焉舊焉者. 殊不知道德之爲物, 由於天然者半, 由於人事者亦半, 有發達有進步, 一循天演之大例. 前哲不生於今日, 安能制定悉合今日之道德. 使孔孟復起其不能不有所損益也, 亦明矣. 今日正當過渡時代, 青黃不接, 前哲深微之義或湮沒而未彰, 而流俗相傳簡單之道德, 勢不足以範圍今後之人心. 且將有厭其陳腐而一切吐棄之者. 吐棄陳腐猶可言也, 若并道德而吐棄, 則橫流之禍曷其有極. 今此禍已見端矣, 老師宿儒或尤之, 劬劬焉欲持宋元之餘論, 以遏其流. 豈知優勝劣敗固無可逃, 捧壤土以塞孟津沃杯水以

29 '앞장서다'는 '집편'(執鞭)을 번역한 것. 즉, 수레 앞에서 채찍으로 사람을 물리치는 일로, 『논어』에서는 비천한 직업을 의미하기 위해 사용되었는데, 여기에서는 '앞장서다'는 뜻으로 번역했다. 「술이」 11: "부가 얻을 만한 것이라면 나는 채찍을 잡는 일이라도 할 것이지만 그럴 만한 가치가 없는 것이라면 내가 좋아하는 것을 하겠다"(富而可究也, 雖執鞭之士, 吾亦爲之. 如不可求, 從吾所好).

救薪火, 雖竭吾才, 豈有當焉. 苟不及今急急斟酌古今中外, 發明一種新道德者而提倡之, 吾恐今後智育愈盛, 則德育愈衰, 泰西物質文明盡輸入中國, 而四萬萬人且相率而爲禽獸也. 嗚呼道德革命之論, 吾知必爲擧國之所詬病. 顧吾特恨吾才不逮耳. 若夫與一世之流俗人挑戰決鬪, 吾所不懼吾所不辭. 世有以熱誠之心愛群愛國愛眞理者乎, 吾願爲之執鞭以硏究此問題也.)

공덕의 큰 목적이 사회(群)를 이롭게 하는 데 있으니, 천만 개의 조리(條理)가 모두 여기에서 나온다. 본 편 이후의 각 세목은 거의 모두 '사회(群)를 이롭게 함'을 벼리로 삼아 일관되는 것들이다. 그러므로 이 절에서는 공덕이 급선무라는 것만을 논하고, 이 공덕을 실행하는 방법에 대해서는 이하에서 별도로 논하겠다.

公德之大目的, 旣在利群, 而萬千條理卽由是生焉. 本論以後各子目, 殆皆可以利群二字爲綱以一貫之者也. 故本節但論公德之急務, 而實行此公德之方法, 則別著於下方.

○ 해설

앞 절에서 예고했듯이 이 절부터는 '신민'이 되기 위한 대강 혹은 소목이 전개된다. 실제로 앞에서 양계초는 "민덕, 민지, 민력이 바로 정치, 학술, 기예의 큰 근원"(제3절)이라고 말함으로써, 신민의 바탕을 암시했다. 즉 지, 덕, 체이다. 그런데 그 가운데 양계초는 '공덕'을 특히 꼽은 것이다. 이 절 첫머리에서 양계초 "우리 국민에게 가장 결여되어 있는 것은 공덕(公德) 그 한 가지"라고 말하며, 심지어는 "앞으로 지식교육이 융성해짐에 따라 도덕교육은 쇠퇴할 것이고, 서양의 물질문명이 남김없이 중국에 수입될 테니, 우리 4억 인의 중국인을 모두 이끌어 짐승처럼 되지 않을까 걱정"이라고 말한다. 무슨 근거로 이러한 우려를 하는지 알 수 없지만, 어쨌든 이것이 지, 덕, 체 가운데 '덕'을 신민을 위한 '대강'으로 제시하는 이유일 것이다. 그리고 실제로 이 『신민설』은 '덕'에 대해 논의하는 장이 된다.

'공덕'은 '사덕'(私德)을 상대해 놓고 언급된다. 양계초에 의하면, 공덕이 개인이 사회와의 관계에서 가져야 하는 바람직한 덕이라면, 사덕은 사회와의 관계가 아니라 개인적인 인격, 혹은 다른 개인과의 관계에서 가질 법한 덕이다. '덕'이 중국의 전통적인 맥락에서 사용되었든 서양어 virtue의 번역어로 사용되었든, 그것은 인간이 갖는 품성을 의미한다. 즉, 행위가 아니라 어떤 행위를 지속적으로 유발하는, 안정된 인간의 성격을 가리킨다. 양계초가 민족국가라는 강한 정치공동체를 책임질 신민에게 요구하는 것은 '사덕'이 아니라 '공덕'이며, 그 공덕의 목적은 "사회를 이롭게 하는데 있"고, 이하 절부터 소개될 공덕의 세목들 역시 "사회를 이롭게 한다"는 한 가지 정신으로 일관된다.

덕으로 말한다면, 양계초는 중국이 남달리 그 분야에서 발달해 왔음을 인정한다. 그러나 90퍼센트 이상이 사덕이었다고 평가절하한다. 즉, "사회를 이롭게 하는" 덕은 절대적으로 결여되었다는 판단이다. 중국의 윤리 혹은 도덕으로 소개되는 것은 맹자 이래 유가윤리의 벼리로 정착한 오류인데, 실제로 그것들이 개인의 인격, 혹은 개인 간의 교제에만 작동하는 덕이라는 양계초의 평가는 무고이다. 유학은 개인의 인격자체를 사회적으로 정의해 놓음으로써 개인의 인격과 사회에의 참여를 동일 선상에서 설명하기 때문이다. 사실관계가 어찌 되었든 양계초는 도덕, 윤리, 공덕, 이 모든 것의 정신은 '사회를 이롭게 하'는 데 있다고 단언한다. 그러나 개인의 관계에서 끝나는 사덕은 그렇지 못하다는 것이다. 이렇게 되면 한 개인 안에서 사덕과 공덕의 발달에 불균형이 일어날 수 있다. 양계초는 공덕과 도덕의 정신을 일치시킴으로써 사덕이 공덕의 하위에 놓임을 밝힌다. 사덕상 훌륭한 사람이라도 공덕상으로 부덕한 사람이라면, 그 사람은 부덕한 사람이다.

즉, 이 체계에서 인간의 품성은 '사회의 이익창출'을 가치로 하여 그 좋고 나쁨이 판단되어야 한다. 한 예로 양계초는 부모자식 간의 양육과 효의 관계도 이익을 주고받는 관계로 설명한다. 이는 윤리적으로는 유용성의 원리에 의해 선악을 평가하는 공리주의체계이며, 정치적으로는 공동체 구성원에게 개인주의를 넘어서는 '덕'을 요구하는 공화주의의 모습에 가깝다. 앞으로 이 공덕의 세목들이 어떤 내용으로 전개될지 살펴보아야 양계초의 신민과 공덕에 대한 평가가 정해질 것이다.

제6절 국가사상[1]

사회의 초기 단계에는 부민(部民)만 있었고 국민은 없었는데, 부민에서 국민으로 진행하면서 여기에서 문명과 야만이 나뉘었다. 부민과 국민의 차이는 어디에 있는가? 여러 족속(群族)이 모여 살며 자신들의 풍속을 이루는 자들을 부민이라고 하며, 국가사상을 가지고 스스로 정치를 펼 수 있는 자를 국민이라고 한다. 천하에 국민 없이 나라를 이룩한 적은 없다.

第六節 論國家思想

人群之初級也, 有部民而無國民, 由部民而進爲國民, 此文野所由分也. 部民與國民之異安在. 曰群族而居, 自成風俗者, 謂之部民. 有國家思想, 能自布政治者, 謂之國民. 天下未有無國民而可以成國者也.

국가사상이라는 것은 무엇인가? 첫째, 자기 한 몸과 상대해서 국가가 있다는 것을 아는 것이며, 둘째, 조정과 상대해서 국가가 있다

1 『신민총보』 제4호, 1902. 3. 24.

는 것을 아는 것이며, 셋째, 외족(外族)과 상대하여 국가가 있다는 것을 아는 것이며, 넷째, 세계와 상대하여 국가가 있다는 것을 아는 것이다.

> 國家思想者何. 一曰對於一身而知有國家, 二曰對於朝廷而知有國家, 三曰對於外族而知有國家, 四曰對於世界而知有國家.

이른바 자기 한 몸과 상대하여 국가가 있음을 안다는 것은 무엇인가? 사람이 다른 생물에 비해 귀한 이유는 무리(群)[2]를 이룰 수 있기 때문일 뿐이다. 만약 자기 한 몸이 혈혈단신 대지에 고립되어 있었다면, 나는 것은 날짐승보다 못하고 뛰는 것은 뭍짐승보다 못하니, 인류는 이미 오래전에 절멸했을 것이다. 그러므로 내적으로 보면, 평화로운 시기에는 일을 나눠 하고 공을 바꿔 쓰며 분업하고 서로 도우니, 혼자서 온갖 기술을 갖추기는 분명 어렵기 때문이다. 외적으로 보면, 급한 전쟁 때에는 무리(群)의 방책과 무리(群)의 힘으로 성을 지키고 적을 막으니, 혼자서는 더욱 한 몸조차도 보존할 수 없기 때문이다. 이에 국가가 일어난다. 국가는 성립하지 않을 수 없기 때문에 성립했다. 즉, 개개인은 자기 한 몸에만 의지할 수 없다는 것을 알고, 너와 내가 단결하여 서로 보완하고 서로 막아 주며 서로를 이롭게 하는 방법을 별도로 구하게 되었다. 그 단결이 영원히 흩어지지 않고, 그 상부상조가 영원히 어그러지지 않고, 도와주는 것이 오래도록 이

2 여기에서는 '群'을 '무리'로 해석했다. 양계초는 '群'과 '社會'를 동일한 것이라고 명기하기도 하지만, 사회라는 의미로 '人群'을 사용하기도 하는 것으로 보아(제5절 참조), '군'의 한자 본래가 갖고 있던 의미, 즉 '무리'로도 사용했다고 판단된다.

지러지지 않게, 그 막아 주는 것이 오래도록 잘못되지 않게, 서로에게 주는 이익이 오래도록 끝이 없게 하고자 한다면, 반드시 사람마다 자기 한 몸보다 더 크고 중요한 것이 있다는 것을 알아야 한다. 매번 생각할 때, 말할 때, 일 처리할 때, 반드시 항상 자기 한 몸 이상의 것에 뜻을 모아야 한다.(원주 — 이는 '겸애주의'이다. 그러나 또한 '위아주의'라고 해도 안 될 것이 없다.[3] 무리를 이롭게 하지 않으면 자신도 이롭게 하지 못하는 것이 세상의 공례(公例)이다.) 이와 같지 않으면 단체는 끝내 성립될 수 없으며, 인도(人道)는 거의 멈춰 버릴지도 모른다. 이것이 국가사상의 첫 번째 뜻이다.

所謂對於一身而知有國家者何也. 人之所以貴於他物者, 以其能群耳. 使以一身孑然孤立於大地, 則飛不如禽, 走不如獸, 人類翦滅亦既久矣. 故自其內界言之, 則太平之時, 通功易事, 分業相助, 必非能以一身而備百工也. 自其外界言之, 則急難之際, 群策群力, 捍城禦侮, 尤非能以一身而保七尺也, 於是乎國家起焉. 國家之立, 由於不得已也, 卽人人自知僅恃一身之不可, 而別求彼我相團結相補助相捍救相利益之道也. 而欲使其團結永不散, 補助永不虧, 捍救永不誤, 利益永不窮, 則必人人焉知吾一身之上, 更有大而要者存, 每發一慮出一言治一事, 必常注意於其所謂一身以上者. (此兼愛主義也. 雖然卽謂之爲我主義, 亦無不可. 蓋非利群, 則不能利己, 天下之公例也.) 苟不爾, 則團體終不可得成, 而人道或幾乎息矣. 此爲國家思想之第一義.

---

3 '겸애주의'(兼愛主義)와 '위아주의'(爲我主義)는 각각 평등애와 공평한 노동을 주장했던 묵자(墨子)와 사회의 이념을 부정하며 개인의 보전을 최우선가치로 여겼던 양주(楊朱)의 사상이다. 공자와 맹자 중간 시대에 살았으며, 맹자가 자신의 사상을 형성하는 데 주된 이론적 적으로 등장시킨다. 『맹자』「등문공하」 참조.

이른바 조정(朝廷)과 상대하여 국가가 있음을 안다는 것은 무엇인가? 국가가 하나의 회사(公司)와 같다면, 조정은 회사의 사무실이다. 조정에서 권력을 가진 자는 사무실의 총책임자와 같다. 국가가 하나의 마을과 같다면, 조정은 그 마을의 회관이고, 조정의 권력자는 회관의 관리자이다. 사무소가 회사를 위해서 세워지는가? 아니면 회사가 사무소를 위해서 세워지는가? 회관이 마을을 위해 설립된 것인가? 아니면 마을이 회관을 위해 갖추어진 것인가? 변론할 것도 없이 알 수 있는 일이다. 양자의 성질이 같지 않으니, 그 대소와 경중에는 저절로 넘을 수 없는 경계가 있다. 그러므로 프랑스의 왕 루이 14세의 "짐이 곧 국가이다"라는 말 한 마디는 지금에는 대역부도한 것이라고 여겨져, 구미에서는 아이들조차도 이 말을 듣고는 모두 침을 뱉고 욕을 한다. 그런데 우리 중국인의 눈으로 보면 루이 14세의 말은 기이하지 않을 수도 있다. 그러나 한 회사의 총책임자가 '내가 곧 회사'라고 하고, 한 마을의 회관 관리자가 '내가 곧 마을'이라고 한다면, 생각해 보라! 회사의 주주들이나 마을의 주민들이 그 말을 받아들일 수 있겠는가? 나라에 조정이 없을 수 없다는 말은 사실이다. 그러므로 항상 나라를 사랑하는 마음을 미루어 그 사랑이 조정에까지 미치게 하는 것이니, 이는 사람을 사랑하면 그 사랑이 집에 미치고, 집을 사랑하면 그 사랑이 까마귀에게까지 미친다는 것과 같은 의미이다.[4] 만약 까마귀를 집으로 여기고 집을 사람으로 여긴다면, 집을 사랑하고 까마귀를 사랑하는 것이 곧 사람을 사랑하는 것이다. 만약 까

4 그 사람을 사랑하면, 그 사람 주변의 사람은 물론 사물들(집이나 집 위의 까마귀)까지 미루어 사랑하게 된다는 내용이 『상서대전』(尙書大傳) 권2에 실려 있다.

마귀를 사랑하면서 그 집을 잊고 집을 사랑하면서 그 사람을 잊는다면, 미쳤다고 하고 싶지 않아도 그렇게 말하지 않을 수 없다. 그러므로 국가사상이 있는 자는 또한 항상 조정을 사랑하지만, 조정을 사랑하는 자가 반드시 국가사상을 가진 것은 아니다. 조정이 정식으로 성립된 것이라면 조정이 국가의 대표가 되며, 이때 조정을 사랑하는 것은 그것이 국가를 사랑하는 것이기 때문이다. 그러나 조정이 정식으로 성립한 것이 아니라면 조정은 국가의 도적이다. 이때는 조정을 바로잡는 것이 국가를 사랑하는 방법이다. 이것이 국가사상의 두 번째 뜻이다.

> 所謂對於朝廷而知有國家者何也. 國家如一公司, 朝廷則公司之事務所, 而握朝廷之權者, 則事務所之總辦也. 國家如一村市, 朝廷則村市之會館, 而握朝廷之權者, 則會館之値理也. 夫事務所爲公司而立乎, 抑公司爲事務所而立乎. 會館爲村市而設乎, 抑村市爲會館而設乎. 不待辨而知矣. 兩者性質不同, 而其大小輕重, 自不可以相越. 故法王路易第十四(朕卽國家也)一語, 至今以爲大逆不道, 歐美五尺童子, 聞之莫不唾罵焉. 以吾中國人之眼觀之, 或以爲無足怪乎. 雖然, 譬之有一公司之總辦, 而曰我卽公司, 有一村市之値理, 而曰我卽村市, 試思公司之股東, 村市之居民, 能受之否耶. 夫國之不可以無朝廷, 固也. 故常推愛國之心以愛及朝廷, 是亦愛人及屋, 愛屋及烏之意云爾. 若夫以烏爲屋也, 以屋爲人也, 以愛屋愛烏爲卽愛人也. 浸假愛烏而忘其屋, 愛屋而忘其人也, 欲不謂之病狂, 不可得也. 故有國家思想者, 亦常愛朝廷, 而愛朝廷者, 未必皆有國家思想. 朝廷由正式而成立者, 則朝廷爲國家之代表, 愛朝廷卽所以愛國家也. 朝廷不以正式而成立者, 則朝廷爲國家之蟊賊, 正朝廷乃所以愛國家也. 此爲國家思想之

第二義.

외족(外族)과 상대하여 국가가 있음을 안다는 것은 무엇인가? 국가는 대외적인 명사이다. 세계에 단 한 나라만 있다면 국가의 이름은 성립할 수 없다. 몸과 몸이 서로 나란히 있기 때문에 나의 몸이라는 것이 있고, 가문과 가문이 서로 만남으로써 나의 가문이 있게 되며, 나라와 나라가 서로 대치함으로써 나의 나라가 있게 된다. 인류는 천만 년 이전부터 각지에서 번성하고 각자 발달하여, 언어와 풍속에서부터 사상·법제에 이르기까지 형질이 다르고 정신이 다르므로, 어쩔 수 없이 그 나라를 자신의 나라로 삼는 바가 있다. 생존경쟁(物競), 적자생존(天擇)의 공례에 따르면, 사람과 사람은 충돌하지 않을 수 없고, 나라와 나라는 충돌하지 않을 수 없다. 국가라는 이름은 다른 무리(群)에 대응해서 성립한다. 그러므로 진정으로 나라를 사랑하는 사람은, 비록 외국에 위대한 성인과 철학자가 있다 하더라도, 절대 그 주권 아래 복종하기를 원하지 않는다. 차라리 온 나라 사람이 피를 흘리고 몸을 부숴서 남아나는 사람이 없을지언정, 조금의 권리도 다른 족속에게 양도하는 것을 원하지 않는다. 이렇게 하지 않으면 나라를 이룰 수 있는 도구가 먼저 없어지기 때문이다. 한 가문에 비유하면, 비록 집 안이 텅 빌 정도로 가난하더라도[5] 타인이 이 집에 들어와 사는 것을 바라지 않는 것과 같다. 내가 있음을 알기 때문에 내가 보존되는 것이다. 이것이 국가사상의 세 번째 뜻이다.

5 '집 안이 텅 빌 정도로 가난하더라도'는 '현경'(懸磬)을 번역한 것이다. '현경'은 빈 공간에 석경을 매달았다는 의미이다. 악기를 만들기 위해서인데, 텅 비어 아무것도 없을 정도로

所謂對於外族而知有國家者何也. 國家者, 對外之名詞也, 使世界而僅有一國, 則國家之名不能成立. 故身與身相并而有我身, 家與家相接而有我家, 國與國相峙而有我國. 人類自千萬年以前, 分孳各地, 各自發達, 自言語風俗, 以至思想法制, 形質異, 精神異, 而有不得不自國其國者焉. 循物競天擇之公例, 則人與人不能不衝突, 國與國不能不衝突, 國家之名, 立之以應他群者也. 故眞愛國者, 雖有外國之神聖大哲, 而必不願服從於其主權之下, 寧使全國之人流血粉身靡有孑遺, 而必不肯以絲毫之權利讓於他族, 蓋非是則其所以爲國之具先亡也. 譬之一家, 雖復室如懸磬, 亦未有願他人入此室處者. 知有我故, 是故我存. 此爲國家思想第三義.

이른바 세계와 상대하여 국가가 있음을 안다는 것은 무엇인가? 종교가의 이론은 걸핏하면 천국을 말하고 대동을 말하고 일체중생을 말한다. 이른바 박애주의와 세계주의가 어찌 지극한 덕과 깊은 인(仁)이 아니겠는가! 그러나 이들 이념(主義)들이 이상계를 떠나 현실계에 들어오기를 과연 기대할 수 있을까? 이러한 일은 수천 년, 수만 년 뒤라면 감히 모르겠지만, 오늘날이라면 어떻게 성취할 수 있겠는가! 경쟁은 문명의 어머니이다. 경쟁이 하루라도 멈추면 문명의 진보도 곧 멈춘다. 한 사람의 경쟁으로부터 한 가정이 이루어지고, 한 가정으로부터 한 향족(鄕族)이 이루어지며, 한 향족으로부터 한 나라가 이루어진다. 한 나라는 단체 중에 가장 큰 규모이고 경쟁의 최고조이

가난함을 비유할 때도 사용된다. 『국어』(國語) 「노어상」(魯語上): "집 안은 텅 비고 들에는 푸른 풀이 없는데, 무엇을 믿고 두려워하지 않겠는가"(室如懸磬, 野無靑草, 何恃而不恐).

다. 만약 나라의 경계마저 무너뜨리자고 한다면, 그런 일이 이루어질 수 없는 건 말할 필요도 없지만, 그런 일이 이루어진다면 경쟁은 절멸할 것이니, 문명 또한 함께 절멸하지 않겠는가! 더구나 사람의 본성은 결코 끝까지 경쟁에서 벗어날 수 없다. 그러므로 대동 이후에는 순식간에 다시 천국 안에서 다른 일로 경쟁이 일어날 것이다. 그런데 그때에는 이미 부민(部民)의 경쟁 상태로 후퇴하는 것이지 국민의 경쟁 상태로 돌아가는 것이 아니다. 이는 천하 사람들을 이끌고 다시 야만으로 돌아가는 것이다. 오늘날의 학자가 이런 이념(主義)이 아름답다는 것을 모르는 것은 아니나, 그것은 마음 영역에서의 아름다움일 뿐이지 역사상의 아름다움은 아니다. 그렇기 때문에 국가를 최상의 단체로 확정하고 세계를 최상의 단체로 여기지 않는 데는 이유가 있는 것이다. 그러므로 박애를 주장한다면, 자기 한 몸의 사사로움을 죽이고 한 집안을 사랑하라고 하면 문제가 없으며, 일가의 사사로움을 죽이고 한 향족(一鄕族)을 사랑하라고 한다면 문제가 없으며, 자기 한 몸, 자기 가문, 자기 동네의 사사로움을 죽이고 한 나라를 사랑하라고 하면 문제가 없다. 나라라는 것은 개인적인 사랑의 기준이며 박애의 극점이다. 여기에 미치지 못하면 야만이며, 이것을 지나쳐도 또한 야만이다. 왜인가? 부민이 되더라도 국민이 되지 못한다는 점에서는 한가지이기 때문이다. 이것이 국가사상의 네 번째 뜻이다.

所謂對於世界而知有國家者何也. 宗教家之論, 動言天國, 言大同, 言一切衆生. 所謂博愛主義世界主義, 抑豈不至德而深仁也哉. 雖然, 此等主義, 其脫離理想界而入於現實界也, 果可期乎. 此其事或待至萬數千年後, 吾不敢知, 若今日將安取之. 夫競爭者文明之母也. 競爭一日停, 則文明之進步立止. 由一人之競爭而爲一家, 由一家而爲一鄕族, 由一鄕族而爲一國. 一國者, 團體之最大圈, 競爭之最高潮也. 若曰幷國界而破之, 無論其事之不可成, 卽成矣, 而競爭絶, 毋乃文明亦與之俱絶乎. 況人之性非能終無競爭者也. 然則大同以後, 不轉瞬而必復以他事起競爭於天國中, 而彼時則已返爲部民之競爭, 而非復國民之競爭, 是率天下人而復歸於野蠻也. 今世學者, 非不知此主義之爲美也, 然以其爲心界之美, 而非歷史上之美, 故定案以國家爲最上之團體, 而不以世界爲最上之團體, 蓋有由也. 然則言博愛者, 殺其一身之私以愛一家可也, 殺其一家之私以愛一鄕族可也, 殺其一身一家一鄕族之私以愛一國可也. 國也者, 私愛之本位, 而博愛之極點. 不及焉者野蠻也, 過焉者亦野蠻也. 何也. 其爲部民而非國民一也. 此爲國家思想第四義.

허무하고 슬프구나! 우리 중국인에겐 국가사상이 없다! 하급의 사람들은 오로지 자기 한 몸과 자기 가문의 영욕만을 문제 삼고, 상급의 사람들은 철학의 이치를 고담준론함으로써 실용과 어그러진다. 어리석은 자들은 다른 족속을 호랑이로 여기고 스스로는 창귀(倀鬼)[6]가 된다. 현자들 역시 요임금이든 도척이든 주인으로 여기고, 스스로는 그들의 개가 된다.[7]

---

6 '창귀'는 '창'(倀)을 번역한 것이다. '창' 혹은 '창귀'는 전설상의 캐릭터로, 호랑이에게 물려 죽은 뒤 호랑이에 달라붙은 귀신이 되어 호랑이가 다른 사람을 잡아먹도록 인도한다고 한다. 『태평광기』(太平廣記) 430권: "창귀는 호랑이에게 잡아먹힌 사람인데, 호랑이를 위해 앞길을 튼다"(倀鬼, 被虎所食之人也, 爲虎前呵道耳).

7 '요임금이든 도척이든 주인으로 여기고'는 '이요척위주'(以堯跖爲主)를 번역한 것이다. 『전국책』(戰國策) 「제책」(齊策)에 전하는 다음과 같은 비유에 근거하였다. "도척의 개가 요를 보고 짖는 것은 도척이 귀한 사람이고 요임금이 천한 사람이어서가 아니다. 개는 본래 자기 주인이 아니면 짖는 법이다"(跖之狗吠堯, 非貴跖而賤堯也, 狗固吠非

耗矣哀哉, 吾中國人之無國家思想也. 其下焉者, 惟一身一家之榮瘁是問, 其上焉者則高談哲理以乖實用也. 其不肖者且以他族爲虎, 而自爲其倀. 其賢者亦僅以堯跖爲主, 而自爲其狗也.

첫 번째 뜻 〔즉, 자기 한 몸과 국가〕에 대해 말해 보자. 지금 4억의 사람 가운데, 그 눈이 자기 한 몸 너머를 보고 있는 사람이 몇 명이나 될까? 〔사람들은 이익 때문에〕 분주하게 오고 간다.[8] 눈앞에 손톱만큼이라도 사적인 이익을 좇을 만한 것이 있으면 온 나라의 동포를 팔아치우는 일이라도 사양하지 않는다. 이른바 일등급의 사람들은 '자기 한 몸 깨끗이 하면서 시골에서 만족하고 사는 사람들'이다. 이는 내가 앞에서 말했듯이, 사회(群)에 빚을 지고 갚지 않는 자이다. 자기 한 몸 깨끗이 하겠다는 것(獨善)과 이기적인 악행(私惡)은, 이른바 성립한 근원은 다르지만, 요컨대 국가의 쇠망을 부르기에 충분하다는 점에서는 한가지이다.

以言乎第一義, 則今日四萬萬人中, 其眼光能及於一身以上者幾人. 攘而往, 熙而來, 苟有可以謀目前錙銖之私利者, 雖賣盡全國之同胞以圖之, 所弗辭也. 其所謂第一等人者, 則獨善其身, 鄕黨自好者流也, 是卽吾所謂逋群負而不償者也. 夫獨善之與私惡, 其所以自立者雖不同, 要其足以召國家之衰亡一也.

其主也).

8 '〔사람들은 이익 때문에〕 분주하게 오고 〔이익 때문에〕 분주하게 간다'는 '攘而往, 熙而來'를 번역한 말인데, 『사기』에 실린 다음의 맥락에서 쓰는 말이다. 『사기』「화식열전」: "천하 사람들이 분주한 것은 모두 이익 때문에 왔기 때문이고 천하 사람들이 분분한 것은 모두 이익 때문에 가기 때문이다"(天下熙熙, 皆爲利來, 天下壤壤, 皆爲利往).

두 번째 뜻〔즉, 조정과 국가〕에 대해 말해 보자. 중국인들은 대대로 천경지의(天經地義)라고 전하면서 충이니 효니 하며 숭상한다. 그러나 나라에 충성한다고 하면 그 뜻이 완전하지만 군주에게 충성한다고 하면 그 뜻은 편협하다. 왜 그런가? 충과 효 두 가지 덕은 인격에 가장 중요한 조건이다. 둘 중의 하나라도 결여된다면 때론 인간이 아니라고 할 수도 있다. 그런데 충이 단지 군주에게만 향한다면 세상의 군주들에게는 충을 다할 길이 끊어진 것이 아니겠는가! 그렇다면 이 세상에 태어나서 인격을 완전하게 갖출 수 없다는 상실감을 갖지 않겠는가! 오늘날의 미국과 프랑스 같은 나라의 국민은 충성할 수 있는 군주가 없는 것이니, 이〔충의〕덕 밖으로 영원히 제외되어 다시 인류와 나란히 할 수 없게 되는 것이 아닌가? 그러나 내가 보기에 군주와 민주국의 국민에게는 충의 덕을 발휘할, 군주 이상의 존재가 있다. 사람은 부모 없이 스스로 태어날 수 없고 국가 없이 스스로 존립할 수 없다. 부모에게 효도하고 나라에 충성하는 것은 모두 보은의 대의(大義)로서, 한 집안의 종복이나 주구들이 감당할 수 있는 일이 아니다. 우리 중국인들이 충이라는 글자를 오로지 주인과 종복의 관계에만 쓰는 이름으로 여겨 온 것은 얼마나 큰 전도인가!(원주 — 군주가 백성보다 더욱 충해야 하는 것은 왜 그런가? 백성의 충이라는 것은 단지 나라의 은혜를 갚는다는 한 가지 의무일 뿐이다. 그러나 군주의 충은 남에게 의지하고 부탁할 수 없는 의무 또한 겸하여 갖고 있으니, 어떻게 충의 덕이 없을 수 있겠는가? 효라는 것은 아들이 부모에 대해 지는 책임이다. 그러나 아비된 자가 효의 덕을 결여할 수 있었던 적이 있는가? 아비도 효하지 않을 수 없는데 군주가 어찌 충하지 않을 수 있겠는가? 단지 군주에게만 충성한다는 설은 내가 보기에 불완전한 것이다.)

以言乎第二義, 則吾中國相傳天經地義, 曰忠曰孝, 尙矣. 雖然, 言忠國則其義完, 言忠君則其義偏, 何也. 忠孝二德, 人格最要之件也, 二者缺一, 時曰非人. 使忠而僅以施諸君也, 則天下之爲君主者, 豈不絶其盡忠之路, 生而抱不具人格之缺憾耶. 則如今日美法等國之民, 無君可忠者, 豈不永見屛於此德之外, 而不復得列於人類耶. 顧吾見夫爲君主者, 與爲民主國之國民者, 其應盡之忠德, 更有甚焉者也. 人非父母無自生, 非國家無自存, 孝於親忠於國, 皆報恩之大義, 而非爲一姓之家奴走狗者所能冒也. 而吾中國人以忠之一字爲主僕交涉之專名, 何其顚也. (君之當忠更甚於民, 何也. 民之忠也, 僅在報國之一義務耳, 君之忠也, 又兼有不負付託之義務, 安在其忠德之可以已耶. 夫孝者, 子所對於父母之責任也, 然爲人父者, 何嘗可以缺孝德. 父不可不孝, 而君顧可以不忠乎. 僅言忠君者, 吾見其不能自完其說也.)

세 번째 뜻 (즉, 외족과 국가)에 대해 말해 보자. 중국의 역사는 하늘을 채울 만큼 오욕의 역사로서 차마 다시 입에 올릴 수조차 없다. 한나라 말엽 이래 지금까지 1700여 년 동안 우리 중국의 전토가 다른 종족에게 점령당한 것이 358년이며, 황하이북이 점령당한 것은 759년에 이른다. 지금 그 종족과 시대를 표로 만들면 다음과 같다.

以言乎第三義, 則吾國歷史彌天之大辱, 而非復吾所忍言矣. 計自漢末以迄今日, 凡一千七百餘年間, 我中國全土爲他族所占領者, 三百五十八年, 其黃河以北, 乃至七百五十九年. 今列其種族及時代爲表如左.

국명	국조	종족	도읍	영지	흥기연대 (서력)	멸망연대 (서력)
한 (漢)	유연 (劉淵)	흉노 (匈奴)	평양 (平陽)	산서 평양부 (山西平陽府)	304년	329년
성 (成)	이웅 (李雄)	파저 (巴氐)	성도 (成都)	사천 성도부 (四川成都府)	304년	347년
후조 (後趙)	석륵 (石勒)	갈 (羯)	업 (鄴)	직예 순덕부 (直隸順德府)	318년	351년
연 (燕)	모용황 (慕容皝)	선비 (鮮卑)	업	직예 순덕부	337년	370년
대 (代)	탁발의로 (拓跋猗盧)	선비	성락 (盛樂)	산서 대동부 (山西大同府)	309년	376년
진 (秦)	부건 (符健)	저 (氐)	장안 (長安)	섬서 서안부 (陝西西安府)	351년	394년
후연 (後燕)	모용수 (慕容垂)	선비	중산 (中山)	직예 정주 (直隸定州)	383년	408년
후진 (後秦)	요장 (姚萇)	강 (羌)	장안	직예 정주	384년	417년
서연 (西燕)	모용충 (慕容沖)	선비	장자 (長子)	산서 노주부 (山西路州府)	384년	394년
서진 (西秦)	걸복건귀 (乞伏乾歸)	선비	원용 (苑用)	감숙 공창부 (甘肅鞏昌府)	385년	431년
후량 (後凉)	려광 (呂光)	저	고장 (姑藏)	감숙 양주부 (甘肅凉州府)	386년	403년
남연 (南燕)	모용덕 (慕容德)	선비	광고 (廣固)	산동 청주부 (山東靑州府)	398년	410년
남량 (南凉)	독발녹단 (禿髮傉檀)	선비	염천 (廉川)	감숙 서영부 (甘肅西寧府)	402년	414년
북량 (北凉)	저거몽손 (沮渠蒙遜)	흉노	장액 (張掖)	감숙 감주부 (甘肅甘州府)	402년	439년
대하 (大夏)	혁련발발 (赫連勃勃)	흉노	통만 (統萬)	감숙 영하부 (甘肅寧夏府)	407년	431년
후위 (後魏)	탁발규 (拓跋珪)	선비	평성 (平城)	산서 대동부 (山西大同府)	386년	564년

국명	국조	종족	도읍	영지	흥기연대 (서력)	멸망연대 (서력)
거란 (契丹)	오대시 연운십육주(五代時燕雲十六州)					
금 (金)	완안아골타 (完顔阿骨打)	여진	변 (汴)	하남 개봉부 (河南開封府)		
원 (元)	성길사한 (成吉思汗)	몽골	북경 (北京)	직예 순천부 (直隸順天府)		
……	……	……	……	……	……	……

아아, 황제의 신명한 중화의 후예들이 세습한 공공의 산업(公産業)이 남에 의해 비틀리고 빼앗기는 일이 한 번도 아니고 자주 있었다. 이른바 황제의 자손들은 축하하는 음식을 싸들고 그들을 마주하거나[9] 뿔 잘린 짐승처럼 두려워했다.[10] 또한 높은 관리나[11] 신첩들로서, 교만하게 굴며 스스로 자기 동류를 해치는 데에 온 힘을 쓴 인간

9 '축하하는 음식을 싸들고 마주하다'는 '영호장'(迎壺漿)을 번역한 것으로, 글자 그대로는 호리병에 마실 것을 담아와 맞이한다는 뜻이고, 백성들이 군대를 환영한다는 의미로 사용된다. 『맹자』「양혜양하」의 다음의 구절에서 왔다. "대그릇에 밥을 담고 호리병에 마실 것을 담아와 왕의 군사를 맞이하는 것은 다른 이유가 있겠는가. 수화의 재난을 피하기 위해서이다"(簞食壺漿, 以迎王師. 豈有他哉. 避水火也).

10 '뿔 잘린 짐승처럼 두려워하다'는 '약붕궐각'(若崩厥角)을 번역한 것으로 그 출전은 『상서』(尙書) 「태서」(泰誓)의 다음이다. "백성들이 두려워하는 것이 뿔 잘린 짐승 같았다"(百姓懔懔, 若崩厥角). 「공안국전」(孔傳): "백성이 주의 학대를 두려워하였는데, 위태롭게 떨며 불안해하는 것이 마치 그 뿔이 꺾여 머리를 둘 곳이 없는 짐승과 같았다"(言民畏紂之虐, 危懼不安, 若崩摧其角, 無所容頭).

11 '높은 관리'는 '우청자'(紆青紫)를 번역한 것으로, 우(紆)는 허리에 차는 대(帶)이고 청(青)과 자(紫)는 거기에 늘어뜨리는 청색 술과 자색 술을 가리킨다. '우청타자'(紆青拖紫)의 약어이다. 고관이라는 뜻으로서 한대 이후에 구경(九卿)은 청색 술을 쓰고 공후(公侯)는 자색 술을 쓴 데서, 높은 벼슬에 오르는 일을 가리키는 말이 되었다.

들은 또 얼마나 많은가! 진백사[12]는 『애산조고』(崖山弔古)에 실린 시에서 다음과 같이 노래했다. "기이한 돌에 장굉범(張宏範)[13]의 공로를 새기니, 그는 오랑캐가 아니라 한인이었다"고. 아아 슬프다. 진송(晉宋) 이래 한인 가운데 그 위대한 공업과 성취에서 장굉범과 그 광휘의 앞뒤를 다툴 자가 단지 백 명, 천 명뿐이겠는가! 백사선생이 본 것이 아마도 넓지 못해서이지 않겠는가! 국가사상의 쇠망은 여기에 이르러 극에 달했다.

嗚呼, 以黃帝神明華胄所世襲之公產業, 而爲人紾而奪之者, 屢見不一見, 而所謂黃帝子孫者, 迎壺漿若崩厥角, 紆靑紫臣妾驕人, 其自嚙同類以爲之盡力者, 又不知幾何人也. 陳白沙崖山弔古詩有云, 鐫功奇石張宏範, 不是胡兒是漢兒. 嗟夫嗟夫, 晉宋以來之漢兒, 其豐功偉烈與張宏範後先輝映者, 何啻千百, 白沙先生無乃所見不廣乎. 國家思想之銷亡, 至是而極.

네 번째 뜻 〔즉, 세계와 국가〕에 대해 말해 보자. 중국의 유자들은 걸핏하면 천하를 평화롭게 하고 천하를 다스린다고 말한다. 더욱 고상한 것으로 동중서의 『춘추번로』나 장재의 『서명』 같은 것도 있다. 그들은 국가를 아주 작은 것으로 여겨 어떤 의미도 두지 않았다. 그러나 그 극을 궁구해 보면, 이른바 국가 이상의 큰 단체가 어찌 이러

12 진헌장(陳獻章, 1428~1500). 송대 육구연의 심학의 영향을 받았다. 선학이라는 비판을 받기도 했지만, 심학이 양명학에 의해 새로운 체계를 세우게 되자, 백사의 학은 그 선구로서 높이 평가받았다.

13 장홍범(張弘範, 1238~1280). 원(元)의 장군. 원초의 한인 귀족 장유(張柔)의 아홉 번째 아들이다. 남송을 공격하는 선봉에 서서 송의 멸망에 기여했다.

한 미묘하고 공허한 말에 의해 보탬이 된 적이 있었겠는가. 국가만 점점 더 쇠미해졌을 뿐이다. 이처럼 우리 중국인에게 국가사상이 없음은 위태로운 일이다. 통재라. 우리 중국인이 국가사상이 없는 것이 결국 이리도 심하구나.

以言乎第四義, 則中國儒者, 動曰平天下治天下, 其尤高尙者, 如江都繁露之篇, 橫渠西銘之作, 視國家爲眇小之一物, 而不屑厝意. 究其極也, 所謂國家以上之一大團體, 豈嘗因此等微妙之空言而有所補益, 而國家則滋益衰矣. 若是乎吾中國人之果無國家思想也, 危乎痛哉. 吾中國人之無國家思想, 竟如是其甚也.

내가 그렇게 된 이유를 미루어 보니 거기에는 두 가지 단서가 있다. 첫째는 천하가 있음을 알면서 국가가 있음을 모르는 것이요, 둘째는 자기 한 몸이 있음을 알면서 국가가 있음을 모르는 것이다.

吾推其所以然之故, 厥有二端. 一曰知有天下而不知有國家, 二曰知有一己而不知有國家.

국가를 천하로 오인한 데는 다시 두 가지 원인이 있다. 첫째는 지리 때문이다. 유럽의 지형은 산과 하천이 뒤얽혀 가지런하지 않고 흩어져 있어 그 세(勢)가 저절로 분립하게 되었다. 중국의 지형은 평원이 끝없이 넓고 요새가 서로 통하여 그 세가 저절로 하나로 모이게 되었다. 그리하여 진나라 이후 2천여 년 동안 중간에 다만 삼국남북조 시대 3백 년 동안 잠시 분열이 되었지만, 그 나머지는 모두 사해가 한 가족이었다. 간혹 할거가 있더라도 또한 바로 합병되었다. 그 밖을 둘러싼 무수한 야만족(蠻族)이 있었지만 그 영토나 인구수, 문물이 어느 하나 중국을 따라 올만 하지 못했다. 총령(葱嶺)[14] 밖으로는 페르시아, 인도, 희랍, 로마 등 여러 문명국이 있었지만 피차 서로 접촉하지 않았고 서로 알지도 못했다. 그리하여 중국이 자기 나라를 천하로 여긴 것은 망령되어 스스로 존대하게 여긴 것이 아니라 지리적 환경 때문이었다. 나라란 서로 마주섬(對待)으로써 성립한다. 중국인이 국가사상의 발달이 유럽과 비교하여 어려웠던 것은 그 세(勢) 때문이다.

> 其誤認國家爲天下也, 復有二因. 第一由於地理者. 歐洲地形, 山河綺錯, 華離破碎, 其勢自趨於分立, 中國地形, 平原磅礴, 厄塞交通, 其勢自趨於統一, 故自秦以後, 二千餘年, 中間惟三國南北朝三百年間稍爲分裂, 自餘則皆四海一家, 卽偶有割據, 亦不旋踵而合幷也. 環其外者, 雖有無數蠻族, 然其幅員, 其戶口, 其文物, 無一足及中國. 若葱嶺以外, 雖有波斯印度希臘羅馬諸文明國, 然彼此不相接不相知. 故中國之視其國如天下, 非妄自尊大也, 地理使然也. 夫國也者以對待而成, 中國人國家思想發達, 所以較難於歐洲者, 勢也.

둘째는 학설 때문이다. 전국시대 이전에는 지리적으로 세가 충분하지 않아서 여러 영웅들이 서로 각을 세웠고 국가주의 역시 가장 번성했다. 그러나 그 폐단을 말하자면, 땅을 다투고 성을 다투다 죽임당한 시체가 들을 채웠으며, 도탄의 화는 그 극을 알지 못했다. 도에 뜻을 둔 선비들은 〔이 상황을〕 안타깝게 걱정해서, 굽은 것을 펴려다 올바름을 지나쳤고, 〔이를 통해〕 말류를 구제하고자 했다. 공자는

---

14 파미르 고원. 전한 무렵부터 서역으로 통하는 중요한 교통로였다.

『춘추』를 지어 나라의 경계를 없애고 한 사람의 왕에게 귀의하여 문치태평에 이르도록 하려고 애썼다. 맹자는 "천하는 누구에 의해 정해질 것인가? 한 사람에 의해 정해진다"고 했다.[15] 그 나머지 선진시대의 여러 사상가, 즉 묵자, 송경, 노자, 관윤자 등의 사람들은 그 철학의 이치는 각각 다르지만 그 이론이 정술(政術)에 이르면 모두 여러 나라를 통일하는 것을 가장 중요한 뜻으로 삼았다. 당시의 폐단을 구제하려는 움직임은 부득불 이와 같을 수밖에 없었다. 인심이 분쟁을 싫어하는 것이 너무 심해 이윽고 영정(嬴政),[16] 유방(劉邦) 등 여러 영웅이 뒤를 이어 일어났다. 이 이전의 서생들이 앉아서 의론하던 것이 갑자기 제왕의 실행으로 변하여, 중앙집권의 세가 드디어 크게 정해졌다. 제왕은 오히려 아직 견고하지 않은 것을 우려해서, 더 나아가 백가의 책을 태우고 방술의 선비들을 가두었다. 그리고 이전 철인들의 총론 가운데 자기에게 이로운 것들을 잘라 내어 특별히 널리 알려 일세를 훈육했고, 이에 국가주의는 마침내 끊어졌다. 그것이 끊어진 데는 모두 공자와 묵자 등 여러 철인이 그 사이에서 생멸함으로써 시작된 것이다.

第二由於學說者. 戰國以前, 地理之勢未合, 群雄角立, 而國家主義亦最盛. 顧其敝也, 爭地爭城, 殺人盈野, 塗炭之禍, 未知所極, 有道之士, 惄然憂之, 矯枉過正, 以救末流. 孔子作春秋, 務破國界, 歸於一王, 以文致太平. 孟子謂天下惡乎定, 定於一. 其餘先秦諸子, 如墨翟宋牼老聃關尹之流, 雖其哲理各自不同, 至言及政術, 則莫不以統一

15 『맹자』「양혜왕상」6.

16 진시황이다. 성은 영(嬴)이고 이름은 정(政)이다.

諸國爲第一要義. 蓋救當時之敝, 不得不如是也. 人心之厭分爭已甚, 遂有嬴政劉邦諸梟雄, 接踵而起. 前此諸生之坐論, 忽變爲帝者之實行中央集權之勢, 遂以大定. 帝者猶慮其未固也, 乃更燔百家之言, 錮方術之士, 而務刺取前哲緒論之有利於己者, 特表章之, 以陶冶一世, 於是國家主義遂絶. 其絶也, 未始不由孔墨諸哲消息於其間也.

그러나 이는 본래 선철(先哲)의 허물이라고 할 수 없는 일로, 그의 시대에는 본래 그렇게 해야만 했다. 동쪽을 부축하면 서쪽이 쓰러지는 법이며, 게다가 인류의 약점으로서 피할 수 없는 것이다. 부처는 불법을 설해 중생을 구제했지만, 법을 잡은 자(원주 — 즉, 법에 집착하여 빠지는 자)는 법 때문에 유혹이 생기며, 후세 사람들은 하나로 통일하는 데에 빠져서 나라를 사랑하는 것을 잊으니, 어찌 이것이 앞선 성인의 뜻이겠는가. 또한 사람과 사람이 함께 사는데 나와 너의 경계가 없을 수 없는 것은 천성이 그러하기 때문이다. 나라의 경계가 이미 무너지면 향족의 경계, 자기 한 몸과 가문의 경계는 오히려 날로 더욱 심해진다. 이에 십수 개의 대국을 없애고 다시 수백, 수천, 나아가 무량수의 소국을 다시 만들어 내고, 점차는 4억의 사람이 4억의 나라를 만들게 하는 데 이른다. 이것이 실로 우리 중국 2천 년 동안의 상황이다. 나라가 있다는 것을 몰랐으므로, 조정 보기를 국민의 대표로 보지 않고 천제(天帝)의 대표로 보았다. 저 조정이 자주 바뀌어도 그 마음이 움직이지 않은 것은 걱정이 없어서가 아니다. '푸른 하늘이 죽었으니 누런 하늘이 설 것이며,'[17] '흰 황제가 죽임을 당했으

17 '푸른 하늘이 죽었으니 누런 하늘이 설 것'은 '蒼天死而黃天立'을 번역한 것이다.

니 붉은 황제가 올 것'[18]이므로, 이렇다 하더라도 우리처럼 아래 세상에 사는 뭇 백성들과 무슨 관계가 있으랴 하는 생각에서이다. 지리에서 품수 받은 것이 저와 같고, 학설에서 훈습된 것이 이와 같으니, 우리나라 사람이 국가사상이 없는 것이 또한 무엇이 이상하겠는가. 또한 무엇이 이상하겠는가.

> 雖然, 是固不可以先哲咎, 彼其時固當然, 而扶東倒西, 又人類之弱點而不能避者也. 佛以說法度衆生, 而法執者(謂執泥於法也)即由法生惑焉, 後人狃一統而忘愛國, 又豈先聖之志也. 且人與人相處, 而不能無彼我之界者, 天性然矣. 國界旣破, 而鄕族界身家界反日益甚, 是去十數之大國, 而復生出百數千數無量數之小國, 馴至四萬萬人爲四萬萬國焉. 此實吾中國二千年來之性狀也. 惟不知有國也, 故其視朝廷, 不以爲國民之代表, 而以爲天帝之代表. 彼朝廷之屢易而不動其心也, 非恝也, 蒼天死而黃天立, 白帝殺而赤帝來, 於我下界凡民有何與也. 禀受於地理者旣若彼, 熏習於學說者又若此, 我國人之無國家思想也, 又何怪焉, 又何怪焉.

그러나 천하가 있다는 것은 알고 국가가 있다는 것을 모르는 것, 이는 한때의 잘못된 견해에 불과하다. 때가 변하면 그 잘못 역시 저절로 없어진다. 지리 때문에 생긴 잘못 같으면, 지금은 전 지구가 서로 교통하고 있어 열강이 가까운 이웃이 되어, 문을 닫고 통일되

"푸른 하늘은 이미 죽었으니 마땅히 누런 하늘이 설 것이다"(蒼天已死而黃天當立)는 동한말 태평도의 수령 장각(張角)의 말로 황건기의(黃巾起義)의 구호가 되었다.

18 오행의 순환을 왕조교체설에 원용한 것에 의거한다. 한대에 유행하였다.

어 있는 세는 깨졌으니, 깊은 우환을 갖고 서로 깨우쳐 줄 필요가 없다. 학설 때문에 생긴 잘못 같으면, 지금은 새로운 학문이 수입되어 옛 뜻과 조화를 이루어 변화에 적응하고 백성에게 마땅한 이론이 제창되니, 왕과 패가 같지 않음을 모를 수 없다. 가장 변하기 어려운 것은 자기 한 몸이 있다는 것은 알면서 국가가 있다는 것을 모르는 폐단이 마음속 깊이 자리 잡은 것이다. '자기 한 몸 깨끗이 하면서 시골에서 만족하고 사는 사람들'은 나라 일이 자기에게 누가 될까봐 도피하는 자들이다. 한 집안의 종복이며 주구인 주제에 스스로는 충성한다고 자랑하지만, 실상은 자신의 작록 때문이다. 그들은 세력과 이익이 있는 곳으로 개미 떼처럼 몰려들면서, 한 술 더 떠 일종의 도덕이라는 미명으로 자신의 추함을 수식한다. 그런 자들이 아니라면, 2천 년 동안 중국과 교통한 나라들이 설사 문명대국이 아니고 사방이 모두 야만이라도 역시 나라는 나라인데, 자기 나라와 상대해 있는 나라의 존재를 전혀 몰랐다는 것이 어떻게 가능한가! 한번 보자. 유연(劉淵)과 석륵(石勒)[19] 이래 각 종족의 사람들이 중국에 들어와 주인 노릇을 했다. 그 가운데 한 사람이라도 그 창업을 도와 큰 공을 세운 한인(漢人)을 옆에 두지 않은 적이 있는가? 옛날 혜소(嵇紹)는 위(魏)에서 태어났는데, 진(晉)나라 사람이 그 임금 자리를 찬탈하고 그 아버지를 죽였다. 〔그런데도〕 혜소는 수치를 모르면서 중중으로 하늘을 함께일 수 없는 원수를 위해 일했으며, 게다가 그를 위해 죽고 스스로

19 유연은 5호 16국 시대 한(漢)의 창건자이다. 뒤에 조(趙)로 개명하였다. 비슷한 시대에 석륵이 같은 이름인 조를 세워, 유연의 조는 전조(前趙, 304~320), 석륵의 조는 후조(後趙, 319~351)라 불리게 되었다. 유연은 남흉노(南匈奴) 선우(単于)를 배출한 연제부(攣鞮部) 출신이며 석륵은 흉노의 하위 부족인 갈족(羯族) 출신이다.

충성이라 여겼다.[20] 후세 어리석은 사가들은 〔이들에게〕 혹 충성이라는 찬사를 허용하지만, 나는 지극히 완미하고 지극히 고상한 충성의 덕이 이러한 무리들에게 더렵혀져 다 없어져 버릴까 심히 걱정된다. 다른 이유가 아니다. 〔이들은〕 자기가 있음을 알았을 뿐이기 때문이다. 나를 부유하게 할 수 있는 자라면 나는 그를 위해 종양이라도 빨기를 원하고, 나를 귀하게 할 수 있는 자라면 나는 그를 위해 머리를 조아리기를 원하면서, 그 내력이 어떤지 어찌 반드시 물을 필요가 있겠는가 한다.

이와 같다면 병을 얻은 이유는 전적으로 지리나 학설의 영향 때문이 아니다. 지리나 학설은 만 번 변하지만, 노예근성은 끝내 변할 수 없다. 아아! 내가 혼자 어떻게 할 것인가, 내가 혼자 어떻게 할 것인가! 연합군이 북경에 들어왔을 때 보지 않았는가. 순종하는 백성들의 깃발이 가가호호 높게 걸리고, 덕정(德政)이라고 쓰인 우산이 있는 관청이 천백이다. 아아 슬프다. 말이 여기까지 이르면 〔화가 나서 더 이상〕 찢어질 눈초리도 없고 치솟을 머리도 없다. 나는 다만 구슬퍼 담이 부들부들 떨리고 소름이 끼쳐 구역질할 뿐이다. 충성, 충성이라 하지만 세(勢)에 충성하는 것일 뿐이며 이익에 충성하는 것일 뿐이다. 아아! 앞으로 올 것을 알지 못하니 지난 것을 보노라. 다른 〔異〕날 전 지구의 세와 이익의 중심점은 바로 우리 4억 충신(忠臣)의 중심점이 있는 곳이나, 다만 여기의 나라를 누구와 함께 세워야 할지 모르겠다.

---

20 혜소(嵇紹, 253~304). 위진남북조시대, 죽림칠현 가운데 한 사람인 혜강(嵇康)의 아들. 위나라를 멸망시킨 진나라에서 벼슬했다. 『진서』(晉書) 「충의전」(忠義傳)에 실렸다.

雖然, 知有天下而不知有國家, 此不過一時之謬見, 其時變, 則其謬亦可自去. 彼謬之由地理而起者, 今則全球交通, 列强比鄰, 閉關一統之勢破, 而安知殷憂之不足以相啓也. 謬之由學說而起者, 今則新學輸入, 古義調和, 通變宜民之論昌, 而安知王霸之不可以一途也. 所最難變者, 則知有一己而不知有國家之弊, 深中於人心也. 夫獨善其身鄕黨自好者, 畏國事之爲己累而逃之也. 家奴走狗於一姓而自詡爲忠者, 爲一己之爵祿也, 勢利所在, 趨之若蟻, 而更自造一種道德以飾其醜而美其名也. 不然, 則二千年來與中國交通者, 雖無文明大國, 而四面野蠻, 亦何嘗非國耶. 謂其盡不知有對待之國, 又烏可也. 然試觀劉淵石勒以來, 各種人之入主中夏, 曾有一焉無漢人以爲之佐命元勳者乎. 昔嵇紹生於魏, 晉人簒其君而戮其父, 紹靦顔事兩重不共戴天之仇敵, 且爲之死而自以爲忠, 後世盲史家亦或以忠許之焉. 吾甚惜乎至完美至高尙之忠德, 將爲此輩汚蔑以盡也. 無他, 知有己而已. 有能富我者, 願爲之吮癰. 有能貴我者, 吾願爲之叩頭. 其來歷如何, 豈必問也. 若此者, 其所以受病, 全非由地理學說之影響. 地理學說雖萬變, 而奴隷根性終不可得變, 嗚呼, 吾獨奈之何哉, 吾獨奈之何哉. 不見乎聯軍入北京, 而順民之旗, 戶戶高懸, 德政之傘, 署銜千百. 嗚呼痛哉, 吾語及此, 無眥可裂, 無髮可竪, 吾惟膽戰, 吾惟肉麻. 忠云忠云, 忠於勢云爾, 忠於利云爾. 不知來, 視諸往, 他日全地球勢利中心點之所在, 是卽四萬萬忠臣中心點之所在也, 而特不知國於此焉者之誰與立也.

아아! 많은 말을 하고 싶지 않다. 나는 감히 우리 동포가 품고 있는 이기주의를 모두 없애 버리기를 바라는 것은 아니다. 나는 단지 이 이념(主義)을 확충하고 이 이념을 공고히 하기를 바랄 뿐이다.

어떻게 해야 참으로 자신을 이롭게 하고, 어떻게 해야 자신의 이익을 보존하여 영원히 잃지 않게 할 수 있는지 방법을 찾기를 바랄 뿐이다. 그렇다면 국가사상을 기르지 않는다면 결과를 낼 수 없다. 동포여, 동포여! 넓은 땅을 믿을 수 있다고 말하지 말라. 로마제국의 전성기에 그 넓이는 오늘날의 우리만 못하지 않았다. 백성이 많다는 것이 의지할 만하다고 말하지 말라. 인도의 원주민(土人)은 본디 2억여 명에 이른다. 문명을 믿을 수 있다고 말하지 말라. 옛날 희랍의 전장제도는 독립국에 어울리는 것이었고 그 명성과 문물은 천하에서 으뜸이었지만, 다른 종족에 복종하면서 시들어 다시 회복하지 못하고 멸망에 이르렀다. 우리나라 호원(胡元) 시대에 사대부들은 모두 몽골문자(원주 — 『이십이사찰기』[21]의 내용이 매우 자세하다.)를 배웠지만, 문학은 거의 중간에서 끊어지게 되었다. 그러니 오직 이 국가만이 우리의 부모이다. 아버지가 없다면 누구에게 의지하고 어머니가 없다면 누구를 믿을 것인가! 걱정스럽고 외로운데 누구를 이웃으로 삼을 것인가! 시운은 일단 가니 내가 어쩔 수 있으랴. 생각하고 생각하니, 지금에 이르도록 멈추지 않는구나.

> 嗚呼, 吾不欲多言矣. 吾非敢望我同胞將所懷抱之利已主義剗除淨盡, 吾惟望其擴充此主義, 鞏固此主義, 求如何而後能眞利己, 如何而後能保己之利使永不失, 則非養成國家思想不能爲功也. 同胞乎, 同胞乎, 勿謂廣土之足恃, 羅馬帝國全盛時, 其幅員不讓我今日也. 勿謂民衆之足恃, 印度之土人, 固二百餘兆也. 勿謂文明之足恃, 昔希臘之

21 청대의 고증학자 조익(趙翼, 1727~1814)이 21사를 고증한 것이다.

雅典, 當其爲獨立國也, 聲明文物甲天下, 及其服從他族, 萎靡不振以至於澌亡. 而吾國當胡元時代, 士大夫皆習蒙古文.(廿二史箚記言之甚詳), 而文學幾於中絶也. 惟玆國家, 吾儕父母兮. 無父何怙, 無母何恃兮. 煢煢凄凄, 誰憐取兮. 時運一去, 吾其已兮. 思之思之兮, 及今其猶未沫兮.

○ 해설

공덕의 첫 번째 세목으로 등장한 것은 '국가사상'이다. 양계초는 앞부분에서 국가사상이란 무엇인가에 대해 설명한다. 간단히 말하면, 국가란 자기 한 몸, 정부, 이민족, 세계보다 우위의 가치를 지닌다는 것을 인식하고, 그 국가를 그 넷보다 중요하게 여기는 마음이 바로 '국가사상'이다. 즉, 국가란 개인에게 "사랑의 기준이며 박애의 극점"임을 온 마음과 몸으로 받아들이는 것이 국가사상이라 할 수 있다. 양계초에 의하면, 국가란 개인이 생존할 수 있는 최상의 도구이며 역사가 발전할 수 있는 최고의 경쟁주체이다. 양계초의 이러한 생각은 사회진화는 피할 수 없는 인류발전의 법칙이고, 진화는 경쟁에 의해 이루어지는데, 국가는 가장 진화한 경쟁주체라는 전제 위에 있다. 그러므로 이 진화의 세상에서 국가의 경쟁력을 능가할 가치는 없다. 그 가치를 창출하는 것이 '국가사상'이라는 '공덕'이다.

양계초는 그 관점에서 국가가 왜 자기 한 몸, 정부, 이민족, 세계보다 중요한가를 설명한다. 그 네 가지 가운데 가장 중요하게 언급되는 것은 자기 한 몸과 세계이다. 국가사상을 가장 위협하는 존재이기 때문이다. 국가는 개인의 생존을 보장할 수 있는 최고의 기구이므로, 개인은 자신의 생존을 생각한다면 그를 위해 자신의 이익에 앞서 국가의 이익을 생각할 수 있어야 한다고 양계초는 주장한다. 자기 한 몸의 안위를 바라는 마음은 인정하면서, 그를 위해 현명한 판단을 요구하는 것이다. 한편 세계는 경쟁에 의해 발전하는데 세계주의는 그 경쟁을 종식시킴으로써 발전의 길도 끊을 것이기 때문에, 세계주의

나 대동주의는 진화론상으로 후퇴라고 양계초는 주장한다. 이 세계주의가 위협적인 이유는 중국에서 전통적으로 가치로 여겨졌던 이상으로서, 중국인에게는 너무나 자연스럽게 여겨지는 가치이기 때문이다.

양계초는 중국에 국가사상이 없었던 이유로 국가보다 천하를 중시하는 생각, 국가보다 자기 한 몸을 중시하는 생각 두 가지를 꼽고, 천하를 중시하는 생각을 조장한 두 가지 원인으로 다시 지리적 요인과 학설을 든다. 지리적으로 통합하기에 유리했고, 학술적으로 통일을 지향해 왔다는 것이다. 그러나 양계초는 이 원인들은 지리적 조건을 넘어 동서가 왕래하고 서양의 학술이 수입되는 지금은 더 이상 문제가 아니라고 지적한다.

그렇다면 남은 문제는 국가보다 자기 한 몸을 중시하는 생각이다. 그는 중국인들이 자신들의 이기심을 어떻게 수식해 왔는지 통탄하면서 다음과 같이 말한다. "나는 감히 우리 동포가 품고 있는 이기주의를 모두 없애 버리기를 바라는 것이 아니다. 나는 단지 이 주의를 확충하고 이 주의를 공고히 하기를 바랄 뿐이다. 어떻게 해야 참으로 자신을 이롭게 하고, 어떻게 해야 자신의 이익을 보존하여 영원히 잃지 않게 할 수 있는지 방법을 찾기를 바랄 뿐이다. 그렇다면 국가사상을 기르지 않는다면 결과를 낼 수 없다." 즉, 국가사상은 우승열패의 현실을 잘 이해하고 현명하게 자신의 이기심을 발휘하는 방법을 알고 실천하는 것이 된다.

제7절 진취와 모험[1]

천하에 가운데 멈춰 있는 일이란 없다. 용맹스럽게 전진하지 않는다면 넘어져서 후퇴한다. 사람의 생명은 우환과 함께 오니, 어려움을 두려워한다면 위험으로 떨어진다. 내가 보기에 지금 천하의 많은 나라 가운데 그 퇴보의 속도와 위험의 극렬함이 중국만한 나라가 없다. 나는 이 때문에 두렵다.

第七節 論進取冒險

天下無中立之事, 不猛進, 斯倒退矣. 人生與憂患俱來, 苟畏難, 斯落險矣. 吾見夫今日天下萬國中, 其退步之速與險象之劇者, 莫吾中國若也, 吾爲此懼.

유럽 민족이 중국보다 우월하고 강한 원인은 한두 가지가 아니지만, 그 가운데 진취모험 정신이 풍부하다는 것이 가장 중요한 점이다. 지금 먼 데서 징험하는 것은 그만두고 가까운 데서 말해 보자. 로

1 『신민총보』 제5호, 1902. 4. 8.

마가 무너진 이후 유럽인들은 온통 걱정이었고 어지럽게 다투느라 하루도 버티지 못할 정도였다. 그때 한 가난한 집안의 아들이 있었다. 혈혈단신으로 만 리를 네 번 항해했는데, 〔항해 중에〕 뱃사람들은 실망하고 극도로 분노하여 그를 죽여 그의 피를 마시려고 했다. 그러나 흔들어도 그의 용기는 꺾이지 않았으며 전진하되 후퇴가 없었다. 그리고는 마침내 아메리카를 찾아내어 백성들을 위해 신세계를 열어 주었으니, 이는 바로 스페인의 콜럼버스의 이야기이다. 로마 교황의 위력이 극점에 달했을 때 각 나라의 군주는 그 무릎 아래 엎드렸다. 그때 한 승려(원주 — 천주교의 사제(敎士)는 처를 얻지 않아서 일본에서 불교의 '승'(僧) 자를 갖다 불렀는데, 지금 그 호칭을 따른다.)가 나타나 용감하게 96조의 격문을 대교회당(大府)에 내걸었다. 〔그 내용인즉〕 구교의 죄악을 알리고 새 이론을 제창하자고 천하에 호소하는 것이었다. 교황은 백수십 명의 왕후(王候)를 이끌고 법회(法會)를 열어, 그를 구속하고 심문하면서 그 전에 한 말을 번복하도록 했다. 그러나 그는 침착하게 심문을 받고 당당하게 항변하면서 꺾이지 않고 흔들리지 않았다. 그리하여 끝내는 신교 자유의 단서를 열어 인류의 행복을 증진시킬 수 있었다. 이는 게르만의 마틴 루터의 이야기이다. 작은 배로 지구를 한 바퀴 돌면서 거듭되는 파도를 이겨 내고 만 번의 죽을 고비를 무릅쓰면서 3년 뒤에 돌아와 마침내 태평양 항로를 열어 북반구와 남반구에 교통의 통로가 되게 하였다. 이는 포르투갈 마젤란의 이야기이다. 단신으로 아프리카 내지를 탐험하고 만 리나 되는 사하라 사막을 건너며 장기(瘴氣)와 싸우고 토착야만인들과 싸우며 수십 년을 하루처럼 보냈다. 그리하여 결국 전 아프리카를 개통시켜 백인의 식민지로 만들었다. 이는 영국 리빙스턴의 이야기이다.[2] 16~17세기에 신구교 간의 싸움이 격렬한 그때 게르만이 신교를 토벌하고 없애 버려 거의 남지 않았다. 이때 발틱 해안에 한 작은 나라가 있었다. 사마귀의 팔뚝 같은 작은 힘을 발휘하여 인류를 위해 청원하고 신(上帝)을 위해 원수를 갚았다. 그리하여 결국 1만 6천의 정예군사로 유럽대륙을 자유롭게 다니며 백성들을 도탄에서 구했다. 자기 한 몸을 희생하고도 후회하지 않았으니, 이는 스웨덴의 아돌프스이다.[3]

歐洲民族所以優强於中國者, 原因非一, 而其富於進取冒險之精神, 殆其尤要者也. 今勿徵諸遠, 請言其近者. 當羅馬解紐以後, 歐洲人滿爲憂, 紛競不可終日, 時則有一窶人子, 孑身萬里, 四度航海, 舟人失望睊怒之極, 欲殺之而飮其血, 而顧勇撓不屈, 有進無退, 卒覓得亞美利加, 爲生靈開出一新世界者, 則西班牙之哥侖布士Columbus其人也. 當羅馬敎皇威力達於極點, 各國君主, 俯伏肘下, 時則有一介僧侶, (天主敎之敎士不娶妻, 故日本假佛敎僧字以名之, 今從其號) 悍然揭九十六條檄文於大府, 鳴舊敎之罪惡, 倡新說以號召天下, 敎皇率百數十王候, 開法會拘而訊之, 使更前說, 而顧從容對簿, 侃侃抗言, 不屈不撓, 卒能開信敎自由之端緖, 爲人類進幸福者, 則日耳曼之馬丁路得Martin Luther其人也. 扁舟繞地球一周, 凌重濤, 冒萬死, 三年乃還, 卒開通太平洋航路, 爲兩半球鑿交通之孔道者, 則葡萄牙之麥志倫Magellan其人也. 隻身探險於亞非利加內地, 越萬里之撒哈拉沙漠, 與瘴氣戰, 與土蠻戰, 數十年如一日, 卒使全非開通, 爲白人殖民

---

2 리빙스턴(David Livingstone, 1813~1873). 영국의 선교사, 아프리카 탐험가.

3 아돌프스(Gustavus Adolphus, 1594~1632). 스웨덴 왕으로 1611~1632에 재위했다. 스웨덴이 근대국가로 발돋움할 수 있는 기초를 마련했다고 평가된다.

地, 則英國之立溫斯敦Livingstone其人也. 十六七世紀間, 新舊教之爭正烈, 日耳曼剿滅新敎徒, 殆無遺類, 時則有波羅的海岸一蕞爾國, 奮其螳臂, 爲人類請命, 爲上帝復仇, 卒以萬六千之精兵, 橫行歐陸, 拯民塗炭, 犧牲一身而不悔者, 則瑞典王亞多法士Adolphus其人也.

러시아가 몽골의 유린을 겪은 뒤 원기를 새로 회복하였으나 쌓여온 약하고 야만스런 비루함은 어디에 견주어도 헤아릴 수 없을 정도였다. 이때 만승의 존엄한 신분으로 미복(微服)을 하고 밖에 나가 고용노동자와 섞여 그 문명과 기술을 배워 자기 백성에게 전해, 그 나라가 오늘날 세계 제일의 뛰어난 나라가 되게 하고 차츰 세계를 모두 포괄하려는 생각을 갖게 하였으니, 이는 러시아의 표트르 대제이다. 영국은 엘리자베스 1세(원주 — 영국 여자 황제의 이름) 이후 승리를 거듭하며 교만해지고, 입헌과 훌륭한 정치도 점차 땅에 떨어졌다. 이때 한 궁벽한 곳의 목민관이 팔을 걷어붙이고 의로운 깃발을 끌어올려 나라를 일으키고 군사를 모아 8년 동안 혈전을 벌였다. 그리하여 독재자(獨夫)를 체포하고 민정을 중흥시켜 북해 삼도를 문명의 정치체제(政體)를 가진 조국으로 만들었으며 국기를 대지에 휘날리게 했다. 이는 영국의 크롬웰이다. 미국은 영국의 구속을 받고 있어서 조세는 번잡하고 무거웠으며 인권은 짓밟히고 백성은 연명하기도 어려웠다. 이때 깊은 산골의 의협심 있는 농부가 나타나 자유의 종을 두드리며 독립의 기치를 높이 들었다. 어디에도 의지하는 데 없이 큰 적에 항거하여 마침내는 신세계에 뛰어난 나라를 세울 수 있었으며, 오늘날 거의 20세기 지구의 주인이 되었다. 이 사람은 미국의 대통령 워싱턴이다.

俄羅斯經蒙古蹂躪之後, 元氣新復, 積弱蠻陋, 無足比數, 時則有以萬乘尊, 微服外游, 雜伍傭作, 學其文明技術, 傳與其民, 使其國爲今日世界第一雄國, 駸駸乎有囊括宇內之觀者, 則俄皇大彼得Peter the Great其人也. 英國自額里查自(英女皇名)以後, 積勝而驕, 立憲美政, 漸以墜地, 時則有一窮壤牧夫, 攘臂以攀義旗, 興國會軍, 血戰八年, 卒俘獨夫, 重興民政, 使北海三島, 爲文明政體之祖國, 國旗輝於大地者, 則英吉利之克林威爾Cromwell 其人也. 美受英軛, 租稅煩重, 人權蹂躪, 民不聊生, 時則有一穹谷佽農, 叩自由之鐘, 揭獨立之旗, 毫無憑藉, 以抗大敵, 卒能建雄邦於新世界, 今日幾爲廿世紀地球之主人翁者, 則美總統華盛頓Washington 其人也.

프랑스 대혁명 이후 그 풍조가 신속하고 맹렬해서 대륙은 두려워 떨었으며 온 나라는 평안하지 못했다. 이때 한 작은 군대의 소장교가 공명심을 떨쳐 이집트를 정복하고 이탈리아를 정복하여 전 유럽을 석권하고 대제국을 건설하였다. 마침내 40만의 야수와 같은 군대(貔貅)를 이끌고 강한 러시아와 대적하여 북쪽으로 천 리를 내쫓았다. 패배해도 그 기가 꺾이지 않았으니, 이가 프랑스 황제 나폴레옹이다. 헬데를란트[4]는 종교의 압제와 학정으로 초췌해지고 귀족들의 호위부대(緹騎)가 나라에 가득 찼다. 이때 한 망명한 지사가 나타나 게르만〔인 가운데에서〕 강력한 군대를 모아 귀국하여, 회복하기 위해 37년을 피를 흘리며 싸웠다. 결국에는 국권을 회복하였으나 그 몸은 자

---

4 헬데를란트(Gelderland). 네덜란드 동부에 있는 주.

객[5]의 손에 죽게 되어도 후회하지 않았다. 이가 네덜란드의 윌리엄 에그몬트이다.[6] 미국에는 수십 년 전에 노예정치가 성행했다. 인도(人道)는 끊어지고 남북은 다른 길로 달려 나라는 거의 분열 상태였다. 이때 한 뱃사람의 아들이 올바른 도리를 갑옷으로 삼고 백성의 뜻을 창과 방패로 삼아, 단연코 세속의 인정(俗情)을 배척하고자 의로운 전쟁을 일으켜 소수를 희생하여 다수를 살렸다. 자기 한 몸을 지푸라기처럼 여기고 국민에게 바쳐 마침내는 평등 박애의 이상을 실현하였으며, 나라의 헌법을 정해 천하의 모범이 될 수 있었다. 이가 미국 대통령 링컨이다. 로마가 망하고 남겨진 위업은 오래전에 거품이 되어 꺼지고, 타민족에게 기식하면서 종처럼 사육되고 금수처럼 취급되었다. 이때 약관의 늠름한 소년이 비밀결사에 투신하여 거짓 정부를 무너뜨리려 하였으나 뜻을 이루지 못하고 이역으로 도피하여 청년교육에 전념하며 국혼을 환기하였다. 그리고 결국에는 그 나라를 독립통일국가로 만드는 데 성공하고 세계 제1등국의 반열에 오르게 하였다. 이는 이탈리아의 마치니이다.[7]

法國大革命後, 風潮迅激, 大陸震慴, 擧國不寧, 時則有一小軍隊中一小將校, 奮其功名心, 征埃及, 征意大利, 席捲全歐, 建大帝國, 猶率四十萬貔貅臨强俄, 逐北千里, 雖敗而其氣不挫, 則法皇拿破侖

5 '자객'은 '서예'(鉏麑)를 번역한 것이다. '서예'는 춘추시대 사람으로서 진(晉)의 영공(靈公)을 암살하는 데 고용되었다. 『좌전』 '宣二年' 참조.

6 실제로는 오라녜공(Prince of Orange) William 1세(1533~1584)이다. 스페인에 저항하여 네덜란드 독립전쟁을 이끈 지도자이다.

7 주세페 마치니(Giuseppe Mazzini, 1805~1872). 공화주의자로 청년이탈리아당과 청년유럽당을 결성하고, 밀라노 독립운동에도 참여했다. 빈곤한 망명생활을 이어가며 여러 차례 군사행동을 일으켰으나 모두 실패했다.

Napoleon 其人也. 荷爲班屬, 宗教壓制, 虐政憔悴, 緹騎徧國, 時則有一亡命志士, 集勁旅於日耳曼, 歸圖恢復, 血戰三十七年, 卒復國權, 身斃於鉏麑之手而不悔者, 則荷蘭之維廉額們William Egmont 其人也. 美中當數十年前, 奴政盛行, 人道滅絶, 南北異趣, 國幾分裂, 時則有一舟人之子, 以正理爲甲冑, 以民義爲戈矛, 斷然排俗情, 興義戰犧牲少數以活多數, 草芥一身以獻國民, 卒能實行平等博愛之理想, 定國憲爲天下法, 則美總統林肯 Lincoln 其人也. 羅馬云亡, 遺烈久沫, 寄息他族, 奴畜禽視, 時則有冠弱翩翩一少年, 投秘密結社傾僞政府不能得志, 逋竄異域, 專務靑年敎育, 喚起國魂, 卒能使其國成獨立統一之功, 列於世界第一等國者, 則意大利之瑪志尼 Mazzini其人也.

이러한 것은 예를 들기 위해 몇 명의 현자들을 늘어 놓은 것에 불과하다. 이 밖에도 이런 종류의 호걸들은 역사에 어깨를 나란히 하며 뒤를 이어 나타났다. 그 일의 내용을 다 엮으면 다섯 수레에도 실을 수 없고, 그 이름들을 세는 것도 내가 다 할 수 없는 일이다. 아아, 어찌 그리 많은가! 후세에 역사를 읽는 자들은 그 향기만 맡고 그 지류만 퍼올려 숭배하고 노래하지만, 그들이 당시 세상 사람들이 감히 말하지 못한 것을 말하고, 세상 사람들이 감히 하지 못한 일을 했다는 것은 모른다. 그 정신은 백 줄기의 강이 흘러 바다를 이루어 온 세계로 퍼져 나갈 때까지 멈추지 않을 모습이며, 그 기백은 솥을 깨뜨리고 배를 가라앉혀(破釜沈舟)[8] 눈을 감고 다시 뜨지 못하더라도 〔전

8 "솥을 깨뜨리고 배를 가라앉히다"(破釜沈舟)라는 말은 초(楚)의 항우(項羽)가 진(秦)의 거록(鋸鹿)에서 싸울 때, 강을 건너는 배를 가라앉히고 솥과 시루를 깨뜨려, 죽을 각

진할) 기개이다. 그 이념(主義)을 위해 몸바치는 것은 천상천하에 오직 나만이 있다고 생각하며, 경건하게 앞을 향해 전진하는 데 임하여 몸이 병들어 죽어서야 그만둔다는 의지이다. 성공한다면 뇌의 정기를 다 사용하여 역사의 영광을 사는 것이고, 실패한다면 붉은 피를 바쳐서 국민의 죗값을 속죄하겠다는 각오이다. 아아! 어떻게 이렇게 할 수 있는가? 오직 앞으로 나아가기(進取) 때문이다. 오직 위험을 무릅쓰기(冒險) 때문이다.

若此者, 不過聯擧數賢以爲例耳, 其他豪傑之類此者, 比肩接踵於歷史, 臚其事實, 則五車不能容, 卽算其姓名, 亦更僕不能盡. 於戲, 何其盛哉. 後世讀史者, 挹其芬, 汲其流, 崇拜而歌舞之, 而不知其當時道天下所不敢道, 爲天下所不敢爲. 其精神有江河學海不到不止之形, 其氣魄有破釜沈舟一瞑不視之槪. 其徇其主義也, 有天上地下, 惟我獨尊之觀. 其向其前途也, 有鞠躬盡瘁死而後已之志. 其成也, 涸腦精以買歷史之光榮. 其敗也, 迸鮮血以贖國民之沈孽. 嗚呼, 曷克有此. 曰惟進取故, 曰惟冒險故.

진취모험의 성질은 어떤 것인가? 나는 이름 붙일 것이 따로 없어 '호연지기'(浩然之氣)라고 부르겠다. 맹자는 호연지기에 대해 "그 기는 의(義)와 도(道)와 짝하여 굶주림이 없다"고 했으며 또 "의가 쌓여서 만들어지는 것이지 의가 외부로부터 녹아들어 와 얻는 것이 아니다. 행동하면서 마음에 흡족하지 않은 것이 있으면 그 기는 굶주린

오(覺悟)로 싸워 크게 이긴 데서 연유한다.

다"[9]라고도 했다. 그러므로 그 성질은 사람이 가지면 살고 없으면 죽는다. 나라가 가지면 생존하고 없으면 망한다. 그것을 길러서 발현할 수 있는 자는 뿌리가 깊고 두텁기 때문이지, 바탕이 박약한 사람들이 임시로 밖에서 빌려올 수 있는 것이 아니다. 그 근원을 살펴보면 네 가지가 있다.

> 進取冒險之性質何物乎. 吾無以名之, 名之曰浩然之氣. 孟子釋浩然之氣曰, 其爲氣也, 配義與道, 無是餒也. 又曰, 是集義所生者, 非義襲而取之也, 行有不慊於心, 則餒矣. 故此性質者, 人有之則生, 無之則死. 國有之則存, 無之則亡. 而所以養成之發現之者, 其根柢甚深厚, 而非器性薄弱之人所能假借. 試推其所原, 有四端焉.

첫째, 희망에서 나온다. 알렉산더가 페르시아를 직접 정벌할 때 출발 시간에 임박해서 백성과 재물을 모두 신하들에게 나눠 주고 하나도 남기지 않았다. 신하들이 "그럼 왕은 무엇을 가지십니까"라고 묻자 왕은 "나는 하나가 있다. 희망이다"라고 말했다. 크도다. 희망이 사람에게 이처럼 위대하고 힘이 있음이! 사람은 살면서 모두 두 개의 세계를 갖는다. 공간상으로 말하면 실제세계(實跡界)와 이상세계이고, 시간상으로 말하면 현재세계와 미래세계이다. 현재와 실제는 행위에 속하며, 이상과 미래는 희망에 속한다. 현재 실행되는 실제는 이전에 품었던 이상의 발현이며, 현재 품고 있는 이상은 또한 미래 실행될 실제의 티켓이다. 그렇다면 실제는 이상의 자손이며 미래

9 『맹자』「공손추상」2.

는 현재의 부모이다. 그러므로 인류가 금수보다 낫고 문명인이 야만인보다 나은 것은 오직 희망이 있고 이상이 있고 미래가 있기 때문이다. 희망이 클수록 진취모험의 마음은 더욱 뛰어나다. 월왕 구천(勾踐)이 회계(會稽)에 머물면서 땔나무를 깔개로 삼고 쓸개를 식량으로 삼아, 그의 마음은 하루도 오(吳)를 멸망시킬 것을 잊지 않았다.[10] 모세는 완고하고 어리석으며 음험하고 조급한 유대인민을 이끌고 아라비아사막을 방황하길 40여 년 동안 했다. 날마다 포도가 익어가고 꿀과 우유 향기가 넘치는 가나안의 낙토가 그들의 흉중에서 왔다 갔다 했다. 왕양명의 시에 "사람마다 장안으로 통하는 길에 있으니, 평탄한 길을 곧장 가보아라"[11]라는 것이 있다. 어찌 오와 회계뿐이겠는가, 어찌 가나안뿐이겠는가. 대개 장부가 세상에 서는 데는 제2의 세계가 있어 돌아가 머물 고향으로 삼지 않는 경우가 없다. 각자 희망을 품고 끝없는 장도를 달리는 것이다. 세상의 변천이 날로 진보할 수 있는 이유는 이 희망 때문이다. 그래서 현재세계와 실제세계에서는 골머리를 앓고 땀을 흘리고 손발에 굳은살이 박히고 심지어 피를 바치고 뼈가 드러난다 하더라도 어찌 공연한 일이겠는가! 장차 바뀌는 것이 있기 때문이다. 서양 철학자의 말에 다음과 같은 것이 있다. "신(上帝)이 중생에게 말했다. 네가 원하는 것을 내가 모두 너에게 주겠다. 그러나 너는 그 대가를 치러야 한다." 진취모험은 희망의 대가이다. 저들 금수와 야만인은 굶으면 먹을 것을 찾고 배부르면 기뻐한

10 '와신상담'(臥薪嘗膽)의 유래가 된 고사이다. 『사기』 「월왕구천세가」(越王勾踐世家) 참조.

11 『왕양명 시집』(王陽明詩集) 권9, '示諸生三首'의 '其二'.

다. 오늘만 알고 내일은 모른다. 사람이 사람인 이유, 문명인이 문명인인 이유 또한 내일을 알기 때문일 뿐이다. 오직 내일이 우리를 무한하게 한다. 3일, 5일, 1주일, 10일, 1달, 1년, 10년, 백 년, 천만 년, 억 조경 해의 헤아릴 수 없는 세월, 이것이 모두 내일이 쌓인 것이다. 오늘을 지키려고 하면 진취의 마음이 없어지고, 오늘의 안일을 탐하면 모험의 기운은 사라진다. 이와 같은 것은 사람이 되는 방법을 버리는 것이고 스스로 저 동물들과 나란히 하는 것이다. 나는 진취모험이 없어서는 안 된다는 것이 이처럼 심각함을 알겠다.

一曰生於希望. 亞歷山大之親征波斯也, 瀕行擧其子女玉帛, 悉分予諸臣, 無一餘者. 諸臣曰, 然則王更何有乎. 王曰, 吾有一焉, 曰希望. 甚哉, 希望之於人如此其偉大而有力也. 凡人生莫不有兩世界. 其在空間者, 曰實跡界, 曰理想界. 其在時間者, 曰現在界, 曰未來界. 實跡與現在, 屬於行爲, 理想與未來, 屬於希望. 而現在所行之實跡, 卽爲前此所懷理想之發表. 而現在所懷之理想, 又爲將來所行實跡之劵符. 然則實跡者理想之子孫, 未來者現在之父母也. 故人類所以勝於禽獸, 文明人所以勝於野蠻, 惟其有希望故, 有理想故, 有未來故. 希望愈大, 則其進取冒險之心愈雄. 越王勾踐之棲會稽, 以薪爲蓐, 以膽爲糧, 彼其心未嘗一日忘沼吳也. 摩西率頑冥險躁之猶太人民, 彷徨於亞剌伯沙漠四十餘年, 彼蓋日有一葡萄滋熟蜜乳芬郁之迦南樂土, 來往於其胸中也. 王陽明詩云, 人人有路透長安, 坦坦平平一直看. 豈惟吳會, 豈惟迦南, 蓋丈夫之所以立於世者, 莫不有第二之世界, 以爲其歸宿之一故鄕, 各懷希望以奔於無極之長途, 此世運所以日進步也. 以此希望故, 故其於現在界, 於實跡界, 不惜絞其腦, 滴其汗, 胼胝其手足, 甚乃獻其血, 蛻其骸, 豈徒然哉, 其將有所易也. 西哲有言, 上帝語衆生曰, 汝所欲之物, 吾悉畀汝, 但汝當納其代價. 進取冒險者, 希望之代價也. 彼禽獸與野蠻人, 饑則求食, 飽則嬉焉, 知有今日而不知有明日. 人之所以爲人, 文明之所以爲文明, 亦曰知明日而已. 惟明日能繫我於無極, 而三日焉, 而五日焉, 而七日焉, 而一旬焉, 而一月焉, 而一年焉, 而十年焉, 而百年焉, 而千萬年焉, 而億兆京垓無量數不可思議年焉, 皆明日之積也. 保守今日, 故進取之念消. 偸安今日, 故冒險之氣亡. 若此者, 是棄其所以爲人之具, 而自儕於群動也. 吾乃知進取冒險之不可以已如此其甚也.

둘째, 열성에서 나온다. 나는 『사기』 「이장군열전」(李將軍列傳)에서 다음과 같은 것을 읽었다. 즉, "광(廣)이 사냥을 나가서 풀 가운데 돌을 보고 호랑이라 생각해서 쏘았는데 돌을 꿰뚫었다. 털이 없어서 보니 돌이었다. 그래서 다시 쏘았는데 끝내 다시 돌을 꿰뚫지 못했다" 이 부분을 읽으면서, 사람이 내는 능력에 정해진 한계도 없고 정해진 정도도 없이, 오직 그 열성의 한계와 정도에 비례해서 차이를 만들어 낼 뿐이라는 것에 감탄하지 않은 적이 없다. 그 동기〔의 차이〕는 아주 작지만 그 결과는 대단히 다르다. 천하고금의 영웅과 호걸, 효자와 열부, 충신과 의사(義士), 열렬한 종교가, 정치가, 미술가, 탐험가가 천지를 놀라게 하고 귀신을 울게 하는 사업으로 우주를 흔들고 깨어나게 할 수 있었던 것, 그들이 얻은 것이 모두 이유가 있음을 깊이 알겠다. 서양 학자 빅토르 위고는 "여자(婦人)는 약하지만 어머니는 강하다"고 말했다. 약한 여자가 어떻게 강한 어머니가 될 수 있는가? 오직 아이를 사랑하는 지성의 일념 때문이다. 평소에는 옷도 못 이길 정도로 여리고 마음은 작은 새 같지만, 자기 아이 때문에 천산

만곡도 혼자 왔다 혼자 갈 수 있다. 호랑이와 이리가 포효하고 도깨비가 출몰해도 두려워하지 않으며 피하는 것도 없다. 위대하다, 열성적 사랑이 사람을 바꿀 수 있는 정도가! 주수창(朱壽昌)이 관직을 버리고 걸행하며 산을 넘고 물을 건너 바람과 눈을 헤치고 간 것은 자기 부모를 사랑했기 때문이다.[12] 예양(豫讓)이 몸에 옻칠을 해 몸에 부스럼이 나게 하고 머리를 풀어헤치고 노비가 된 것은 그 군주를 사랑했기 때문이다.[13] 제갈무후(諸葛武侯)가 병중인데도 출병하여 오장원(五丈原)의 근방에서 한을 씻어 내리는 눈물을 흘리게 되더라도 사양하지 않은 것은 자신을 알아주는 사람(知己)을 사랑했기 때문이다.[14] 크롬웰이 군주 살해라는 대휘(大諱)를 무릅쓰고, 또 국회를 두 번 해산하면서 전제라는 혐의를 기꺼이 받으면서도 꺼리지 않은 것은 그 국민을 사랑했기 때문이다. 링컨이 국내의 분열을 돌아보지 않고 전쟁의 도탄을 근심하지 않고, 의연하게 미국 남부에 노예해방령을 선포한 것은 공리(公理)를 사랑했기 때문이다. 16~17세기 사이에 신교도들이 20여 년을 교황에게 저항하며, 죽은 자가 수천, 수백 만

---

12 『송사』「효의열전」(孝義列傳) 참조. 아버지가 내쫓은 어머니를 벼슬까지 버리고 찾아내, 어머니에게 효도하고 이복동생들까지 거둔 주수창이라는 효자의 이야기가 실려 있다.

13 『전국책』「조책1」(趙策一) 참조. 예양은 춘추시대 진(晉)나라 사람이다. 자신을 평가하고 대우해 준 지백(智伯)을 위해 복수를 꾀하고 끝내 목숨을 버렸다. "선비는 자기를 알아주는 사람을 위해 목숨을 바친다"는 말로 유명하다.

14 제갈량(諸葛亮, 181. 7. 23~234. 8. 28)은 형주의 초야에서 지내던 중 유비(劉備)의 삼고초려로 세상에 나와, 유비를 도와 촉한을 건국했다. 유비의 사후 출사표(出師表)를 후주 유선(劉禪)에게 올린 후 중원을 도모하였으나 적수 사마의(司馬懿)와의 대결 도중 오장원에서 54세의 나이로 숨을 거두었다. '지기'(知己)는 자신을 평가하고 찾아준 유비를 가리킨다.

에 이르렀지만 후회하지 않은 것은 신(上帝)을 사랑하고 자유를 사랑했기 때문이다. 19세기에 혁명의 풍조가 전 유럽에 퍼졌을 때 수많은 해골과 시체를 넘어, 앞사람이 쓰러지면 뒷사람이 이은 것 또한 그 백성이 나라를 사랑하고 스스로를 사랑했기 때문이다. 남녀는 본래 서로 좋아하면 부모에게도 등을 돌리고 여론도 무릅쓰고 어떠한 우여곡절이 있어도 서로 좇으며, 심한 경우에는 서로를 위해 죽기도 하는 법이다. 사람의 정리로 보면 누가 삶을 사랑하고 죽음을 싫어하지 않겠는가. 그러나 사랑하는 것이 삶보다 더한 것이 있기 때문에 때론 살 수 있어도 그렇게 하지 않는 것이다.

二曰生於熱誠. 吾讀史記李將軍列傳, 至廣出獵, 見草中石, 以爲虎, 射之. 中石, 沒羽. 視之, 石也. 因復更射之, 終不能復入石矣. 未嘗不歎人生之能力, 無一定界限, 無一定程度, 而惟以其熱誠之界限程度爲比例差. 其動機也希微, 其結果也殊絶. 而深知夫天下古今之英雄豪傑, 孝子烈婦忠臣義士以至熱心之宗教家政治家美術家探險家, 所以能爲驚天地泣鬼神之事業震宇宙而昭蘇之者, 其所得皆有由也. 西儒姚哥氏有言, 婦人弱也, 而爲母則强. 夫弱婦何以能爲强母, 唯其愛兒至誠之一念, 則雖平日嬌不勝衣, 情如小鳥, 而以其兒之故, 可以獨往獨來於千山萬壑中, 虎狼吼哮, 魑魍出沒, 而無所於恐, 無所於避. 大矣哉, 熱誠之愛之能易人度也. 朱壽昌之棄官行乞, 跋涉風雪, 愛其親也. 豫讓之漆身爲厲, 被髮爲奴, 愛其君也. 諸葛武侯之扶病出師, 灑一掬之淚於五丈原頭而不辭者, 愛知己也. 克林威爾冒弑君之大不諱, 且兩度解散國會, 受專制之嫌而無憚者, 愛國民也. 林肯不顧國內之分裂, 不恤戰爭之塗炭, 而毅然布放奴令於南美者, 愛公理也. 十六七世紀之間, 新敎徒抵抗敎皇者二百餘年, 死者以千數百萬計,而未嘗悔者, 愛上帝愛自由也. 十九世紀革命風潮, 偏於全歐, 擲無量數之頭顱血肉, 前者仆而後者繼, 亦以其民之愛國而自愛也. 彼男女之相悅, 則固常背父母, 犯輿論, 千回百折以相從矣, 甚者乃相爲死矣. 夫人情孰不愛生而惡死, 顧其所愛有甚於生者, 故或可以得生而不用也.

『전국책』(戰國策)에 다음과 같은 이야기가 있다. "제나라의 시장에서 금을 집어간 사람이 있었다. 관리가 그를 잡아 심문했더니 그 사람은 '내가 금을 집을 때는 오직 금만 보이고 사람은 보이지 않았다'고 말했다."[15] 저 영웅호걸, 효자열녀, 충신의사들에게서부터 열렬한 종교가, 정치가, 미술가, 탐험가들이, 자신들의 이념(主義)을 위해 몸바쳐서 그 목적을 향해 나아가면 모두 "금은 보이고 사람은 보이지 않는" 그런 사람들이 아니겠는가! 이러한 사람은 못하게 해도 하고 못 가게 해도 다다른다. 그들이 어찌 다른 사람이 있다는 것만 보지 못했겠는가, 자기 자신도 보지 못했을 것이다. 〔이러한 정신을〕 이름 붙이기가 어려워 인스피레이션(Inspiration)이라고 하겠다. 인스피레이션이란 열성이 최고조에 달한 지점으로, 사람을 모험진취의 길로 나가도록 감동시키고 추동한다. 이 열성은 또한 사랑으로 인해서만 발휘되는 것이 아니다. 슬픔의 극한, 노여움의 극한, 위험의 극한 또한 열성을 이끌어 내는 도화선이다. 불난 집 안에 있으면 약한 여자라도 천균이나 되는 궤짝을 운반하고, 적진 속에 있는 자라면 피곤에 지친 말

15 이 일화가 『전국책』에 실려 있다는 것은 양계초의 착각으로, 실제로는 『열자』 「설부」(說符)에 실려 있다.

을 타고도 적진을 뚫고자 한다. 그러므로 때리지 않으면 뛰지 않고 격분하지 않으면 움직이지 않는다고 하는 것이다. 사랑할 만한데 사랑할 줄 모르고 슬퍼할 만한데 슬퍼할 줄 모르며, 노여워할 만한데 노여워할 줄 모르고 위태한데 위태한 줄 모르는 사람은 인성(人性)이 없는 사람이라고 한다. 나는 진취모험의 정신이 없어서는 안 된다는 것이 이처럼 심각함을 알겠다.

> 戰國策言, 有攫金於齊市者, 士官拘而鞫之, 其人曰, 吾攫金時, 只見金, 不見人. 彼夫英雄豪傑, 孝子烈婦忠臣義士以至熱心之宗敎家政治家美術家探險家, 當其徇其主義, 赴其目的, 何一非見金不見人之類也. 若是者, 莫之爲而爲, 莫之致而至. 豈惟不見有人, 并不見有我焉. 無以名之, 名之曰, 烟士披里純 Inspiration. 烟士披里純者, 熱誠最高潮之一點, 而感動人驅迫人使上於冒險進取之途者也. 而此熱誠又不惟於所愛者有之, 乃至哀之極怒之極危險之極, 亦常爲驅發熱誠之導線. 處火宅者, 弱女能運千鈞之筒. 臨敵陣者, 疲馬亦作突圍之想. 故曰, 不搏不躍, 不激不行. 可愛者而不知愛, 可哀者而不知哀, 可怒者而不知怒, 可危者而不知危, 此所謂無人性也. 吾乃知進取冒險之不可以已如此其甚也.

셋째, 지혜에서 나온다. 사람이 두려워 위축되는 것은 반드시 그 사태의 이치를 분명히 모르기 때문이다. 어린이나 부녀자들은 귀신을 가장 두려워해서 날이 저물면 밖에 나가지 못한다. 야만 민족이 가장 두려워하는 것은 조짐이어서, 점(龜筮)이 따르지 않으면 움직이지 못한다. 일식이 일어나거나 혜성이 보이면 두려워서 숨으며, 금요일에는 감히 밖으로 나오지 못하며, 13인은 함께 식사하지 않는다.(원주 — 이 둘은 서양의 습속이다.) 이는 모두 지식에 가려진 것이 있어 행동하는 데 겁을 내기 때문이다. 여울에 돌이 여기저기 널려 있고 물의 흐름이 매우 급한 곳은, 물의 성질을 잘 아는 사람이 아니면 감히 건너지 못한다. 큰 눈이 들을 덮고 골짜기를 가득 채웠다면, 그 지세를 잘 아는 사람이 아니면 감히 넘지 못한다. 세밀하게 알지 못하면 그 기(氣)가 먼저 굶주린다. 굶주리게 되면 진취의 정신은 위축된다. 그러므로 왕양명(王陽明)이 지행합일로써 교의를 삼은 것은 참으로 근본을 얻은 것이다. 콜럼버스가 대서양에 배를 띄워 서쪽으로 간 것은 지도의 이치를 깊이 믿어 저쪽 해안에는 반드시 극락세계가 있다는 것을 알았기 때문이다. 글래드스턴[16]이 아일랜드의 자치안을 주장했던 것은 민족주의와 자유평등주의를 깊이 믿어, 그런 방법이 아니라면 영국과 아일랜드 모두 편안하지 못하리라는 것을 알았기 때문이다. 맹호가 뒤에서 쫓아오면 개울을 건너고 숲을 지나는 것을 마치 평지를 가는 듯하며, 집에 큰불이 나면 마치 뿌리 뽑힌 쑥처럼 처마와 지붕 위를 날아다닌다. 호랑이와 불이 사람을 죽일 수 있다는 것을 알면 부득불 작은 위험을 무릅쓰면서 최대의 위험을 피한다. 젖먹이 아이는 호랑이의 난폭함과 불의 맹렬함을 모르기 때문에 희희낙락하며 편안해하는 것이다. 그러므로 진취모험의 정신은 항상 견식의 깊이에 따라 달라진다. 따라서 기를 기르려면 먼저 지혜를 쌓아야 한다는 것은 빈말이 아니다. 그렇지 않으면 종교가의 노예가 되고 선철의 노예가 되고 습속의 노예가 되고 권력을 가진 지

---

16 윌리엄 글래드스턴(William Ewart Gladstone, 1809~1898). 영국 자유당의 당수, 네 차례 영국 수상을 역임.

배자의 노예가 되고 심지어는 자기 마음의 노예가 되고, 그 마음은 또한 사지의 노예가 될 것이다. 겹겹의 속박과 멍에 속에서 숨이 약해지며 죽음에 이르면서 다시 사람을 살리는 길로 나가는 일은 없다. 나는 진취모험의 정신이 없어서는 안 된다는 것이 이처럼 심각함을 알겠다.

三曰生於智慧. 凡人之有所畏縮也, 必其於事理見之未明者也. 孩童婦嫗最畏鬼, 暮夜則不敢出也. 蠻野民族最畏機祥, 龜筮不從則不敢動作也, 日食慧見則恐懼潛藏也, 禮拜五日不宜出行也. 十三人不敢共膳也(二者皆西俗), 此皆知有所蔽, 而行遂有所怯也. 灘石錯落, 河流激湍, 非習水性者不敢渡焉. 大雪漫野, 坑谷皆盈, 非識地勢者不敢凌焉. 見之不審, 則其氣先餒, 餒則進取之精神萎地矣. 故王陽明以知行合一爲教義, 誠得其本也. 哥侖布之敢於航大西洋而西也, 蓋深信地圖之理, 而知彼岸必有極樂世界也. 格蘭斯頓之堅持愛爾蘭自治案也, 蓋深信民族主義自由平等主義, 知非此而英愛不能相安也. 猛虎躡於後, 則越澗穿林如平地. 大火燎於棟, 則飛簷壁如轉蓬, 知虎與火之能殺人, 而不得不冒次險以避最險也. 若乳嬰之子, 不知虎之暴而火之烈, 則嬉然安之而已. 故進取冒險之精神, 又常以其見地之淺深高下爲比例差. 欲養氣者必先積智, 非虛言也. 而不然者, 爲教宗之奴隸, 爲先哲之奴隸, 爲習俗之奴隸, 爲居上位有權勢者之奴隸, 乃至自爲其心之奴隸, 其心又爲四支百體之奴隸, 重重縛軛, 奄奄就死, 無復生人之趣矣. 吾乃知進取冒險之不可以已如此其甚也.

넷째, 담력에서 나온다. 나폴레옹은 "'어려움'이라는 단어는 오직 바보들이 사용하는 사전에만 있다"고 하고 또 "'불가능'(不能)이라는 단어는 프랑스 사람들은 사용하지 않는다"고도 했다. 넬슨[17]은 "나는 두려워할 만한 것을 본 적이 없다. 나는 '두려움'이 뭔지 모른다"고 했다.(원주 — 넬슨은 영국의 명장으로 나폴레옹 해군을 소탕한 사람이다. 5세에 늘 혼자 산야를 돌아다녔는데, 매서운 번개와 맹렬한 바람을 만나 밤이 되어도 집에 돌아가지 못했다. 집에서 사람을 보내 찾아냈더니, 산꼭대기의 무너진 집에 단정히 앉아 있었다. 조모가 "이상하구나. 무엇이 아이를 놀라게 했구나. 무서운 것을 보아서 결국 네가 집에 못 온 것이로구나"라며 책망하자, 넬슨이 "Fear? I never saw Fear. I do not know what it is!"[18]라고 했다는 이야기이다. 이 말을 중국어로 번역하면 그 정신의 만분의 일도 얻을 수가 없다.) 아아! 지금 이 이야기를 읽으면, 정신과 기상이 으뜸이었음을 〔알겠다〕. 위인들의 근기는 본래 우리들이 가지려고 할 수 없는 것인가? 아니면 본래 있는데 스스로 사용하지 않는 것인가? 나폴레옹이 경험한 지난한 상황은 정말로 많았으며, 넬슨이 만난 두려운 일들 역시 적지 않았다. 그러나 나폴레옹과 넬슨은 아무 일도 아닌 듯이 행동했다. 이는 다른 이유 때문이 아니다. 그 기(氣)가 먼저 이 상황들을 이길 수 있었기 때문이다. 불교에서 삼계(三界)는 모두 마음이 만드는 것이며 만법은 모두 우리의 의식일 뿐이라고 말한다. 내가 불가능하다고 생각하고 두렵다고 생각하면 이는 불가능하며 두려운 것이 된다. 내가 가능하다고 생각하고 두렵지 않다고 생각하면 또한 가능한 것이 되

17 넬슨(Horatio Nelson, 1758~1805). 나폴레옹 전쟁 기간인 1805년 프랑스, 스페인 연합군을 상대로 영국해군이 승리를 거뒀는데, 그때 해군제독이 넬슨이었다. 전투 중에 적의 탄환을 맞았고, 전투가 승리로 끝난 것을 확인한 후 숨을 거두었다고 한다.

18 번역하면 다음과 같다. "두려움이요? 나는 두려움을 못 봤어요. 나는 그게 뭔지 모르겠어요."

며 두렵지 않은 것이 된다. 이 이치는 참으로 둔한 근기를 가진 중생이 깨달을 수 있는 것이 아니다. 그러나 이는 또한 두 가지로 해석할 수 있다. 사람이 병이 들면, 그것이 치통이나 콧병과 같은 사소한 병이라도 그날의 정신과 기운은 위축된다. 즉, 기력과 체백(體魄)은 서로 의지하면서 작용한다는 것, 이것이 한 가지 해석이다. 한편, 엄숙하고 경건하면 날로 강해지고 게으름에 안주하면 날로 나빠진다는 것은 생리의 큰 법칙이다. 증국번(曾國藩)은 "신체의 강약은 지나치게 소중히 여길 일이 아니다. 정신은 쓰면 쓸수록 더욱 왕성해지고 양기(陽氣)는 발휘하면 할수록 더욱 융성해진다. 만약 〔신체를〕 소중히 여기는 뜻을 가지고 있다면 앞으로 나가든 뒤로 물러나든 기는 갈수록 꺾이고 없어져 일을 이루기는 어려울 것"이라고 했으니, 이것이 또 다른 한 가지 해석이다. 이렇다면 체백은 건강하게 하지 않을 수 없으며, 담력 역시 양성하지 않을 수 없다. 나폴레옹이나 넬슨, 증국번 같은 사람은 모두 진취모험의 호걸이며 후배들의 영원한 모범이다.(원주 — 증국번은 착실한 경지를 디딜 것과 신중하고 조심스러움에 대해 가장 잘 논했지만, 그 마음에는 스스로 모험정신이 있었으니, 그 전집을 세밀하게 읽으면 저절로 알 수 있다.) 진취모험의 정신이 없어선 안 된다는 것을 알겠다.

四曰生於膽力. 拿破侖曰, 難之一字, 惟愚人所用字典爲有之耳. 又曰, 不能二字, 非佛蘭西人所用也. 訥爾遜曰, 吾未見所謂可畏者, 吾不識畏之爲何物也.(訥爾遜, 英國名將, 卽掃蕩拿破倫海軍者也. 當五歲時常獨游山野, 遇迅雷風烈, 入夜不歸, 其家遣人覓得之, 則危坐於山巓一破屋也. 其祖母責之曰異哉, 何物怪童, 此可怖之現象竟不能驅汝歸家耶. 訥則答曰 Fear? I never saw Fear I do not know what it is !卽此文是也. 譯爲華言, 不能得其精神於萬一) 嗚呼, 至今讀此言, 神氣猶爲之王焉. 豈偉人之根器, 固非吾輩所能企乎, 抑自有之而不用也. 拿破侖所歷至難之境正多, 訥爾遜所遇可畏之端亦不少, 而拿訥若行所無事者, 無他, 其氣先足以勝之也. 佛說三界惟心, 萬法唯識. 吾以爲不能焉, 以爲可畏焉, 斯不能矣, 斯可畏矣. 吾以爲能焉, 以爲無畏焉, 斯亦能矣, 斯亦無畏矣. 此其理眞非鈍根衆生之所能悟也. 雖然, 猶有二義焉. 凡人之有疾病者, 雖復齒痛鼻眩之微末, 而其日之精神志氣, 輒爲之萎縮, 蓋氣力與體魄, 常相依而爲用者也. 此一說也. 又莊敬日强, 安惰日偸, 生理之大經也. 曾文正曰, 身體强弱, 卻不宜過於愛惜. 精神愈用則愈出, 陽氣愈提則愈盛. 若存一愛惜精神的意思, 將前將卻, 奄奄無氣, 決難成事. 此又一說也. 若是乎體魄之不可不自壯, 而膽力亦未嘗不可以養成也. 若拿破侖, 若訥爾遜, 若曾國藩, 皆進取冒險之豪傑.永爲後輩型者也. (曾文正最講踏實地步, 謹愼小心, 然其中自有冒險精神, 細讀全集, 自能見之.) 吾乃知進取冒險之不可以已如此其甚也.

위험하고도 희미하도다. 우리 중국인에게 진취모험의 성질은 이미 옛날부터 없었지만, 오늘날 상황은 갈수록 심하다. 〔중국인은 말하기를〕 "만족을 알면 모욕당하지 않고 멈출 줄 알면 위태롭지 않다"고 하고 "백을 알고 흑을 지키며 웅(雄)을 알고 자(雌)를 지킨다"고 하며,[19] "사물에 앞서지 말며 사물에 뒤서지 말라"[20]고 한다. 또 "사

---

19 각각 『도덕경』의 글이며 의 각 출처는 다음과 같다. "知足不辱, 知止不殆": 44장; "知白守黑, 知雄守雌": 28장. 원전은 "知其雄, 守其雌, … 知其白, 守其黑."

20 사마천이 『사기』의 「자서」(自序)에서 '도가'에 대해 설명하는 글귀이다. 「태사공자

람에 앞선 적이 없으며 항상 사람을 따른다"[21]고도 한다. 이들은 노자(老子)의 허튼소리임은 말할 것도 없다. 그러나 공자를 칭송하면서 본받으려고 하는 사람들도 왕왕 그 대체는 버려둔 채 편협한 말만을 주워들어, '견'(狷)주의를 취하고 '광'(狂)주의를 버리며, '하지 말라'(勿)주의를 취하고 '하라'(爲)주의를 버린다.(원주 — '하지 말라'주의는 분노를 누르고 욕망을 막는 학문이다. 가령 '예가 아니면 보지 말라'로 시작하는 네 구절 등이다.[22] '하라'주의는 '사물을 열어 주고 일을 이루는'(開物成務)[23] 학문으로서, 가령 '천하에 도가 있으면 나는 바꾸려고 하지 않는다'[24] 등이 이것이다.) '곤'(坤)주의를 취하고 '건'(乾)주의를 버린다.(원주 — 땅의 도는 처의 도이고 신하의 도로, '곤'주의이다. '쉬지 않고 스스로 힘씀'(自强不息), 이것이 '건'주의이다.) '명'(命)주의를 취하고 '힘'(力)주의를 버렸다.(원주 — 『열자』에 '역명편'(力命篇)이 있다. 『논어』에서는 공부자가 명에 대해 드물게 말했다고 하며 또 힘에 대해서도 말하지 않았다고 한다. 사실은 힘과 명 둘은 모두 공자가 늘 말하던 것이다. 명을 아는 것의 교훈과 힘써 행하는 것의 가르침은 밝게 빛난다.) 이른바 도라고 하는 것은 "즐거우면 행

서」(太史公自序): "만물에 앞서지 않고 만물에 뒤서지 않으므로 만물의 주인이 될 수 있다"(不爲物先, 不爲物後, 故能爲萬物主).

21 『장자』「천하」 편에서 '關尹'의 말로 인용되어 있다. "동화된 자는 조화하고 〔의도적으로〕 얻은 자는 잃을 것이니, 절대 남을 앞서지 않고 언제나 남을 따른다"(同焉者和, 得焉者失. 未嘗先人而常隨人).

22 『논어』「안연」: "예가 아니면 보지 말고, 예가 아니면 듣지 말고 예가 아니면 말하지 말고 예가 아니면 행동하지 말라"(非禮勿視, 非禮勿聽, 非禮勿言, 非禮勿動).

23 『주역』「계사상」.

24 『논어』「미자」: "새나 짐승과 함께 무리가 될 수는 없다. 내가 이 사람들이 아니면 누구와 함께하겠는가. 천하에 도가 있다면 내가 바꾸려고 하지 않았을 것이다"(鳥獸不可與同羣, 吾非斯人之徒與而誰與. 天下有道, 丘不與易也).

하고 걱정되면 피하는 것"[25]이며 "말을 많이 하지 않아야 한다. 말이 많으면 근심이 많다. 일을 많이 하지 않아야 한다. 일이 많으면 실패가 많다",[26] "위태한 나라에는 들어가지 말고 어지러운 나라에는 머물지 말라",[27] "효자는 높은 곳에 오르지 않고 깊은 곳에 가지 않는다"[28] 등이다. 이런 뜻들은 또한 공자의 문하에서 전해지는 것이 아닌가. 그러나 말은 한 갈래가 아니지만 뜻은 각각 마땅한 부분이 있다. 공자가 어찌 이 뜻만으로 천하를 모두 다스리려고 했겠는가. 말류의 풍속이 이어져서 편리를 취해 스스로를 이롭게 하여 결국에는 노자의 주장이 공자의 껍질을 쓰고, 중니의 증(鄫)나라가 노담의 거(莒)나라로 바뀌었다. 이에 진취모험의 정신은 다 없어졌다. 시험 삼아 17사(史)의 열전을 보라. 이른바 콜럼버스, 리빙스턴 같은 사람이 있는가? 없다. 이른바 마틴 루터나 링컨 같은 사람이 있는가? 없다. 이른바 크롬웰이나 워싱턴 같은 사람이 있는가? 없다. 설사 한두 사람 있다고 해도, 일세에 죽임을 당하거나 모욕을 당하고 비난당하고 비웃음을 산다. '큰일을 좋아하고 공 세우기를 즐긴다'고 하거나 그렇지 않으면 '몸을 망치고 부모까지 〔화가〕 미치게 된다'고 비웃는다. 수천 년이 쌓이면서 억만의 무리들을 물들였으며, 패자(霸者)는 또 양으로 없애고 음으로 없애 버려, 한 나라의 사람으로 하여금 귀신의 맥으로 온통 얽히게 해서 병색이 뒤덮였고, 여성은 야리야리하고 저녁 빛은

---

25 『주역』「건」(乾) '文言'.

26 『공자가어』「관주」(觀周): "말을 많이 하지 말라. 말이 많으면 실패가 많다. 일을 많이 만들지 말라. 일이 많으면 걱정이 많다"(無多言, 多言多敗. 無多事, 多事多患).

27 『논어』「태백」.

28 『예기』「곡례」.

침침하게 만든다. 아아, 큰 나라 안에 여자의 덕은 있는데 남자의 덕은 없으며, 병자는 있는데 건강한 자는 없다. 저무는 기는 있는데 아침의 기는 없다. 심지어는 귀신의 도는 있고 사람의 도는 없다. 통재라, 나는 나라가 어떻게 서야 하는지 모르겠다. 그대는 어떤 꿈을 꾸는가? 나는 걱정이 너무 많아 강개한 마음으로 소년의 진보를 위해 노래한다. 그 노래는 다음과 같다.

危乎微哉. 吾中國人無進取冒險之性質, 自昔已然, 而今且每況愈下也. 曰知足不辱, 知止不殆. 曰知白守黑, 知雄守雌. 曰不爲物先, 不爲物後. 曰未嘗先人, 而常随人. 此老氏之讕言, 不待論矣. 而所稱誦法孔子者, 又往往遺其大體, 摭其偏言, 取其狷主義, 而棄其狂主義, 取其勿主義, 而棄其爲主義. (勿主義者, 懲忿窒欲之學也, 如非礼勿視四句等義是. 爲主義者, 開物成務之學也, 如天下有道某不與易等義是) 取其坤主義, 而棄其乾主義 (地道, 妻道, 臣道, 此坤主義也. 自強不息, 此乾主義也) 取其命主義, 而棄其力主義. (列子有力命篇. 論語稱子罕言命, 又稱子不語力, 其實力命兩者, 皆孔子所常言, 知命之訓, 力行之教昭昭然矣.) 其所稱道者, 曰樂則行之, 憂則違之也, 曰無多言, 多言多患, 無多事, 多事多敗也. 曰危邦不入, 乱邦不居也. 曰孝子不登高, 不臨深也. 夫此諸義, 亦何嘗非孔門所傳述, 然言非一端, 義各有當, 孔子曷嘗以此義盡律天下哉. 而末俗承流, 取便利己, 遂蒙老馬以孔皮, 易尼鄒以聃莒, 於是進取冒險之精神澌滅以盡. 試観一部十七史之列傳, 求所謂如哥倫布立温斯敦者有諸乎. 曰無有也. 求所謂如馬丁路得林肯者有諸乎. 曰無有也. 求所謂如克林威爾華盛頓者有諸乎. 曰無有也. 藉有一二, 則將爲一世之所戮辱而非笑者也. 不曰好大喜功, 則曰亡身及親也. 積之數千年, 浸之億万輩, 而霸者復陽芟之而陰鋤之, 務使一國之人, 鬼脈陰陰, 病質奄奄, 女性纖纖, 暮色沈沈. 嗚呼, 一國之大, 有女德而無男德, 有病者而無健者, 有暮氣而無朝氣, 甚者乃至有鬼道而無人道. 恫哉恫哉, 吾不知國之何以立也. 君夢如何, 我憂孔多撫絃慷慨, 爲少年進步之歌. 歌曰

결코 뒤돌아보지 말아라, 소년이여!
네가 길을 가고 있다면.
뒤돌아볼 시간은 충분하다, 소년이여!
미래의 언젠가에.

그 길이 멀더라도, 소년이여,
의지를 갖고 그것을 대면하라.
결코 뒤를 돌아보기 위해 멈추지 말아라,
언덕을 오르고 있다면.

무엇보다 네가 옳다는 것을 확신하라, 소년이여,
그리고 굳센 용기를 내어
짐을 싸서 등에 짊어져라.
그리고 걸어라, 터벅터벅 걸어라.

험한 길의
정상에 가까웠거든, 소년이여,
너의 일이 완수되었다고 생각하지 말아라,
단지 오르고 올라라.

성공은 정상에 있다, 소년이여,
거기에서 기다려라,
참을성 있게. 단호하게 걷는 소년이,
언덕을 오를 때까지.[29]

Never look behind, boys,
When you're on the way;
Time enough for that, boys,
On Some future day.

Though the way be log, boys,
Face it with a will;
Never stop to look behind
When climbing up a hill.

First be sure you're right, boys,
Then with courage strong
Strap your pack upon your back;
And tramp, tramp along.

When you're near the top, boys,
Of the rugged way,

29 Frank Barbour Coffin, 1870~1951의 "A Chat With the Boys"의 부분이다. 프랭크 바버 커핀은 아프리카계 미국인으로, 약사이면서 시인이었다.

Do not think your work is done,
But climb, climb away.

Success is at the top, boys,
Waiting there until
Patient, plodding plucky boys,
Have mounted up the hill.

공덕의 세목으로서 국가사상에 이어 등장하는 것이 '진취와 모험'이다. 역시 우승열패의 '진화'가 피할 수 없는 역사의 법칙이라는 인식에서 주목된 덕목이다. 앞머리에서 "천하에 가운데 멈춰 있는 일이란 없다. 용맹스럽게 전진하지 않는다면 넘어져서 후퇴한다"는 말이 그러한 배경에서 나온 말이며, "지금 천하 만국 가운데 그 퇴보의 속도와 위험의 극렬함이 중국만한 나라가 없다"는 현실인식 또한 그 배경에서 나온 말이다. 앞부분에서 양계초는 "그의 용기는 흔들어도 꺾이지 않았으며 전진하되 후퇴가 없다", "만 번의 죽을 고비를 무릅썼다", "자기 한 몸을 희생하고도 후회하지 않았다" 등으로 수식되는 위인들을 소개한다. 그리고 세상 사람들이 하지 않은 말과 행동을 하는 선진성, 어떤 위협과 어려움에도 꺾이지 않는 의지와 기개, 주의를 위해 몸바치는 헌신성 등을 그들의 일반적인 특징으로 정리하면서, 그렇게 할 수 있는 이유는 "오직 앞으로 나아가고" "위험을 무릅쓰는" 정신, 즉 "진취, 모험"의 '정신'이라고 말한다. 이어 그것을 또한 '의와 도에 짝하여 굶주림 없는' '호연지기'라고 부르면서 뿌리처럼 인간의 내부에 가져야 할 것이라고 자리매김한다. 이것이 '진취모험'이 '덕'으로 설명되는 배경이다.

이어서는 이 덕을 만들어 내는 '근원' 네 가지를 소개한다. 즉, 미래를 지향하는 희망, 객관적인 상황을 뛰어넘는 열성, 객관적인 상황을 파악하고 이겨 낼 바탕이 될 지혜, 두려움을 모르는 담력이다. 이 넷을 열거한 뒤 양계초는 중국인에게 진취모험의 정신이 부족한 이유를 서술한다. 유가와 도가의 학설이 지목되는데, 흥미로운 것은 유가는 직접 비판의 대상에서 제외시킨다는 점이다. 유가의 본질을 외면한 결과이거나 유가의 탈을 쓴 도가의 말이라고 정리한다. 도가나 유가 말류의 풍속이 이어져 중국 역사에는 나폴레옹이나 크롬웰, 워싱턴과 같은 진취모험의 인물이 없었다고 한탄한다. "여자의 덕은 있는데 남자의 덕은 없으며, 병자는 있는데 건강한 자는 없다"고 한탄한다.

제8절 권리사상[1]

사람마다 타인에 대해 다해야만 하는 책임이 있으며, 사람마다 스스로에 대해 다해야만 하는 책임이 있다. 타인에 대해 책임을 다하지 못하는 것을 간접적으로 사회(群)에 해를 입히는 것이라 하며, 스스로에 대해 책임을 다하지 못하는 것을 직접적으로 사회에 해를 입히는 것이라 한다. 왜인가? 타인에 대해 책임을 다하지 못하는 것은 사람을 죽이는 것에 비유할 수 있으며, 스스로에 대해 책임을 다하지 못하는 것은 자신을 죽이는 것에 비유할 수 있다. 한 사람이 자살하면 사회 안에서 한 사람이 줄어들지만, 한 사회 안 사람이 모두 자살하면 그 사회의 자살과 다름없다.

第八節 論權利思想

人人對於人而有當盡之責任, 人人對於我而有當盡之責任. 對人而不盡任者, 謂之間接以害群, 對我而不盡責任者, 謂之直接以害群. 何也. 對人而不盡責任, 譬之則殺人也, 對我而不盡責任, 譬之則自殺

1 『신민총보』 제6호, 1902. 4. 22.

也. 一人自殺, 則群中少一人, 擧一群之人而皆自殺, 則不啻其群之自殺也.

스스로에 대한 나의 책임은 어떤 것인가? 하늘이 만물을 낳은 뒤 스스로를 지키고 스스로를 보호하는 양능(良能)을 부여했다. 이는 혈기를 가진 존재의 공례(公例)이다. 그런데 사람이 만물 가운데서 귀한 이유는 단지 '형이하'의 생존에 그치는 것만이 아니라, 나아가 '형이상'의 생존도 한다는 데 있다. 형이상의 생존을 위한 조건은 한두 가지가 아니지만 권리는 가장 중요하다. 그러므로 금수는 생명을 보존하는 것이 자신에 대한 유일무이한 책임이지만, 인류라고 불리는 존재들은 생명을 보존하는 것과 권리를 보존하는 것이 서로 의존한 뒤에야 비로소 책임이 다한다. 그렇지 못하다면 인간일 수 있는 자격을 잃고 금수와 동등한 지위로 떨어진다. 그러므로 로마법은 노예와 금수를 동등하게 보았으며 논리상으로도 진실로 마땅함을 얻었다.(원주 — 논리학 2단법[2]의 공식은 다음과 같다. 권리가 없는 자는 금수이다. 노예는 권리가 없다. 그러므로 노예는 금수이다.) 그러므로 형이하의 자살은 죽이는 것이 한 사람에 불과하지만 형이상의 자살은 전 사회를 모두 금수로 만드는 것이다. 또한 금수〔가 된다면〕 그 후손까지도 끝없이 전개되므로, 직접적으로 사회에 해를 끼친다고 내가 말하는 것이다. 아아! 우리 중국인 가운데 기꺼이 자살하려는 자가 왜 그렇게 많은지 이해할 수 없다.

---

2 '삼단'논법의 오기이거나 오해인 듯하다.

我對我之責任奈何. 天生物而賦之以自捍自保之良能, 此有血氣者之公例也. 而人之所以貴於萬物者, 則以其不徒有形而下之生存, 而更有形而上之生存. 形而上之生存, 其條件不一端, 而權利其最要也. 故禽獸以保生命爲對我獨一無二之責任, 而號稱人類者, 則以保生命保權利兩者相倚, 然後此責任乃完. 苟不爾者, 則忽喪其所以爲人之資格, 而與禽獸立於同等之地位. 故羅馬法視奴隸與禽獸等, 於論理上誠得其當也. (以論理學二段法演之, 其式如下. 無權利者, 禽獸也. 奴隸者無權利者也, 故隸卽禽獸也.) 故形而下之自殺, 所殺者不過一人, 形而上之自殺, 則擧全社會而禽獸之, 且禽獸其苗裔以至於無窮, 吾故曰直接以害群也. 嗚呼, 吾一不解吾中國人之甘於自殺者何其多也.

권리는 어디에서 생기는가? 강함에서 생긴다. 저들 사자와 호랑이가 뭇짐승들에 대해, 촌장과 국왕이 백성들에 대해, 귀족이 평민에 대해, 남자가 여자에 대해, 다수가 소수에 대해, 힘센 나라가 약한 나라에 대해, 모두 절대적 우월의 권리를 점유하고 있다. 이는 사자나 호랑이, 촌장 등의 포악함 때문이 아니다. 사람들은 모두 싫증 내는 일 없이 자신의 권리를 신장시키고 싶어 하는데, 이것은 천성이다. 그러므로 권리라는 것은 반드시 갑이라는 사람이 먼저 포기한 뒤에야 을이라는 사람이 침해할 수 있으며, 사람들은 모두 스스로 강해짐으로써 스스로의 권리를 보호하기 위해 힘쓴다. 이는 실로 사회를 단단히 하고 사회를 좋게 하는 둘도 없는 가르침이다. 고대 희랍에는 정의의 신을 공양하는 일이 있었다. 그 동상은 왼손에는 저울을 들고 오른손에는 칼을 들었다. 저울은 권리의 경중을 헤아리기 위한 것이고 칼은 권리의 실제 행사를 보호하기 위한 것이다. 칼만 있고 저울은 없다면 이는 이리와 같은 짐승이며, 저울만 있고 칼은 없다면 권리라는 것은 또한 공연한 말이 되어 결국에는 효력이 없다. 독일의 학자 예링[3]은 『권리경쟁론』에서 다음과 같이 말한다.(원주 — 원명은 *Der Kampf ums Recht*이며 영역본명은 *Battle Right*이다. 예링은 사법학(私法學)의 대학자로서 1818년에 태어나 1892년에 죽었다. 이 책은 오스트리아의 빈대학에 초빙되어 교수를 하고 있을 때 지은 것이다. 본국에서 9회 중판되었고 외국어로 번역된 것이 21종이었으니, 그 책의 가치를 알 만하다. 작년 역서휘편동인회(譯書匯編同人會)가 중국말로 번역했는데, 겨우 제1장만 하고 나머지는 남겨 두었다. 나는 이를 이어서 완성하여 이 책을 치료약으로 써서 중국인의 증세에 대응하고자 한다. 본편의 요점은 대부분 예링의 책에서 재료를 취했으므로 그 대강을 이와 같이 약술한다.) 즉, "권리의 목적은 평화이나, 이 목적을 달성하기 위한 방법은 전투와 뗄 수 없다. 서로 침입하게 되면 반드시 서로 대적한다. 침입은 그치지 않으므로 대적 역시 다할 기약이 없다. 핵심을 말하자면 권리의 생애는 경쟁일 뿐이다." 또한 "권리란 부단한 노동이다. 노동이 일단 해이해지면 권리는 즉시 사라진다"라는 말도 했다. 이처럼 권리라는 것은 얻는 것도 보존하는 것도 쉽지 않다.

> 權利何自生. 曰生於强. 彼獅虎之對於群獸也, 酋長國王之對百姓也, 貴族之對平民也, 男子之對女子也, 大群之對於小群也, 雄國之對於孱國也, 皆常占優等絶對之權利. 非獅虎酋長等之暴惡也, 人人欲伸張己之權利而無所厭, 天性然也. 是故權利之爲物, 必有甲焉先放棄之, 然後有乙焉能侵入之, 人人務自强以自保吾權, 此實固其群

3 루돌프 폰 예링(Rudolf von Jhering, 1818~1892).

善其群之不二法門也. 古代希臘有供養正義之神者, 其造像也, 左手握衡, 右手提劍, 衡所以權權利之輕重, 劍所以護權利之實行. 有劍無衡, 是豺狼也. 有衡無劍, 則權利者亦空言而卒歸於無效. 德儒伊耶陵 Jhering 所著權利競爭論, (原名爲 *Der Kampf ums Recht*, 英譯爲 *Battle Right*. 伊氏爲私法學大儒, 生於一八一八年, 卒於一八九二年. 此書乃其被聘於奧國維也納大學爲教授時所著也, 在本國重版九回, 他國文翻譯者二十一種, 其書之價値可知矣. 去年, 譯書匯編同人曾以我國文翻譯之, 僅成第一章, 而其下闕如. 余亟欲續成之, 以此書藥治中國人尤爲對病也. 本論要領, 大率取材伊氏之作, 故述其崖略如此.)云, 權利之目的在平和, 而達此而目的之方法則不離戰鬪. 有相侵者則必相拒, 侵者無已時, 故拒者亦無盡期. 質而言之, 則權利之生涯, 競爭而已. 又曰, 權利者, 不斷之勤勞也. 勤勞一弛, 而權利卽歸於滅亡. 若是乎權利之爲物, 其所以得之與所以保之者, 如此其不易也.

〔권리를〕 얻고자 하고 보존하고자 한다면 권리사상은 실로 그 근원이 된다. 사람에게는 사지와 오장이 있는데, 이는 형이하적인 생존의 요건이다. 내적으로는 간이나 폐가, 외적으로는 손과 발이, 한 곳이라도 온전하지 못하다면 누구라도 고통을 느껴 빨리 치료할 생각을 하지 않겠는가. 사지나 오장의 고통은 신체의 내부 기관이 조화를 잃었다는 증거이며 그 기관이 침해를 당했다는 증거이다. 치료하는 것은 그 침해를 막아 스스로를 보호하려는 것이다. 형이상적인 기관의 침해 역시 있다. 권리사상이 일단 침해되고 압박되면 그 고통을 느끼는 감정은 찌르는 듯 쓰라리다. 움직임의 계기가 일단 촉발되면 자제할 수가 없어 그 침해에 저항하여 본래를 회복하기 위해 부단

히 노력한다. 사지와 오장의 침해에 고통을 느끼지 못하는 사람이라면 분명 마비불인(痲痹不仁)[4]의 사람이다. 권리가 침해되었는데 고통을 느끼지 못한다면 또한 어쩌겠는가! 그러므로 권리사상이 없는 사람을 마비불인이라고 해도 된다.

> 藉欲得之, 藉欲保之, 則權利思想, 實爲之原. 夫人之有四肢五臟也, 是形而下生存之要件也, 使內而或肝或肺, 外而或指或趾, 其有一不適者, 孰不感苦痛而急思療治之. 夫肢臟之苦痛, 是卽其身內機關失和之徵也, 是卽其機關有被侵焉之徵也, 而療治者, 卽所以防禦此侵害以自保也. 形而上者之侵害亦有然. 有權利思想者, 一遇侵壓, 則其苦痛之感情, 直剌焉激焉, 動機一撥而不能自制, 亟亟焉謀抵抗之以復其本來. 夫肢臟受侵害而不覺若痛者, 必其痲木不仁者也. 權利受侵害而不覺苦痛, 則又奚擇焉. 故無權利思想者, 雖謂之痲木不仁可也.

권리사상의 강약은 사실 그 사람의 품격과 관계있다. 노비는 아무리 굴욕적이고 비천하게 대해도 태연히 받아들인다. 그러나 고상한 무사라면 명예를 설욕하기 위해서 목을 내놓는 일도 마다치 않는다. 도둑에게 극도로 험한 말로 욕을 해도 그는 태연하게 받아들인다. 그러나 순결한 상인은 자신의 신용을 지키기 위해서라면 만금이

4 '마비불인'은 한의학에서 수속의 마비를 일컫는 말인데, 정주성리학자들이 이를 인한 마음이 일어나지 않는 사람은 사람으로서의 기능이 마비됐다는 의미로 사용하기도 했다. 다음의 정호(程顥)의 말 참조. "의학서적에서 수족의 마비를 불인이라고 하는데, 이 말은 인(仁)에 대해 가장 잘 표현하고 있다. 인자(仁者)는 천지만물을 일체로 여기는 자로서 자신이 아닌 것이 없다. 만약 자기 자신이라고 여길 수 있다면 이르지 못할 곳이 없다"(醫書手足痿痺爲不仁 此言最善名狀仁者. 以天地萬物爲一體, 莫非己也. 認得爲己, 何所不至:『二程全書』2).

라도 아끼지 않는다. 왜 그런가? 침해를 당하고 압박을 당하고 무고를 당하면 바로 정신상 무형의 고통을 느껴서 스스로 멈출 수 없기 때문이다. 저들 권리의 참모습을 오해하는 자들은 권리는 육체상, 물질상의 이익일 뿐이라고 생각해, 손익을 계산하는 데 급급하다. 천박하구나, 천장부(賤丈夫)의[5] 말이라니! 내 물건을 타인에게 강탈당했다고 해 보자. 빼앗긴 사람은 법정에서 분연히 싸운다. 그가 싸우는 목적은 이 물건에 있는 것이 아니라, 이 물건의 소유권(主權)에 있다. 그래서 항상 소송하기 전에 소송으로 얻은 이익은 모두 자선사업에 쓰겠다고 공언한다. 만약 소송의 목적이 이익에 있다면 이런 일을 왜 하겠는가! 그러므로 이러한 소송은 도덕상의 문제라 할 수 있지, 계산상(算學上)의 문제라고 할 수 없다. 계산상의 문제여서, 먼저 손익을 계산해서 내가 쓸 소송비용이 소송에서 이겨 얻는 돈으로 충당되는지 보고, 충당되면 하고 그렇지 않으면 그만두겠다고 한다면, 이는 천박한 사람의 행동이다. 이러한 계산은 정신적이지 않은[6] 손해에 대해서는 할 수 있다. 예를 들어 연못에 물건을 빠뜨렸을 때 인부를 불러 찾으려 한다면, 그 물건의 가치와 인부의 임금을 계산하는 것은 당연한 이치이다. 그 목적이 물건의 이익에 있기 때문이다. 그러나 권리사상은 그렇지 않다. 그 목적이 물건의 이익에 있지 않다. 그러므로 권리와 이익은 그 성질이 정면에서 서로 반대된다. 목전의 안일을 탐해 아주 작은 소비를 계산한다면 그 세(勢)는 반드시 권리를 무용지

5 『맹자』「공손추하」 10에서 '대장부'(大丈夫)와 상대되는 말로 사용한다. 의를 염두에 두지 않고, 옳지 않은 방법으로 부귀를 추구하는 자를 이른다. 반면 『맹자』가 생각하는 '대장부'는 부귀빈천에 흔들리지 않고 천하를 집삼아 도를 실현하는 사람이다.

6 '정신적이지 않은'은 '무의식'(無意識)을 번역한 것이다.

물로 여기는 데까지 이를 것이다. 여기가 바로 인격의 고하와 미추가 갈라지는 곳이다.

> 權利思想之强弱, 實爲其人品格之所關. 彼夫爲臧獲者, 雖以窮卑極恥之事廷辱之, 其受也泰然. 若在高尙之武士, 則雖擲頭顱以抗雪其名譽, 所不辭矣. 爲穿窬者, 雖以至醜極垢之名過毁之, 其居也恬然. 若在純潔之商人, 則雖傾萬金以表白其信用, 所不辭矣. 何也. 當其受侵受壓受誣也, 其精神上無形之苦痛, 直感覺而不能自已. 彼誤解權利之眞相者, 以爲是不過於形骸上物質上之利益, 齗齗計較焉. 嘻, 鄙哉, 其爲淺丈夫之言. 譬諸我有是物而橫奪於人, 被奪者奮然抗爭於法庭, 彼其所爭之目的, 非在此物也, 此物之主權也. 故常有訴訟之先, 聲言他日訟直所得之得利益, 悉以充慈善事業之用者. 苟其志而在利也, 則此胡爲者. 故此等之訴訟, 可謂之道德上問題, 而不可謂算學上之問題. 苟爲算學上之問題, 則必先持籌而計之, 曰吾訴訟費之所損, 可以償訟直之所得乎, 能償則爲之, 不能則已之, 此鄙夫之行也. 夫此等計算者, 對於無意識之損害, 可以用之, 譬如墜物於淵, 欲傭人而索之, 因預算其物値與傭値之相償, 是理之當然也, 其目的在得物之利益也. 爭權利則不然, 其目的非在得物之利益也. 故權利與利益, 其性質正相反封. 貪目前之苟安, 計錙銖之小費者, 其勢必至視權利如弁髦. 此正人格高下垢淨所由分也.

옛날 인상여(藺相如)가 진왕(秦王)을 질책하면서 "신의 머리와 〔화씨〕 구슬을 함께 부수겠습니다"라고 했다. 조나라처럼 큰 나라가 어찌 구구하게 구슬 하나를 아껴서였겠는가. 그 구슬을 아낀다면 부수는 것은 왜인가? 구슬을 훼손할 수 있으면 자기를 죽일 수 있고, 적이 범할 수 있으면 나라가 위태로워지리라는 것을 알았던 것이니, 굴복할 수 없는 이유가 별도로 있었던 것이다.[7] 아! 이것이 이른바 권리이다. 예링은 또 말했다. "영국 사람이 유럽대륙을 여행하면서 혹 여관의 마부가 무리한 〔요금을〕 요구하면, 의연히 거부한다. 거부하며 듣지 않는다. 혹 쟁의하다 해결되지 않으면 왕왕 계획을 수일, 수십일 연기까지 하므로, 소모된 여비가 싸우는 액수의 열 배에 이르기도 한다. 알지 못하는 자들은 정말 어리석다고 웃지 않는 자가 없지만, 그 사람이 다툰 수 실링(원주 — 영국 화폐 이름이다. 1실링은 약 멕시코 은화 반원이다)이 실제로 영국(英吉利國)이 우뚝 세계에 홀로 설 수 있게 한 중요한 도구였다는 것을 어찌 알겠는가. 대개 권리사상이 풍부하고 권리감정이 예민한 것은 영국인이 나라를 세울 수 있었던 큰 근원이다. 지금 오스트리아인(원주 — 예링이 오스트리아에서 책을 쓰고 교수를 했기 때문에 〔예링은〕 오스트리아인을 질책한다.)과 지위가 같고 재력이 같은 영국인을 서로 비교해 보자. 이러한 일을 만나면 처리하는 방식이 어떨까? 반드시 〔오스트리아〕 사람은 '이 구구한 것이 스스로 괴로워하면서 일을 키울 가치가 있는 것인가' 하면서 돈을 던지고 옷을 추스르고 가 버릴 것이다. 그러니 영국인이 다툰 〔수 실링〕과 오스

---

7 『사기』「염파인상여열전」(廉頗藺相如列傳). 전국시대 초나라에 변화씨(卞和氏)란 사람이 발견한 원석을 세공하여 천하에 영롱한 명옥을 얻었고, 이를 '화씨의 구실', 즉 화씨벽(和氏璧)이라 했다. 훗날 이를 조나라가 손에 넣게 되었는데, 이웃의 강국인 진의 소왕(秦昭王)이 이를 탐내, 자신의 성 15개와 바꾸자며 화씨벽을 들고 오게 했다. 그러나 화씨벽만을 손에 넣고 성을 줄 생각을 하지 않자 사신으로 갔던 인상여(藺相如)가 기지를 발휘하여 화씨벽을 자기 손에 다시 넣고, 진왕을 향해 약속을 지키지 않는다면 화씨벽을 들고 자살하겠다고 위협하였다. 마침내 인상여는 화씨벽을 조나라로 빼돌렸고 자신도 무사히 돌아갔다고 한다.

트리아인이 던져 버린 수 실링 사이에 절대적인 관계가 숨어 있는 것을 어찌 알겠는가. 즉, 근래 수백 년간 두 나라의 정치상 발달과 사회상 변천은 모두 이 사이에 숨 쉬고 있다." 아아, 예링의 말은 박학하고 심오하고 절절하고 밝다. 우리나라 사람들도 스스로를 돌아보자. 우리의 권리사상은 영국인과 오스트리아인 가운데 누구와 닮았는가?

> 昔藺相如叱秦王曰, 臣頭與璧俱碎. 以趙之大, 何區區一璧是愛. 使其愛璧, 則碎之胡爲者. 乃知璧可毁身可殺敵可犯國可危, 而其不可屈者, 別有在焉. 噫, 此所謂權利者也. 伊耶陵又言曰, 英國人之游歷歐洲大陸者, 或偶遇旅館輿夫, 有無理之需索, 輒毅然斥之. 斥之不聽, 或爭議不决者, 往往寧延遲行期數日數旬, 所耗旅費視所爭之數增至十倍, 亦所不恤焉. 無識者莫不笑其大愚, 而豈知其人所爭者之數喜林, (英國貨幣名一喜林約當墨銀半圓) 實所以使堂堂英吉利國屹然獨立世界之要具也. 蓋權利思想之豐富, 權利感情之敏銳, 卽英人所以立國之大原也. 今試擧一奧大利人, (伊氏著書敎授於奧大利, 故以此鞭策奧人) 與此英人地位同財力同者相比較, 其遇此等事, 則所以處置者何如. 必曰, 此區區者, 豈値以之自苦而滋事也. 直擲金拂衣而去耳. 而烏知夫此英人所拒奧人所擲數片喜林之中, 有一絶大之關係隱伏焉, 卽兩國數百年來政治上之發達, 社會上之變遷, 皆消息乎其間也. 嗚呼, 伊氏之言, 可謂博深而切明矣. 吾國人試一自反, 吾儕之權利思想, 視英人奧人誰似也.

논자는 혹 이 일이 너무 작고 지엽적이라, 얘기할 만하지 않다고 생각할지도 모른다. 그러면 그 큰 것에 대해 얘기해 보자. 다음의 두 나라 이야기에 비유해 보자. 갑국은 무도한 수단을 써서 을국의 척박한 불모의 땅 사방 1리를 빼앗았다. 이 피해국은 잠자코 가만히 있을 것인가? 아니면 떨치고 일어나 싸울 것인가? 싸워서 이기지 못하더라도 계속 싸울 것인가? 한 번 전쟁을 일으키면 나라의 창고는 고갈되고 백성의 재화는 탕진된다. 수십만의 장정은 하루아침에 들판에 뼈를 드러내고 〔시체가 되어〕 누울 수 있다. 제왕의 화려한 궁궐과 가난한 백성의 사립문이 똑같이 잿더미가 될 수 있고, 종묘사직이 끊어지고 나라의 제사가 사라지는 데까지 이를 것이다. 그 손해와 사방 1리의 땅을 비교해 보면 십 배, 백 배, 천 배, 만 배에 머물겠는가. 〔이겨서〕 얻는다고 하더라도 또한 사방 1리의 돌밭에 불과하다. 만약 계산상(算學上)으로 둘을 저울질해 보면 저 전쟁은 어찌 큰 어리석음이라 하지 않을 수 있겠는가. 그러나 그들이 사방 1리를 빼앗기고도 따지지 않는다면, 십 리 역시 빼앗길 것이고 백 리 역시 빼앗길 것이고 천 리 역시 빼앗길 것이라는 걸 어떻게 알겠는가. 그 세는 전국에 이르고 타인에게 위탁되는 데까지 가지 않으면 멈추지 않을 것이다. 또한 경쟁을 피하고 안일을 탐하는 이 주의는 나라로 하여금 입국의 근원을 잃게 하는 원인이 된다. 그러므로 수 실링을 속이는 굴욕을 당하면서 잠자코 용인한다면 스스로의 몸에 사형선고를 내리는 데 사양하지 않고 서명하는 것과 같다. 사방 1리를 빼앗기고도 발분하지 않는다면 또한 그 부모의 나라 전부를 타인에게 팔아 버리면서도 마음에 동요가 없는 자이다. 이 증거가 어찌 멀리 있겠는가! 우리나라를 돌아보면 부끄럽고 두려워 어쩔 줄 모르겠다.

論者或疑此事爲微末而不足道乎, 請言其大者. 譬有兩國於此, 甲國用無理之手段, 以奪乙國磽確不毛之地一方里, 此被害國者, 將默而息乎, 抑奮起而爭, 爭之不得, 而繼以戰乎. 戰役一起, 則國帑可以竭,民財可以盡, 數十萬之壯丁, 可以一朝暴骨於原野之中, 帝王之瓊樓玉宇, 窶民之篳門圭竇可以同成一燼, 馴至宗社可以屋, 國祀可以滅, 其所損與一方里地之比較, 何啻什伯千萬. 就其得之, 亦不過一方里石田耳. 若以算學上兩兩相衡, 彼戰焉者可不謂大愚哉. 而豈知一方里被奪而不敢問者, 則十里亦奪, 百里亦奪, 千里亦奪, 其勢不至以全國委於他人而不止也. 而此避競爭貪安逸之主義, 卽使其國喪其所以立國之原也. 故夫受數喜林之欺騙屈辱而默然忍容者, 則亦可以對於本身死刑之宣告自署名而不辭者也. 被奪一方里之地而不發憤者, 則亦可以擧其父母之邦之全圖獻賣於他人, 而不以動其心者也. 此其左證豈在遠, 反觀我國, 而使我慚悚無地矣.

앵글로색슨인은 말할 것도 없고, 튜튼인은 말할 것도 없으며, 유럽의 백인종은 말할 것도 없다. 가까운 예를 들어 일본에 비춰 보자. 일본은 40년 전 미국함대가 〔일본 해안에〕 처음 도착했을 때 〔미국함대가 하는 일이〕 그 해안을 측량하는 데 불과했는데도, 온 나라가 관리와 선비를 막론하고, 사농공상을 막론하고, 승과 속을 막론하고, 모두 눈을 부릅뜨고 이를 갈고 팔을 걷어붙여, 바람이 일고 물이 출렁거려도 드디어 존왕양이(尊王攘夷)의 공을 이뤄내고 유신의 업적을 이루었다. 그런데 우리 중국은 원명원(圓明園)을 불태우고 남경조약을 체결하고 홍콩을 나눠주고 다섯 〔항구의〕 문을 열었다.[8] 〔이에 대해〕 우리 국민의 감정이 어떠했는지 물어보자. 8년 전에 러시아와 독일, 프랑스 삼국은 일본을 압박하여 요동을 돌려받았다. 남에게서 빼앗

8 1860년 제2차 아편전쟁과 관련된 일들이다.

았던 것을 원주인에게 돌려준 것에 불과했는데도 〔일본은〕 온 나라가 관리, 사농공상, 승(僧)과 속(俗)을 막론하고 눈을 부릅뜨고 이를 갈며 팔을 걷어붙이고, 바람이 일고 물이 용솟음치는데 서둘러 군비를 확장하고 와신상담하여 오늘에 이르기까지 잊지 않고 있다. 그런데 우리 중국은 그때 교주와 여순 등 6~7군항을 할양하여 각국의 세력범위가 정해지고, 낮잠 자는 사이 연합군이 북경에 들어와 연계(燕薊)가 도탄에 빠졌다.[9] 〔이에 대해〕 우리 국민의 감정이 어떠했는지 물어보자. 그 지혜가 어찌 '이는 우리 권리이다'라고 할 줄 모르는가? 권리를 갖고서도 그것을 갖는 것이 존엄과 영예가 됨을 알지 못하며, 권리를 잃고서도 그것을 잃는 것이 고통이 됨을 알지 못한다. 일언이폐지하면 권리사상이 없을 뿐이다.

盎格魯撒遜人不待言矣, 條頓人不待言矣, 歐洲之白種人不待言矣, 試就近比照之於日本. 日本當四十年前美國一軍艦始到, 不過一測量其海岸耳, 而擧國無論爲官爲士爲農爲工爲商爲僧爲俗, 莫不瞋目切齒, 攘臂扼腕, 風起水涌, 遂以奏尊攘之功, 成維新之業. 而我中國以其時燔圓明園, 定南京條約, 割香港, 開五口, 試問我國民之感情何如也. 當八年前, 俄德法三國逼日本還遼, 不過以其所奪人者歸原主耳, 而擧國無論爲官爲士爲農爲工爲商爲僧爲俗, 莫不瞋目切齒, 攘臂扼腕, 風起水涌, 汲汲焉擴張軍備, 臥薪嘗胆, 至今不忘. 而我中國以其時割膠州旅順等六七軍港, 定各國勢力範圍, 寢假而聯軍入京, 燕薊

9 1895년 청일전쟁 뒤, 시모노세키조약에 의해 일본이 요동반도를 영유하는 것에 반대하여 삼국이 간섭하여 청국에 반환하도록 강력 권고하였다. 몇 년 뒤 여순과 대련은 러시아에, 교주만은 독일에 광주만은 프랑스에 조차하였다. '연계'는 하북성 지역을 가리킨다.

塗炭, 試問我國民之感情何如也. 彼其智寧不知曰此我之權利也, 但其有權利而不識有之之爲不尊榮, 失權利而不知失之之爲苦痛, 一言蔽之曰, 無權利思想而已.

우리 중국 선철의 가르침 가운데 "관대함과 부드러움을 가르치고 무도함에 무도함으로 보복하지 않는다",[10] "남이 내게 잘못해도 따지지 않는다",[11] "덕으로 원한을 갚고 곧음으로 원한을 갚으라"[12] 같은 것들이 있다. 이는 앞사람들이 뭔가 의도가 있어 한 말로, 성덕군자가 간혹 나타나면 충분히 사람들에게 존경심을 일으킬 수 있겠지만, 말류의 유학자 나부랭이들은 그 글에 빙자해서 태만하고 비겁하게 행동하니, 그러한 열등한 근성이 온 천하를 망친다. 이른바 백 번을 참아 일을 이룬다든지,[13] 누가 얼굴에 침을 뱉어도 닦지 않고 저절로 마를 때를 기다린다는[14] 이야기들은 세속에서 전해지는 좋은

---

10 『중용』.

11 『논어』「태백」.

12 『논어』「헌문」: "어떤 사람이 '원한을 덕으로 갚는 것은 어떤가'라고 물었다. 선생은 '그렇다면 덕은 무엇으로 갚을 것인가? 곧음으로 원한을 갚고, 덕으로 덕을 갚으라'라고 말했다"(或曰, 以德報怨, 何如. 子曰, 何以報德. 以直報怨, 以德報德). 양계초가 인용한 앞구절 '以德報怨'은 공자의 말이 아니라 누군가의 질문이며, 실제로는 '報怨以德'의 형태로 『노자』 63장의 말이다.

13 '백 번을 참아 일을 이룬다'는 '백인성금'(百忍成金)을 번역한 것이다. 당(唐) 나라 때 9대(代)를 동거(同居)하며 화목하게 사는 장공예(張公藝)의 집을 덕종(德宗)이 친히 찾아가 그 비결을 물으니, 그가 지필(紙筆)을 청한 뒤 참을 인(忍) 자를 일백여 번 썼다는 '백인성금'(百忍成金)의 고사가 전해진다. 『구당서』「효우전, 장공예」.

14 당, 무후 때의 재상인 루사덕(婁師德) 형제의 일화. 큰 벼슬에 임관된 동생에게 재주없이 큰 관직을 지내는 형제를 사람들이 미워하면 어떻게 하겠냐는 루사덕의 질문에 동생은 "내 얼굴에 침을 뱉는 사람이 있어도 그저 닦고 말겠다"고 대답하자 루사

이야기들이 왜 아니겠는가. 그러나 사람이 누군가 자신에게 침을 뱉어도 닦을 줄 모르고 참는다면, 이보다 더 어리석고 둔하고 부끄러움을 모를 수 있는가! 지금 온 나라 사람들로 하여금 이러한 〔태도〕만을 일삼게 하고자 한다면 이는 온 나라 사람들을 이끌어 뼈도 없고 피도 없고 기력도 없는 괴물로 만드는 것이니, 나는 어찌해야 좋을지 모르겠다. 중국 수천 년 이래 이 견해를 오해하여, 잘못된 것이 습관이 되고 옳은 것으로 여기게 되어 모두 한결같은 이야기만 한다. 이리하여 용자들은 날로 소멸하고 비겁자들은 오히려 구실을 얻었다. 나보다 세력이 강한 자를 만나면 처음에 양보하고 이어 두려워하고 끝내는 아첨한다. 약한 자는 더욱 약해지고 강한 자는 더욱 강해지니, 노예근성은 날로 깊어진다. 한 사람에 대해서도 이와 같고 단체에 대해서도 마찬가지이다. 본국에 대해서도 이와 같으며 외국에 대해서도 마찬가지이다. 이런 상태로 생존경쟁이 가장 극렬한 장에 서서 어찌하면 좋을지 나는 모르겠다.

吾中國先哲之敎, 曰寬柔以敎, 不報無道, 曰犯而不校, 曰以德報怨, 以直報怨. 此自前人有爲而發之言, 在盛德君子偶一行之, 雖有足令人起敬者, 而末俗承流, 遂藉以文其怠惰恇怯之劣根性, 而誤盡天下. 如所謂百忍成金, 所謂唾面自乾, 豈非世俗傳爲佳話者耶. 夫人而至於唾面自乾, 天下之頑鈍無恥, 孰過是焉. 今乃欲擧全國人而惟此之爲務, 是率全國人而爲無骨無血無氣之怪物, 吾不知如何而可也. 中國數千年來, 誤此見解, 習非成是, 幷爲一談, 使勇者日卽於銷磨, 怯

덕은 "〔앞에서〕 닦는 것은 화를 북돋는 것이 될 터이니, 저절로 마르도록 내버려 두라"고 했다고 한다. 『신당서』 「누사덕전」(婁師德傳) 참조.

者反有所藉口, 遇勢力之强於己者, 始而讓之, 繼而畏之, 終而媚之. 弱者愈弱, 强者愈强, 奴隷之性, 日深一日. 對一人如是, 對團體亦然. 對本國如是, 對外國亦然. 以是而立於生存競爭最劇最烈之場, 吾不知如何可也.

대개 중국은 인에 대해서 많이 논하고 서양은 의에 대해서 많이 논한다. 인(仁)이란 〔문자 구성을 보면〕 타인(人)에서 〔나왔다〕. 내가 타인을 이롭게 하면 타인 역시 나를 이롭게 한다는 것이므로, 중점은 항상 타인에게 있다. 의(義)란 〔문자 구성을 보면〕 나(我)에서 〔나왔다〕.[15] 내가 타인을 해치지 않으며 타인이 나를 해치는 것 또한 허용하지 않는 것이므로, 중점은 항상 나에게 있다. 이 두 가지 덕 가운데 과연 어느 것이 더 지극한가? 천만년 후의 대동태평의 세계에서는 어떨지 감히 말 못하겠지만, 오늘날이라면 진실로 의가 시대를 구제할 지덕(至德)이고 요도(要道)이다. 나의 인을 발휘하여 타인을 인하게 대하는 것은, 비록 타인의 자유를 침해하는 것은 아니지만 타인에게 인을 기대하는 것이므로 나의 자유를 방기하는 것이다. 인한 사람이 많으면 타인의 인을 기대하는 사람 또한 많다. 그 폐단은 인격을 날로 비루하게 한다는 것이다.(원주 — 유럽 서쪽에서 백 년 전에 빈민구제를 정부 책임으로 삼자, 빈민이 날로 많아졌다. 뒤에 이 이치를 깨닫고 고쳐서 줄이자, 백성은 오히려 번성하고 부유해졌다. 군자는 덕으로 사람을 사랑하지 고식(姑息)으로 한다는[16] 소리는 들은 적이 없다. 그러므로 사람들이 각자 자립하고

15 즉, '仁' 자를 구성하는 핵심자는 '人'이고, '義' 자를 구성하는 핵심자는 '我'라는 뜻.
16 『예기』「단궁상」: "군자가 사람을 사랑할 때는 덕으로 하고, 소인이 사람을 사랑할

타인에게 의지하지 않을 수 있으면 가장 좋다. 만약 내가 온 천하 사람을 인하게 대한다고 한다면 이 사람을 스스로 한 등급 하강하도록 하는 것이 아니겠는가.) 인정(仁政) 같은 것은 지선의 정치체제가 아니다. 우리 중국인은 오직 날마다 군주의 인정만을 바랐다. 그러다 우연히 인한 정치를 만나면 갓난아이가 되고, 우연히 불인한 정치를 만나면 어육(魚肉)이 되었다. 예부터 지금까지 인군은 적고 폭군은 많다. 우리 국민이 수천 년 전부터 물려받은 조종(祖宗)의 유전이 바로 남의 어육이 되는 것을 천경지의(天經地義)로 여겨 온 것이다. 그러니 권리라는 관념은 우리 뇌 속에서 단절된 지 실로 오래되었다.

> 大抵中國善言仁, 而泰西善言義. 仁者人也, 我利人, 人亦利我, 是所重者常在人也. 義者我也, 我不害人, 而亦不許人之害我, 是所重者常在我也. 此二德果孰爲至乎. 在千萬年後大同太平之世界, 吾不敢言, 若在今日, 則義也者, 誠救時之至德要道哉. 夫出吾仁以仁人者, 雖非侵人自由, 而待仁於人者, 則是放棄自由也. 仁焉者多, 則待仁於人者亦必多, 其弊可以使人格日趨於卑下. (歐西百年前以施濟貧民爲政府責任, 而貧民日以多. 後悟此理釐而裁之, 而民反殷富焉. 君子愛人以德, 不聞以姑息. 故使人各能自立而不倚賴他人者, 上也. 若曰吾擧天下人而仁之, 毋乃降斯人使下己一等乎.) 若是乎仁政者, 非政體之至焉者也. 吾中國人惟日望仁政於其君上也, 故遇仁焉者, 則爲之嬰兒, 遇不仁焉者, 則爲之魚肉. 古今仁君少而暴君多, 故吾民自數千年來祖宗之遺傳, 卽以受人魚肉爲天經地義, 而權利二字之識想, 斷絶於吾人腦

때는 고식으로 한다"(君子之愛人也以德, 細人之愛人也以姑息).

質中者, 固已久矣.

양주는 "사람마다 자신의 털 한 오라기도 손상시키지 않고 사람마다 천하를 이롭게 하지 않는다면 천하는 다스려질 것"이라고 말했다. 나는 전에는 이 말을 깊이 싫어하고 통절하게 원망했는데, 지금 생각해 보니 역시 일리가 있는 견해이다. 이른바 사람마다 천하를 이롭게 하지 않는다는 것은 본래 공덕의 좀벌레이지만, 이른바 사람마다 털 한 오라기 손상시키지 않는 것은 오히려 또한 권리를 보호하는 〔정신이〕 아닌가.(원주 — 『열자』「양주편」에 양주의 무리인 맹손양(孟孫陽)과 묵자의 무리인 금활리(禽滑釐)의 문답이 기록되어 있다. 맹손양이 금선생(금활리)을 비난하면서 만약 너의 피부에 손상을 입는 대가로 만금을 얻는다면 하겠는가 묻자 〔금선생은〕 하겠다고 했다. 맹손양이 또 너의 손가락 하나를 잘라 나라를 얻는다면 하겠는가 묻자 금선생은 잠자코 있었다. 좀 있다가 맹손양이 말했다. "털 한 올은 피부에 비해 미미하고 피부는 손가락 하나에 비해 미미한 것은 분명하다. 그러나 털 한 올이 쌓여 피부가 되고 피부가 쌓여 손가락 하나가 되니, 털 한 올은 본래 한 몸의 만분의 일이 되는 존재이나 어떻게 가볍게 여길 수 있겠는가."[17] 이 말과 앞에서 소개했던 영국인이 수 실링 때문에 다투는 이야기, 또 사방 1리의 땅 때문에 병사를 일으키는 이야기는 똑같은 이치이다. 대개 철학의 학파를 연 대스승의 말에는 그 지론에 반드시 근거가 있는 것으로, 단순히 허튼소리를 해대면서 제멋대로 즐거움만 좇는 것이 아니다. 그렇지 않다면 그 말이 어떻게 천하를 채우면서 유가, 묵가와 함께 솥을 바치는 세

17 『열자』「양주」.

다리가 될 수 있었겠는가. 그러니 양주는 사실은 권리를 주장한 철학가이며 또한 중국의 현재를 구원할 좋은 방책이다. 그러나 그 논의에는 잡박한 데가 있다.) 사람이 아무리 비루하고 인색하며 대단히 어리석다고 해도, 어떻게 그 사람이 털 한 올 때문에 단호하게 싸우는 것이겠는가. 이 털 한 올 때문에 싸우는 것이 아니라 타인이 내 털의 소유권(원주 — 소유권은 주권이다.)을 손상해서 다투는 것이다. 이는 권리사상을 그 유사한 사례를 미루어 나가 그 뜻을 극단적으로 주장한 것이다. 일부분의 권리를 합하면 전체의 권리가 되며 한 사인(私人)의 권리사상은 쌓여서 한 국가의 권리사상이 된다. 그러므로 이 사상을 양성하려면 반드시 개인(個人)에서 시작해야 한다. 모두들 각자 자신의 털 한 오라기도 손상시키지 않으려 한다면 누가 감히 타인의 창끝에 다가서는 걸 무릅쓰면서까지 그의 털을 손상시키겠는가! 그러므로 천하가 다스려진다는 것은 빈말이 아니다.(원주 — 서양 철학자의 명언에 "사람마다 자유이고 타인의 자유를 경계로 한다"는 것이 있는데, 사실은 사람마다 한 올의 털도 손상시키지 않는다는 뜻이다. 다만 그 말에 완전하고 불완전하다는 차이가 있을 뿐이다.)

그런데 양주는 권리사상의 참모습을 이해하지는 못했다. 그는 권리를 지키고 잃지 말아야 한다는 것은 알았지만, 권리는 나아가 취함(進取)으로써 비로소 생긴다는 것을 몰랐다. 게으름, 안락을 탐하는 자세, 운에 맡기는 자세, 염세 등이 모두 권리를 죽이는 망나니(劊子手)이다. 그런데 양주는 매일 그런 것들을 주장하면서 권리를 얻으려고 했으니, 독을 마시면서 영생을 얻으려는 것과 무엇이 다른가! 이것이 우리 중국에 양주학이 성행했으면서도 오직 사람들이 천하를 이롭게 하지 않는 해독의 습관만 만연하게 하고 털 한 오라기라도 손상시키지 않는 이상은 실행하지 못하게 하여, 권리사상을 박약하게 만들었다.

楊朱曰, 人人不損一毫, 人人不利天下, 天下治矣. 吾疇昔最深惡痛恨其言, 由今思之, 蓋亦有所見焉矣. 其所謂人人不利天下, 固公德之蟊賊, 其所謂人人不損一毫, 抑亦權利之保障也. (列子楊朱篇, 記楊徒孟孫陽與墨徒禽滑釐問答之言云, 孟孫陽難禽子曰, 有侵若肌膚獲萬金者, 爲之乎. 曰爲之. 孟孫陽曰, 有斷若一節得一國, 子爲之乎. 禽子默然. 有間, 孟孫陽曰, 一毛微於肌膚, 肌膚微於一節, 省矣. 然則積一毛以成肌膚, 積肌膚以成一節, 一毛固一體萬分中之一物, 奈何輕之乎. 此語與前所引英人爭數喜林之事及爲一方里地而構兵之事正同一理. 蓋哲學開派一大師之言, 其持論必有所根據, 非徒放誕縱樂而已. 不然, 其言何以能盈天下而與儒墨鼎足爲三也. 然則楊朱者實主張權利之哲學家, 而亦中國救時一良方也.不過其論有雜駁焉者耳.) 夫人雖至鄙吝至不肖, 亦何至愛及一毫, 而顧齗齗焉爭之者. 非爭此一毫, 爭夫人之損我一毫所有權也. (所有權卽主權) 是推權利思想充類至義之盡者也. 一部分之權利, 合之卽爲全體之權利. 一私人之權利思想, 積之卽爲一國家之權利思想. 故欲養成此思想, 必自個人始, 人人皆不肯損一毫, 則亦誰復敢攖他人之鋒而損其一毫者. 故曰天下治矣, 非虛言也. (西哲名言曰, 人人自由而以他人之自由爲界. 實卽人人不損一毫之義也. 不過其語有完有不完者耳.) 雖然, 楊朱非能解權利之眞相者也. 彼知權利當保守而勿失, 而不知權利以進取而始生. 放佚也, 偸樂也, 任運也, 厭世也, 皆殺權利之劊子手也, 而楊朱日昌言之, 以是求權利, 則何異飮鴆以祈永年也. 此吾中國所以雖盛行楊學, 而惟熏染其人人不利天下之流毒, 而不能實行其人人不損一毫之理想也, 權利思想薄弱使然也.

권리사상은 내가 나에 대해 응당 다해야 하는 의무일 뿐만 아니라, 또한 실로 한 사인(私人)이 공공사회(公群)에 다해야 하는 의무이기도 하다. 두 진영이 교전하고 있는 일에 비유해 보자. 같은 부대의 사람은 모두 생명을 걸고 공공의 적을 맞이하고 있다. 그런데 한 사람이 혼자 안일을 탐하며 경쟁을 피하기 위해 갑옷을 끌고 도망한다고 하자. 이 사람이 그 명예를 희생했다는 것은 말할 필요도 없다. 그런데 이 사람이 그 목을 요행히 보존할 수 있을지 생각해 보자. 그 화가 전 무리(群)에 아직 퍼지지 않았다면, 같은 부대 사람 가운데 자신을 대신해서 적에 저항하는 사람이 있어 그에게 기댈 수 있을 것이다. 그러나 전 군대의 장수와 병졸이 모두 이 겁 많은 남자와 동류가 되어 은밀히 동정을 살피면서 다투어 도망하게 된다면, 이 겁 많은 남자와 그 무리는 모두 적에게 잡혀 함께 파멸하지 않으면 끝나지 않을 것이다. 스스로 그 권리를 포기하는 사인과 도망하는 이 약한 병졸 가운데 누가 더 나은가? 이뿐만이 아니다. 권리는 항상 끊임없이 외부의 침해를 받는다. 그러므로 또한 항상 내부 힘의 저항 역시 끊이지 않고 분출되며, 그런 후에야 비로소 권리가 성립한다. 저항력이 두터운가 얇은가에 따라 권리의 강약이 비례해서 달라진다. 다시 앞에서 들었던 비유를 가지고 밝혀 보자. 천 명의 부대라면 그 안에서 한 사람의 병졸의 거취는 심히 사소하다. 그러나 백 명 내지 수백 명이 부대를 이탈하여 도망한다면 그 결과는 어떻겠는가. 그 나머지 도망하지 않은 병졸은 반드시 수 배의 고전을 하지 않을 수 없다. 이 도망한 사람을 대신하여 그 부담을 지니, 그 아무리 충실하고 용기 있고 의롭고 강하더라도 그 힘 또한 미치지 못하는 곳이 있다. 이렇다면 도망자가 도망하지 않은 자의 가슴을 칼로 직접 찌르는 것과 무엇이 다른가? 권리의 경쟁 역시 이와 같을 뿐이다. 국민된 자가 협력하여 경쟁하는 본분의 책임을 다한다면, 침략이나 압박은 저절로 행해지지 않는다. 설사 구차하게 요행으로 면하여 그 충돌을 피할 수 있다고 하더라도, 이는 국민 전체에 대해 반역과 다르지 않다. 왜인가? 이는 공공의 적이 그 힘을 증가하도록 하여 나쁜 세력이 판치게 하는 원인이 되기 때문이다. 저들 천박한 견해를 가진 자들은 한 사인이 권리를 방기하는 것이 그 자신이 망가지고 해를 입는 것에 불과하며 그 영향이 타인에게 미치지 않는다고 생각하는데, 얼마나 전도된 것인가.

權利思想者, 非徒我對於我應盡之義務而已, 實亦一私人對於一公群應盡之義務也. 譬之兩陣交綏, 同隊之人, 皆賭生命以當公敵, 而一人獨貪安逸避競爭, 曳兵而走焉, 此人之犧性其名譽, 不待言矣. 而試思此人何以能幸保首領, 且其禍仍未延及於全群者, 毋亦恃同隊之人, 有代己而抗敵者耳. 使全軍將卒, 皆與此怯夫同流, 望風爭逃, 則此怯夫與其群, 非悉爲敵所屠而同歸於盡不止也. 彼一私人自拋棄其權利者, 與此逃亡之弱卒何擇也. 不寧惟是, 權利者常受外界之侵害而無已時者也, 故亦必常出內力之抵抗而無已時, 然後權利始成立. 抵抗力厚薄, 卽爲權利强弱比例差. 試更以前喩明之, 夫以千人之隊, 則其間一卒之去就, 微末亦甚矣, 然使百人乃至數百人脫隊而逃, 則其結果如何. 其所餘不逃之卒, 必不可不加數倍之苦戰, 代此逃者而荷其負擔, 雖復忠勇義烈, 而其力亦有所不逮矣, 是何異逃者親揕不逃者之胸而剚以刃也. 夫權利之競爭, 亦若是則已耳. 爲國民者協力各盡其分內競爭之責任, 則侵壓自不得行, 設有苟免倖脫而避其衝者. 是不啻對於國民全體而爲叛逆也. 何也. 是使公敵增其力, 而跳梁暴肆之所由行也. 彼淺見者, 以爲一私人之放棄權利, 不過其本身之受虧被害, 而影響不及於他人, 何其傎也.

권리경쟁은 멈추지 않으며 그것의 확립과 보장은 법률에 의지한다. 그러므로 권리사상이 있는 사람은 반드시 입법권을 다투는 것을 가장 중요하게 생각한다. 한 사회(群)에 법률이 있으면 그것이 좋건 나쁘건 그것은 모두 입법권자들의 손에 의해 제정되어 스스로 그 권리를 보호하게 된다. 권리사상이 강한 국민의 법률은 반드시 누누이 변경되어 날로 선을 향해 간다. 처음에는 소수의 사람이 강권(强權)을 발동하여 스스로를 이롭게 하지만, 뒤에는 다수의 사람이 자신들의 강권을 발동하여 서로 견제함으로써 역시 스스로의 이익을 꾀한다.(원주 — 내가 지은 『음빙실자유서』에서 '강권'을 논한 조를 참조하라.) 권리사상이 발달할수록 사람들은 강자가 되기 위해 애쓴다. 강자와 강자가 서로 만나고 권리와 권리가 서로 부딪히면, 이에 평화롭고 선하고 아름다운 새로운 법률이 이루어진다. 그러나 구법률과 신법률이 서로 물려주고 물려받을 때, 항상 가장 극렬하고 가장 비참한 경쟁이 있다. 대개 하나의 신법률이 출현하면 이전에 구법률에 기대어 특별한 권리를 향유하던 자들은 반드시 대단한 침해를 받는다. 그러므로 신법률의 제정을 주장하는 사람들은 구권력자에 대해 선전포고를 하는 것과 마찬가지이다. 이 동력과 이에 반발하는 동력이 서로 부딪혀서 큰 다툼이 일어난다. 이는 실로 생물 진화(天演)의 공례이다. 이때 신권리, 신법률이 성취될 수 있는지는 전적으로 항전자의 힘이 강한가 약한가에 의해 결정되며, 도리(道理)의 우열은 관여하지 않는다. 이 과도 시대에는 옛것에 의거하는 자와 새로운 것을 창도하는 자 모두 큰 손해를 입지 않을 수 없다. 구미 여러 나라의 법률발달사를 한번 읽어보자. 헌정을 세우고 노예를 폐지하고 농노를 해방하고 노동의 자유와 신앙의 자유 등, 모든 대법률 어느 하나 피바람과 시체의 비에 힘입지 않은 것이 있는가! 가령 제창하는 사람이 훔친 것이 있고 꺼리는 것이 있고 고식책으로 하는 것이 있어서 그 사이에서 조금씩 움직여 나간다고 해 보자. 그렇다면 여기에서 일보 퇴보하고 저기에서 일보 전진하면, 이른바 새로운 권리는 또한 끝내 반드시 멸망으로 귀결할 뿐이다.

> 權利競爭之不已, 而確立之保障之者, 厥恃法律. 故有權利思想者, 必以爭立法權爲第一要義. 凡一群之有法律, 無論爲良爲惡, 而皆由操立法權之人制定之以自護其權利者也. 强於權利思想之國民, 其法律必屢屢變更, 而日進於善. 蓋其始由少數之人, 出其强權以自利, 其後由多數之人, 復出其强權相抵制, 而亦以自利. (余所著飮冰室自由書論强權一條參觀) 權利思想愈發達, 則人人務爲强者. 强與强相遇, 權與權相衡, 於是平和善美之新法律乃成. 雖然, 當新法律與舊法律相嬗之際, 常爲最劇最慘之競爭. 蓋一新法律出, 則前此之憑藉舊法律以享特別之權利者, 必受異常之侵害, 故倡議制新法律者, 不啻對於舊有權力之人而下宣戰書也. 夫是以動力與反動力相搏, 而大爭起焉, 此實生物天演之公例也. 當此時也, 新權利新法律之能成就與否, 全視乎抗戰者之力之强弱以爲斷, 而道理之優劣不與焉. 而此過渡時代, 則倚舊者與倡新者, 皆不可不受大損害. 試一讀歐美諸國法律發達史. 如立憲政, 廢奴隷, 釋傭農, 勞力自由, 信敎自由等, 諸大法律, 何一不自血風肉雨中薰浴而來. 使倡之者有所偸有所憚有所姑息, 而稍稍遷就於其間乎, 則此退一步, 彼進一步, 而所謂新權利者, 亦必終歸於滅

亡而已.

우리 중국인이 수천 년 동안 권리가 무엇인지 모르고 살아온 것 또한 은혜를 베푸는 듯한 우원한 유학자들의 말이 재앙의 사다리가 되어서 시작된 것이다. 실제로 보면 권리의 탄생은 인류의 탄생과 대략 같다. 분만 시 찢어지는 고통은 형세상 면할 수 없다. 얻는 것이 어려워서 손에 넣기가 힘이 든다. 국민과 권리 사이의 그 애정은 모자의 관계에서와 같다. 어머니가 아들을 낳으면 실제로 자신의 목숨을 들이붓는다. 그러므로 그 사랑에는 다른 사람이나 다른 일과는 바꿀 수 없는 것이 있다. 권리가 어려움과 고통을 겪지 않고 얻는 것이라면, 날아다니는 기러기가 새끼 새를 남겨두자마자 사나운 매와 교활한 여우가 적시에 움켜쥐는 것과 같아질 것이다. 만약 자애로운 어머니가 아이를 품고 있다면 수백 수천의 여우와 매라도 어찌 빼앗을 수 있겠는가. 그러므로 피바람과 시체의 비에 훈욕(薰浴)하며 얻는 권리는 얻은 후에는 영원히 다시는 잃어버릴 수 없다. 내 말을 믿지 못하겠거든 일본 인민이 헌법을 옹호하는 능력과 영미 인민의 능력을 서로 비교해 보라. 그 강약의 비율은 어떠한가? 만약 〔중국처럼〕 오로지 인정(仁政)만을 말한다면 결국은 입국의 도에 대해 말하기 부족하다. 인민이 인정에 의해 나뭇가지 반 토막 정도의 권리라도 얻기를 바란다면 실로 망국민의 근성을 갖고 있는 것이 분명하다.

吾中國人數千年來不識權利之爲何, 亦未始不由迂儒煦煦之說階之厲也. 質而言之, 則權利之誕生, 人類之誕生略同. 分娩拆副之苦痛, 勢所不免, 惟其得之也艱, 故其護之也力. 遂使國民與權利之間, 其愛情一如母子之關係. 母之生子也, 實自以其性命爲孤注, 故其愛有非他人他事所能易者也. 權利之不經艱苦而得者, 如飛鴻之遺雛, 猛鶚狡狐, 時或得而攫之, 若慈母懷中之愛兒, 雖千百狐鶚, 豈能褫也. 故權利之薰浴於血風肉雨而來者, 旣得之後, 而永不可復失焉. 謂余不信, 請觀日本人民擁護憲法之能力, 與英美人民之能力相比較, 其强弱之率何如矣. 若是乎專言仁政者, 果不足以語於立國之道, 而人民之望仁政以得一支半節之權利者, 實含有亡國民之根性明也.

오로지 인정만을 이야기하는 것도 안 될 일이지만, 학정(虐政)에 대해서는 더욱 무슨 말을 하겠는가. 사람이 태어나서 권리사상을 갖는 것은 천부의 양지양능(良知良能)[18]이다. 〔이 양지양능이〕 혹은 강하고 혹은 약하고 혹은 숨어 있고 혹은 엎드려 있고 혹은 사라지고 없어져, 〔사람마다〕 똑같지 않게 되는 것은 무엇 때문인가? 항상 그 국가의 역사와 정치의 침윤이 얼마나 스며들었느냐에 따라 차이가 있게 된다. 맹자의 우산(牛山) 비유는 내가 하려는 말을 먼저 한 것이다. 싹이 없는 게 아닌데, 소와 양을 또 풀어놓으면 마치 민둥산처럼 허옇게 된다.[19] 동서고금 망국의 역사를 보면, 그 처음에는 한두 사

18 '양지양능'은 "배우지 않고도 알고 배우지 않고도 할 줄 아는 것"이란 의미로 풀이되지만, 『맹자』 안의 맥락에서 말하면, 선한 본성이다. 배우지 않아도 저절로 부모형제에 대한 사랑에서 시작하는 타인에 대한 사랑의 마음을 갖는다는 것이다. 『맹자』 「진심상」 15: "사람이 배우지 않고도 할 줄 아는 것은 양능이고, 생각하지 않아도 아는 것은 양지이다"(人之所不學而能者其良能也, 所不慮而知者其良知也).

19 『맹자』 전문은 아래와 같다. 맹자의 이 이야기는 본성이 본래 선한데 후천적인 환경의 영향 때문에 선하지 않게 되는 현실을 설명하고 있다. "우산의 나무는 아름다웠으나 큰 나라의 교외에 있어 도끼로 벌목하니 어떻게 아름다울 수 있겠는가. 밤낮으로 자라고 비와 이슬에 윤택해져 새싹이 돋지 않는 것은 아니지만 소나 양을 데려다 풀어놓으니 마치 민둥산처럼 허옇게 되었다. 사람들은 허옇게 된 것을 보고 나무가

람, 폭정에 저항하며 자유를 구한 일이 없지 않다. 〔그러나 그 저항을〕 한 번 없애고 서넛을 없애면 점차 위축되고 점차 쇠락하며 점차 사라진다. 오래되면 맹렬하고 무성했던 권리사상은 제압할수록 길들여지고 부딪힐수록 엷어진다. 이어 회복의 전망이 끊어지면 굴레와 멍에를 받아도 본래 그런 것이라 여긴다. 이렇게 수십 년 수백 년 쌓이면 상황이 갈수록 나빠져 사멸에 이르기 마련이다. 이는 본래 그 인민의 능력이 박약했기 때문이지만, 정부 역시 그 죄를 어떻게 면하겠는가? 이러한 정부가 하나라도 그 명맥을 이어 오늘날에 존속할 수 있겠는가? 설사 한둘이 있다 하더라도 또한 바람 앞의 촛불처럼 얼마 남지 않은 목숨에 불과하여 아침저녁으로 죽음을 기다릴 뿐이다. 정부가 이러한 방법으로 사람을 죽인다면 바로 자살의 날카로운 칼날이 되는 것이 아니겠는가. 정부의 자살은 자신이 하고 자신이 받는 것이니, 또 누구를 탓하겠는가. 가장 고통스러운 것은 그 화가 국가 전체에 퍼져 구제할 수 없게 되는 것이다.

夫專言仁政猶且不可, 而虐政更何論焉. 大抵人生之有權利思想也, 天賦之良知良能也, 而其或强或弱或隱或伏或澌亡至不齊者何也, 則常緣其國家之歷史政治之浸潤以爲差. 孟子牛山之喩, 先我言之矣. 非無萌蘖, 牛羊又從而牧之, 是以若彼濯濯也. 歷覽東西古今亡國之史乘, 其始非無一二抵抗暴制以求自由者. 一鋤之, 三四鋤之, 漸萎廢, 漸衰頹, 漸銷鑠, 久之而猛烈沈濃之權利思想, 愈制而愈馴, 愈冲

있은 적이 없다고 하지만, 어떻게 이것이 산의 본성이겠는가"(牛山之木嘗美矣, 以其郊於大國也, 斧斤伐之, 可以爲美乎. 是其日夜之所息, 雨露之所潤, 非無萌蘖之生焉, 牛羊又從而牧之, 是以若彼濯濯也. 人見其濯濯也, 以爲未嘗有材焉, 此豈山之性也哉).

而愈淡. 乃至回復之望絶, 而受羈受軛, 以爲固然. 積之數十年數百年, 每下愈況, 而常至澌亡. 此固由其人民能力之薄弱, 而政府之罪, 又烏可逭也. 夫此等政府, 豈嘗有一焉能嗣續其命脈以存於今日者. 卽有一二, 亦不過風燭殘年, 旦夕待死而已. 政府以此道殺人, 毋乃適爲自殺之利刃乎. 政府之自殺, 己作之而己受之, 其又奚尤. 顧所最痛者, 其禍及延及於國家全體而不能救也.

국민은 개개의 사인이 모여서 된 것이고, 국권(國權)은 개개 사인의 권리가 모여서 성립하는 것이다. 그러므로 국민이 〔권리〕사상을 갖고 〔권리에〕 민감하게 행동하기를 바란다면, 그 분자인 각 사인의 사상, 민감함, 행위에 의하지 않고서는 다른 방법이 없다. 그 백성이 강하면 강국이라고 하고 그 백성이 약하면 약국이라고 한다. 그 백성이 부자면 부국이라고 하고 그 백성이 가난하면 빈국이라고 한다. 그 백성이 권리가 있으면 유권국(有權國)이라고 하고 그 백성이 부끄러움을 모르면 무치국(無恥國)이라고 한다. '무치국'이라는 세 글자가 하나의 명사가 되는 데 이른 상황인데, 이 세상에 나라를 세우려 해도 〔세울 수 있는〕 이치가 있겠는가? 그런 이치가 있겠는가? 환관이나 부역자에게 뇌물 일전을 받고 편안할 수 있는 자라면 반드시 외국에게 한 성을 할양당하더라도 또한 편안히 여길 수 있을 것이다. 노예 같은 얼굴을 하고 무릎을 꿇고 아첨할 태세로, 어두워지면 권세 있는 사람 사이에서 동정을 구하는 자라면, 반드시 귀순한 백성의 깃발을 걸고 축하하는 음식을 싸들고(簞食壺漿) 타민족의 병사를 맞이할 수 있을 것이다. 그릇의 성격에 비유해 보자. 완전하고 단단한 것은 어떤 그릇인가를 막론하고 새지 않는다. 구멍이 있고 틈이 있어서 내가 스며들 수 있다면, 남 역시 스며들 수 있다. 학정이 드나드는 문이 바로 외적이 드나드는 문임을 어찌 알겠는가. 이웃의 부인을 부추겨 나를 따르는 것을 이롭게 여기게 해 나의 아내로 삼기에 이르면, 나를 위해 남을 욕하게 하려고 해도 가능하겠는가. 〔중국은〕 지난날 백성 대하기를 채찍으로 때리고 몽둥이로 때리고 쥐어짜내 착취하고 살육하고 욕보였다. 그렇게 천년 백년 쌓인 패자의 남은 위세가 천하의 염치를 흔들고 없애 버렸다. 이미 상처 입히고 이미 몰아넣고 이미 없애 버렸으면서, 적국의 군함(艨艟)이 경계해역에 떼로 모이고 적의 비휴(貔貅)[20]가 성 밑에 밀어닥친 뒤에야 인민의 힘에 의지하여 이를 막고 이를 다스리려 한다면, 이는 수태하지도 않고 아들을 바라고 모래를 쪄서 밥을 얻으려는 것과 무엇이 다른가. 아아! 앞서 가던 차가 뒤집어진 것이 수를 헤아릴 수 없는데도, 홀로 이 재난(陽九)[21]을 만나 헤어나지 못하니, 한 번이라도 스스로 살펴본 적이 있는가, 없는가?

國民者一私人之所結集也, 國權者一私人之權利所團成也. 故欲求國民之思想之感覺之行爲, 舍其分子之各私人之思想感覺行爲而終不可得見. 其民强者謂之强國, 其民弱者謂之弱國. 其民富者謂之富國, 其民貧者謂之貧國. 其民有權者謂之有權國, 其民無恥者謂之無恥國. 夫至以無恥國三字成一名詞, 而猶欲其國之立於天地, 有是理耶, 有是理耶. 其能受閹宦差役之婪索一錢而安之者, 必其能受外國之割一省而亦安之者也. 其能現奴顏婢膝昏暮乞憐於權貴之間者, 必其能懸

20 비휴는 피구(皮丘)라고도 하며, 용이나 기린(麒麟)처럼 실존하지 않는 가상의 동물이다. 황제(黃帝)를 도와 치우(蚩尤)를 물리쳤다고 전해진다.

21 뜻밖의 불행한 일. 음양가(陰陽家)가 수리(數理)에서 풀어낸 말로, 양(陽)의 재앙 다섯과 음(陰)의 재앙 넷을 합친 아홉의 수를 이른다.

順民之旗簞食壺漿以迎他族之師者也. 譬之器然, 其完固者, 無論何物, 不能滲也. 苟有穴焉, 有罅焉, 我能滲之, 他人亦能滲之, 夫安知乎虐政所從入之門, 乃卽外寇所從入之門也. 挑鄰婦而利其從我, 及爲我婦, 則欲其爲我詈人, 安可得也. 平昔之待其民也, 鞭之撻之, 敲之削之, 戮之辱之, 積千數百年霸者之餘威, 以震蕩摧鋤天下之廉恥. 旣殄旣獮旣夷, 一旦敵國之艨艟麕集於海疆, 寇仇之貔貅迫臨於城下, 而後欲藉人民之力以捍衛是而綱維是, 是何異不胎而求子, 蒸沙而求飯也. 嗟夫嗟夫, 前車之覆者, 不知幾何矣, 而獨不解丁茲陽九者, 曾一自審焉否也.

거듭 말해 보면, 국가는 나무에 비유할 수 있고 권리사상은 뿌리에 비유할 수 있다. 뿌리가 이미 흔들렸다면 줄기와 잎이 아무리 건강해 보이고 울창해도 결국은 말라 죽을 수밖에 없다. 비바람이 몰아치면 넘어가는 것은 더 빨라질 것이다. 그렇지 않으면 가뭄의 폭염에 순식간에 말라버릴 것이다. 국민이 권리사상이 없이 외환(外患)을 당한다면 이는 나무가 비바람을 만나는 것과 같으나, 외환이 오지 않더라도 역시 말라 죽을 것이다. 나는 전 지구 1천 5조의 생명 가운데 인도와 아프리카, 남양의 흑인들을 제외하면, 그 권리사상의 박약함이 우리나라보다 못한 사람을 보지 못했다. "편안히 거하게 하고 가르치지 않으면 금수에 가까워진다"[22]고 맹자가 말했다. 만약 로마법의 이치를 취해 논리적으로 해석하면[23] 가까운 것에만 적용되는 것

22 『맹자』「등문공상」4.

23 이 절 앞부분에서 언급한 '삼단논법'을 말한다.

이겠는가. 이 큰 나라에 단지 4억의 금수가 사는 것이라면, 천하에 부끄러워할 만한 일이 이보다 더한 것이 없는데, 우리 동포는 부끄러워하는가? 정치가는 권리사상을 압박하지 않는 것을 가장 중요한 것으로 삼아야 한다. 교육가는 권리사상의 양성을 가장 중요한 것으로 삼아야 한다. 한 사인은 사농공상을 막론하고, 남녀를 막론하고, 각각 권리사상을 견지하는 것을 가장 중요한 것으로 삼아야 한다. 국민은 정부에 대해 권리를 얻을 수 없으면 싸워야 하며, 정부는 국민이 권리를 위해 싸우는 것을 보면 양보해야 한다. 우리나라의 국권과 타국의 국권이 평등하기를 바란다면, 반드시 먼저 우리나라 안의 한 사람 한 사람이 본래 갖는 권리를 모두 평등하게 해야 한다. 반드시 우리 국민이 우리나라에서 향유하는 권리와 타 국민이 그 나라에서 향유하는 권리를 서로 평등하게 해야 한다. 이와 같으면 나라는 거의 고쳐질 것이다. 이와 같으면 나라는 거의 고쳐질 것이다.

重爲言曰, 國家譬猶樹也, 權利思想譬猶根也. 其根旣撥, 雖復幹植崔嵬, 華葉蓊鬱, 而必歸於槁亡. 遇疾風橫雨, 則摧落更速焉. 卽不爾, 而旱嘆之所暴炙, 其萎黃凋敝, 亦須時耳. 國民無權利思想者以之當外患, 則木遇風雨之類也. 卽外患不來, 亦遇旱嘆之類. 吾見夫全地球千五兆生靈中, 除印度非洲南洋之黑蠻外, 其權利思想之薄弱, 未有吾國人若者也. 孟子有言, 逸居而無敎, 則近於禽獸. 若取羅馬法之法理, 而以論理解釋之, 則豈惟近法而已. 一國之大, 而僅有四萬萬禽獸居焉, 天下之可恥, 孰過是也, 我同胞其恥之乎. 爲政治家者, 以勿摧壓權利思想爲第一義, 爲敎育家者, 以養成權利思想爲第一義, 爲一私人者, 無論士焉農焉工焉商焉男焉女焉, 各以自堅持權利思想爲第一義. 國民不能得權利於政府也則爭之, 政府見國民之爭權利也則讓之. 欲使吾國之國權與他國之國權平等, 必先使吾國中人人固有之權皆平等, 必先使吾國民在我國所享之權利與他國民在彼國所享之權利相平等. 若是者國庶有瘳, 若是者國庶有瘳.

● 해설

이 절에서는 또 다른 공덕으로서 '권리사상'이 다뤄진다. 양계초는 의하면 '권리'란 자기보존의 본능이다. 그의 주장에 의하면, 생명을 보존하려는 것이 형이하적인 생존이라면, 권리는 형이상적인 생존을 위한 것이다. 이 생존본능은 인간이라면 누구나 갖고 태어나므로 한 쪽이 포기하기 전에 다른 쪽이 침해할 수 없다. 그러므로 "권리의 목적은 평화이며, 이 목적을 달성하기 위한 방법은 전투"이다. 즉, 권리를 지키기 위해 부단히 싸우지 않으면 안 된다. 이 권리를 지키는 데 근원이 되는 것이 바로 '권리사상'이다. '권리'가 자기보존의 본능이므로, 자기를 보존하려는 의식인 '권리사상' 역시 본능이다. 그러므로 권리사상이 있는 사람이라면, 권리의 목적인 평화를 달성하기 위해 전투를 피하지 않을 것이다.

양계초는 이 '권리사상'을 "양지양능"이라 표현하며, 이 고통을 느끼지 않는 인간은 '마비불인'(痲痹不仁)이라고 말한다. '마비불인'은 정주성리학자들이 도덕성인 '인'(仁)을 잃었을 때를 표현하기 위해 한의학에서 원용해서 쓰던 말이다. 즉, 양계초는 '권리사상'은 '인'과 같이 천성적인 감정, 즉 도덕감이라고 자리매김하는 것이다. 그러므로 "권리사상의 강약은 사실은 그 사람의 품격과 관계있다"는 말이 가능하고, 권리사상의 목적은 "물건의 이익에 있지 않다"는 말도 가능하다.

권리는 끊임없는 전투를 불사하며 지킴으로써 보존될 수 있기 때문에, 권리사상은 "경쟁을 피하고 안일을 탐하는 주의"와 대척점에 서 있다. 권리사상이 없는 사람들은 "권리를 갖고서도 갖는 것이 존엄과 영예가 됨을 알지 못하며, 권리를 잃고서도 잃는 것이 고통이 됨을 알지 못한다."

양계초는 중국이 권리사상이 없는 상태라고 진단하고, 그 원인으로 인(仁)의 덕이 발달했기 때문이라고 주장한다. 그에 의하면 의(義)가 나를 본위로 생각해서 성립하는 덕목이라면 인은 타인의 호의를 기대하면서 성립하는 덕목이다. 나아가 인정(仁政)을 선으로 여기고 인정을 바라는 마음이 권리라는 관념을 두뇌 속에서 지워버렸다고 통탄한다.

양계초에 의하면 한 사람 한 사람의 권리사상이 쌓여 한 국가의 권리사상이 되며, "국권(國權)은 개개 사인의 권리가 모여서 성립"한다. 이렇다면 개인의 권리사상은 국가의 존립과 직결된다. 이 논리라면 양계초의 말처럼, 권리사상은 개인의 생존을 너머서, "공공사회에 다해야 하는 의무이다." 그래서 양계초의 머리에서 "국가는 나무에 비유할 수 있고 권리사상은 뿌리에 비유할 수 있다." 즉, 자기보존 본능인 개인의 권리사상이 국가존립의 근원이라고 하는 것이다. 이러한 양계초의 구도 안에서 권리는 국가의 권리일 뿐이다. 그의 머리 안에서 국가와 대립해서 자신의 권리를 주장하는 개인의 존재는 상상하기 어려울 것이다.

권리는 생존과 관련되고, 생존은 우승열패의 원리에 의해 정해진다고 양계초는 생각하므로, 그가 생각하는 권리는 강자의 권리이다. 강자의 논리가 통용되는 세계에서는 오로지 힘에 의해서만 생사가 결정될 뿐, "도리(道理)의 우열은 관여하지 않는다." 양계초는 권리는 법률에 의해 보장되므로 권리사상이 있는 사람은 입법권을 가장 중요하게 여긴다고 말하면서도, 입법권이란 강자가 누릴 수 있는 권리라고 생각한다.

양계초가 권리사상과 관련하여 동원하는 수사는 일관되지는 않는다. 권리사상은 천부적인 생존본능이고, 이의 성취는 도리에 의해서가 아니라 힘에 의해서라고 설명하는 것이 한 가지 입장이다. 또 한 가지 입장은 권리사상의 유무를 사람의 품격과 관련지으면서 권리사상의 목적이 이익이 아니라 정신적이고 도덕적인 것에 있다고 하는 것이다. 이는 양계초가 권리사상을 공덕으로 다루는 것과도 관련된다. 이익의 논리, 힘의 논리에 의해 권리사상의 필요성을 주장하면서 동시에 이를 도덕적으로 다루는데, 그것도 유학적 도덕처럼 천부적인 도덕성이라고 주장하는 것이다. 양계초가 여러 곳에서 피력하듯이 그는 도덕을 이기적이지 않고 사회의 이익에 기여하는 것이라고 정리하며, 그 입장에는 위와 같은 다른 노선이 동거하고 있다. 유용성의 원리에 의한 선과 형이상학적인 선으로서 도덕성이 혼재하고 있다.

제9절 자유[1]

"자유가 아니면 차라리 죽겠다"는 이 말은 실로 18~19세기 간 구미 여러 나라 국민이 나라를 세운 뿌리이고 원천이다. 자유의 주장을 오늘날 중국에 적용할 수 있을까? 대답한다. 자유는 천하의 공리(公理)이며, 사람의 삶에 중요한 도구로서, 어디에든 적용되지 않는 곳이 없다. 그러나 참 자유가 있고 거짓 자유가 있다. 온전한 자유가 있고 치우친 자유가 있다. 문명의 자유가 있고 야만의 자유가 있다. 오늘날 자유, 자유 떠드는 말은 이미 점점 청년들의 구두선(口頭禪)이 되고 있다. 신민자(新民子)는 말한다. 우리 국민이 온전한 자유, 문명의 자유, 참 자유의 복을 영원히 누리고자 한다면, 먼저 자유가 과연 어떤 것인가 알아야 한다고. 자유에 대해 논해 보자.

第九節 論自由

不自由毋寧死, 斯語也, 實十八九兩世紀中, 歐美諸國民所以立國之本源也. 自由之義, 適用於今日之中國乎. 曰, 自由者, 天下之公理, 人

---

1 이 절은 두 번에 나뉘어 게재되었다. 앞부분은 『신민총보』 제7호, 1902. 5. 8.

生之要具, 無往而不適用者也. 雖然, 有眞自由, 有僞自由, 有全自由, 有偏自由, 有文明之自由, 有野蠻之自由. 今日自由云自由云之語, 已漸成青年輩之口頭禪矣, 新民子曰, 我國民如欲永享完全文明眞自由之福也, 不可不先知自由之爲物果何如矣. 請論自由.

자유는 노예와 상대되는 개념이다. 구미의 자유발달사를 종적으로 보면, 쟁점은 네 가지에서 벗어나지 않는다. 첫째는 정치상의 자유이며, 둘째는 종교상의 자유이며, 셋째는 민족상의 자유이며, 넷째는 생계(生計)상의 자유이다.(원주 — 일본에서 말하는 경제상의 자유이다.) 정치상의 자유는 정부에 대해 인민이 그 자유를 보유한다. 종교상의 자유는 교회에 대해 신도가 그 자유를 보유한다. 민족상의 자유는 외국에 대해 본국이 그 자유를 보유한다. 생계상의 자유는 자본가와 노동자(勞力者)가 상호 자유를 보유한다.

自由者, 奴隷之對待也. 綜觀歐美自由發達史, 其所爭者不出四端. 一曰政治上之自由, 二曰宗教上之自由, 三曰民族上之自由, 四曰生計上之自由.(卽日本所謂經濟上自由) 政治上之自由者, 人民對於政府而保其自由也. 宗教上之自由者, 教徒對於教會而保其自由也. 民族上之自由者, 本國對於外國而保其自由也. 生計上之自由者, 資本家與勞力者相互而保其自由也.

정치상의 자유는 다시 셋으로 나뉜다. 첫째, 귀족에 대해 평민이 자유를 보유하며, 둘째, 정부에 대해 국민 전체가 자유를 보유하며, 셋째, 모국에 대해 식민지가 자유를 보유한다는 것이 이것이다. 자유가 실제에서 드러날 때는 이 〔세 가지를〕 벗어나지 않는다.

而政治上之自由, 復分爲三. 一曰平民對於貴族而保其自由, 二曰國民全體對於政府而保其自由, 三曰殖民地對於母國而保其自由, 是也. 自由之徵諸實行者, 不外是矣.

이 〔자유〕정신으로 만들어 낸 결과에는 여섯 가지 가닥이 있다. 첫째, 사민(四民)평등의 문제이다. 한 나라 안에서 어떤 사람인가를 불문하고 특권(원주 — 특별한 권리로서, 일반 백성의 것과 다른 것이다.)을 허용하지 않는다. 이는 귀족에 대해 평민이 쟁취한 자유이다. 둘째, 참정권의 문제이다. 한 나라 안에서 숨 쉬며 살고 있는 사람들은 나이가 되면 모두 공민(公民)의 자격을 갖고 한 나라의 정사에 참여할 수 있다. 이것이 국민 전체가 정부를 상대로 싸워 얻은 자유이다. 셋째, 속지(屬地)의 자치 문제이다. 인민이 스스로 타지에 뿌리를 내리고 살면 자기 뜻대로 스스로 정부를 건설하며, 본국에 있었을 때 누리던 권리와 같은 권리를 갖는다. 이것이 식민지가 모국을 상대로 싸워 얻은 자유이다. 넷째, 신앙의 문제이다. 인민이 어떤 종교(教)를 믿든지 모두 스스로의 선택에 의하며, 정부는 국교(國教)를 가지고 속박하거나 간섭할 수 없다. 이것이 신도가 교회를 상대로 싸워 얻은 자유이다. 다섯째, 민족의 건국문제이다. 한 나라의 사람은 종족이 모여 거주하며 자립하고 자치한다. 타국, 타민족이 그 주권을 잡는 것을 허용하지 않고, 조금이라도 내치에 간섭하고 조금의 토지도 침탈하는 것을 허용하지 않는다. 이것이 본국인이 외국에 대해 싸워 얻은 자유이다. 여섯째, 노동계(工群)의 문제이다.(원주 — 일본에서는 노동문제 혹은 사회문제라고 한다.) 노동자는 스스로의 힘으로 먹고살며, 지주와 자본가는 〔그들을〕 노예로 부릴 수 없다. 이는 빈민이 큰 부자(素封)[2]와 싸워 얻은 자유이다.

> 以此精神, 其所造出之結果, 厥有六端. (一) 四民平等問題. 凡一國之中, 無論何人不許有特權,(特別之權利與齊民異者) 是平民對於貴族所爭得之自由也. (二) 參政權問題. 凡生息於一國中者, 苟及歲而卽有公民之資格, 可以參與一國政事, 是國民全體對於政府所爭得之自由也. (三) 屬地自治問題. 凡人民自殖於他土者, 得任意自建政府, 與其在本國時所享之權利相等, 是殖民地對於母國所爭得之自由也. (四) 信仰問題. 人民欲信何敎, 悉由自擇, 政府不得以國敎束縛干涉之, 是敎徒對於敎會所爭得之自由也. (五) 民族建國問題. 一國之人, 聚族而居, 自立自治, 不許他國[3]他族握其主權, 并不許干涉其毫末之內治, 侵奪其尺寸之土地, 是本國人對於外國所爭得之自由也. (六) 工群問題.(日本謂之勞動問題或社會問題) 凡勞力者, 自食其力, 地主與資本家, 不得以奴隸畜之, 是貧民對於素封者所爭得之自由也.

근세 삼사백 년의 역사기록을 통람해 보면, 지식이 있는 자들은 혀가 닳도록 조정에서 떠들어대며, 용기 있는 자들은 들에서 〔전쟁을 하며〕 간과 뇌를 땅에 발랐다. 앞에 가는 자가 넘어지면 뒤에 가는 자가 일어나, 계속 패배해도 후회하지 않았으며 얻지 못해도 그만두지 않았으니, 그들이 싸운 것이 이 몇 가지 단서 때문이 아니겠으며, 그들이 얻은 것이 이 몇 가지 단서에 있지 않겠는가. 그 대략을 말해 보자.

---

2 소봉(素封)은 작위나 봉지가 없는데도 그에 필적하게 부유한 사람을 일컫는다. 『사기』「화식열전」 "지금 봉록도 없고 봉읍도 없는데 그에 필적하는 즐거움을 누리는 자가 있으니 '소봉'이라 한다"(今有無秩祿之奉, 爵邑之入, 而樂與之比者, 命曰素封).

3 원문에는 '他國'과 '他族' 사이에 '若' 자가 있는데, 연문(衍文)으로 판단되어 생략했다.

試通覽近世三四百年之史記, 其智者敝口舌於廟堂, 其勇者塗肝腦於原野, 前者仆, 後者興, 屢敗而不悔, 弗獲而不措者, 其所爭豈不以此數端耶, 其所得豈不在此數端耶. 試一述其崖略.

희랍 로마의 초기 정치시대에 수많은 정책이 펼쳐지고 의론은 서민에게까지 미쳤다. 공화자치의 제도가 발달한 것은 옛날부터 이어진 것이었다. 그러나 희랍은 순수하게 귀족 정치체제였다. 이른바 공민(公民)이란 국민 가운데 작은 부분에 지나지 않았고, 나머지 농민, 공인, 상인 및 노예는 〔공민과〕 하나로 보지 않았다. 로마의 이른바 공민은 그 도회 안의 라틴 민족에 불과했으며, 공격해서 얻게 된 속지 사람들은 〔공민과〕 하나로 보지 않았다. 그러므로 정치상의 자유는 저 멀리 희랍에서 시작되었지만, 귀족이 평민을 대하고 모국이 속지를 대하고 본국이 외국을 대하고 지주가 농노를 대할 때 자유를 침탈하는 종종의 폐해 역시 옛날부터 그러했다.

昔在希臘羅馬之初政, 凡百設施, 謀及庶人, 共和自治之制, 發達蓋古. 然希臘純然貴族政體, 所謂公民者, 不過國民中一小部分, 而其餘農工商及奴隸, 非能一視也. 羅馬所謂公民, 不過其都會中之拉丁民族, 而其攻取所得之屬地, 非能一視也. 故政治上之自由, 雖遠濫觴於希臘, 然貴族之對平民也, 母國之對屬地也, 本國人之對外國也, 地主之對勞力者也, 其種種侵奪自由之弊, 亦自古然矣.

예수교가 발흥하고 로마제국이 성립하게 되자, 이에 종교의 전제와 정치의 전제가 크게 일어났다. 중세 초기에 야만족이 창궐하여 문화가 유린된 것은 말할 필요도 없다. 그 말기에 가면 로마황제와 로마교황이 전 유럽 인민의 육체와 영혼을 나눠 담당하게 되고, 〔유럽 인민은〕 그 팔꿈치 밑에서 살면서 스스로 벗어날 수 없었다. 그러므로 중세사라는 것은 실제로 서양(泰西)의 암흑시대였다. 14~15세기 이래로 마틴 루터가 일어나 구교의 번잡함을 척결하고 사상자유의 문을 열어 신천지가 비로소 출현했다. 이후 이삼백 년 동안, 혹은 내전 때문에 혹은 외국정벌 때문에 열국의 들판은 시체로 넘쳤고 계곡은 피로 메워졌다. 하늘의 해는 어두웠고 귀신은 허둥지둥했으니, 모두 이 한 가지 일 때문이었다. 이때는 종교의 자유를 위해 싸운 시대였다.

及耶蘇教興, 羅馬帝國立, 而宗教專制政治專制乃大起. 中世之始, 蠻族猖披, 文化蹂躪, 不待言矣. 及其末也, 則羅馬皇帝與羅馬教皇, 分司全歐人民之軀殼靈魂兩界, 生息於肘下而不能自拔. 故中世史者, 實泰西之黑暗時代也. 及十四五世紀以來, 馬丁路得興, 一抉舊教藩籬, 思想自由之門開, 而新天地始出現矣. 爾後二三百年中, 列國或內爭, 或外伐, 原野餮肉, 溪谷塡血, 天日慘淡, 神鬼蒼黃, 皆爲此一事而已. 此爲爭宗教自由時代.

17세기에는 크롬웰이 영국에서 일어났고 18세기에는 워싱턴이 미국에서 일어났다. 바로 이어 프랑스 대혁명이 일어나 광풍과 노도가 전 유럽을 진동시켰고 열국이 신령스러운 구름과 샘처럼 그 뒤를 이었으며, 드디어 지중해 서쪽으로는 태평양 동쪽 해안의 〔나라 가운데〕 입헌국이 되지 않은 나라가 없었으며, 캐나다와 오스트레일리아의 여러 식민지는 자치의 정치가 이루어지지 않은 곳이 없었다. 줄곧 오늘에 이르기까지 그 작용은 아직 멈추지 않고 있으니, 이때는 정치의 자유를 위해 싸우는 시대였다.

及十七世紀, 格林威爾起於英, 十八世紀, 華盛顧興於美, 未幾而法國大革命起, 狂風怒潮, 震撼全歐, 列國繼之, 霊滃水湧, 遂使地中海以西, 亘於太平洋東岸, 無一不爲立憲之國, 加拿大澳洲諸殖民地, 無一不爲自治之政, 直至今日, 而其機未止. 此爲爭政治自由時代.

16세기부터 네덜란드인이 스페인의 굴레에서 벗어나 40여 년을 떨쳐 싸웠으며, 그 뒤 여러 나라가 뒤를 이어 일어났다. 19세기에 이르러 민족주의가 대지에 충만하게 되었다. 이탈리아와 헝가리는 오스트리아를 상대로, 아일랜드는 잉글랜드를 상대로, 핀란드는 러시아, 프로이센, 오스트리아 삼국을 상대로, 발칸 반도의 여러 나라는 터키를 상대로, 그리고 오늘날에는 보어가 영국을 상대로, 필리핀이 미국을 상대로 〔싸우다〕 줄을 지어 사망하면서도 안타까워하지 않고, 모두 우리 종족이 아니면 우리 주권을 가질 수 없다고 말한다. 그들이 지향하는 목적이 혹은 달성되고 혹은 달성되지 않았지만, 그 정신은 하나이다. 이때는 민족의 자유를 위해 싸우는 시대이다.(원주 — 민족의 자유 여부는 태반이 정치에 달려 있다. 그러므로 〔민족의 자유와 정치의 자유〕 둘은 그 경계가 섞여 있다.)

自十六世紀, 荷蘭人求脫西班牙之軛, 奪戰四十餘年, 其後諸國踵興, 至十九世紀, 而民族主義磅礴於大地, 伊大利匈加利之於奥大利, 愛爾蘭之於英倫, 波蘭之於俄普奥三國, 巴幹半島諸國之於土耳其, 以至現今波亞之於英, 菲律賓之於美, 所以死亡相踵而不悔者, 皆曰非我種族不得有我主權而已. 雖其所向之目的, 或達或不達, 而其精神一也. 此爲爭民族自由時代.(民族自由與否, 大半源於政治, 故此二者其界限常相混.)

앞 세기(원주 — 19세기) 이래 미국이 노예금지령을 내리고 러시아가 농노제를 폐지하자 경제계(生計界)는 크게 영향을 받았고, 20~30년 이래 동맹파업이 여러 곳에서 어지럽게 일어나고 공장조례가 속속 발포되었다. 이 이후로 이 문제는 장차 전 지구의 일대 안건이 될 것이다. 이때는 경제(生計)의 자유를 위해 싸우는 시대이다.

前世紀(十九)以來, 美國布禁奴之令, 俄國廢農傭之制, 生計界大受影響. 而廿卅年來, 同盟罷工之事, 所在紛起, 工廠條例, 陸續發布, 自今以往, 此問題遂將爲全地球第一大案. 此爲爭生計自由時代.

이들 여러 가닥은 모두 서양의 4백 년 이래 개혁진보의 큰 줄거리로, 없애 버리고 싶었던 것이 또한 열에 여덟아홉이었다. 아! 이에 어느 길을 따를 것인가? 모두 "자유가 아니면 차라리 죽겠다"는 한 마디다! 〔이 말이〕 어깨를 들썩이게 하고 고무한다. 땅에서 나와서 하늘로 상승하며, 죽은 것을 살리고 뼈에 살을 붙인다. 아아, 찬란하다, 자유의 꽃이여! 아아, 장엄하다, 자유의 신이여!

凡此諸端, 皆泰西四百年來改革進步之大端, 而其所欲以去者, 亦十之八九矣. 噫, 是遵何道哉. 皆不自由毋寧死之一語, 聳動之鼓舞之, 出諸壤而升諸霄, 生其死而肉其骨也. 於戱, 璀璨哉, 自由之花. 於戱, 壯嚴哉, 自由之神.

근세사에서 자유를 위해 싸운 큰일들을 연표로 정리하면 다음과 같다.

今將世史中争自由之大事, 列一年表如下.

1532년	구교도와 신교도가 협약을 맺어 종교의 자유를 허용함	종교상 자유
1524년	스위스 신교도 지역 연합, 처음으로 연합하여 공화정 실행	종교상 자유
1536년	덴마크(丁抹) 국회가 처음으로 신교를 국교로 정함	종교상 자유
1570년	프랑스 내전 잠시 중단, 신교도 처음으로 자유	종교상 자유
1598년	프랑스, 신교도에게 참정권 허용	종교상 자유
1648년	네덜란드, 스페인과 40년간의 고투 끝에 자립을 처음으로 획득함	민족상 자유 또한 종교가 원인이 됨
1618~1648년	스페인, 프랑스, 스웨덴, 독일(日耳曼), 덴마크(丁抹) 등 나라의 교전이 그치지 않았으며, 마침내 신구교가 평등한 권리를 누리게 됨	종교상 자유
1649년	영국 민중은 찰스 1세를 죽이고 공화정을 시행	정치상 자유
1776년	북미합중국 독립선포	정치상 자유 (식민지와 관련)
1789년	프랑스 혁명 발발	정치상 자유 (귀족평민과 관련)
1822년	멕시코 독립	정치상 자유 (식민지와 관련)
1819~1823년	남미 여러 나라 독립	정치상 자유 (식민지와 관련)
1832년	영국 선거법 개정	정치상 자유 (식민지와 관련)
1833년	영국 식민지에 노예금지령 선포	정치상 자유 (식민지와 관련)

1848년	프랑스 제2차 혁명	경제상 자유
	오스트리아 비인 혁명 발발	정치상 자유
	헝가리 처음으로 신교 정부 성립. 이듬해 오스트리아 헝가리 전쟁 시작	민족상 자유
	이탈리아 혁명 발발	민족상 자유
	독일 통일 모의 실패	민족상 자유
	이탈리아, 스위스, 덴마크, 네덜란드 헌법 발포	정치상 자유
1861년	러시아 농노 해방	경제상 자유
1863년	그리스, 터키에서 벗어나 자립	민족상 자유
	네덜란드, 러시아에 항거하여 일어남	민족상 자유
	미국, 노예해방 때문에 남북이 서로 싸움	민족상 자유
1867년	북독일 연방 성립	민족상, 정치상 자유
1870년	프랑스 제3차 혁명	정치상 자유
1871년	이탈리아 통일 성공	민족상, 정치상 자유
1875~1878년	터키에 속해 있던 몬테네그로, 세르비아, 보스니아헤르체고비나 등의 나라가 모두 독립을 제창	민족상, 종교상 자유
1881년	러시아 황제 알렉산더 2세, 헌법 발포 전에 허무당에 암살	정치상 자유
1882년	미국 대동맹파업. 이후 각국에 파업이 끊이지 않음	경제상 자유
1889년	브라질 독립, 공화정 실시	정치상 자유 (식민지와 관련)
1893년	영국, 아일랜드 자치안 선포	민족상 자유
1899년	필리핀-미국 전쟁	민족상 자유
	보어-영국 전쟁	민족상 자유
1901년	오스트레일리아 자치연방 성립	정치상 자유

이로 보건대, 수백 년 동안 세계의 대사(大事)는 어느 하나 자유라는 두 글자가 원동력이 되지 않은 것이 없다. 저들 백성들이 이 자

유를 구하는 것은 그 때가 다르고 그 나라도 다르며 원하는 종류도 다르다. 그리하여 거기에서 오는 결과 역시 왕왕 다르다. 그러나 요컨대 실제 일에 쓰는 것이지 빈말이 아니라는 것, 공공의 적을 향한 것이지 사적인 이익 때문이 아니라는 것은 공통된다. 앞에서 열거했던 여섯 가지 큰 문제가 중국의 경우에는 어떤지 살펴보자. 첫 번째 사민(四民)평등의 문제는 중국에는 없다. 우리는 전국시대 이래 세습의 벼슬제도가 폐지되어 계급의 나쁜 관습이 일찍이 소멸했다. 세 번째 속지의 자치문제 역시 중국에 없다. 국경 밖에 식민지가 없기 때문이다. 네 번째 신앙문제 역시 중국에는 없다. 우리나라는 종교국가가 아니므로 수천 년 동안 종교전쟁이 없었다. 여섯 번째 노동계 문제는 훗날 혹 있을지 모르겠지만 지금은 아직 없다. 경제계가 아직 침체되어 경쟁이 격렬하지 않기 때문이다. 그러니 오늘날 우리 중국에 가장 급한 것은 오로지 두 번째 참정의 문제와 네 번째 민족의 건국문제이다. 이 두 가지 일은 본래 근원이 같다. 을을 얻으면 갑은 구하지 않아도 저절로 오며, 갑을 얻으면 을은 얻지 않아도 해가 될 것이 없다. 이와 같이 우리가 말하는 자유와 자유를 구하는 도를 알 수 있다.

由此觀之, 數百年來世界之大事, 何一非以自由二字爲之原動力者耶. 彼民之求此自由也, 其時不同, 其國不同, 其所需之種類不同, 故其所來者亦往往不同, 要其用諸實事而非虛談, 施諸公敵而非私利一也. 試以前所列之六大問題, 覆按諸中國, 其第一條四民平等問題, 中國無有也, 以吾自戰國以來卽廢世卿之制, 而階級陋習, 早已消滅也. 其第三條屬地自治問題, 中國無有也, 以其無殖民地於境外也. 其第四條信仰問題, 中國更無有也, 以吾國非宗教國, 數千年無教爭也. 其第六條工群問題, 他日或有之, 而今則尙無有也, 以其生計界尙沈滯, 而競爭不劇烈也. 然則今日吾中國所最急者, 惟第二之參政問題, 與第四之民族建國問題而已. 此二者事本同源, 苟得其乙, 則甲不求而自來, 苟得其甲, 則乙雖弗獲猶無害也. 若是夫吾儕之所謂自由, 與其所以求自由之道, 可以見矣.

자유의 정의(界說)는 사람들 각자는 자유이며 타인의 자유를 침해하지 않는 것을 경계로 삼는다. 타인의 자유를 침해하는 것을 허용하지 않는다면 그 부자유 역시 심한데, 이것을 자유의 최고법칙(極則)이라고 하는 이유는 무엇인가? 자유라는 것은 단체의 자유이지 개인의 자유가 아니다. 야만시대에는 개인의 자유가 성하고 단체의 자유는 없었다. 문명시대에는 단체의 자유가 강하고 개인의 자유는 줄어든다. 이 둘은 일정한 비례관계에서 조금의 어긋남도 허용하지 않는다. 개인의 자유를 자유라고 한다면, 천하에서 자유를 향유하는 복을 누리는 사람이 오늘날의 중국인만한 이도 없을 것이다. 신사(紳士)는 시골구석에서 무단으로 행동하고 〔마을 사람들은〕 그들의 어육이 되어 〔짓밟혀도〕 항거할 수가 없다. 간교한 상인은 빚을 지고도 갚지 않고 〔사람들은 그들에게〕 사기를 당해도 책임을 물을 수가 없다. 사람마다 모두 신사가 될 수 있고 사람마다 모두 상인이 될 수 있다면 모든 사람의 자유 역시 좋을 것이다. 이뿐만이 아니다. 수도(首善之區)에서는 남녀가 도로(官道)를 측간으로 삼으니 어떻게 자유이겠는가. 시읍(市邑)에서는 노인과 어린이가 아편을 양식으로 삼으니 어떻게 자유이겠는가. 문명국이라면 가벼우면 벌금이고 무거우면 징역[4]에 처한다.

4 '징역'은 '수성단'(輸城旦)을 번역한 것이다. 수성단은 고대의 형벌 이름이다. 몇 년간

이러한 비슷한 것들을 모두 헤아리는 일은 종 열 명에게 시켜도 다하지 못할 것이다. 이로써 말하자면 중국인이 자유로운가? 타국인이 자유로운가? 그런데 식자들이 자유 나라의 표식은 여기 〔중국〕이 아니라 저기 〔타국〕에 있다고 하는 것은 왜인가? 야만의 자유는 바로 문명의 자유를 좀먹는 벌레이기 때문이다.

自由之界說曰, 人人自由, 而以不侵人之自由爲界. 夫旣不許侵人自由, 則其不自由亦甚矣, 而顧謂此爲自由之極則者何也. 自由云者, 團體之自由, 非個人之自由也. 野蠻時代個人之自由勝, 而團體之自由亡. 文明時代團體之自由强, 而個人之自由減. 斯二者蓋有一定之比例, 而分毫不容忒者焉. 使其以個人之自由爲自由也, 則天下享自由之福者, 宜莫今日之中國人若也. 紳士武斷於鄕曲, 受魚肉者莫能抗也. 駔商逋債而不償, 受欺騙者莫能責也. 夫人人皆可以爲紳士, 人人皆可以爲商, 則人人之自由亦甚矣. 不寧惟是, 首善之區而男婦以官道爲圊牏, 何其自由也. 市邑之間而老稚以鴉片爲菽粟, 何其自由也. 若在文明國, 輕則罰鍰, 重則輸城旦矣. 諸類此者, 若悉數之, 則更十僕而不能盡. 由是言之, 中國人自由乎, 他國人自由乎. 顧識者褐櫫自由之國, 不於此而於彼者何也. 野蠻自由, 正文明自由之蟊賊也.

문명의 자유란 법률 밑에서 자유로운 것으로, 그 일거일동이 기계의 움직임과 같고, 그 일진일퇴가 군대의 도보와 같다. 야만인이 보면 세상에 그보다 더 심한 부자유는 없다고 생각할 것이다. 〔문명의 자

건축에 부역하는 벌이다.

유가〕 꼭 이런 것이어야만 하는 이유는 무엇인가? 천하에 내적으로 정돈되지 않은 채 외부와 경쟁할 수 있는 존재는 없다. 외부세계의 경쟁은 그칠 때가 없으므로 내부세계가 경쟁의 기구를 단합해야 할 이유도 그칠 때가 없다. 만약 자유를 남용하여 타인의 자유를 침해하고 단체의 자유를 침해한다면, 그 사회(群)는 이미 자립할 수 없을 것이며, 나아가 다른 사회(群)의 노예가 될 것이다. 그렇게 되면 또다시 어떤 자유를 바랄 수 있겠는가! 그러므로 참된 자유는 반드시 복종할 줄 안다. 복종이란 무엇인가? 법률에 복종하는 것이다. 법률이란 내가 제정함으로써 나의 자유를 보호하고 또한 나의 자유를 제한하는 것으로, 저 영국인들의 〔법률이〕 그렇다. 천하의 민족 가운데 복종의 성질이 영국인만큼 풍부한 민족이 없고, 또한 영국인만큼 자유의 행복을 향유하는 민족이 없다. 〔이를 보면〕 복종이 자유의 어머니라는 것을 알 수 있지 않은가! 아아! 오늘날의 청년은 누구나 시끄럽게 자유를 떠들어 댄다. 그 말을 하는 자는 본래 스스로 문명사상〔을 갖고 있다고 생각〕 하지만, 서양(泰西)에서 말하는 자유가 어떤 것인지 살펴본 적이 없는가? 이 이전의 여러 〔자유의〕 큰 문제는 어느 하나 단체의 공익을 위해 도모되지 않은 것이 없으며, 결코 한 사인(私人)의 방자함과 사나움이 가탁하여 몸을 숨길 수 있는 것이 아니었다. 지금 위를 향해서는 헌법을 성취하는 데 쓰지 않고, 외세를 물리쳐 국권을 신장하는 데 쓰지 않고, 다만 한갓 한두 학설의 한 면만 그대로 믿어, 편의대로 취하고 사사롭게 도모하며 공덕을 파괴한다면, 스스로 야만의 야만으로 돌아가는 것이다. 그런데도 모범이 될 만한 말을 할 사람들은 오히려 뻔뻔하게 항의하면서 "나의 자유여, 나의 자유여"라고 한다. 나는 이 '자유' 두 글자가 단지 전제를 도모하는 무리의 구실이 될 뿐 아니라, 실제로 중국의 앞길에 공공의 적이 될까 심히 두렵다.

> 文明自由者, 自由於法律之下, 其一擧一動, 如機器之節腠, 其一進一退, 如軍隊之步武. 自野蠻人視之, 則以爲天下之不自由, 莫此甚也. 夫其所以必若是者何也. 天下未有內不自整, 而能與外爲競者, 外界之競爭無已時, 則內界之所以團其競爭之具者, 亦無已時. 使濫用其自由, 而侵他人之自由焉, 而侵團體之自由焉, 則其群固已不克自立, 而將爲他群之奴隸, 夫復何自由之能幾也. 故眞自由者必能服從. 服從者何, 服法律也. 法律者, 我所制定之, 以保護我自由, 而亦以箝束我自由者也, 彼英人是已. 天下民族中, 最富於服從性質者莫如英人, 其最享自由幸福者亦莫如英人. 夫安知乎服從之卽爲自由母也. 嗟夫, 今世少年, 莫不囂囂言自由矣, 其言之者, 固自謂有文明思想矣, 曾不審夫泰西之所謂自由者, 在前此之諸大問題, 無一役非爲團體公益計, 而決非一私人之放恣桀驁者所可託以藏身也. 今不用之向上以求憲法, 不用之排外以伸國權, 而徒耳食一二學說之半面, 取便私圖, 破壞公德, 自返於野蠻之野蠻, 有規語之者, 猶敢靦然抗說曰, 吾自由, 吾自由, 吾甚懼乎自由二字, 不徒爲專制黨之口實, 而實爲中國前途之公敵也.

'사랑'(愛)주의는 천하에 좋은 주의이다.[5] 여기 어떤 사람이 열심히 스스로를 사랑하는 데 힘쓰면서 말하기를 나는 사랑주의를 실

---

5 여기부터 『신민총보』 제8호, 1902. 5. 22.

행한다고 하면, 〔이것을 사랑주의라고〕 할 수 있겠는가? '이익'(利)주의는 천하에 좋은 주의이다. 여기 어떤 사람이 부지런히 스스로를 이롭게 하면서 말하기를 나는 이익주의를 실행하고 있다고 하면, 〔이것을 이익주의라고〕 할 수 있겠는가? '쾌락'(樂)주의는 천하에 좋은 주의이다. 여기 어떤 사람이 편안하게 스스로를 즐겁게 하는데 힘쓰면서 말하길 나는 쾌락주의를 실행한다고 하면, 〔이것을 쾌락주의라고〕 할 수 있겠는가? 옛 현인들과 오늘날의 철인들이 하나의 종지를 표명하며 천하를 바꾼 것이 있다면, 그것은 모두 한 사인을 위한 도모가 아니었다. 자기 한 몸과 사회(群)를 비교하면 사회는 크고 자기 한 몸은 작다. 자기 한 몸을 굽혀 사회를 신장시키는 것이 사람을 다스리는 큰 법칙이다. 이 둘을 겸할 수 없을 때 왕왕 스스로를 사랑하지 않고 스스로를 이롭게 하지 않고 스스로를 즐겁게 하지 않음으로써, 사회를 사랑하고 사회를 이롭게 하고 사회를 즐겁게 하는 데 미치도록 하는 사람이 있다. 부처의 말에, "내가 지옥에 들어가지 않으면 누가 지옥에 들어가겠는가"라는 것이 있다. 부처의 설법이 어찌 중생이 지옥에서 벗어나기를 바라는 것이 아니겠는가. 그런데도 그 착수는 반드시 친히 지옥에 들어가는 것에서 시작했다. 이처럼 뜻있는 선비는 반드시 그 몸을 초췌하게 하고 그 마음을 곤혹하게 해서, 종신토록 부자유한 세상에 머문 뒤에야 사랑하는 사회와 나라를 이룩하여 자유롭게 됨이 분명하다. 오늘날 자유를 말하는 자는 그 사회와 그 나라를 자유의 길로 진보시키는 데는 힘쓰지 않으면서, 오로지 세세하고 자잘한 일상의 생활과 음식에 대해서만 단호하게 자기 한 몸의 자유를 주장한다. 이〔러한 사람의 행태〕는 초라한 음식에도 얼굴빛이 변하면서도[6] 나는 공리파(功利派)의 철학에 통했다고 말하는 것과 무엇이

다르겠는가. 술 마시고 도박하는 무뢰배이면서도 나는 쾌락파의 윤리에 따른다고 말한다. 『전국책』에 3년 동안 유학을 배운 뒤 귀가하여 그 어미의 이름을 불렀다는 자의 이야기가 있다.[7] 나는 자유의 뜻을 오해한 자들이 이와 비슷하다고 생각한다.

愛主義者, 天下之良主義也, 有人於此, 汲汲務愛己, 而曰我實行愛主義可乎. 利主義者, 天下之良主義也, 有人於此, 孳孳務利己, 而曰我實行利主義可乎. 樂主義者, 亦天下之良主義也, 有人於此, 媞媞務樂己, 而曰我實行樂主義可乎. 故凡古賢今哲之標一宗旨以易天下者, 皆非爲一私人計也. 身與群校, 群大身小, 詘身伸群, 人治之大經也. 當其二者不兼之際, 往往不愛己不利己不樂己, 以達其愛群利群樂群之實者有焉矣. 佛言, 我不入地獄, 誰入地獄. 佛之說法, 豈非欲使衆生脫離地獄者耶. 而其下手必親入地獄始, 若是乎有志之士, 其必悴其形焉, 困衡其心焉, 終身自棲息於不自由之天地, 然後能擧其所愛之群與國而自由之也, 明矣. 今世之言自由者, 不務所以進其群其國於自由之道, 而惟於薄物細故日用飮食, 斷斷然主張一己之自由, 是何異簞豆見色, 而曰我通功利派之哲學. 飮博無賴, 而曰我循快樂派

6 『맹자』「진심하」 11, 다음의 맥락에서 사용되었다. 진정한 마음을 가진 사람이 아니라면, 사소한 곳에서 방심하여 본색을 드러낸다는 의미이다. "명성을 좋아하는 사람은 천승의 나라도 양보할 수 있지만, 그만한 사람됨이 아니라면 한 그릇의 밥과 국에도 얼굴빛이 달라진다"(好名之人, 能讓千乘之國, 苟非其人, 簞食豆羹見於色).

7 『전국책』 24권, 『위삼』(魏三)에 나오는 고사이다. 3년 동안 밖에서 공부하고 돌아온 아들이, 세상에서 가장 현명하다고 여기는 요순도 그 이름을 부르고 가장 거대하다고 여기는 천지도 그 이름을 부르는데 어머니의 이름을 못 부를 것이 없다고 하면서 어머니의 이름을 불렀다고 한다. 고지식하여 기본적인 사고력을 발휘하지 못하는 것을 비유한다.

之倫理也. 戰國策言, 有學儒三年, 歸而名其母者. 吾見夫誤解自由之義者, 有類於是焉矣.

그렇다면 자유의 주장은 결국 개인에게는 실행할 수 없는 것인가? 아, 이게 무슨 말인가! 단체의 자유는 개인의 자유가 쌓인 것이다. 사람은 단체를 떠나서 스스로 생존할 수 없다. 단체가 그 자유를 보존하지 못하면 장차 다른 단체가 밖에서 침입하고 압박하고 빼앗을 것인데, 그리되면 개인의 자유가 어떻게 있을 수 있겠는가. 자기 한 몸에 비유해 보자. 입의 자유에 맡겨 대상을 가리지 않고 먹으면, 큰 병이 침투하여 병이 나고 입이 본래 갖고 있던 자유 역시 잃게 된다. 손의 자유에 맡겨 몽둥이를 들고 사람을 죽이면, 큰 벌을 받게 되기에 이르고 손이 본래 갖고 있던 자유 역시 잃게 된다. 그러므로 먹고 마시고 움직이고 행동하는 것의 모든 규율이 엄한 군대와 같아지는 것, 이것이 바로 백체(百體)가 각각 그 자유를 영원히 유지하는 길이다. 이는 타인이나 다른 단체(他體)와 교섭할 때도 마찬가지이다. 자기 한 몸의 자유와 관련하여 더 얘기해 보자.

然則自由之義, 竟不可行於個人乎. 曰惡, 是何言. 團體自由者, 個人自由之積也. 人不能離團體而自生存, 團體不保其自由, 則將有他團焉自外而侵之壓之奪之, 則個人之自由更何有也. 譬之一身, 任口之自由也, 不擇物而食焉, 大病浸起, 而口所固有之自由亦失矣. 任手之自由也, 持梃而殺人焉, 大罰浸至, 而手所固有之自由亦失矣. 故夫一飮一食一擧一動, 而皆若節制之師者, 正百體所以各永保其自由之道也. 此猶其與他人他體相交涉者, 吾請更言一身自由之事.

자기 한 몸의 자유라는 것은 나의 자유이다. 그런데 사람에게는 누구나 두 가지 '나'가 있다. 하나는 중생과 상대한 나로, 인간 세상에 서 있는 칠척(七尺)의 〔육체적〕 존재이다. 또 하나는 그 칠척의 존재와 상대하고 있는 나로, 그 영대(靈臺)에 존재하는 밝디밝은 한점〔마음〕이다.(원주 — 맹자는 사물과 사물이 교섭하며 다가오면 〔마음이〕 사물에 이끌린다고 말했다. 사물은 나와 상대하고 서 있는 것이다. 조금 위의 사물은 중생이고 그 아래의 사물은 칠척의 〔육체, 즉 감각기관〕이다. 요컨대 사물은 모두 내가 아니다. 나란 무엇인가? 마음(心之官)일 뿐이다. 먼저 그 큰 것을 확립하면 작은 것이 빼앗지 못한다고 했다.[8] 오직 나만이 위대하고, 〔중생과 나의 육체〕 두 영역의 사물은 모두 사소하다. 작은 것이 큰 것을 빼앗지 못하게 되면 자유의 최고법칙이다.) 그러므로 타인이 나를 노예로 삼는 일은 두려운 것이 아니니, 타인에게 스스로 노예가 되는 것보다 더 통탄할 일은 없다. 타인에게 스스로 노예가 되는 것은 오히려 두려운 일이 아니니, 스스로에게 노예가 되는 것보다 더 두려운 일은 없다.

一身自由云者, 我之自由也. 雖然, 人莫不有兩我焉. 其一, 與衆生對待之我, 昂昂七尺立於人間者是也. 其二, 則與七尺對待之我, 瑩瑩一點存於靈臺者是也.(孟子曰, 物交物則引之而已矣. 物者, 我之對待也. 上物指衆生, 下物指七尺.(卽耳目之官)要之, 皆物而非我也. 我者何. 心

---

8 『맹자』「고자상」 15의 다음의 내용을 배경에 둔 서술이다. "대체(大體)를 따르면 대인이며, 소체(小體)를 따르면 소인이다. … 이목의 기관은 생각하지 않으면 사물에 가린다. 사물과 사물이 교섭하며 다가오면 〔마음은 사물에〕 이끌린다. 마음의 기관은 생각한다. 생각하면 얻고 생각하지 않으면 얻지 못한다. 이것은 하늘이 내게 준 것이다. 먼저 이 큰 것을 세우면 작은 것이 빼앗을 수 없다"(從其大體爲大人, 從其小體爲小人. … 耳目之官, 不思而蔽於物, 物交物, 則引之而已矣. 心之官則思, 思則得之, 不思則不得也, 此天之所與我者. 先立乎其大者, 則其小者不能奪也, 此爲大人而已矣).

之官是已. 先立乎其大者, 則其小者不能奪也. 惟我爲大, 而兩界之物皆小也. 小不奪大, 則自由之極軌焉矣.) 是故人之奴隸我不足畏也, 而莫痛於自奴隸於人. 自奴隸於人猶不足畏也, 而莫慘於我奴隸於我.

장자(莊子)는 "마음이 죽는 것보다 더 슬픈 일은 없으며 몸이 죽는 것은 그 다음"[9]이라고 했다. 나 또한 마음이 노예가 되는 것보다 더 치욕스러운 것은 없으니 몸이 노예가 되는 것은 별일 아니라고 말하겠다. 타인이 강제로 나를 노예로 삼는다면, 내가 싫어하여 일단 떨쳐 일어나면 그 줄을 끊을 수 있다. 19세기 각 나라의 민변(民變)이 이런 일이었다. 몸이 타인의 노예가 되어 있다면, 타인 중에 누군가는 자상함에 자극되어, 또 누군가는 정의감에 치달아 나를 물과 불 속에서 꺼내 소생시켜 줄 수도 있다. 미국의 흑인노예해방이 이런 일이었다. 오직 마음속의 노예에 관해서는, 〔노예가〕 되는 것도 외부의 힘이 어떻게 할 수 있는 것이 아니며, 거기에서 벗어나는 것도 외부의 힘이 어쩔 수 있는 것이 아니다. 마치 누에가 고치 속에서 스스로를 묶듯이, 비계가 솥 속에서 스스로 끓듯이, 밖에서 어쩔 수 있는 것이 아니다. 참된 자유를 원하는가? 그렇다면 반드시 마음속의 노예에서 벗어나는 일부터 해야 할 것이다.

莊子曰, 哀莫大於心死, 而身死次之. 吾亦曰, 辱莫大於心奴, 而身奴斯爲末矣. 夫人强迫我以爲奴隸者, 吾不樂焉, 可以一旦起而脫其絆也, 十九世紀各國之民變是也. 以身奴隸於人者, 他人或觸於慈祥焉,

9 『장자』「전자방」(田子方).

或迫於正義焉, 猶可以出我水火而蘇之也, 美國之放黑奴是也. 獨至心中之奴隸, 其成立也, 非由他力之所得加, 其解脫也亦非由他力之所得助, 如蠶在繭, 著著自縛, 如膏在釜, 日日自煎. 若有欲求眞自由者乎, 其必自除心中之奴隸始.

마음의 노예의 종류에 대해 말한 뒤, 다음에 그것을 제거하는 방법에 대해 논하겠다.

吾請言心奴隸之種類, 而次論所以除之之道.

첫째, 옛사람의 노예가 되지 말라. 옛 성현과 옛 호걸은 모두 그 사회(群)에 큰 공과 덕이 있는 사람으로, 우리가 사랑하고 존경하는 것은 당연하다. 그러나 옛사람은 옛사람이고 나는 나다. 저들 옛사람이 성현이 될 수 있었고 호걸이 될 수 있었던 것이 어찌 자기만의 나를 갖고 있기 때문이 아니겠는가. 그렇게 하지 않았다면 앞선 성인은 있어도 뒤의 성인은 없었을 것이며, 한 번 호걸은 있어도 두 번째 호걸은 없었을 것이다. 공자가 요순을 노래하고 본받았고 우리들이 공자를 노래하고 본받은 것에 비유해 보자. 공자가 공자가 될 수 있었던 이유를 생각해 본 적이 있는가? 그것은 그가 요순의 밖에 섰기 때문이다. 만약 공자가 요순의 노예였다면 백세 후에도 공자는 분명 없었을 것이다. 이 말을 듣고 내 말에 놀라는가? 생각해 보면 세상의 변화(世運)는 점점 더 향상되고 사람의 지혜는 점점 더 밝아진다. 위대한 철학자라도 그 이론은 한때의 폐단을 구제하고 당세의 이익을 구하는 것일 뿐, 천년만년 이후 사람들의 일까지 포괄할 수는 없다. 서양(泰西)에 기독교(景教)라는 것이 있는데, 일찍이 중세(中古)시대에는 한 시대 문명의 중심점이 아니었겠는가. 그러나 말류에 이르러 〔사람들을〕 속박하고 몰아붙여 그 폐단을 견딜 수 없었다. 루터와 베이컨, 데카르트, 칸트, 다윈, 밀, 헉슬리 등 여러 현인이 일어나 돕고 보호하고 널리 구제하지 않았다면 어떻게 오늘날이 있겠는가.

一曰勿爲古人之奴隷也. 古聖賢也, 古豪傑也, 皆嘗有大功德於一群, 我輩愛而敬之宜也. 雖然, 古人自古人, 我自我, 彼古人之所以能爲聖賢爲豪傑者, 豈不以其能自有我乎哉. 使不爾者, 則有先聖無後聖, 有一傑無再傑矣. 譬諸孔子誦法堯舜, 我輩誦法孔子, 曾亦思孔子所以能爲孔子, 彼蓋有立於堯舜之外者也. 使子而爲堯舜之奴隷, 則百世後必無復有孔子者存也. 聞者駭吾言乎. 盍思乎世運者進愈上, 人智者浚而愈瑩, 雖有大哲, 亦不過說法以匡一時之弊, 規當世之利, 而決不足以範圍千百萬年以後之人也. 泰西之有景敎也, 其在中古, 曷嘗不爲一世文明之中心點. 逮夫末流, 束縛馳驟, 不勝其敝矣. 非有路得.倍根.笛兒.康德.達爾文.彌勒.赫胥黎.諸賢起而附益之匡救之, 夫彼中安得有今日也.

중국은 그렇지 못해서, 옛사람의 말과 행동에 대해 비판하는 말을 감히 입 밖에 내지 못했을 뿐 아니라, 의심하는 생각도 감히 마음에 싹트지 못하게 했다. 마음은 본래 나의 것이다. 한 마디를 듣고 한 뜻을 얻으면 나는 생각하고 생각해서 이러한 것은 나는 믿고 이러한 것은 나는 의심하게 되는데, 그 〔말 뒤에〕 무슨 형벌과 사형이 있겠는가. 그런데도 온 세상 사람들은 감히 이를 밖에 내지 못한다. 나는 비유할 것이 딱히 없어 의화단에 비유해 보겠다. 의화단의 법사(法師)는 머리를 풀어헤치고 칼을 차고 혼자 걸으며 계속 중얼거린다. 듣는 사람들이 한번 생각해 본다면 그 가운데 의심할 만한 것이 분명 있다. 그런데 믿는 자들이 수 개의 성(省)에 가득 차게 된 것은 분명 두려워하는 것이 있어서 감히 다른 생각을 못하기 때문이다. 그렇지 않다면 무엇인가에 의지해서 스스로를 속이고 남을 속임으로써 호가호위를 누리는 것이니, 요컨대 의화단의 노예와 한가지이다. 내가 이러한 비유를 하는 것은 감히 옛사람을 의화단에 비유하려는 것이 아니다. 요컨대 사서육경의 이치는 일일이 오늘날의 쓰임에 적용할 수 없다는 말을, 내게 각종의 형벌기계를 들이댄다 해도 나는 감히 단언하여 피하지 않을 것이다. 어떤 사람이 몸을 옛사람에게 의탁하며 시집가서 그를 위해 잠자리를 함께하고 그를 위해 청소를 한다면, 그것과 의화단의 신도가 되는 것 어느 것이 나은지 나는 모르겠다. 나는 눈과 귀가 있으므로 직접 보고 들을 수 있다. 나는 사고 능력이 있으므로 직접 이치를 궁구할 수 있다. 높은 산꼭대기에 서고 깊은 바닷속을 갈 수 있다. 옛사람에 대해서는 때로는 스승을 삼을 수도 있고 때로는 친구로 삼을 수도 있고 때로는 적으로 대할 수도 있다. 마음에 정해 놓은 것 없이 공리(公理)를 기준으로 할 뿐이다. 자유가 어떠한가!

> 中國不然, 於古人之言論行事, 非惟辨難之辭不敢出於口, 抑且懷疑之念不敢萌於心. 夫心固我有也, 聽一言, 受一義, 而曰我思之, 我思之, 若者我信之, 若者我疑之, 夫豈有刑戮之在其後也. 然而擧世之人, 莫敢出此, 吾無以譬之, 譬之義和團. 義和團法師之被髮仗劍踽步念念有詞也, 聽者苟一用其思索焉, 則其中自必有可疑者存, 而信之者竟偏數省, 是必其有所慴焉, 而不敢涉他想者矣. 否則有所假焉, 自欺欺人以逞其孤威者矣. 要之, 爲奴隷於義和團一也. 吾爲此譬, 非敢以古人比義和團也, 要之, 四書六經之義理, 其非一一可以適於今日

之用, 則雖臨我以刀鋸鼎鑊, 吾猶敢斷言而不憚也. 而世之委身以嫁古人, 爲之薦枕席而奉箕帚者, 吾不知其與彼義和團之信徒果何擇也. 我有耳目, 我物我格, 我有心思, 我理我窮. 高高山頂立, 深深海底行. 其於古人也, 吾時而師之, 時而友之, 時而敵之, 無容心焉, 以公理爲衡而已, 自由何如也.

둘째, 세속의 노예가 되지 말라. 사람의 본성은 얼마나 약한가. "성안에서 높은 상투를 좋아하면 사방에서는 한 척을 올리고, 성안에서 넓은 소매를 좋아하면 사방에서는 한 폭으로 넓힌다"[10]고 옛사람의 노래에 이미 있다. 시골의 어리석은 이는 무지해서라고 할 수 있지만, 이른바 사군자들이 더욱 심하다. 명대 후기에 온 나라 안이 모두 심학(心學)에 대해 떠들자 온 학계가 모두 선에 경도된 어정쩡한 이단(野狐禪)이 되었다. 청대 건가(乾嘉) 연간에는 온 나라 안이 고증학에 대해 떠들자 온 학계가 모두 책벌레(蠹魚)가 되었다. 〔기호는〕 세월 따라 점차 변하는 것이라고 하면 그럴 수도 있겠다. 그러나 최근 몇 년을 보면, 1897~1898년에는 온 나라가 서양학문을 개미가 비린내를 좇듯이 좇더니 1899~1900년에는 전염병을 피하듯이 피했다. 그러더니 지금은 전염병〔처럼 피하던 것을〕 또 비린내〔처럼 좇게〕 되었다. 같은 사람이고 같은 학문인데 몇 년 사이에 이처럼 달라지는 것은 다른 이유 때문이 아니다. 좇고 피하는 것을 남을 따라 할 뿐, 스

10 『후한서』「마료전」(馬廖傳): "성안에서 높은 상투를 좋아하자 사방에서 그 높이를 한 척이나 올렸으며, 성안에서 넓은 눈썹을 좋아하자 사방에서 또한 이마가 반이 되었다. 성안에서 넓은 소매를 좋아하자 사방에서 소매가 한 필이 되었다"(城中好高髻, 四向高一尺, 城中好廣眉, 四方且半額, 城中好廣袖, 四方且匹帛).

스로의 판단에 의하지(自由) 않기 때문이다. 원숭이들이 노는 것을 보면 한 마리가 튀어 오르면 모두 따라 튀어 오르고, 한 마리가 때리면 모두 따라 때리고, 한 마리가 춤추면 모두 따라 춤추고, 한 마리가 웃으면 모두 따라 웃고, 한 마리가 소란을 피우면 모두 따라 소란을 피우고, 한 마리가 성내면 모두 따라 성을 낸다. 속담에 개 한 마리가 그림자를 보고 짖으면 다른 개들이 영문도 모르고 따라 짖는다는 말이 있다. 슬프다, 사람은 천지의 맑은 기를 받아 태어났는데, 무리를 따라 움직이는 동물과 다른 점이 어디에 있는가! 스스로를 더럽히고 멸시하여 원숭이나 개와 한 무리가 되려 하는가!

새 시대를 만들어 가는 것이 으뜸이지만, 그렇게 할 수 없다면 그 다음으로는 옛 시대에 삼켜지고 침몰되는 일은 없어야 한다. 미친 듯이 날뛰는 파도 속에서 하나의 기둥으로 우뚝 서고, 동네 사람들이 모두 취해서 꿈속에서 헤맬 때 홀로 마음(靈臺)을 밝히는 것이 장부의 일이다. 자유가 어떠한가!

二曰勿爲世俗之奴隸也. 甚矣人性之弱也. 城中好高髻, 四方高一尺, 城中好廣袖, 四方全幅帛. 古人夫既謠之矣. 然曰鄕愚無知, 猶可言也, 至所謂士君子者, 殆又甚焉. 當晚明時, 擧國言心學, 全學界皆野狐矣. 當乾嘉間, 擧國言考證, 全學界皆蠹魚矣. 然曰歲月漸遷, 猶可言也, 至如近數年來, 丁戊之間, 擧國慕西學若羶, 己庚之間, 擧國避西學若厲, 今則厲又羶矣. 夫同一人也, 同一學也, 而數年間可以變異若此, 無他, 俯仰隨人, 不自由耳. 吾見有爲猴戲者, 跳焉則群猴跳, 擲焉則群猴擲, 舞焉則群猴舞, 笑焉則群猴笑, 哄焉則群猴鬨, 怒焉則群猴罵. 諺曰, 一犬吠影, 百犬吠聲. 悲哉, 人秉天地清淑之氣以生, 所以異於群動者安在乎. 胡自汚蔑以與猴犬爲倫也. 夫能鑄造新時代者上也, 卽不能而不爲舊時代所呑噬所汩沈, 抑其次也. 狂瀾滔滔, 一柱屹立, 醉鄕夢夢, 靈臺昭然, 丈夫之事也, 自由何如也.

셋째, 상황의 노예가 되지 말라. 나는 한 몸으로 생존경쟁(物競)의 세상에 서 있고, 내 주위를 둘러싼 온갖 상황은 밤낮으로 나와 싸움을 그치지 않는다. 그러므로 상황과 싸워 이기는 자는 서고, 싸우지 않고 상황에 압도되는 자는 망한다. 이렇게 〔상황에 압도된다면〕 자연(天行)의 노예라고 한다. 자연의 난폭함은 한 사회(群)에도 자행되고 개인에게도 마찬가지로 자행된다. 나랏일을 하는 사람이 상황에 안주한다면 아메리카는 독립전쟁을 하지 않았을 것이며, 헝가리는 자치의 스승이 되지 않았을 것이다. 게르만(日耳曼)과 이탈리아는 땅이 고르지 않고 자잘하게 흩어져 있으므로 장기적으로 맹수 오스트리아의 속국(附庸)이 될 수도 있었을 것이다. 자신〔의 안위를〕 도모하면서 상황에 안주한다면, 천한 종족의 디즈데일리가[11](원주 — 영국의 전 수상 글래드스턴과 나란히 유명하다. 본래 유대인이다. 유대인은 영국에서 대단히 천한 종족으로 취급됐다.) 가 어찌 감히 러시아의 뛰어난 공훈을 꺾을 생각을 했겠으며, 어린아이 링컨이(원주 — 전 미국대통령이다. 어부의 아들로 어려서 대단히 가난했다.) 어떻게 노예해방의 대업을 꾀했겠는가. 사이고 다카모리(西鄕隆盛)는 환난을 당해 절개를 바꾸었고[12]

---

11 벤저민 디즈레일리(Benjamin Disraeli, 1804~1881). 영국의 정치가이자 문인. 1877년 러시아, 터키 전쟁에서 러시아가 남하하는 것을 막기 위해 영국해군을 파견하는 등, 영국의 세력을 확대하는 데 힘썼다. 전형적인 제국주의적 정치가로 알려졌다.

12 사이고 다카모리(西鄕隆盛, 1828~1877). 메이지 유신의 주역으로, 정한론(征韓論)으로 유명하다. 1877년 사쓰마번 무사들의 반란(세이난 전쟁)을 이끌었으며, 실패 뒤에 자

마치니[13]는 귀양을 가게 되어 의기소침했다. 오늘날 이른바 시대를 안다는 뛰어난 이들이 걸핏하면 "양구지액(陽九之厄)[14]의 대재난의 운이 들어 하늘이 중국을 망하게 하려 하니 어떻게 할 수가 없다"고 말한다. 스스로 자처하는 것이, 빈천 때문에 움직이는 게 아니면 부귀 때문에 음란해진다. 가장 나은 자라도 위력과 무력을 만나면 역시 굴복하니[15] 일 하나 좌절하고 한 시기 곤궁해도, 이전의 비범한 계략이나 준수함으로 한 세대도 고르게 하지 못하고 녹아 없어지고 만다. 아아! 이 보잘것없는 것은 어떤 물건이길래 내 마음을 뿌리 뽑힌 쑥처럼 굴러다니게 조종하는가.

三曰勿爲境遇之奴隸也. 人以一身立於物競界, 凡境遇之圍繞吾旁者, 皆日夜與吾相爲鬪而未嘗息者也, 故戰境遇而勝之者則立, 不戰而爲境遇所壓者則亡. 若是者, 亦名曰天行之奴隸. 天行之虐, 逞於一群者有然, 逞於一人者亦有然. 謀國者而安於境遇也, 則美利堅可無獨立

결했다.

13 주세페 마치니(Giuseppe Mazzini, 1805~1872). 공화주의자로 청년이탈리아당과 청년유럽당을 결성하고, 밀라노 독립운동에도 참여했다. 빈곤한 망명생활을 이어가며 여러 차례 군사행동을 일으켰으나 모두 실패했다.

14 '양구'(陽九)는 고대 술수가(術數家)의 용어로, 4617년을 1원(一元)이라고 하는데, 이 1원의 첫 106년에 닥쳐오는 사나운 운수를 '양구'라고 한다. '백육지액'(百六之厄) 혹은 '양구지액'(陽九之厄)이라고 한다. 큰 가뭄 혹은 큰 재난을 말한다. 『한서』「왕망전」(王莽傳) 참조.

15 『맹자』「등문공하」 2의 '대장부' 상을 염두에 둔 발언이다. "대장부는 천하의 넓은 곳에 살면서, 천하의 올바른 자리에 서서, 천하의 대도를 실천한다. 뜻을 얻으면 백성과 함께 도를 따르고 뜻을 얻지 못하면 홀로 그 도를 실천한다. 부귀도 그를 어지럽힐 수 없고 위세와 무력도 그를 굴복시킬 수 없으니, 이를 대장부라 한다"(居天下之廣居, 立天下之正位, 行天下之大道, 得志與民由之, 不得志獨行其道. 富貴不能淫, 貧賤不能移, 威武不能屈, 此之謂大丈夫).

之戰, 匈加利可無自治之師, 日耳曼意大利可以長此華離破碎爲虎狼奧之附庸也. 使謀身者而安於境遇也, 則賤族之的士禮立.(英前宰相, 與格蘭斯頓齊名者. 本猶太人. 猶太人在英, 視爲最賤之族) 何敢望挫俄之偉勳. 蛋兒之林肯,(前美國大統領, 漁人子也, 少極貧) 何敢企放奴之大業. 而西鄕隆盛當以患難易節, 瑪志尼當以竄謫灰心也. 吾見今日所謂識時之彦者, 開口輒曰, 陽九之厄, 劫灰之運, 天亡中國, 無可如何. 其所以自處者, 非貧賤而移, 則富貴而淫, 其最上者遇威武而亦屈也. 一事之挫跌, 一時之潦倒, 而前此權奇磊落不可一世之概, 銷磨盡矣. 咄, 此區區者果何物, 而顧使之操縱我心如轉蓬哉.

『묵자』의 〔다음 말은〕 좋다. 「비명편」에서 "운명(命)이 있다고 주장하는 사람들은 천하의 올바름을 뒤덮고 백성들을 어지럽게 하는 말을 한다"[16]라고 했다. 중국 사람보다 더 운명 얘기를 좋아하는 사람은 없다. 한 나라의 사람이 모두 숨 넘어갈 듯 죽음을 기다릴 뿐, 힘이 있어도 쓰지 않고 오직 운명에 따를 뿐이다. 그렇다면 사람이라는 것이 지푸라기 인형과 다를 바 없고 자동기계와 다를 바 없다. 아주 작은 자주권(自主之權)이라도 가지고 자신의 의지를 달성해 본 적이 없으니, 사람이 살면서 무엇을 하고 무엇을 즐기겠는가. 영국의 학자 헉슬리는 다음과 같이 말했다. "지금 정치의 길에서 공을 이루려고 한다면 하늘과 다투지 않고서는 할 수 없다. 장차 침착하고 의연하게 강한 힘을 사용하여, 대장부의 예리한 칼끝을 보이며 분명하게

16 今用執有命者之言. 是覆天下之義. 覆天下之義者. 是立命者也. 百姓之誶也.

서서, 의심하지 않고 싸워 얻어야 하며 굽혀서는 안 된다. 선을 만나면 보배로 여기고 유지하며, 불선을 만나도 또한 흔들리지 않아야 한다." 육상산(陸象山)은 〔다음과 같이〕 말했다. "이익과 손해, 비방과 칭찬, 명성과 험담, 괴로움과 즐거움을 여덟 가지 바람이라고 한다. 여덟 가지 바람에도 흔들리지 않아야 삼매의 경지에 들어간다."[17] 소요부(邵堯夫)의 시에 다음과 같은 것이 있다. "말았다 폈다 하는 일대의 흥망은 손에 있고, 들고 나는 천 겹의 구름과 물은 몸에 있네."[18] 작은 저 상황을 보면, 일찍이 호걸의 발가락 하나를 손상시키기에도 부족한데 어떻게 그 삿갓 속으로 들어가려 하는가. 자유가 어떠한가?

善夫, 墨子非命之言也, 曰執有命者, 是覆天下之義, 而說百姓之誶也. 天下善言命者, 莫中國人若, 而一國之人, 奄奄待死矣. 有力不庸, 而惟命是從, 然則人也者, 亦天行之芻狗而已, 自動之機器而已, 曾無一毫自主之權, 可以達己之所志, 則人之生也, 奚爲哉, 奚樂哉. 英儒赫胥黎曰, 今者欲治道之有功, 非與天爭勝焉不可也. 固將沈毅用壯, 見大丈夫之鋒穎, 彊立不反, 可爭可取而不可降. 所遇善, 固將寶而維之, 所遇不善, 亦無慞焉. 陸象山曰, 利害毁譽稱譏苦樂, 名曰八風. 八風不動, 入三靡地. 邵堯夫之詩曰, 卷舒一代興亡手, 出入千重雲水身. 眇玆境遇, 曾不足以損豪傑之一脚指, 而豈將入其笠也, 自由何如也.

17 육상산의 말이 아니라 불가의 '명팔법'이다. 양계초의 착각인 듯하다. 『행종기』(行宗記) 一上: "智論云, 衰利毁譽稱譏苦樂, 四順四違, 能動物情, 名為八風.

18 『이천격양집』(伊川擊壤集) 安樂窩中酒一樽: "卷舒萬古興亡手, 出入千重雲水身."

넷째, 정욕의 노예가 되지 말라. 사람이 그 마음을 잃는 것이 어찌 타인 때문이겠는가. 맹자는 다음과 같이 말했다. "전에는 자신을 위해서는 죽어도 받지 않다가, 지금은 궁실의 아름다움과 처첩의 봉양 때문에, 그리고 자기가 아는 궁핍한 사람을 위해 받는데, 이를 그만둘 수 없는가?"[19] 진실로 그만둘 수 있는가? 그만둘 수 있는 이는 백 명 가운데 하나도 없다. 정욕이 사람을 깊이 망치는 것이 심하다! 옛말에 "마음이 몸에 부림을 당한다"는 것이 있다. 몸이 부림을 당했다면 오히려 치유될 수 있지만, 마음이 부림을 당했다면 어찌할 것인가? 마음이 타인에게 부림을 당했다면 오히려 벗어날 수 있지만, 마음이 〔자신의〕 몸에게 부림을 당했다면 어찌할 것인가? 몸은 하루도 마음과 얽히지 않는 날이 없다. 그러므로 생이 끝날 때까지 육근(六根)과 육진(六塵)[20] 밑에서 주저하며 움츠러들 것이니, 자유권의 싹은 모두 끊어질 것이다. 우리는 뛰어나게 영특하고 의지와 재기가 보통 이상이어서 먼 앞날을 열고 일세를 장악할 것 같은 소년이 수년이 지나 위축되고 또 수년이 지나 더욱 위축되는 일을 자주 본다. 다른 이유 때문이 아니다. 다른 사람보다 뛰어난 재주를 가진 사람은 반드시 다른 사람을 능가하는 욕심을 갖는다. 다른 사람을 능가하는 재주와 다른 사람을 능가하는 욕심이 있는데, 다른 사람을 능가하는 도덕심으로 스스로의 주인을 삼지 못한다면, 그 재주는 곧 욕망의 노예가

19 『맹자』「고자상」10.

20 불교에서는 인간의 육체가 안(眼), 이(耳), 비(鼻), 설(舌), 신(身), 의(意)의 여섯 기관으로 형성돼 있다고 본다. 이를 '육근'이라 한다. '육진'은 그 기관의 대상이 되어 기관을 어지럽게 하는 여섯 가지, 즉 색(色), 성(聲), 향(香), 미(味), 촉(觸), 법(法)을 말한다.

되고 얼마 지나지 않아 모두 소진되고 말기 때문이다.

서양(泰西)에서 근 백 년 동안 세상을 놀라게 한 대사업을 일궈 낸 사람 가운데 왕왕 종교사상가들이 있다. 종교에 빠져 어지럽게 믿어(迷信) 그 노예가 되는 일은 본래 귀하게 여길 만하지 않다. 그러나 〔종교〕에 의지해 정욕을 억제하고, 내 마음이 완고하고 탁한 육체 때문에 곤란해지지 않도록 한다면, 그런 뒤에는 구속받는 것 없이 자유자재하더라도 그 효과를 보는 것은 본래 속일 수가 없다. 일본 유신의 사업을 창도하고 이뤄 낸 〔정신〕은 양명학(王學)에서 얻은 것이 아니라 선종에서 얻은 것이다. 중국 근세에 공훈이 혁혁하여 사람의 이목을 끈 증문정(曾文正) 같은 사람의 전집을 한번 읽어 보라. 곤란을 당한 뒤 힘써 배우고(困知勉行) 의지를 단련하고 사욕을 이기는 공이 어떠했는가 보면, 천하에 기르지 않고 큰 어려움을 평정하여 큰 사업을 이룬 사람은 없다. 날마다 멋대로 내 자유, 내 자유를 입에 올리고, 실제로는 오적(五賊)에게(원주 — 불전에서는 오적을 오관(五官)이라고도 한다.) 부림을 당한다면, 수고롭고 분주하게 적에게 병기를 주고 도적에게 양식을 주는 것과 같으니, 나는 이른바 자유가 어디 있는지 모르겠다. 공자는 '나를 이기고 예로 돌아가는 것이 인'이라고 했다. '나'라는 것은 중생에 대해 나를 일컫는 것이다. 또한 본심에 대해 사물을 일컫는 것이기도 하다. 이겨야 할 대상도 나이고, 이겨야 할 주체도 나이다. 나로 나를 이기니 스스로 이긴다고 한다. 스스로 이기는 것을 강하다고 한다. 스스로 이기니 강하도다, 자유가 어떠한가.

四曰勿爲情欲之奴隸也. 人之喪其心也, 豈由他人哉. 孟子曰, 鄕爲身死而不受, 今爲宮室之美妻妾之奉所識窮乏者得我而爲之, 是亦不可以已乎. 夫誠可以已, 而能已之者百無一焉. 甚矣情欲之毒人深也. 古人有言, 心爲形役. 形而爲役, 猶可瘉也, 心而爲役, 將奈之何. 心役於他, 猶可拔也, 心役於形, 將奈之何. 形無一日而不與心爲緣, 則將終其生趦趄瑟縮於六根六塵之下, 而自由權之萌蘖俱斷矣. 吾常見有少年嶽嶽犖犖之士, 志願才氣, 皆可以開拓千古, 推倒一時, 乃閱數年餒焉, 更閱數年而益餒焉. 無他, 凡有過人之才者, 必有過人之欲. 有過人之才, 過人之欲, 而無過人之道德心以自主之, 則其才正爲其欲之奴隸, 曾几何時, 銷磨盡矣. 故夫泰西近數百年, 其演出驚天動地之大事業者, 往往在有宗教思想之人. 夫迷信於宗教而爲之奴隸, 固非足貴, 然其藉此以克制情欲, 使吾心不爲頑軀濁殼之所困, 然後有以獨往獨來, 其得力固不可誣也. 日本維新之役, 其倡之成之者, 非有得於王學, 卽有得於禪宗. 其在中國近世, 勳名赫赫在人耳目者, 莫如曾文正, 試一讀其全集, 觀其困知勉行厲志克己之功何如. 天下固未有無所養而能定大艱成大業者. 不然, 日日恣言曰吾自由吾自由, 而實爲五賊(佛典亦以五賊名五官)所驅遣, 勞苦奔走以藉之兵而齎其糧耳, 吾不知所謂自由者何在也. 孔子曰, 克己復禮爲仁. 己者, 對於衆生稱爲己, 亦卽對於本心而稱爲物者也. 所克者己, 而克之者又一己. 以己克己, 謂之自勝, 自勝之謂强. 自勝焉, 强焉, 其自由何如也.

아! 자유의 뜻은 서양(泰西) 고금의 철인이 수십만 글자의 책을 지어 분석했는데도 여전히 다할 수 없었다. 나와 같은 천학이 구구하게 몇 마디 말로 밝히려고 한들 어떻게 가능하겠는가. 그러나 오묘한 뜻과 큰 이치는 당세의 학자들이 이미 대략 풀어 놓았다. 그러므로 나는 단체의 자유와 개인의 자유 두 가지 뜻에 대해 평이하고 분명한 것만을 취해 풀어 놓아, 우리 학계에 이바지하고자 한다. 세상에 자유를 사랑하는 사람이 있는가? 부디 자유를 해쳐서 천하를 망치지 말라.

吁, 自由之義, 泰西古今哲人, 著書數十萬言剖析之, 猶不能盡也. 淺學如余, 而欲以區區片言單語發明之, 烏知其可. 雖然, 精義大理, 當世學者, 旣略有述焉. 吾故就團體自由個人自由兩義, 刺取其淺近直捷者, 演之以獻於我學界. 世有愛自由者乎. 其愼勿毒自由以毒天下也.

○ 해설

이 절에서 소개되는 '공덕'은 '자유'이다. 양계초는 "자유는 천하의 공리이며 사람의 삶에 중요한 도구"라고 말한다. 최근 수백 년 동안 역사를 움직인 원동력은 '자유'였다고 그는 이해한다. 이어 그는 자유가 추구되는 영역을 크게 여섯으로 나누는데, 그 가운데 계급, 노사 관계, 식민지, 종교 영역에서 발생하는 자유의 투쟁문제는 중국에는 없다고 말한다. 그가 파악하기에 중국에서 쟁취해야 할 자유는 참정의 문제와 민족건국의 문제이며, 그에 의하면 이 둘은 밀접히 연결되어 있다. 참정의 문제는 국민 참정의 문제이며, 민족국가의 건국은 제국주의의 위협 속에서 중국민족국가로서 독립하는 문제이다. 이 두 문제가 연결되어 있다고 보는 그의 시각 안에는 자유에 대한 그의 이해가 그대로 반영되어 있다. 즉, 그는 국민 개개인이 참정권을 비롯한 자유를 가진 개체가 되면, 그 개체의 자유가 축적되어 강한 민족국가가 되어 국가의 자유를 획득한다고 생각했다.

자유는 "타인의 자유를 침해하지 않는 것을 경계"로 한다는 자유의 황금률을 "자유라는 것은 단체의 자유이지 개인의 자유가 아니기" 때문이라고 양계초는 이해한다. "문명의 자유란 법률 밑에서 자유로운 것"이라는 말도 거의 같은 의미로 사용한다. 즉, 개인의 방종이 아니라 단체 안에서 자신이 만든 법률을 지키는 것이 자유라는 뜻인데, 이때 법률이란 공익을 목적으로 만들어질 것이다.

"그렇다면 자유의 뜻은 결국 개인에게는 실행할 수 없는 것인가?" 공익을 위해 만들어진 법률에 복종하는 것을 자유라고 설명한 뒤에 양계초는 이와 같은 질문을 던진다. 그리고 그렇지 않다고 대답한다. 왜냐하면 단체의 자유란 개인의 자유가 쌓인 것일 뿐이며, 또한 단체의 자유가 없다면 개인의 자유는 있을 수 없기 때문이다.

그렇다면 양계초에게 자유의 초점은 민족국가로서 갖는 자유일 뿐이다. 민족국가라는 단체와 갈등을 일으킬 수 있는 개인의 자유에 대해서, 그는 그러한 문제가 있을 수 있다는 가정조차도 안 하고 있다. 그러므로 그가 개인의 자유를 다루는 방식은 예상 밖의 방향으로 꺾어진다. 즉, 그는 자유의 주체를 '나'라는 개인이 아니라 그 안의 '마음'으로 축소한정하고, 그 '마음'의 자유를 개인의 자유라고 설명한다. 그리하여 개인의 자유란, 옛사람의 노예가 되지 않는 것, 세속의 노예가 되지 않는 것, 상황의 노예가 되지 않는 것, 정욕의 노예가 되지 않는 것이다. 개인의 자유가 이처럼 마음이 몸을 제어할 수 있는 상태를 의미하는 것이라면, 개인의 자유란 의지력을 키움으로써 얻어지는 것이고, 그 의지가 향하는 곳은 단체의 자유이다. 단체의 자유란 결국 민족국가의 독립을 얻는 것이다. 이렇다면 '자유'는 '공덕'의 영역에 들어갈 만한 것이 된다.

제10절 자치[1]

다스림(治)이란 무엇인가. 어지럽지(亂) 않은 것을 말한다. 어지러움이란 무엇인가? 다스려지지 않았음을 말한다. 이 자구 해석(訓詁)을 누가 이해하지 못할 것인가. 그러나 나는 그 말이 흥미롭기도 하며, 그 말이 두렵기도 하다.

第十節 論自治

治者何. 不亂之謂. 亂者何. 不治之謂. 此訓詁其誰不能解. 雖然, 吾有味乎其言, 吾有惕乎其言.

그 뜰에 나가 보니 풀과 나무가 우거져 어지럽고, 그 집 안에 들어가 보니 기물이 난잡하게 쌓여 있다. 이렇다면 집안이 다투고 꾸짖는 것을 보지 않았더라도, 그 집안이 분명 다스려지지 않았다는 것을 안다. 다스려지지 않으면 이것을 어지러운 집안이라고 한다. 그 들을 지날 때 언덕에 싸우는 사람이 있는데도 말리지 않고, 그 읍을 지

1 『신민총보』 제9호, 1902. 6. 6.

날 때 길에서 오줌을 싸는데도 금하지 않는다. 이와 같다면 그 무기와 전염병을 보지 않았더라도 나는 그 나라가 분명 다스려지지 않았음을 안다. 다스려지지 않으면 이것을 어지러운 나라라고 한다. 음식과 기거에 정해진 때가 없으며, 수족을 움직이고 눈을 돌리는 데 정해진 시선이 없으며, 언어와 거동에 정해진 규범이 없다. 이러하다면 못된 품성과 나쁜 행위를 보지 않았더라도, 나는 그 사람이 분명 다스려지지 않았음을 안다. 다스려지지 않으면 이를 어지러운 사람이라고 한다.

行其庭, 草樹淩亂然, 入其室, 器物狼藉然. 若是者, 雖未見其鬩牆誶帚, 吾知其家之必不治, 不治斯謂亂家. 過其野, 有鬩於墟者而莫之或解, 適其邑, 有溲於途者而莫之或禁. 若是者, 雖未見其干戈疾癘, 吾知其國之必不治, 不治斯謂亂國. 飮食起居無定時, 手足眉眼無定容, 言語擧動無定規, 若是者, 雖未見其失德敗行, 吾知其人之必不治, 不治斯謂亂人.

세상에서 어지러운 것은 오래갈 수 없다. 자기가 다스릴 수 없다면 반드시 다른 힘이 일어나 대신 다스린다. 스스로 다스리지 못하면 타인에게 다스림을 당하게 되는 것은 피할 수 없는 세(勢)이다. 사람은 금수를 다스릴 수 있고 성인(成人)은 어린 아이를 다스릴 수 있고 문명인은 야만인을 다스릴 수 있다. 이는 모두 그들이 자치(自治) 능력이 없어서 그렇게 되는 것이다. 사람이 자치능력이 없으면 금수이지 사람이 아니다. 설사 사람이라 해도 어린아이이지 성인이 아니다. 설사 성인이라도 야만의 성인이지 문명의 성인이 아니다.

天下事亂固不可久也. 己不能治, 則必有他力焉起而代治之者. 不自治則治於人, 勢所不可逃也. 人之能治禽獸也, 成人之能治小兒也, 文明人之能治野蠻也, 皆其無自治力使然也. 人而無自治力則禽獸也, 非人也. 藉曰人矣, 而小兒也, 非成人也. 藉曰成人矣, 野蠻之成人, 非文明之成人也.

지금 세상에서 가장 웅대하고 가장 왕성한 민족은 앵글로색슨인이다. 그들은 자랑하면서 다음과 같이 말한다. "우리 영국 국민 백 명을 다른 국민 백 명과 동시에 한 곳으로 이주시켜 살게 하면, 10년 안에 영국인 백 명은 찬란한 독립국을 이룰 것이나, 다른 나라의 백 명은 모래알처럼 흩어져 있다가 영국인의 통치를 받을 것이다"라고. 또 다음과 같은 말도 한다. "저들 반개(半開)(원주 — 문명과 야만의 사이에 있는 것을 반개라 한다.)와 야만의 국토에 토착민 수천만이 있어도 우리 영국 종족 단 한두 명이라도 발이 그 땅을 밟으면, 10년 안에 그 땅은 영국의 관할이 될 것이다"라고. 나는 사실에 비춰 보고 그것이 과장된 거짓말이 아님을 믿는다. 북미주와 남양 군도를 보라. 처음에는 스페인과 네덜란드 사람들이 개척한 땅인데, 지금 그 이익을 누리는 자들은 모두 앵글로색슨족이 아닌가! 지금 인도는 어떠한가! 그 땅에 사는 영국인 거주자는 1만 명이 안 되는데, 2억의 인도인들이 모두 양 떼처럼 순순히 따른다. 중국의 18성(省)은 어떠한가! 영국인 관리나 상인, 선교사는 모두 합해서 4천 명을 넘지 않는데도 중요한 곳에는 두루 퍼져 있다. 엄연히 적국인데 이럴 수 있는 것은 무엇 때문인가? 세계에서 앵글로색슨인보다 더 자치능력이 풍부한 민족은 없기 때문이다.

今天下最龐大最壯活之民族, 莫如盎格魯撒遜人. 彼嘗自誇曰, 使吾英國民百人與他國民百人, 同時徒居於一地, 不十年後, 而英國之百人，粲然成一獨立國. 他國之百人，渾然如一盤散沙，受轄治於英人矣. 又曰，彼半開(在文野之間者謂之半間)野蠻之國土，雖其土著之民數百千萬，吾英族但有一二人足跡蹈其地，不數十年，卽爲英藩矣. 吾徵諸實事，吾信其所誇之不誣. 不見夫北美一洲，南洋群島，其始本爲西班牙荷蘭人所開闢，而今之享其利者，皆盎格魯撒遜族乎. 不見今日之印度，英人居者不及萬，而使二萬萬之印人，戢戢如群羊乎. 不見中國十八行省中，英人官商敎士，統計來者不過四千人，而徧布要隘. 儼若敵國乎，其所以如是者何也. 世界中最富於自治力之民族，未有盎格魯撒遜人若者也.

『서경』에서는 "본성을 절제(節)하는 일에 날마다 매진한다"[2]고 하고, 순자는 "인간의 본성은 악하며 선한 것은 위(僞)"[3]라고 했다. 절제한다는 것은 무엇인가? 제재(制裁)한다는 뜻이다. 위(僞)란 무엇인가? 인위라는 뜻이다.(원주 — '위'(僞)는 '人'(사람)과 '爲'(하다)로 이루어졌다. 양주(楊注)는 다음과 같이 말했다. "그 본성을 교정한다는 것은 천성이 아니라 사람이 작위해서 만드는 것을 말한다.") 사람의 성질은 각각 달라 잡박하며 기율이 없다. 이를 그대로 따른다면 난동이 넘쳐날 것이며, 서로 질시하고 적대하여 사회(群)를 이룰 수 없을 것이다. 그리하여 인위의 힘을 개입시켜 법률을 만들어 제재하지 않을 수 없다. 그러나 이 법률은 밖으로부터 녹아든 것이 아니며, 한 사람의 머리에서 나온 것도 아니다. 제정되어 백성(群生)을 규율하는 것은 사람들의 마음속

---

2 『서경』「주서·소고」(周書·召誥).

3 『순자』『성악』.

동일한 양지에서 발현되어, 이러저러하면 인도(人道)에 적합하다고 생각된 것들이다. 그래서 나의 자유를 보존할 뿐 아니라 타인의 자유를 침범하지 않을 수 있다. 그러므로 권면도 필요 없고 강제도 필요 없다. 그러면서도 일정한 법도(規矩準繩) 안에서 스스로 처신할 수 있으니, 이러한 것을 자치(自治)라고 한다. 자치의 극치는 한 몸이 마치 기계와 같은 것이다. 평생 뜻한 바의 사업을 어떻게 준비하고 어떻게 시작하며 어떻게 실행할 것인지를 모두 스스로 정한다. 하루의 일정에 대해, 언제 작업을 하고 언제 일처리를 하고 언제 사람을 접대하고 언제 식사를 하고 언제 휴식을 하고 언제 놀 것인지를 모두 스스로 정한다. 몸에 배인 습관, 욕구에 절은 성향 등이 내 사업과 내 덕성을 해친다는 것을 자각하면 조금의 가차도 없이 이겨 내어 다스린다. 말 한마디, 행동 하나, 찡그리고 웃는 데에 모두 마치 금과옥조가 있는 것처럼 일정한 범위가 있다. 한 사람이 이와 같고 사람마다 이와 같으면, 이에 한 사회의 자치가 이룩된다. 사회 자치의 극치는 온 사회가 군대와 같게 되는 것이다. 나아가면 일제히 나아가고 멈추면 일제히 멈춘다. 한 사회의 공공 규율을 모두 지키며, 한 사회의 공공 이익은 모두 추구하며, 한 사회의 공공 책임은 모두 다한다. 이러한 사람, 이러한 사회이면서도 세계에서 스스로 강한 국가로 서지 못했다는 말은 들어 본 적이 없다.

書曰, 節性惟日其邁. 荀子曰, 人之性惡也, 其善者僞也. 節者何, 制裁之義也. 僞者何, 人爲之義也.(僞從人從爲. 楊注云, 矯其本性也, 謂凡非天性而人作爲之者也.)故夫人之性質, 萬有不齊, 駁雜而無紀, 苟順是焉, 則將橫溢亂動, 相觸相鬩而不可以相群, 於是不可不以人爲之力, 設法律而制裁之. 然此法律者, 非由外鑠也, 非有一人首出, 制之以律群生也, 蓋發於人人心中良知所同然, 以爲必如是乃適於人道, 乃足保我自由而亦不侵人自由. 故不待勸勉, 不待逼迫, 而能自置於規矩繩墨之間, 若是者謂之自治. 自治之極者, 其身如一機器然. 一生所志之事業, 若何而預備, 若何而創始, 若何而實行, 皆自定之. 一日之行事, 某時操業, 某時治事, 某時接人, 某時食, 某時息, 某時游, 皆自定之. 稟氣之習慣, 嗜欲之薰染, 苟覺爲害吾事業戕吾德性者, 克而治之, 不少假借. 一言一動一嚬一笑, 皆常若有金科玉律以爲之範圍. 一人如是, 人人如是, 於是乎成爲群之自治. 群之自治之極者, 擧其群如一軍隊然, 進則齊進, 止則齊止. 一群之公律罔不守, 一群之公益罔不趨, 一群之公責罔不盡. 如是之人, 如是之群, 而不能自强立於世界者, 吾未之聞也.

혹자는 다음과 같이 말한다. "기계란 정신이 없는 물건이며 군대란 전제가 행해지는 단체이다. 그대가 〔자치를〕 이것들에 견주어서 미덕으로 삼는 것은 왜인가? 또한 중국의 풍속에는, 다른 일에서는 남만 못하더라도 정해진 법규를 묵수하면서 규칙에 속박되어 있다는 〔특성이 있고〕, 바로 이점이 중국인에게 가장 익숙하면서도 가장 병이 깊은 곳이다. 수천 년 동안 패자(霸者)가 묶고 유자(儒者)가 막아, 사람마다 음침하여 생기가 없게 된 지 오래되었다. 그런데도 오히려 〔규칙에 속박되어 있는〕 그 독(毒)을 높이 평가하며 〔그 독으로〕 장래를 망치려고 한다면 너무하지 않은가!" 대답한다. "그렇지 않다. 기계는 죽은 물건이지만 그 동력을 주재하는 것이 있다. 옛 철인의 말에 "마음(天君)이 크면 몸의 모든 부분이 〔그 마음의〕 명령에 따른다"[4]라는 말이 있다. 자기 한 몸의 기거동작이 기계와 같을 수 있는 것이 바로 그 마음(天君)의 활발함과 자유로움의 극치이다. 군대의 형식은 전제이지만 그 정신이 있다. 한 사회(群)는 군대와 같고, 그 군대의 장수(將帥)란 사회 안에서 사람들의 양심이 결성한 법률 바로 그것이다. 그러므로 '제'(制)는 제이지만 '전'(專)이라고 할 수는 없다. 그 법률이란 여러 사람들에게서 나온 것이지 한 사람에게서 나온 것이 아니다. 이는 사람들이 군대 안의 말단 병졸이지만 실제로는 사람들이 군대 안의 주된 장수인 것과 다르지 않다. 그러므로 자치라는 것은 저 패자의 속박이나 유자의 긍지와 본래 다른 바가 있다. 무엇인가? 저들은 남들에게 다스림을 받지만 여기는 스스로를 다스린다. 또한 중국인이 법규, 규칙과 무슨 관계가 있겠는가. 사람마다 법을 받든다고 말하지만, 국가에 헌령(憲令)이 있는데도 관리조차 지키지 않으니 백성들이야 말할 것도 없다. 사람마다 가르침을 존숭한다고 말하지만, 성현의 조훈(條訓)이 있는데도 사대부들도 따르지 않으니 잡류들이야 말할 것도 없다. '요전'(堯典)[5]에서는 "하늘이 차례로 펴서(敍) 법을 두시고, 하늘이 차례로 펴서(秩) 예를 두셨다"고 하였다. 질서(秩敍)란 한 사회(群)가 단결하고 다스려질 수 있는 큰 근원이다. 지금 우리 중국을 보자. 조야(朝野) 상하에 이른바 질서는 어디에 있는가? 관청을 바라보면 형형색색의 요괴들이[6] 출몰하며 시커멓게 왜곡되어

---

4 범준(范浚), 「심잠」(心箴).

5 실제로는 『서경』 「우서」(虞書)의 '요전'이 아니라 '고요모'(皐陶謨) 편의 글이다. 전문은 다음과 같다. "하늘이 차례로 펴서 법을 두시니 우리 오전을 바로잡아 다섯 가지를 돈후하게 하소서. 하늘이 차례로 펴서 예를 두시니 우리 오례를 따라 예를 떳떳하게 쓰소서"(天敍有典, 勅我五典, 五惇哉. 天秩有禮, 自我五禮, 有庸哉).

6 '형형색색의 요괴'는 '이매망양'(魑魅罔兩)을 번역한 것.

더 이상 인도(人道)는 없다. 민간을 살펴보면 도적들의 무리와 탐욕스럽게 거짓말하는 관청은 정부가 없었을 야만시대 때와 다를 것이 없다. 〔이렇게 된〕 이유가 무엇인가? 자치할 수 없기 때문이다. 자치할 수 없으면 타인의 다스림에 기대야 하니, 진정한 다스림을 할 수 없다.

或曰, 機器者, 無精神之物也, 軍隊者, 專制之體也, 子乃以比於是者爲美德何也. 且中國風俗, 他事或不如人, 至於規行矩步, 繩尺束縛, 正中國人受用最慣受病最深之處. 數千年來, 霸者絜之, 儒者坊之, 人奄奄無生氣久矣, 而子猶欲揚其毒以毒將來, 不亦甚乎. 應之曰, 不然. 機器死物也, 而有主其動力者. 古哲曰, 天君泰然, 百體從令. 夫能使其一身之起居動作如機器者, 正其天君活潑自由之極者也. 軍隊之形式專制也, 而有其精神焉. 一群如一軍隊, 其軍隊之將帥, 則群中人人之良心所結成的法律是也. 故制則制矣, 而不可謂之專, 以其法律者出自衆人, 非出自一人. 是人人爲軍隊中之小卒, 實無異人人爲軍隊中之主帥也. 故夫自治云者, 與彼霸者之所束縛, 儒者之所矜持, 固有異焉矣. 何也. 彼則治於人, 而此則自治也. 且中國人何規矩繩尺之與有. 人人言奉法, 然國家有憲令, 官吏且勿守, 無論民氓也. 人人言尊敎, 然聖賢有條訓, 士夫且勿遵, 無論雜流也. 堯典曰, 天敍有典, 天秩有禮. 秩敍者, 一群所以團治之大原也. 今試觀我中國, 朝野上下, 其所謂秩敍者安在乎. 望其官府, 則魑魅罔兩所出沒, 黑闇詭僻, 無復人道也. 察其民間, 則盜賊之藪, 貪詐之府, 與野蠻時代未立政府者, 無以異也. 何以故. 以不能自治故. 不能自治而待治於人, 未能眞能治焉者也.

그렇다면 우리가 오늘날 마땅히 힘써야 할 것이 무엇인지 알 수 있다. 하나는 자기 한 몸의 자치를 얻는 것이다. 옛날부터 큰일을 이룰 수 있는 사람은 반드시 스스로를 이기는 힘이 대단히 강한 자이다. 서양(泰西)인은 말할 필요도 없고 옛사람은 말할 필요도 없다. 최근의 일을 가지고 말해 보자. 증문정(曾文正)[7]은 소년시절부터 흡연하고 늦잠 자는 병이 생겼는데, 뒤에 작심을 하고 〔그 병의〕 뿌리를 뽑았다. 처음에는 〔그 병이〕 고집스럽고 완강해서 이겨 낼 수 없었으나, 문정은 큰 적을 보듯 하여 끝내 그 뿌리와 기둥을 뽑아내고야 말았다. 그는 이 뒤에 10여 년 동안 반석 같았던 금릉(金陵)의 대악당을 섬멸할 수 있었다.[8] 이것이 바로 십수 년 동안 반석 같았던 혈기에 쌓인 습관을 섬멸한 것과 동일한 정신이다. 호문충(胡文忠)[9]은 군에 있을 때 매일 『통감』 열 쪽을 꼭 읽었다. 증문정은 군에 있을 때 매일, 반드시 일기를 몇 문장 채우고 책을 몇 쪽 읽고 바둑을 한 판 뒀다. 이문충(李文忠)[10]은 군에 있을 때 매일 새벽에 일어나 반드시 『난정서』(蘭亭序)[11] 백 글자를 보는 것을 종신토록 했다. 세속 사람들의 눈으로 보면 구구하게 작은 절도로서, 대체(大體)와 왜 무관해 보이지 않겠는가. 그러나 〔무관하게 보인다면〕 이는 제도에는 절도가 있고 실행에

---

7 증국번(曾國藩, 1811~1872). 태평천국의 난이 일어나자, 고향에 돌아가 농민을 조직하여 상군(湘軍)과 향용(鄕勇)을 편성하여 태평천국 진압에 주동적 역할을 했다.

8 금릉(金陵)은 태평천국(1851~1864)의 수도였다. 증국번은 민병부대를 편성하여 태평천국군을 진압하였다.

9 호림익(胡林翼, 1812~1861). 증국번과 함께 태평천국군을 진압하였다.

10 이홍장(李鴻章, 1823~1901). 양무운동을 주도했다. 북양대신으로 실력을 행사했으나, 청일전쟁 패배 후 실각하였다.

11 원문에는 '蘭亭'으로 되어 있다. 『난정서』는 진대(晋代) 서예가인 왕휘지(王羲之)의 서첩이다.

는 항상됨이 있음이 실제로 사람의 품격에 제일의 대사임을 모르기 때문이다. 사람 볼 줄 아는 사람은 반드시 여기에서 도력(道力)을 엿본다. 누군가가[12] 진번(陳蕃)[13]에 대해 다음과 같이 논했다. "번은 방 하나도 청소할 수 없으면서 천하를 두루 깨끗하게 하고 싶어 했으니, 나는 그가 할 수 없으리라는 것을 알았다."(원주 — 이 말이 누구의 말인지 마침 잊었다. 독자제군이 기억한다면 가르쳐 주길 바란다. 저자 씀) 이는 지나치게 모진 말 같지만 사실은 중정(中正)한 논의이다. 서양(泰西)의 통례를 보면 일요일(來復日)에는 반드시 휴식하며, 매일 8시에 일을 시작하여 12시에 점심을 먹고 1시에 다시 일을 시작하고 4~5시에 마치고 쉰다. 온 나라가 위로는 군주, 재상, 관리에서부터 아래로는 장사꾼, 푸주한, 말단병졸에 이르기까지 모두 그렇다. 일하면 온 나라가 모두 일하고 휴식하면 온 나라가 모두 휴식한다. 이것이 어찌 이른바 군대와 같고 기계와 같다고 하는 것이 아니겠는가. 글(文)에 경위(經緯)가 정렬되어 있는 것을 '리'(理)라 하고, 조(條)와 단(段)이 뒤섞이고 어지러운 것을 '난'(亂)이라 한다. 중국인과 서양인의 일용기거를 비교하여, 조리 있고 어지러운 것이 서로 얼마나 거리가 있는가 보자. 자질구레하고 하찮은 일이라고 하지 말라. 오늘날 서양(泰西)이 질서정연하게 입헌의 아름다운 정치를 세울 수 있었던 것이 이로부터 왔음을 어찌 알겠는가. 몽테스키외는 말했다. "법률이란 밥 먹는 사이에도 떨어질 수 없는 것이다. 인류의 문명과 야만의 차이는 법률

12 원주에 보이듯이 양계초가 누구의 말인지 기억못해서 '□□□' 표기해 놓았다.

13 동한말의 대신. 환제(桓帝)와 영제(靈帝) 때 대신을 지냈다. 환관을 제거하려다 오히려 역습을 당해 처형되었다. 『후한서』「진번전」 참조.

이 있는지 법률이 없는지로 달라진다. 한 나라도 그렇고 자기 한 몸도 그렇다." 지금 우리 중국의 4억 인이 모두 법률이 없는 사람인데, 〔법률 없는 사람이〕 나라를 세울 수 있었다는 것은 들어 본 적이 없다. 그러니 폭탄과 총알이 구름과 비처럼 쏟아지는 속에서 서양인과 상대하는 것을 보고 난 뒤에야 그 승패가 어떻게 갈리는지를 알겠는가. 〔보지 않고도 알 수 있다.〕

然則吾人今日所當務者可知矣. 一曰求一身之自治. 凡古來能成大事者, 必其自勝之力甚强者也. 泰西人不必論, 古人不必論, 請言最近者. 曾文正自其少年有吸煙及晏起之病, 後發心戎之, 初常倔强, 不能自克, 而文正視之如大敵, 必拔其根株而後已焉. 彼其後此能殲十餘年盤踞金陵之巨憝, 正與其前此能殲十數年盤踞血氣之積習, 同一精神也. 胡文忠在軍, 每日必讀通鑑十葉, 曾文正在軍, 每日必塡日記數條, 讀書數葉, 圍棋一局. 李文忠在軍, 每日晨起必臨蘭亭百字, 終身以爲常. 自流俗人觀之, 豈不以爲區區小節, 無關大體乎. 而不知制之有節, 行之有恆, 實爲人身品格第一大事, 善觀人者必於此覘道力焉. □□□論陳蕃云, 蕃不能掃除一室, 而欲廓淸天下, 吾知其無能爲矣.(此語適忘爲誰氏之言. 讀者諸君如能記憶, 望順敎我. 著者附識)雖似過刻之言, 實則中正之論也. 泰西通例, 凡來復日必休息, 每日八點鐘始治事, 十二點而小憩, 一點復治事, 四五點而畢憩, 擧國上自君相官吏, 下至販夫屠卒, 莫不皆然. 作則擧國皆作, 息則擧國皆息, 是豈所謂如軍隊如機器者耶. 於文經緯整列曰理, 條段錯紊曰亂. 誠以中西人之日用起居相比較, 其一理一亂相去何如矣. 毋曰薄物細故, 夫豈知今日之泰西, 其能整然秩然擧立憲之美政者, 皆自此來也. 孟德斯鳩云,(法律者無終食之間而可離者也. 凡人類文野之別, 以其有法律無法律爲差, 於一國亦然, 於一身亦然.)今吾中國四萬萬人, 皆無法律之人, 而能立國, 吾未之前聞. 然則豈待與西人相遇於硝雲彈雨之中, 而後知其勝敗之數也.

〔힘써야 할 또〕 하나는, 한 사회(群)의 자치를 추구하는 일이다. 나라에 헌법이 있다는 것은 국민이 자치한다는 것이며, 주, 군, 향, 시에 의회가 있다는 것은 지방이 자치한다는 것이다. 선량한 정치체제(政體)는 자치에서 오지 않은 것이 없다. 한 사람은 스스로를 자치하며 수 명 또는 십수 명은 그 집안을 자치한다. 수백 명 또는 수천 명은 그 마을, 그 도시를 자치한다. 수만 명 내지 수십만 명, 수백만 명, 수천만 명, 수억만 명은 그 나라를 자치한다. 그 자치의 범위가 넓고 좁은 차이는 있지만 그 정신은 하나이다. 하나는 무엇인가? 법률에서 하나로 모아진다. 관자(管子)는 "지방과 조정이 정치를 다툰다"[14]라고 하고, 또 "조정에서 많은 사람을 모으지 않는 것은 지방에서 나누어 다스리기 때문이다"[15]라고 말했다. 서양인(西人)이 정치를 말할 때는 국내의 소국(小國)보다 중요한 것이 없다. 국내의 소국이란 하나의 성, 하나의 부, 하나의 주, 하나의 현, 하나의 향, 하나의 시, 하나의 회사, 하나의 학교로서, 어느 하나 엄연하게 한 나라의 모습을 갖추지

---

14 『관자』「권수편」(權修篇): "농토과 시장은 백성을 다투고, 민가와 관부는 재화를 다툰다. 화폐와 양식은 귀천을 다투고 지방과 조정은 정치〔권한〕을 다툰다"(野與市爭民, 家與府爭貨, 金與粟爭貴, 鄕與朝爭治).

15 『관자』「권수편」: "시장이 열을 짓지 않는 것은 민가의 쓰임이 족하기 때문이며, 조정에서 많은 사람을 모으지 않는 것은 지방에서 나누어 다스리기 때문이다"(市不成肆, 家用足也. 朝不合衆, 鄕分治也).

않은 것이 없다. 성, 부, 주, 현, 향, 시, 회사, 학교는 국가의 축소판일 뿐이며, 국가란 성, 부, 주, 현, 향, 시, 회사, 학교의 확대판일 뿐이다. 그러므로 작은 데서 자치할 수 있으면 큰 것은 "들어서 적용하면"[16] 된다. 그렇지 않다면 타인의 다스림을 기다릴 수밖에 없다. 타인의 다스림을 받게 되면, 타인이 나를 어루만져도 그대로 순응하고, 타인이 나를 학대해도 그대로 순응한다. 강한 동족이 전횡을 해도 그대로 따르게 되고, 난폭한 이족이 약탈을 해도 그대로 따르게 된다. 이와 같으면 사람이 사람답게 되는 도구는 땅에 떨어진다.

그렇다면 서양인들이 이것을 얻는 방법은 무엇인가? 제제가 있고 질서가 있고 법률이 있는 것이 자치의 정신이다. 진정으로 자치할 수 있으면 타인이 간섭하려 해도 할 수가 없다. 자치할 수 없으면 타인이 간섭하지 않으려 해도 역시 간섭하지 않을 수 없다. 이 일은 본래 한 터럭의 오차도 허용하지 않는다. 우리 국민이 타인의 다스림을 바란 것이 수천 년이 되었다. 〔자치라는〕 이 천부의 의무를 가지고도 다른 생각의 싹을 감히 틔우지 못한 것이다. 그러나 자신의 즐거움과 이익을 생각하는 것을 어떻게 방관자가 대신 도모해 줄 수 있겠는가? 오늘날의 시국을 또한 정신이 해이한 자가 어떻게 수습할 수 있겠는가?

一曰求一群之自治. 國有憲法, 國民之自治也, 州郡鄉市有議會, 地方之自治也. 凡善良之政體, 未有不從自治來也. 一人之自治其身, 數人

16 『주역』「계사전상」: "형이상자를 도라 하고 형이하자를 기라 한다. 변화해서 마름질해 가는 것을 변이라 하며 미루어 실천하는 것을 통이라 하고, 들어서 천하 백성에게 적용하는 것을 사업이라 한다"(形而上者, 謂之道, 形而下者, 謂之器. 化而裁之, 謂之變, 推而行之, 謂之通, 擧而措之天下之民, 謂之事業).

或十數人之自治其家, 數百數千人之自治其鄉其市, 數萬乃至數十萬數百萬數千萬數萬萬人之自治其國, 雖其自治之範圍廣狹不同, 其精神則一也. 一者何, 一於法律而已. 管子曰, 鄉與朝爭治. 又曰, 朝不合衆, 鄉分治也. 西人言政者, 謂莫要於國內小國, 國內小國者, 一省一府一州一縣一鄉一市一公司一學校, 莫不儼然具有一國之形. 省府州縣鄉市公司學校者, 不過國家之縮圖, 而國家者, 不過省府州縣鄉市公司學校之放大影片也. 故於其小焉者能自治, 則其大焉者擧而措之矣. 不然者, 則不得不仰治於人. 仰治於人, 則人之撫我也聽之, 人之虐我也亦聽之. 同族之豪强者據而專也聽之, 異族之橫暴者紾而奪也亦聽之. 如是, 則人之所以爲人之具, 其塗地矣. 抑彼西人之所以得此者何也. 曰有制裁, 有秩序, 有法律, 以爲自治之精神也. 眞能自治者, 他人欲干涉焉而不可得, 不能自治者, 他人欲無干涉焉而亦不可得也, 此其事固有絲毫不容假借者. 我國民仰治於人, 數千年矣, 幾以此爲天賦之義務, 而莫敢萌他想, 曾亦思本身之樂利, 豈旁觀者所能代謀. 而當今之時局, 又豈散漫者可以收拾也.

지금 사대부 가운데, 민권을 말하고, 자유를 말하고, 평등을 말하고, 입헌을 말하고, 의회를 말하고, 분권을 말하는 사람들이 점차 늘고 있다. 그러나 우리 백성이 장차 민권·자유·평등의 복을 향유할 수 있는지 여부, 입헌·의회·분권의 제도를 실행할 수 있는지 여부는 한결같이 자치능력의 대소·강약·안정 여하에 따라 달라진다. 우리 백성이여! 우리 백성이여! 이를 사소한 것이라고 여기지 말라! 우원한 것이라고 여기지 말라! 단체에게만 책임을 돌리지 말고 먼저 개인에게 책임을 물어라! 먼저 자기 몸의 자치를 도모해 보라. 그 다음에 몸과 몸이 모인 작은 무리(群)를 자치해 보라. 다시 무리와 무리가 모인 큰 무리(群)를 자치해 보라. 나아가 큰 무리와 큰 무리가 모인 더 큰 무리를 자치해 보라. 그리하면 완전하고 고상한 자유국, 평등국, 독립국, 자주국이 출현할 것이다. 그러나 그렇지 못하다면 스스로 어지러워질 뿐이다. 자치(自治)와 자란(自亂)은 일로 보면 공존할 수 없고 세로 보면 중립이 없다. 둘 가운데 반드시 하나에 거한다. 오직 국민이 스스로 따져보고 오직 국민이 스스로 선택하라.

抑今士大夫言民權言自由言平等言立憲言議會言分治者, 亦漸有其人矣, 而吾民將來能享民權自由平等之福與否, 能行立憲議會分治之制與否, 一視其自治力之大小强弱定不定以爲差. 吾民乎, 吾民乎. 勿以此爲細碎, 勿以此爲迂腐, 勿徒以之責望諸團體, 而先以之責望諸個人. 吾試先擧吾身自治焉, 試合身與身爲一小群而自治焉, 更合群與群爲一大群而自治焉, 更合大群與大群爲一更大之群而自治焉, 則一完全高尚之自由國平等國獨立國自主國出焉矣. 而不然者, 則自亂而已矣. 自治與自亂, 事不兩存, 勢不中立, 二者必居一於是. 惟我國民自訟之, 惟我國民自擇之.

○ 해설

이 장에서 양계초가 '자치'의 가장 중요한 효용으로 생각하는 것 역시 국가의 '자주독립'이다. '스스로 다스리는' 일, 즉 자치를 하지 못하면 남의 다스림을 받는 것은 필연적이라고 생각하기 때문이다.

양계초가 생각하는 자치의 핵심은 '법률'이다. 법률을 통해 규율하는 것이다. 법률의 규율을 받는 것을 자치라고 할 수 있을 때는 그 법률이 스스로 만든 때이다. 그래서 그는 맹자의 말을 패러디해서 "법률은 밖으로부터 녹아든 것이 아니"라 "사람들 마음속 동일한 양지에서 발현되어" "인도에 적합한" 것이라고 말한다. 그러므로 양계초는 "자치의 극치는 군대와 같고" "기계와 같다"고 말하게 된다. 사회의 모든 사람이 법률 지키기를 한치의 오차도 없이 한다면 자동기계처럼, 혹은 일사불란한 움직임을 보이는 군대처럼, 단일한 방향으로 힘을 모을 수 있을 것이다.

이러한 '자치'가 어떻게 공덕, 즉 덕일 수 있는가? 양계초는 성취해야 할 '자치'를 '자기 한 몸의 자치'와 '사회의 자치' 둘로 나눈다. 자기 한 몸의 자치를 얻기 위해서는 "스스로를 이기는 힘"이 요구된다. 즉, 자치는 개인적인 욕망을 이기고 규율에 자신을 맡기는 것이다. 양계초의 생각에 "제도에 절도가 있고 실행에 항상됨이 있는 것"이 "사람의 품격"에 가장 중요한 일이다. 그러한 규율은 왜 필요한가? 즉, 자기 한 몸의 자치는 왜 필요한가? 그러한 규칙 혹은 법률 없이 "나라를 세울 수" 없기 때문이다. 즉, '자치'라는 공덕은 나라를 세우고 나라를 이롭게 하기 위해 개인적인 욕망을 누르고 규율을 따르는 인간의 덕이다.

한 개인이 이러한 덕을 갖고 있다면 사회의 자치는 저절로 얻어질 것이다. 모든 개인이 사회의 규칙, 나라의 법률을 만들고 지킬 것이며, 그 법률이 나라를 강하고 부유하게 만드는 것을 지향한다면, 그렇게 될 것이다. 개인이 법률을 지킨다는 것은 나라의 부강을 위해 자신의 욕망을 억제하는 것이며, 그럼으로써 나라의 부강과 자치를 동시에 얻을 수 있을 것이다.

제11절 진보(일명 중국 군치群治가 부진한 이유)[1]

서양의 어느 이야기책에 처음 중국을 항해한 사람의 이야기가 실려 있다. 〔그 책에 따르면〕 그는 나침반 기술이 중국에서 전해졌으며, 또한 중국에는 〔그것이〕 2천 년 전에 있었다는 이야기를 들었다. 그리고는 가만히 다음과 같이 생각했다. 즉, "이 물건이 서양(泰西)에 들어온 것이 불과 수세기인데, 〔그동안〕 이처럼 거듭 개량해서 널리 효과를 보고 있으니, 부모의 나라는 수천 년 동안 어느 정도나 좋게 만들었을까." 〔그는 중국에〕 상륙한 뒤 다른 일은 서두르지 않고 먼저 시장에 들어가 그 도구를 사면서 최신식을 달라고 했는데, 〔그것을 보니〕 역사 독본 가운데 실려 있는 12세기 아라비아인이 전래한 나침반과 조금도 다름이 없었다. 그 사람은 실망해 돌아갔다고 한다. 이는 비록 풍자하는 이야기지만, 사실은 중국 군치(群治)[2]가 막히고 걸린 실상을 묘사한 것으로, 완곡한 표현 가운데 급소를 찔렀다.

---

1 이 절은 『신민총보』 제10호와 제11호에 나누어 게재되었다. 제10호는 1902. 6. 20.

2 '군치'는 양계초가 만든 말로 생각된다. '진보'라는 제목을 대신할 수 있는 의미로, 사회 전반의 문제가 정리되고 질서 잡혀 있는 정도를 의미한다. 번역하지 않고 그대로 사용한다.

第十一節 論進步(一名論中國群治不進之原因)

泰西某說部, 載有西人初航中國者, 聞羅針盤之術之傳自中國也, 又聞中國二千年前卽有之也, 黙忖此物入泰西, 不過數紀, 而改良如彼其屢, 效用如彼其廣, 則夫母國數千年之所增長, 更當何若. 登岸後不遑他事, 先入市購一具, 乃問其所謂最新式者, 則與歷史讀本中所載十二世紀時亞剌伯人傳來之羅盤圖, 無累黍之異, 其人乃廢然而返云. 此雖諷刺之寓言, 實則描寫中國群治濡滯之狀, 談言微中矣.

나는 전에 황공도(黃公度)[3]의 『일본국지』[4]를 읽고 좋아했다. 그리고 이에 근거해서 일본(東瀛)[5] 나라사정(國情)의 새로운 상황을 모두 알 수 있으리라 생각했다. 북경에 가서 일본대사 야노 류케이(矢野龍溪)[6]를 만나 우연히 그 이야기를 하게 되었다. 류케이는 "이는 명나라 역사에 근거해서 오늘날 중국의 시국을 논하는 것과 다르지 않다"고 말했다. 나는 울컥 화가 나서 그 이유를 물었더니 류케이는 다음과 같이 말했다. "황씨의 책은 메이지 14년[7]에 씌어졌다. 우리나라의

3 황준헌(黃遵憲, 1848~1905). 초대 주일공사를 따라 일본에 건너가 외교관으로 활약하였다.

4 『일본국지』(日本國志): 황준헌이 지은 책으로, 메이지 일본의 정치, 경제, 사회, 문화 등 모든 면을 백과사전처럼 정리하였다.

5 일본은 '동영'(東瀛)을 번역한 것. '東瀛'은 동쪽에 있는 바다라는 뜻으로, 중국에서 일본을 부르던 하나의 호칭이다.

6 야노 류케이(矢野龍溪, 1850~1931). 정치가이며 소설가이다. 1897년 외무대신 오쿠마(大隈)의 요청으로 청(清)의 '특명전권공사'(特命全權公使)에 취임해 2년 동안 북경에 체재하면서 청일전쟁 사후처리와 관련하여 청나라 외채차입문제를 처리했다.

7 메이지 14년은 서력 1881년인데, 『일본국지』가 정식으로 출간된 것은 1887년이다.

유신[8] 이래 매 10년간의 진보를 보면, 이전의 백 년의 〔진보라 해도 그보다〕 더 낫지 않다. 그러니 20년 전의 책이라면 명나라 역사와 같은 류가 아니면 무엇이겠는가." 나는 당시에 여전히 그 말을 의심했는데, 일본에 온 이후 본 것이 〔그 말을〕 증명해 줘서 굳게 믿게 되었다. 애덤 스미스의 『국부론』(原富)[9]은 원대(元代)에 이탈리아 사람 마르코 폴로[10]가 중국(支那)[11]에 왔다가 돌아가 쓴 책에 대해 언급하고 있다. 그때 〔우리〕 나라의 상황을 서술한 것을 지금 사람들의 기행문과 비교해 보면 거의 조금도 다른 점이 없다. 나는 마르코의 저술뿐이겠는가 하고 생각한다. 즉, 『사기』나 『한서』와 같은 2천 년 전의 고서에 실려 있는 내용이 오늘날의 실상과 얼마나 다를 것인가? 똑같이 동아시아(東亞)의 땅에 위치해 있고, 똑같이 황인종(黃族)의 백성인데, 하나는 날로 진보하고 하나는 날로 부진한 것이, 왜 이처럼 하늘과 땅처럼 〔차이가 나는가〕.

> 吾昔讀黃公度日本國志, 好之, 以爲據此可以盡知東瀛新國之情狀矣. 入都見日使矢野龍溪, 偶論及之, 龍溪曰, 是無異據明史以言今日中國之時局也. 餘怫然, 叩其說. 龍溪曰, 黃書成於明治十四年, 我國自

---

8 1868년 일본의 메이지 유신을 말한다.

9 엄복(嚴復)이 애덤 스미스의 *The Wealth of Nations*를 번역하면서 붙인 번역 제목이 '원부'(부에 대한 연구라는 의미)였다. 애덤 스미스의 책은 1776년에 초판이 출간되었고, 엄복의 번역서는 1901년에 출간되었다.

10 마르코 폴로(Marco Polo, 1254~1324). 이탈리아의 탐험가. 17세에 중국으로 가서 17년 동안 중국에 거주하면서 관리생활까지 했다. 이때의 경험을 바탕으로 『동방견문록』을 지었다.

11 일본 사람들이 중국을 폄하할 의도를 갖고 부르던 호칭인 '지나'를 당시에는 양계초도 사용하고 있었다.

維新以來, 每十年間之進步, 雖前此百年不如也, 然則二十年前之書, 非明史之類如何. 吾當時猶疑其言, 東游以來, 證以所見, 良信. 斯密亞丹原富, 稱元代時有意大利人瑪可波羅游支那, 歸而著書, 述其國情, 以較今人游記, 殆無少異. 吾以爲豈惟瑪氏之作, 卽史記漢書二千年舊籍, 其所記載, 與今日相去能幾何哉. 夫同在東亞之地, 同爲黃族之民, 而何以一進一不進, 霄壤若此.

중국인은 걸핏하면 크게 다스려진 세상(郅治)은 과거에 있었으며, 현재는 추락한 세상이고 말세(叔季)라고 말한다. 이러한 생각과 서양 철학자들의 진화론(進化之論)은 가장 상반된다. 그러나 과장된 말이 아니라 중국의 현 상태가 실제로 그렇다. 전국시대를 보자. 학술이 벌 떼처럼 일어나서 혹은 철리를 밝히고 혹은 기술을 천명했는데, 이 뒤로는 아무것도 없다. 양한시대에는 통치의 기구가 찬란했으며 재상이 책임을 지고 지방에는 지방관이 있었지만, 이 뒤로는 아무것도 없다. 이 밖에 모든 분야에서 이와 같은 것들은 이루 다 들 수가 없다. 진화(進化)라는 것은 천지의 공례(公例)이다. 흐르는 물의 본성이 반드시 아래로 흐르는 것에 비유할 수 있으며, 던져진 물건의 추세가 반드시 〔지구의〕 중심을 향하는 것에 비유할 수 있다. 사람이 옆에서 〔물을〕 치거나, 다른 물체가 옆에서 잡아당기지 않는다면 본래의 궤도(故常)를 바꾸는 일이 없다. 그렇다면 우리 중국이 진화의 큰 공례에 반하여 이처럼 막히고 굳는 현상을 연출하는 데에는 분명 그 원인이 있을 것이다. 그 원인에 대해 토론하고 밝혀 보자. 병을 알면 그에 대한 약 또한 그곳에 있을 것이다.

中國人動言郅治之世在古昔, 而近世則爲澆末, 爲叔季, 此其義與泰西哲學家進化之論最相反. 雖然, 非讕言也, 中國之現狀實然也. 試觀戰國時代, 學術蜂起, 或明哲理, 或闡技術, 而後此則無有也. 兩漢時代, 治具粲然, 宰相有責任, 地方有鄕官, 而後此則無有也. 自餘百端, 類此者不可枚擧. 夫進化者, 天地之公例也, 譬之流水, 性必就下, 譬之抛物, 勢必向心, 苟非有他人焉從而搏之, 有他物焉從而吸之, 則未有易其故常者. 然則吾中國之反於彼進化之大例, 而演出此凝滯之現象者, 殆必有故. 求得其故而討論焉發明焉, 則知病, 而藥於是乎在矣.

보수적 성질이 너무 강해서 그렇다고 말할 사람도 분명 있을 것이다. 이는 본래 그렇다. 그런데 우리 중국인들의 보수적 성질이 무슨 이유로 유독 강하겠는가? 이 역시 아직 해결되지 않은 문제이다. 또한 영국인들은 꽤 보수적이라고 세상에 소문나 있다. 그런데도 만국 가운데 진보의 속도가 영국만한 나라가 없다. 또한 보수성이 반드시 사회(群)에 해가 되는 것을 어디에서 볼 수 있는가! 나는 생각하고 또 거듭 생각하여, 〔중국이 진보하지 못한〕 원인에 자연적인 것 두 가지와 인위적인 것 세 가지가 있다고 생각하게 되었다.

論者必曰, 由於保守性質之太强也. 是固然也. 雖然, 吾國中人保守性質, 何以獨强, 是亦一未解決之問題也. 且英國人以善保守聞於天下, 而萬國進步之速, 殆莫英若, 又安見夫保守之必爲群害也. 吾思之, 吾重思之, 其原因之由於天然者有二, 由於人事者有三.

첫째, 대일통(大一統)을 이루어 경쟁(競爭)이 끊어져 있었다. 경쟁이 진화(進化)의 어머니라는 이 주장은 이제 거의 철칙이 되었다.

서양에서는 옛날 희랍시대 여러 나라들이 병존했을 때에 정치학(政學)이 가장 융성했었다고 평가된다. 로마가 여러 나라로 분열되고, 다시 근세의 정치를 이룩한 뒤 지금까지의 현상은 모두 경쟁의 분명한 효과이다. 여러 나라가 병립해 있을 때는 경쟁하지 않으면 자존할 수 없다. 경쟁은 국가 사이에만 있는 것이 아니라 개인(個人) 사이에도 있다. 강한 힘에만 달려 있는 것이 아니라 덕(德)과 지(智)에 더욱 달려 있다. 갈라지는 길을 함께 달리면 사람은 저절로 싸우기 마련이니, 진화는 드디어 왕성해져서 막을 수 없게 된다. 그리하여 한 나라에 신식의 창포(鎗炮)가 나타나면 다른 나라는 옛것을 버리는데, 이는 뒷일을 두려워하기 때문이지 전장에서 승리하기에 부족해서가 아니다. 한 공장에 신식 기계가 출현하면 다른 공장 역시 옛날 것을 버리는데, 이는 훗날을 두려워해서이지 시장에서 이익을 얻는 데 부족해서가 아니다. 오직 그렇기 때문에 단지 남보다 처지는 것을 부끄럽게 여길 뿐 아니라, 더 나아지기 위해 늘 애쓴다. 어제 을이 갑보다 뛰어났지만 오늘은 병이 을을 능가하고 내일은 갑이 다시 병을 이긴다. 이처럼 서로 내려다보고 서로 질시하며 서로 스승이 된다. 마치 경마를 하는 듯하고 마치 싸우는 듯하고 마치 배젓기 경주를 하는 듯하다. 앞에 가로놓인 존재가 있으면 뒤에 있는 자는 스스로 힘쓰지 않을 수 없다. 뒤에서 쫓아오는 존재가 있으면 앞에 있는 자 역시 감히 안주할 수 없다. 이는 실로 진보의 원동력이 나오는 곳이다. 중국은 오직 춘추전국시대의 몇 백 년 동안 여러 나라가 분립하는 운이 가장 오래 지속되었다. 군치(群治)의 진보는 실로 이때 극점을 이뤘다. 진나라 이래로 통일의 국면이 이루어지고, 퇴화의 상태는 지금까지 천여 년간 이어졌다. 무슨 다른 이유가 있겠는가! 경쟁력의 약화 때문에 그렇게 된 것이다.

一曰大一統而競爭絶也. 競爭爲進化之母, 此義殆旣成鐵案矣. 泰西當希臘列國之時, 政學皆稱極盛, 洎羅馬分裂, 散爲諸國, 復成近世之治, 以迄於今, 皆競爭之明效也. 夫列國幷立, 不競爭則無以自存. 其所競者非徒在國家也, 而兼在個人, 非徒在强力也, 而尤在德智, 分途幷趨, 人自爲戰, 而進化遂沛然莫之能禦. 故夫一國有新式鎗炮出, 則他國棄其舊者恐後焉, 非是不足以操勝於疆場也. 一廠有新式機器出, 則他厂亦棄其舊者恐後焉, 非是不足以求贏於闤闠也. 惟其然也, 故不徒恥下人, 而常求上人. 昨日乙優於甲, 今日丙駕於乙, 明日甲還勝丙, 互相傲, 互相妬, 互相師, 如賽馬然, 如鬪然, 如競漕然, 有橫於前, 則後焉者自不敢不勉, 有躡於後, 則前焉者亦不敢卽安, 此實進步之原動力所由生也. 中國惟春秋戰國數百年間, 分立之運最久, 而群治之進, 實以彼時爲極點. 自秦以後, 一統局成, 而爲退化之狀者, 千餘年於今矣, 豈有他哉, 競爭力銷乏使然也.

둘째, 야만족(蠻族)에 둘러싸여 교류와 소통이 어려웠다. 한 사회(社會)와 다른 사회가 서로 접촉하면 반드시 새로운 현상을 만들어 내며 문명도 따라서 진일보한다. 고대 희랍의 식민지나 근세 십자군의 동정(東征) 등은 모두 그 선례이다. 그렇다면 통일이 반드시 진보의 장애는 아니다. 내적으로 통일되어 외부와 교류하고 소통한다면 비약하거나 혹은 더욱 빠르게 진보할 것이다. 중국을 둘러싼 것은 모두 소규모의 오랑캐(蠻夷)였다. 그들의 문명 정도는 하나같이 우리보다 몇 등급 아래여서, 그들과 접촉하면 마치 끓는 물을 눈에 붓는 듯 했다. 고금사방을 둘러봐도 늘 천상천하에 유아독존임을 느낄 뿐이었다. 그래서 자신감을 갖게 되고 계속해서 자만심을 갖게 되고 결국에는 스스로를 한계 짓게 되었다. 스스로를 한계 짓게 되면 진보의 길은 끊어진다. 이뿐만이 아니다. 이른바 야만족은 늘 소나 양의 힘을 〔업고〕 물과 풀의 성질을 〔사용해〕 우리 문명을 파괴했다. 이에 굴복하지 않고 항거하기 위해서는 우리 고유의 것을 지키는 것이 가장 급했다. 중원의 문헌과 중화의 통치제도(漢官威儀)는 실로 우리 황인종(黃族)이 수천 년 동안 싸워 이겨 전해 온 정신이다. 밖으로는 배우고 본받아서 더하거나 덜 거리가 없었으며, 안으로는 전전긍긍하며 스스로를 지키는 도구를 갖추지 않을 수 없었으니, 이런 추세로 끝까지 이어나간 것 또한 당연했다.

二曰環蠻族而交通難也. 凡一社會與他社會相接觸, 則必産出新現象, 而文明遂進一步, 上古之希臘殖民, 近世之十字軍東征, 皆其成例也. 然則統一非必爲進步之障也, 使統一之於內, 而交通之於外, 則其飛躍或有更速者也. 中國環列皆小蠻夷, 其文明程度, 無一不下我數等, 一與相遇, 如湯沃雪, 縱横四顧, 常覺有上天下地唯我獨尊之概, 始而自信, 繼而自大, 終而自畫, 至於自畫, 而進步之途絶矣. 不寧惟是, 所謂諸蠻族者, 常以其牛羊之力, 水草之性, 來破壞我文明, 於是所以抵抗之者, 莫急於保守我所固有, 中原文獻, 漢官威儀, 實我黃族數千年來戰勝群裔之精神也. 夫外之旣無可師法以爲損益之資, 內之復不可不兢兢保持以爲自守之具, 則其長此終古也亦宜.

이상은 자연에 기인한 것이다.

以上由於天然者.

셋째, 언어와 문자가 분리되어 사람의 지혜가 국한되었다. 문자는 정신적인 것(道)과 물질적인 것(器)을 발명하는 데 필요한 첫 번째 요건이다. 그것이 복잡한가 간단한가, 어려운가 쉬운가는 항상 민족의 문명 정도가 높은가 낮은가와 비례한다. 여러 나라의 문자는 모두 처음에는 형태를 따르는(衍形) 문자였다가, 진화하여 소리를 따르는(衍聲) 문자로 변하였다. 인류의 말이라는 것은 〔언어와 문자〕 상호간의 차이가 있으면, 수천, 수백 년 뒤에는 반드시 그 처음에서 크게 멀어지게 되는데, 이는 세(勢)가 그렇게 만드는 것이다. 그러므로 소리를 따르는 문자를 쓰는 나라에서는 언어와 문자가 항상 일치할 수 있으며, 형태를 따르는 문자를 쓰는 나라에서는 언어와 문자가 반드시 나날이 서로 멀어진다. 사회(社會)의 변천이 나날이 번잡해지면, 새로운 현상과 새로운 명사(名詞)도 날마다 나타난다. 〔새로운 명사는〕 혹은 누적된 것에서 얻기도 하고 혹은 변환된 것에서 오기도 한다. 그러므로 수천 년 전에 한 고을 한 나라의 문자는, 수천 년 뒤에는 물길이 흐르고 합쳐지는 곳, 여러 종족들이 겪은 분란, 각 시대 사물의 명칭과 특성, 정조와 경계 등을 모두 다 싣고 묘사할 수 없다. 이는 어떻게 할 수 없는 일이다. 언어와 문자가 일치한다면, 언어가 증가하면 문자도 함께 증가한다. 새로운 사물이나 새로운 의미가 나타나면 바로 새로운 문자로 대응한다. 새로운 것이 새로운 것을 불러 날로 진보한다. 언어와 문자가 일치하지 않으면, 언어는 날로 늘어나는데 문자는 그렇지 못해서, 새로운 것을 받아들이더라도 이해할 수가 없고, 혹 이해하더라도 전달할 수가 없다. 그래서 바야흐로 새로움의 조짐이 있어도 막힐 수밖에 없다. 이것이 〔언어와 문자가 일치하지 않아 생기는〕 첫 번째 해이다.

三曰言文分而人智局也. 文字爲發明道器第一要件, 其繁簡難易, 常與民族文明程度之高下爲比例差. 列國文字, 皆起於衍形, 及其進也, 則變而衍聲. 夫人類之語言, 遞相差異, 經千數百年後, 而必大遠於其朔者, 勢使然也. 故衍聲之國, 言文常可以相合, 衍形之國, 言文必日以相離. 社會之變遷日繁, 其新現象新名詞必日出, 或從積累得, 或從交換而來, 故數千年前一鄉一國之文字, 必不能擧數千年後萬流匯沓, 群族紛拏, 時代之名物意境, 而盡載之盡描之, 此無何如者也. 言不合, 則言增而文與之俱增, 一新名物新意境出, 而卽有一新文字以應之, 新新相引, 而日進焉. 言文分, 則言日增而文不增, 或受其新者而不能解, 或解矣而不能達, 故雖有方新之機, 亦不得不窒,其爲害一也.

언어와 문자가 일치하면, 현대의 글(今文)에 능통하는 것만으로도 보통 정도의 지식은 이미 얻을 수 있다. 고문(원주 — 서양의 희랍문자나 로마문자와 같은 것)을 배우는 것은 전문가들이 탐구하게 하면 된다. 그러므로 언어를 다룰 줄 알면 책을 읽을 수 있게 되고 사람이 사는데 반드시 필요한 상식(常識)을 널리 퍼트릴 수 있다. 언어와 문자가 분리된 경우에는, 옛날 책을 많이 읽어 옛날 말뜻에 통달하지 않으면 학문에 대해 말할 수가 없다. 그래서 근래 수백 년 동안 학자들은 흔히 평생의 정력을 『설문』(說文)[12]이나 『이아』(爾雅)[13]를 공부하는데 소모했을 뿐, 실용적인 것에 종사할 여유가 없었으니, 이것 또한

12 『설문해자』(說文解字)를 말한다. 중국 동한(東漢) 허신(許愼)의 저작으로, 1만여 자에 달하는 한자(漢字)에 대해, 본래의 글자 모양과 뜻, 발음을 종합적으로 해설한 자전이다.

13 중국 고대의 자서(字書). 고전의 문자를 추려 유의어와 자의 등을 해설하였다.

그럴 수밖에 없는 상황이었다. 〔이것이 언어와 문자가 일치하지 않아 생기는〕 두 번째 해다.

言文合, 則但能通今文者, 已可得普通之智識, 其古文之學, (如泰西之希臘羅馬文字) 待諸專門名家者之討求而已, 故能操語者卽能讀書, 而人生必需之常識, 可以普及. 言文分, 則非多讀古書通古義, 不足以語於學問, 故近數百年來學者, 往往瘁畢生精力於說文爾雅之學, 無餘裕以從事於實用, 夫亦有不得不然者也, 其爲害二也.

또한 언어와 문자가 일치하고 소리를 따르는 문자인 경우에는, 20~30개의 자모를 알고 그것들이 결합되는 방식에만 통달하면, 글자만 보고도 그 음을 알 수 있고 음을 듣고는 그 뜻을 이해할 수 있다. 언어와 문자가 분리되고 형태를 따르는 문자인 경우에는, 『창힐편』[14] 3천 자의 경우 이것이 모두 자모자 3천이 되며, 『설문』 9천 자는 이것이 모두 자모자 9천이 된다. 『강희자전』 4만 자 이것이 모두 자모자 4만 자가 된다. 20~30 자의 자모를 익히는 것과, 3천, 9천, 4만 자의 자모를 익히는 것, 그 쉽고 어려움의 차이가 어느 정도이겠는가! 그래서 서양이나 일본에서는 부녀자나 아이도 편지를 쓸 줄 알고 마부도 신문을 읽을 수 있다. 그런데 우리 중국에서는 10년을 배워도 이처럼 글만 읽어 세상물정에 어두운 자들이 여전하다. 〔이것이 언어와 문자가 일치하지 않아 생기는〕 세 번째 해다.

且言文合而主衍聲者, 識其二三十之字母, 通其連綴之法, 則望文而

14 중국 진(秦)나라의 재상 이사가 소전(小篆)으로 기록한 자서(字書).

可得其音, 聞音而可解其義. 言文分而主衍形者, 則蒼頡篇三千字, 斯爲字母者三千, 說文九千字, 斯爲字母者九千, 康熙字典四萬字, 斯爲字母者四萬. 夫學二三十之字母, 與學三千九千四萬之字母, 其難易相去何如, 故泰西日本,婦孺可以操筆札, 車夫可以讀新聞, 而吾中國或有就學十年, 而冬烘之頭腦, 如故也, 其爲害三也.

군치(群治)의 진보는 한 사람에 의해 가능한 일이 아니다. 서로 고무하면서 서로 개선시키며, 서로 이끌어 주고 서로 성장시켜줘야 한다. 특별한 지식을 가진 한두 사람은 상식을 가진 백·천·만·억의 사람들만 못하다. 그 힘이 클수록 그 효과는 더욱 드러난다. 우리 국민은 정력을 소비하며 배우기 어려운 문자를 배워야하므로 학문을 성취한 사람은 1할도 안 된다. 이미 성취해도 여전히 이 시대에 사용될 새로운 사물, 새로운 이론과는 큰 거리가 있다. 이것이 정신(性靈)이 예리하게 계발되고 발휘되지 않는 이유이며, 사상의 전파가 유독 느린 이유이다.

夫群治之進, 非一人所能爲也, 相摩而遷善, 相引而彌長, 得一二之特識者, 不如得百千萬億之常識者, 其力逾大而效逾彰也. 我國民旣不得不疲精力以學難學之文字, 學成者固不及什一, 卽成矣, 而猶於當世應用之新事物新學理, 多所隔閡, 此性靈之浚發所以不銳, 而思想之傳播所以獨遲也.

넷째, 전제가 오래되어 국민성이 천박하다. 하늘은 사람을 낳고 권리를 주었다. 또한 이 권리를 확충할 지식을 주었으며, 이 권리를 보호할 능력을 주었다. 그러므로 백성의 자유, 자치에 맡기면 군치는 반드시 나날이 왕성하게 상승해 갈 것이다. 그러나 속박하고 해치는 〔전제자가〕 있으면, 처음에는 그 생기를 막고 이어서는 그 본성을 잃게 하니, 사람의 도는 이에 거의 끊어질 것이다. 야만(野蠻)시대에 단체가 아직 단단하지 않고 인지가 아직 완성되지 않았을 때는, 한두 사람의 호걸이 일어나 그 책임을 대신하고 그 수고를 맡는 것이 사회(群)에 이롭다. 그러나 그 이후에 오랫동안 임시의 것을 제자리로 돌려놓지 않는다면, 그 이로움이 어떻게 그 폐해를 보상하기에 족하겠는가. 한 집안, 한 점포에 비유해 보자. 가장이 그 자제를 대하고 점포의 주인이 그 점원을 대하면서 각자의 권리를 돌려주고 서로 침해하지 않는다면, 각자는 자신의 의무를 다하면서 서로 방탕하지 않는다. 이렇게 하고서도 번성하여 일어나지 않은 경우는 들은 적이 없다.

> 四曰專制久而民性漓也. 天生人而賦之以權利, 且賦之以擴充此權利之智識, 保護此權利之能力. 聽民之自由焉, 自治焉, 則群治必蒸蒸日上. 有桎梏之戕賊之者, 始焉窒其生機, 繼焉失其本性, 而人道乃幾乎息矣. 故當野蠻時代, 團體未固, 人智未完, 有一二豪傑起而代其責, 任其勞, 群之利也. 過是以往, 久假不歸, 則利豈足以償其弊哉. 譬之一家一廛之中, 家長之待其子弟, 廛主之待其伴傭, 皆各還其權利而不相侵, 自能各勉其義務而不相佚, 如是而不勃焉以興, 吾未之聞也.

그러지 않고, 〔인민을〕 노예처럼 부리고 도적처럼 막는다면 그들도 노예와 도적으로 자처한다. 〔그런 인민들은〕 자신이 편안할 수 있고 자신에게 이익이 된다면, 그 집안, 그 점포의 공익을 희생하더라도 마다하지 않고 한다. 이런 식으로 해서 위축되어 쇠락해 가지 않은 경우를 들어 본 적이 없다. 그러므로 중국의 군치가 진보하지 않은 것은 인민이 공익을 돌아보지 않았기 때문이다. 인민이 공익을 돌아보지 않은 것은 노예나 도적으로 자처했기 때문에 그렇게 된 것이다. 노예나 도적으로 자처하게 된 것은 패자(霸者)들이 천하를 자기 한 집안의 재산으로 여기고 우리 백성을 노예나 도적으로 여겼기 때문이다.

不然者, 役之如奴隸, 防之如盜賊, 則彼亦以奴隸盜賊自居, 有可以自逸可以自利者, 雖犧牲其家其廛之公益以爲之, 所不辭也, 如是而不萎焉以衰, 吾未之聞也. 故夫中國群治不進, 由人民不顧公益使然也. 人民不顧公益, 由自居於奴隸盜賊使然也. 其自居於奴隸盜賊, 由霸者私天下爲一姓之産而奴隸盜賊吾民使然也.

훌륭하구나. 입헌국의 정당정치여! 그 〔정당의〕 당인들이 반드시 모두 공공심(公心)을 갖고 공덕을 갖춘 것은 아니며, 스스로의 명예를 꾀하고 스스로의 이익을 꾀하지 않은 적은 없다. 그러나 전제국에서 권세와 이익을 구하는 자들은 한 사람에게 아부하지만, 입헌국에서 권세와 이익을 구하는 자들은 서민(庶人)에게 아부한다. 아부하는 것은 한가지이지만 백성의 이익이 증진되는지 증진되지 않는지는 이점에서 갈린다. 정당정치는 나라에 반드시 둘 이상의 정당이 있어야 하며, 하나는 조정에 있고 나머지는 재야에 있다. 야당(在野黨)은 여당(在朝黨)을 쓰러뜨리고 그 자리를 대신하려고 한다. 그래서 스스로 정책을 펴고 여당의 정책을 공격하면서, 우리가 정권을 얻도록 해 준다면 우리가 펼칠 〔정책은〕 이러이러하며, 어떤 일은 백성을 위해 공공의 해를 없애는 것이며, 어떤 일은 백성을 위해 공공의 이익을 증진시킨다고 설명한다. 백성들이 좋아하면 다수의 의원을 차지하게 되고 결과적으로는 앞의 여당과 그 자리를 바꾸게 된다. 그리하여 〔여당은〕 정책을 펼쳐 백성의 바람에 부응함으로써 대권을 지키지 않을 수 없다. 그렇게 하여 군치는 한 단계 진보하는 것이다. 이전의 여당은 자리가 바뀌어 야당이 되고, 잃은 권력을 회복하려면 또한 신중하게 민생고를 살피지 않을 수 없다. 그리하여 마음을 다하여 계획을 세우고, 더 새롭고 더 좋은 정책을 선전하면서, "저 당이 말하는 공공의 해를 없애고 공공의 이익을 증진한다는 것은 아직 제대로 되지 않았다. 우리 당에게 다시 기회를 준다면 이러저러하게 할 것"이라고 말하지 않을 수 없다. 그런 연후에야 국가의 앞날은 더욱 이롭게 향상될 것이다. 백성이 좋아해서 다시 다수의 의원석을 점하게 되면 다시 여당과 자리를 바꿔 일어날 수 있다. 그렇게 되면 또한 약속했던 정책을 실행하지 않을 수 없으며, 그럼으로써 백성의 바람에 부응하고 대권을 보존할 수 있다. 이러면서 군치는 또 한 단계 진보하는 것이다. 이처럼 서로 다투고 서로 부딪히며 서로 증강시키고 서로 성장시키기를 끝없이 전개해 간다. 그 경쟁이 열렬할수록 그 진보도 빠르다. 구미 각국의 정치가 변천하는 대세는 대개 이러한 〔구조에〕 의한다. 그러므로 공을 위해서인가 사를 위해서인가를 막론하고 국민을 위해 이룬 것은 본래 매우 크다.

善夫, 立憲國之政黨政治也, 彼其黨人, 固非必皆秉公心禀公德也, 固未嘗不自爲私名私利計也. 雖然, 專制國之求勢利者, 則媚於一人, 立憲國之求勢利者, 則媚於庶人, 媚一也, 而民益之進不進, 於此判焉. 政黨之治, 凡國必有兩黨以上, 其一在朝, 其他在野. 在野黨欲傾在朝黨而代之也, 於是自布其政策, 以掊擊在朝黨之政策, 曰使吾黨得政,則吾所施設者如是如是, 某事爲民除害, 某事爲民增公益. 民悅之也, 而得占多數於議院, 而果與前此之在朝黨易位, 則不得不實行其所布之政策, 以副民望而保大權, 而群治進一級焉矣. 前此之在朝黨, 旣幡而在野, 欲恢復其已失之權力也, 又不得不勤察民隱, 悉心布畫, 求更新更美之政策而布之曰, 彼黨之所謂除公害增公益者, 猶未盡也, 使吾黨而再爲之, 則將如是如是, 然後國家之前途愈益向上. 民悅之也, 而復占多數於議院, 復與代興之在朝黨易位, 而亦不得不實行其所布之政策, 以副民望而保大權, 而群治又進一級焉矣. 如是相競相軋, 相增相長, 以至無窮, 其競愈烈者, 則其進愈速, 歐美各國政治遷移之大勢, 大率由此也. 是故無論其爲公也, 卽爲私焉, 而其有造於國民固已大矣.

전제의 나라에서는, 설사 한두 사람의 성군이나 현명한 재상이 있어서 공을 위해 사사로움을 죽이고 국민 전체의 이익을 도모하더라도, 그 큰 나라 전체에까지 힘이 미치기 어렵다. 그 은택이 진정으로 널리 미치는 일은 본래 매우 드물다. 설사 가능하다고 해도 이른바 성군이나 현명한 재상은 수천 수백 년에 한 번도 만나기 어렵다. 〔한말의〕 환제나 영제〔와 같은 어리석은 군주와〕[15] 〔송대의〕 채경과 진회〔와 같은 간신〕[16]은 끊이지 않고 역사에서 이어졌다. 그러므로 중국은

15 환제(桓帝, 132~167)는 후한 제11대 황제(재위 146~167)로 재위기간에 당고의 금(黨錮之禁)이 발생하였다. 영제(靈帝, 156~189)는 12대 황제로, 재위기간에 황건적의 난 등, 군웅이 할거했다.

16 채경(蔡京, 1047~1126)은 북송 말의 정치가로, 행정관료로서 유능하였지만, 권력욕이 강하고 지조가 없었다고 한다. 진회(秦檜, 1090~1155)는 남송의 재상으로, 권력 유지

항상 일치일란(一治一亂)이라고 말해 왔다. 또한 다스려진 날은 적고 어지러운 날은 많다고도 말했다. 싹이 없다면 어떻게 광풍과 폭우 속에 전파되겠는가? 1촌(寸)을 전진하고 1척(尺)을 물러나며, 하나가 진보하고 열이 퇴보하므로, 백년 천년을 내려오면서 점점 나빠지는 것이다.

> 若夫專制之國, 雖有一二聖君賢相, 徇公廢私, 爲國民全體謀利益, 而一國之大, 鞭長難及, 其澤之眞能徧逮者, 固已希矣. 就令能之, 而所謂聖君賢相者, 曠百世不一遇, 而桓靈京檜, 項背相望於歷史. 故中國常語稱一治一亂, 又曰治日少而亂日多, 豈無萌蘖, 其奈此連番之狂風橫雨何哉. 進也以寸, 而退也以尺, 進也以一, 而退也以十, 所以歷千百年而每下愈況也.

다섯째, 학설이 협소해 사상이 질식되었다. 한 나라의 진보는 반드시 학술과 사상을 어머니로 하여, 풍속과 정치는 모두 〔거기에서 나오는〕 자손이다. 중국은 오직 전국시대에만 여러 학파들이 복잡하게 일어나 학술 사상(道術)이 가장 폭넓었다. 역사 이래 황인종(黃族)의 명예는 그때보다 융성한 때가 없었다. 〔그러다가〕 진(秦)·한(漢) 이래 공자교(孔敎)로 통일되었다. 공자교가 좋다는 것은 부인하지 않는다. 그러나 한 나라 안 사람들의 사상을 억지로 한 길에서만 나오게 한다면 진화에 미치는 해는 막대하다. 한무제가 육예(六藝)를 표장하고 백가를 쫓아낸 이후, 육예의 과목에 들지 않는 것은 끊어져 진보

를 위해 공포정치를 자행해서 한간(漢奸)으로 지탄받는다.

가 없었다. 이후 속박하고 몰아붙이는 것이 나날이 더하고, 호랑이 가죽을 쓴 양처럼 패자(霸者)가 〔유학을〕 빌려서 호신부로 삼으며, 남의 권리에 의지하는 여우나 쥐새끼처럼 천박한 유학자들은 그것을 이용해 배를 채웠다. 사정은 점점 나빠져 온 나라의 사상은 침체의 극에 이르렀다. 유럽사(歐洲史)를 서술할 때는 누구나 중세사를 암흑시대로 서술한다. 중세사는 로마의 교황권(敎權)이 가장 극성했던 시대였다. 전 유럽 인민의 육체계는 전제군주의 폭력적인 권위 아래 부패해 갔으며, 그 영혼계는 전제교주의 속박 밑에 엎드려 있었다. 그러므로 진보하지 못했을 뿐 아니라 희랍로마의 전성시대와 비교해 이미 천 길은 추락해 있었다. 지금 우리 중국의 진한 이래의 역사를 읽어보라. 유럽중세사와 비교할 때 어떠한가? 나는 감히 공자교를 원망하지는 않지만 공자교를 꾸며서 공자교를 이용하고 공자교를 왜곡하는 자들이 스스로를 해치고 국민을 해치는 데 대해서는 통절히 미워하지 않을 수 없다.

> 五曰學說隘而思想窒也. 凡一國之進步, 必以學術思想爲之母, 而風俗政治皆其子孫也. 中國惟戰國時代, 九流雜興, 道術最廣, 自有史以來, 黃族之名譽, 未有盛於彼時者也. 秦漢而還, 孔教統一. 夫孔教之良, 固也. 雖然, 必强一國人之思想使出於一途, 其害於進化也莫大. 自漢武表章六藝, 罷黜百家, 凡非在六藝之科者絶勿進, 爾後束縛馳驟, 日獲一日, 虎皮羊質, 霸者假之以爲護符, 社鼠城狐, 賤儒緣之以謀口腹, 變本加厲, 而全國之思想界銷沉極矣. 敍歐洲史者, 莫不以中世史爲黑暗時代. 夫中世史則羅馬教權最盛之時也, 擧全歐人民, 其軀殼界則糜爛於專制君主之暴威, 其靈魂界則匍伏於專制教主之縛軛, 故非惟不進, 而以較希臘羅馬之盛時, 巳一落千丈强矣. 今試讀吾

中國秦漢以後之歷史, 其視歐洲中世史何如, 吾不敢怨孔教, 而不得不深惡痛絶夫緣飾孔教利用孔教誣罔孔教者之自賊而賊國民也.

이상 인사에 의한 것이다.

以上由於人事者.

자연의 장애는 인력이 어떻게 할 수 있는 바가 아니나, 세계의 바람과 파도에 흔들리고 타격 받아, 이미 우리나라는 수천 년 된 옛 모습에서 일변했다. 진보여, 진보여, 마땅히 오늘날에 있으리라! 그러나 변한 것은 외부세계이지 내부세계가 아니다. 내부세계가 변하지 않으면 외부세계에서 날마다 부추기고 채찍질해도 진보할 수 있는 원인이 없다. 천하의 일에는 결과 없는 원인이 없으며, 원인 없는 결과 역시 없다. 우리들이 수천 년 동안 쌓은 나쁜 원인으로 오늘날 나쁜 결과를 낳은 것이다. 세상에 도에 뜻을 둔 사람이라면 이 뒷날의 결과에 대해 급하게 책임을 묻지 말고 먼저 오늘의 원인을 개량해야 할 뿐이다.

夫天然之障, 非人力所能爲也, 而世界風潮之所簸蕩所衝激, 已能使吾國一變其數千年來之舊狀. 進步乎, 進步乎, 當在今日矣. 雖然, 所變者外界也, 非內界也. 內界不變, 雖日烘動之鞭策之於外, 其進無由. 天下事無無果之因, 亦無無因之果. 我輩積數千年之惡因, 以受惡果於今日. 有志世道者, 其勿遽責後此之果, 而先改良今日之因而已.

신민자(新民子)가 말한다.[17] 나는 더 이상 체면치레를 위한 빈 소리는 하고 싶지 않다. 나는 고금 만국에서 진보를 추구하는 것이 유일무이의 피할 수 없는 공공의 규칙(公例)에 의한 것임을 우리 국민에게 바로 고한다. 그 규칙(例)이란 무엇인가? 파괴일 뿐이다.

新民子曰, 吾不欲復作門面語, 吾請以古今萬國求進步者獨一無二不可逃避之公例, 正告我國民. 其例維何, 曰破壞而已.

상서롭지 못하다, 파괴라는 일이란! 불인하다, 파괴의 말이란! 고금 만국의 인인지사(仁人志士)들이 정말로 어쩔 수 없어서가 아니라면, 어떻게 기이하고 천박한 일을 좋아하며 세상을 냉소하면서 한때의 의기를 부려 이 일을 일삼고 이 말을 하겠는가! 파괴의 기운이 닥쳤을 때는 〔자발적으로〕 파괴해도 파괴되고 〔자발적으로〕 파괴하지 않아도 역시 파괴된다. 파괴가 끝내 피할 수 없는 것이라면, 하루라도 빠르면 하루 분의 복을 더 받게 되고 하루라도 늦으면 그 하루의 폐해가 늘어난다. 일찍 파괴하게 되면 파괴되는 것은 비교적 적고 보존되는 것은 자연히 많다. 늦게 파괴하면 파괴되는 것은 어쩔 수 없이 더 많아지고 보전되는 것은 점점 더 적다. 사람의 힘을 써서 파괴하면 의식 있는 파괴가 되며, 파괴의 뒤를 건설이 따른다. 한 번 파괴하면 제2의 파괴를 가져올 수 있는 뿌리를 영원히 잘라내어, 장차 올 즐거움과 이익은 목전의 고통을 보상하고도 남는다. 자연적으로 파괴되면 무의지적 파괴로, 이렇게 되면 파괴는 있으나 건설은 없다.

---

17 이 부분부터 『신민총보』 제11호 게재. 1902. 7. 5.

한 번 파괴되는 데서 그치지 않고 다시 파괴되기에 이르고, 두 번 파괴되는 데서 그치지 않고 세 번 파괴되는 데 이른다. 이와 같이 수백 년, 수천 년이 지날 수도 있으며, 나라와 백성은 번갈아 그 고통을 받고, 내부가 썩어 스스로 망하는 데 이른다. 아아! 아프다, 파괴여! 아아! 어렵다, 파괴하지 못함이여!

> 不祥哉, 破壞之事也, 不仁哉, 破壞之言也. 古今萬國之仁人志士, 苟非有所萬不得已, 豈其好爲傚詭涼薄, 憤世嫉俗, 快一時之意氣, 以事此事而言此言哉. 蓋當夫破壞之運之相迫也, 破壞亦破壞, 不破壞亦破壞. 破壞旣終不可免, 早一日則受一日之福, 遲一日則重一日之害. 早破壞者, 其所破壞可以較少, 而所保全者自多. 遲破壞者, 其所破壞不得不益甚, 而所保全者彌寡. 用人力以破壞者, 爲有意識之破壞, 則隨破壞隨建設, 一度破壞, 而可以永絶第二次破壞之根, 故將來之樂利, 可以償目前之苦痛而有餘. 聽自然而破壞者, 爲無意識之破壞, 則有破壞無建設, 一度破壞之不已而至於再, 再度不已而至於三, 如是者可以歷數百年千年, 而國與民交受其病, 至於魚爛而自亡. 嗚呼, 痛矣哉破壞. 嗚呼, 難矣哉不破壞.

내 말을 의심하는가? 나는 중국과 외국의 역사를 같이 읽어 보자고 청한다. 중세(中古) 이전의 세계는 한결같이 피고름의 세계였다. 영국은 근세문명의 선진국이라고 불린다. 1660년[18] 이후 지금까지 2백여 년 동안 파괴가 없었다. 그 이유는 사실은 긴 기간 국회가 한 번

18 1640~1660년 사이에 최초의 시민혁명이라 불리는 청교도혁명이 있었다. 크롬웰이 이끈 의회군이 왕당파에게 승리하여 1649년 공화정이 수립되었다.

의 대파괴를 겪었기 때문이다. 파괴를 꺼렸다면 이후의 영국이 18세기 말의 프랑스처럼 안 되었으리란 법이 없다. 미국은 1650년 이후 지금까지 50여 년 동안 파괴가 없었다. 그 이유는 사실은 영국에 저항한 독립전쟁과 노예해방을 위한 전쟁, 이 두 번의 대파괴를 겪었기 때문이다. 만약 파괴를 꺼렸다면 이후의 미국이 오늘날의 페루, 칠레, 베네수엘라, 아르헨티나처럼 되지 않았으리란 법이 없다. 유럽대륙의 여러 나라들은 1870년 이후 지금까지 30여 년 동안 파괴가 없었다. 그 이유는 프랑스 대혁명 이래 70년 동안 이어진, 이전에도 없었고 이후에도 없을 대파괴 때문이다. 만약 파괴를 꺼렸다면 오늘날의 게르만(日耳曼)과 이탈리아가 폴란드처럼 되고, 오늘날의 헝가리와 발칸반도 여러 나라가 인도처럼 되고, 오늘날의 오스트리아가 이집트처럼 되고, 오늘날의 프랑스가 과거의 로마처럼 되지 않는다고 장담할 수 없다. 일본은 메이지 원년[19] 이후 지금까지 30여 년 동안 파괴가 없었다. 그 이유는 왕을 받들고 막부를 토벌하고 번을 폐지하고 현을 두는, 일대 파괴를 단행했기 때문이다. 만약 파괴를 꺼렸다면 어떻게 오늘날의 일본이 조선처럼 되지 않았겠는가! 내가 말하는 200년 동안, 50년 동안, 30년 동안 파괴가 없었다는 것은, 단지 오늘날의 시점에서 말한 것에 불과하지만, 사실은 이 여러 나라들이 오늘 이후 수백 년, 수천 년이라도 파괴가 없을 것이라고 나는 감히 단언한다. 어떻게 그럴 수 있는가? 파괴에는 반드시 파괴의 근원이 있다. 몽테스키외는 말했다. "전제의 나라에서는 그 군주와 재상이 걸핏하

19 1868년.

면 '만민의 단결화합'이라고 하는데, 사실은 나라 안에 항상 은연중에 변란의 씨앗을 품고 있다. 이는 일시적인 안정을 구하는 것이지 단결화합을 〔구하는 것이〕 아니기 때문이다." 그러므로 변란의 씨앗을 제거하지 못하면 오고가는 파괴를 꺼릴지라도 끝내 피할 수 없다. 이 여러 나라들은 실로 인력(人力)으로 한 번의 대파괴를 겪음으로써 이 씨앗의 싹을 잘라버리고 그 뿌리를 끊어 버림으로써 다시 자라나지 못하게 하였다. 그러므로 이 여러 나라들이 지금 이후로 전쟁해서 피 흘릴 일이 있다면 오직 국권 때문일 것으로, 해외에 군대를 파견하는 일이 혹 있을 수도 있다. 그러나 국내에서 서로 싸우며 썩어 문드러지고 끓는 솥 안처럼 혼잡한 일이라면 영원히 끊어져서, 〔이 나라들이〕 하늘과 땅처럼 오래도록 이어질(天地長久) 것이라 감히 나는 단언한다.

聞者疑吾言乎. 吾請與讀中外之歷史, 中古以前之世界, 一膿血世界也. 英國號稱近世文明先進國, 自一千六百六十年以後, 至今二百餘年無破壞, 其所以然者, 實自長期國會之一度大破壞來也. 使其憚破壞, 則安知乎後此之英國, 不爲十八世紀末之法蘭西也. 美國自一千八百六十五年以後, 至今五十餘年無破壞, 其所以然者, 實自抗英獨立放奴戰爭之兩度大破壞來也. 使其憚破壞, 則安知乎後此之美國, 不爲今日之秘魯智利委內瑞辣亞爾然丁也. 歐洲大陸列國, 自一千八百七十年以後, 至今三十餘年無破壞, 其所以然者, 實自法國大革命以來綿亘七八十年空前絶後之大破壞來也. 使其憚破壞, 則安知乎今日之日耳曼意大利不爲波蘭, 今日之匈加利及巴幹半島諸國不爲印度, 今日之奧大利不爲埃及, 今日之法蘭西, 不爲疇昔之羅馬也. 日本自明治元年以後, 至今三十餘年無破壞, 其所以然者, 實自勤王討幕廢藩置縣之一度大破壞來也. 使其憚破壞, 則安知乎今日之日本不爲朝鮮也. 夫吾所謂二百年來五十年來三十年來無破壞云者, 不過斷自今日言之耳, 其實則此諸國者, 自今以往, 雖數百年千年無破壞, 吾所敢斷言也, 何也. 凡破壞必有破壞之根原, 孟德斯鳩曰, 專制之國, 其君相動曰輯和萬民, 實則國中常隱然含有擾亂之種子, 是苟安也, 非輯和也. 故擾亂之種子不除, 則蟬聯往復之破壞, 終不可得免. 而此諸國者, 實以人力之一度大破壞, 取此種子芟荑蘊崇之, 絶其本根而勿使能殖也. 故夫諸國者, 自以今往, 苟其有金革流血之事, 則亦惟以國權之故, 構兵於域外, 容或有之耳, 若夫國內相鬩糜爛鼎沸之慘劇, 吾敢決其永絶而與天地長久也.

지금 우리나라에서 때를 아는 준걸이라고 불리는 자들은 저들 나라를 부러워하지 않는 자가 없다. 그러나 저들처럼 군치(群治)가 화려하고 아름답고 원만하고, 저들처럼 그 인민이 화목하고 편안하고 즐거우며, 저들처럼 정부가 안정되고 부유하고 존귀하고 영화로운 것, 이것들이 모두 이전의 인인지사들이 파괴의 눈물을 뿌리고 파괴의 머리를 짜내고 파괴의 혀가 닳고 파괴의 붓이 닳도록 쓰고 파괴의 피를 흘리고 파괴의 시체를 쌓아감으로써 바꾼 것이라는 것을 어떻게 알겠는가! 아, 통쾌하다, 파괴여! 아, 인(仁)하도다, 파괴여!

今我國所號稱識時俊傑, 莫不艷羨乎彼諸國者, 其群治之光華美滿也如彼, 其人民之和親康樂也如彼, 其政府之安富尊榮也如彼, 而烏知乎皆由前此之仁人志士, 揮破壞之淚, 絞破壞之腦, 敝破壞之舌, 禿破壞之筆, 瀝破壞之血, 塡破壞之屍以易之者也. 嗚呼, 快矣哉破壞. 嗚呼, 仁矣哉破壞.

이것은 단지 정치라는 한 갈래를 말한 것일 뿐이다. 실제로 인간 사회의 모든 일들, 크게는 종교, 학술, 사상, 인심, 풍속에서부터 작게는 문예, 기술, 명물(名物)에 이르기까지 어느 것 하나 파괴의 단계를 거쳐서 진보의 길에 오르지 않는 것이 없다. 그러므로 루터가 구종교를 파괴하자 신종교가 일어났으며, 베이컨과 데카르트가 구철학을 파괴하자 신철학이 일어났다. 스미스가 구경제학(生計學)을 파괴하자 신경제학이 일어났으며 루소가 구정치학을 파괴하자 신정치학이 일어났다. 몽테스키외가 구법률학을 파괴하자 신법률학이 일어났으며 코페르니쿠스가 구천문학(曆學)을 파괴하자 신천문학이 일어났다. 모든 학문을 미루어 보면 그렇지 않은 것이 없다. 그러니 루터, 베이컨, 데카르트, 스미스, 루소, 몽테스키외, 코페르니쿠스의 뒤에는 다시 루터, 베이컨, 데카르트, 스미스, 루소, 몽테스키외, 코페르니쿠스를 파괴하는 자가 있으며, 그 파괴자들을 뒤이어 또 그들을 파괴하는 자들이 있을 것이다. 파괴를 뒤따르고 건설을 뒤따르며 갑과 을이 서로 끌어 주면서 진화의 움직임은 무궁하게 전개된다.(원주 — 철과 피로써 파괴를 단행하는 자는 한 차례 파괴하면 한 차례 원기를 손상시킨다. 그러므로 정말 파괴할 수 있다면 한 번의 파괴 뒤에 다시 파괴를 볼 수 없다. 머리와 혀로써 파괴를 단행하면, 여러 차례 옛 관념을 파괴하더라도, 그 이익만을 누릴 뿐 해는 입지 않는다. 그러므로 파괴의 일도 무궁하고 진보의 일 역시 무궁하다.) 또한 기계가 일어나면 수공업자의 이익은 파괴되지 않을 수 없으며, 기선이 일어나면 범선의 이익은 파괴되지 않을 수 없다. 철로와 전차가 일어나면 마차의 이익은 파괴되지 않을 수 없다. 회사가 일어나면 소자본가의 이익은 파괴되지 않을 수 없으며, 트러스트(Trust)가 일어나면 보통의 작은 회사의 이익은 파괴되지 않을 수 없다. 과도시대가 이어지는 시기에는 부녀자가 탄식하고 아이가 울부짖는 참사 등, 극도로 어지러운 광경 아닌 곳이 없다. 건설의 새로운 국면이 정해지기에 이르면, 그 이익을 누리는 자는 국가에 있고 천하에 있고 백 년에 있으니, 이전에 파괴의 손해를 입은 자 또한 왕왕 직접, 간접으로 뜻밖의 새로운 이익을 얻는다.

此猶僅就政治一端言之耳. 實則人群中一切事事物物, 大而宗教學術思想人心風俗, 小而文藝技術名物, 何一不經過破壞之階級以上於進步之途也. 故路得破壞舊宗教而新宗教乃興, 倍根笛卡兒破壞舊哲學而新哲學乃興, 斯密破壞舊生計學而新生計學乃興, 盧梭破壞舊政治學而新政治學乃興, 孟德鳩破壞舊法律學而新法律學乃興, 歌白尼破壞舊曆學而新曆學乃興, 推諸凡百諸學, 莫不皆然. 而路得倍笛卡兒斯密盧梭孟德斯鳩歌白尼之後, 復有破壞路得倍根笛卡兒斯密盧梭孟德斯鳩歌白尼者. 其破壞者, 復有踵起而破壞之者, 隨破壞, 隨建設, 甲乙相引, 而進化之運, 乃遞衍於無窮. (凡以鐵以血而行破壞者, 破壞一次則傷元氣一次, 故眞能破壞者, 則一度之後, 不復再見矣. 以腦以舌而行破壞者, 雖屢摧棄舊觀, 只受其利而不蒙其害, 故破壞之無窮, 進步之事亦無窮.) 又如機器興而手民之利益不得不破壞, 輪船興而帆檣之利益不得不破壞, 鐵路電車興而車馬之利益不得不破壞, 公司興而小資本家之利益不得不破壞, 托辣士特 Trust 興而尋常小公司之利益不得不破壞. 當其過渡迭代之頃, 非不釀婦歎童號之慘, 極棼亂杌隉之觀也, 及建設之新局既定, 食其利者乃在國家, 乃在天下, 乃在百年, 而前此蒙破壞之損害者, 亦往往於直接間接上得意外之新益.

훌륭하구나, 서양인의 속담에 "문명을 추구하는 자는 그 값을 치러야 할 뿐 아니라, 또한 그 고통을 참아야 한다"는 말이 있다. 전국 국민의 생계는 근본적으로는 가볍게 요동하는 것은 아니지만, 파괴의 운이 앞자리를 대신해서 서로 갈마드는 때를 당해서는, 작은 손해를 안타까워해서 큰 이익을 버리는 일도 해선 안 되는 것인데, 하물며 폐해는 백인데 이익은 하나도 없는 경우에는 어떻겠는가. 그러므로 유럽 각국은 종교개혁 이후 교회와 신부(敎士)의 이익은 파괴되었으며, 백성이 의회를 세운 후 폭군호걸의 이익은 파괴되었다. 영국은 선거법이 개정되자(원주 — 1832년) 구선거구의 특별 이익은 파괴되었다. 미국이 노예 금지를 선포하자(원주 — 1865년) 남부 재산가(素封家)의 이익은 파괴되었다. 우리 중국에서 팔고(八股)[20]를 폐지하자 팔고가의 이익이 파괴되고, 서리(胥吏)를 개혁하자 서리의 이익이 파괴되고, 관제를 바꾸자 관리사회(宦場)의 이익이 파괴된 것 등은 이것들과 꼭 같은 일들이다. 〔팔고, 서리, 관제와 관련된〕 저들이 말하는 이익은 소수 사람의 사리에 치우쳐 있고, 실제로 대다수 사람들의 공공의 적이 되었다. 속담에 "한 집안이 우는 것이 한 동네 사람이 우는 것만 하겠는가!"[21]라는 말이 있다. 이러한데도 오히려 파괴하지 말라, 파괴하지 말라고 하니, 나는 그들에게 사람의 마음이 없다고 본다. 중국에서 오늘날 어느 하나라도 대다수인을 좀먹어서 타락하는 일 아닌

---

20 '팔고'는 명대와 청대에 과거시험을 위해 제정된 특수한 문체이다. 내용은 따지지 않고 형식만 규정하였다.

21 출전은 朱熹, 「五朝名臣言行录·参政范文正公」. 범중엄이 지방관으로 있으면서, 악행을 저지르고 뇌물을 받으며 능력이 없는 자들은 관리명단에서 붓으로 하나하나 지웠다. 옆에서 "이렇게 붓으로 그으면 한 집안이 울 것이다"라고 하자, 범중엄이 "한 집이 우는 것이 어찌 한동네 우는 것만 하겠는가!"라고 대답했다 한다.

것이 있는가. 그러니 팔고, 서리, 관제는 작은 것이다.

> 善夫西人之恆言曰, 求文明者, 非徒須償其價値而已, 而又須忍其苦痛. 夫全國國民之生計, 爲根本上不輕搖動者, 而當破壞之運之相代乎前也, 猶且不能恤小害以擲大利, 而況於害有百而利無一者耶. 故夫歐洲各國自宗敎改革後, 而敎會敎士之利益被破壞也, 自民立議會後, 而暴君豪族之利益被破壞也, 英國改正選擧法, (千八百三十二年) 而舊選擧區之特別利益被破壞也, 美國布禁奴會, (千八百六十五年) 而南部素封家之利益被破壞也. 此與吾中國之廢八股, 而八股家之利益破壞, 革胥吏而胥吏之利益破壞, 改官制而宦場之利益破壞, 其事正相等. 彼其所謂利者, 乃偏毘於最少數人之私利, 而實則陷溺大多數人之公敵也. 諺有之, 一家哭何如一路哭. 於此而猶曰不破壞不破壞, 吾謂其無人心矣. 夫中國今日之事, 何一非蠹大多數人而陷溺之者耶, 而八股胥吏官制其小焉者也.

멀리 가려는 자는 제자리 걸음을 버리지 않을 수 없고, 높은 곳에 오르려는 자는 첫 계단을 떠나지 않을 수 없다. 만약 종일 어리석게 한곳에 붙어 서서, 다만 멀리 바라보며 바라고 높이 우러르며 부러워한다면, 끝내 구제되지 못할 것을 나는 안다. 그렇다면 조금도 방해하는 힘이 없는 곳에서라면 진보의 공례는 애초에 이와 같을 것이고, 만약 방해하는 것이 있다면 잡초를 해치고 〔길을〕 열어야 하며 산과 하천에 불을 질러 태워야 하는 것은 본디 어쩔 수 없는 일이니, 만약 그렇게 하지 않는다면 나아가려 해도 그 길이 없다. "독사에 손을 물렸을 때 장사(壯士)는 팔을 자른다"[22]는 속담은 정말 지당하다. 좋은 의사를 보라. 위와 장에 덩어리가 뭉쳤을 땐 극렬한 토사약을 투여하지 않으면 다스릴 수 없다. 부스럼 독이 있으면 절개하여 닦아 내지 않으면 낫지 않는다. 그렇다면 이른바 '파괴'를 꺼리어 날마다 인삼과 복영을 먹으며 보양하고 진주와 호박을 발라 독을 없애려고 해도, 병은 날마다 더하고 달마다 심해질 것이다. 토하고 싸는 것을 선뜻 못하는 이유는 어지러워지고 더러워질까봐이다. 해부하기를 감히 하지 못하는 것은 그 고통을 두려워하기 때문이다. 그러니 토하고 싸지 않으면 뒤에 더러움이 더욱 심해질 것이라는 것을 어찌 알겠으며, 해부하지 않으면 뒤에 고통이 더욱 심해질 것이라는 것을 어찌 알겠는가. 이대로 가면 사망에 이르기 전에는 멈추지 않는다. 그러니 순간을 참아 백 년을 보존하고 일부를 잘라내 몸 전체를 키우는 것이 어떠한가! 어찌해도 더럽고 어찌해도 고통이다. 하루라도 빨리 치료하면 통증은 분명 비교적 가벼워질 것이며, 하루라도 치료를 늦춘다면 고통은 반드시 더욱 무거워질 것이다. 이 이치는 또한 지극히 얕아서 쉽게 볼 수 있다.

欲行遠者不可不棄其故步, 欲登高者不可不離其初級, 若終日沾滯呆立於一地, 而徒望遠而歆, 仰高而羨, 吾知其終無濟也. 若此者, 其在毫無阻力之時, 毫無阻力之地, 而進步之公例, 固旣當如是矣. 若夫有阻之者, 則鑿榛莽以闢之, 烈山澤而焚之, 固非得巳, 苟不爾, 則雖欲進而無其路也. 諺曰, 螫蛇在手, 壯士斷腕, 此語至矣. 不觀乎善醫者乎, 腸胃症結, 非投以劇烈吐瀉之劑, 而決不能治也. 瘡癰腫毒, 非施以割剖洗滌之功, 而決不能療也. 若是者, 所謂破壞也. 苟其憚之, 而

22 『삼국지·위서』(三国志·魏書) 「진태전」(陳泰傳).

日日進參苓以謀滋補, 塗珠珀以求消毒, 病未有不日增而月劇者也. 夫其所以不敢下吐瀉者, 慮其耗汚耳, 所以不敢施割剖者, 畏其若痛耳. 而豈知不吐瀉而後此耗汚將益多, 不割剖而後此之苦痛將益劇, 循是以往, 非至死亡不止, 夫孰與忍片刻而保百年, 苦一部而養全體也. 且等是耗汚也, 等是苦痛也, 早治一日, 則其創夷必較輕, 緩治一日, 則其創夷必較重, 此又理之至淺而易見者也.

나라 일을 도모하는 사람이 어리석다면 이는 내가 풀 수 있는 문제가 아니다. 대개 오늘날 유신(維新)을 논하는 자는 두 종류가 있다. 그 하위의 자들은 다른 사람의 견해를 주워들고 호피처럼 뒤집어써서, 이를 앞으로 나가는 발판으로 사용한다. 〔이들에게〕 서학(西學)은 팔고와 마찬가지이며 양무(洋務)는 뇌물과 마찬가지이며, 유람(游歷)은 깊은 밤(暮夜)과 마찬가지이다. 만약 이러한 사람이라면 본래 이야기할 것도 없다. 그보다 나은 자는 초췌한 얼굴로 마음을 졸이면서 좁은 식견으로 어떻게 국가를 성장시키고 즐거움과 이익을 일으킬까를 생각한다. 그리하여 생각해 낸 방법이 가장 먼저는 외교이며 군사훈련이며 기계구입이다. 조금 나아가서는 상업(商務)이고 광산개발이며 철로이다. 나아가 최근에 이르러서는 장교훈련, 경찰, 교육이다. 이러한 뚜렷하게 큰 단서들은 오늘날 문명국에서 가장 중요하여 빠질 수 없는 일이 아니겠는가! 그러나 지엽적인 것을 실행하고 종종걸음 걷듯 급하게 모방해서, 끝내 문명에 이를 수 있겠는가? 마침내 불패의 땅에 국가를 올려 둘 수 있겠는가? 반드시 그렇지 못함을 나는 안다. 어째서인가? 모모(嫫母)가[23] 아름다운 비단을 입어 봤자 그 추함만 돋보이게 할 뿐이고, 둔한 말에 금안장을 얹어 봤자 그 무게만 가중시킬 뿐이며, 썩은 나무에 용을 새겨 봤자 썩는 것을 재촉할 뿐이며, 푸석푸석한 흙(鬆壤)에 높은 집을 쌓아 봤자 기울어지는 것을 재촉할 뿐으로, 구제할 수 없다.

而謀國者乃昧焉, 此吾之所不解也. 大抵今日談維新者有兩種. 其下焉者, 則拾牙慧, 蒙虎皮, 借此以爲階進之路, 西學一八股也, 洋務一苞苴也, 游歷一暮夜也, 若是者固不足道矣. 其上焉者, 則固嘗悴其容焉, 焦其心焉, 規規然思所以長國家而興樂利者, 至叩其術, 最初則外交也, 練兵也, 購械也, 稍進焉則商務也, 開礦也, 鐵路也, 進而至於最近, 則練將也, 警察也, 敎育也. 此犖犖諸大端者, 是非當今文明國所最要不可缺之事耶. 雖然, 枝枝節節而行焉, 步步趨趨而摹仿焉, 其遂可以進於文明乎. 其遂可以置國家於不敗之地乎. 吾知其必不能也. 何也. 披綺羅於嫫母, 只增其醜, 施金鞍於駑駘, 祇重其負, 刻山龍於朽木, 祇驅其腐, 築高樓於鬆壤, 祇速其傾, 未有能濟者也.

지금 하나하나 구체적으로 논의하지 말고 교육에 관해서만 얘기해 보자. 한 나라가 공공교육을 하는 것은 장래의 국민을 양성하기 위해서인데, 지금 교육에 관해 말하는 자들은 어떠한가? 각 성(省)은 어수선하게 학당을 설립하고 있고, 학당의 총판(總辦)과 제조(提調)는 대개 사적인 영리를 탐하여 분주히 경쟁하는 데 능하거나 고위

23 모모(嫫母)는 황제(黃帝)의 넷째 부인으로, 소문난 추녀였으나 현명하고 유덕했다고 한다.

관리의 기세를 받드는 데 능한 후보인이다. 학당의 교원은 대개 팔고문의 고수이지만 부당한 방법으로 일등을 가로채어 향촌을 독단하는 거신(鉅紳)들이다. 그 학생들이 가서 배우는 것 또한 "이것이 때에 맞는 차림새구나"라든가 "이것이 벼슬로 가는 지름길이구나"[24]라고 하는 것에 불과하다. 문닫고 폐업한 『시경』의 글귀나 공자의 말씀을 배우느니, 당시에 적합한 ABCD를 배우는 게 어떠한가 하는 식이다. 시험에 붙어 입학하면 붉은 종이를 붙이고 폭죽을 터뜨려서 영예를 과시한다.(원주 — 우리 광동성 부근(粵近)에서 시험에 붙는 대학당의 학생들은 모두 이렇다.) 파견으로 유학을 보내 주는 일이 있으면, 뇌물로 청탁하여 붙여 주기를 요구한다. 이와 같은 것은 모두 오늘날 교육사업 제1장[25]이며 장래 한 나라 교육의 원천이 될 것들이다. 이에 따라서 길러지는 인물들이 한 나라 국민의 자격을 이룰 수 있는지 물어보자. 장차 한 나라의 주인이 될 수 있겠는가? 오늘날 민족주의 경쟁의 파도 속에서 설 수 있겠는가? 결코 그럴 수 없음을 나는 안다. 그럴 수 없다면 교육이 있어도 교육이 없는 것과 같으니 중국의 앞길에 어떤 구원이 있겠는가.

今勿一一具論, 請專言教育. 夫一國之有公共教育也, 所以養成將來

24 『구당서』(舊唐書) 「노장용전」(盧藏用傳)에 당나라 진사에 급제한 노장용(盧藏用)이란 자가 빨리 임관되기 위해, 세속의 영달을 멀리하는 현자들이 은거하고 있는 종남산(終南山)에 거짓으로 은거하며 조정의 관심을 끌어 임관되었다고 한다. "종남산은 영험한 산이지요?"라는 노장용의 질문에 진짜 현인으로 은거하고 있던 사마승정(司馬承禎)이라는 사람이 "내가 보기에는 벼슬길로 가는 지름길일 뿐"(以僕視之 仕宦之捷徑耳)이라고 했다고 한다.

25 '제1장'은 '개종명의'(開宗明義)를 번역한 것인데, 실제는 『효경』의 첫 장이며, 일반적으로 책 첫머리라는 의미로 사용된다.

之國民也, 而今之言教育者何如. 各省紛紛設學堂矣, 而學堂之總辦提調, 大率皆最工於鑽營奔競能仰承長吏鼻息之候補人員也. 學堂之教員, 大率皆八股名家弋竊甲第武斷鄉曲之鉅紳也. 其學生之往就學也, 亦不過曰此時世妝耳, 此終南徑耳, 與其從事於閉房退院之詩云子曰, 何如從事於當時得令之ABCD. 考選入校, 則張紅然爆以示寵榮, (吾粵近考取大學堂學生者皆如是) 資派游學, 則苞苴請託以求中選. 若此者, 皆今日教育事業開宗明義第一章, 而將來爲一國教育之源泉者也. 試問循此以往, 其所養成之人物, 可以成一國國民之資格乎. 可以任爲將來一國之主人翁乎. 可以立於今日民族主義競爭之潮渦乎. 吾有以知其必不能也. 不能則有教育如無教育, 而於中國前途何救也.

나아가 상업(商務)의 경우에서 징험해 보자. 경제계(生計界)의 경쟁은 오늘날 지구상 최대 문제 중의 하나로, 각국이 우리를 망하게 하려는 이유도 여기에 있다. 우리나라가 자존(自存)을 위해 싸우는 이유 역시 당연히 여기에 있다. 상업(商務)이 정돈되어야 한다는 것은 누구나 다 아는 일이다. 그러나 상업을 진흥시키려면 자기 나라의 공상업의 권리를 보호하지 않을 수 없다. 권리를 보호하려면 상법을 정하여 반포하지 않을 수 없다. 상법 하나만 독립하기에 부족하다면 각종 법률을 정하고 반포하여 서로 돕도록 해야만 한다. 법이 있는데도 실행되지 않는다면 법이 없는 것과 마찬가지이다. 그렇다면 사법관의 권한을 정하지 않을 수 없다. 법을 세웠는데 좋지 않다면 그 폐해는 법이 없는 것보다 심하다. 그러므로 입법권의 소속을 정하지 않을 수 없다. 법을 파괴하는데도 징계가 없다면 법은 갑자기 세워졌다 갑자기 폐기된다. 그러므로 법을 집행하는 관리의 책임을 정하지 않을 수 없다. 〔이렇게 해서〕 그 극을 미루어 가면, 헌법을 정하고 국회를 열고 책임정부를 세우지 않으면 상업은 끝내 진흥될 수 없다. 지금 상업에 대해 논하는 자는 '내가 일으킬 것이다, 내가 일으킬 것이다'라고 게으르게 말만 하는데, 〔그가〕 일으킬 수 있는 어떤 기술을 갖고 있는지 나는 모르겠다. 한두 가지 단서에 대해 말해 보면 이미 이와 같으며, 수백 가지 미루어 봐도 그렇지 않은 것이 없다. 그러므로 나는 오늘날 이른바 신법이라는 것이 필시 효력이 없음을 안다. 왜 그런가? 파괴 없는 건설이라면, 제대로 건설된 적이 없다. 오늘날 조정과 재야 상하가 신법을 숭배하는 데 급급한 이유는 그렇게 하지 않으면 나라가 장차 위급해지고 망할 것 같기 때문이 아니겠는가. 그런데 멸망의 위기에서 구제하는 데 신법이 이처럼 효력이 없다면 국가의 책임을 맡고 있는 자는 마땅히 무엇을 택해야 하겠는가?

請更徵諸商務, 生計界之競爭, 是今日地球上一最大問題也, 各國所以亡我者在此. 我國之所以爭自存者亦當在此, 商務之當整頓, 夫人而知矣. 雖然, 振興商務, 不可不保護本國工商業之權利, 欲保護權利, 不可不頒定商法, 僅一商法不足以獨立也, 則不可不頒定各種法律以相輔. 有法而不行, 與無法等, 則不可不定司法官之權限, 立法而不善, 弊更甚於無法, 則不可不定立法權之所屬, 壞法者而無所懲, 法旋立而旋廢, 則不可不定行法官之責任. 推其極也, 非制憲法, 開議會, 立責任政府, 而商務終不可得興. 今之言商務者, 漫然曰吾興之吾興之而已, 吾不知其所以興之者持何術也. 夫就一二端言之, 旣已如是矣, 推諸凡百, 莫不皆然. 吾故有以知今日所謂新法者之必無效也. 不破壞之建設, 未有能建設者也. 夫今之朝野上下, 所以汲汲然崇拜新法者, 不以非如是則國將危亡乎哉. 而新法之無救於危亡也若此, 有國家之責任者當何擇矣.

그렇다면 멸망의 위기에서 구제하여 진보를 추구하는 길은 어떤 것인가? 횡포하고 혼탁한 수천 년의 정치체제(政體)를 반드시 파괴하고 분쇄하여, 호랑이 같고 이리 같고 황벌레 같고 남벌레 같고 물여우 같고 구더기 같은 관리들이, 사당에 사는 쥐나 성안에 사는 여우들[26]이 의지하는 곳을 잃는 것처럼, 반드시 그 의지처를 잃게 한 연후에야, 위와 장을 깨끗이 세척하고 진보의 도정에 오를 수 있다. 부패하고 유약한 수천 년의 학설을 깨끗이 청소하고 몰아내어, 좀벌레 같고 앵무새 같고 해파리 같고 개 같은 수백만의 학자들이, 반드시 붓을 휘두르고 혀를 놀리며 글자를 갖고 놀면서 백성들의 도적이 되지 못하게 한 뒤에야, 이목을 일신하여 진보를 실행하는 열매를 얻을 수 있다. 이 목적을 달성할 수 있는 방법은 두 가지 있다. 첫째 무혈의 파괴이며, 둘째 유혈의 파괴이다. 무혈의 파괴란 일본과 같은 경우이며, 유혈의 파괴란 프랑스와 같은 경우이다. 중국이 만약 무혈의 파괴를 할 수 있다면, 나는 향을 피우며 축원하겠다. 중국이 만약 유혈의 파괴를 하지 않을 수 없다면, 나는 상복을 입고 슬퍼할 것이다. 그러나 슬픈 건 슬픈 거지만, 내게 이 둘 외에 또 다른 구국의 길을 구하라 한다면 나는 괴롭게도 대답할 수가 없다. 아아! 우리 중국이 첫 번째 길을 갈 수 있다면 오늘이라도 실행하면 된다. 그러나 끝내

26 여우를 잡으려다 성이 무너질까 걱정해야 하고, 쥐를 잡으려 불을 놓다가는 사당을 태울까 걱정해야 한다. 간신들이 안전한 곳에 몸을 숨기고 나쁜 일을 한다는 뜻이다.

할 수 없다면 내가 말하는 두 번째 길을 면할 수 없다. 아아! 내가 어떻게 차마 말하겠는가! 아아! 내가 어떻게 차마 말하지 않겠는가!

然則救危亡求進步之道將奈何. 曰必取數千年橫暴混濁之政體, 破碎而齏粉之, 使數千萬如虎如狼如蝗如蝻如蜮如蛆之官吏, 失其社鼠城狐之憑藉, 然後能滌蕩腸胃, 以上於進步之途也. 必取數千年腐敗柔媚之學說, 廓淸而辭闢之, 使數百萬如蠹魚如鸚鵡如水母如畜犬之學子, 毋得搖筆弄舌舞嚼字爲民賊之後援, 然後能一新耳目以行進步之實也. 而其所以達此目的之方法有二. 一曰無血之破壞, 二曰有血之破壞. 無血之破壞者, 如日本之類是也, 有血之破壞者, 如法國之類是也. 中國如能爲無血之破壞乎, 吾馨香而祝之, 中國如不得不爲有血之破壞乎, 吾衰絰而哀之. 雖然, 哀則哀矣, 然欲使吾於此二者之外, 而別求一可以救國之途, 吾苦無以爲對也. 嗚呼, 吾中國而果能行第一義也, 則今日其行之矣. 而竟不能, 則吾所謂第二義者遂終不可免. 嗚呼, 吾又安忍言哉. 嗚呼, 吾又安忍不言哉.

나는 종교개혁의 역사를 읽으면서 2백 년 동안 창과 방패가 전 유럽을 뒤흔들어 평안한 곳이 없었음을 보고 이마를 찌푸리지 않은 적이 없다. 나는 1789년[27]의 역사를 읽으면서 난마를 자르듯이 수많은 사람을 죽이는 것을 보고 떨지 않은 적이 없다. 그러나 나는 생각하고 또 생각한다. 나라 안에 파괴의 종자가 없으면 그만이지만, 만약 있다면 어떻게 피할 수 있겠는가.

27 프랑스 대혁명이 일어난 해이다.

吾讀宗教改革之歷史，見夫二百年干戈雲擾全歐無寧宇，吾未嘗不額蹙，吾讀一千七百八十九年之歷史，見夫殺人如麻一日死者以十數萬人計，吾未嘗不股栗. 雖然，吾思之，吾重思之，國中如無破壞之種子，則亦已耳，苟其有之，夫安可得避.

중국 수천 년 이래의 역사에는 시종 자연의 파괴가 있었다. 먼 것까지 말하지 말고, 백 년 이래의 일만 말해 보자. 건륭(乾隆) 중엽에 산동에 이른바 교비(敎匪)라고 하는 왕륜(王倫)의 무리가 일어났다가 〔건륭〕 39년에 평정되었다.[28] 동시에 감숙(甘肅) 사람 마명심(馬明心)의 난이 있어, 하주·난주에 근거지를 두고 있다가 〔건륭〕 46년에 평정되었다.[29] 〔건륭〕 51년에 대만에서 임상문(林爽文)이 일어나 여러 장수들이 출정했는데 모두 공을 세우지 못했고, 2년이 지나(원주 — 〔건륭〕 52년) 복강안(福康安), 해란찰(海蘭察)이 통솔하는 군대가 평정하였다.[30] 또 안남(安南) 전쟁이 일어나서 〔건륭〕 53년에 평정되었다. 또 구르카(廓爾喀)가 내란을 일으켰고 〔건륭〕 59년에 평정되었다. 또 〔건륭〕

28 왕륜(王倫, ?~1774). 농민의 아들로 태어났다. 백련교(白蓮教)의 지파인 청수교(清水教)의 교주가 되어 왕륜기의를 일으켰다. 왕륜기의는 건륭 39년(1774) 산동에서 일어난 농민기의이다.

29 건륭 46년은 1781년. 마명심(馬明心, 1718~1781)은 청대 이슬람교 학자로, 수피즘의 일파인 자흐리(Jahriya) 교단의 창시자이다. 1781년 구교와의 충돌이 청조에 대한 반란으로 비화되었고, 이때 처형되었다.

30 건륭 52년은 1787년이다. 임상문(林爽文)은 청대, 대만 창화(彰化) 사람이다. 농민 출신으로 천지회(天地會)에 가담하여 창화천지회의 수령이 되었다. 건륭 51년(1786) "민심을 안정시키고 가업을 지킨다"는 기치 아래 천지회의 난을 일으켜, 창화 일대를 점령하고 정권을 세웠다. 이듬해 청나라 군대에 패해 북경으로 압송되어 처형되었다.

58년에 백련교의 수령을 샅샅이 찾으라고 천하에 명령을 내렸으나 잡지 못하자, 관리들이 교비를 잡는다는 명목으로 폭력과 학정을 자행해서 천하에 난이 거의 가득했다. 〔건륭〕 59년에 마침내는 귀주(貴州)에서 묘족(苗族)의 난이 일어났다. 가경(嘉慶) 원년에 백련교가 드디어 호북(湖北)에서 크게 일어나 하남(河南), 사천(四川), 섬서(陝西), 감숙(甘肅)에 만연했으며, 사천의 서천덕(徐天德)과 왕삼괴(王三槐)[31] 등이 또한 각각 무리 수만 명을 이끌고 기의했다가, 〔가경〕 7년에 평정되었다. 〔가경〕 8년에는 절강에서 또 해적 채견(蔡牽)이 일어났고, 〔가경〕 9년에는 광동(粵)의 주분(朱濆)과 합세했다가, 〔가경〕 13년에 평정되었다. 〔가경〕 14년에는 월(粵)의 정을(鄭乙)이 일어났다가 〔가경〕 15년에 평정되었다. 또 같은 해에 천리교도(天理教徒) 이문성(李文成)이 일어났다가 〔가경〕 18년에 평정되었다. 또 수년 뒤에 회부(回部)의 난이 일어났고 10여 년이 지난 뒤인 도광(道光) 11년에 평정되었다.[32] 동시에 호남의 조금룡(趙金龍) 역시 일어났다가 〔도광〕 12년에 평정되었다.

> 中國數千年以來歷史, 以天然之破壞相終始者也. 遠者勿具論, 請言百年以來之事. 乾隆中葉, 山東有所謂教匪者王倫之徒起, 三十九年平. 同時有甘肅馬明心之亂, 據河州蘭州, 四十六年平. 五十一年, 臺灣林爽文起, 諸將出征, 皆不有功, 歷二年, (五十二年) 有福康安海蘭察督師乃平. 而安南之役又起, 五十三年乃平. 廓爾喀又內犯, 五十九年乃平. 而五十八年, 詔天下大索白蓮教首領不獲, 官吏以搜捕教匪

31 서천덕, 왕삼괴는 가경 원년(1796) 백련교 군대의 장수들. 가경 7년은 1802년이다.

32 도광 11년은 1831년.

爲名, 恣行暴虐, 亂機滿天下. 五十九年, 貴州苗族之亂遂作. 嘉慶元年, 白蓮敎遂大起於湖北, 蔓延河南四川陝西甘肅, 而四川之徐天德王三槐等, 又各擁衆數萬起事, 至七年乃平. 八年, 浙江海盜蔡牽又起, 九年, 與粵之朱濆合, 十三年乃平. 十四年, 粵之鄭乙又起, 十五年乃平. 同年, 天理敎徒李文成又起, 十八年乃平. 不數年, 而回部之亂又起, 凡歷十餘年至道光十一年乃平. 同時湖南之趙金龍又起, 十二年平.

천하의 곤궁함이 이미 극에 달하자 비로소 조금 회복되는가 했는데, 아편전쟁이 또 일어났다. 도광19년[33] 영국 함대가 처음으로 광동으로 들어왔고, 〔도광〕 20년에는 곧 사포(乍浦)를 압박하고 영파(寧波)를 침범했으며, 〔도광〕 21년에 선산(舟山), 하문(厦門), 정해(定海), 영파(寧波), 사포(乍浦)를 점령했고, 드디어는 오송(吳淞)을 공격하고 진강(鎭江)으로 내려갔다. 〔도광〕 22년에 남경조약을 맺고서야 정리되었다.[34] 〔광동과 광서〕 양광(兩廣)에서 잠복한 도적들이 여기저기에서 출몰해 편안한 해가 없었다. 함풍(咸豊) 원년에 이르자 홍〔수전〕·양〔수청〕이 마침내 틈을 타고 일어나 천하의 반을 유린하였다.[35] 함풍 7년에 영국인이 다시 광동에 들어와 총독을 포로로 잡는 일이 있었다. 〔함풍〕 9년에 영국과 프랑스 연합군이 또 북경을 침범했다. 홍씨 〔홍수

33 도광 19년은 1839년.

34 1842년 제1차 아편전쟁의 결과로 맺어진 조약이다. 홍콩을 영국에 할양하고 5개 항구를 여는 등의 내용이 포함된 불평등조약이었다.

35 홍수전(洪秀全, 1814~1864), 양수청(楊秀淸, 1821~1856)은 태평천국(1851~1864)의 지도자. 함풍 원년은 1851년.

전〕이 금릉(金陵)을 총 12년 동안 점거하다가 동치(同治) 2년에 비로소 평정되었다.[36] 그런데도 염당(捻黨)[37]은 여전히 수도와 그 부근을 압박하여 위기가 털 한 터럭에 달려 있다가 〔동치〕 7년에 비로소 평정되었다. 회부(回部) 묘강(苗疆)의 난은 아직 끝나지 않아, 칼에 피를 묻히기를 몇 년을 다시 하여 완전히 평정되기에 이른 것은 이미 광서(光緒) 3년이었다.[38] 동치 9년에 천진교안(天津教案)이 일어난 이후 민교(民教)의 소란은 면면히 이어지며 끊이지 않았다. 광서 8년에 프랑스의 안남 침략이 있었고 〔광서〕 11년에 비로소 평정되었다. 〔광서〕 20년에 일본과의 전쟁이 일어났고 〔광서〕 21년에 평정되었다. 〔광서〕 24년에 광서(廣西)의 이입정(李立亭)과 사천의 여만자(餘蠻子)가 일어났고 〔광서〕 25년에 평정되었다. 같은 해에 산동에서 의화단이 일어나 직예(直隸)를 가득 채우고 거의 망국 직전에 이르렀다. 11개 나라가 끼어들어 〔광서〕 27년에 비로소 평정되었다. 지금 〔시점에서〕 〔광서〕 28년[39]이 시작된 지 150일에 불과한데도, 광종(廣宗)과 거록(鉅鹿)의 난은 원세개(袁世凱) 군대[40]가 힘을 모아 두 달이 지난 뒤에야 비로소 평정되었고, 광서(廣西)의 난은 지금까지도 여전히 〔요령(遼寧)·길

36 동치 2년은 1862년이다.

37 강희 연간에 빈농, 수공업자들의 결사로, 사염을 밀매, 운반하는 일을 했다. 1851년에 기의한 이래 염군이라 불렸다. 18년 동안 지속되었고 10개 성의 범위에서 활동했다. 1866년 이홍장과 좌종당에 의해 토벌되었다.

38 광서 3년은 1877년.

39 광서 28년은 1902년.

40 '원세개 군대'는 '원군'(袁軍)을 번역한 것. 원세개는 1901년부터 직예성(直隸省) 총독에 부임하여 정권과 군권을 장악하였다. 실제로 그의 휘하였던 북양군(北洋軍)은 1900년의 의화단(義和團) 사건에서 살아남은 유일한 관군이었고, 그래서 '원군'이라고 불렸다.

림(吉林)·흑룡강(黑龍江)의 동북〕 3성(省)에 만연해 있으며, 어디까지 갈지 알 수 없는데, 사천에서도 보고되었다.

天下彫敝之旣極, 始稍蘇息, 而鴉片戰役又起矣. 道光十九年, 英艦始入廣東, 二十年, 旋逼乍浦犯寧波, 廿一年, 取舟山厦門定海寧波乍浦, 遂攻吳淞下鎭江, 廿二年, 結南京條約乃平. 而兩廣之伏莽, 已徧地出沒無寧歲, 至咸豐元年, 洪楊遂乘之而起, 蹂躪天下之半. 而咸豐七年, 復有英人入廣東擄總督之事, 九年, 復有英法聯軍犯北京之事, 而洪氏據金陵凡十二年, 至同治二年始平. 而捻黨猶逼京畿, 危在一髮, 七年始平. 而回部苗疆之亂猶未已, 復血刃者數載, 及其全平, 已光緖三年矣. 自同治九年天津敎案起, 爾後民敎之哄, 連綿不絶. 光緖八年, 遂有法國安南之役, 十一年始平. 二十年, 日本戰役起, 廿一年始平. 廿四年, 廣西李立亭四川餘蠻子起, 廿五年始平. 同年, 山東義和團起, 蔓延直隸, 幾至亡國, 爲十一國所挾, 廿七年始平. 今者二十八年之過去者, 不過一百五十日耳, 而廣宗鉅鹿之難袁軍會力, 歷兩月乃始平之. 廣西之難, 至今猶蔓延三省, 未知所屆, 而四川又見告矣.

이로써 말하자면 백여 년간 우리 18행성의 공지(公地)는 어디나 피로 물들지 않은 곳이 없으며 우리 4억의 동포는 언제나 그 살이 죽어 곤죽이 되었다. 이전에도 이미 그랬으니 이 뒤를 이은 이후에는 그 극렬함이 백배 천배 더해도 그치지 않을 것이다. 옛사람이 "한 번의 치욕을 참지 않아서 평생 부끄럽게 만들 것인가"[41]라고 했다. 나

41 『좌전』「소공 31년」.

또한 "한 번의 파괴를 참지 못해서 영원히 파괴하게 할 것인가"라고 말하고 싶다. 우리 국민들이여, 머리를 한번 들어 구미와 일본이 파괴로 파괴를 다스려 내란의 싹을 영원히 끊은 것을 보라. 마음에 움직이는 것이 있으면서도 연못가에서 물고기를 부러워하듯 〔행동 없이 공상만 하고 있는지〕 어떤지 모르겠다.

> 由此言之, 百餘年間, 我十八行省之公地, 何處非以血爲染. 我四百餘兆之同胞, 何日非以肉爲糜. 前此旣有然, 而況乎繼此以往其劇烈將仟佰而未有艾也. 昔人云, 一慚之不忍, 而終身慚乎. 吾亦欲曰, 一破壞之不忍, 而終古以破壞乎. 我國民試矯首一望, 見夫歐美日本之以破壞治破壞而永絶內亂之萌蘗也, 不識亦曾有動於其心, 而爲臨淵之羨焉否也.

또한 파괴를 두려워하는 자가 왜 백성의 목숨을 아까워하지 않겠는가. 자연적인 무의지적 파괴는 잠시 논하지 말자. 앞에서 열거했던 내란과 여러 재앙들은 작은 의리로는 분명 막을 수 없는 것들이다. 설사 막는다 하더라도, 오늘날의 국체(國體)와 오늘날의 정치, 오늘날의 관리로써 직접·간접으로 매해 사람을 죽이는 것이 프랑스 대혁명 시대에 죽인 것만 못하겠는가. 10년 전에 서산(山西)에 가뭄이 들었을 때 죽은 사람이 백만여 명이었다. 정주(鄭州)에 물이 넘쳤을 때 죽은 사람이 10만여 명이었다. 겨울에서 봄으로 바뀔 때 북쪽의 백성 가운데 얼어 죽고 굶어 죽는 사람이 매해 십만 명을 헤아린다. 근래 10년 동안 광동인이 역병으로 죽은 것이 매해 수십만 명을 헤아린다. 도적에게 죽임을 당하거나 추위와 배고픔 때문에 도적이 되어 죽은 자가 전국에 매해 10만 명에 그치겠는가. 이러한 것들은 태반이 천재(天災)와 관련되지만, 사람이 사회(群)를 이루고 살기를 원하고 정부가 있는 것을 좋아하는 것은 사람의 다스림으로 하늘의 운행을 이기려하는 것이 아니고 무엇이겠는가. 정부가 있는데도 백성들을 위해 재난을 막을 수 없다면 이 정부로부터 무엇을 얻을 것인가!(원주 — 천재(天災)와 정부책임의 관계에 대해서는 별도로 논한다.) 아아! 중국인이 백성을 살육한 지 오래되었다. 하늘이 죽이고 사람이 죽이고 폭군이 죽이고 오리(汚吏)가 죽이고 이족이 죽였다. 살육의 도구로는, 굶주림이 죽이고 추위가 죽이고 요절이 죽이고 역병이 죽이고 형벌이 죽이고 도적이 죽이고 무기가 죽였다.

> 且夫懼破壞者, 抑豈不以愛惜民命哉. 姑無論天然無意識之破壞, 如前所歷擧內亂諸禍, 必非煦煦孑孑之所能弭也. 卽使弭矣, 而以今日之國體, 今日政治, 今日之官吏, 其以直接間接殺人者, 每歲之數, 又豈讓法國大革命時代哉. 十年前山西一旱, 而死者百餘萬矣. 鄭州一決, 而死者十餘萬矣. 冬春之交, 北地之民, 死於凍餒者, 每歲以十萬計. 近十年來, 廣東人死於疫癘者, 每歲以數十萬計. 而死於盜賊, 與迫於饑寒自爲盜賊而死者, 擧國之大, 每歲亦何啻十萬. 夫此等雖大半關於天災乎, 然人之樂有群也, 樂有政府也, 豈不欲以人治勝天行哉. 有政府而不能爲民捍災患, 然則何取此政府爲也. (天災之事關係政府責任, 余別有論.) 嗚呼, 中國人之爲戮民久矣, 天戮之, 人戮人, 暴君戮之, 汚吏戮之, 異族戮之. 其所以戮之之具, 則饑戮之, 寒戮之, 夭戮之, 癘戮之, 刑獄戮之, 盜賊戮之, 干戈戮之.

문명국에서 한 사람이 횡사했다면 억울하게 죽었거나 마땅히 죽었거나를 불문하고 죽은 사람의 이름은 반드시 신문지상에 세 번

내지 백여 번 정도 등장한다. 이른바 인도(人道)를 귀하게 여기고 백성의 목숨을 중히 여기는 자는 이래야 하지 않겠는가!

중국은 어떠한가? 〔사람이 죽어도〕 풀이 베였을 뿐이고 짐승이 잡혔을 뿐이다. 하루에 천 명이 죽고 만 명이 죽더라도 누가 알고 누가 묻어 주겠는가. 다행이라 할 것은 유전학적으로 가장 훌륭한 국민은 "들불도 다 태우지 못하고 봄바람이 불면 다시 살아나니"[42] 그 〔인구의〕 많고 잡다한 것이 예전과 다름 없다. 그러나 〔인도(人道)를〕 귀하게 여기는 것에 조금이라도 자긍심이 있는 사람들은 "주나라에 백성은 씨도 남지 않았다"라는 시[43]가 오늘날 일찍 실현되어 〔자긍심 있는 사람들은 한 사람도 남지 않을까〕 나는 두렵다. 그러나 이것도 오히려 밖으로 경쟁이 없을 때 그러하다. 지금 이후로는 십수 개 나라가 흉악하고 탐욕스럽게 이빨을 드러내고 손톱을 세우며 소리치고 발로 밟으며 우리의 방으로 들어와 우리를 사냥할 것이다. 그렇게 해서 〔그들이〕 수년, 수십 년 뒤에 우리를 이집트처럼 만든다면, 〔우리는〕 입속에 아직 삼키지 않은 밥을 뱉어서 바치고도 빚쟁이에게 빚 갚기에 부족할 것이다. 〔그들이〕 우리를 인도(印度)처럼 만든다면, 〔우리는〕 날마다 삼궤구두수(三跪九叩首)의 예를 이민족의 무릎에 바쳐야 겨우 배의 반이라도 채울 것이다. 백성의 목숨을 아낄 줄 모르는 자라면, 어떻게 대처할 것이며 어떻게 구원할 것인가. 우리 국민이 생각이 여기에 이

---

42 백거이(白居易), '賦得古原草送別': "우거진 언덕 위의 풀들, 해마다 시들었다 다시 피네. 들불도 모두 태워버리지는 못하니, 봄바람 불면 다시 살아나리"(離離原上草, 一歲一枯榮, 野火燒不盡, 春風吹又生).

43 『시』「대아·운한」(大雅·雲漢): "주나라 남은 백성들은 씨도 남은 것이 없구나"(周餘黎民, 靡有孑遺).

르면 내가 말하는 "파괴해도 파괴되고 파괴하지 않아도 파괴된다"는 말이 지나친 말이 아님을 믿을 수 있을 것이다. 또한 이 사이의 길흉(吉凶)의 거취 가운데 우리 국민은 어느 것을 택할 것인가? 어느 것을 택할 것인가?

文明國中有一人橫死者, 無論爲寃慘爲當罪, 而死者之名, 必出現於新聞紙中三數次乃至百數十次, 所謂貴人道重民命者, 不當如是耶. 若中國則何有焉. 草薙耳, 禽獮耳, 雖日死千人焉萬人焉, 其誰知之, 其誰殣之. 亦幸而此傳種學最精之國民, 野火燒不盡, 春風吹又生, 其林林總總者如故也, 使稍矜貴者, 吾恐周餘孑遺之詩, 早實見於今日矣. 然此猶在無外競之時代爲然耳. 自今以往, 十數國之饑鷹餓虎, 張牙舞爪, 吶喊蹴踏, 以入我闥而擇我肉, 數年數十年後, 能使我如埃及然, 將口中未下咽之飯, 挖而獻之, 猶不足以償債主. 能使我如印度然, 日日行三跪九叩首禮於他族之膝下, 乃僅得半腹之飽. 不知愛惜民命者, 何以待之, 何以救之. 我國民一念及此, 當能信吾所謂, 破壞亦破壞, 不破壞亦破壞者之非過言矣. 而二者吉凶去從之間, 我國民其何擇焉, 其何擇焉.

옛날 일본 유신의 주동세력의 일인자 요시다 쇼인(吉田松陰)[44]이라는 사람은 그 무리에게 다음과 같이 말한 적이 있다. "오늘날 정의로운 사람이라고 불리는 자는 사태를 관망하며 신중한 자들로, 도

44 요시다 쇼인(吉田松陰, 1830~1859). 조슈현(長州縣) 출신의 하급 무사로 존왕양이(尊王洋夷)의 사상가였다. 정한론(征韓論)을 주장하기도 했다. 막부의 고관 암살음모에 연루되어 사형판결을 받고 참수되었다.

처에 있는 이들이 모두 그러한데, 이는 최대의 하책이다. 가볍고 유쾌하게 졸렬하지만 빠르게 국면을 타파한 이후에 서서히 땅을 차지하고 포석을 놓는 것이 더 낫다." 일본의 오늘날이 있는 이유는 모두 이 정신에 의지하고 있기 때문이며, 모두 이 방책을 따르고 있기 때문이다.(원주 — 요시다 쇼인은 일본 조슈한(長州藩)[45]의 선비로서 막부에게 저항하다 체포되어 죽었다. 유신의 원훈(元勳)인 야마가타(山縣)〔아리토모(有朋)〕, 이토(伊藤)〔히로부미(博文)〕, 이노우에(井上)〔가오루(馨)〕 등이 모두 그의 문하 선비다.) 오늘날 중국의 폐해는 40년 전 일본에 비해 수 배이다. 나라 안의 뜻있는 선비라 불리는 자들은 쇼인이 최대의 하책(下策)이라고 한 것을 빼고 나면, 감히 생각하는 것이 없고 감히 추진하는 것이 없고 감히 실행하는 것이 없다. 그러니 나 또한 그 앞길이 종국에는 어디까지 갈지 어찌 알겠는가.

> 昔日本維新主動力之第一人曰吉田松陰者, 嘗語其徒曰, 今之號稱正義人, 觀望持重者, 比比皆是, 是爲最大下策. 何如輕快拙速, 打破局面, 然後徐圖占地布石之爲愈乎. 日本之所以有今日, 皆恃此精神也, 皆遵此方略也. (吉田松陰, 日本長門藩士, 以抗幕府被逮死. 維新元勳山縣, 伊藤井上等, 皆其門下士也.) 今日中國之弊, 視四十年前之日本又數倍焉, 而國中號稱有志之士, 舍松陰所謂最大下策者, 無敢思之, 無敢迫之, 無敢行之, 吾又烏知其前途所終極也.

45 양계초는 나가토한(長門藩)으로 썼는데, 사실은 나가토구니(長門國)이며, 에도시대, 스오노구니(周防国)와 나가토구니가 조슈한에 속한 영토였다. 지금의 야마구치현(山口縣).

그러나 파괴 또한 어찌 쉽게 말할 수 있겠는가. 마치니는 말했다. "파괴란 건설을 위한 파괴이지 파괴를 위한 파괴가 아니다. 파괴를 위한 파괴라면 파괴에서 얻을 것이 없을 것이며, 또한 파괴의 일조차도 할 수 없을 것이다." 나는 다시 한 번 풀어서 말하고자 한다. 파괴를 차마 견디지 못하는 인(仁)함과 현명함이 없다면 파괴라는 말을 할 수 없으며, 파괴를 회복할 수단을 가질 수 없다면 파괴의 일을 할 수 없다. 그렇지 않다면 불만불평의 기(氣)에 따르며, 조금 재주는 있으나 도는 듣지 못하고, 천하의 사물에 대해 정밀함과 조악함, 아름다움과 추함은 따지지 않고 일거에 부수고 없애 버리려고 한다. 그럼으로써 마음을 통쾌하게 하고 한번 웃음을 제공하는 도구로 삼으려고 한다. 나아가 스스로 세운 누각을 스스로 태워 버리고 스스로 심은 꽃을 스스로 베어 버리는 데 이르게 된다. 그러면서 무리의 사람들에게 나는 버릴 수 있고 결단할 수 있다고 시끄럽게 외친다. 이러한 사람은 바로 사람을 홀리는 것이다. 파괴란 인인(仁人)과 군자가 어쩔 수 없어서 하는 것이다. 공명(孔明)은 〔마속의 목을 베고〕 가정(街亭)에서 눈물을 뿌렸으며[46] 자서(子胥)는 관새(關塞)에서 피눈물을 흘렸다.[47] 그들이 어찌 차마 그 벗을 죽게 하고 그 아버지를 버리는 것을 견딜 수 있어서였겠는가!

46 공명은 제갈량(諸葛亮)의 자. 228년 촉군을 이끌고 위(魏)와 대치할 때, 병참수송로인 가정(街亭)의 방비적임자를 물색할 때, 그가 총애하던 휘하의 막료인 마속(馬謖)이 자원하고 나섰다. 망설이다 허락한 제갈량은 수비만 하되 공격하지 말라고 명령했으나, 마속은 이를 어기고 적을 유인하다 참패했다. 제갈량은 군율을 어긴 마속을 눈물을 흘리며 처형했다.

47 오자서(伍子胥)는 춘추말 초(楚)나라 사람이다. 초의 평왕(平王)이 참소를 믿고 오자서의 아버지와 형을 죽이자, 오자서는 오나라로 망명하여 장수가 되어 초나라를 쳤다.

雖然, 破壞亦豈易言哉. 瑪志尼曰, 破壞也者, 爲建設而破壞, 非爲破壞而破壞. 使爲破壞而破壞者, 則何取乎破壞, 且亦將并破壞之業而不能就也. 吾請更下一解曰, 非有不忍破壞之仁賢者, 不可以言破壞之言. 非有能回破壞之手段者, 不可以事破壞之事. 而不然者, 率其牢騷不平之氣, 小有才而未聞道, 取天下之事事物物, 不論精粗美惡, 欲一擧而碎之滅之, 以供其快心一笑之具, 尋至自起樓而自燒棄, 自蒔花而自斬刈, 囂囂然號於衆曰, 吾能割捨也, 吾能決斷也, 若是者直人妖耳. 故夫破壞者, 仁人君子不得已之所爲也. 孔明揮淚於街亭, 子胥泣血於關塞, 彼豈忍死其友而遺其父哉.

○ 해설

이 절의 제목은 '진보'이고 또 "중국 군치(群治)가 부진한 이유"이기도 하다. 양계초는 여기에서 '군치'라는 말을 처음 선보였다. 이후 '군치'를 주제로 해 두 편의 글을 더 발표하기도 했는데,[48] 이 말이 현대 중국어로 살아남지는 못했다. 이 말로 그가 의미했던 것은 '사회의 발전(혹은 진보) 정도'일 것이다. 진화론을 사회발전의 법칙으로 인정하니, '진보'라는 '정신'이 필요한데, 그 정신이 결여되어 있는 중국은 진보하지 못하고 그 사회발전이 지체되어 있다는 것이 이 제목이 담고 있는 내용이다. '군치'의 각론을 말한다면, 정치, 경제, 문화, 사상, 풍습 등등이 될 것이다.

양계초는 학술로 치면 전국시대 이후 이렇다 할 것이 없으며, 통치기구로 치면 양한 이후 이렇다 할 것이 없다고 한탄한다. 중국이 진화의 법칙에 반하여 이처럼 고착되는 이유가 무엇인가 질문을 던지고, 자연적 원인과 인위적 원인으로 나눠 각각 두 가지와 세 가지를 제시한다.

자연적 원인으로 든 것은 큰 나라로 통일되어 경쟁이 없었다는 점, 그리고 주위에 야만족밖에 없어서 자극이 없었다는 점이다. 인위적인 원인으로 든 것은 구어와 문어가 달라 문맹률이 높은 점, 오랜 전제 때문에 국민성이 천박해졌다는 점, 유가일존의 정책 때문에 사

48 이 뒤에 「소설과 군치의 관계」(『신소설』(新小說)(창간호, 1902. 7. 20), 「불교와 군치의 관계」(『신민총보』 23호, 1902. 12. 30) 등도 발표한다.

상의 진보가 없었다는 점이다.

이어 이 고착을 돌파할 방법으로 양계초는 진보를 이끄는 "공례"(公例)를 제시한다. 그것은 '파괴'이다. 즉, 파괴는 진보를 가져오는 필수의 수단이다. 그는 앞에서 '파괴당', '허무당' 등의 용어로 '혁명파'를 호칭하기도 했으나, 그가 '파괴'로 의미하는 것은 '개혁' 정도이다. 그가 판단하기에 진보를 위해서는 개혁 혹은 파괴는 불가피하다. 그러므로 인위적으로 하지 않으면 결국 자연적으로 당하게 될 것인데, 그때는 이미 파괴를 주재하는 끈은 놓친 상태이므로 파괴의 덕을 입을 수가 없다. 그러므로 바람직한 길은 인위적인 파괴, 즉 필요한 개혁을 주저 없이 단행하는 것이다.

그러므로 이 글은 '파괴'를 촉구하는 글이라 할 수 있다. 그런데 그러한 내용을 담은 '진보'가 왜 '공덕'인가? 실제로 이 안에서 양계초가 '진보'를 '덕'이라고 말하고 있지는 않다. 다만 마지막 부분에 '파괴'를 할 수 있는 사람의 조건으로 '인함'(仁)과 '현명함'(賢)을 들고 있다. 마치니가 말하듯이 "파괴란 건설을 위한 파괴이지 파괴를 위한 파괴가 아니기 때문"인데, 그러한 건설적인 파괴는 "인인과 군자가 어쩔 수 없어서 하는 것"일 뿐이다. 제18절 「사덕」 편에서 파괴 뒤의 건설을 위해서는 '도덕'이 필요함을 역설하는데, 이 장은 제18장에서 전개되는 논의의 발단을 보여 준다.

제12절 자존[1]

일본의 대교육가인 후쿠자와 유키치(福澤諭吉)는 학생을 가르치면서 '독립자존'(獨立自尊)이라는 한 마디 표어를 내걸어 도덕교육(德育)의 최대강령으로 삼았다. '자존'(自尊)을 왜 덕(德)이라 부르는가? '스스로'(自)는 국민의 한 분자(分子)이므로 '자존'은 국민을 존중하는 것이 되기 때문이다. '스스로'는 인도(人道)의 한 티끌이므로 '자존'은 인도를 존중하는 것이 되기 때문이다.

第十二節 論自尊

日本大教育家福澤諭吉之訓學者也, 標提獨立自尊一語, 以爲德育最大綱領. 夫自尊何以謂之德, 自也者國民之一分子也, 自尊所以尊國民故. 自也者人道之一阿屯也, 自尊所以尊人道故.

서양 철학자들은 "사람은 각자 스스로가 서고자 하는 자리에 선다"고 말한다. 요시다 쇼인(吉田松陰)은 "선비가 오늘날 태어나 강

1 『신민총보』 제12호와 제14호에 나뉘어 실렸다. 제12호는 1902. 7. 19.

가의 버들이 되고 싶으면 강가의 버들이 되고, 소나무나 떡갈나무가 되고자 하면 소나무나 떡갈나무가 된다"고 말했다. 나는 소나무나 떡갈나무가 되고자 하는 사람이 정말로 소나무나 떡갈나무가 될 수 있는지에 대해서는 감히 말하지 못하겠지만, 강가의 버드나무가 되고 싶어 하던 사람이 더 나아가 소나무나 떡갈나무가 되었다는 소리는 듣지 못했다. 맹자는 "사단(四端)이 있는데도 나는 할 수 없다고 말하는 것은 스스로를 해치는 것"[2]이라고 말했다. 또 "스스로에게 폭력을 휘두르는 사람과는 함께 할 말이 없으며, 스스로를 버리는 사람과는 같이 할 일이 없다"[3]고 말했다. 스스로를 해치고 스스로에게 폭력을 휘두르고 스스로를 버리는 것의 반대가 스스로를 존중하는 것(自尊)이다. 그래서 군자는 스스로를 존중함을 귀하게 여긴다.

西哲有言, 人各立於自所欲立之地. 吉田松陰曰, 士生今日, 欲爲蒲柳, 斯蒲柳矣. 欲爲松柏, 斯松柏矣. 吾以爲欲爲松柏者果能爲松柏與否, 吾不敢言, 若夫欲爲蒲柳者而能進於松柏, 吾未之聞也. 孟子曰, 有是四端, 而自謂不能者, 自賊者也. 又曰, 自暴者不可與有言也, 自棄者不可以有爲也. 夫自賊自暴自棄之反面, 則自尊是也, 是以君子貴自尊.

슬프다, 우리 중국인들에게는 자존의 성질이 없다. 〔고귀한 신분이 사용하는〕 비녀와 갓끈은 무엇이길래 금 장식으로 모자를 두른 사람이면, 발에는 가죽신이요 손에는 홀을 들고 〔뽐내고, 주위의 사람들

2 『맹자』「공손추상」.

3 『맹자』「이루상」.

은〕 머리를 조아리며 안부를 물으면서 굽실거리는가. 아도(阿堵)[4]는 무엇이길래 동전을 꿰어 허리에 차고 흔드는 사람이면, 방자한 낯빛으로 손가락을 움직이고, 〔주위 사람들은〕 주위를 분주하게 오고가며 조바심내는가. 목욕하고 관을 쓰고 희희낙락대는 것은 우스꽝스러운 원숭이의 자태이며, 뼈다귀를 던져 주면 깨무는 것은 길러진 개의 본성이다. 사람이 사람이 되는 것, 그 자격은 어디에 있는가. 오히려 스스로를 원숭이나 개와 나란히 두면서도 편하게 여기고 이상하게 생각하지 않는다. 그러므로 자존하는가 자존하지 않는가는 실로 하늘이 낸 백성(天民)과 노예가 나뉘는 절대 관건이다.

悲哉吾中國人無自尊性質也. 簪纓何物. 以一鉤金塞其帽頂, 則脚靴手版, 磕頭請安, 戢戢然矣. 阿堵何物. 以一貫銅晃其腰纏, 則色肆指動, 圍繞奔走, 喁喁然矣. 夫沐冠而喜者, 戱猴之態也, 投骨而嚙者, 畜犬之情也. 人之所以爲人者, 其資格安在耶. 顧乃自儕於猴犬而恬不爲怪也. 故夫自尊與不自尊, 實天民奴隷之絶大關頭也.

또한 오늘날의 이른바 시대를 아는 준걸이라는 자들을 보면, 세상의 위기에 대해 그들이 듣지 않는 것이 아니고 국민의 의무에 대해 모르는 것이 아닌데도, 그들을 보면 입 안에서는 수만 마디가 비등하면서도 어깨 위에는 한 치의 짐도 없다. 그 이유를 물으면, "세상은 넓고 똑똑한 사람은 많다. 스스로가 어떤 사람인가 돌아본다면 이에 대해 감히 무슨 말을 하겠는가!"라고 말한다. 그들의 뜻을 미루어

4 육조시대의 속어로, '이', '이것'이라는 뜻. 돈을 직접 지칭하는 대신 사용하기도 한다.

보면 한 나라 안 4억 인 가운데 3억 9,999만 9,999인 가운데, 나보다 덕과 지혜가 뛰어나지 않은 사람은 한 사람도 없고, 나보다 총명하지 않고 재주 없는 사람은 한 사람도 없고, 나보다 강하지 않는 사람은 한 사람도 없으니, 나라는 한 사람이 어찌 대수롭겠는가라고 생각한다. 이런 식으로 간다면, 4억 인이 모두 각자 자기를 빼고 나머지 3억 9,999만 9,999인에게 나라 일을 처리하길 기대할 것이다. 그래서 전체를 계산해서 빠지는 경우를 번갈아 빼보면 4억 인 가운데 한 사람도 남지 않게 된다. 한두 사람이 스스로를 해치고 스스로에게 폭력을 휘두르고 스스로를 버리고 스스로를 존중하지 않는다면, 세상의 대세에 전혀 참여하지 않는 것과 마찬가지이고, 그 폐단이 극에 달하면 이와 같이 된다.

> 且吾見夫今世所謂識時俊傑者矣, 天下之危急, 彼非無所聞也, 國民之義務, 彼非無所知也, 顧口中有萬言之沸騰, 肩上無半銖之負荷. 叩其故, 則曰天下大矣, 賢智多矣, 某自顧何人, 其敢語於此. 推彼輩之意, 以爲一國四百兆人, 其三百九十九兆九億九萬九千九百九十九人中, 其德慧術知, 無一不優於我, 其聰明才力, 無一不强於我, 我之一人, 豈足輕重云耳. 率斯道也以往, 其必四百兆人, 人人皆除出自己, 而以國事望諸其餘之三百九十九兆九億九萬九千九百九十九人, 統計而互消之, 則是四百兆人卒至實無一人也. 夫一二人之自賊自暴自棄而不自尊, 宜若於天下大局無與焉矣, 然窮其弊, 乃至若此.

이뿐만이 아니다. 국민으로서 그 한 사람의 자격을 스스로 존중하지(自尊) 않는다면 단연코 그 한 나라의 자격을 스스로 존중할 수 없으며, 한 나라가 스스로를 존중하지 않고서 나라가 설 수 있었던 적은 없다. 나는 영국인들이 다음과 같은 자존의 말을 하는 것을 들었다. "태양은 우리 영국 국기를 비추지 않은 때가 없다."(원주 — 영국인의 속지는 오대주에 펼쳐 있어, 이 지역에서 해가 지려고 하면 저 지역에서 이미 해가 떴기 때문에 태양은 항상 영국 국기를 비춘다고 하는 것이다.) "어떤 땅이든 우리 영국인들이 일단 발을 디디면 그 땅은 반드시 우리 영국의 세력 범위가 된다." 나는 다음과 같은 러시아인들의 자존의 말을 들었다. "러시아는 동로마의 상속인이다."(원주 — '상속'(相續)이란 이어받는다는 뜻이다.) "우리 러시아인은 반드시 선제 표트르 대제[5]의 뜻을 이루어 동방의 주인이 되어야 한다." 나는 프랑스인의 자존의 말을 들었다. "프랑스는 유럽문명의 중심점이며 전 세계 진보의 원동력이다." 나는 독일인의 자존의 말을 들었다. "자유주의는 게르만의 산림에서 나온 산물이다. 게르만인은 튜튼족의 후예로서 유럽중원의 사령관이다." 나는 미국인의 자존의 말을 들었다. "구세계는 진부하고 부패한 세계이다. 맑고 새롭고 온화한 기운이 있으니 우리 신세계이다.(원주 — 구세계는 동반구를 가리키며 신세계는 서반구를 가리킨다.) 오늘날의 천하는 정치계의 경쟁에서 경제계(生計界)의 경쟁으로 옮아가고 있다. 훗날 경제계에서 싸워 이길 자는 우리 미국인이 아니면 없다." 나는 일본인의 자존의 말을 들었다. "일본은 동방의 영국이다. 만세일계(萬世一系)[6] 천하무쌍으로서, 아시아(亞洲)의 선진국

5 표트르(Pyotr I, 1672~1725). 러시아 로마노프 왕조 제4대 황제(재위 1682~1725). 러시아의 모든 관습, 풍습을 일대 개혁하였다. 1721년 원로원이 그에게 황제칭호를 주면서 러시아 절대주의 왕정이 확립되었다.

6 '만세일계'(萬世一系)는 온 세상이 일본 천황의 한 핏줄이라는, 일본제국의 특수한 역사관이다.

이며 동·서양 문명의 총 합류지이다."

> 不寧惟是, 爲國民者而不自尊其一人之資格, 則斷未有能自尊其一國之資格焉者也. 一國不自尊, 而國未有能立焉者也. 吾聞英國人自尊之言曰, 太陽曾無不照我英國國旗之時. (英人屬地徧於五大洲, 此地日方沒, 彼地日已出, 故曰太陽常照英國旗也.) 曰無論何地, 凡我英人有一人足跡踏於其土者, 則其土必爲吾英之勢力範圍也. 吾聞俄國人自尊之言曰, 俄羅斯者, 東羅馬之相續人也. (相續者, 繼襲之義.) 曰我俄人必成先帝彼得之志, 爲東方之主人翁也. 吾聞法國人自尊之言曰, 法蘭西者, 歐洲文明之中心點也, 全世界進步之原動力也. 吾聞德國人自尊之言曰, 自由主義者, 日耳曼森林中之産物也. 日耳曼人者, 條頓民族之宗子, 歐洲中原之主帥也. 吾聞美國人自尊之言曰, 舊世界者, 腐敗陳積之世界也, 其有淸新和淑之氣者, 惟我新世界. (舊世界指東半球, 新世界指西半球.) 今日之天下, 由政治界之爭競, 而移於生計界之競爭, 他曰戰勝於生計界者, 舍我美人莫屬也. 吾聞日本人自尊之言曰, 日本者東方之英國也, 萬世一係天下無雙也, 亞洲之先進國也, 東西兩文明之總匯流也.

나머지 각 나라들도 세계에서 한 나라로서 명예를 보존할 수 있으려면 모두 각자 스스로 존중할 수 있는 도구를 갖추지 않으면 안 된다. 만약 이렇지 못하다면 그 나라는 반드시 위축되어 스스로 존립할 수 없다. 먼 예를 넓게 들 수는 없으니 가까운 곳에서 징험해 보자. 나는 인도인을 본 적이 있다. 그들은 걸핏하면 다음과 같이 말한다. "영국의 정치는 고상하고 아름답고 완벽하다. 훌륭한 덕이 높고 크니 옛날부터 우리 인도인보다 훨씬 월등했다. 영국인들이 찡그리고 웃고 마시고 먹고 하는 것이 모두 우리보다 수십 배는 낫다." 나는 조선인을 본 적이 있다. 그들은 걸핏하면 말한다. "우리 한인(韓人)은 오늘날 다시 가망이 없다. 오직 일본과 세계 문명의 각 대국이 우리를 도와 부축해 주기를 바랄 뿐이다." 식견이 얕은 자는 다만 영국, 러시아, 독일, 프랑스, 미국, 일본이 저처럼 강성한 것만을 보고 그들이 그토록 스스로를 존중할 수 있는 것에 이유가 있다고 생각하며, 인도와 조선이 이처럼 허약함이 적체된 것(積弱)만을 보고는 그들이 스스로를 폄하하는 것은 어쩔 수 없기 때문이라고 생각한다. 이는 결과를 원인으로 오해하고 원인을 결과로 오해한 말이다. '스스로 존중하는 것'이 바로 저들 여섯 나라가 강함을 이룬 원인이며 스스로 폄하하는 것이 이 두 나라가 멸망을 취한 길임을 어찌 알겠는가.

自餘各國, 苟其能保一國之名譽於世界上者, 則皆莫不各有其所以自尊之具, 若不爾者, 則其國必萎縮而無以自存也. 其遠焉者吾不能徧擧, 請徵諸其近者. 吾嘗見印度人, 輒曰英國之政治, 高美完滿, 盛德巍巍, 勝於吾印往昔遠甚. 乃至英人之一颦一笑一飮一啄, 皆視爲加己數十等也. 吾嘗見朝鮮人, 輒曰吾韓今日更無可望, 惟望日本及世界文明各大國, 扶而掖之也. 淺見者徒見夫英俄德法美日之强盛也如彼, 而以爲其所以敢於自尊者有由. 徒見夫印度朝鮮之積弱也如此, 而以爲其所以自貶者出於不得已, 此誤果爲因誤因爲果之言也, 而烏知夫自尊者卽彼六國致强之原, 而自貶者乃此二國取滅之道也.

아아! 나는 이들을 보고 중국 때문에 거듭 아파하지 않을 수 없다. 과거에는 그나마 어떤 한두 사람이나마 거만하게 스스로를 과대평가하며 객기를 부리다 셀 수도 없이 좌절한 일이 있는데, 오늘날에는 〔그것조차도〕 모두 소멸하였다. 남이 우리를 참외처럼 잘라 먹으려 의논한다는 말을 듣고 부르짖으며 울고, 남이 우리를 보존하려는 의논을 한다는 것을 듣고는 껄껄 웃는다. 군주, 재상, 관리가 외국인의 안색을 엿보며 그 뜻을 먼저 헤아리고 뜻에 따라 일처리하기를, 마치 효자가 부모를 섬기듯이 한다. 선비, 농부, 장인, 상인(士農工商)은 외국인의 비위를 맞추며 알랑거리느라 분주하기가, 놀러 나온 기생이 정인에게 아양 떨 듯이 한다. 〔중국〕 정부의 뜻은 다음과 같은 것이다. 즉, 중국은 기댈 만하지 않으니, 나는 다만 큰 나라와 교제하여 그 배경을 얻어 부용이나 지방의 가신이 됨으로써 남은 인생에 부귀를 보장받기를 원한다고. 민간의 뜻은 다음과 같은 것이다. 즉, 중국은 할 수 있는 일이 없으니, 나는 다만 강국의 지붕 아래 의탁하여 그 나라의 음식을 먹고 그 나라 흙을 밟는 백성이 되어, 죽음과 난을 피하고 자손을 기르고 싶다고. 뜻이 있는 선비로 이름난 사람들 역시 다음과 같이 말한다. 오늘날 중국은 자력으로 구제할 수 없으니 인자하고 의로운 화친한 나라가 우리를 불쌍히 여겨 부조해 줄 것을 바란다고.

嗚呼, 吾觀於此而不能不重爲中國恫矣. 疇昔尙有一二侈然自大之客氣, 乃挫敗不數度, 至今日而消磨盡矣. 聞他人之議瓜分我也, 則嗷然以啼, 聞他人之議保全我也, 則囅然以笑. 君相官吏, 伺外國人之顏色, 先意承志, 如孝子之事父母. 士農工商, 仰外國人之鼻息, 趨承奔走, 如游妓之媚情人. 政府之意曰, 中國不足恃矣, 吾但求結納一大邦之奧援, 爲附庸下邑之陪臣, 以保富貴終餘年焉. 民間之意曰, 中國無可爲矣, 吾但求託庇一强國之宇下, 爲食毛踐土之蟻民, 以逃喪亂長子孫焉. 卽號稱志之士者, 亦曰今日之中國, 非可以自力自救, 庶幾有仁義和親之國, 恤我憐我扶助我乎.

아아! 슬프고 아프다! 우리 국가의 오늘날의 자격은 이와 같을 뿐이다. 우리 국가 장래의 앞길은 결국 이와 같을 뿐이다. 슬프고 아프다! 옛날 스스로를 과대평가하는 객기(客氣) 때문에 중국은 상등의 나라라고 자부하면서 남들을 깔보고 오랑캐 취급했다. 선각자들은 외국을 배척하겠다는 잘못된 생각은 외교에 해를 줄 뿐만 아니라 나아가 문명을 수입하는 길도 막아 버릴 것이라고 걱정은 했었다. 그러나 죽어 가는 벌레처럼 숨을 이어 가는 자는 똑똑한 것 같으면서도 어리석게도 이러한 원칙도 없고 의식도 없는 배외자존의 사상을 가지고 그 숨을 유지하고 있다. 그럼으로써 그 배외자존의 사상을 품고 스스로 죽어 가며 또한 나라를 세울 기구도 완전히 끊어지리라는 것을 누가 알겠는가! 수구로써 나라를 망쳤을 때도 오히려 나라에 가망은 있었지만, 거짓된 유신(維新)으로 나라를 망쳤을 때 구제의 길이 없다는 것을 누가 알겠는가! 맹자는 "사방 천 리의 땅을 갖고 남을 두려워한다는 소리는 못들었다"[7]고 했다. 〔나를 알아주는 사람이 없는데〕 "누구를 위해 일을 하랴"[8] 하는 상황이 여기에 이르렀다.

嗟乎恫哉, 我國家今日之資格, 其如斯而已乎, 我國家將來之前途, 竟如斯而已乎. 嗟乎恫哉, 疇昔侈然自大之各氣, 自居上國而藐人爲夷狄者, 先覺之士, 竊竊然憂之, 以爲排外之謬想, 不徒傷外交而更阻文

7 『맹자』「양혜왕하」: "신은 사방 칠십 리의 땅으로 천하에 정사를 베풀었다는 이야기는 들었습니다. 탕왕입니다. 그러나 사방 천 리의 땅을 갖고 있으면서 남을 두려워했다는 말은 듣지 못했습니다"(臣聞七十里爲政於天下者, 湯是也, 未聞以千里畏人者也).

8 속담이라고 한다. 사마천, 「보임소경서」(報任少卿書): "그래서 혼자 수심에 잠길 뿐, 누구에게 얘기하겠습니까. 속담에 '자기를 알아주는 사람이 없으면 누구를 위해 일하고 또 누구의 명령에 귀를 귀울이겠는가'라고 했습니다"(是以獨鬱悒而與誰語, 諺曰, 誰爲爲之, 孰令聽之).

明輸入之途云耳. 夫孰知夫數十年來得延一線之殘喘者, 尙賴有此若明若昧, 無規則無意識之排外自尊思想以維持之, 幷此而斫喪焉, 而立國之具, 乃眞絶矣. 夫孰知夫以眞守舊誤國, 而國尙有可爲, 以僞維新誤國, 而國乃無可救也. 孟子曰, 未聞以千里畏人也, 誰爲爲之, 而至於此.

국가는 본래 본체가 없고, 인민에 의지해서 본체를 이룬다. 그러므로 국가의 자존(自尊)을 얻으려 한다면 반드시 먼저 국민 개개인의 자존으로부터 시작해야 한다. 이윤(伊尹)은 "나는 하늘이 낸 백성(天民)의 선각자이다. 나는 장차 이 도로써 이 백성을 깨우치려 한다. 내가 깨우치지 않으면 누가 하겠는가!"[9]라고 했고 안연(顏淵)은 "순임금은 어떤 사람이고 나는 어떤 사람인가! 노력하는 사람이라는 점에서는 같은 인간이다"[10]라고 했다. 맹자는 "하늘은 아직 천하를 평화롭게 할 생각이 없는 것이다. 하늘이 천하를 평화롭게 할 생각이 있다면, 오늘날 나를 두고 누구에게 그 일을 시키겠는가!"[11]라고 했다. 이와 같은 말들은 평범한 보통 사람이 보면, 미친 것(狂)이 아니라면 반드시 교만함(泰)일 테지만, 성현이 성현인 이유는 여기에 있다. 영국 장군 울프[12]가 캐나다로 정벌을 떠나던 전날 밤, 칼을 빼어 책상을 두드리고 실내를 활보하며 자신은 반드시 대업을 이룰 것이

9 『맹자』「만장상」.

10 『맹자』「등문공상」.

11 『맹자』「공손추하」.

12 제임스 울프(James Wolfe, 1727~1759). 영국의 군사령관. 영국이 프랑스로부터 퀘벡을 탈환할 때 활약했다.

라고 자신만만하였다. 재상 피트[13]가 이것을 보고 사람들에게 "이번 행차에 국가가 사람을 얻은 것을 깊이 경축한다"고 말했다. 오스트리아 재상 메테르니히[14]는 오스트리아 국정권을 50년 장악했는데, 일찍이 길게 탄식하면서, "하늘은 국가를 위해 비상한 재주를 가진 사람을 내는데, 그 〔사람을〕 키워내는 데 백 년이 걸리고 휴식하는 데 또 백 년이 걸린다고 하지만, 나는 매번 나 이후의 백 년에 생각이 미쳐 오스트리아 제국의 전도가 위험하다는 생각에 떨지 않을 수 없다"고 말했다. 피트는 1757년 후작 모씨에게 다음과 같이 말했다. "제후여, 제후여! 나는 나만이 이 나라를 구할 수 있다고 확신한다. 나 말고 이 임무를 감당할 수 있는 사람은 아무도 없다." 가리발디[15]는 말했다. "나는 우리 이탈리아를 회복하여 옛 로마로 돌려놓을 것을 맹세한다." 카보우르[16]가 뜻을 이루지 못하고 몸소 밭을 갈 때 그의 친구

13 윌리엄 피트(William Pitt, 1708~1778). 영국의 정치가. 그의 아들 피트와 구별하기 위하여 보통 대(大)피트라고 불린다. 국무대신의 자리에 올라 프랑스와의 식민지 싸움에서 이겨 인도·북아메리카 등지에서 식민지를 넓혀 대영 제국의 기초를 세움으로써 '위대한 평민'이라 일컬어진다.

14 양계초는 '加富匿'라고 썼는데, 착각이거나 오기이다. 양계초가 설명하는 오스트리아의 정치가는 메테르니히(Klemens, Fürst von Metternich, 1773~1859)이다. 나폴레옹을 격파한 유럽 국가들의 동맹 형성을 도왔고, 1814~1815년 빈 회의를 주재하면서 오스트리아를 유럽의 주도국으로 복귀시켰다.

15 주세페 가리발디(Giuseppe Garibaldi, 1807~1882). 이탈리아 리소르지멘토(Risorgimento: 국가통일운동)를 위해 싸운 애국자. 공화주의자.

16 카밀로 벤소 콘테 디 카보우르(Camillo Benso Conte di Cavour, 1810~1861). 이탈리아의 정치가. 1859년에 프랑스 군의 원조를 얻어 오스트리아 군을 무찌르고 이탈리아 중부와 북부를 점령했다. 1861년에 가리발디를 원조하였고, 그해 비토리오 에마누엘레를 즉위시켜 이탈리아 왕국의 건설을 완성시켰다. 주세페 가리발디, 주세페 마치니와 함께 이탈리아 통일의 3걸이라고 불린다.

가 유감을 표하는 편지를 보내 왔다. 이에 〔카보우르는〕 장난처럼 답하기를 “일은 알 수 없다. 하늘이 만약 그대에게 몇 년을 〔더 살게 해 준다면〕, 훗날 내가 통일 (全) 이탈리아의 재상이 된 위대한 시간을 보게 될 것이다.”

> 夫國家本非有體也, 藉人民以成體, 故欲求國之自尊, 必先自國民人人自尊始. 伊尹曰, 予天民之先覺者也, 予將以斯道覺斯民也, 非予覺之而誰也. 顔淵曰, 舜何人也, 予何人也, 有爲者亦若是. 孟子曰, 夫天未欲平治天下也, 如欲平治天下, 當今之世, 舍我其誰也. 若此者, 就尋常庸子視之, 不以爲狂, 必以爲泰矣. 而聖賢之所以爲聖賢者, 乃在於此. 英將烏爾夫之將征加拿大也, 於前一夜拔劍擊案, 闊步室內, 自誇其大業之必成. 宰相鼈特見之語人曰, 余深慶此行爲國家得人. 奧相加富匿, 掌奧國政權者五十年, 嘗喟然長歎曰, 天爲國家生非常之才, 雖然其孕育之也百年, 其休息之也又百年, 吾每念及我百歲之後, 不禁爲奧帝國之前途危慄也. 鼈特當一千七百五十七年, 語侯爵某曰, 君侯君侯, 予確信惟予能救此國, 而舍予之外無一人能當其任也. 加里波的曰, 餘誓復我意大利, 還我古羅馬. 加富爾失意躬耕之時, 其友贈書弔之, 乃戲答曰, 事未可知, 天若假公以年, 佇看他日加富爾爲全意大利宰相大時矣.

이 몇 명의 사람들이 스스로를 높은 위치에 둔 것은 말만 크게 하고 이룬 것은 없는 세속의 많은 사람들과 겉가죽은 거의 다를 바가 없다. 그러나 이 뒤에 풍부한 공을 세우고 위대한 열정을 고양하여 역사 위에 최고의 명예를 남길 수 있었던 것은 모두 자포자기하려는 생각을 용납하지 않고 쫓아 버려 성취한 것이다. 아아! 하늘과 땅 사이의 나라는 반드시 다른 나라들과 함께 있다. 고금중외(古今中外) 불패의 지위를 유지할 수 있었던 국가들을 살펴보면, 모든 나라들이 하나같이 인민의 자존에 의해서가 아니겠는가! 모든 나라들이 하나같이 인민 가운데 더욱 뛰어나게 우수한 자가 자존의 대의로 일세의 사람들을 이끌어서 그렇게 된 것이 아니겠는가!

彼數子者, 其所以高自位置, 與世俗之多大言少成事者, 皮相焉殆無以異, 而不知其後此之建豐功揚偉烈, 能留最高之名譽於歷史上, 皆此不肯自賊自暴自棄之一念, 驅遣而成就之也. 嗟夫, 國於天地, 必有與立, 歷覽古今中外之歷史, 其所以能維繫國家於不敗之地者, 何一非由人民之自尊而來. 何一非由人民中之尤秀拔者, 以自尊之大義倡率一世而來哉.

자존의 뜻을 밝히기 위해 먼저 자존의 도에 대해 말해 보자.

吾欲明自尊之義, 請先言自尊之道.

스스로를 존중하는(自尊) 사람은 반드시 스스로를 아낀다(自愛). "산에 있는 샘물은 맑지만, 산을 벗어난 물은 탁하네. 몸종은 구슬을 팔고 돌아와, 띠풀을 가져다 집을 고친다. 꽃을 꺾어도 머리에 꽂지 않고, 잣을 따니 손에 가득 차네. 날은 찬데 푸른 소매는 얇고, 날은 저물어 대숲에 기대어 있네."[17] 이는 두보(杜甫) 시인의 '절대가인'이라는 시이다. 이렇지 않으면서 절대가인을 가장한다면 이 이름에 걸

17 두보의 「가인」(佳人)이라는 시의 부분이다.

맞을 수 없다. 공명이 후주에게 올린 글(表)에서, 첫째, "신은 본래 평민으로서 몸소 남양에서 농사를 지어 난세에 구차에게 성명을 보존하려 하였지 제후에게 알려지고 영달하기를 바라지 않았고",[18] 둘째, "신은 성도부곽에 뽕나무 8백 그루가 있으므로 자신이 죽은 뒤에도 자손은 굶거나 얼어 죽을 걱정이 없다"고 했다.[19] 공명이 꼭 고집을 부리며 스스로를 지키려는 필부는 아니었고, 강직함을 스스로 자랑으로 삼은 것이었다. 그가 그렇게 자처한 것은 본래 세속에서 우뚝하게 빼어난 점을 유달리 갖고 있었기 때문이며, 담박하게 뜻을 밝히는 것을 매개로 함으로써, 평온함으로 원대함을 실현하는 것을 표방한 것이다. 그런데 피상적이고 경박한 선비는 화통한 척하면서 작은 예법을 무시하는 것이 통달한 선비들의 특징이라고 여긴다. 명예를 희생하면서 굽은 자를 사용해 바른 넓이를 재려는 자들은 호걸과는 거리가 멀다. 왜 그런가? 스스로의 재능과 덕이 모자라다면 이른바 스스로 존중함은 도대체 어떻게 얻을 수 있단 말인가! 그러므로 진정으로 스스로를 존중하는 자는 눈처럼 하얀 절개와 의지가 있은 뒤라야, 고고한 구름과 학의 정신을 드러낼 수가 있다. 소나무와 바람의 우뚝한 덕과 지조를 가진 뒤라야, 당당하고 위엄 있는 기개를 드러낼 수가 있다. 스스로 존중하는 것은 사람의 품격을 높여 주는 법문이다.

凡自尊者必自愛. 在山泉水淸, 出山泉水濁. 侍婢賣珠回, 牽蘿補茆屋. 摘花不播鬢, 采柏動盈掬. 天寒翠袖薄, 日暮倚修竹. 此杜老絶代

18 공명과 후주는 각각 제갈량과 유선(劉禪)이다. 양계초가 '표'의 내용이라고 나란히 붙여 놓았지만, 하나의 '표'의 내용이 아니다. 이 부분은 『자치통감』(資治通鑑) 권70, 「열조명황제상지상」(烈祖明皇帝上之上)에 인용되어 있다.

19 『삼국지』(三國志) 「촉지」(蜀志) 권5, "亮自表後主".

佳人之詩也. 不如此而謬託於絶代佳人, 未有能稱者也. 孔明之表後主也, 一則曰臣本布衣, 躬耕南陽, 苟全性命於亂世, 不求聞達於諸侯. 再則曰臣於成都負郭, 有桑八百株, 沒後子孫, 無憂饑寒. 夫孔明非必如硜硜自守之匹夫, 故爲狷介以鳴高也, 彼其所以自處者, 固別有所以特拔於流俗, 而以淡泊爲明志之媒介, 以寧靜爲致遠之表記也. 故夫浮華輕薄之士, 謬託曠達, 而以不矜細行爲通才. 犧牲名譽, 而以枉尺直尋爲手段者, 其去豪傑遠矣. 何也. 先自菲薄, 而所謂自尊者更持何道也. 故眞能自尊者, 有皚皚冰雪之志節, 然後能顯其落落雲鶴之精神. 有諤諤松風之德操, 然後能載其嶽嶽千仞之氣概. 自尊者, 實使人進其品格之法門也.

스스로를 존중하는 사람은 반드시 스스로를 다스린다(自治).[20] 사람은 왜 금수보다 존귀한가? 사람에게는 법률이 있으나 금수에게는 없기 때문이다. 문명인은 왜 야만인보다 존귀한가? 문명인은 법률과 서로 조화를 이루지만 야만인은 그렇게 못하기 때문이다. 열 사람이 스스로를 다스릴 수 있으면, 이 열 사람은 동네에서 가장 견고한 단체(團體)를 이루어 그 동네에서 존중받을 수 있다. 백 사람이 스스로를 다스릴 수 있으면, 이 백 사람은 그 성군(省郡)에서 가장 튼튼한 단체를 이루어 그 성군에서 존중받을 수 있다. 천 사람, 만 사람이 스스로를 다스릴 수 있다면, 천 사람, 만 사람은 그 나라에서 가장 단단한 단체를 이루어 그 나라에서 존중받을 수 있다. 수십·수백·수천만

20 여기에서부터 『신민총보』 제14호에 실렸다. 1902. 8. 18.

인이 스스로를 다스릴 수 있으면, 이 수십·수백·수천만 인은 세계에서 가장 견실한 단체를 이루어 세계에서 존중받을 수 있다. 고대에는 스파르타인이 만 명이 채 안 되는 인구의 나라로서 희랍에서 홀로 존중받았다. 현재에는 영국이 중국의 오분의 일이 넘지 않는 인구로서 오대주에서 존중받고 있다. 그 이유는 무엇인가? 모두 스스로를 다스리는 힘이 강하고 법률의 관념이 무겁기 때문이다. 사람은 혼자서는 스스로를 존중하지 못하기 때문에 반드시 그 사회(群)가 존귀해진 뒤에야 사회 내의 사람과 함께 존귀해진다. 피차가 서로 스스로를 다스리는 힘이 부족하면 사회 또한 성립하지 못하므로 존귀함이 어떻게 있겠는가! 우리 중국인의 인격이 날로 비천해져 가는 그 병의 근원은 모두 여기에 있다.

凡自尊者必自治. 人何以尊於禽獸. 人有法律, 而禽獸無之也. 文明人何以尊於野蠻. 文明人能與法律相浹, 而野蠻不能也. 十人能自治, 則此十人者在其鄉市爲一最固結之團體, 而可以尊於一鄉市. 百人能自治, 則此百人者在其省郡爲一最固結之團體, 而可以尊於一省郡. 千人萬人能自治, 則此千人萬人者在其國中爲一最固結之團體, 而可以尊於一國. 數十百千萬人能自治, 則此數十百千萬人者在世界中爲一最固結之團體, 而可以尊於全世界. 其在古代, 斯巴達以不滿萬人之國, 而獨尊於希臘. 其在現世, 英國人口不過中國十五分之一, 而尊於五洲. 何也. 皆由其自治之力强, 法律之觀念重耳. 蓋人也者, 必非能以一人而自尊者也, 故必其群尊, 然後群內之人與之俱尊. 而彼此自治力不足, 則群且不成, 尊於何有. 我中國人格所以日趨於卑賤, 其病源皆坐於是.

스스로를 존중하는 사람은 반드시 스스로 독립한다(自立). 장자는 "사람을 소유하면 얽매이고 사람에게 소유되면 근심이 많다"[21]고 했다. 그러므로 대동태평의 극치에서는 반드시 누구도 타인을 소유할 수 없고 또한 누구도 타인에게 소유되지 않을 것이다. 서양(泰西)의 정치는 지금 아직 여기에 이르지 않았으며 중국은 더욱 심하다. 사람이 타인을 소유하지 않으면 타인에게 소유당하게 된다. 그러므로 군주는 백성을 소유하고 백성은 군주에게 소유당하며, 아버지는 아들을 소유하고 아들은 아버지에게 소유당한다. 남편은 아내를 소유하고 아내는 남편에게 소유당하며, 한 집 안에서 주인은 종을 소유하고 종은 주인에게 소유당한다. 한 점포 안에서 점주는 점원을 소유하고 점원은 점주에게 소유당하며, 한 당파 안에서 당수는 당원들(徒衆)을 소유하고 당원들은 당수에게 소유당한다. 4억 인을 모두 헤아려 보면 대개 타인을 소유하는 자는 백에 하나이고 소유당하는 자는 백에 아흔아홉이다. 또한 이른바 소유한 자도 때로는 또 타인이 이 사람을 소유하게 되는 일이 있다.(원주 — 가령 부인이 남편에게 소유되었는데, 그 남편은 혹은 그 남편의 아버지에게 소유되거나 혹은 속해 있는 점포의 주인이나 관청의 장관에게 소유되거나 혹은 한두 폭압자(民賊)에게 소유되거나 하는 등이다. 이와 같은 일은 그 층차가 무한하고 불가사의해서, 항하(恆河)의 모래알같이 〔수많은 것들이 모여 있는〕 세계[22] 안에 하나하나의 연꽃이 있고, 하나하나의 꽃 가운데 하나하나의 불(佛)이 있으며, 하나하나의 불신(佛身)에 하나하나의 입이 있고, 하나하나의 입 안에 하나하나의 혀가 있는 식으

21 『장자』「산목편」.

22 『대지도론』(大智度論) 권7에 나오는 이야기이다. 항하는 인도의 갠지스 강이다.

로, 다 말하려 해도 다 말할 수 없다.) 이와 같으니 우리나라 안에 4억 인이 있다 하더라도 타인에게 소유된 사람은 실로 3억 9,900만이 넘는다. 타인에게 소유당하면 인격을 상실한다.(원주 — 서양의 관례에, 부인은 대개 선거권이 없으므로 남자에게 소유되어 있다. 나머지도 이와 같다.) 이와 같으면 이 4억의 사람 가운데 인격을 보존할 수 있는 자가 또 몇이나 되겠는가? 이것이 어떻게 두렵고 놀랍지 않겠는가. 내가 이런 말을 하는 것은 사람들이 존중하고 친애하는 것을 모두 버리고 고집부리며 제멋대로 구는 것을 최고로 여기게 하려는 것이 아니다. 그것이 아니라 바로 사회통합(合群)의 계획을 위한 것이다. 한 사회(群) 안에 반드시 한 사람 한 사람이 모두 자립할 수 있는 도가 있은 뒤에야, 애정으로써 스스로 연합하고 법률로써 스스로 부서를 정하고 배치한다. 이에 그 사회는 강해지고 힘을 갖게 된다. 그렇지 않으면 무리(群)는 많더라도 의지할 수 있는 사람이 한두 사람일 뿐이고, 그리되면 한두 사람이라고 할 수 있을 뿐 사회(群)라고 할 수 없다.

凡自尊者必自立. 莊子曰, 有人者累, 見人於有者憂. 故夫大同太平之極, 必無一人焉能有人, 亦無一人焉見有於人. 泰西之治, 今猶未至也, 而中國則更甚焉. 其人非有人者, 則見有於人者, 故君有民, 民見有於君, 父有子, 子見有於父, 夫有婦, 婦見有於夫, 一室之中, 主有僕, 僕見有於主, 一舖店之中, 股東有伴傭, 伴傭見有於股東, 一黨派之中, 黨魁有徒衆, 徒集見有於黨魁. 通四百兆人而計之, 大率有人者百之一, 見有於人者百之九十九. 而此所謂有人者, 時又更有他人焉從而有之. (如婦見有於夫, 其夫或見有於其夫之父, 或又見有於其所屬之舖店之主人, 人衙署之長官, 而彼等又見有於一二民賊之類. 若是者, 其級數無量, 不可思議, 雖恆河沙世界中一一蓮花, 一一花中一一佛, 一一佛身一一口, 一一口中一一舌, 說之猶不能盡.) 若是乎, 吾國中雖有四百兆人, 而其見有於人者實三百九十九兆强也. 凡見有於人者, 則喪其人格. (泰西慣例, 婦人大率無選擧權, 以其見有於男子也. 餘仿此.) 若是乎, 則此四百兆人中能保存人格者, 復幾何哉. 是安得不瞿然驚也. 夫吾之爲此言, 非謂欲使人盡去其所尊所親者, 而倔强跋扈以爲高也, 乃正所以爲合群計也. 凡一群之中, 必其人皆有可以自立之道, 然後以愛情自貫聯之, 以法律自部勒之, 斯其群乃强有力. 不然, 則群雖衆而所倚賴者不過一二人, 則仍只能謂之一二人, 不能謂之群也.

여기에 두 집안이 있다. 갑가(甲家)는 부모 처자 형제가 모두 일이 있어서 스스로 먹고 살 힘이 있다. 곡식이 여유 있고 옷감이 여유 있는 것은 각자 그 재주를 다했기 때문이다. 을가(乙家)는 누군가가 부양해 주기를 바라며 모두 한 사람만 책망하고 있다. 그러면 어느 집안이 번영하고 어느 집안이 초췌해질지 어찌 질문을 기다리겠는가! 여기 두 군대가 있다. 갑군(甲軍)은 병졸이 모두 병법을 알고 있어 지휘를 기다릴 것도 없이 각자의 의견이 이미 주장수와 서로 일치하여, 한 번 호령이 떨어지면 사람마다 마음에서 하고 싶었던 것을 하듯 한다. 을군(乙軍)은 한두 명의 용감하고 사나운 장수에게 의지하고 그 나머지는 나무로 만든 닭처럼 〔멍청하다〕. 이렇다면 어느 군대가 이기고 어느 군대가 질지는 물어볼 것도 없다. 집안과 군대는 그 규율이 엄정해야 하는 것이 거의 다른 종의 사회(社會)보다 더욱 중요하며, 거기에 자립의 힘이 절대 빠질 수 없는 것이 이와 같다. 그러므로 자존(自尊)사상이 있으면 하늘(彼蒼)이 내게 준 인격이라는 것을 더럽히려고 하지 않는다. 그러려면 반드시 먼저 자립을 구하는 것이 가장 중요하다.

> 有兩家於此, 甲家則父母妻子兄弟, 皆能有所業以食力, 餘粟餘布, 各盡其材, 乙家則仰事俯畜, 皆責望於一人, 則其家之孰榮孰悴, 豈待問也. 有兩軍於此, 甲軍則卒伍皆知兵, 不待指揮, 而各人之意見, 旣與主帥相針射, 號令一下, 則人人如其心中所欲發. 乙軍則惟恃一二勇悍之首領, 而他如木鷄然, 則其軍之孰贏孰負, 豈待問也. 夫家庭與軍伍, 其制裁之當嚴整, 殆視他種社會爲尤要矣, 而其自立力之萬不可缺也猶如此. 故凡有自尊思想, 不欲玷辱彼蒼所以予我之人格者, 必以先求自立爲第一要義.

자립의 도구는 한 가지가 아니지만 가장 두드러지게 중요한 것은 경제상(生計上)의 노동능력과 독립적 생활력, 그리고 학문상의 연구능력(自修)과 진보능력이다. 〔경제상으로는〕 힘과 능력이 다른 사람을 부양할 수 있으면 상등인데, 그렇지 못하더라도 스스로를 먹여 살릴 수 있어야 한다. 학문상으로는 다른 사람을 구제할 수 있으면 상등이고, 그렇지 못하더라도 스스로를 구제할 수는 있어야 한다. 그렇지 못하다면 스스로는 다른 사람에게 의지하지 않으려 해도 다른 방법이 있겠는가! 오로지 다른 사람에게 의지하면서 다른 사람의 소유가 되지 않으려고 해도 방법이 있겠는가! 다른 사람에게 의지한다는 것이 반드시 뜻있는 선비들이 피하려는 것은 아니다. 내가 저 사람에게 의지하는 바가 있고 저 사람이 내게 의지하는 바가 있어 서로 의지한다면 사회(群)의 모습은 단단해진다. 그러나 만약 한쪽은 전적으로 의지하고 한쪽은 전적으로 의지당한다면, 그 사회(群)는 성립할 수 없고 성립하더라도 오래가지 못한다. 영국인들은 늘 스스로 자랑하면서 "다른 나라의 학교에서는 허다한 박사, 석사들을 배출하지만 우리 영국의 학교에서는 단지 '사람'을 양성할 뿐이다"라고 말한다. '사람'이란 무엇인가? 인격을 말하는 것이다. 영국 교육의 어떤 특색이 이러한 인격을 양성할 수 있는가를 보면, 실용적인 것을 가르쳐서 〔경제적으로〕 스스로 생활할 수 있게 하고(自活), 상식을 가르쳐서 스스로를 위해 도모할 수 있게 한다. 앵글로색슨 인종이 전 세계에서 크고 웅장한 기백으로 임하여, 타인을 소유하고 타인에게 소유당하지 않을 수 있었던 것은 모두 여기에 의지해서이다.

> 自立之具不一端, 其最顯要者, 則生計上之自勞自活, 與學問上之自修自進也. 力能養人者上也, 卽不能而不可不求足以自養. 學能濟人者上也, 卽不能而不可不求足以自濟. 苟不爾者, 欲不倚賴人, 烏可得也. 專倚賴人, 而欲不見有於人, 烏可得也. 夫倚賴人非必志士之所諱也, 然我有所倚賴於他, 他亦有所倚賴於吾, 互相倚而群之形乃固焉. 若一則專爲倚賴者, 一則專爲被倚賴者, 其群未有能立, 卽立未有能久者也. 英人常自誇曰, 他國之學校, 可以敎成許多博士學士, 我英之學校, 則只能敎成人而已. 人者何. 人格之謂也. 而求英人敎育之特色, 所以能養成此人格者, 則惟受之實業而使之可以自活, 受之常職而使之可以自謀. 而盎格魯撒遜人種, 所人高掌遠蹠於全世界, 能有人而不見有於人者, 皆恃此焉矣.

스스로를 존중하는 사람은 반드시 스스로를 단속한다(自牧). 『역』에서 다음과 같이 말한다. "겸손한 군자는 자신을 낮춰 스스로를 단속한다."[23] 스스로 단속하는 것과 스스로 존중하는 것이 어찌 반대되는 양 극단이 아니겠는가! 그러나 〔양 극단이 아님을〕 설명할 수 있다. 스스로를 존중한다는 것은 칠척(七尺)의 이 육체를 존중한다는 것이 아니라 국민의 한 분자, 인류의 한 티끌을 존중한다는 것이다. 그러므로 국민의 한 분자이고 인류의 한 티끌인 자들은 모두 자신들이 존중받는 것처럼 타인을 존중한다. 즉 스스로를 존중하는 자만이 타인을 존중할 수 있다. 깊은 〔골짜기 앞에〕 있으면서 높은 〔산에〕 있다고 생각하고 조금 덧붙이고는 많다고 생각한다면, 그 높음과 많음은 변변치 못한 것이다. 남을 죽여서 자기가 살고 남을 망하게 해서 스스로 보존한다면, 그 삶과 보존 역시 위태로울 것이다. 그러므로 조금 높은 곳에 올랐다고 우쭐해 있는 사람은 분명 그릇이 작아, 채우기도 쉬운 보잘것없는 사람일 것이다. 심하게는 남이 기술이 있거나 재주가 있는 것을 질투하고 미워하는 자라면, 그는 분명 탁하고 비천한 하류의 인간일 것이다. 보잘것없는 사람이나 하류의 인간은 스스로를 존중하는 길에서 얼마나 멀리 떨어져 있는가! 나는 서양 사람(西人)이 말하는 이른바 젠틀맨(원주 — 이 글자는 중국어에 확정된 번역이 없다. 비스마르크가 일찍이 영어 가운데 가장 의미 있는 글자라고 했다. 만약 억지로 번역한다면 '군자'(君子)라는 두 글자에 가깝다.)은 사람을 대할 때 모두 특별한 일종의 온화함, 선량함, 공손함, 검손함, 겸양(溫良恭儉讓) 등의 덕[24]을 갖는다. 종을 대할 때조차도 그 예는 더욱 공손해진다.

---

23 '지산겸'(地山謙) ☷☶ 괘의 초륙(初六)의 상전(象傳)이다.

24 『논어』「학이」에 등장하는 덕목들이다. "자공이 말했다. '공자는 온화하고 선량하고 공손하고 검소하고 겸양하기 때문에 공경을 받으시는 것이니, 공자께서 이루고자 하시는 것은 보통 사람들이 구하는 것과는 전혀 다르다"(子貢曰, 夫子溫良恭儉讓以得

명령할 것이 있으면 반드시 "플리즈"(원주 — 간절히 부탁하는 뜻이 있다.)라고 하며, 얻은 것이 있으면 반드시 "땡큐"(원주 — 감사합니다.)라고 말한다. 대개 남을 중히 여기는 사람을, 남도 항상 중히 여기고, 남을 모욕하는 사람을, 남도 항상 그를 모욕하는 것은 형세의 필연이다. 하물며 사람은 하늘과 땅(三天兩地)과 함께 나란히 삼재(三才)를 이룸에랴. 내가 그 고상한 자격을 보존할 수 있는 것은 한계 위에서 응분의 의무를 다하는 것에 불과한데, 하물며 충분히 스스로 빛날 수 있음에랴! 그러므로 스스로 서고자 하면 타인을 세우는 것이 선성(先聖)이 내린 가르침이다. 공헌한 것이 대단하다고 자만하지 말라는 것이 세존이 설법하여 훈계한 바이다.

凡自尊者必自牧. 易曰, 謙謙君子, 卑以自牧. 自牧與自尊, 寧非反對之兩極端耶. 雖然, 有說焉. 自尊云者, 非尊其區區七尺也, 尊其爲國民之一分子, 人類之一阿屯也. 故凡爲國民一分子人類一阿屯者, 皆必如其所尊以尊之, 故惟自尊者爲能尊人. 臨深以爲高, 加少以爲多, 其爲高與多也亦僅矣. 殺人以自生, 亡人以自存, 其爲生與存也亦殆矣. 故夫沾沾一得趾高氣揚者, 其必器小易盈之細人也. 甚或人之有技娼嫉以惡者, 其必濁卑下流之鄙夫也. 細人鄙夫, 其去自尊之道, 不亦遠乎. 吾觀夫西人之所謂Gentleman (此字中國語無確譯, 俾斯麥嘗謂此英語中最有意味之字也. 若强譯之, 則君子二字庶乎近焉)者, 其接人也, 皆有特別一種溫良恭儉讓之德, 雖對婢僕, 其禮逾恭, 有所命令必曰Please (含懇請之意) 有所取求, 必曰Thank you (謝也). 蓋重人者

之, 夫子之求之也, 其諸異乎人之求之與).

人恆重之, 侮人者人恆侮之, 勢必然矣. 況夫人也者參天兩地, 列爲三才, 吾之能保存其高尙之資格也. 不過適完其分際上應盡之義務, 而何足以自炫耀也. 是故欲立立人, 先聖所以垂訓. 貢高我慢, 世尊所以設戒.

스스로를 존중하는 자는 반드시 스스로 책임을 맡는다(自任). 한 사회(群) 안의 사람은 많은데, 그 가운데 유독 사회 안에서 숭배되는 사람이 있다. 이는 힘으로 다투거나 술수로 얻는 것이 전혀 아니다. 분명 그 사회 안에서 지고 있는 책임이 홀로 무겁고 그 임무 또한 홀로 수고롭기 때문에, 많은 사람들이 그에게 보답하는 것이다. 스스로는 그러리라고 기대하지 않았는데 그러한 것이며, 오게 하지 않았는데 온 것이다. 스스로 책임을 맡는다는 것은 사람들이 나를 존경하기를 바라고 그것을 노리는 것이 아닌데도 그렇게 되는 것으로, 실은 스스로가 그것을 천직으로 인정하고 최선을 다해야 할 것으로 생각하고 있는 것이다. 〔스스로 책임을 맡지〕 않는다면, 스스로를 폄하하는 것이고 스스로를 더럽히는 것이고 스스로를 버리는 것이다. 이는 도의상으로 스스로를 파는 것이고 정신상으로 스스로를 해치는 것이다. 그러므로 스스로를 존중할수록 스스로 책임을 맡으며, 스스로 책임을 맡는 자일수록 스스로를 존중하는 것이다. 스스로를 존중하는 궁극은 이윤(伊尹)과 같이 '하늘이 낸 백성(天民)의 선각자'를 자임하고, 맹자처럼 '내가 아니면 누가하랴'고 자임하는 것이며, 부처처럼 '중생을 구제할 대사를 위해 태어났다'고 자임하는 것이다. 이것이 어찌 여러 사람들을 '나만한 사람이 없다'고 말살하는 것이겠는가. 자신의 책임을 다하는 것이 이와 같을 뿐이며, 타인이 이와 같을 수 있을지 여부는 잠시 헤아리지 않는 것이다. 또한 나는 노후한 명사와 경박한 소년이 스스로를 존중하는 것을 본 적이 있다. 작디작은 귀에서 들어와 입으로 나가는 네 치 길이 남짓한 학문[25]을 주워 모아 으쓱거리며 만 길의 불꽃 같은 기세의 언사를 토해 낸다. 안중에 다른 사람은 없고 내 몸 역시 어디에 있는지 모르며, 입으로는 천년의 긴 세월을 말하지만, 양 어깨에는 물건을 얹을 수 없다. 나는 전에 방관자를 꾸짖는 글을 쓴 적이 있는데, 그 가운데 그들의 모습을 옮긴 한 구절이 있다. 〔즉, 다음과 같다.〕

凡自尊者必自任. 一群之人藝藝也, 而於其中有獨爲群內之所崇拜者, 此必非可以力爭而術取也, 必其所負於本群之責獨重, 而其任之也獨勞, 則衆人之所以酬之者, 自不期然而然, 莫之致而至. 其自任也, 非欲人之尊我而以此爲釣也, 彼實自認其天職之不可以不盡. 苟不爾者, 則爲自貶, 爲自汚, 爲自棄, 爲道義上之自鬻, 爲精神上之自戕. 是故逾自尊者逾自任, 逾自任者逾自尊. 自尊之極, 乃有如伊尹所謂天民先覺, 如孟子所謂舍我其誰, 如佛所謂普度衆生爲一大事出世. 豈抹煞衆人以爲莫己若哉. 蓋見夫己之責任則已如是, 而他人之能如是與否, 且勿暇計也. 抑吾嘗見夫老朽名士與輕薄少年之自尊矣, 摭拾區區口耳四寸之學問, 吐出訑訑氣焰萬丈之言詞. 目無餘子, 而我躬亦不知何存, 口有千秋, 而雙肩則不能容物. 吾昔曾爲呵旁觀者文, 內一

25 『순자』「권학」: "군자의 학문은 귀로 들어와 마음에 붙고 온몸으로 퍼져 행동으로 나타난다. … 소인의 학문은 귀로 들어와 입으로 나간다. 입과 귀 사이는 네 치밖에 안 되니, 어찌 일곱 자나 되는 몸을 아름답게 할 있을 것인가"(君子之學也, 入乎耳, 箸乎心, 布乎四體, 形乎動靜. … 小人之學也, 入乎耳, 出乎口, 口耳之間, 則四寸耳, 曷足以美七尺之軀哉).

條寫其形狀曰,

"〔넷째〕, 웃으면서 욕하는 무리이다. (원주 — 중략) 이미 유신을 욕했으면서 또 수구도 욕한다. 소인을 욕했으면서 또 군자도 욕한다. 노인들에게는 저무는 기운이 이미 깊다고 욕하면서 청년들에게는 공명을 조급하게 추구한다고 욕한다. 일이 이루어지면 〔무능한〕 더벅머리 아이가 〔요행히〕 유명해졌다고 하고, 일이 실패하면 내가 그럴 줄 알았노라고 한다. 그들이 항상 스스로 지적당할 것이 없는 땅에 서 있는 이유는 무엇인가? 일을 하지 않기 때문에 지적할 것이 없기 때문이다. 이미 일을 하지 않으므로 일을 하는 사람 뒤에 서서 새끼줄을 걸어 뿌리 채 뽑아 보리라는 듯이 〔괴롭히고〕[26] 비웃고 풍자하고 배격하니, 이는 최고로 교묘한 술수이다. 또한 용감한 자로 하여금 낙담하게 하고, 겁 많은 자로 하여금 의기소침하게 한다. (원주 — 중략) 비유하자면 외로운 배가 대양에서 바람을 만나자 그들은 바람을 욕하고 파도를 욕하고 대양을 욕하고 외로운 배를 욕하다가, 이윽고는 같이 배를 타고 있는 사람을 두루 욕하는 데 이르는 것과 같다. 이 배는 어떤 방법으로 저 해안에 닿을 수 있는가를 묻는다면 그들은 입 다물고 대답하지 못할 것이다. 왜 그런가? 그들은 다만 방관하면서 웃으며 욕할 뿐이기 때문이다. 방관자의 지위를 잃으면 웃으며 욕하는 일도 없을 것이다."

四曰笑罵派. (中略) 旣罵維新, 亦罵守舊, 旣罵小人, 亦罵君子. 對老

26 '새끼줄을 걸어 뿌리 채 뽑아 보리라'는 '引繩批根'의 번역으로, 『사기』「위기무안후열전」의 고사이다. 둘이 새끼를 꼬는 것처럼 한패가 되어 남을 배척한다는 뜻이다.

輩則罵其暮氣已深, 對青年則罵其躁進喜事. 事之成也, 則曰豎子成名, 事之敗也, 則曰吾早料及. 彼輩常自立於無可指摘之地, 何也. 不辦事故無可指摘, 旁觀故無可指摘. 己不辦事, 而立於辦事者之後, 引繩批根以嘲諷掊擊, 此最巧黠之術, 而使勇者所以短氣, 怯者所以灰心也. (中略) 譬之孤舟遇風於大洋, 彼輩罵風罵波罵大洋罵孤舟, 乃至徧罵同舟之人. 若問此船當以何術可達彼岸乎. 彼等瞠然無對也. 何也. 彼輩藉旁觀以行笑罵, 失旁觀之地位, 則無笑罵也.

아, 슬프다. 스스로 존중함이란 본래 인도에 가장 불가결한 덕인데, 오늘날의 중국에는 이 두 글자 〔자존(自尊)〕이 거의 부정적인 명사가 되었다. 모두 이들 거짓 '자존자'(自尊者)가 끼친 누 때문이다. 속담에 "사람을 구제하고 재화를 이롭게 하는 것은 내 일이 아니다. 응당 주공이나 공자와 같은 성인이 있지 않은가"라는 말이 있다. 주공은 어떤 사람이고 공자는 어떤 사람인가. 머리뼈는 이처럼 똑같이 둥글고 발은 이처럼 똑같이 각이 졌다. 내장기관도 똑같이 이처럼 다섯이고 팔다리는 이처럼 똑같이 넷이다. 그런데도 반드시 이것은 저 사람의 책임이지 나의 책임이 아니라고 한다. 세상에 스스로를 사랑하지 않는 것이 이보다 심한 것이 있겠는가! 이러고서 어떻게 저들 거짓 '자존자'는 필경 이 〔자존〕 두 글자를 유일의 방법으로 받든단 말인가!

嗟夫. 自尊者本人道最不可缺之德, 而在今日之中國, 此二字幾成詬病之名詞者, 皆此等僞自尊者之爲累也. 諺曰, 濟人利物非吾事, 自有周公孔聖人. 夫周公何人也. 孔聖人何人也. 顱同此員, 趾同此方, 官同此五, 支同此四, 而必曰此也者, 彼之責任, 非我之責任也, 天下之不自愛, 孰有過是也. 而若之何彼僞自尊者, 竟奉此語爲不二法門也.

주자는 "학생을 가르치는 것은 술 취한 사람을 부축하는 것과 같다. 동쪽을 붙잡으면 서쪽으로 쓰러진다"고 말했다.[27] 나는 지금 우리 국민을 위해 스스로를 존중함의 뜻에 대해 말했다. 〔사람들이 오독하게 하여 오히려 그들로 하여금〕 난폭하고 게으르고 비루한 기를 키우고 교만함과 잘난 척하는 마음을 키우게 하고서는, 〔나아가 그들로 하여금〕 공덕(公德)이 사회통합(合群)에 누가 되는 좀벌레 같다고 생각하도록, 내가 만들지 않는다고 어떻게 장담하겠는가! 그러나 내가 그 한계에 대해 대략 말한 것은 '스스로 존중함'(自尊) 두 글자의 정의를 내리기 위해서이다. 나는 감히 다음과 같이 공언할 수 있다. 스스로를 아끼지 않고 스스로를 다스리지 못하고 스스로 독립하지 못하고 스스로 단속하지 못하고 스스로 책임을 맡지 못하는 자들은 결코 스스로를 존중하는 사람일 수 없다고. 이 다섯 가운데 하나가 빠졌는데도 오히려 득의양양 스스로를 존중하는 사람은 자존주의(自尊主義)의 죄인이다. 아아! 목이 멘다고 먹는 걸 폐할 수는 없으며, 뜨거운 국에 데었다고 냉채를 불어서 먹지는 않는다. 나는 사람들이 스스로를 존중함에 유폐가 있을까 깊이 걱정한다. 그러나 나는 사람들이 스스로를 존중하지 못할까 더욱 걱정한다. 이 4억의 사람들이 또한 스스로

---

27 주희가 아니라 정이(程이)의 말인 듯하다. 『하남정씨유서』(河南程氏遺書) 권18, 「이천선생어4」(伊川先生語四): "배우는 자와 말하는 것은 술취한 사람을 부축하는 것과 같다. 동쪽에서 부축하면 서쪽으로 넘어지고 서쪽에서 부축하면 동쪽으로 넘어져, 끝내는 똑바로 세울 수 없다"(與學者語, 正如扶醉人, 東邊扶起卻倒向西邊, 西邊扶起卻倒向東邊, 終不能得佗卓立中途).

노예, 우마가 되는 것이 하늘에서 받은 분수의 삶이라고 여길까 걱정한다. 또한 이런 종류의 스스로 만든 굴욕을 감수함으로써 타인에게 의지하는 열등한 근성은, 오늘은 갑에게 베풀었다면 내일은 을에게도 베풀 수 있으며, 오늘 집안에 베풀면 내일은 길거리 사람에게도 베풀 수 있고 원수에게 베풀 수도 있다. 아아! 나는 매번 북경(燕)에서 온 객을 접견하면서 〔그들이〕 우리 국민이 근래 외부를 대하는 모습에 대해 물을 때마다 흠뻑 눈물을 흘리지 않은 적이 없다. 아아! 내가 어떻게 말만 하고 그만두겠는가.

朱子曰, 敎學者如扶醉人, 扶得東來西又倒. 吾今者爲我國民陳自尊之義, 吾安保無誤讀之以長其暴慢鄙倍之氣, 增其驕盈予智之心, 以爲公德累爲合群蠹者. 雖然, 吾旣略陳其界說, 爲自尊二字下一定義, 吾敢申言之曰, 凡不自愛不自治不自立不自牧不自任者, 決非能自尊之人也. 五者缺一, 而猶施施然自尊者, 則自尊主義之罪人也. 嗟乎, 因噎固不可以廢食, 懲羹固不可以吹齏, 吾深憂夫人人自尊之有流弊, 吾尤憂乎人人不自尊, 而此四百兆人者, 且自以奴隷牛馬爲受生於天之分內事. 而此種自屈辱以倚賴他人之劣根性, 今日施諸甲, 明日卽可以施諸乙, 今日施諸室內, 明日卽可以施諸路人, 施諸仇敵. 嗚呼, 吾每接見夫客之自燕來者, 問以吾國民近日對外之情狀, 未嘗不淚涔涔下也. 嗚呼, 吾又安能已於言哉.

○ 해설

자존(自尊)은 스스로를 존중한다는 것인데, 이것이 왜 '공덕'이 되는가? 그는 머리에서부터 "'자존'(自尊)을 왜 덕(德)이라 부르는가?"라고 질문을 던지고, "'스스로'(自)는 국민의 한 분자(分子)이므로 '자존'은 국민을 존중하는 것이 되기 때문"이라고 답한다.('덕' 글자 하나만 가지고 '공덕'의 의미로 사용하고 있는 듯하다.) 그러므로 '자존'은 국민이 스스로를 존중하고, 종국에는 국민의 전체인 국가를 존중하는 '덕'이다. 국가를 존중한다는 것은 구체적으로 어떻게 하는 것인가? 국가의 존귀함을 알고, 나아가 그 존귀함을 유지하려고 노력하는 것이다. 결국 국가의 독립을 추구하는 것으로 귀결된다.

그러므로 자존의 덕은 '세상일에 참여함'을 요구하고 세상일을 책임지려는 정신과 통한다. 양계초는 강성한 나라의 국민이기 때문에 자존의 덕이 생기는 것이 아니라, 자존의 덕이 있기 때문에 강성한 나라를 이룰 수 있게 된다고 역설한다. 그렇게 되면 자존은 어떻게 강한 국가를 이룩할까와 직결되며, 그 관점에서 대외적 관계를 생각하면 수구여서도 안 되고 배외여서도 안 된다. 양계초에 의하면, "고금중외(古今中外) 불패의 지위를 유지할 수 있었던 국가들을 살펴보면" "인민의 자존에 의해서"이며, 나아가 "인민 가운데 더욱 뛰어나게 우수한 자가 자존의 대의로 일세의 사람들을 이끌어서 그렇게 된 것"이다.

이어 양계초는 자존을 성취하는 방법에 대해 몇 가지 소개한다. 즉, 스스로를 아낌(自愛), 스스로를 다스림(自治), 스스로 독립함(自

立), 스스로 단속함(自牧), 스스로 책임을 맡음(自任)이다. 스스로를 함부로 팔지 않고 절개와 의지, 뛰어난 덕과 지조, 당당한 위엄 등을 갖추는 것이 '자애'의 내용이며, 자존을 위해 필요한 첫 번째로 꼽힌다. 양계초에 의하면, 두 번째 꼽힌 '자치'란 혼자서는 어렵기 때문에, 자치의 힘이 강하려면 사회를 조직하고 사회의 일원으로서 법률에 의해 다스림을 받아야 한다. 그래야 '자존'도 가능해진다. 자치를 실현하지 못하면 "인격이 날로 비천해져 간다" 세 번째 스스로 독립, 즉 자립으로 양계초가 꼽는 것은 경제적 독립과 학문적 독립이다. 개개인이 경제적으로 독립하지 못하면 사회가 단단해질 수 없다는 것이 자립이 필요한 가장 중요한 이유이다. 학문적 독립이란 경제적으로 자립할 수 있는 상식을 가르치는 것을 의미한다. 영국인들의 학교는 석사, 박사를 배출하는 것이 목적이 아니라, '사람'을 양성하는 것을 목표로 한다는 말을 양계초는 '인격'을 양성하는 것이라고 해석한다. 그러므로 자립적인 사람은 "하늘이 내게 준 인격이라는 것을 더럽히려고 하지 않는" 사람이다. 또한 이 사람은 끊임없이 스스로를 돌아보고 단속함으로써(自牧) 사회 안에서 원만한 인간관계를 맺을 줄 안다. 스스로를 존중한다는 것은 국민의 한 사람을 존중하는 것이므로 나뿐만 아니라 타인을 존중하는 데로 이어지기 때문이다. 스스로를 존중하는 사람은 사회에 대한 책임을 천직으로 여기는 사람이다.

이처럼 '자존'의 덕은 그 말이 풍기는 첫인상과는 달리, 양계초에 의하면, 공적인 결과를 내는 공덕이다.

제13절 사회통합[1]

지구에 처음 생물이 살았을 때부터 지금까지 그간에 자라나고 번식했던 벌레, 물고기, 날짐승, 들짐승, 지각 있는 생물, 지각 없는 생물, 감정 있는 생물, 감정 없는 생물, 영혼 있는 생물, 영혼 없는 생물, 그 종류들의 수가 어찌 다만 경·해·억·조뿐이겠는가. 그러나 그 가운데 지금 남아 있는 것은 얼마나 되는가? 지구에 처음 인류가 있었을 때부터 지금까지 그간 자라나고 번식했던 황인종, 백인종, 흑인종, 갈(樓)인종, 종족이 있는 자와 종족 없는 자, 부락을 이룬 자와 부락을 이루지 못한 자, 나라가 있는 자와 없는 자, 그 종류와 그 수량이 어찌 다만 경·해·억·조뿐이겠는가. 그 가운데 지금 남아 있는 것이 얼마나 되는가? 똑같이 육체를 갖고 똑같이 혈기를 갖고 똑같이 여러 종류들이 집결했는데, 존속하는 자는 만억 중의 하나에 불과하다. 나머지는 모두 위축되고 시들고 없어졌다. 다른 이유가 있겠는가. 자연도태의 결과이다. 열등한 것은 패하지 않을 수 없고, 그리하여 우등한

---

1 『신민논총』 제16호, 1902. 9. 16.

것이 홀로 이길 수밖에 없다는 것이다. 우열의 길은 한 갈래가 아니지만 사회(群)를 이룰 수 있는가 여부가 실로 그 모든 원천이다.

第十三節 論合群

自地球初有生物以迄今日, 其間孳乳蕃殖, 蠕者泳者飛者走者有覺者無覺者有情者無情者有魂者無魂者, 其種類其數量何啻京垓億兆. 問今存者幾何矣. 自地球初有人類以迄今日, 其間孳乳蕃殖, 黃者白者黑者棕者有族者無族者有部者無部者有國者無國者, 其種類其數量何啻京垓億兆. 問今存者幾何矣. 等是軀殼也, 等是血氣也, 等是品彙結集也, 而存焉者不過萬億中之一, 餘則皆萎然落澌然滅矣, 豈有他哉. 自然淘汰之結果. 劣者不得不敗, 而讓優者以獨勝云爾. 優劣之道不一端, 而能群與不能群, 實爲其總原.

사회통합(合群)의 주장에 대해서는 나라 안의 조금이라도 지식 있는 사람이라면 모두 말할 수 있을 것이다. 그러나 통합의 실제 사례를 꼽아볼 수 있는가 하면, 그렇지 못하다. 국민 전체가 크게 모이지(群) 못할 뿐 아니라, 일부분의 작은 단체(群)도 또한 단결하지 못한다. 완고하고 우둔한 사람만 단결하지 못하는 것이 아니라, 현명하고 달통하고 뜻이 있다고 하는 사람도 역시 그러하다. 아아! 단결하지 못하는 나쁜 성질이 끝내 변하지 않는다면, 뿔뿔이 흩어진 4억의 중국인은 열등한 처지에서 벗어나지 못할 것이며, 분명 이미 위축되어 소멸된 자들과 동일한 운명을 밟을 것이다. 얼마나 통탄스러운 일인가! 얼마나 두려운 일인가! 내가 단결하지 못하는 까닭을 미루어 보니, 네 가지 원인이 있다.

合群之義, 今擧國中稍有知識者, 皆能言之矣. 問有能擧合群之實者乎. 無有也. 非惟國民全體之大群不能, 卽一部分之小群亦不能也. 非惟頑固愚陋者不能, 卽號稱賢達有志者亦不能也. 嗚呼, 苟此不群之惡性而終不可以變也, 則此蠕蠕藝藝之四百兆人遂不能逃劣敗之數, 遂必與前此之萎然落澌然滅者同一命運. 夫安得不痛. 夫安得不懼. 吾推原不群之故, 有四因焉.

첫째, 공공관념(公共觀念)의 결핍 때문이다. 사람이 사회(群)를 이루어야만 하는 것은 자기 한 몸이 필요로 하고 원하는 것에 혼자 힘으로는 응답할 수 없기 때문이며, 자기 한 몸이 겪는 어려움과 고통을 혼자 힘으로는 막을 수 없기 때문이다. 그리하여 반드시 서로 당기고 의지해야 스스로 존립할 수 있게 된다. 이것을 공공관념이라고 한다. 공공관념은 배우지 않아도 알고 생각하지 않아도 할 수 있는 것이다. 진화세계(天演界)의 우열은 이 관념의 강약에 의해 갈라진다. 배우지 않아도 알고 생각하지 않아도 할 수 있다고 하면서, 또 그 사이에 강약의 차가 있는 것은 무엇 때문인가? 공적인 관념과 사적인 관념이 늘 서로 충돌하기 때문이다. 작고 비근한 사적인 이익은 자주 크고 먼 공적인 이익의 좀벌레가 되는 경우가 있다. 그러므로 진정으로 공공관념이 있다면, 사적인 이익의 일부분을 희생하여 공적인 이익을 보호하기를 마다하지 않는다. 더한 경우는 현재의 사적인 이익 전부를 희생해서 미래의 공익을 보호하기도 한다. 불성(佛性) 때문이 아니다. 이 생존경쟁(物競), 적자생존(天擇)의 진화세계에 처해서 인간의 노력으로 자연의 법칙을 이기려 한다면, 이러한 방법 말고는 다른 방법이 없기 때문이다. 어리석은 자는 살피지 못해서 오히려 〔이 진화의〕 도에 거슬려서 행동한다. 사적인 이익을 기쁘게 누릴 줄은 알면서 공적인 해를 두려워할 줄은 모른다. 이는 양주철학이 천지에 횡행했던 이유이며 벤담의 논리(名理)가 그 시대의 병이 되었던 이유이다. 이것이 사회를 통합할 수 없는 첫 번째 병이다.

一曰公共觀念之缺乏. 凡人之所以不得不群者, 以一身之所需求所欲望, 非獨力所能給也. 以一身之所苦痛所急難, 非獨力所能捍也, 於是乎必相引相倚, 然後可以自存. 若此者謂之公共觀念. 公共觀念者, 不學而知, 不慮而能者也, 而天演界之優劣, 卽視此觀念之强弱以爲差. 夫旣曰不學而知不慮而能矣, 然其間又有强弱者何也. 則以公觀念與私觀念常不能無矛盾, 而私益之小者近者, 往往爲公益之大者遠者之蟊賊也. 故眞有公共觀念者, 常不惜犧牲其私益之一部分, 以擁護公益. 其甚者或乃犧牲其現在私益之全部分, 以擁護未來公益. 非拂性也, 蓋深知夫處此物競天擇界, 欲以人治勝天行, 舍此術末由也. 昧者不察, 反其道以行之, 知私利之可歆, 而不知公害之可懼, 此楊朱哲學所以横流於天壤, 而邊沁之名理, 所以爲時詬病也. 此爲不能合群之第一病.

둘째는 대외(對外)의 경계가 불분명하기 때문이다. 사회(群)를 형성하는 데는 반드시 상대하는 짝이 있다. 외부와의 경쟁이 없으면 사회의 정신과 형식은 모두 드러나지 않는다. 이는 인류의 인지상정으로서 말하지 못할 것도 없다. 그러므로 사회(群)에는 실제로 위아(爲我)와 겸애(兼愛)의 양면성이 있다. 서로 모여서 단결하면 나의 고집을 세우고 자기 이익을 꾀해도 꼭 단체에 해가 되는 것은 아니다. 그러나 한 사람과 한 사람이 교섭하게 되면 안으로는 내 몸이 있고 밖으로는 타인이 있다. 이때의 나는 자기 한 몸이라는 나이다. 한 사회가 다른 사회와 교섭을 하게 되면, 안으로는 나의 사회가 있고 밖으로는 다른 사회가 있다. 이때의 나는 한 사회라는 나이다. 모두 나이지만 대아(大我)와 소아(小我)의 구별이 있다. 내가 있으면 반드시 나의 벗과 나의 적이 있다. 이미 사회를 이루었으면 사회 안은 모두 나의 벗이다. 그러므로 사회를 잘 이루는 자는 이 사회 밖은 공적(公敵)으로 여기고 사회 안의 사적(私敵)은 인정하지 않는다. 희랍의 열국들은 창과 방패를 들고 서로 싸웠지만, 페르시아가 습격해 오면 홀연 갑옷을 벗고 서로 피를 바르며 동맹을 맺었다. 밖을 대하는 나의 시각이 그렇게 만든 것이다. 옛날 영국의 보수당과 자유당 양당은 걸핏하면 충돌해서 편안한 날이 없었다. 그러나 콜롬비아 전쟁이 일어나자 비록 반대당일지라도 전력으로 정부에 협조했다. 밖을 대하는 나의 시각이 그렇게 만든 것이다. 옛날 일본의 자유당과 진보당 양당은 정강이 서로 달라 서로 각을 세우며 대치했다. 그러나 번벌(藩閥) 내각이 국회를 해산시키자 홀연 서로 제휴하여 하나의 헌정당으로 통합하여 대항했다. 밖을 대하는 나의 시각이 그렇게 만든 것이다. 그러므로 하나의 사회를 결집하려면 반드시 먼저 그 대외적인 경계를 분명히 해서, 나의 사회와 경쟁하는 공공의 적이 어디에 있는가를 분명히 해야 한다. 지금 뜻있는 선비들이 사회를 통합하자고 조바심 내며 말하는 것은 나라를 사랑하기 때문이 아니겠는가! 백성을 이롭게 하기 위해서가 아니겠는가! 나라사랑을 위해서라고 한다면, 내 주위에서 나를 엿보고 나를 능멸하는 자들이 나라의 원수이며 우리의 공공의 적이다. 이를 버리면 적으로 삼을 만한 것이 없다. 나라를 이롭게 하기 위해서라고 한다면, 나를 누르고 나를 착취하는 자는 백성의 적이며 우리 공공의 적이다. 이를 빼고는 적으로 여길 것이 없다. 내부에서 서로를 적으로 삼는 사회가 외적에게 꺾여 소멸하지 않은 적이 없다. 그런데도 뜻있는 선비들은 오히려 여기에 밝지 못해, 왕왕 공공의 적이나 큰 적은 버려둔 채 문제 삼지 않고, 오직 그 단체 안의 작은 의견 다툼에 연연한다. 다른 이유가 없다. 소아는 알고 대아는 모르기 때문이다. 밖을 대하는 수단으로써 안을 대하기 때문에, 도요새와 조개가 서로 대치하듯이 해서 어부가 그 뒤에서 몰래 웃도록 만드는 것이다. 이것이 사회를 통합할 수 없는 두 번째 병이다.

> 二曰對外之界說不分明. 凡群之成, 必以對待. 苟對於外而無競爭, 則群之精神與形式皆無所著, 此人類之常情, 無所容諱者也. 故群也者, 實以爲我兼愛之兩異性, 相和合而結搆之, 有我見而自私焉, 非必群之害也. 雖然, 一人與一人交涉, 則內吾身而外他人, 是之謂一身之我. 此群與彼群交涉, 則內吾群而外他群, 是之謂一群之我. 同是我也, 而有大我小我之別焉. 有我則必有我之友與我之敵. 旣曰群矣, 則群中皆吾友也. 故善爲群者, 旣認有一群外之公敵, 則必不認有一群內之私敵. 昔希臘列邦, 干戈相尋, 一遇波斯之來襲, 則忽釋甲而相與歃血焉, 對外之我見使然也. 昔英國保守自由兩黨, 傾軋衝突, 曾無寧歲, 及格里迷亞戰爭起, 雖反對黨亦以全力助政府焉, 對外之我見使然也. 昔日本自由進步兩黨, 政綱各異, 角立對峙, 遇藩閥內閣之解散議會, 則忽相提攜結爲一憲政黨以抗之, 對外之我見使然也. 故凡結集一群者, 必當先明其對外之界說, 卽與吾群競爭之公敵何在是也. 今志士汲汲言合群者, 非以愛國乎, 非以利民乎. 旣以愛國也, 則其環伺我而憑陵我者, 國仇也, 吾公敵也, 舍是則無所爲敵也. 旣以利民也, 則其箝壓我而朘削我者, 民賊也, 吾公敵也, 舍是則無所爲敵也. 苟其內相敵焉, 則其群未有不爲外敵所摧陷而夷滅者也. 而志士顧昧

此焉, 往往舍公敵大敵於不問, 而惟斷斷焉爭小意見於本團, 無他, 知小我而不知大我. 用對外之手段以對內, 所以鷸蚌相持, 而使漁人竊笑其後也. 此爲不能合群之第二病.

셋째는 규칙이 없다는 점이다. 한 사회가 성립하면, 작게는 두세 명, 많게는 수조 명으로 구성되는데, 언제나 법률에 의지해서 유지된다. 그 법률은 명령에 의해 성립하기도 하고 또는 계약에 의해 성립하기도 한다. 학적 이론으로(學理) 말하면 계약에 의한 것이 옳고 선하며, 명령에 의한 것은 옳지 않고 선하지 않다. 일의 추세로(事勢) 말하자면, 옳고 선한 법률을 갖는 것이 으뜸이지만, 만약 그럴 수 없다면 옳지 않고 선하지 않은 법률이라도 없는 것보다는 낫다. 이는 사회학자(群學家)와 정치학자(政學家)들이 모두 동의하는 바이다. 지금 뜻있는 선비들이 사회통합을 제창하는 것이, 바르지 않고 선하지 않은 법률 때문에 병든 백성과 약해진 나라를 바꾸려는 것이 왜 아니겠는가. 이에 그 실제를 고찰해 보면, 혹은 오히려 스스로 법률이 없는 영역에 빠져서 그들이 구실로 삼는 것과 서로 어긋나지 않은 것이 몇이나 되는가? 이뿐만이 아니다. 본 사회 안에서도 의지할 만하지 않은 사람들을 서로 단결하게 함으로써, 이미 모인 사람들은 뒤도 안 돌아보고 가고, 아직 오지 않은 사람들은 우물쭈물하며 앞으로 나아가지 않고, 옆에서 지켜보는 사람들은 이를 크게 경계하게 만드니, 이렇다면 사회의 힘은 어떻게 확장할 것이며 목적은 언제 달성할 것인가.

三曰無規則. 凡一群之立也, 少至二三人, 多至千百兆, 莫不賴有法律以維持之. 其法律或起於命令, 或生於契約. 以學理言, 則由契約出者謂之正, 謂之善, 由命令出者謂之不正, 謂之不善, 以事勢言, 則能有正且善之法律尙也. 若其不能, 則不正不善之法律, 猶勝於無法律, 此群學家政學家所同認也. 今志士之倡合群者, 豈不以不正不善之法律之病民弱國, 而思所以易之耶. 乃夷考其實, 或反自陷於無法律之域, 幾何不爲彼輩所藉口以相鋤也. 不寧惟是, 而使本群中亦無所可恃以相團結, 已集者望望然去, 未來者裹足不前, 旁觀者引爲大戒, 則群力安得擴張, 而目的何日能達也.

문명국 사람들이 사회를 잘 운영하는 것을 보면, 작게는 한 지역, 한 안건과 관련된 법률 단체가 있고, 크게는 한 나라의 의회가 있어서, 모두 소수가 다수의 규율에 복종하고, 그럼으로써 모든 일이 그〔규율〕을 통해 의결된다. 그런데 오늘날 사회의 운영을 보면 혹 한두 사람의 의견으로 독단하고 의론을 막는데, 그렇다면 그것은 규율이 없는 것과 마찬가지이다. 사회를 잘 운영하는 사람은 한 사람의 우두머리를 세워서 단체 전체를 대표하게 하여 사무를 집행하도록 전권을 주고 그의 지휘에 따른다. 그런데 오늘날 사회를 운영하는 자는 오직 자유가 있다는 것만을 알고 제재(制裁)가 있다는 것을 모르는데, 그것 역시 규율이 없는 것과 마찬가지이다. 왜 그런가? 소수가 다수에 복종한다면 〔소수는〕 다수의 노예이다. 당원이 대표에게 복종한다면 〔당원은〕 대표의 노예이다. 아니! 어떻게 노예를 운운할 수 있는가? 사람은 타인의 노예는 될 수 없지만 사회의 노예가 안 될 수는 없다. 자기가 속한 사회의 노예가 되지 않으면 사태의 추세로 보아 반드시 다른 사회의 노예가 될 수밖에 없다. 다수에게 복종하고 직권(원주 — 즉, 대표자)에 복종하는 것이 바로 그 사회를 보호해서 열등해지지 않게 하는 방법이다. 그렇지 않고 사람마다 대항하여 서로 아래에 처하기를 원하지 않으며, 사람마다 고립하여 모여 하나로 되는 바가 없으면, 그 형세는 반드시 서로 야만의 자유로 이르게 할 것이며, 사회를 이루기 전과 마찬가지가 될 것이다. 공공의 적이 없어도 오히려 자립할 수 없는데, 하물며 날마다 반대자들이 그 뒤에서 틈을 탄다면 어떻겠는가. 이것이 사회통합을 할 수 없는 세 번째 병이다.

吾觀文明國人之善爲群者, 小而一地一事之法團, 大而一國之議會, 莫不行少數服從多數之律, 而百事資以取決. 乃今之爲群者, 或以一二人之意見武斷焉梗議焉, 其無規則者一也. 善爲群者, 必委立一首長, 使之代表全群, 執行事務, 授以全權, 聽其指揮. 今之爲群者, 只知有自由, 不知有制裁, 其無規則者二也. 叩其故, 則曰, 以少數服從於多數, 是爲多數之奴隸也, 以黨員服從於代表人, 是爲代表人之奴隸也. 嘻, 是豈奴隸之云乎. 人不可以奴隸於人, 顧不可以不奴隸於群. 不奴隸於本群, 勢必至奴隸於他群. 服從多數, 服從職權, (卽代表人), 正所以保護其群而勿使墜也. 而不然者, 人人對抗, 不肯相下, 人人孤立, 無所統一, 其勢必相率爲野蠻之自由, 與未爲群之前相等. 雖無公敵, 猶不足以自立, 而況夫日有反對者之乘其後也. 此爲不能合群之第三病.

넷째, 시기와 질투 때문이다. 나는 전에 증문정이 아들에게 훈계하기 위해 쓴 「기구시」(忮求詩)[2]를 읽고 두려워 떤 적이 있다. 그 시

---

2 '기구'(忮求)는 "꺼리고 구함"의 뜻으로 『논어』의 다음에서 온 말이다. 「자한」: "해진 한 겹 솜옷을 입고서도 여우 가죽이나 담비 가죽옷을 입은 이와 함께 서도 부끄러워하지 않을 이는 자로일 것이다. 〔나쁜 것을〕 꺼리지도 않고 〔좋은 것을〕 구하지도 않으니 어찌 훌륭하지 않겠는가"(衣敝縕袍, 與衣狐貉者, 立而不恥者, 其由也與. 不忮不求, 何

는 다음과 같다. "선(善)은 서(恕)보다 큰 것이 없고, 덕은 질투보다 흉한 것이 없다. 질투는 처첩의 행위이니 자질구레하게 어찌 다 세겠는가. 내가 못나면 남이 유능한 것을 꺼리고, 내가 막혀 있으면 남이 풀리는 것을 꺼리며, 내게 일의 공이 없으면 남이 임무를 완수하는 것을 꺼린다. 내게 당의 원조가 없으면 남이 많은 도움을 얻는 것을 꺼린다. 세나 지위가 서로 적대하면 두려워하고 핍박하면서 서로 미워한다. 내게 좋은 평판이 없으면 다른 사람이 문명(文名)을 드러내는 것을 꺼린다. 내게 현명한 자손이 없으면 남이 후사가 두터운 것을 꺼린다. 이름을 다투며 밤낮 분주하고 이익을 다투며 동분서주하지만, 자기 한 몸의 영화를 기약할 뿐 타인의 모욕은 안타까워하지 않는다. 〔남의〕 재난을 듣고도 때론 〔자신의〕 행운을 기뻐하며, 〔남의〕 앙화를 듣고도 혹은 〔자신의〕 기쁨을 즐긴다. 그 이유를 물으면 스스로도 그 이유를 모른다." 아아! 이것이 노인네가 항상 하는 소리라 해도 오늘날 벤담의 학설을 오해하는 자들이 실로 머리 깊이 새겨봐야 할 말이다. 우리들은 증문정의 시에서 말하는 바를 벗어날 수 있는지 아침저녁으로 스스로 돌아보자. 우리나라 사람들의 이러한 나쁜 습속은 수천 년 쌓인 것으로, 여러 가지 성질이 유전되어 사회(社會)의 습관을 오염시켜 사람들의 뇌 안에 깊이 들어가, 거의 스스로 뽑아낼 수 없게 되었다. 그리하여 이 〔상황에서〕 사회통합을 하려는 것은 돌을 갈아 거울을 만드는 것과 다를 바 없고, 모래를 쪄서 밥을 하려는 것과 다를 바 없게 되었다.

用不臧).

四曰忌嫉. 吾昔讀曾文正戒子書中忮求詩, 而悚然焉. 其言曰, 善莫大於恕, 德莫凶於妬. 妬者妾婦行, 瑣瑣奚足數. 己拙忌人能, 己塞忌人遇. 己若無事功, 忌人得成務. 己若無黨援, 忌人得多助. 勢位茍相敵, 畏逼又相惡. 己無好聞望, 忌人文名著. 己無賢子孫, 忌人後嗣裕. 爭名日夜奔, 爭利東西騖. 但期一身榮, 不惜他人汚. 聞災或欣幸, 聞禍或悅豫. 問渠何以然, 不自知其故. 嗚呼, 此雖曰老生常談乎, 然以今日之誤解邊沁學說者, 實當頭一棒之言也. 吾輩試夙夜一自省焉, 其能悉免於如文正所訶乎. 吾國人此等惡質, 積之數千年, 受諸種性之遺傳, 染諸社會之習慣, 幾深入於人人之腦中而不能自拔. 以是而欲求合群, 是何異磨甎以作鏡, 蒸沙以求飯也.

주장이 다르면 이론을 펴서 비판하면 될 것이며, 지위가 다르면 일을 나눠서 하면 될 것이다. 주장도 같고 지위도 같다면 힘을 합해 한마음으로 함께 대업을 이룰 수 있을 것이니, 이보다 더 좋을 수는 없다. 한마음으로 힘을 합한다는 것은, 갑의 사업을 무리하게 을의 사업에 맞춘다는 것이 아니다. 돌아가는 곳은 같지만 길은 다르며, 이르는 곳은 한곳이지만 백 가지 궁리가 가능하다. 목적이 모두 하나로 모였다면 훗날 끝내는 반드시 한곳에서 손을 맞잡는 날이 있을 것이다. 그렇지 못하더라도, 혹은 갑이 실패하고 을이 성공하며, 혹은 을이 실패하고 갑이 성공한다면, 내가 뜻했던 바는 이미 달성된 것이다. 일이 성사되었다면 성사시킨 사람이 꼭 나일 필요가 있겠는가! 인인군자(仁人君子)의 마음씀은 이와 같은 것이 아니겠는가! 또한 설령 견해는 여기에 미치지 못하더라도 한때 경쟁에서의 승리를 구하고 한 몸의 아름다움을 오로지 추구한다면, 또한 정정당당하게 그 총명함과 재주의 힘으로 진화계(天演界)에 설 수 있게 될 것이다. 진정 우월하다면 천만인이 나와 다투더라도 이기지 못할 것을 걱정할 것이 없다. 진정 열등하다면 한 사람도 나와 다투지 않아도 또한 어디에 의지해 패하지 않을 수 있겠는가. 세상에 할 일은 많은데 타인을 배척하고 무너뜨려야 당신의 자리가 생기는 것이겠는가! 아아! 생각하고 또 생각해 보라. 밖으로는 국난이 있고 안으로는 백성이 족쇄에 채워져 있다. 동포의 반이 꿈에 취해 있고 앞길은 이미 진흙탕인 지경이니, 내 힘이 미치면 스스로 구하고 혼자 힘으로 안 되면 협력해서 구한다. 내 힘으로 구할 수 없으면 다른 사람이 구해 주길 기다린다. 이 또한 재앙의 싹을 힘써 꺾기 위해 온 나라의 원수를 맞아 죽을 힘을 다해 싸우는 것이 아니겠는가! 어리석고 못난 사람이라면 나는 기대하지도 않고 탓하지도 않겠다. 그러나 현자, 지자라고 불리는 사람들에게는 똑바로 고하지 않을 수 있겠는가! 이것이 사회통합을 할 수 없는 네 번째 병이다.

> 夫宗旨苟不同, 則昌言以攻之可也. 地位苟不同, 則分功以赴之可也. 乃若宗旨同地位同, 則戮力同心以共大業, 善莫大焉. 夫所謂戮力同心者, 非必强甲之事業而使合於乙也. 同歸而殊途, 一致而百慮, 目的旣共指於一處, 其成也, 則後此終必有握手一堂之日. 卽不然, 或甲敗而乙成, 或乙敗而甲成, 而吾之所志, 固已達矣. 事苟有濟, 成之何必在我. 仁人君子之用心, 不當如是耶. 又就令見不及此, 而求競勝於一時, 專美於一己, 則亦光明磊落, 自出其聰明才力以立於天演界中. 苟其優也, 雖千萬人與我競, 亦何患不勝. 苟其劣也, 雖無一人與我競, 亦何恃不敗. 天下之事業多矣, 豈必排倒他人, 而始容卿一席耶. 嗚呼, 思之思之. 外有國難, 內有民箝, 同胞半在酣夢之中, 前途已入泥

犂之境, 吾力而能及也, 則自拯之, 獨力不能也, 則協力拯之, 吾力而無濟也, 則望他人拯之, 其尙忍摧萌拉蘗, 爲一國之仇讎效死力耶. 愚不肖者, 吾無望焉, 無責焉, 顧安得不爲號稱賢智者正告也. 此爲不能合群之第四病.

이것이 그 대략이다. 상세하게 말하면, 오만함, 집요함, 방탕함, 어리석음, 탐욕, 무정(無情) 등은 모두 단결을 좀먹는 벌레들일 것이다. 이 가운데 한 가지만 있어도 사회는 이루어지지 않는다. 나는 몽테스키외가 정치(政)에 대해 다음과 같은 말을 했다고 들었다. "전제국가에서는 원기가 위력에 있고 입헌국가에서는 원기가 명예에 있으며 공화국가에서는 원기가 도덕에 있다"라고. 도덕이 어떻게 갈 곳 없는 변발(辮髮)처럼 쓸모없는 것일 수 있겠는가! 그런데도 이전의 중국에서는 한 사람만 강하고 만인이 유약했다. 사회를 이룬 근거는 강제에 있었지 공의(公意)에 있지 않았다. 그래서 조금 부패하고 조금 해이해도 오늘날까지 그 거죽은 유지해 올 수 있었다. 오늘날의 군자는 이러한 현실로는 적자생존(天擇)의 전쟁에서 이길 수 없음을 알고 다른 제도로 바꿀 것을 생각해야 한다. 그렇다면 완전한 도덕이 아니라면 어떤 것을 택하겠는가! 나는 저들 완고한 무리들이 요란하게 다음과 같이 말하는 것을 들었다. 즉, "오늘날의 중국은 공화를 논할 필요가 없고 의원을 논할 필요가 없고 자치를 논할 필요가 없다. 이것들을 허용해서 단지 혼잡하고 어지럽고 알력이 생기고 잔인한 살인이 생겨, 우리 중화를 오히려 극단으로 가게 만드느니, 차라리 수천 년의 전제정치를 이어 이 속박을 연장해서, 분주히 달려 오히려 하늘까지 넘친 화를 면하는 것이 나을 것이다." 나는 이 말을 싫어한다.

그러나 또한 그 말을 슬퍼하며 그 말을 참담히 여긴다. 아아. 우리 당은 오히려 스스로 돌아보지 못하고 스스로 경계하지 못했는데, 불행히도 저들의 말은 적중한 곳이 있는 데다, 오히려 작게 표현되어 있다. 이들 때문에 〔사람들이〕 자유, 평등, 권리, 독립, 진취 등의, 최고 아름답고 선하며 고상한 주의를 영원히 만세가 병으로 여기게 되고, 천하 만세가 서로 호랑이 이야기처럼 〔말만 듣고도 무서워서〕 낯빛이 변하기에 이르렀다. 그러면서 20세기 초에 중국에서 이른바 신사상, 신지식, 신학술을 하는 사람은 이러저러했으며, 중국을 망하게 한 죄는 모두 그들에게 있다고 말한다. 아아! 그러니 우리들이 만 번을 죽더라도 어떻게 그 죄를 갚을 수 있겠는가.

此其大略也, 若詳語之, 則如傲慢, 如執拗, 如放蕩, 如迂愚, 如嗜利, 如寡情, 皆足爲合群之大蠹, 有一於此, 群終不成. 吾聞孟德斯鳩之論政也, 曰專制之國, 其元氣在威力. 立憲之國, 其元氣在名譽. 共和之國, 其元氣在道德. 夫道德者, 無所往而可以辯髦者也. 然在前此之中國, 一人爲剛, 萬夫爲柔, 其所以爲群者, 在强制而不在公意, 則雖稍腐敗, 稍渙散, 而猶足以存其鞟以迄今日. 若今之君子, 旣明知此等現象, 不足以戰勝於天擇, 而別思所以易之, 則非有完全之道德, 其奚可哉, 其奚可哉. 吾聞彼頑固者流, 旣聒有辭矣, 曰今日之中國, 必不可以言共和, 必不可以言議院, 必不可以言自治. 以是畀之, 徒使混雜紛擾傾軋殘殺, 以猶太我中華, 不如因仍數千年專制之治, 長此束縛焉, 馳驟焉, 猶可以免滔天之禍. 吾惡其言, 雖然, 吾且悲其言, 吾且慚其言. 嗚呼, 吾黨其猶不自省不自戒乎, 彼輩不幸言中, 猶小焉者也, 而坐是之故, 以致自由平等權利獨立進取等最美善高尙之主義, 將永爲天下萬世所詬病, 天下萬世相與談虎色變, 曰當二十世紀之初, 中國所謂有新思想新知識新學術之人, 如是如是, 亡中國之罪, 皆在彼輩焉. 嗚呼, 嗚呼, 則吾儕雖萬死其何能贖也.

○ 해설

'사회통합' 혹은 '사회결성' 등으로 번역되는 '합군'(合群) 역시 과연 공덕(公德)일까 하는 의구심을 부른다. 양계초는 중국인은 사회를 이루고 단결하는 일을 제대로 못한다고 하면서 그 원인을 네 가지 들고 있는데, 이 네 원인을 보면 양계초가 어떤 덕을 그린 것인지 이해가 된다. 사회통합이 필요한 이유 역시 우승열패의 세상에서 개인으로는 생존할 수도 번영할 수도 없기 때문이다. 생존하고 번영하려면 사회를 결성하고, 나아가 그 사회가 번성해서 강력한 경쟁주체가 되어야 한다. 사회통합을 가로막고 있는 중국인의 성질은 무엇인가?

먼저 양계초는 공공관념의 결핍을 꼽는데, 이는 결국 사적인 욕망을 공적인 이익을 위해 접어야 하는 자세의 부족이다. 양계초는 "공공관념은 배우지 않아도 알고 생각하지 않아도 할 수 있는 것", 즉 "양지양능"이라고 표현한다. 즉, 사회 전체의 이익을 위해 개인의 이익을 억누르는 것이 천성의 도덕성이라 주장하는 것이다. 둘째로 꼽는 것은 "대외의 경계가 불분명하다"는 것인데, 결국 말하려는 것은 국가의 적을 일치단결하여 적으로 여기고 대항할 때, 이쪽은 모두 '내부'임을 알고 서로 적대해서는 안 된다는 것이다. 즉, 외국 혹은 이족의 적 외에, 나라 안에서는 서로 적대시해서는 안 된다는 것이다. 셋째는 규율이 없는 점을 들었다. 그는 사회의 규율에 복종하는 것을, "사람은 타인의 노예는 될 수 없지만 사회의 노예가 안 될 수는 없다"고 표현한다. 넷째는 시기와 질투이다. 개인의 목표가 사회의 강화라면 그 일을 꼭 내가 달성할 필요는 없으며, 타인이 달성하더라도 나의 목표는 달성되는 것이다.

이 네 가지를 꼽고 마지막에서 양계초는 "상세하게 말하면 오만함, 집요함, 방탕함, 어리석음, 탐욕, 무정(無情)" 등이 "단결을 좀먹는 벌레들"이라고 말한다. 또한 "공화국가에서는 원기가 도덕"에 있다는 몽테스키외의 말을 빌려, 도덕이 오늘날에도 필요하다고 역설한다. 즉, 위와 같이 개인적 욕망을 접는 것이 도덕인 것이고, 그런 의미에서 '사회통합' 역시 공덕일 것이다. 한 가지 주의할 점은 이 시점에서 이미 "자유, 평등, 권리, 독립, 자치" 등의 새로운 가치들, 즉 "신사상, 신지식, 신학술"에 대한 부정적 평가가 사회에 등장했고, 양계초가 그 부정적 평가를 의미 있게 받아들이고 있는 점이다. 뒤에 「사덕」 편에서 양계초는 이 사회의 평가를 자신의 것으로도 받아들인다.

제14절 이익을 낳음(生利), 이익을 나눔(分利)[1]

중국을 가난한 나라라고 하는가? 『대학』에서 "사람이 있으면 이에 땅이 있고, 땅이 있으면 이에 재화가 있다"고 했다. 수십만 리의 땅과 수억의 사람들이 있는데 가난을 걱정한다는 말은 들어 본 적이 없다. 중국을 부자 나라라고 하는가? 관부를 살펴보면 모조리 동이 나 얻을 것이 없고, 동네를 다녀 보면 초췌하여 스스로 살 방법이 없으니, 말 잘하는 사람이더라도 중국이 가난한 것에 대해서는 변명할 수 없다. 가난의 원인이 한 가지는 아니지만, 먼저 백성의 생활 사정에 관해서만 얘기해 보자.

第十四節 論生利分利

謂中國而貧國耶. 大學曰, 有人此有土, 有土此有財. 未聞以數十萬里之地數十千萬之人而患貧者也. 謂中國而富國耶. 稽其官府, 則羅掘而無所於得. 行其閭閻, 則憔悴而無以自存, 雖有辯者, 不能爲中國之貧諱也. 貧之原因不一端, 請先專言民事.

---

1 이 절은 『신민총보』 제19호, 제20호에 나뉘어 실렸다. 제19호는 1902. 10. 31.

『대학』에서 "생산하는 사람은 많고 먹는 사람은 적다"고 하는데, 이 말은 참으로 훌륭하다. 후세의 경제학자(生計學家)가 재산증식(殖産)의 기술에 대해 말하는 것은 여기에서 벗어날 수 있는 것이 없다. 한 나라의 한 해 증식은 나라 안 인민들이 그해 증식해 낸 총계이다. 한 나라의 백성을 통틀어서, 노동(勞力)을 하는지 하지 않는지, 노동해서 이익을 내는지 내지 않는지를 불문하고, 땅이 생산해 내고 백성이 산출해 내는 것에 부양을 기대하는 것은 한결같다. 한 나라의 한 해 증식은 단지 일정 수량이 있으니, 〔생산하지 않고〕 먹기만 하는 자를 부양하는 사람의 숫자가 적어져야 넉넉히 생산할 수 있는 사람의 수가 많아진다. 넉넉히 생산할 수 있는 자의 수가 많아져야 나라의 증식이 해마다 늘어난다. 이와 반대라면 초췌하지 않을 수 없다.

大學曰, 生之者衆, 食之者寡, 此言至矣. 後世生計學家言殖産之術, 未有能外者也. 夫一國之歲殖者, 國中人民歲殖之總計也. 綜一國之民, 無論或勞力或不勞力, 勞力矣或生利或不生利, 而其待養於地之所産民之所出則均. 一國歲殖, 只有此數, 惟其養徒食者數寡, 而後贍能生者數多. 贍能生者數多, 而後國之所殖乃歲進. 反是則其未有不瘁焉者也.

경제가들은 재화를 만드는 세 가지 요소를 토지, 자본, 노동력(勞力)이라고 말한다. 이 세 가지가 갖춰져야 재화가 성립한다. 그러나 같은 토지라도 야만 민족의 손에 있으면 쓸모없는 돌밭이 되지만, 문명 민족의 손에 있으면 진귀한 물건이 된다. 그 이유는 무엇인가? 문명인은 자본과 노동력을 이용하여 〔자산을〕 넓혀 나갈 줄 알지만, 야만인은 할 수 없기 때문이다. 이른바 자본과 노동력을 이용한다는 것은 무엇인가? 사용하여 불어나기(復)를 바란다는 것이다. 무엇을 불어나기라고 하는가? 나의 힘을 나의 밭에 사용하여 물건을 생산해 내면, 그 공(功)은 생산물로 나타나고 그것이 완성된 뒤의 가치는 증가한다. 완성된 물건은 얼마간의 시간을 거치면 사람들 사이에서 교역이 된다. 오늘은 공(功)을 바탕으로 생산물이 이루어졌다면 내일은 그 생산물이 다시 공(功)이 되는 것이다. 이런 방식으로 노동의 가치가 불어난다. 나의 자본을 써서 재료를 준비하고 노동력을 고용했다면, 재료는 날것의 재화에서 가공된 재화가 된다. 인력을 고용하여 물건을 만들어 내면, 가공된 재화와 축적된 힘에서 나온 물건의 가치는 반드시 처음 사용한 자본보다 불어난다. 나의 원래 재물이 손해나지 않은 데다, 또 남은 것이 있다. 이것이 자본이 불어나는 것이다. 불어나기가 한 번 일어나면 가치 또한 한 등급 높아진다. 왜 그런가? 불어나기는 반드시 한 번에서 끝나지 않고 또 다른 이윤을 동반하기 때문이다. 이것이 부유해지는 방법이다. 한 사람도 이와 같고 한 나라도 이와 같다.

生計家言財之所自出者有三, 曰土地, 曰資本, 曰勞力. 三者相需而貨乃成. 顧同一土地也, 在野蠻民族之手則爲石田, 在文明民族之手則爲奇貨, 其故何也. 文明人能利用資本勞力以擴充之, 而野蠻人不能也. 所謂利用資本與勞力者何也. 用之而蘄其有所復也. 何謂有所復, 用吾力以力田焉, 製造焉, 被其功於物材, 成器之後其値遂長, 其所成之物, 歷時甚久, 猶存人間, 可以轉售交易, 今日以功成物, 他日由物又轉爲功, 如是則勞力復焉矣. 斥吾資以庀材焉, 雇傭焉, 材由生貨, 轉爲熟貨, 傭以人力, 造出物力, 已熟之貨, 蓄力之物, 其所値必餘於前此所斥之資, 吾財無損, 而且有贏, 如是則資本復焉矣. 所復者多一次, 則所值者進一級, 何也. 復者必不徒復也, 而又附之以所贏, 此富之所由起也. 一人如是, 一國亦然.

한 나라의 자본과 노동력을 모아서 한 해를 계산해 보면 일정량의 수가 나온다. 올해 이익을 불린 땅에 투자했다면 내년에는 그 비율이 약간 증가할 것이고, 또 그다음 해에 그 비율이 약간 더 증가할 것이고, 해마다 증가해서 대단히 부유해진다. 그러나 올해 불리지 못한 땅에 투자했다면 내년에는 그 비율이 약간 감소할 것이고, 또 그다음 해에는 그 비율이 더 감소할 것이고, 해마다 감소해서 대단히 가난하게 된다. 그러므로 올해 동일한 자본과 동일한 노동력이지만, 불어난 것이 있는가 불어난 것이 없는가에 따라 그 결과는 큰 차이가 난다. 내년에는 1대 4의 비율이라면 그다음 해에는 1대 16의 비율로 벌어질 것이다. 아아! 이러한 것은 놀랍지 않은가? 어떻게 증감의 비율이 그러하다는 것을 밝힐 것인가? 이런 일은 자본에서는 보기 쉽고 노동력에서는 조금 밝히기 어렵다. 한 해의 총생산이 사용되는 길은 두 가지에서 벗어나지 않는다. 하나는 바로 누리고 바로 사용해서 불릴 것이 없는 경우로 '소비'라고 불린다. 하나는 다른 이윤을 노리고 불리기를 꾀하는 것으로 '원금'(母材)(원주 — 즉, 자본이다.)이라고 불린다.

夫綜一國之資本勞力而歲計之, 只有此數也. 今年而投諸有所復之地, 則明年而其率增若干焉, 再明年而其率又增若干焉, 歲而增之以至於極富. 今年而投諸無所復之地, 則明年而其率減若干焉, 再明年而其率又減若干焉, 歲而減之以至於極貧. 故今年同一資本同一勞力也, 一有所復一無所復之間, 其結果之相遠. 在明年則爲一與四之比例矣,再明年則爲一與十六之比例矣. 又再明年則爲一與六十四之比例矣. 嗚呼, 其可驚有如此者. 何以明其增減之率然也. 此其事於資本易見, 而於勞力稍難明. 一歲之所總殖, 其所以用之者不外兩途, 其卽享卽用而無所復者, 命之曰消費. 其斥以求贏而企其有所復者, 命之曰母財. (卽資本)

여기에 어떤 사람이 있다. 올해 1천 금의 원금을 가지고 불려서 1천5백 금을 얻었다. 그 사람이 한 해에 소비한 분량이 딱 5백 금이라고 하면, 꼭 증식된 것만큼을 쓴 것이고, 내년에도 여전히 1천 금의 원금이 남는다. 다시 1천5백 금으로 불면 그 생산은 나아가지도 않고 물러나지도 않은 것이다. 때로 시기를 잘 만나 불어나는 것이 평상의 양을 넘어갈 수 있고, 그러면 원금 역시 따라서 증가한다.(원주 — 그러나 만약 한 해에 이익이 없어 불어난 것이 평년 분량에 못 미치면, 역시 원금을 갉아먹게 된다. 그러므로 군치(群治)는 나아가기를 기약하며, 중간에 멈추면 근심하고, 물러나면 문제가 된다. 기필고 물러나서는 안 되고, 중간에 멈추어 매우 위태롭더라도 하루를 넘기지 않아야 한다.) 만약 소비 분량이 한 해 3백 금밖에 안 되면, 이듬해에는 올해 불린 나머지를 원금에 합하여 그 원금은 1천2백 금이 되고, 불리면 1천8백 금이 된다. 그 다음 해에 불린 나머지를 원금에 합하면 원금은 1천5백 금이 되고, 불리면 2천2백 금이 된다. 이와 반대로 소비되는 분량이 해마다 7백 금이라면, 올해 불린 것이 올해 쓰기에 부족하여 부득불 원금을 갉아먹을 수밖에 없다. 그러면 이듬해 원금은 겨우 8백 금이고, 불린 것은 겨우 1천2백 금이다. 그 이듬해에는 다시 갉아먹게 되어 원금은 겨우 5백 금이 남고, 불린 것은 겨우 7백 금이다. 갉아먹은 것이 그 어미인 데다 아울러 그것이 낳은 아들까지 같이 없어지니, 3년을 못가서 1천 금도 흩어질 수 있다. 이 일은 가장 쉽게 볼 수 있는 일이다. 이러한 경제에 관한 수치계산 논의는 사군자들은 말하기 수치스러워하지만, 그 중요함은 나라를 다스리는 데 실제적으로 관련된다. 한 나라의 산업이 전자 〔즉, 불리기〕에 의지해 커 간다면 그 나라는 번영하지 않을 수 없으며, 한 나라의 산업이 후자 〔즉, 갉아먹기〕에 의지해 커 간다면 그 나라는 쇠퇴하지 않을 수 없다.

有人於此, 今年以千金之母財, 而所殖者, 得千五百焉, 使其人一歲消費之率而適五百也, 則適盡其所增殖者, 而明年仍有千金爲母財, 仍殖千五百, 則其産不進亦不退. 或遇時機, 而所殖者忽逾常率, 則母財亦隨增矣. (然使偶一歲遇不利而所殖不及常率, 則又將必至蝕母財矣. 故曰群治以進爲期, 中止則憂, 退則爲病, 不必退也, 卽中止而已岌然不終日矣.) 使其消費之率歲僅三百也, 則明年以今年所殖之餘而合諸母, 其母財爲千二百, 而所殖者千八百矣. 再明年所殖之餘而合諸母, 則其母財爲千五百, 而所殖者二千二百餘矣. 反是而使其消費之率歲而七百也, 則今歲所殖, 不足供今歲, 而不得不蝕及母財, 明年之母財, 僅餘八百, 而所殖僅千二百矣. 再明年而再蝕之, 其母財僅餘五百, 而所殖僅七百餘矣. 蝕者其母, 遂幷其所生之子而亡之, 不及三稔, 而千金可以蕩然, 此事之最易見者也. 夫此等持籌握算之論, 士君子每羞言焉, 而其義實通於治國. 一國之産, 而依前者之比例焉, 國未有不榮者也. 一國之産, 而依後者之比例焉, 國未有不悴者也.

게다가 한 나라의 낭비와 한 사람의 낭비는 이치는 같지만 형태는 다르다. 한 나라의 낭비에는 두 가지가 있다. 첫째, 나라 안의 사람들이 모두 해마다 늘리는 것보다 해마다 써 버리는 것이 많은 경우이다. 이런 사람들이 모여 나라를 이루면 나라 전체가 해마다 사용하는 비용이 해마다 불리는 것을 초과한다. 이렇게 되면 그 나라는 몇 년 못 가 결국 멸망할 수 있다. 그러나 세상에 이러한 국민은 없다.(원주 — 로마의 말로가 거의 여기에 가깝다. 그러므로 역사가들은 로마가 망한 것은 스스로 망한 것이지 게르만이 망하게 한 것이 아니라고 말한다.) 〔보통은〕 잘 소비하는 국민이 있으면 또한 반드시 잘 불려 나가는 국민이 있어 서로 보완해 준다. 나라가 피폐하지 않고 유지되는 것은 이 때문이다. 둘째, 나라 안에 비록 잘 소비하는 사람이 있고 잘 불리는 사람이 있다고 해도, 불리는 사람의 수가 소비하는 사람에 미치지 못하고, 소비하는 한 사람이 소비하는 분량이 불리는 한 사람이 불리는 분량보다 많다면, 절장보단하여 합계를 내면 한 나라의 총소비량이 총생산량보다 많게 된다. 〔이런 사정으로〕 오늘날 나약한 나라는 여기저기에 있다. 나라의 총소비가 이미 총증식을 초과하면 그 기세는 전국의 총원금을 갉아먹지 않을 수 없다. 총원금이 얼마가 되더라도 해마다 갉아 먹히는 것을 어떻게 감당하겠는가. 이것이 자본이 증감하는 원리(比例律)이다. 노동력의 증감 역시 자본과 관련이 있다. 원금의 사용을 보면, 대략 재료를 지불하는 데 반이 사용되고 임금으로 지불하는 데 반이 사용된다. 지불되는 임금은 노동자를 키우게 된다. 원금이 풍부해야만 모든 산업이 일어나며, 모든 산업이 일어나야 많은 노동자들에게 임금을 지불할 수 있다. 많은 노동자에게 임금이 지불되어야 노동자가 각자 생계를 꾸릴 수 있으며 그 노동력이 쓰일 수 있다. 노동력이 재료(物)와 만나면 다시 원금을 만들어 내고 또한 점점 증진되어 노동력은 자기 쓰임을 다할 수 있다. 만약 원금을 다 갉아먹고 남는 것이 없다면, 백성은 노동력이 있어도 쓰일 데를 찾지 못해 그 노동력은 결국 날로 쇠퇴할 것이다.(원주 — 생물학의 법칙에, 어떤 능력을 오랫동안 쓰지 않으면 그 능력은 반드시 점점 없어진다는 것이 있다.)

抑一國之浪費, 與一人之浪費, 理同而形異. 一國之浪費有二. (其一)國中之人人, 皆歲費過於歲殖, 於是結集成國, 而一國之總歲費過於總歲殖是也. 若是者, 則其國不數年, 而遂可以滅亡. 雖然, 天下從無此國民也. (羅馬之末路殆將近是. 故史家謂羅馬之亡乃其自亡, 而非日耳曼人能亡之也.) 有善費之民, 亦必有善殖之民與之相救, 國之所以維持於不敝, 賴此而已. (其二)國中之人, 雖有善費者, 有善殖者, 而殖者之人數, 不及費者之人數, 費者一人所費之數, 又過於殖者一人所殖之數, 截長補短以統計之, 而一國之總歲費過於總歲殖是也. 今之孱國, 比比然也. 國之總費, 旣過總殖, 則勢不得不蝕及全國之總母財. 總母能幾何, 豈堪當此歲蝕也. 此資本增減之比例率也. 至勞力之增減, 其事亦與資本相緣. 夫母財之爲用也, 大率庀材者居其半. 給餼者居其半. 所給之餼卽所以養勞力者也. 惟母財豐然後百業興, 百業興然後給餼衆, 給餼衆然後勞力者各得所養, 而其力有所用. 力被於物, 復成母財, 遞增遞進, 而力乃盡其用. 今使母財被蝕而無所餘, 則民有力而無用之之地, 其力遂日以漸銷. (生物學之公例, 凡一能力久廢不用者, 則其能力必寖亡.)

애덤 스미스는 일찍이 다음과 같이 말했다. "우리 영국의 오늘날 백성은 옛날보다 근면하다. 오늘날 나라의 재화를 가지고 원금으로 사용해서 3백 년 전보다 더 많이 노동하는 백성을 넉넉하게 해 줄 수 있다. 3백 년 전의 백성은 일하고도 얻는 것이 없었기 때문에 많이들 게을리 놀았다. 그래서 '수고롭게 일하고 아무것도 얻지 못하느니, 놀면서 남는 것 없는 것이 차라리 낫다'는 말이 생겼다. 대개 공업과 상업이 널리 퍼진 지역에서는 백성이 모두 원금에 의해 넉넉하게 고용되므로 그들은 늘 근면하게 노동하며, 즐기고 놀고 술 마시고 바둑 두는 일은 저절로 날로 줄어들었다. 만약 그 땅이 도회지라면, 백성을 부양하는 것은 원금에 있지 않고 지출에 있으니, 모두 게으르게 헛되이 살아가고 있다."(원주 — 엄복이 번역한 『원부』 을부편 3)[2] 이를 보면 자본의 증감이 노동력의 증감과 비례를 이룬다는 것이 분명하다. 그러니 잘 불린 사람이 먹어야 할 것을 빼앗아 잘 소비하는 사람을 먹여 살린다면, 잘 불린 자가 게으름을 피운 것이 아닌데도 또한 자존할 수가 없게 되어, 혹은 굶어 죽은 시체가 되고 혹은 떠돌아다니게 된다. 처가 있어도 맞이할 수 없고 아들이 있어도 거둘 수 없게 된다. 노동자가 손상을 입고 없어지면 다시 회복하여 이을 수가 없으니, 이 또한 줄어드는 흔적이 두드러져 눈에 쉽게 보인다. 자본은 줄어들고 노동력은 위축된다면, 재화를 낳는 세 가지 요소 가운데 두 가지가 훼손되는 것이니, 토지가 있더라도 어디에 의지해 갖가지 물건을 생산할 것인가. 나라가 넓은 영토와 많은 백성을 가지고서도 빈곤과 수척함을 면하지 못하는 것은 이 때문이다.

斯密亞丹嘗言, 吾英今日之民, 勤於昔者, 緣今日國財, 斥之爲母以贍勞民者, 多於三百年前也. 三百年前之民, 勞而無獲, 乃多惰游. 其言

2 『원부』는 엄복이 번역한 애덤 스미스의 *The Wealth of Nations*이다.

曰, 與其作苦而無獲, 不若嬉戲而無餘. 大抵工商業廣之區, 其民皆母財所贍雇, 故其用力恆勤, 而酣戲飮博, 自以日銷. 設其地爲都會, 養民者不在母財而在支費, 則皆呰窳偸生.(嚴譯原富部乙篇三) 是資本之增減, 與勞力之增減成比例也, 明矣. 而況夫旣奪善殖者之所食以養善費者, 則此善殖者雖不窳惰, 而亦無以自存, 或餓殍, 或流亡, 有妻不能迎, 有子不能擧, 勞力之損去者, 不可以復續, 此又其銳減之跡顯而易見者也. 資本蝕矣, 勞力萎矣, 生財之三要素, 旣毁其二, 雖有土地, 其將何所緣以產百物耶. 國之所以有廣土衆民而不免於貧蹙者, 坐是而已.

다시 말하면, 나라의 흥성과 쇠락은 그 총자본과 총노동력이 불어나는가 불어나지 않는가에 달려 있을 뿐이다. 불어나는 것이 있다면 어머니〔원금〕에 의지해 아들〔이윤〕을 낳는다. 『대학』에서 "생산한다"(生之)고 한 것을 경제학자들은 "이익을 낳는다"(生利)고 말한다. 불어나는 것이 없으면 어미를 갉아먹고 아들을 없앤다. 『대학』에서 "먹는다"(食之)라고 한 것을 경제학자들은 "이익을 나눈다"(分利)고 한다. 이하에서 이익을 낳는 것과 이익을 나누는 것의 종류에 대해 얘기해 보겠다.

申而言之, 則國之興衰, 一視其總資本總勞力之有所復無所復而已. 有所復者, 資母孳子, 大學謂之生之者, 生計學家, 名之曰生利. 無所復者, 蝕母亡子, 大學謂之食之者, 生計學家, 名之曰分利. 吾將論生利分利之種別.

나는 경제학자들이 하는 말을 들었다. 이익을 낳는 사람에는 두 종류가 있다. 첫째는 직접 이익을 낳는 사람으로, 농부, 기술자와 같은 부류의 사람들이다. 둘째는 간접적으로 이익을 낳는 사람으로, 상인이나 군인, 정치가, 교육가 같은 부류의 사람들이다. 이익을 낳는 힘에는 또 두 가지 부류가 있다. 첫째는 체력이고 둘째는 심력이다. 심력은 다시 둘로 세분된다. 첫째는 지력(智力)이고, 둘째는 덕력(德力)이다.

吾聞生計學家言, 生利之人有二種. 一曰直接以生利者, 若農若工之類是也. 二曰間接以生利者, 若商人若軍人若政治家若敎育家之類是也. 而其生利之力亦有二種, 一曰體力, 二曰心力. 心力復細別爲二, 一曰智力, 二曰德力.

이익을 낳는 사업을 나눈다면 여섯이 있다.

첫째, 발견 혹은 발명.(원주 ― 발견이란 새롭게 자연물을 찾아내거나 혹은 사물의 이용을 새로 고안해 내는 것이다. 콜럼버스가 아메리카대륙을 발견하거나, 이삼백 년 전에 연초(煙草) 가운데 어떤 특성을 가진 것을 사람이 이용하도록 새로 생각해 낸 것이 모두 이런 종류이다. 발명이란 자연물에 새로운 방법을 가미해서 그 쓰임을 넓히는 것인데, 그 방법이 앞사람은 모르던 것이다. 가령 최근에 무선전보를 발명한 것 같은 것이 이것이다.)

둘째, 선점.(원주 ― 선점이란 소유권이 없는 자연산물을 채집하는 것이다. 벌목, 수렵, 어업, 채광 같은 종류이다.)

셋째, 원재료에 들이는 노동력.(원주 ― 날것의 재화란 아직 제조하지 않은 물자이다. 가령 농업, 삼림업, 목축업 등이다. 각종 제조품의 재료는 모두 이런 종류의 노동력에서 나온다.)

넷째, 재화를 가공하는 데 들이는 노동력.(원주 ― 밀가루를 제조해서 빵을 만들고 목재를 제조해서 가구를 만들고 토양을 제조해서 도자기를 만들고 금속을 제조해서 기계를 만들고 면사를 제조해서 면포를 만드는 등, 각종 제조에 관계되는 것들이 모두 이 부류에 속한다.)

다섯째, 교통에 들이는 노동력.(원주 — 화물의 위치를 변경하여 물자를 운반하고 서로 통하게 하여 백성의 쓰임에 맞게 하는 것이다. 상업 등이 이 부류에 속한다.)

여섯째, 보호하고 돕는 데 들이는 노동력.(원주 — 관리나 군인, 의사는 모두 이익을 낳는 자를 보호한다. 직접 이익을 낳지는 않지만 그 직책이 보험회사와 같기 때문에, 이익을 나누는 것이 아니다. 교육가, 문학가 등은 이익을 낳는 것을 돕기 때문에, 직접 이익을 낳지는 않지만 사람의 지식을 증장시키고 성질을 개량해 주므로 이익을 낳는 데 큰 도움이 된다. 그러므로 이익을 나누는 것이 아니다.)

若以其生利之事業分之, 則有六種.

第一, 發見及發明. (發見者, 新覓得天然物, 或新考出其物之利用也. 如哥倫布發見亞美利加洲, 又二三百年前新考出煙草中有一種特質足供人用者皆是也. 發明者, 將天產物加以新法, 則能廣其用, 而其法爲前人所未知者, 如最近發明無線電報之類是也.)

第二, 先占. (先占者, 採收未有主權之天產也, 如伐木獵獸漁魚採礦之類是.)

第三, 用於生貨之勞力. (生貨, 謂物之未經製造者, 如農業森林業牧畜業是也. 各種製造品之材料, 皆自此種勞力而來者也.)

第四, 用於熟貨之勞力. (如製穀麥爲面包, 製木材爲家具, 製土屬爲陶磁, 製金屬爲機械, 製綿絲爲布帛, 其餘各種關於製造者皆屬此類.)

第五, 用於交通之勞力. (變更貨物之位置, 以運輸交通便適民用者也.

凡商業等皆屬此類.)

第六, 用於保助之勞力. (若官吏若軍人若醫生, 皆所以保護生利者也. 雖不能直接以生利, 然其職若保險公司然故非分利. 若教育家若文學家, 所以助長生利者也. 雖不直接以生利, 然得此令人智識增長性質改良於生利大有所補, 故亦不爲分利.)

이는 모두 이익을 낳는 사업이다. 여기에 들지 않는 것은 모두 이익을 나누는 것이다. 애덤 스미스는 다음과 같이 말했다. "공인을 많이 고용하면 부유해지고 아첨하는 심부름꾼을 많이 키우면 가난해진다. 왜인가? 심부름꾼이 하는 일(功)은 본래 발휘할 〔대상이 되는 재화〕가 없으므로, 〔원금을〕 굴릴 수가 없고, 일이 끝나면 힘도 사라지니 〔원금을〕 늘릴 수가 없다." 스미스 씨는 유사한 사례를 미루어 나가 그 뜻을 최대한으로 적용한 것인데,[3] 이익을 나누는 자들이 아첨하는 심부름꾼과 같은 천한 자들에 그치는 것은 아니다. 왕과 제후에서부터 아래로 법을 집행하고 일을 담당하는 관리에 이르기까지, 또 창을 들고 갑옷을 입은 무사까지 모두 이 부류이다. 그러므로 스미스 씨는 또 다음과 같이 말했다. "상등의 사람이라면 관리, 선생(師儒), 의사, 무당, 문학자(文章之士) 등이고, 하등의 사람이라면 배우와 광대, 노비와 하인 등이다. 노동력을 사용하는 것이 귀천이 사뭇 다르고 경중이 각자 다르지만, 모두 불어날 수 없는 곳에 힘을 쓰고 있으니, 사는 것

3 '유사한 사례를 미루어 나가 그 뜻을 최대한으로 적용'하다는 '충류지의지진야'(充類至義之盡也)를 번역한 것으로, 『맹자』「만장하」 4의 다음 맥락에서 왔다. "자기 것이 아닌 것을 취하는 것을 도둑이라고 한다면 이는 유사한 사례를 최대한으로 적용한 것이다"(夫謂非其有而取之者盜也, 充類至義之盡也).

이 곧 훼손하는 것이라, 모두 이익을 나누며 가난하게 하는데 함께하는 부류이다." 스미스가 이 말을 한 뒤에 현자들이 모여 분분하게 의론했는데, 지금 다 인용하지는 못하고 다 변론하지도 못하겠다. 나는 우리나라 안에서 이익을 나누는 자들의 종류에 대해 자세하게 논해 보겠다.

此皆生利之事業也. 其不在此數者, 皆謂之分利. 斯密亞丹云, 人以多雇工傭而富, 以多畜便辟使令之人而貧. 何也. 使令者之功, 固匪所寄, 則莫可轉, 事竟力消, 而不可得復也. 斯密氏充類至義之盡, 則以爲分利者不僅便辟使令之賤者而已, 自王侯君公, 降至執法司理之官吏, 稱戈擐甲之武夫, 皆此屬也. 故其言又曰, 品上者若官吏師儒若醫巫若文章之士, 品下者若倡優侏儒臧獲厮養, 其用勞力也, 雖貴賤迥殊, 輕重各異, 而皆投其力於不可復之地, 當生卽毁, 皆與於分利致貧之數者也. 斯密此論, 後賢聚訟紛然, 吾今不具引, 不具辯. 吾請取我國中分利者之種類而細論之.

이익을 나누는 종류는 크게 나누어 둘이 있다.[4] 첫째는 노동하지 않고 이익을 나누는 자. 둘째는 노동하지만 그 이상으로 이익을 나누는 자.

分利者之種類, 大別有二. 一曰不勞力而分利者, 二曰勞力而仍分利者.

4 여기부터 『신민총보』 제20호, 1902. 11. 14.

첫째, 노동하지 않고 이익을 나누는 자

(1) 거지: 늙은 것도 아니고 어린아이도 아니고 불치병에 걸린 것도 아니다. 당당한 칠 척의 몸을 가졌으면서도 스스로 부양하지 못하기에 길에서 걸행을 한다. 이는 방탕함과 게으름, 두 가지가 한 데 모인 경우이다. 사람이라면 〔이런 사람들을〕 가엽게 여겨 살게 해 주지만, 사회에 이보다 더 큰 벌레들은 없다. 그러므로 이 무리들은 불쌍히 여길 것이 아니라 증오해야 한다. 그러나 군주가 실정하거나 하늘의 재앙이 횡행하거나 전쟁의 뒤라면, 이렇게 말할 수 없다.

(2) 좀도둑(盜)과 큰도둑(竊): 좀도둑은 체력을 쓰지 않은 적이 없으며 큰도둑은 심력을 쓰지 않은 적이 없다. 그러나 이는 노동이라고 할 수 없다. 그들이 힘을 쓰는 것을 〔즉, 도둑질하는 것을〕 다른 사람들과 같은 수준에서 볼 수 없다. 이들이 이익을 나누는 자임이 분명함은 더 이상 말할 필요가 없다.

(3) 사기꾼: 사기꾼 역시 도둑의 한 종류이다. 그러나 기술을 쓰는 것이 조금 정밀해서 그것을 깨뜨리는 것이 조금 어렵다. 그러므로 그 해독 역시 비교적 깊고, 그들이 나누는 이익은 때때로 더욱 크다. 사기꾼의 종류는 많아서 모두 나열할 수가 없다. 모여서 도박을 한다든지, 무당과 박수와 같은 무리, 풍수를 하거나 별점을 보거나 점을 치는 부류 등이 모두 여기에 속한다. 병을 고치지 못하면서 병을 고치겠다고 나서서 먹고 사는 사람들도 또한 여기에 속한다.

(4) 승려와 도사: 유럽에서는 식자들이 교회의 목사와 신부를 나라의 큰 좀벌레로 여긴다. 앞에서 인용했던 애덤 스미스

에 의하면 반은 그들 자신이 초래한 것이다. 근세 혁명이 수차례 일어나 〔그들에게서〕 특권을 빼앗고 백성들과 나란하게 한 뒤에야 유럽의 정치는 평탄해졌다. 그런데 유럽의 교회는 실상이 없는데도 오히려 백성을 깨우친다는 것을 명분으로 했다. 중국의 승려와 도사는 명분과 실상 모두 취할 것이 없다.

第一不勞力而分利者

(一) 乞丐. 其人非老非幼非廢疾, 以堂堂七尺之軀, 乃至不能自養, 而行乞於塗, 是蕩與惰二者必居一也. 人卽憐而活之, 而爲虱於一群莫大焉, 故此輩非可愍而可憎也. 若君上失政, 天災流行, 干戈劫後, 不以此論.

(二) 盜竊. 盜者未嘗不用體力, 竊者未嘗不用心力, 然此不得以勞力論也. 蓋其所用力, 不敢以與人共見也, 此其爲分利最易明, 不待贅論.

(三) 棍騙. 棍騙者亦盜竊之一種也, 然其操術稍精, 其破裂稍難, 故其毒害亦較深, 而所分之利往往更鉅. 棍騙之種額繁多, 非可悉擧, 如聚賭者, 如巫覡, 如堪輿星相卜筮之流, 皆歸此類, 不能醫而冒醫爲衣食者, 亦歸此類.

(四) 僧道. 歐洲教會之牧師神父, 識者以爲國之大蠹, 前所引斯密亞丹之言, 半爲彼輩而發也. 至近世革命屢起, 奪其特權以儕齊民, 然後歐治乃平. 雖然, 歐之教會雖無實, 然猶以覺民爲名也. 中國之僧道, 則名實兩無取矣.

(5) 비단옷 입은 〔귀족〕 자제: 서양 사람들이 아들을 기르는 것은 장성하게 하고 학업을 가르쳐 스스로 〔생활을〕 영위하고 살

아가게 해 주기 위해서이다. 부모의 책임은 여기에 그칠 뿐이다. 〔자식이〕 이미 스스로 영위할 수 있고 스스로 살 수 있게 되면 분가해 산다. 뒷날 부모의 유산이 자신에게 속하는가 여부는 알 바가 아니다. 그러므로 고가(故家)의 자제는 모두 의지하는 근성을 끊고 감히 앞사람의 여음(餘蔭)에 의탁해서 스스로는 한가하게 살 생각을 하지 않는다. 중국은 그렇지 않다. 집에 수마지기의 척박한 땅이라도 있으면, 그 자제는 걸핏하면 교만하고 사치하며 음란하고 게으른 채, 한 가지도 생업이 없다. 부유한 환관이나 부유한 상인의 자손은 더욱 말할 것도 없다. 또한 〔부모와〕 동거하며 생업을 나누지 않는 것을 성덕(盛德)으로 여기며 거짓됨을 서로 본받으니, 왕왕 한 집안의 식구가 백수십 인에 이른다. 만일 그 집에 만금의 산출이 있다면, 그 백수십 인의 부녀와 자제가 모두 시끄럽게 우리 집은 만금을 가진 재산가라고 떠들어 댄다. 이 만금을 수백 수십으로 나누어 각자가 점유하는 것이 얼마나 되나 생각해 보라. 이 백수십 인이 모두 만금을 가진 사람을 받드는 방식으로 스스로를 받들고 집안의 생계에는 추호도 책임을 지지 않는다. 나는 이른바 명문 고가(故家)를 본 적이 있는데, 이러한 자들이 여기저기 있었다. 또한 꼭 고가, 명문일 필요도 없이, 평범하게 논해 보면 대개 한 집안 안에 이익을 낳는 자가 한두 사람에 불과하고 이익을 나누는 자가 여차하면 십수 인이다. 한 사람의 자본과 노동력으로 스스로를 부양한다면, 중하의 재목이라도 오히려 부족하지는 않다. 한 사람의 자본과 노동력으로 수십 인을 부양한다면, 현명하고 지혜로운 자라도 끝까지 잘 감당할 수는 없다. 부득불 해마다 그 원금을 헐어서 소비할 수밖에 없고, 끝내는 곤궁에 빠진다. 우리나라 국민의 총생산(總歲殖)이 널리 원금을 사용해서 〔불려 갈〕 수 없는 큰 원인은 모두 가족제도가 적절하지 않은데서 연유한다. 그래서 속어에 "부자는 삼대를 가지 않는다"고 한다. 부를 잘 사용한다면 십대 백대라도 가능할 것인데 우리 중국은 대개 삼대를 넘기지 못하는 것은 무엇 때문인가? 생산하는 사람은 하나인데 먹는 사람은 백이기 때문이다. 생산하는 날은 하루인데 먹는 날은 백 일이기 때문이다. 거대 원금이 있다 하더라도 어떻게 2대인들 갈 것인가. 서양 나라 법률이 부자를 중하게 보호하는 것은 한 나라의 원금을 쌓기 위해서이다. 오래 쌓을수록 그 금액은 더욱 거대해진다. 원금을 사용하여 산업을 일으켜 나와 타인을 서로 이롭게 하면 나라의 생산은 해마다 증가하니, 이것이 〔나라와 운명을 같이하는〕 교목세신(喬木世臣)[5]을 귀하게 여기는 까닭이다. 중국에서는 가난은 세습되지만 부는 세습되지 않는다. 이 또한 원금이 소모되는 분명하고 큰 효과이니, 그 허물은 실제로 비단옷 입은 귀족자제가 놀고먹는 데 있다. 비단옷 입은 귀족자제는 실로 한 나라의 큰 좀벌레이다. 그러나 근원을 추구해 들어가

5 '교목세신'은 조정에서 대대로 중요한 지위에 있으면서 나라와 운명을 같이하는 신하를 일컫는다. 출천은 『맹자』 「양혜왕하」이다. "오래된 나라(故國)란 교목(喬木)이 있는 것을 말하는 것이 아니라 세신(世臣)이 있는 것을 말한다"(所謂故國者, 非謂有喬木之謂也, 有世臣之謂也).

면 그 허물은 오로지 자제에게만 있는 것이 아니라 그 부형에게도 있다. 이미 부형 스스로에게도 누가 되며(원주 — 자신이 낳은 이익을 자제가 나눠가므로 스스로에게 누가 된다고 할 수 있다.) 그 자제에게도 누가 된다.(원주 — 자제가 이익을 낳는 사람이 되지 못하게 하므로 자제에게도 누가 된다고 할 수 있다.) 진정 어리석기 짝이 없다.

(五) 紈袴子弟. 西人之養子也, 育之使長成, 敎之以學業, 令其足以自營自活, 父母之責任, 如是而已. 及其旣能自營矣, 自活矣, 則析而居之, 他日父母遺産之能屬於己與否, 非所知也. 故其故家子弟, 皆絶依賴根性, 無敢託庇前人餘蔭以自暇逸. 中國不然, 家有數畝薄田, 其子弟輒驕奢淫佚, 一無生業, 而豪宦豪商之裔, 更不待論. 又以同居不析産爲盛德, 矯僞相效, 往往有一家丁口至百數十人者. 假使其家有萬金之産, 則其百數十人之婦女子弟, 皆囂囂然曰, 吾之家乃萬金之素封家也. 曾亦思此萬金者, 析之爲數百十焉, 各人所占, 能有幾何. 而此百數十人, 皆以萬金之奉自奉, 而於家中生計, 絲毫不負其責任. 吾見所謂故家名門, 若此者比比然矣. 又不必故家名門也, 卽以尋常論之, 大率一家之中, 其生利者不過一二人, 而分利者動十數人. 夫以一人之資本勞力而自養焉, 雖中下之材, 而猶不至於不給. 以一人之資本勞力而養十數人, 雖賢智未有能善其後者也, 故不得不歲耗其母財以爲消費, 而遂以陷於困窮. 我國國民之總歲殖, 所以不能多斥以爲母財之用者, 其大原因未始不由家族制度之不適宜使然也. 故俗語曰, 富不過三代. 夫使能善用富, 則雖十代百代可也. 而吾中國率不能過三代者何也. 生之者一人, 而食之者百人, 生之者一日, 而食之者百日, 雖有鉅母, 其何足以再世也. 西國法律, 所以重保護富民者, 爲其爲一國積母財. 積之愈久, 則其數愈鉅, 斥母興業, 人己交利, 而國殖歲進, 喬木世臣所以爲貴也. 中國則貧有世襲, 而富無世襲, 此亦母財消耗之明效大驗矣, 而其咎實紈袴子弟尸之. 紈袴子弟者, 眞一國之大蠹賊也. 雖然, 追本窮原, 則咎又不專在其子弟, 而兼在其父兄, 爲父兄者旣以自累, (己所生之利爲子弟所分, 故曰自累) 而復以累其子弟, (令子弟不能爲生利之人, 故曰累子弟.) 是誠愚不可及矣.

(6) 방탕한 자: 방탕한 자는 비단옷 입은 귀족자제 가운데 반 이상을 차지하며, 또 귀족자제가 아니면서 방탕한 이도 있다. 이 부류의 인간은 아직 걸인에는 이르지 않았고 절도, 사기에도 이르지 않았지만, 그들의 생활은 술 마시고 꽃을 보고 닭이나 사냥개의 싸움을 구경하며, 말달리거나 씨름을 하며, 주사위 놀음이나 공놀이를 하고, 아편을 흡입하고 기생을 끼고 논다. 이 외에는 조금도 하는 일이 없으면서 옷은 반드시 색을 고르고 음식은 반드시 맛을 고른다. 이런 부류 인간의 종말은 도둑·사기꾼이나 걸인, 이 두 부류와 반드시 같은 곳으로 귀착한다.

(7) 정규군과 의용병 및 무관시험 응시자: 경제학자들이 군인을 논할 때는, 때로는 이익을 낳는다고 분류하기도 하고 때로는 이익을 나눈다고 분류하기도 한다. 오늘날 문명국의 군인은 결코 이익을 나누는 자들이 아니다. 왜인가? 만약 국방이 없다면 국난이 자주 일어나며 백성은 생업을 편안히 할 수 없다. 그러므로 군인은 실제로 이익을 낳는 백성들을 보호해 준다. 설령 이익을 나눈다 하더라도 또한 노동력을 쓰

면서 이익을 나누는 자로 분류해야 한다. 그런데 중국은 그렇지 않다. 중국의 정규군과 의용군은 실로 노동력은 쓰지 않으면서 이익을 나누는 자들이다. 중국의 정규군과 의용군은 실로 방탕한 자와 도둑, 사기꾼, 걸인의 장점을 겸한 자들이다. 정규군과 의용군이 이미 모두 이익을 나눈다면, 무과의 동생, 생원, 진사 등의 무리들은 더 이상 말할 필요도 없다.

(六) 浪子. 浪子者, 紈袴子弟居其强半, 亦有非紈袴而亦浪子者. 此類之人, 尙未至爲乞丐, 尙未至爲盜騙, 其生涯也, 飮酒看花, 鬪鷄走狗, 馳馬角戲, 六博蹋踘, 吸鴉片, 狎游妓, 舍此之外, 毫無所事, 而衣必選色, 食必選味. 此類之人, 其結局也, 盜騙乞丐二者, 必居一於是.

(七) 兵勇及應武試者. 生計家之論軍人, 有以爲生利者, 有以爲分利者. 吾謂今世文明國之軍人, 決不可謂之分利, 何也. 若無國防, 則國難屢起, 民將不得安其業, 故軍人者, 實生利之民之保險也. 藉曰分利矣, 然亦當屬於勞力而分利之一類. 中國則不然, 中國之兵勇, 實不勞力而分利者也, 中國之兵勇, 實兼浪子盜騙乞丐三者之長而有之者也. 兵勇旣皆分利, 其應武試者, 若武童武生武擧武進士之流, 更不待論.

(8) 대다수의 관리: 중국의 관리는 모두 이익을 나누는 자들이다. 그러나 노동력을 쓰고 이익을 나누는 자가 반 이하이고, 노동력을 쓰지 않고 이익을 나누는 자가 반 이상이다. 노동력을 쓰지 않으면서 이익을 나누는 자는 중앙 관리 가운데, 군기대신(軍機大臣)과 장경(章京), 각부의 주고(主稿)와 사원(司員)을 뺀 나머지 관리들이 모두 그렇다. 지방관리 가운데

는 모든 후보(候補)와 수차(需次) 인원 및 도반(道班), 동통반(同通班), 좌잡반(佐雜班)의 정식임명자(實缺)의 태반이 모두 그렇다. 이런 부류 사람의 성질과 위치는 두 번째 다루는 항목 〔즉, 노동하면서 이익을 나누는 자〕 가운데 세 번째 부류와 대략 비슷하다. 노동력을 쓰면서 이익을 나누는 자들 및 그들이 이익을 나누는 이유에 대해서는 거기에서 논하겠다.

(9) 관에 연관되어 생업을 꾸리는 자: 이 사람들은 실로 넓은 범위를 포괄한다. 관리의 인척, 개인비서(幕客), 서리, 종과 하인, 하급 용인(皂隸), 소송 거간꾼(訟棍) 등이다. 그 성질은 대략 같으며 다 설명할 수 없어 대략 이 이름으로 묶는다. 이 부류의 사람들은 대개 강하면서 교활한 자는 승냥이와 호랑이 같고, 약하면서 어리석은 자는 애벌레 같다. 사회에 해를 주는 점에서는 한가지이다. 한 주현의 아문에서 이 무리들 수백 명을 기르니 다른 곳은 알 만하다. 전국에서 이 언저리에 있는 사람들을 통계해 보면 거의 수백여만 명이다. 이 계급 역시 모여서 거의 대국을 이루었다.

(10) 토호향신: 토호향신은 대개 귀족자제, 독서인, 관리 및 관에 연관된 자, 이 네 부류 사람들이 변한 모습이다. 그러나 또한 이 네 부류에 속하지 않는 사람도 있어서 부득불 토호향신으로 묶었다. 본래 〔앞에서 말한〕 네 부류에 속하지만 이미 모습이 변했거나 또는 별도로 다른 사생아(孽種)가 되었다. 그러므로 부득불 별도로 한 항목을 세워 총괄할 수밖에 없다. 이들은 실제로 이익을 나누는 자 가운데도 가장 강력한 자들이다.

(八) 官吏之一大半. 中國之官吏, 皆分利者也, 然其勞力而分利者居小半, 不勞力而分利者居大半. 不勞力而分利者, 其在京官中, 則除軍機大臣章京及各部主稿司員外, 自餘各官皆是也. 其在外官中, 則凡候補需次人員及道班同通班佐雜班實缺者之大半皆是也. 此類人之性質位置, 與下篇第三類略相似. 至其勞力而分利者, 及其分利之理由, 下篇乃論之.

(九) 緣附於官以爲養者. 此等人所包甚廣, 官親也, 幕客也, 胥吏也, 僕役也, 皂隸也, 訟棍也, 其性質大略相等, 吾不暇徧論, 但約括以此名. 此類人, 大率强而黠者則豺虎也, 弱而笨者則蝗蝻也, 其害群一也. 一州縣衙署, 而豢養此輩動數百人, 他可知矣. 通計全國衣食於此間者, 殆常數百餘萬人, 此階級亦幾蔚成大國矣.

(十) 土豪鄕紳. 土豪鄕紳, 大率皆紈袴子弟, 讀書人, 官吏, 及緣附於官者, 之四類人所變相也. 雖然, 亦有不屬於此四類人, 而不得不謂之土豪鄕紳者, 卽本屬於四類, 而旣已變相, 則亦自別成爲孽種, 故不得不另立一門以總括之, 而此等實分利中之最强有力者也.

(11) 부녀자의 태반: 논자들은 혹 부녀자는 전적으로 이익을 나누는 자에 속한다고 생각하지만, 이는 널리 적용되지 않는 논의이다. 부인이 자녀를 낳고 기르는 것이 사회(人群)에 대한 제일의 의무임은 말이 필요 없다. 이미 가계를 주관하고 집안일을 담당하는 것 역시 경제학상으로 노동을 나눠 하는 이치와 부합한다. 부녀자가 없으면 남자는 집안일을 겸업할 수밖에 없으므로 일에 전력할 수 없으니 이익을 낳는 효과는 감소한다. 그러므로 일반적으로 부녀자가

이익을 나누는 자라고 할 수는 없다. 그러나 중국의 부녀자는 이익을 나누는 자가 열에 예닐곱이며, 이익을 나누지 않는 자가 겨우 열에 서넛이다. 왜 이런 말을 하는가? 사람은 자신의 재주를 다해야 한다. 부녀자의 능력은 남자보다 열등한 점은 있지만 또한 남자보다 우등한 점도 있다. 진실로 잘 발휘하게 하여 이용한다면 사회의 경제(生計)에 이익을 주는 것이 실로 크다. 서양에서 학교 교사와 상점의 회계에 부녀자를 쓰는 경우가 대부분인 것을 보면 그 이유를 알 수 있다. 대개 한 나라 전체의 부녀자 가운데 집안에서 이익을 낳는 사업에 종사해야 하는 사람이 열에 여섯이며,(원주 — 육아와 가계를 돌보는 일이 집 안에서 이익을 낳는 사업이다.) 집 밖에서 이익을 낳는 사업에 종사해야 하는 사람이 열에 넷이다.(원주 — 서양에서 성년이면서 미혼인 여자는 대개 모두 일을 하며 스스로를 부양하니, 집 밖에서 이익을 낳는 사업에 종사하는 것이다.) 그런데 중국의 부녀자는 전자만 있고 후자는 없다. 이는 이익을 나누는 자가 이미 전체의 4할이라는 것이다. 또한 이른바 집 안에서 이익을 낳는 사업 또한 그 쓰임을 다하지 못하고 있다. 책을 읽지도 않고 글을 알지도 못하며 회계의 방법도 모르며 아이를 가르치는 방법도 모른다. 미녀의 걸음걸이나 흉내 내고 요염한 자태나 꾸미면서 일은 하지 못한다. 이것이 모두 이익을 낳는 데 적합하지 않은 원인이다. 그러므로 한 나라를 통틀어 계산을 하면 〔부녀자 가운데〕 이익을 나누는 자가 열에 예닐곱이며 이익을 나누지 않는 자는 열에 서넛뿐이다.

(十一) 婦女之一大半. 論者或以婦女爲全屬分利者, 斯不通之論也, 婦人之生育子女, 爲對於人群第一義務, 無論矣, 卽其主持家計, 司閫以內之事, 亦與生計學上分勞之理相合. 蓋無婦女, 則爲男子者不得不兼營室內之事, 業不專而生利之效減矣. 故加普通婦女以分利之名不可也. 雖然, 中國婦女, 則分利者十六七, 而不分利者僅十三四. 何以言之. 凡人當盡其才. 婦人之能力, 雖有劣於男子之點, 亦有優於男子之點, 誠使能發揮而利用之, 則其於人群生計, 增益實鉅. 觀西國之學校教師商店會計, 用婦女者强半, 可以知其故矣. 大抵總一國婦女, 其當從事於室內生利事業者十而六, (育兒女治家計, 卽室內生利事業也.) 其當從事於室外生利事業者十而四, (泰西成年未婚之女子率皆有所執業以自養, 卽從事於室外生利事業者也.) 而中國婦女, 但有前者而無後者焉, 是分利者已居其四矣. 而所謂室內生利事業者, 又復不能盡其用, 不讀書, 不識字, 不知會計之方, 不識教子之法, 蓮步夭嬈, 不能操作, 凡此皆其不適於生利之原因也. 故通一國總率而計, 則分利者十六七, 而不分利者僅十三四也.

(12) 불구자: 불구자가 이익을 나눈다는 것은 말하지 않아도 분명하다. 그러나 문명국에서는 맹인을 가르치고 농아를 가르치는 학교가 있어서, 불구라 하더라도 왕왕 공예 등의 일을 하게 해서 스스로 부양할 수 있도록 한다. 그러므로 이익을 나누는 자는 많지 않다. 중국에서 이러한 사고무친의 사람을 보면 모두 이익을 나눌 뿐 이익을 낳는 자는 없다. 이는 좋아서 그렇게 하는 것이 아니다. 천생적인 결함과 정부의 직무태만이 그렇게 되지 않을 수 없게 하는 것이다.

(十二) 廢疾. 廢疾者之爲分利, 不辨而明. 雖然, 苟在文明國, 有訓盲訓啞等學校, 雖有廢疾, 而往往使之操作工藝, 足以自養, 故其分利不多. 中國苟遇此等無告, 則皆有分而無生者也. 是非好自爲之, 而天然之缺憾及政府之失職, 使之不得不然也.

(13) 죄인: 사람이 공공의 죄를 범해 형벌을 받게 되면 반드시 그 사회의 이익을 침해하는 것은 분명하다. 그러므로 죄인이 본래 이익을 나누는 자에 속하는 것은 거의 열에 여덟 아홉이다.(원주 — 단 오늘날 문명이 아직 극진하지 않고 법률이 아직 완비되지 않았으므로, 범죄자가 혹 꼭 진범이 아닐 수도 있으며 꼭 그 사회의 공익에 해가 되는 자가 아닐 수도 있다.) 그러나 이미 죄를 범했다면, 한 사회의 치안과 관련되므로 감옥에 가둠으로써 징계함을 보여야 한다. 이미 감옥에 들어갔다면 학대를 당할 뿐, 전혀 일을 못하니 이는 거듭 이익을 나누는 것이다. 10년을 감옥에 있으면 이익을 나누는 것도 10년이다. 백 명이 갇혀 있으면 이익을 나누는 사람도 백 명이다. 날마다 공공 기관의 원금을 덜어 먹이는 것이므로 그 사회를 좀 먹는 것 또한 더욱 심하다. 중국은 감옥에 사람이 가득하니, 이 무리들은 이미 스스로 괴롭고, 또 스스로 자급하지도 못하니, 어쩔 수 없이 현의 관청이나 친척에게 부양받을 수밖에 없다. 이 또한 이익을 나누는 일대 족속이다.

(十三) 罪人. 人至犯公罪而繫縲刑, 必其對於一群之利益, 有所侵害明矣. 故罪人之本屬分利者, 殆十而八九也. (但今日文明未至法律未完, 則犯罪者, 或未必眞罪, 未必皆害一群公益也.) 雖然, 及其既犯罪之後, 以一群治安所繫, 不得不置諸囹圄以示懲. 既入囹圄, 惟受淩虐, 一無所事, 是使之重分利也, 監之十年, 則其分利者十年, 監者百人, 則其分利者百人, 日損公家之母財以畜之, 其蠹群抑更甚矣. 故各文明國之懲累囚也, 不以虐刑而以苦役, (古者輸司空, 輸城旦, 輸鬼薪, 卽是此意) 誠得其道也. 中國則獄囚充塞, 而此輩既自苦, 復無以自給, 而不得不仰食於縣官或所親, 是亦分利之一大族也.

아동은 노동하지 않지만 왜 이익을 나눈다고 하지 않는가? 그들은 아직 이익을 낳는 나이가 되지 않았기 때문이다. 그 힘을 비축해서 다른 날 이익을 낳는 데 쓰이도록 해야 한다. 아동은 실로 한 나라 장래의 진정한 원금(母財)이다.(원주 — 경제학자들은 사람 몸의 덕(德), 혜(慧), 술(術), 지(智)[6]를 생산력의 일종이라 여겨서 이를 무형의 자본이라고 부른다. 그러므로 아동은 한 나라의 무형의 자본이라 할 수 있다.) 노인은 노동하지 않는데 왜 이익을 나눈다고 하지 않는가? 그들은 이미 이익을 낳는 나이를 지났기 때문이다. 그들이 이전에 낳은 이익이 비축되어 지금 그것을 향유하는 것이지, 남의 것을 나누는 것이 아니다. 기록에 "열 여섯 살 이하는 정부(上)에서 키우며, 육십 살 이상은 정부에서 부양한다"[7]는 말이 있다. 진실로 한 사회의 지위라는 것은

---

6 덕, 혜, 술, 지는 『맹자』「진심상」에서 나오는 말이다. "덕과 지혜와 기술과 지식이 있는 사람은 항상 우환 속에 있다"(人之有德慧術知者, 恒存乎疢疾).

7 『한서』(漢書)에 다음과 같은 말이 있는데, 양계초가 말하는 나이와 약간 차이가 있다. 「식화지 제4」(食貨志第四): "백성이 태어나 스무 살이 되면 밭을 받고 육십 살에는 반납한다. 칠십 이상은 위에서 부양하며, 열 살 이하는 위에서 양육한다"(民年二十受田,

이와 같아야 한다. 만약 소년이 노느라고 학업을 소홀히 하며 장래 국민에게 보답할 길을 준비할 생각을 하지 않는다면, 커서 단 한 가지도 할 수 있는 것이 없게 될 것이다. 이와 같으면 아직 성인이 아니더라도 이미 이익을 나눈다고 하지 않을 수 없다. 또한 장년일 때 일을 않고 놀기만 하며 추호의 힘을 쓴 적도 없어 그 사회에 공헌한 것이 없는데, 늙어서 불구가 되어 공공의 생산에 부양만을 기댈 뿐이라면, 이러한 자는 노년에 이르렀지만 또한 이익을 나눈다고 하지 않을 수 없다. 우리 중국의 아동과 노인은 이러한 자들이 열에 예닐곱이다. 그러므로 우리나라의 아동과 노인 가운데 이익을 나누는 자 또한 열에 예닐곱이다.

兒童不勞力也, 何以不爲分利. 曰, 彼未及生利之年, 宜儲備其力以爲他日生利之用也. 兒童者實一國將來之眞母財也. (生計學家言, 以人身之德慧術智爲一生産力之一種, 亦謂之無形之資本. 故凡兒童皆可謂爲一國之無形資本也.) 老人不勞力也, 何以不爲分利. 曰, 彼已過生利之年, 其前此所生之利, 旣有所儲備, 而今之所享, 非分之於他人者也. 記曰, 十六以下, 上所長也, 六十以上, 上所養也. 誠以其在一群之地位當如是也. 若夫少年時代, 荒嬉學業, 不思預備將來所以報效國民之道, 致使長成百無一能, 若此者, 則雖未成年, 已不得不謂之分利. 又如壯年時代無業游手, 曾未嘗致絲毫之力, 有所貢獻於其群, 及老而廢焉, 徒待養於公産, 若是者, 則雖及耄期, 仍不得不謂之分利. 我中國之兒童老人, 若此者蓋十而六七焉, 故我國兒童老人之分利者,

---

六十歸田. 七十以上, 上所養也, 十歲以下, 上所長也).

亦十而六七也.

지주는 왕왕 스스로는 노동하지 않는데 경제학자들은 이익을 나눈다고 하지 않는다.(원주 — 이익을 나눈다고 하는 사람도 있다.) 왜 그런가? 그들이 이전에 이 토지를 얻을 수 있었던 것은 모두 노동을 해서 얻은 것이기 때문이다. 지금 누리는 것은 이전에 노동해서 비축한 것을 다 쓰지 않은 것이다.(원주 — 노인이 이익을 나누는 자가 아닌 것과 같은 예이다.) 만약 부형의 사업에 의지해 이 토지 '소유권'을 얻은 것이어서, 자기의 노동력은 쓰지 않고 조금의 일도 하지 않은 채, 다만 조와 세에 의지해 입고 먹음으로써 호사스럽게 된 것이라면, 이는 이익을 나누는 자라 하지 않을 수 없다. 그러므로 우리 중국의 지주가 이익을 나누는 자인 경우는 열에 예닐곱이다.(원주 — 만국이 모두 같다.) 그러나 이들은 모두 귀족자제라 할 수 있으므로 따로 한 항목을 세우지 않는다.

地主往往不自勞力, 而生計家不謂之分利, (亦有謂爲分利者) 何也. 彼其前此之所以得此土地者, 未有不從勞力而來, 今之所享, 卽其前此勞力之所儲備, 而用之未盡者也. (與老人不爲分利者同例.) 若夫藉父兄之業, 其所以得此土地所有權者, 旣非經本身之勞力而復一無所事, 惟衣租食稅以自豪者, 斯不得不謂之分利. 故我中國之地主其分利者亦十而六七也(萬國皆同). 然此等皆可謂之紈袴子弟, 故不爲另立一門.

이상에서 "힘쓰지 않고 이익을 나누는 자"에 대해 말했다.

以上說不勞力之分利者竟

둘째, 노동하지만 그 이상 이익을 나누는 자

(1) 노비: 노비의 노동력은 보통 사람에 비해 몇 배나 된다. 그러나 그들이 힘쓰는 바의 노동은 단지 주인의 안색을 살피고 주인의 명령에 따르는 것일 뿐이다. 그 힘을 쓰면서도 불어나는 〔이익은〕 없다. 그러므로 이익을 나눈다고 한다. 이들은 이익을 나누는 부류 가운데 가장 쉽게 볼 수 있는 경우이다.

(2) 배우와 기생: 배우와 기생은 본래 대단히 힘들고 고통스러운 점이 있다. 그러나 그 노동에 의해 불어나는 것이 전혀 없다. 또한 타인을 촉발해서 함께 이익을 나누는 자가 되게 하니, 이는 이익을 나누는 자 가운데 그 독이 또한 자못 심하다.

이상 두 부류는 이익을 나누는 것이 꼭 본인이 원한 것은 아니고, 강요되어 어쩔 수 없이 그렇게 된 부분이 있다. 그러므로 이익을 나누는 죄는 본인에게 있지 않고 그것을 강요한 사람에게 있다. 강요되어 이익을 나눈 자는 모두 이 부류에 속한다.(원주 — 아문의 하급용인과 노비는 같은 부류인데, 저들이 좋아서 스스로 하는 것이지 남이 시켜서 하는 것은 아니다. 그러므로 그들은 이익을 나누는 책임을 스스로 져야만 한다. 따라서 그들은 노동은 하지 않고 이익을 나누는 자라 했다.)

第二勞力而仍分利者

(一) 奴婢. 奴婢之勞力, 有視尋常人加數倍者. 雖然, 其所勞之力, 只以伺主人這顰笑, 供主人之使令, 其力用之而無所復, 故謂之分利. 此分利種族之最易見者.

(二) 優妓. 優妓固有所甚勞甚苦者存, 然其勞力皆無所復, 且能牽動他人, 而使之幷爲分利者, 故其分利之毒亦頗甚.

以上兩者, 其分利未必爲本人之所欲, 而有迫之使不得不然者. 故分利之罪, 不在本人, 而在迫之之人. 凡有迫而分利者, 皆屬此類. (衙署之皂隸與奴婢同類者, 彼好自爲之, 非有迫之者也. 故彼輩不可不自負其分利之責任, 故謂之不勞力而分利者.)

(3) 독서인: 사농공상을 나라의 사민(四民)이라 하는데, 독서인은 그 가운데 확연히 수위를 차지한다. 스미스의 이론에 의하면 서양의 독서인 역시 이익을 나누는 자들이다. 그러나 공평한 마음으로 논해 보면 서양의 독서인 가운데 이익을 나누는 자는 열에 한둘이고, 이익을 낳는 자는 열에 일고여덟이다. 왜 그런가? 그들이 학업을 마친 뒤에는 의사가 되거나 아니면 법관이나 변호사가 된다. 그도 아니면 선교사가 되거나 학교 교사가 된다. 만약 공업이나 상업을 배웠다면 직접 이익을 낳는 자가 되는 것은 말할 것도 없다. 그러므로 스미스의 말을 서양에 적용하는 것에 대해 나는 감히 지지하지 못하겠다. 그러나 우리나라에 적용하면 너무나 지당하여 바꿀 수 없는 말이 된다. 우리나라의 독서계를 볼 때 가장 기이한 현상이 두 가지 있다. 하나는 이른바 졸업했는가 하지 않았는가의 개념이 없다는 점이다. 또 하나는 설사 졸업을 했다 해도 배운 것을 어디에 써야 할지 모른다는 점이다. 뒤처진 사람은 바람에 헤어진 작은 집에서 머리가 벗겨지고 이가 빠지도록 팔고팔운(八股八韻)으로 소일한다. 높은 자리에 오른 자들은 처첩을 거느리고 시골에서 무단하며 고향의 좀벌레가 된다. 〔이들 독서인이〕 지식으로 백성들을 이

끈다고 할 수 있겠는가? 독서인은 많은데 나라는 날로 어리석어지는 것을 볼 뿐이다. 〔이들 독서인이〕 백성에게 도덕을 가르친다고 할 수 있는가? 독서인은 많은데 풍속은 날로 경박해져 가는 것을 볼 뿐이다. 사지를 수고롭게 하지 않고 오곡을 분별하지 못하고 게으르고 겁 많으며 일하기를 무서워하며 염치도 없고 음식만 탐한다. 독서인은 실로 일종의 기생충이다. 백성에게는 좀벌레이고 나라에는 이다.(원주 — 고거가(考據家), 사장가(詞章家) 및 최근의 경박한 시세가(時勢家)들이 모두 이익을 나누는 자 가운데 더욱 심한 자들이다. 저들은 혹 자신은 사회에 이익을 주지는 않지만 해도 주지 않는다고 생각하는데, 이러한 잘못된 씨앗을 제창해서 후진의 두뇌를 소모하고 국민의 도덕을 부패하게 한 것만으로 이미 해가 무거운 것을 모른다. 가령 이익도 없고 해도 없다고 해도 한 나라의 원금을 앉아서 갉아먹는 것이 어떻게 해가 아니라고 하겠는가. 만약 도학을 강론하고 밝혀서 민덕(民德)을 바로잡아가며 도움으로써 국가의 원기를 북돋는 자라면, 여기에서 논하는 데 속하지 않는다. 그러나 안타깝게도 우리나라 독서계에 이렇게 할 수 있는 사람은 만억 명 가운데 한둘도 안 된다.)

(三) 讀書人. 士農工商, 號稱國之四民, 而讀書人褎然居首焉. 據斯密之論, 則雖泰西之讀書人, 彼且以爲分利矣. 顧吾平心論之, 則西國之讀書人, 其分利者雖或十之一二, 其生利者猶十之七八, 何也. 彼其學成之後, 非醫生, 則法官也, 則律師也, 否則傳敎也, 學校敎師也, 若其學工商業, 直接以生利者, 更無論矣. 故斯密之說, 施諸彼, 吾不敢袒焉. 若在我國, 則至當無以易矣. 吾國讀書界之現象, 最奇者有二. 一曰無所謂卒業不卒業也, 二曰藉令卒業矣, 而不知其所學作何用也.

其潦倒者, 則八股八韻, 風簷矮屋, 磨至頭童齒豁之年. 其騰達者, 則誇耀妻妾, 武斷鄕曲, 以爲維桑與梓之蠹. 謂其導民以知識耶. 吾見讀書人多而國日愚也. 謂其誨民以道德耶. 吾見讀書人多而俗日偸也. 四體不勤, 五穀不分, 偸懦憚事, 無廉恥而嗜飮食, 讀書人實一種寄生蟲也, 在民爲蠹, 在國爲虱也. (若考據家, 若詞章家, 及近今輕薄之時勢家, 皆分利之尤者也. 彼等或以爲吾雖無益於群, 亦無害於群, 而不知其提倡此謬種, 以消耗後進之腦力, 腐敗國民之道德, 害已重矣. 藉云無益亦無害, 而坐蝕一國之母財, 寧得謂非害耶. 若講明道學匡翼民德以培國家元氣者, 不在此論. 而惜乎我國讀書界, 能若此者萬億人中不得一二也.)

(4) 교사: 독서인 가운데 교사가 되는 자는 이익을 나누는 자가 아닌 듯하다. 그러나 가르쳐 만들어 내는 〔사람이〕 한 사회의 공익이 된다면 이익을 낳는 것이 되고, 가르쳐서 만들어 내는 〔사람이〕 한 사회에서 공공의 좀벌레가 된다면 이익을 나누는 자가 된다. 저들 오늘날의 독서인은 사실은 이전의 교사가 만들어 낸 것이다. 다른 날의 독서인은 또한 지금의 교사가 만들어 낼 것이다. 날마다 공공의 좀벌레를 만들어 낸다면 이익을 나누는 것이 아니라고 할 수 있겠는가?

(四) 敎師. 讀書人中爲敎師者, 宜若非分利然. 雖然, 所敎成者爲一群之公益, 則謂之生利, 所敎成者爲一群之公蠹, 則謂之分利. 彼今日之讀書人, 實前此之敎師所産也, 他日之讀書人, 又今此之敎師所産也. 日産公蠹, 謂之不分利得乎.

(5) 관리 가운데 반 이하: 애덤 스미스는 관리가 이익을 나누는 자라고 했으며, 후대 사람이 더욱 상세하게 밝혔다. 그런데 중국의 관리라면 노동하는 자와 노동하지 않는 자를 불문하고 모두 이익을 나눈다고 하지 않을 수 없다. 관리 가운데 노동하는 자는 중앙관리라면 군기대신, 군기장경, 각 부서의 주고와 사원을 장악하고 있는 사람이며, 지방관리 가운데는 독무와 실결(實缺)의 제진(提鎭), 사도(司道), 부청주현(府廳州縣)과 각 요국(要局)의 위원, 출사대신(出使大臣), 영사(領事) 등이다. 그 수는 관리 가운데 열에 한둘에 불과하지만 이들은 진실로 스스로 왕사(王事)에 전심전력하며 재능이 있어 더욱 수고롭게 일하느라고 번거롭고 바쁘다고 말한다. 노동력이 쓰이는 곳이 어디인가 물으면 장화와 수판(手版), 출납장부(簿書期會)에 있을 뿐이다. 국민 공공의 이익에 조금이라도 관계가 있는가 물으면, 없다.

(五) 官吏之一小半. 斯密亞丹以官吏爲分利, 後人糾之詳矣. 雖然, 若中國之官吏, 則無論爲勞力者不勞力者, 而皆不得不謂之分利. 官吏之勞力者, 若京官之軍機大臣軍機章京, 各部署之掌印主稿司員, 外官之督撫, 乃至實缺之提鎭, 司道, 府廳州縣, 各要局之委員, 以及出使大臣, 領事等, 皆是矣. 其數度不過官吏中十之一二. 此輩固自謂盡瘁於王事, 鞅掌於賢勞也, 至問其勞力所用者在何處. 在脚靴手版耳, 簿書期會耳, 問其於國民公益, 有絲豪關系乎. 無有也.

영국인 벤담은 "정부는 유해한 존재이다. 그러나 그것을 만드는 이유는 작은 해로운 존재로 큰 해로운 존재를 제어하기 위해서이다"라고 말했다. 일본인 니시무라 시게키[8]는 그 뜻을 다음과 같이 풀었다. "정부가 백성을 해치는 일은 적으면서 다른 큰 해를 제지할 수 있다면 좋은 정부이다. 백성을 해치는 일은 많으면서 다른 큰 해를 제지할 수 없으면 나쁜 정부이다." 이렇다면, 관리가 이익을 나누면서 백성을 해치는 것이 이미 산처럼 분명한 사안이어서 꺼리고 말 못할 일이 아니며, 다만 해치는 비율의 다소가 어떠한가를 볼 뿐이다. 그러나 진실로 그 직책을 받들어 백성을 위해 다른 종류의 대재해를 막는다면, 간접적으로 생산되는 이익은 직접적으로 나눠지는 이익을 충분히 보상하고도 남는다. 그러므로 문명국의 관리는 이익을 나누는 자라고 할 수 없다. 국민들에게 이른바 대재해라는 것은 무엇인가? 홍수, 가뭄, 전염병의 유행이며, 권세가의 기만과 능멸이며, 싸움으로 인한 폐해이며, 도적의 횡행이다. 더욱 심한 것은 외국에게 침략당하고 약탈당하여 우리 주권을 잃고 우리 공공의 재산을 잃는 것이다. 이와 같은 것은 모두 정부에게 널리 구제를 바라지 않을 수 없다. 정부가 이들을 막을 수 있다면, 백성은 그 피와 땀으로 얻은 권리 가운데 하나 둘을 바쳐 그들을 먹여 살리더라도, 영업자가 보험을 드는 것에 불과하므로 아까운 것도 아니고 꺼릴 것도 아니다.

英人邊沁嘗言, 政府者有害之物也. 然所以設之者, 以小害物制大害物而已. 日人西村茂樹申其義曰, 政府害民之事少, 而能制止他之大害者, 謂之良政府, 害民之事多, 而不能制止他之大害者, 謂之惡政

8 니시무라 시게키(西村茂樹, 1828~1902). 일본의 계몽사상사. 1873년 후쿠자와 유키치(福澤諭吉), 모리 아리노리(森有礼), 니시 아마네(西周), 나카무라 마사나오(中村正直), 가토 히로유키(加藤弘之) 등과 메이로쿠샤(明六社)를 결성하여 계몽활동에 전력하였다.

府. 若是乎官吏之分利賊民, 固已鐵案如山, 不容爲諱矣, 特視其所賊之率多少何如耳. 然苟能奉其職以爲民捍禦他種大災害, 則其間接所生之利, 足以償其直接所分者而有餘. 故文明國之官吏, 不得謂之分利. 夫國民之所謂大災害者何也. 則水旱癘疫之流行也, 豪强之欺凌也, 爭鬩之枉屈也, 盜賊之橫恣也, 其尤甚者, 則外侮之攘奪, 喪我主權, 失我公産也. 若此者, 皆不能不仰匡救於政府. 政府而能捍衛是者, 則民雖獻其血汗所得之權利之一二以贍養之, 亦不過如營業者之有保險, 而非可吝非可避者也.

중국의 경우에는 어떤 것이 있는가? 백성에게 재난이 있는데도 구제할 수가 없으며, 백성에게 굽은 곳이 있는데도 펼 수가 없다. 굶어 죽은 시체가 길에 가득해도 구제할 수 없으며, 도둑 떼가 산에 가득해도 제어할 수가 없다. 가령 병사를 모으고 무기를 일으켜서 한 번이라도 꺾이고 패배하면, 백성의 가슴을 가르고 고혈을 도려내는 대가를 치르게 한다. 가령 적을 호랑이처럼 두려워하여 그들이 찡그리고 웃는 모습을 눈치 보니, 동포를 압박하고 원수에게 아부하면서 자신의 안전을 확보하려 한다. 앞의 경우라면 관리가 있는데도 관리가 없는 것과 같고, 뒤의 경우라면 관리가 있는 것이 오히려 관리가 없는 것만 못하다. 관리가 백성의 환난을 막아 주지 못하면 본디 이미 해라 할 수 있다. 하물며 관리 때문에 백성의 환난이 더욱 심하고 극렬해진다면 어떻겠는가. 이는 다른 부류의 이익을 나누는 것이 그 반이고, 이 무리들의 이익을 나누는 것이 그 반인 것이다.(원주 — 노동하면서 이익을 나누는 관리의 그 죄는 노동하지 않으면서 이익을 나누는 자의 몇 배이다.) 그러므로 중국의 관리는 실상 이익을 나누는 죄가 으뜸이며 다른 무리의 이익을 나누는 자들은 대개 저들 무리에서 나온다.

若中國則何有焉. 民有災而不能恤也, 民有枉而不能伸也, 餓殍徧道而不能救也, 群盜滿山而不能監也. 浸假而弄兵召戎, 一遇挫敗, 則割胸脇剝脂膏以爲償也. 浸假而畏敵如虎, 承伺顰笑, 則壓同胞媚仇讎以自固也. 由前之說, 則有官吏如無官吏. 由後之說, 則有官吏反不如其無官吏. 夫官吏而不能捍民之患, 則固已害矣, 況以官吏之故, 而民患益深且劇焉. 是他種之分利分其一, 而此輩之分利分其二也. (勞力而分利之官吏, 其罪倍於不勞力而分利者.) 故中國之官吏, 實分利之罪魁, 而他種之分利者, 大率由彼輩而生者也.

(6) 상업 〔종사자〕 가운데 이익을 나누는 자: 이미 직업을 가졌으면 이는 이익을 나눈다고 할 수 없다. 그러나 〔그 가운데〕 또한 차이가 있다. 나는 오늘날 중국인이 하고 있는 상업 가운데 이익을 나누지 않는 것이 열에 예닐곱에 지나지 않으며, 이익을 나누는 자가 열에 두셋이라고 생각한다. 가령 투기하여 이익을 얻는 데 급급한 자들은 속칭 공매매자(買空賣空者)인데, 그들의 방식은 도박과 같고 그들의 마음 씀은 사기꾼과 같다. 그들이 이익을 나누는 자임은 말이 필요 없다. 극장이나 술집 같은 부류는 이익을 나누는 길로 사람을 이끈다. 주인은 대단히 열심히 일한다고 해도 이익을 나누는 자라고 하지 않을 수 없다. 또 이익을 나누는 사물을 파는 일도 있다. 즉, 아편이나 담배, 술 및 일체의 위생에 해로운 물건, 화장품 및 장신구와 같은 여자들의 용모를 가다듬는 모든 물건들, 향초나 폭죽 및 천지신명에게 올리는 모든

물건들, 골동품이나 서화와 같이 명사들이 즐기는 모든 물건들, 팔고나 소설, 고거, 사장 등을 인쇄한 무용한 서적들, 문인이나 묵객(이 향유하는) 특별하고 정교한 모든 물건들이다.(원주 — 나는 8년 전에 한 친구와 북경 유리창(琉璃廠)의 몇몇 상점에 갔었는데, 그 상점 가운데 이익을 나누는 자에 속하지 않는 것을 열에 하나도 찾을 수 없었다.) 이러한 종류는 모두 이익을 나누는 자이다. 그러나 그 죄는 이 업종에 종사하는 데 있는 것이 아니라 이 물건을 사용하는 데 있다. 왜인가? 사람이 (그 물건을) 좇지 않음으로써 유통되게 하지 않는다면 그 사업은 금하지 않아도 저절로 끊어질 것이기 때문이다. 그러므로 이들의 실제는 이익을 나눈 결과이지 이익을 나누는 원인이 아니다.

(六) 商業中之分利者. 旣執業斯不可謂之分利, 雖然, 亦有辨焉. 吾以爲今日中國人所執之商業, 其不分利者不過十六七, 而其分利者尙十二三. 如彼投機射利, 俗所稱買空賣空者, 其操術類於賭博, 其用心等於棍騙, 斯爲分利無論矣. 至如劇園酒樓之類, 導人於分利之途者, 雖主者極勤勢, 而不得不謂之分利. 又如售賣分利之事物, 如鴉片, 淡巴菰, 酒, 及一切有害衛生之物, 脂粉首飾及一切婦女冶容之物, 香燭楮爆及一切神祇供享之物, 古董書畫及一切名士玩耍之物, 印刷八股小說考據詞章等無用書籍, 乃至文人墨客一切特別精致之物, (吾八年前曾與一友行京師琉璃廠, 數其商店不屬於分利者十不得一.) 諸凡業此者, 皆分利者也. 雖然, 其罪不在執此業者, 而在用此物者. 何以故. 苟無人焉從而流通之, 則其業不禁自絶故, 故此等實分利之果, 而非分利之因也.

(7) 농공업 〔종사자〕 가운에 이익을 나누는 자: 농공업에도 이익을 나누는 자가 있는가? 있다. 농업 가운데 양귀비를 키우고 담배 잎을 키우는 자, 공업 가운데 각종 무익하고 유해한 물건을 제조하는 자들은 모두 이익을 나누는 자이다. 그러나 그 죄를 판정하면 또한 앞에서 논한 상업과 같아서 직접적으로 이익을 나눈다고 할 수는 없다.(원주 — 양귀비 재배가 이익을 나누는 것이라는 것은 사람들이 아는 바이다. 그러나 이윤이 새어 나가는 출구를[9] 막는다면 오히려 이익을 낳는 것과 비슷해지고 이익을 나누는 것이 아니다. 그러나 재배하는 사람이 많을수록 피우는 사람도 많아진다. 이는 이 일이 변질되어 이익을 나누는 것이 되는 원인이다.) 또 분업이 세밀하지 않아서 물건을 만드는 것이 굼뜨면 공인은 노동을 하지만 역시 이익을 나누는 것이다.(원주 — 가령 침을 만드는 경우, 한 사람이 시종 그 일을 해서 하루 종일 힘을 써도 침 하나를 다 만들지 못한다. 만약 그 일을 나누어 각각 한 가지 일을 전업한다면, 침 만드는 일이 17~18의 〔과정이〕 되어 18인의 사람이 나눠 맡는다. 그러면 하루에 8만 6천 개의 침을 만들 수 있다. 이렇다면 한 사람이 날마다 4,800개를 만드는 것이다. 한 사람이 〔전부〕 맡아서 하루에 하나를 만든다면 폐하게 되는 것이 4,679개이다. 이와 같으면 힘을 무용하게 쓰는 것이므로 이익을 나누는 것이다.) 기계가 갖춰지지 않아 일을 하는 것이 서툴고 오래 걸리면, 공인은 노동을 하더라도 또한 이익을 나

9 양귀비는 아편의 재료이므로, 외국의 아편밀매를 막고 내수로 충당한다는 의미로 사용한 듯하다.

누는 것이다.(원주 — 만약 철로로 4일이면 도착하는 길이 있다고 하자. 이것이 없으면 20일이 소요되니, 이는 사람들에게 여행으로 17일을 못 쓰게 하는 것이고 그 힘을 무용한 것에 버리는 것이므로 이익을 나눈다고 말한다. 또 만약 철로가 있다면 10톤의 화물은 사람과 말의 힘을 필요로 하지 않고 며칠 안 걸려 천 리에 이를 수 있다. 그런데 철로가 없다면 〔마〕차에 의지해 열 대의 〔마〕차에 싣고 달리기를 반달을 해야 하니, 마력과 인력이 모두 무용하게 버려지는 것이다. 이것은 이익을 나누는 것이다. 만약 〔마〕차도 없다면 수십 인의 사람이 이고 지고 달려서 한 달은 되어야 도착할 것이므로, 그 힘을 무용한 곳에 버리는 것이 훨씬 심해지니 이는 더욱 이익을 나누는 것이다. 또한 광산을 열고도 기계가 없다면 백 사람이 이 역할을 맡는데, 기계가 있다면 몇 사람이 맡아도 여유가 있다. 미루어 보면 백 가지 일이 그렇지 않은 것이 없다. 사람은 한정된 수가 있고, 사람의 힘이 다만 이 정도만 있어서 여기에 사용된다면 동시에 저기에는 사용할 수 없다. 한 사람이 하루면 이룰 일을 가지고 백 사람의 백 일을 필요로 하다면, 이는 99인의 99일이 모두 무용한 곳에 버려지는 것이다. 그러므로 이익을 나눈다고 한다.) 이러한 일들을 그 극단까지 미루어 가면 오늘날 대단한 문명국의 공예라 하더라도 훗날의 사람들이 봤을 때 이익을 나누는 것이 심한지 어떤지 어떻게 알겠는가. 그러므로 이익을 나누는 죄는 우리 노동자의 죄로 돌리면 안 된다. 그러나 오늘날 우리나라의 공업과 구미 여러 나라의 공업을 비교해 보면 이익을 나눈다고 하지 않을 수 없다. 이와 같은 것은 백성의 죄가 아니라 관리의 죄이며, 한 사람의 죄가 아니라 단체의 죄이다.

(七) 農工業之分利者. 農工業亦有分利者乎. 曰有. 如農之種罌粟, 種煙葉, 工之製造各種無益有害之物者, 皆分利也. 然科其罪, 則亦與前所論之商業同, 不可謂直接之分利. (如種罌粟之分利, 人人知之矣. 然以塞入口之漏巵, 則又反似生利而非分利. 雖然, 種者愈多, 吸者亦愈多, 是此業又轉爲分利之因矣.) 又如分功不細, 成物遲鈍, 則工雖勞而亦分利. (如業針者, 以一人始終其事, 窮日之力, 不能成一針. 若分其功而各專一事焉, 凡爲針之事十七八, 以十八人分任之, 則日可得八萬六千針, 是人日四千八百也. 一人任之日成其一, 是所廢者四千六百七十九矣. 此等力皆委之無用, 故曰分利.) 器械不具, 趨事拙久, 則工雖勞而亦分利. (若有鐵路三日可達之路, 無之則需二十日, 是使人廢其十七日於旅行中, 其力委之無用, 故曰分利. 又如有鐵路則十噸之貨物不需人馬之力, 不數日而可以致千里, 苟無之而恃車輛焉, 以十車載之走半月, 馬力人力皆委之無用, 斯分利矣. 若并車輛而無焉, 以數十人負戴之走一月始達, 其力之委於無用者, 更多, 斯益分利矣. 又如開礦無機器而百人乃任此役, 有機器則數人任之而有餘, 推之凡百工作莫不皆然. 夫人只有此數也, 人之力只有此數也, 用之於此則不能同時復用之於彼, 以一人一日可成之物而今乃需百人百日, 則此九十九人九十九日皆委之無用也. 故曰分利.) 此等若充類至盡, 則雖以今日極文明國之工藝, 庸詎知後人視之, 不有以爲分利之尤者乎. 故以分利之罪罪我工傭, 不可也, 雖然, 以今日我國之工, 與歐美諸國之工比較, 固不可不謂之分利. 若此者, 非民之罪, 有司之罪也, 非一人之罪, 團體之罪也.

이상에서 "노동하면서도 이익을 나누는 자"에 대한 것을 말했다.

以上說勞力而仍分利者竟.

나는 오늘날 중국 백성의 수를 대략 계산해서 이익을 낳는 자와 이익을 나누는 자를 비교해 보고자 한다.(원주 — 중국에는 통계가 없다. 간단한 계산법(巧算)은 있지만 옳은 비율을 얻기는 전혀 불가능하며, 어리석은 견해의 억측에 불과할 뿐이다. 그러니 지금 열거하는 것이 많지 않음을 양해해 달라.)

吾今日欲取中國民數而約計之, 以觀其生利分利之比較. (中國無統計, 雖有巧算萬不能得其眞率, 不過就鄙見臆度而巳, 然諒所擧者, 有少無多也.)

대략 4억 가운데 이익을 나누는 자는 2억 1천 이상이고, 그 나머지가 이익을 낳는 자이다.

大約四萬萬人中分利者二萬萬一千萬有奇, 自餘則爲生利者.

또한 중국인을 5대 종족으로 나누어 그 백성의 대략의 산업을 살피고 비교해 보자.

(1) 한족: 대략 이익을 나누는 자가 열 가운데 다섯 조금 넘으며, 이익을 낳는 자가 열 가운데 넷 조금 넘는다.
(2) 만주족: 관외(關外)에 사는 사람 가운데 이익을 낳는 사람과 이익을 나누는 사람의 비율은 대략 한인과 같다. 내지 사람들은 모두 이익을 나누는 자로, 한 사람도 이익을 낳는 사람이 없다.(원주 — 본조의 정례(定例)가 만주인이 공상업에 종사하는 것을 금했다. 그러므로 내지에 있는 사람들은 관리가 아니면 병사

이며, 독서인이 아니면 귀족자제, 관청과 관련되어 먹고 사는 사람들로, 끝내 이익을 낳을 방법이 없다.)

<table>
<tr><td rowspan="16">중국
4억 인</td><td>여자 약 2억
(이익을 나누는 자 가운데 약 열의 예닐곱)</td><td></td><td></td><td>약 1억 3천만</td></tr>
<tr><td rowspan="15">남자
약 2억</td><td>노약자 약 8천만
(이익을 나누는 자 가운데 열의 예닐곱)</td><td></td><td>4천5백만</td></tr>
<tr><td rowspan="14">정남
약 1억 2천만</td><td>관리</td><td>3십여 만</td></tr>
<tr><td>독서인</td><td>3백만</td></tr>
<tr><td>병용 및 무과 응시자</td><td>4백만</td></tr>
<tr><td>관에 연결되어 밥 먹는 자</td><td>4백만</td></tr>
<tr><td>승려와 도사</td><td>3십만</td></tr>
<tr><td>귀족자제와 토호향신</td><td>5백만</td></tr>
<tr><td>도둑과 사기꾼</td><td>5백만</td></tr>
<tr><td>걸인</td><td>3백만</td></tr>
<tr><td>노비, 배우, 가수</td><td>5십만</td></tr>
<tr><td>죄수</td><td>4십만</td></tr>
<tr><td>불구자</td><td>2십만</td></tr>
<tr><td>농공상업 가운데 이익을 나누는 자</td><td>3백만</td></tr>
<tr><td>그 밖에 바보나 모자란 사람</td><td>세지 않음</td></tr>
<tr><td>나머지 분류 안으로 들어가지 않는 사람</td><td>1백만</td></tr>
</table>

(3) 묘족: 대략 이익을 나누는 자가 열에 둘이고 이익을 낳는 자가 열에 여덟이다.

(4) 회족: 대략 이익을 나누는 자가 열에 셋이고 이익을 낳는 자가 열에 일곱이다.

(5) 몽골족: 대략 이익을 나누는 자가 열에 넷이고 이익을 낳는 자가 열에 여섯이다.

又分中國人爲五大族, 稽其民業之大略而比較之.

一漢族. 約分利者十之五有奇, 生利者十之四有奇.

二滿洲族. 其在關外者, 生利分利之率, 約與漢人等. 其在內地者, 皆分利者, 無一生利者. (因本朝定例禁滿洲人不許從事工商業, 故其人在內地者, 非官則兵, 非讀書人則執袴子, 否則緣附於官以爲食, 終無可以生利之道.)

三苗族. 約分利者十之二, 生利者十之八.

四回族. 約分利者十之三, 生利者十之七.

五蒙古族. 約分利者十之四, 生利者十之六.

대개 이익을 나누는 자들은 대부분 상등사회와 중등사회의 사람들이고 하등사회의 사람들은 거의 없다. 〔상등사회와 중등사회의〕 그들은 강권(强權)을 옆구리에 끼고 타인이 생산한 이익을 앉아서 나눈다. 앞에서 들었던 이익을 나누는 여러 종족들은 걸인, 노비, 죄수, 불구자 등을 제외하면, 그 나머지 대부분은 한 사람이 수 명이 거둔 이익을 나눌 것이다. 나의 계산으로는, 네다섯 명의 생산자가 스스로를 부양하고 난 나머지를 합한 분량 정도 되어야 한 사람의 소모를 충당할 수 있을 것이다. 우리 중국인 4억 가운데 이익을 나누는 자가 벌써

2억 이상이다. 이 2억이 또 나머지 생산자 2억의 생산물을 다 먹어치우는 데서 그치지 않고, 그 두 배, 네 배를 먹어치운다. 아아! 이런 식이라면 어느 백성이 궁색하지 않을 수 있겠는가! 또한 다행이도 우리 토지의 풍요로움과 넘쳐나는 산물의 종류, 크고 두터운 소민의 생산력으로 오히려 미봉으로 가까스로 지탱하여 오늘에 이르게 했다. 그렇지 않다면, 아아! 남은 사람이 없어진 지 오래되었을 것이다. 그러나 이렇게 해서 오래 버틸 수 있을 것인가? 저들 이익을 낳는 2억의 사람은 자기가 생산하여 자기가 먹는다면 넉넉할 것인데, 지금 사람마다 3~4배의 부담을 안으니 강해서 힘이 있더라도 어떻게 견뎌 낼 것인가. 궁색하게 하고 위축되게 해서 불어나는 것이 없는 지경에 이르면, 어쩔 수 없이 변해 걸인, 도적, 사기꾼, 죄수가 되지 않을 수 없다. 이에 이익을 나누는 자는 더욱 증가하고 이익을 낳는 자는 더욱 감소한다. 이익을 나누는 자가 더욱 많아지면, 그 나머지 이익을 낳는 자의 부담은 더욱 가중되고 갈수록 꺾여서 이익을 나누는 자 편에 들어가지 않을 수 없다. 이처럼 원인과 결과가 꼬리를 물고 계열을 이루어 폐해의 극에 달한다. 한 사회의 사람 가운데 이익을 나누는 자가 열에 일고여덟이고 이익을 낳는 자가 열에 한둘이 안 되는 경우가 있는데, 조선(高麗)이 이렇다. 여덟아홉 명이 한두 명이 낳은 이익을 나누면, 나누는 사람 또한 어떻게 행복하겠는가. 수레바퀴 자국 고인 물에 사는 물고기는 침으로 서로를 적셔 준다 해도[10] 〔그들이〕 죽는 것을 서서 기다릴 수 있다. 우리 중국의 백성이 근검절약하므로

10 『장자』「대종사」.

우리는 본래 조선보다 더 아래가 된다는 두려움은 없다고 믿는다. 그러나 우리 중국이 처한 지위 역시 조선과 다르다. 오대주에서 가장 땅이 비옥하고 천연자원이 풍부한 나라로, 〔먹을〕 고기를 고르는 자들이 옆에서 호시탐탐 노린다. 우리의 총자본은 이미 날로 감소하고 타국의 자본이 또한 날로 수입된다. 저들이 우리 토지를 이용하고 우리의 노동력을 이용해서 그 자본(母)을 옮겨와 그 이윤(子)을 번식시킨다. 이윤이 번식하면 저들의 물건이지 우리의 물건이 아니다. 이처럼 저들이 1도 차면 우리는 1도 이지러진다. 우리의 총자본은 해마다 감소하고 증가하는 해는 없으니 그 일이 지극히 쉽고도 분명하다. 활용해서 불릴 것이 없으면 한 나라의 사람은 연명할 수 없다. 인도가 그렇다. 저 인도의 땅이 우리보다 작은가? 그 사람 수가 우리보다 훨씬 적은가? 〔그렇지 않다.〕 그런데도 지금 이와 같은 처지가 되었다. 여기에 생각이 미치면 등에 배어나도록 땀이 나고 눈물이 넘쳐흐르는 것을 멈출 수 없다. 우리나라 사람들이 처마 밑의 〔제비와 참새처럼 안일하며〕,[11] 〔물고기가〕 가마솥 바닥을 헤엄치며 노는 것처럼 〔눈앞이 위급하니〕[12] 또한 어찌 마음이 흔들리지 않겠는가.

大抵分利之人, 多出於上等社會中等社會, 而下等社會之人殆稀. 蓋惟挾持强權者, 乃得取他人所生之利而坐分之也. 以上所擧分利諸種

11 '처마 밑의 〔제비와 참새〕'는 '연작처당'(燕雀處堂)을 번역한 것이다. 출전은 『공총자』(孔叢子) 「논세편」(論世篇). 처마 밑에 둥지를 틀고 있는 새들은 그곳이 안전한 줄로만 알고 있어, 굴뚝에 불이 붙어도 위험을 모르는 것처럼, 나라에 미칠 화를 예상하지 못하는 안일함을 경계하는 말이다.

12 '〔물고기가〕 솥 바닥을 헤엄치며'는 '부저유어'(釜底游魚)를 번역한 것이다. 『후한서』(後漢書) 「장강전」(張綱傳). 상황이 위험한 상태를 비유했다.

族, 除乞丐奴婢罪囚廢疾等數種外, 其餘大率皆以一人而分數人之利者也. 竊嘗計之, 非以三四人之所贏, 決不足以償一人之所耗. 吾中國四萬萬人, 分利者旣二萬萬有奇矣, 而此之二萬萬, 又非徒盡蝕彼之二萬萬而遂足以給之也, 必二倍焉四倍焉. 嗚呼, 若之何民不窮且匱也. 亦幸而吾土地之饒, 物彙之衍, 小民生産力之大且厚, 猶足勉强支持彌縫以迄今日也. 不然者, 吁, 無孑遺久矣. 然此顧可久恃乎. 彼生利之二萬萬人者, 自生之而自食之, 裕如也, 今乃每人加以三倍四倍之負擔, 雖强有力, 何以堪此. 窮之蹙之至無復之, 則不得不轉而入於乞丐盜賊棍騙罪囚之數途, 於是分利者益增, 而生利者益減. 分利者愈加多, 則其餘生利者之負擔愈加重, 愈不得不折而入於分利. 如是遞相爲因, 遞相爲果, 極其弊, 可以使一群之人, 分利者七八, 而生利者不得一二, 高麗是已. 夫至以八九人分一二人所生之利, 則分之者亦寧有幸焉, 涸轍之魚, 相煦以沫, 其斃直須時耳. 夫以吾中國之民, 勤儉善儲, 吾固信其無下儕於高麗之懼. 雖然, 吾中國所處之地位, 亦與高麗異. 以五洲第一天府之國, 擇肉者耽耽於其旁, 吾國之總母財旣日減消, 而他國之母財且日輸入, 彼利用吾土地, 利用吾勞力, 以運其母而殖其子, 子之所殖, 則彼之物而非我之物也, 如是彼盈一度, 則我朒一度, 吾之總母財, 有歲減而無歲增, 其事至易明矣, 至於母財無復可斥, 而一國之人不聊生矣, 印度是也, 彼印度之土, 豈小於我. 其人豈遠尠於我. 而今竟若此. 吾念及此, 而不禁汗流浹背, 淚涔涔其承睫也. 我國人之處堂而嬉游釜而戲者, 其亦一動心焉否也.

지금 2억이 채 안 되는 이익을 낳는 자들이 스스로를 부양하는 것 말고도, 또 2억여 명의 서너 배 되게, 이익을 나누는 자들을 먹여 살리는 셈이다. 그 힘쓰기를 지속한다면 우리 국민의 생산력은 스스로를 부양하는 분량의 서너 배가 될 것이 분명하다. 만약 저 2억의 이익을 나누는 자들을 먹여 살리는 일이 없어진다면, 저들 2억의 이익을 낳는 자들이 산출해 내는 것 또한 분명 네다섯 배가 될 것이다. 이러면 전국의 총생산량은 오늘날의 네다섯 배가 될 것이다. 또 저 2억의 이익을 나누는 자들을 이익을 낳는 자로 전환시키면, 전국의 총생산량은 오늘날의 여덟에서 열 배가 될 거라는 것 또한 분명하다. 우리 중국의 토지는 세계 제일이고 노동력도 세계 제일이다. 생산의 세 요소 가운데 두 요소가 우위를 점하고 있으니 부족한 것은 자본뿐이다. 오늘날의 자본보다 여덟에서 열배 더 〔자본을〕 창출하게 된다면 누가 우리를 막을 수 있겠는가! 이것도 아직 분업이 세분화되어 있지 않고 기계가 정밀하지 않을 때의 일이다. 만약 세분화되고 정밀해지고 사람들이 노동력을 최대로 발휘하고 땅의 이점을 최선으로 발휘한다면, 그 부의 팽창을 어떻게 계산하겠는가! 나라가 부유한데 백성이 어떻게 가난할 수 있겠는가! 이와 같으면 20세기 경제경쟁의 세계에서 과연 내가 주도권을 잡아도 다툴 자가 없을 것이다. 그러나 굶주린 사람이 먹는 이야기를 아무리 해도 〔실제로〕 배가 부를 수는 없다. 이 백성을 내가 어찌할 것인가. 이 백성을 내가 어찌할 것인가.

> 夫以今不及二萬萬之生利者, 於自養之外, 復養彼二萬萬有奇之三四倍分利者, 而其力猶可以勉支, 則我國民之生產力, 可以四五倍於自養, 昭昭然也. 使無彼二萬萬之分利者以蝕之, 則彼二萬萬生利者之所殖, 必四五倍, 是全國之總歲殖, 視今日增四五倍也. 使彼二萬萬分利者, 更轉而生利焉, 則全國之總歲殖, 視今日必增八倍乃至十倍, 又昭昭然也. 吾中國土地第一, 勞力第一, 生產之三要素, 旣優占其二,

所缺者獨資本耳. 使傅以八倍十倍於今日之母財, 則與萬國爭商戰於地球, 誰能禦之. 此猶就分功未精器械未備時言之耳, 使精矣備矣, 而復加以人無不盡之力, 地無不盡之利, 則其富率之驟漲, 豈復巧曆所能算也. 國富矣, 而猶弱於人, 吾未之聞也. 若是乎, 二十世紀生計競爭之世界, 果讓我執牛耳而莫與京也. 雖然, 饑人說食, 終不能飽, 吾奈此蒼生何哉. 吾奈此蒼生何哉.

다른 성(省)은 내가 잘 모르므로 우리 광동(粵)의 일에 대해 얘기해 보자. 우리 광동의 전 독무인 남피(南皮) 장공(張公)[13]이 위성(闈姓)을 정향(正餉)으로 고치고, 합비(合肥) 이공(李公)[14]이 번탄잡도(番攤雜賭)를 정향으로 고친 이후,[15] 경제계는 날로 위축되었다. 그 지방의 장시에서 자제들은 서로 밭을 가는 데 힘을 써서 하루에 백 전을 버느니, 차라리 도박장에서 하루에 수백 전을 버는 게 어떤가라고 하며, 또 쌍육의 도박을 하여 일확천금을 노리자고 한다. 이에 성 전체 사람 가운데 〔도박판으로〕 달려가는 자가 열에 대여섯이니, 농부, 손기술자, 소상인, 가마꾼, 짐꾼 등의 각종 기술자들은 나날이 줄어든

13 장지동(張之洞, 1837~1909). 양무파(洋務派)의 영수로서, "옛 학문을 체로 삼고 새 학문을 용으로 삼자"(舊學爲體 新學爲用)는 주장을 하여, 중체서용(中體西用)의 대표적 이론가로 꼽힌다.

14 이홍장(李鴻章, 1823~1901). 증국번(曾國藩)의 제자로서, 태평천국의 난을 평정하고 군사공업을 비롯한 각종 근대공업의 건설을 추진하는 양무운동(洋務運動)을 전개했다. 뒤에 양광(兩廣) 총독을 지냈다.

15 사설 도박을 장지동과 이홍장이 채표(彩票)로 바꾸어 공공연하게 도박을 조장했다는 비판이다. 채표는 일정한 액수의 표를 많이 발행하여 그 가운데 제비를 뽑아 몇몇에게 차등 지급하는 것으로, 오늘날의 복권과 같다. 위성이나 번탄잡도와 같은 시정의 도박판을 관에서 '정향'이라는 이름으로 만들어 채표를 판매한 것이다.

다. 소민은 옮겨 다니며 일을 하는 것이 나의 이익이라는 것은 알지만, 한 성의 총노동력이 날로 비어 가는 것은 모른다. 한 성의 총자본이 날로 거리에서 소모되니, 오래 가지 않을 것이다. 지금은 1금으로 겨우 곡식 한 되 남짓을 바꿀 수 있을 뿐이다.(원주 — 이는 최근 보도이다.) 옛날에는 이익을 나누는 것을 이익이라고 여겼는데 결국 어떤 이익인가? 광동이 근래 군색하게 된 근원은 한 가지가 아니지만 관리가 도박판을 열어 이익을 나누는 자의 비율을 증가시키고, 한정된 노동력, 한정된 자본을 갉아먹는 것이 실로 그 원인 가운데 가장 중요하다. 그러므로 광동 안에 도적이 많은 것 또한 천하의 으뜸이다. 그 습속이 경박하기 때문인가? 아니면 이익을 낳는 사람이 그 짐을 감당하지 못해서 이렇게 되도록 몰아가는 것인가? 이렇게 내버려 둔 채 바꾸지 않으면, 10년 뒤에 우리 광동의 백성 가운데 이익을 낳는 자는 열 가운데 두셋에도 미치지 않을 것이며 이익을 나누는 자는 반드시 일고여덟에 이를 것이다. 이는 내가 말하는 서로 원인이 되고 서로 결과가 되는 예이다. 지금 광동인 가운데 성 안에 있는 사람들 중 가장 부자로 소문난 사람의 폐단이 이와 같다면, 아아, 여러 성을 비춰 볼 수 있을 것이다.

他省吾不深知, 吾請言粵事. 吾粵自前督南皮張公改闈姓爲正餉, 合肥李公改番攤雜賭爲正餉以來, 生計界日益蹙. 其鄕市子弟相與語曰, 吾與其力穡於田而日得百錢, 何如傭役於博而日得數百. 或且喝雉成盧, 一擲巨萬也. 於是闔省人趨之者十而五六, 至於田功手技小販輿夫負戴等種種雜工, 日乏一日. 小民何知, 謂轉移執事以爲吾利也, 殊不知一省之總勞力, 日擲於虛牝. 一省之總母財, 日耗於尾閭, 曾幾何時, 今則一金僅易斗粟餘矣. (此最近報) 疇昔以分利爲利者,而究何利也. 粵中近日之窘狀, 其根原雖非一端, 然官吏之開賭以增分利之率, 以消蝕此有限之勞力有限之母財, 實其原因之最重要者也. 故粵中盜賊之多, 亦甲於天下, 雖由其俗之偸, 抑豈不以生利者之不堪負擔, 迫而爲此也. 使循此不變, 十年之後, 吾粵民之生利者, 將不及二三, 而分利者必至七八矣. 此吾所謂遞相爲因遞相爲果之例也. 今也粵人之在諸省中, 以最富聞者也, 而其敝旣若此. 嗚呼, 諸省可以鑒矣.

독자들은 내가 하는 이야기가 사람들이 보통 광주리에 담는 것 같은 〔일상적인 것〕에 불과하다고 생각하지 말라. 오늘날은 경제경쟁의 세계로 한 나라의 영고성쇠는 여기에 달려 있다. 그대는 연합군이 북경에 들어온 이후 우리 땅에서 〔비빌〕 언덕을 찾아서 급하게 상업의 권력 범위를 확장하는 것에 힘을 썼던 것을 보지 못했는가. 저들이 우리의 궁을 헐어 연못을 만들고 사당을 헐어 집을 만들고 우리의 젊은이들을 속박한 뒤에야, 〔저들이 우리를〕 망하게 했다고 하고 멸망시켰다고 하겠는가? 살갗을 벗겨 내어 뇌를 무르게 하고 우리의 피를 빨아 누렇게 뜨고 초췌하고 바짝 말라 죽게 몰아가서야 본래 원하던 것을 얻었다고 할 것이다. 그렇다면 우리가 거기에 대응해서 나아가야 할 길은 어떤 것인가? 정부 당국은 본래 책임이 있다. 그러나 이것은 또 꼭 정부 당국의 한두 사람의 힘으로 할 수 있는 일이 아니다. 가장 중요한 것은 한 나라 안에 이익을 낳는 자를 늘리고 이익을 나누는 자를 적게 하는 방법밖에 없다. 그 실천상의 순서는 먼저 나 자신이 이익을 나누는 자가 되지 않는 것이다. 그 다음에 학문의 이치를 밝혀서 전 국민들에게 이익을 나누는 자가 되는 것의 부끄러움을 알리는 것이다. 그 다음에 정책을 강구하여 이전의 이익을 나누던 자로 하여금 스스로 새로워질 수 있는 길을 찾게 하여 이익을 낳는 자로 바뀌게 하는 것이다. 세상일에 가운데 멈춰 있는 일은 없다. 나아가지 않으면 물러난다. 만약 이 둘이 밀고 당기는 수가 한 번 변할 수 있다면 우리나라는 거의 구원될 것이다. 그러나 개혁의 사업은 서로 원인이 되는 것이다. 갑을 변하게 하려면 반드시 을을 먼저 변하게 해야 하며, 을을 변하게 하려면 또 병이 변해야만 한다. 정책에 대해 서라면, 누구와 함께 생각하고 누구와 함께 행할 것인가? 아아. 나는 말하고 싶지 않다.

讀者勿以吾爲家人筐篋之言也, 今日生計競爭之世界, 一國之榮瘁升沈, 皆系於是. 君不見聯軍入京以後, 豈嘗索我一壞土, 而惟汲汲然擴張其商務權力範圍之爲務. 彼豈必瀦吾宮, 屋吾社, 繫累吾子弟, 然後謂之亡, 然後謂之滅. 剝吾膚焉, 鹽吾腦焉, 吮吾血焉, 馴使我萎黃蕉萃乾枯瘦死, 而其所欲固已給矣. 然則吾應之之道奈何. 曰政府當道, 固與有責焉, 雖然, 此必非恃政府當道一二人之力所能拯救也, 其最要之着, 不可不求一國中生利人多, 分利人少. 其轉移之次第, 先求我躬勿爲分利者. 復闡明學理, 廣勸一國人使皆恥爲分利者. 復講求政策, 務安插前此之分利者, 使有自新之道, 以變爲生利者. 天下事無中立, 不進則退, 此兩者消長之率, 若克一變, 則吾國其庶幾有瘳乎. 雖然, 改革之業, 相因者也, 將欲變甲, 必先變乙, 及其變乙, 又當變丙. 語及政策, 則誰與思之. 誰與行之. 嗚呼, 予欲無言.

○ 해설

이 장의 제목인 "이익을 낳음(生利), 이익을 나눔(分利)"은 각각 생산적인 경제활동과 생산하지 않은 채 소비만 하는 것을 가리킨다. 후자에는 경제활동을 하지 않는 자와 비생산적인 경제활동을 하는자가 모두 포함된다. 한 나라의 한 해 총생산이 그 나라 국민이 생산해 낸 것에서 소비한 것을 뺀 나머지라면, 생산 없이 소비만 하는 사람이 많을수록 생산의 증대는 기대할 수 없다. 본문에서 설명한 대로, 재화를 만들어 내는 세 가지가 토지, 자본, 노동력인데, 생산 증대를 통해 얻는 자본이 없으면 토지를 이용할 수도 없다. 그래서 "나라의 흥성과 쇠락은 총자본과 총노동력이 불어나는가 불어나지 않는가에 달려 있을 뿐이다." 이 경제가 나라의 흥망을 좌우하므로, 사회의 지도자급 인사들은 경제를 중요하게 여기고 여기에 종사하지 않으면 안 된다. 그러나 중국의 사군자가 경제에 관한 수치계산을 수치스러워한다고 양계초는 비판한다.

양계초는 "이익을 낳는 힘"에 체력과 심력, 두 가지가 있고, 심력은 다시 지력(智力)과 덕력(德力)이라고 말한다. 기본적으로 체력이 있어야 어떤 종류의 노동이든 할 것이고, 기술의 향상과 투자의 개발은 이윤을 증대시킬 것이므로 지력이 또한 이익을 낳은 힘임에는 분명하다. 그렇다면 '덕력'은 어떻게 작용하는가? 실제로 '이익을 낳는 일'은 공덕의 하나이기 때문에 이 안에 포함되었을 것이다. 이에 관해서는 이 장의 마지막 부분에서 집중적으로 논의된다. 나라가 부유하게 되는 관건은, 나라 안의 가능한 한 많은 사람들이 이익을 낳는 사람이 되는 것인데, 이익을 낳은 사람이 되는 것은 양계초도 본문 안에서 언급하고 있지만 많은 부분 제도적으로 해결해야 할 문제이다. 개인적인 차원에서 마음을 달리 먹음으로써 해결할 수 있는 부분이 덕의 영역으로 배당된다. 직접 양계초의 방법을 다시 옮겨 본다.

"그 실천상의 순서는 먼저 나 자신이 이익을 나누는 자가 되지 않는 것이다. 그 다음에 학문의 이치를 밝혀서 전 국민들에게 이익을 나누는 자가 되는 것의 부끄러움을 알리는 것이다. 그 다음에 정책을 강구하여 이전의 이익을 나누던 자로 하여금 스스로 새로워질 수 있는 길을 찾게 하여 이익을 낳는 자로 바뀌게 하는 것이다. 세상 일에 중립은 없다. 나아가지 않으면 물러난다. 만약 이 둘이 밀고 당기는 수가 한 번 변할 수 있다면 우리나라는 거의 구원될 것이다. 그러나 개혁의 사업은 서로 원인이 되는 것이다. 갑을 변하게 하려면 반드시 을을 먼저 변하게 해야 하며, 을을 변하게 하려면 또 병이 변해야만 한다. 정책에 대해 말하게 되면 누구와 함께 생각하고 누구와 함께 행할 것인가. 아아. 나는 말하지 않으려 한다."

제15절 의력(毅力)[1]

"선비는 도량이 크고 의지가 강해야(毅) 한다. 임무는 무겁고 길은 멀기 때문이다. 인(仁)을 자기 임무로 삼으니 무겁지 않겠는가! 죽어서야 그치는 일이니 멀지 않겠는가!"[2]라고 증자는 말했다. 성인답도다, 이 말은! '사람'을 위한 학문을 하려고 하면서, 이 뜻을 도탑게 믿고 죽음으로 지키며 몸으로 체험하고 힘써 행하지 않는다면, 높은 뜻이 있고 남다른 기개가 있으며 뛰어난 재주가 있더라도 결국 아무것도 이룰 수 없을 것이다.

第十五節 論毅力

曾子曰, 士不可以不弘毅, 任重而道遠. 仁以爲己任, 不亦重乎. 死而後已, 不亦遠乎. 聖哉斯言, 聖哉斯言. 欲學爲'人'者, 苟非於此義篤信死守, 身體而力行之, 雖有高志, 雖有奇氣, 雖有異才, 終無所成.

사람의 노력은(人治) 늘 자연의 운행(天行)과 서로 투쟁하며 끊

1 『신민총보』 제24호, 1903. 1. 13.

2 『논어』 「태백」.

임없는 경쟁을 한다. 자연의 운행이란 왕왕 인류가 기대하고 바라는 것과는 서로 어긋나므로, 그 반발력은 지극히 크고 또 격렬하다. 그러나 향상하고 진보하고자 하는 인류의 아름다운 본성은 또한 반드시 현재의 지위에 안주하지 못한다. 그러므로 사람의 일생은 수십 년을 역류 속에서 항해하는 배처럼 하루도 쉴 날이 없다. 개인만 그런 것이 아니다. 크게는 한 민족, 더 크게는 전 세계에 이르기까지 모두 이 궤도를 돌면서 날마다 부지런히 애쓴다. 그 희망이 멀고 일을 이루려는 뜻이 클수록 역경을 만나는 일은 더욱 많다. 시내를 건너는 자와 강하를 건너는 자, 그리고 대양을 항해하는 자에 비유해 보자. 그 고난과 어려움의 정도는 항상 그들이 지나는 환경이 넓은지 좁은지와 상응한다. 일의 이치가 본래 그러한 것이므로 이상할 것도 없다.

> 人治者, 常與天行相搏, 爲不斷之競爭者也. 天行之爲物, 往往與人類所期望相背, 故其反抗力至大且劇. 而人類向上進步之美性, 又必非可以現在之地位而自安也. 於是乎人之一生, 如以數十年行舟於逆水中, 無一日而可以息. 又不徒一人爲然也, 大而至於一民族, 更大而至於全世界, 皆循玆軌道而日孜孜者也. 其希望愈遠, 其志事愈大者, 其所遭拂戾之境遇必愈衆, 譬猶泛澗沚者與行江河者與航洋海者之比例, 其艱難之程度, 恆與其所歷境界之廣狹相應, 事理固然, 無足怪者.

예나 지금이나 세상의 성공과 실패의 숲은 잡초가 우거진 것 같아서 한길이 아니다. 그러나 어떻게 성공하고 어떻게 실패하는가의 요점에 대해 말한다면, 의력(毅力)이 있는 자는 성공하고 그렇지 못하면 실패한다는 것이다. 인생의 역정은 대개 역경(逆境)이 열에 예닐곱이고 순경(順境)은 열에 서넛인데, 또한 항상 순경과 역경을 번갈아 타게 된다. 일의 대소를 막론하고 반드시 수차례에서 십수 차례 저항의 힘이 있다. 그 저항의 힘은 혹은 크고 혹은 작지만, 요컨대 벗어날 방법은 없다. 의지력이 박약한 선비는 처음에는 굳게 "내가 하려고 한다, 하려고 한다"고 말한다. 그 마음은 천하 일이 본래 너무 쉽다고 생각하는데, 일을 겪고 그 저항력이 조여 오면 위축되어 〔뜻을〕 잃는다. 그 다음으로 〔좀 덜〕 약한 자는 한때의 객기를 타고 첫 번째 난관을 지나는데, 두 번째 좌절을 만나면 물러난다. 조금 강한 자는 서너 번 좌절하면 물러난다. 조금 더 강한 자는 대여섯 번 좌절하면 물러난다. 그 일이 클수록 좌절은 더 많이 오며, 버티는 것이 더 어려워진다. 그러므로 지극히 강한 사람이 아니라면 그 끝까지 잘 해낼 수 없다. 좌절해도 물러나지 않으면 작게 거스르는 힘 뒤에 반드시 작은 순조로움이 있고, 큰 거스르는 힘 뒤엔 반드시 큰 순조로움이 있다. 뿌리가 서로 휘감기고 가지가 서로 뒤엉킨 국면이 타파되면, 이윽고 문제가 순조롭게 해결되는 날이 온다. 방관자는 다만 이루어진 공을 부러워하면서 거의 행운아라서 하늘이 그를 총애했다고 생각한다. 또 자신은 어려운 일을 당해 휘청거려서 성취가 남만 못하다고 생각한다. 그러나 이른바 고난과 행운이라는 것이 저 사람이나 나에게나 마찬가지이고, 이 고난을 정복하고 이 행운을 이용할 수 있는가 여부가 저 사람의 성공과 나의 실패를 갈랐다는 것을 그가 어떻게 알겠는가. 또 배를 조종하는 일에 비유해 보자. 20일 동안 천 리 길을 여행한다면 그 사이에 바람과 조류가 혹은 순방향일 수도 있고 혹은 역방향일 수도 있다. 그것이 항상 서로 이리저리 뒤섞인다. 저 사람은 견인불발의 힘과 인내의 힘으로 그 역방향을 무릅쓰고 돌파한 뒤에 유유히 그 순방향으로 건널 수 있다. 〔반면에〕 나는 어떤 때는 하루 되돌아가고 어떤 때는 이삼일 되돌아가고 또 어떤 때는 오륙일 되돌아가다, 저 해안가에는 끝내 도달하지 못한다. 공자는 다음과 같이 말했다. "산을 만드는 일에 비유하자면 흙 한 삼태기가 모자란 상태에서 그만두어도 내가 그만둔 것이며, 땅을 고르는 일에 비유하자면 흙 한 삼태기를 부었는데도 진척이 있었다면 내가 한 것이다."[3] 맹자는 다음과 같이 말했다. "노력하는 것은 우물을 파는 것에 비유할 수 있으니, 아홉 길을 팠는데 샘이 나오지 않아서 〔그만둔다면〕 우물을 버린 것과 마찬가지다."[4] 성공과 실패의 원리를 여기에서 볼 뿐이다.

天下古今成敗之林, 若是其莽然不一途也. 要其何以成何以敗, 曰, 有毅力者成, 反是者敗. 蓋人生歷程, 大抵逆境居十六七, 順境亦居十三四, 而順逆兩境, 又常相間以迭乘. 無論事之大小, 而必有數次乃至十數次之阻力, 其阻力雖或大或小, 而要之必無可逃避者也. 其在志力薄弱之士, 始固曰吾欲云云, 吾欲云云, 其意以爲天下事固易易也. 及驟嘗焉, 而阻力猝來, 頹然喪矣. 其次弱者, 乘一時之客氣, 透過此第一關, 遇再挫而退, 稍强者遇三四挫而退, 更稍强者遇五六挫而退. 其事愈大者, 其遇挫愈多, 其不退也愈難, 非至强之人, 未有能善於其終者也. 夫苟其挫而不退矣, 則小逆之後必有小順, 大逆之後必有大順, 盤根錯節之旣破, 而遂有應刃而解之一日. 旁觀者徒艷羨其功之成, 以爲是殆幸運兒, 而天有以寵彼也, 又以爲我蹇於遭逢, 故所就不彼若也. 庸詎知所謂蹇焉幸焉者, 彼皆與我之所同, 而其能征

---

3 『논어』「자한」.

4 『맹자』「진심」29.

服此蹇焉利用此幸焉與否，卽彼成我敗所由判也. 更譬諸操舟，如以兼旬之期行千里之地者，其間風潮之或順或逆，常相參伍，彼以堅苦忍耐之力，冒其逆而突過之而後得從容以容度其順. 我則或一日而返焉，或二三日而返焉，或五六日而返焉，故彼岸終不可得達也. 孔子曰，譬如爲山，未成一簣，止吾止也，譬如平地，雖覆一簣，進吾往也. 孟子曰，有爲者譬若掘井，九仞而不及泉，猶爲棄井也. 成敗之數，視此而已.

사람은 희망이 없을 수 없는데, 희망은 항상 절망과 서로 기대고 있다. 절망하게 되면 마음은 거의 죽는다. 희망을 키우고 잃지 않게 하는 것은 오직 의력뿐이다. 그러므로 의지(志)도 믿을 만하지 않고 기(氣)도 믿을 만하지 않고 재주(才)도 믿을 만하지 않고 오직 의력만이 믿을 만하다. 모세는 고대 제일의 위인이다. 그는 유대인이 이집트에서 탄압 받고 있는 것 때문에 번민했는데, 이는 그 의지가 보통 사람보다 뛰어났기 때문이다. 그러나 그가 이집트에서 〔유대인들을〕 이끌고 나오려고 하는데 처음에는 유대인들이 원하지 않았고, 10여 년이 지나서야 〔유대인들을〕 움직일 수 있었다. 이미 움직이자 이집트 사람들이 방해하며 막았고, 10여 년을 싸우고서야 나올 수 있었다. 이미 나왔는데 가려는 목적지에 이를 수 없어, 사막을 방황한 것이 또 40년이다. 모세의 의력이 조금이라도 부족했다면, 아마도 그 처음에 유대인이 완고해서 움직이기 어려움을 보고 절망했을 것이다. 혹은 중간에 이집트 사람들이 사나워서 대적하기 어려운 것을 보고 절망했을 것이다. 혹은 그 마지막에 가나안의 낙토로 가는 일이 험난해서 쉽게 도달하지 못할 것을 보고 절망했을 것이다. 〔이 가운데〕

한 가지 경우만 있었더라도 모세는 분명 실패한 사람이 되었을 것임은 의심할 바가 없다.

人不可無希望, 然希望常與失望相倚. 至於失望, 而心蓋死矣. 養其希望勿使失者, 厥惟毅力. 故志不足恃, 氣不足恃, 才不足恃, 惟毅力者足恃. 昔摩西古代之第一偉人也, 彼憫猶太人受軛於埃及也, 是其志之過人也. 然其携之以出埃及也, 始焉猶太人不欲, 經十餘年乃能動焉. 旣動矣, 而埃及人尼之截之, 經十餘戰乃能出焉. 旣出矣, 而所欲至之目的不得達, 彷徨沙漠中者又四十年焉. 使摩西毅力稍不足, 或於其初也, 見猶太人之頑錮難動, 而灰其心焉. 於其中也, 見埃及人之强悍難敵而灰其心焉. 於其終也, 見迦南樂土之艱險不易達, 而灰其心焉, 苟有一者, 則摩西必爲失敗之人, 無可疑也.

콜럼버스[5]는 신세계를 개척한 사람이다. 그는 바다 서쪽에 분명 대륙이 있다고 믿었는데, 이는 견식이 남들보다 뛰어난 것이었다. 그러나 젊어서 사랑하는 아내를 잃고 사랑하는 아들을 잃고 재산을 잃고, 굶어 죽을 정도로 가난해서 시장에서 걸행을 했다. 그러다가 귀족과 부호 앞에서 〔신대륙 개척에 대해〕 유세했을 때 귀족과 부호들이 비웃었고, 포르투갈 정부에 건의를 했을 때 정부는 배척했다. 스페인 왕의 명을 받아 처음 항해하게 되었을 때, 배가 서쪽으로 향한 지 60여 일이 지나도록 작은 땅도 보이지 않았다. 동행한 사람들이 실망하여

5 크리스토퍼 콜럼버스(Christopher Columbus, 1451~1506). 이탈리아의 항해가. 아메리카 대륙 발견자. 1492년 3척의 선박, 88명의 승무원을 태우고 팔로스 항을 출발하여 천신만고 끝에 1493년 서인도의 산살바도르에 도착하였다.

돌아가려고 했고 이어서 멈추게 하려고 〔콜럼버스를〕 흔들기를 십수 차례 이상 했으며, 〔콜럼버스〕를 죽이고 그 피를 마시자고 공모하기에 이르렀다. 만약 콜럼버스의 의력이 조금이라도 부족했으면, 처음에는 곤궁 때문에 저지되었을 것이고, 이어서는 알아주는 사람을 못 만나 꺾였을 것이며, 끝내는 위험과 환난 때문에 꺾였을 것이다. 〔이 가운데〕 한 가지 경우만 있었더라도 콜럼버스는 분명 실패한 사람이 되었을 것임은 의심할 나위가 없다.

昔哥侖布, 新世界之開闢者也. 彼信海西之必有大陸, 是其識之過人也. 然其蚤年, 喪其愛妻, 喪其愛子, 喪其資財, 窮餓無聊, 行乞於市, 旣而游說於豪貴, 豪貴笑之, 建白於葡萄牙政府, 政府斥之. 及其承西班牙王之命初航海也, 舟西指, 六十餘日不見寸土, 同行之人, 失望思歸, 從而尼之撓之者不下十數次, 乃至共謀殺其身飮其血. 使哥侖布毅力稍不足, 則初焉以窮困而沮, 繼焉以不遇知己而沮, 繼焉以艱難而沮, 終焉以險禍而沮, 苟有一者, 則哥侖布必爲失敗之人無可疑也.

팔리시[6]는 프랑스의 저명한 미술가이다. 일찍이 프랑스의 자기가 조잡한 것을 번민하여 개량하고 싶어 했다. 아궁이를 만들어 시험하기를 수년 하다가, 가산을 모두 써서 다시 아궁이를 만들고 땔나무를 늘렸는데 또 실패했다. 세 번째로는 이미 아궁이를 지을 자금이 없었다. 그래도 다시 토기 3백여 점을 모아 가마에 넣어 시험했다.

6 베르나르 팔리시(Bernard Palissy, 1510~1589). 프랑스의 도공. 1555년경 '전원풍 도자기'를 완성했다. 도자기 표면에 실물을 본뜬 곤충, 물고기, 뱀 등을 부조한 위에 유액을 바른 것. 1567년 왕실도공이 되었다.

하루 밤낮이 눈 깜짝할 사이에 지나갔고 조금치도 이룬 것이 없었다. 이러기를 거의 10년을 다하고 드디어 네 번째 최후의 대실험을 하게 되었다. 집에 아궁이를 짓고 전석(磚石)을 축조하는 것을 몸소 했다. 7~8개월이 지나 아궁이가 비로소 만들어지고 흙을 반죽해 그릇을 만들고 약을 칠해 아궁이에 넣었다. 불이 하루 밤낮을 타오르는 동안 그 옆에 앉아서 아침을 기다렸다. 그 처가 아침을 들고 왔지만 끝내 〔아궁이 옆을〕 떠날 수 없었다. 둘째 날 바탕그릇이 아직 밝아지지 않자 해가 서쪽으로 저물어도 떠나지 않고 기다렸다. 흐트러진 머리와 때 묻은 얼굴, 그 초췌함이 사람의 형상이 아니었다. 이처럼 삼사일이 지나고 오륙일이 지나고 칠 일째까지 계속되어도, 조금도 자지 않았으나 결과는 보이지 않았다. 이 이후 새 바탕그릇을 다듬어 구우며, 앉아서 지키기를 열흘을 넘기고 이십 일이 되는 것이 일상이었다. 최후 마지막으로 바탕그릇이 이미 갖춰지고 불이 이미 붙여지고 온도가 이미 올라가고, 결과를 장차 볼 수 있을 것 같았다. 이때 갑자기 땔나무가 떨어졌는데 불을 줄일 수는 없었다. 팔리시는 망연자실하여 결과가 실패할까 마음 졸였다. 이에 정원의 울타리 나무를 뽑아 대신 사용했으나 부족했다. 탁자와 의자를 부셔서 불에 넣어도 부족했고 책장을 부셔도 부족했고 평상을 부셔도 부족했다. 문을 부수자 아내는 그가 미쳤다고 생각하고는 소리 지르며 뛰어나가 옆집에 가서 알렸다. 얼마 있어, 굽고 있는 바탕그릇은 완성되어 색과 광택이 장엄하게 좋은 그릇이 되었다. 팔리시가 이 그릇 때문에 지극히 곤란하고 지극히 고생스러운 생애를 보낸 지 18년 만이었다. 팔리시의 의력이 조금이라도 부족했다면 분명 실패한 사람이 되었을 것임은 의심할 바가 없다.

昔巴律西, 法蘭西著名之美術家也, 嘗憫法國磁器之粗拙, 欲改良之, 築竈以試驗者數年, 家資盡罄, 再築竈而益以薪, 又復失敗, 已無復三度築竈之資, 猶復集土器三百餘, 附窯以試驗之, 歷一日夜不交睫, 曾無尺寸功, 如是者殆十年. 卒爲第四度最後之大試驗, 乃作竈於家, 磚石築造, 皆躬自任, 閱七八月, 竈始成, 乃摶土製器, 塗藥入竈. 火熱一晝夜間, 坐其旁以待旦, 其妻持朝食供之, 終不忍離. 至第二日, 質終未融, 日沈西, 又不去, 待之, 於是蓬首垢面, 憔悴無人形. 如是者越三日四日五日六日, 相續至七日, 未一假寐, 而功遂不就. 自玆以往, 調新質而擣煉之, 坐守十餘日二十日以爲常. 最後一度, 質旣備, 火旣焚, 熱旣熾, 功將成矣, 薪忽告竭, 而火又不能滅也, 巴律西爽然自失, 傷其功之將墮, 乃拔園籬之本以代之, 猶不足, 碎其卓及椅投諸火, 猶不足, 碎其架, 猶不足, 碎其榻, 猶不足, 碎其門, 妻子以爲狂, 號於室而奔告其鄰, 未幾, 所燒之質遂融, 色光澤, 儼然良器矣. 於是巴律西迻其至困極苦之生涯於此器者, 已十八年. 使巴律西毅力稍不足者, 則必爲失敗之人, 無可疑也.

필드[7]는 해저에 전선을 처음으로 설치한 사람이다. 그는 막대한 자금을 손에 쥐고 마음을 기울여 이 일을 시작해서, 미국에서 영국에 이르기까지 바다를 넘어 전신을 통하게 하고자 했다. 영국 정부에 도움을 청했는데, 여러 번 애걸하여 비로소 허락을 받았다. 그러

7 사이러스 필드(Cyurs West Field, 1819~1892). 1857년 영국과 미국의 정부로부터 배를 제공받아 시작한 공사를 66년에 완공했으며, 그 후 서인도 제도 및 남아메리카 등과 전기통신망을 확립했다.

나 미국의원은 격렬히 반대했으며 그 찬성이 단지 한 표 더 많아 통과하게 되었으니, 이미 곤란이 극에 이른 것이었다. 처음 설치할 때, 첫 번째는 5백 리에 이르렀을 때 실패했다. 두 번째는 2백 리에 이르렀는데 전류가 통하지 않아 실패했다. 세 번째는 장차 성공을 하려고 할 때 타고 있던 전함이 경사 때문에 움직일 수 없어서 선이 또 끊어졌다. 네 번째는 두 군함이 하나는 아일랜드로 향하고 하나는 뉴펀들랜드로 향하여 그 거리가 3리였는데 선이 또 끊어졌다. 다섯 번째 재시도 했을 때 두 군함의 거리는 80리였다. 전류가 통하기 시작했는데 또 돌연 실패했다. 감독과 모든 멤버들이 절망했고, 자본가 또한 후회하는 자가 있었다. 여섯 번째에 해상 7백 리 땅인 리지라는 곳에서 전신이 처음으로 통했다. 성공했다고 했지만 전류가 홀연 정지했고 또 다시 실패했다. 일곱 번째는 다시 별도로 좋은 선을 구매해서 뉴펀들랜드 6백 리 되는 곳에 건설했다. 장차 결과가 나오려고 할 때 선이 또 끊어졌다. 이 대업은 결국 1년 넘게 걸렸고 필드의 집 자산은 이미 소진되었다. 그래도 입이 닳도록 영혼과 육체가 모두 피폐할 정도로 말을 해서 영미의 유력자에게 유세하여, 별도로 새로운 회사〔公司〕를 만들고 나서야 비로소 성공할 수 있었다. 오늘에 이르기까지 전 지구는 그 이익을 보고 있다. 필드의 의력이 조금이라도 부족했다면 1차, 2차 내지 3, 4, 5, 6, 7, 8차를 지나도 그 끝은 실패한 사람이 되었음은 의심할 바가 없다. 이 경우는 가장 잘 드러난 예이다.

昔維爾德, 創設海底電線之人也, 彼其擁巨萬之貲, 傾心以創此業, 欲自美至英, 超海以通電信. 請助於英政府, 幾經哀求, 始見許, 而美國議院爲激烈之反對, 其贊助僅以一票之之多數得通過, 亦旣困難極矣. 及其始敷設也, 第一次至五百里而失敗. 第二次至二百里, 以電流不通而失敗. 第三次將告成矣, 而所乘之軍艦, 又以傾射不能轉運, 線亦中斷. 第四次以兩軍艦, 一向愛爾蘭, 一向尼科德蘭, 相距三里, 線仍斷. 第五次再試, 則兩艦距離八十里, 電流始通, 又突失敗, 監督諸員皆絶望, 資本家亦有悔志. 第六次至海上七百里地名利鞠者, 電信始通, 謂已成矣, 旣而電流忽突然停止, 又復失敗. 第七次更別購良線, 建設至距尼科蘭六百里處, 將近結果, 線又斷. 此大業遂閱一年有奇, 而維爾德之家資已耗盡矣, 猶復嘵音瘏口, 勞魂瘁形, 游說英美之有力者, 別設一新公司而功乃始就, 至今全地球食其利. 使維爾德毅力稍不足者, 則雖歷一次二次乃至三四五六七八次, 其終爲失敗之人無可疑也. 此其最著者也.

디즈레일리[8]는 네 번을 의원선거에 뛰어들었으나 당선되지 못했다. 그러나 끝내는 영국의 이름난 재상이 되었다. 가리발디[9]는 다섯 번 혁명군을 일으켰으나 실패했다. 그러나 마침내는 새로운 이탈리아를 건설했다. 스티븐슨[10]이 기관차(行動機器)를 만들 때 15년이 지나서야 비로소 성공했다. 와트[11]가 증기기관을 만들 때 13년이 지나서야 비로소 성공했다. 몽테스키외의 『법의 정신』(萬法精理)은 25년이 지나서 이루어졌다. 애덤 스미스의 『국부론』(原富)은 10년 만에

8 벤저민 디즈레일리(Benjamin Disraeli, 1804~1881). 영국의 정치가이자 문인.

9 주세페 가리발디(Giuseppe Garibaldi, 1807~1882). 이탈리아의 혁명가, 군인, 정치가.

10 조지 스티븐슨(George Stephenson, 1781~1848). 영국의 공학자, 증기기관차 발명가.

11 제임스 와트(James Watt, 1736~1819). 스코틀랜드와 발명가이자 기계공학자. 증기기관을 발명했다고 알려졌는데, 실제로는 기존의 증기기관에 응축기를 부착하여 효율을 높인 것이다.

이루어졌고, 다윈의 『종의 기원』(種源論)은 16년 만에 이루어졌다. 기번[12]의 『로마제국 쇠망사』는 20년 만에 이루어졌고, 웹스터의 대사전은 36년 만에 이루어졌다. 마다가스카르의 선교사는 10년 만에 처음으로 한 명의 신도를 얻었다. 지델린이 미얀마에 선교하고 나리린이 중국에 전교할 때, 각각 5년, 7년 만에 첫 신도를 얻었다.

> 乃若的士黎禮, 四度爭議員選擧不第, 而卒爲英名相. 加里波的, 五度起革命軍不成, 而卒建新意大利. 士提反孫之作行動機器也, 十五年始成, 瓦德之作蒸氣機器也, 三十年始成. 孟德斯鳩之萬法精理, 二十五年始成. 斯密亞丹之原富, 十年始成. 達爾文之種源論, 十六年成. 吉朋之羅馬衰亡史, 二十年始成. 倭斯達之大辭典, 三十六年始成. 馬達加斯加之傳敎師, 十年始得一信徒. 吉德林之傳敎於緬甸, 拿利林之傳敎於中國, 一則五年, 一則七年, 乃得一信徒.

이로 보건대, 고금을 막론하고 일의 대소를 막론하고 그 업적을 탁월하게 성취해서 세상에 드러나고 후대에 전해지는 것이 어찌 견인불발의 침착한 의력에서 오지 않는 것이 하나라도 있겠는가! 또한 단지 서양 나라만 그런 것이 아니다. 우리 선조들에게서 징험해 보자. 구천(句踐)이 회계(會稽)에 있을 때,[13] 전단(田單)이 즉묵(卽墨)에

---

12 에드워드 기번(Edward Gibbon, 1737~1794). 영국의 역사가. 『로마제국 쇠망사』로 유명하다.

13 월왕 구천이 회계에서 오나라 왕에게 져서 치욕을 당한 일. 『사기』「월왕구천세가」(越王句踐世家) 참조.

있을 때,[14] 한고조가 형양(滎陽)과 성고(成皐)에 있을 때,[15] 모두 그 실패가 바로 성공의 이유가 되었다. 세 사람의 의력이 조금이라도 부족했으면 실패한 사람이 되었을 것이다. 장건(張騫)은 서역에서 여러 차례 죽을 뻔 했다. 때로는 수일 내지 십수일 동안 먹지 못하다가, 전후 13년이 지나서야 마침내 중국(漢)의 위엄을 역외에 펼칠 수 있었다.[16] 만약 장건의 의력이 조금이라도 부족했으면 실패한 사람이 되었을 것이다. 유비(劉備)가 서주(徐州)를 다스리다 넘어지고, 다음에 예주(豫州)를 다스리다 또 넘어지고, 다음에 형주(荊州)를 다스리다 또 넘어졌다. 나이는 장차 노년으로 접어들 무렵 비로소 익주(益州)를 얻어 대업(大業)을 이루었다.[17] 만약 유비의 의력이 조금이라도 부족했다면 실패한 사람이 되었을 것이다. 현장(玄奘)[18]은 당의 국사라는 높은 신분으로 파미르고원을 횡단하여 인도로 갔다. 맹수 때문에 곤란

14 전국시대 제나라 장수 전단은 제나라를 지키기 위해 연나라에 거짓 항복을 하였다. 『사기』「전단열전」(田單列傳) 참조.

15 한고조가 형양에서 항우에게 포위당했을 때 변복하고 피신하였다. 『사기』「항우본기」 참조.

16 장건(張騫, ?~B.C. 114). 한무제(武帝)의 명을 받고 흉노를 협공하기 위해, 일리강(江) 유역에 있던 대월지(大月氏)와 동맹하고자 B.C. 139년경 장안을 출발하였다. 도중에 흉노에게 붙잡혔으나 탈출하여 대월지에 도착하였다. 그러나 대월지는 흉노를 칠 의사가 없어 동맹에 실패하고 귀국하던 중 다시 흉노의 포로가 되었다가 B.C. 126년 귀국하였다. 그의 여행으로 서역의 지리·민족 ·산물 등에 관한 지식이 중국으로 유입되어 동서 간의 교역과 문화가 발전하게 되었다.

17 유비(劉備). 중국 삼국시대 촉한(蜀漢)의 제1대 황제(재위 221~223). 220년 조비가 한나라 헌제의 양위를 받아 위의 황제가 되자, 221년 그도 제위에 올라 한의 정통을 계승한다는 명분으로 국호를 한(漢: 蜀漢)이라 하였다. 『삼국지』「유비전」 참조.

18 현장(玄奘, ?~664). 중국 당나라의 고승(高僧)으로 인도로 떠나 불교를 연구한 뒤, 중국에 돌아와 『대당서역기』(大唐西域記)를 지었다. 청조 강희제의 이름 '현엽'(玄燁)을 피하기 위해 '원'(元)으로 썼다.

을 당하고 풍토병 때문에 곤란을 당하고 기갈로 곤란을 당하고 언어가 통하지 않아 곤란을 당했다. 마침내 17년이 지나 그 정법(正法)과 외도(外道)를 모두 배우고 돌아와 조국에 널리 반포했다. 현장의 의력이 조금이라도 부족했으면 실패한 사람이 되었을 것이다.

由此觀之, 世無論古今, 業無論大小, 其卓然能成就以顯於世而傳於後者, 豈有一不自堅忍沈毅而來哉. 又不徒西國爲然也, 請徵諸我先民. 句踐之在會稽也, 田單之在卽墨也, 漢高之滎陽成皐也, 皆其敗也, 卽其所以成也. 使三子者毅力稍不足, 則爲失敗之人也. 張騫之使西域也, 瀕於死者屢, 往往不食數日乃至十數日, 前後歷十三年, 而卒宣漢威於域外. 使騫毅力稍不足, 則爲失敗之人也. 劉備初用徐州而蹶, 次用豫州而又蹶, 次用荊州而又蹶, 年將垂暮, 始得益州以定大業. 使備毅力稍不足, 則爲失敗之人也. 元奘以唐國師之尊, 橫葱嶺, 適印度, 猛獸困之, 瘴癘困之, 饑渴困之, 語言之不通困之, 卒經十七年, 盡學其正法外道, 歸而弘布於祖國. 使元奘毅力稍不足, 則爲失敗之人也.

또 가까운 곳에서 징험해 보자. 최근 수십 년 이래 위엄과 덕성이 높디높게 세상을 비추고 있는 저 증문정(曾文正)[19] 같은 사람이 초기에 일어날 때 겪은 마음의 괴로움과 생각의 분분함을 어찌 가늠할 수 있겠는가. 보조품(餉需)은 그물을 쳐서 새를 잡고 굴을 파서 쥐를 잡아도 부족했고,(원주 ―「이소천에게 보낸 편지」에서 다음과 같이 말했다.

19 증국번(曾國藩, 1811~1872).

"제가 형(衡) 지역에서 힘을 다해 모금을 하는데 도무지 나아지는 기미가 없었고 들어온 것이 모두 동전으로 1만도 되지 않았습니다. 각 읍의 신사들이 형 지역으로 와서 걱정하면서 서로 도왔지만, 마을에 물건이 부족한 것을 어떻게 할 수가 없었습니다. 한번 손을 놓으려고 하면 다시 또 그 낭패감이 사람을 괴롭히는 것이었습니다." 또 「낙중비(駱中丕)에 답하는 편지」에서는 다음과 같이 말했다. "기부를 부탁한 친구, 〔기부를 부탁하며〕 보낸 편지가 이미 적지 않고, 연말이 되면 모처에서 1천, 모처에서 5백을 낸다고 하는데, 모두 장부를 보고 찾아야 합니다. 비록 일이 물속의 달과 같아 오히려 10분의 5를 얻기를 바라지만, 한 번 동요를 겪으니 전체 국면이 모두 비었습니다" 운운하는 것은 모두 당시 향촌의 신사들이 〔의용군〕 단체를 이끌 때 다만 기부에 의지할 뿐 국고에는 바라지 못했기 때문이다.) 정규군과 의용군은 화해가 양쪽으로 어려웠으며,(원주 — 증문정은 형 지역에서 처음 단체를 이끌 때, 훈련병(標兵) 하나가 원망하며 공이 머무는 곳으로 뛰어들어 그와 다투었는데, 증문정은 겨우 몸만 빠져나왔다. 문집 가운데 「서찰」 권2에 「왕박산(王璞山)에게 주는 편지」와 「오견보(吳甄甫) 제군(制軍)에게 올리는 편지」 각 편은 그 비참함이 마치 호소하는 듯한데, 양이 많으므로 다 적지 않겠다.) 부(副) 장관은 부리기가 쉽지 않았다.(원주 — 「낙중승에게 주는 편지」에서 다음과 같이 말했다. "왕박산은 본래 제가 중히 여기고 의지하고 있던 사람으로, 금년에 각처에서 그 현명함을 과시했는데, 대개는 입이 닳도록 자기 찬양만 하고 쓰는 것은 게을리 했습니다. 박산은 내 마음을 몰라주고 자못 시기심을 내어, 제가 보낸 찰칙(札飭)에서 군대를 철회하는 일에 대해 말했는데 이에 대해 대개는 회답을 하지 않았습니다. 공문도 없는 데다 사적인 편지도 없었습니다. 함께 풍파의 위험을 겪고 있다는 느낌도 없었고, 절제하고 있다는 뜻도 받은 적이 없었습니다. 같은 배를 탔는데 적이 되고, 간과 쓸개의 거리가 월나라와 초나라처럼 먼 형국입니다" 운운하는 것은 당시 사람을 쓰는 어려움을 보여 주는 일단이다. 이런 류의 일들이 많다.)

且勿徵諸遠, 卽最近數十年來威德巍巍照耀寰宇, 若曾文正其人者, 其初起時之困心衡慮, 寧復可思議. 餉需則羅掘不足, (與李小泉書云, 僕在衡極力勸捐, 總無起色, 所入皆錢尚不滿萬. 各邑紳士來衡殷殷相助, 奈鄕間自乏此物, 莫可如何. 欲放手一辦, 輒復以此阻敗只惱人耳. 又復駱中丕書云, 捐輸一事所託之友, 所發之書蓋已不少, 據稱待至歲暮某處一千, 某處五百, 俱可按籍而索. 事雖同乎水中之月, 猶冀得乎十分之五, 一經搖動, 則全局皆空, 云云蓋當時以鄕紳辦團只恃捐輸不仰帑藏故也.) 兵勇則調和兩難, (文正在衡初辦團時, 標兵疾之, 至闖入公所與之爲難, 文正僅以身免. 其文集中書札卷二, 與王璞山書, 上吳甄甫制軍書, 各篇苦情如訴, 詞多不錄.) 將裨則駕馭匪易, (復駱中丞書云, 王璞山本侍所器倚之人, 今年於各處表暴其賢, 蓋亦口疲於贊揚, 手倦於書寫. 而璞山不諒我心, 頗生猜嫌, 侍所與之札飭, 言撤勇事者, 概不回答, 旣無公牘, 又無私書, 曾未同涉風波之險, 已有不受節制之意. 同舟而樹敵國, 肝膽而變楚越云云, 當時用人之難可見一斑矣. 類此者猶夥)

형주(衡州)의 수군을 책임진 지 몇 년 만에 출병하여 정항(靖港)에서 패배하였을 때, 분한 마음에 물로 뛰어들려고 하다가 다시 생각하고 멈추었다. 함풍 10년에 이르러 강독(江督)을 맡아 기문(祁門)에 주둔했을 때, 소상(蘇常)이 새롭게 함락되었고 휘주(徽州)가 그 뒤를 이어 〔함락되어〕 좌우 8백 리가 모두 적지였다. 어떤 이는 강 서쪽으로 이영(移營)해서 보급선(餉源)을 보존하라 권했고, 어떤 이는 휘강(麾江)으로 옮겨 양곡로를 통하게 하라고 권했다. 문정은 이에 “내가 여기에서 한 걸음이라도 옮기면 죽을 곳이 없다”고 말했다. 동치

원년에 이르러 금능(金陵)을 포위할 때, 병들고 피곤했지만 급하게 출행해, 위로는 무호(蕪湖)부터 아래로는 상해(上海)까지 병영 없는 것을 탓할 수 없었다. 양악빈(楊嶽斌)[20]과 증국전(曾國荃),[21] 포초(鮑超)[22] 등 여러 장군들이 모두 누워 신음했다. 성첩(城堞)에 망보는 병사가 없고 부엌에는 밥 짓는 병졸이 없었다. 어렵게 지키며 힘들게 싸우기를 46일을 지난 후에야 〔금릉을〕 함락시킬 수 있었다. 이 뒤에 이 수개월 동안 마음과 담이 모두 초췌해졌다고 자술했다. 「소위서(邵位西)에게 보낸 편지」를 보면 다음과 같이 말한다. "군대 일이 권위가 아니면 위엄이 안 서고 세력이 아니면 이루어지지 않는데, 저는 권위도 없고 세력도 없는 자리에 처해서 늘 권위를 다투고 세력을 다툰다는 혐의를 쓰고 있습니다. 해마다 남에게 의지하면서 노둔하여 실효는 적습니다." 「유하선(劉霞仙)에게 보내는 편지」에서는 다음과 같이 쓰고 있다. "흰 무지개가 해를 꿰뚫었다는 형공(荊卿)[23]의 마음도 보는 사람은 음기라고 생각하고, 옥(碧)이 된 장굉(萇宏)[24]의 피도 보는 사람은 악인(頑石)이라고 하는 걸 보면, 〔사람들의 오해가〕 예나 지금이나

20 양악빈(楊岳斌, 1822~1890). 청조의 장군. 본래 이름은 양재복(楊載福). 증국번을 따라 태평천국을 진압하였다.

21 증국전(曾國荃, 1824~1890). 증국번의 동생이다. 형의 상군(湘軍)을 도와 태평천국을 진압했다.

22 포초(鮑超, 1828~1886). 상군(湘軍)의 장수.

23 형가(荊軻, ?~B.C. 227)는 전국 말의 자객으로, 진시황의 살해를 명한 연나라 태자 단(丹)에 대한 정성에 하늘이 감응해 흰 무지개가 태양을 꿰뚫었다고 한다. 『사기』「추양전」(鄒陽傳) 참조.

24 장홍(萇弘, ?~B.C. 492). 장굉(萇宏)으로도 불리며, 장숙(萇叔)으로도 불린다. 공자가 일찍이 그에게 악(樂)을 배웠다고 한다. 일설에 따르면 그가 죽은 뒤 피가 흘러 벽옥(碧玉)으로 변하고, 시신은 보이지 않았다고 한다.

같으니 내가 어떻게 다르겠습니까. 굴원이 〔세상을 피해〕 숨어들어가 만세토록 돌아오지 않은 것은 참으로 그럴 만한 이유가 있었습니다." 또 「곽균선(郭筠仙)에게 답하는 편지」에서는 다음과 같이 말한다. "저는 전에 호남강서에 있었을 때 거의 온 나라에서 받아들여지지 않았습니다. 그러기를 6~7년간 호연히 세상일을 다시 듣지 않으려고 했습니다. 그러나 시작부터 〔이상이〕 과대하여 생사를 돌아보지 않기를 자처했으니, 어찌 명예가 훼손당하는 것을 문제 삼았겠습니까. 서툴게 나아가고 교묘하게 물러났으니, 충과 의를 사람에게 권하면서 스스로는 구차하게 온전하기를 구했지만, 혼백은 오히려 남은 수치심이 있습니다." 당시 처했던 곤란은 이처럼 심했다. 공을 이루고 업적이 정해진 후 논자들은 때를 타고 기회를 얻은 것이 하늘이 홀로 〔증문정만을〕 두텁게 했기 때문이라고 하는데, 갖은 고난을 당하면서 조금씩 조금씩 이루어 갔으며, 백번 꺾일지언정 휘어지지 않으면서 비로소 오늘날이 있었다는 것을 어찌 알겠는가. 증문정의 의력이 조금이라도 부족했다면 그가 실패한 사람이 되었을 것임은 의심의 여지가 없다.

衡州水師經營積年, 甫出卽敗於靖港, 憤欲自沈, 復思乃止. 直至咸豐十年, 任江督, 駐祁門, 而蘇常新陷, 徽州繼之, 圜左右八百里皆賊地, 或勸移營江西以保餉源, 或勸遷麾江干以通糧路, 文正乃曰, 吾去此寸步無死所. 及同治元年, 合圍金陵之際, 疾疲忽行, 上自蕪湖, 下迄上海, 無營不病. 楊嶽斌曾國荃鮑超諸統將, 皆呻吟床蓐, 堞無守望之兵, 廚無炊爨之卒, 而苦守力戰, 閱四十六日, 乃得拔, 事後自言此數月中, 心膽俱碎. 觀其與邵位西書云, 軍事非權不威, 非勢不行. 弟處無權無勢之位, 常冒爭權爭勢之嫌. 年年依人, 頑鈍寡效. 與劉霞仙書云, 虹貫荊卿之心, 而見者以爲淫氛. 碧化萇宏之血, 而覽者以爲頑石. 古今同慨, 我豈伊殊. 屈累所以一沈而萬世不復者, 良有以也. 又復郭筠仙書云, 國藩昔在湖南江西, 幾於通國不能相容. 六七年間, 浩然不欲復聞世事, 然造端過大, 以不顧生死自命, 寧當更問毁譽. 以拙進而以巧退, 以忠義勸人, 而以苟且自全, 卽魂魄猶有餘羞. 蓋當時所處之困難, 如此其甚也. 功成業定之後, 論者以爲乘時際會, 天獨厚之, 而豈知其停辛佇苦, 銖積寸累, 百折不回而始有今日也, 使曾文正毅力稍不足者, 則其爲失敗之人, 無可疑也.

아아! 중국과 서양의 10여 명의 군자(君子)들을 합해 보면, 우리들이 천지 사이에서 자립할 수 있는 방법을 생각할 수 있고 또 행할 수 있다. 나폴레옹은 말했다. "병가의 승패는 최후의 15분에 있을 뿐이다. 내가 곤란할 때는 남도 또한 곤란할 때이다. 내가 피곤할 때는 남도 또한 피곤할 때이다. 남이 곤란하고 피곤할 때 내가 한번 용기를 내어 계속한다면 승리는 내게 있지 않을 수 없다." 이는 성공의 기술이 어려운 것이 아님을 말한다. 옛말에 "100리를 가려는 사람은 90리를 반으로 잡는다"는 말이 있다. 이 말은 성공의 길이 쉽지 않음을 말한다. 어려운가! 쉬운가! 오직 뜻있는 선비라면 스스로 선택할 것이다.

嗚呼, 綜觀此中西十數君子, 則我輩所以求自立於天地間者, 可以思矣, 可以興矣. 拿破侖曰, 兵家勝敗, 在最後之十五分鐘而已. 蓋我困之時, 人亦困之時也, 我疲之時, 人亦疲之時也. 際人之困疲, 而我一鼓勇氣以繼之, 則勝利固不得不在我. 此言乎成功之術之非難也. 古語曰, 行百里者半九十, 此言乎成功之道之非易也. 難耶易耶, 惟志士自擇之.

성공과 실패라는 것은 세속의 눈과 귀로 논하고 정할 수 있는 것이 아니다. 사람이 뜻이 크고 종사하는 일이 클수록, 그 결과는 크고 그 성취 또한 늦다. 만약 그 뜻이 한 나라를 구하고 한 나라의 진보를 추구하는 것이라면, 때론 수십 년 수백 년 걸려야 성취될 수도 있다. 천하를 구하고 천하의 진보를 추구하는 데 뜻을 두었다면, 수백 년 수천 년이 걸려야만 성취될 수도 있다. 호걸이고 성현이라 할지라도 이 작은 칠척(七尺)의 몸은 수십 년을 넘어설 수 없다. 일마다 직접 그 성공을 보려고 한다면 어떻게 대사를 맡을 수 있겠는가! 그러므로 마틴 루터도 성공했지만, 래티머, 리들리, 크래머(원주 — 세 사람은 모두 종교혁명을 위해 죽었으며 크래머는 기둥에 묶인 채 불타 죽임을 당했다.)[25] 역시 성공하지 못했다고 할 수 없음을 알아야 한다. 콜럼버스도 성공했지만, 제임스 쿡[26](원주 — 제임스 쿡은 하와이에서 토인에게 살해되었다.) 역시 성공하지 못했다고 할 수 없다. 딜워스[27]도 성공했지만 코슈트[28]

---

25 휴 래티머(Hugh Latimer, 1485~1555), 니콜라스 리들리(Nicholas Ridley, ?~1555), 토마스 크래머(Thomas Cranmer, ?~1555). 영국을 가톨릭으로 복귀시킨 메리 1세에 의해 이단자로 선고받아 화형 당했다.

26 제임스 쿡(James Cook, 1728~1779). 영국의 탐험가. 쿡 선장으로 알려졌다. 태평양을 남쪽 끝에서부터 북쪽 끝까지 탐험하여 영국의 식민지 개척에 크게 이바지하였다. 1745년 해군에 들어가 측심·측도에 종사하였다. 하와이에서 토인에게 살해되었다.

27 적악(狄渥), Dilworth의 음차.

28 라요시 코슈트(Lajos Kossuth, 1802~1894). 헝가리의 정치가. 급진적 자유주의자로서 오스트리아·헝가리 의회에서 활약하였다. 1848년 3월 혁명에 가담하여 중앙 정부로 하여금 헝가리의 자치를 인정하게 하고 군대를 조직하여, 1849년 독립을 선언하였다. 임시 정부 집정이 되었으나 러시아 군에 패하여 망명하였다. 이탈리아의 토리

역시 성공하지 못했다고 할 수 없다. 카보우르도 성공했지만 마치니 역시 성공하지 못했다고 할 수 없다. 오쿠보 도시미치[29]와 기도 다카요시[30]도 성공했지만 요시다 쇼인,[31] 후치타 도고[32] 역시 성공하지 않았다고 할 수 없다. 증국번도 성공했지만 강충원(江忠源),[33] 나택남(羅澤南),[34] 이속빈(李續賓)[35] 역시 성공하지 않았다고 할 수 없다.

> 抑成敗云者, 又非可以庸耳俗目而論定者也. 凡人所志所事愈大, 則其結果愈大, 而成就亦愈遲. 如彼志救一國者, 而一國之進步, 往往數十百年乃始得達. 志救天下者, 而天下之進步, 往往數百千年乃始得達. 而此眇眇七尺之軀殼, 雖豪傑, 雖聖賢, 曾不能保留之使踰數十寒暑以外, 然則事事而欲親睹其成, 寧復有大事之可任耶. 是故當知馬丁路得固成也, 而拉的馬, 列多黎, 格蘭瑪, (三人皆爲宗敎革命而死者格蘭瑪縛於柱而焚殺) 亦不可謂不成. 哥侖布固成也, 而伋仍頓曲 (伋頓曲在夏威夷爲土人所殺) 亦不可謂不成. 狄渥固成也, 而噶蘇士亦不可謂不成. 加富爾固成也, 而瑪志尼亦不可謂不成. 大久保木戶固成

노에서 죽었다.

29 오쿠보 도시미치(大久保利通, 1830~1878). 메이지 유신의 지도자.

30 기도 다카요시(木戶孝允, 1833~1877). 메이지 유신의 지도자.

31 요시다 쇼인(吉田松陰, 1830~1859). 조슈현(長州縣) 출신의 하급무사로 존왕양이(尊王洋夷)의 사상가였다. 정한론(征韓論)을 주장하기도 했다. 막부의 고관 암살음모에 연루되어 사형판결을 받고 참수되었다.

32 후치타 도고(藤田東湖, 1806~1855). 미토(水戶)학의 대가. 애민, 경천애인 등의 사상으로 메이지 유신의 원동력을 제공했다. 1855년 안세이(安定) 대지진 때 죽었다.

33 강충원(江忠源, 1812~1854). 향병(鄕兵)을 훈련시켜 태평천국군을 진압했다. 전투 도중 지키던 성이 함락되자 물에 뛰어들어 죽었다.

34 나택남(羅澤南, 1807~1856). 태평천국군과 전투 도중에 사망했다.

35 이속빈(李續賓, 1818~1858). 상군(湘軍)의 장수. 나택남의 학생이었다가 나택남의 향병에 가담했다.

也, 而吉田松陰藤田東湖亦不可謂不成. 曾國藩固成也, 而江忠源羅澤南李續賓亦不可謂不成.

성공과 실패라는 것은 정신의 문제이지 형식의 문제가 아니다. 그렇지 않다면 공자가 72명의 군주들에게 유세했다가 등용되지 못한 채[36] 공을 이룬 것도 없이 몸을 감추고 길에서 늙어간 일, 예수가 십자가에 못 박힌 일 등을 실패라 해야 한다. 그러나 그것을 실패라 할 수 있겠는가! 그러므로 진정으로 의력이 있는 사람은 오직 먼 희망을 품고 목전의 성패는 따지지 않는다. 성공을 구하지 않는 것은 아니지만, 성공이 하루아침에 이루어지지 않는다는 것을 알기 때문에 구하지 않는 것이다. 성공도 구하지 않는데 실패할 수 있는 길이 있겠는가? 천박한 시각을 가진 사람들은 신체가 혹은 상해당하고 혹은 구금되고 혹은 살해당하는 것을 보고 제멋대로 '이는 실제 실패한 것'이라고 말한다. 그러나 세상의 일이 지금은 실패했어도 훗날 성공할 수도 있다는 것, 나는 실패했어도 다른 사람이 성공시킬 수도 있다는 것을 그들이 어떻게 알겠는가! 이미 만들어진 원인은 끝내는 반드시 결과를 낸다. 세상에서 제대로 일을 처리하지 못하는 자만이 완전한 실패의 자리에 서며, 일을 처리할 줄 아는 자는 반드시 실패 없는 자리에 선다. 그러므로 나는 의력에는 두 가지 종류가 있다고 말한다. 하나는 성패를 염려하고 두려워하며 전력을 다해 노력하는 것이다. 이는 남은 용기를 북돋워 이어가는 것으로, 이를 굳센 의력(剛毅)이라

36 『사기』「제후연표」(諸侯年表): "孔子明王道, 干七十餘君, 莫能用."

고 한다. 하나는 성패에서 해탈하여 천직(天職)을 다하는 것을 임무로 삼는 것이다. 이는 생명을 바쳐 그를 위해 죽는 것으로서 이를 흔들리지 않는 의력(沈毅)이라고 한다.

成敗云者, 惟其精神, 不惟其形式也. 不然, 若孔子干七十二君無所用, 伐檀削跡, 老於道路, 若耶蘇受磔十字架, 其亦可謂之敗耶, 其亦可謂之敗耶. 故眞有毅力者, 惟懷久遠之希望, 而不計目前之成敗. 非不求成, 知其成非在旦夕, 故不求也. 成且不求, 而寧復有可敗之道乎. 淺見者流, 睹其軀殼之或竄或錮或殺, 而妄擬議之曰, 是實敗焉. 而豈知天下事固往往敗於今而成於後, 敗於我而成於人. 有旣造之因, 必有終結之果, 天下惟不辦事者, 立於全敗之地, 而眞辦事者固必立於不敗之地也. 故吾嘗謂毅力有二種. 一曰兢惕於成敗, 而竭全力以赴之, 鼓餘勇以繼之者, 剛毅之謂也. 二曰解脫於成敗, 而盡天職以任之, 獻生命以殉之者, 沈毅之謂也.

이와 같은 것이 어찌 한 사인(私人)만 그렇겠는가. 한 민족 또한 그렇다. 위대한 민족은 그 거동이 항상 원대한 목적을 갖고 그 곳을 향해 부지런히 나아가기를 수십 년, 수백 년을 하루같이 한다. 영국을 보지 않았는가. 크롬웰 이후 통상과 식민을 국가 대계로 삼은 뒤 수백 년을 한 번도 뒤로 물러서지 않았다. 그리하여 세계 대지도에서 진한 녹색의 오대양 가운데 점점이 붉은색의 얼룩들이 모두 북단의 이 작은 3개의 섬에 부속된 노예와 종복이 되기에 이르렀다. 십자각의 깃발은 오대륙의 수많은 섬들 위에서 펄럭이며 해와 함께 나오고 지지 않고 〔계속 펄럭이는데도〕 지금 오히려 흡족해하지 않고 부족한 듯 여기며, 식민지의 대신들이 전 세계에 가득한 데도 또 급히 더욱 나아갈 방법을 강구하고 있다. 러시아를 보지 않았는가. 표트르 대제 이래 동쪽으로 침략하는 것을 국가대계로 삼은 뒤 수백 년 동안 한 번도 뒤로 물러나지 않았다. 근동에서는 유럽과 아시아 여러 나라들이 힘을 합해 〔러시아를〕 저지했으며, 극동에서는 유럽과 아시아, 아메리카의 여러 나라들이 힘을 합해 저지하기에 이르렀다. 그러나 그 날카로운 기운은 조금도 꺾이지 않았다. 근래 만주에서 확연하게 실력을 더욱 불렸고 다다넬 사건(원주 — 이는 최근 국제문제로, 러시아가 베를린조약을 무시하고 병선을 터키의 다다넬 해협을 건너 흑해로 나가게 한 것이다.)이 또 보도되었다. 전 지구의 수십 개의 나라 가운데, 그 패기가 한창 때인 나라는 열 몇 개를 넘지 않는다. 그 이유를 살펴보면 저들 국민이 의력을 갖고 있는 데서 나오지 않는 것이 없다. 객기에 의지해서 풍조를 좇아, 강한 나라에 가서 한단(邯鄲)의 걸음걸이를 배우는[37] 한둘이 왜 없겠는가. 그들은 우담화처럼 잠깐 사이에 다시 옛날처럼 퇴락한다. 지금 남미의 여러 나라가 그 실패한 전례이다. 맹자는 "화와 복은 스스로 불러들이지 않는 것이 없다"[38]고 했다. 하늘이 백성을 내고 살피는 것에 어찌 사사로움이 있겠는가. 아아, 국민이여, 국민이여, 성찰할지어다.

若是者, 豈惟一私人爲然耳, 卽一民族亦有然. 偉大之民族, 其擧動常有一遠大之目的, 汲汲焉向之以進行, 歷數十年數百年如一日. 不

37 『장자』「추수편」에 나오는 이야기. 수릉(水陵) 땅의 젊은이가 조(趙)나라 수도인 한단(邯鄲)으로 한단의 걸음걸이를 배우러 갔다가, 다 배우기도 전에 원래의 걸음걸이마저도 잊어버렸다는 이야기이다. 자신의 근본을 버리고 남을 흉내 내는 어리석음을 경계하는 말이다.

38 『맹자』「공손추상」 4.

觀英國乎. 自克林威爾以來, 以通商殖民爲國是, 爾後數百年不一退轉, 馴至世界大地圖中, 五大洋深綠色裏, 斑斑作朱點者, 皆北端眇眇三島之附從奴僕也. 十字角之旗, 翩翻五大陸萬島嶼之上, 乃至不與日同出入, 而至今猶歉然若不足, 殖民大臣漫游全世界, 汲汲更講漲進之法. 不見俄國乎. 自彼得大帝以來, 以東向侵略爲國是, 爾後數百年不一退轉. 其於近東也, 歐亞諸國合力沮之, 其於遠東也, 乃至歐亞美諸國全力沮之, 而銳氣不稍挫. 近日確然益樹實力於滿州, 而達達尼爾事件, (此最近之國際問題, 俄國蔑視柏林條約, 以兵船渡土耳其之達達尼爾海峽以出黑海也.) 又見告矣. 計全球數十國中, 其有朝氣方鼎盛者, 不過十數, 揆厥所由, 未有不自彼國民之有毅力來者也. 豈無一二仗客氣趁風潮, 隨雄國以學邯鄲步者, 然曇花一瞥, 頹落依然, 今南美洲諸國是其前車也. 孟子曰, 禍福無不自己求之者. 天之降鑒下民, 豈有所私耶. 嗚呼, 國民國民可以鑒矣.

우리 조국의 국민성의 결점을 보면 열 가지, 백 가지를 넘지만, 가장 통탄스러운 것은 의력이 없는 듯하다는 점이다. 노인들이나 권력자를 지목하여 많은 사람들은 '수구'(守舊)라고 말한다. 수구가 무슨 해가 있겠는가! 영국 보수당의 명예로운 역사는 혁혁하게 빛나고 있지 않은가!(원주 — 현 내각 또한 보수당이다.) 그러니, 지키면 지키는 것이다. 지키려 한다면 몸을 바쳐 지켜야 한다. 그러나 무술신정(戊戌新政)이 시행되었을 때의 3개월 동안[39] 어떻게 수구주의자들이 전

39 '무술신정'은 1898년 광서제와 강유위가 시도한 개혁정치를 일컫는다. 서태후 일파의 반격으로 103일 만에 좌절되었으므로 3개월이라 했다.

국에 한 명도 없었을까? 의화단[40]이 일어났을 때 우리는 그들의 어리석음에 당황했지만 또한 외세를 배척하는 의분에 넘치는 그들의 용기에 놀라기도 했다. 그러나 몇 개월 동안에 한 구역도 제대로 점령하지 못한 것은 왜인가? 또한 연합군이 도착하자마자 아랫사람 중에는 연합군의 국기를 내거는 사람은 있어도 의화단〔의 기를 내건 사람〕은 한 사람이라도 있었는가? 윗사람들 가운데는 기독교신자[41]가 된 사람은 있어도 의화단은 한 사람이라도 있었는가? 각 성의 종교사건(鬧教之案)은 본래 야만적인 행위이다. 그러나 나는 일본에서 30년 전에 민간에서 폭동이 일어나 외부 사람을 함부로 해치는 일이 있을 때면, 교섭할 때 그 일의 우두머리 되는 사람이 외국관리 앞에서 스스로 죽음으로써 〔일을 해결하지,〕 의분 때문에 군주에게 근심을 주지 않는다고 들었다. 그런데 우리 국민은 이 일을 하면서 한 번 부르짖으면 벌 떼처럼 모이고 한 번 들썩이면 조수 떼처럼 흩어지면서, 큰 국면을 돌아보지 않고 다만 국가에 누를 끼칠 뿐이다. 이른바 '신진'(新進)이라는 자들은 조금 해외정세(外事)를 알면 관자놀이에 유신의 휘장을 두드러지게 내건다. 유신이 왜 좋은 일이 아니겠는가. 그러나 이미 새롭게 하려 한다면 또한 몸 바쳐 해야 한다. 그러나 〔조정의〕 말소리와 얼굴빛을 보고 새롭게 한다고 하는 사람이 열에 서넛이며, 금전

40 1900년 북경과 화북(華北) 지역을 중심으로 일어난 반외세운동. 가장 피해를 입은 것은 기독교와 천주교였다.

41 '기독교신자'는 '二毛子'를 번역했다. 이 시기 외국인들을 '大毛子'라, 기독교를 믿는 중국인들을 '二毛子', 외국어를 하는 중국인을 '三毛子', 외국상품을 사용하는 사람들을 '四毛子'라 구별하여 부르며 멸시했다. '毛'는 짐승을 일컫는다.(『예기』「악기」: "毛者, 走獸之屬")

을 말하면서 새롭게 한다고 하는 사람이 열에 대여섯이다. 관리가 되어 출세하는 것을 보고 새롭게 하겠다는 사람이 열에 여덟아홉이다. 이는 왜인가? 어떤 사람은 심술(心術)이 못쓰게 되어서 그렇다고 말한다. 그들은 애초에는 옛것을 지켜야 한다는 확신이 없었으며, 새롭게 하는 것을 그만둘 수 없다는 확신이 없었다. 다만 조정의 눈빛을 엿봐 고관되기를 계산하며, 유행을 좇아 허명을 넓힘으로써 밥 먹을 궁리로 삼는다. 나는 이러한 사람이 본래 적지 않다고 말하지만, 이러한 음험하고 교활한 속임수의 악명이 천하의 선비 모두를 뒤덮는다고는 감히 말하지 않겠다.

吾觀我祖國民性之缺點, 不下十百, 其最可痛者, 則未有若無毅力焉者也. 其老輩者, 有權力者, 衆目之曰守舊. 夫守舊則何害. 英國保守黨之名譽歷史, 豈不赫赫在人耳目耶. (現內閣亦保守黨) 然守則守矣, 旣守之則當以身殉之. 顧何以戊戌新政一頒, 而擧國無守舊黨者竟三閱月也. 義和團之起也, 吾黨雖憐其愚, 而猶驚其勇, 以爲排外義憤, 有足多焉, 而何以數月之力, 不能下一區區使館也. 而何以聯軍一至, 其在下者, 惟有順民旗, 不復有一義和團. 其在上者惟有二毛子, 不復有一義和團也. 各省鬧教之案, 固野蠻之行也. 雖然, 吾聞日本三十年前, 固常有民間暴動濫戕外人之事, 及交涉起, 其首事者則自戕於外國官吏之前, 不以義憤貽君父憂. 而吾國民之爲此者, 何以一呼而蜂蟻集, 一哄而鳥獸散, 不顧大局, 而徒以累國家也. 若夫所謂新進者, 稍知外事者, 翹然揭櫫一維新之徽章於額角, 夫維新則豈非善事. 然旣新矣, 則亦當以身殉之, 顧何以見聲色而新者去其十之三四, 語金錢而新者去其十之五六, 睹宦達而新者且去其十之八九也. 或曰, 此蓋其心術敗壞使然. 彼其在初固未嘗確有見於舊之宜守, 確有見於新之不可以已也, 不過伺朝廷之眼波以爲顯官計, 博時髦之虛名以爲啖飯地耳. 吾謂此等人固自不少, 而吾終不敢以此陰險黠詐之惡名, 盡概天下士也.

요컨대 그 의지력의 박약이란 앎(知)은 미치는데 인(仁)으로 지키지 못하는 것이다.[42] 시작은 하는데 마무리까지 하는 자가 드문 것은 흔한 일이다. 저 수구주의자들은 말할 것도 없다. 유신주의자라고 불리는 자들에 대해, 논자들은 마음에 위안을 주는 정도는 아니지만 없는 것보다는 낫다고 말한다. 아아! 이는 틀린 말이라 생각한다. 세상일을 모르는 사람에게는 오히려 기대할 수가 있는데, 알면서도 실천하지 않는 자에게는 기대할 것이 없다. 알면서 실천하지 않는 자에게는 오히려 기대할 수 있는데, 실천하면서 힘을 발휘하지 못하고 마무리를 못하는 자에게는 가장 기대할 것이 없다. 그러므로 총명하지만 나약한 억만의 사람을 얻는 것보다는, 소박하고 성실하면서 흔들리지 않는 의력(沈毅)을 지닌 한두 명을 얻는 것이 더 낫다. 지금 천하의 뜻있는 선비들은 분분하게 많은데, 그 대다수는 과연 여기에 속하는지 아니면 저기에 속하는지, 나는 매번 여기에 생각이 미치면 우리나라의 앞길에 대해 의심과 두려움을 느끼지 않을 수 없다. 아아! 한 나라 안 조정과 재야의 위아래 사람마다 모두 놀면서 즐기려는 마음을 갖고 있으며 내 뒤의 일을 걱정할 겨를이 없다. 팔랑팔랑한 젊은이는 약해 빠져 바람에도 쓰러질 것 같고, 머리털이 허연 노인은

42 『논어』「위령공」: "앎(知)이 미쳤는데 인(仁)으로 지킬 수 없으면, 얻더라도 반드시 잃는다"(知及之, 仁不能守之, 雖得之, 必失之).

시체가 남은 기운을 점거하고 있다. 3년을 지속하는 나라 방침이 없고 백 명이 단결할 수 있는 법인(法團)이 없다. 아아! 이러한 나라가 있는데 망하지 않기를 어떻게 기대하는가, 망하지 않기를 어떻게 기대하는가!

> 要之, 其志力薄弱, 知及而仁不能守, 有初而鮮克有終者, 比比然爾. 彼守舊者不足道矣, 至如號稱維新者流, 論者或謂但有此輩, 亦慰情勝無. 嗚呼, 吾竊以爲誤矣. 天下事不知焉者尙有可望, 知而不行者則無可望. 知而不行尙有可望, 行而不能力不能終者, 最無可望. 故得聰明而軟弱者億萬, 不如得朴誠而沈毅者一二. 今天下志士亦紛紛矣, 其大多數者, 果屬於此, 抑屬於彼, 吾每一念及, 不能不爲我國前途疑且懼也. 嗟乎, 一國中朝野上下, 人人皆有假日偸樂之心, 有遑恤我後之想, 翩翩年少, 弱不禁風, 皤皤老成, 尸居餘氣, 無三年能持續之國的, 無百人能固結之法團. 嗚呼, 有國如此, 不亡何待哉. 不亡何待哉.

나는 수구주의자는 탓하지 않겠다. 가짜 유신주의자도 나는 탓하지 않겠다. 나는 세상일에 진정한 뜻을 둔 우리당의 사람들에게 고할 뿐이다. 그대들은 객기에 의지하고 한때의 고담준론에 움직여, 내가 이것을 알고 이 말을 함으로써 나의 일은 끝난다고 생각하지 말라. 서양의 철학자들이 항상 하는 말에 "책임을 아는 것이 대장부의 시작이고 책임을 실천하는 것이 대장부의 끝"이라는 것이 있다. 우리들이 이 책임을 인정하지 않는다면 그만이지만, 인정한다면 부인들이 남편에게 하듯이 평생 두 남편을 섬기지 않고 죽음으로 그에게 복종할 것을 맹세하자. 우리들이 책임을 아는 첫날은 바로 우리 몸이 국민에게 처음 시집가는 날이다. 머리에서 발끝까지 내가 사사롭게 소유한 부분이 있겠는가! 여기에서 게으름을 피우겠는가! 또한 어떻게 피할 수 있겠는가! 그러나 세상의 일은 순경(順境)과 역경(逆境)이 저와 같이 늘 서로 갈마든다. 우리 당이여, 우리 당이여! 예나 지금이나 세상에는 저항력 없는 일이 없다는 것을 알아야 한다. 저항력을 무서워한다면 〔차라리〕 이루려고 하지 말고 처리하려고 하지 말고, 책임을 방기하고 뭇 백성들과 한 무리가 되어라. 그런 것이 아니라면, 갖가지 번뇌는 모두 나를 위해 마음을 단련해 주는 것이며, 갖가지 위험은 모두 나를 위해 담력을 단련해 주는 것이며, 갖가지 고난은 모두 나를 위해 내 지혜와 내 힘을 단련해 주는 것이니, 어디를 가든 모두 나의 학교이다. 무엇을 두려워하고 무엇을 원망하고 무엇에 의기소침할 것인가! 나의 바람은 한이 없고 나의 배움은 한이 없고 나의 실천은 한이 없다. 공자는 "저 넓은 〔무덤을〕 바라보면 높은 듯하고 위험한 듯하다. 〔죽어서야 비로소〕 군자도 휴식하고 소인도 쉬는도다"[43]라고 말했다. 의력의 지극함은 성인됨의 지극함이다.

守舊者吾無責焉, 僞維新者吾無責焉, 吾請正告吾黨之眞有志於天下事者曰, 公等勿恃客氣也, 勿徒悚動於一時之高論, 以爲吾知此吾言此而吾事畢也. 西哲有恆言, 知責任者大丈夫之始, 行責任者大丈夫之終. 吾儕不認此責任則已耳, 苟旣認之, 則當如婦人之於所天, 終身不二, 矢死靡他. 吾儕初知責任之日, 卽此身初嫁與國民之日也, 自頂至踵, 夫豈復我所得私. 於此而欲不亹亹焉, 夫亦安得避也. 然天下事順逆之常相倚也又如彼, 吾黨乎吾黨乎. 當知古今天下無有無阻力之

43 『순자』「대략」: "孔子曰, 望其壙 皐如也, 嵮如也, 鬲如也, 此則知所息矣. 子貢曰, 大哉死乎. 君子息焉, 小人休焉."

事, 苟其畏阻力也, 則勿如勿辦, 竟放棄其責任以與齊民伍. 而不然者, 則種種煩惱, 皆爲我練心之助. 種種危險, 皆爲我練膽之助, 種種艱大, 皆爲我練智練力之助, 隨處皆我之學校也, 我何畏焉, 我何怨焉. 我何餒焉, 我願無盡, 我學無盡, 我知無盡, 我行無盡. 孔子曰, 望其壙, 睾如也, 臬臬如也, 君子息焉, 小人休焉. 毅之至也, 聖之至也.

○ 해설

이 절은 공자에서 시작해서 공자로 끝난다. 즉, 인(仁)을 자기 임무로 삼는 자는 그 임무가 무겁고 갈 길은 멀기 때문에 '의지가 강해야' 한다는 말로 시작해서, 죽어서야 그 일이 끝난다는 말로 끝난다. 마지막 구절은 『순자』「대략」(『공자가어』「곤서」(困誓))에서 인용한 말이지만 또한 시작에서 인용한 『논어』「태백」 편의 마무리 구절이기도 하다. 양계초는 나아가 이 절의 마지막을 "의력의 지극함은 성인됨의 지극함이다"라는 말로 마무리한다. 양계초가 강조하는 의력은 『논어』 구절 그대로 무겁고 먼 임무를 수행하는 굳세고도 끈질긴 근성이라고 할 수 있다. 양계초의 설명을 인용하자면, 실천하고 그것을 "마무리" 할 수 있는 힘이다.

『논어』와 달라진 설명 방식이 있다면, 사람의 노력이 자연의 운행과 부단히 경쟁한다는 헉슬리의 사회진화론의 피력, 그리하여 인생에는 순경과 역경이 섞여 있는데, 의력이란 그 역경을 이겨 내는 힘이라고 설명하는 점이 그 하나이다. 성공과 실패에 대한 해석도 그 하나이다. 중요한 일일수록 성공하는 데까지 긴 시간이 필요할 수 있는데, 그렇다면 눈앞의 성과만 가지고 판단할 수 없을 것이다. 양계초는 성패는 형식의 문제가 아니라 정신의 문제라고 주장한다. 내가 직접 그 결과를 거두지 못할 수도 있고, 내 세대에 그 성과를 보지 못할 수도 있다. 그러나 "의력이 있는 사람은 오직 먼 희망을 품고 목전의 성패는 따지지 않는다." 이어서 양계초는 보이는 성공을 위해 의력을 발휘하는 일과, 보이지 않는 성공을 위해 의력을 발휘하는 일을 구분하여 각각 평가한다.

또 한 가지 양계초의 특징은 일개인뿐 아니라 '민족' 또한 의력의 소유자이어야 한다고 주장하는 점이다. 영국이나 러시아처럼 원대한 목적을 갖고 수백 년을 한결같이 노력해야 한다는 것이다.

양계초는 중국 국민성의 많은 결점 가운데 의력이 없는 점이 가장 통탄스러운 점이라고 한탄한다. 그리고 그것은 심술(心術)의 문제일 것이라고 덧붙인다. 그리하여 뜻을 같이하는 동지들에게, 시작한 일을 마무리해야 하는 책임을 아는 순간 "국민에게 시집가는 날"처럼 되어야 한다고 호소한다. 자신이 스스로의 몸이 아니므로 게으름 피우지 말아야 하며, 피해서도 안 된다는 의미이다.

의력을 이처럼 해석한다면 이는 분명 공덕일 것이다. 『맹자』에서 말하듯 역경과 고난은 나를 단련하기 위한 것이라 받아들이며, 굴하지 않고 오히려 점점 더 강해져서 민족의 앞날을 위해 온몸을 내던지는 것이다. 그리고 공덕이 민족 혹은 민족국가라는 한계 있는 집단을 위해 헌신하는 것, 그 헌신은 부국강병이라는 결과를 봐야 한다는 점에서, 이전의 유가적 덕과는 달라진다. 그러므로 비록 심술이나 정신의 문제임이 강조되기는 하지만, 더 중요한 것으로 성패의 문제가 부각된다.

제16절 의무사상[1]

의무와 권리는 서로 의지해 성립한다. 사람은 누구나 태어나면 응당 얻는 권리가 있고, 그러면 태어나서 응당 다해야 하는 의무가 있으니, 이 둘의 양이 적절하게 서로 균형을 이루고 있다. 야만의 세상에서는 권리만 있고 의무는 없거나 의무만 있고 권리는 없는 사람이 있다. 그러나 그것은 올바르지 않은 것이며, 올바르지 않은 것은 본디 오래가지 못한다. 세계가 점차 문명으로 옮겨가면, 결단코 권리 없는 의무는 없으며, 마찬가지로 의무 없는 권리도 결단코 없다. 권리 없는 의무는 없기 때문에, 피폐할 만큼 노력하는 자들은 두려워하지 않아도 되며, 의무 없는 권리는 없기 때문에, 나태하게 놀기만 하는 자들은 기뻐할 것이 없다.

第十六節 論義務思想

義務與權利對待者也, 人人生而有應得之權利, 卽人人生而有應盡之義務, 二者其量適相均. 其在野蠻之世彼有權利無義務有義務無權利

1 『신민총보』 제26호, 1903. 2. 26.

之人, 蓋有焉矣, 然此其不正者也. 不正者固不可以久. 苟世界漸趨於文明, 則斷無無權利之義務, 亦斷無無義務之權利. 惟無無權利之義務也, 故盡瘁焉者不必有所懼. 惟無無義務之權利也, 故自逸焉者不必有所歆.

옳지 못한 권리와 의무가 오래갈 수 없는 이유는 무엇인가? 생존경쟁(物競)·적자생존(天擇)의 공리(公理)가 그것을 허용하지 않기 때문이다. 권리는 어디에서 유래하는가? 이겨서 선택되는 데서 나온다. 이기는 것은 어떻게 가능한가? 경쟁해서 우월함을 획득하는 데서 온다. 우월함이란 무엇인가? 그 주어진 의무를 완수하는 것이 남들보다 뛰어남으로써 갖게 된다.

夫不正之權利義務而不可以久者, 何也. 物競天擇之公理, 不許爾爾也. 權利何自起. 起於勝而被擇. 勝何自起. 起於競而獲優. 優者何. 亦其所盡義務之分量, 有以軼於常人耳.

힐난하는 자가 말한다. 즉, 진화(天演)의 힘이 하는 일은 비단 오늘날만의 일이 아니다. 이전의 이른바 권리만 있고 의무는 없거나, 의무만 있고 권리는 없는 자 또한 우열의 결과가 아니라고 할 수 없다. 그들은 사회(人群)를 위해 조금의 의무도 다한 적이 없는데도, 뻔뻔하게 우월함과 승자의 자격을 틀어쥐고 모든 것을 내려다보며 바야흐로 역사를 채우고 있다. 그런데도 그대는 의무가 우월함과 승리의 원인이라고 한다면 또한 우원하지 않는가 하고. 다음과 같이 대답한다. 그렇지 않다. 세상에서 옳은 권리와 옳지 않은 권리를 막론하고, 처음 얻었을 당초에는 반드시 특별한 의무를 다했기 때문에 보상으로 주어진 것이다. 즉, 세습되는 군권 같은 것은 대단히 옳지 않지만, 그 처음에는 어떻게 얻었겠는가? 백성이 처음에 사회를 이룰 때는 방만하고 유약하다. 이때 책임이 풍부한 사람이 여러 사람들을 위해 금수의 환난을 제압하고 외적의 난폭함을 꺾는다. 이에 〔사람들이〕 그를 따르고 군주로 삼는다. 혹은 기강이 혼란하여 하나로 모아지는 것이 없을 때, 이때 마음과 생각, 재주와 힘을 쓸 수 있는 사람이 여러 사람들을 위해 법을 세우고 제도를 만들어 다툼을 조화시킨다. 이에 〔사람들이〕 그를 따르고 군주로 삼는다. 혹은 이전의 조정에 기강이 없어 나라 안이 들끓을 때, 이때 양손으로 대란을 평정할 수 있는 사람이 있어 백성들이 편안하게 생업을 이어가도록 해 준다. 이에 〔사람들이〕 그를 따르고 군주로 삼는다. 그가 한 사회에 진력해서 다한 의무가 본래 보통 사람들과 다른 점이 있었던 것이다. 그러므로 그 근원을 거슬러 올라가면 옳지 않은 〔권리〕라고 말할 수 없다. 옳지 않는 것은 이 뒤에 세습해서 받은 자에 있을 뿐이다.(원주 — 군주를 시해하고 나라를 훔친 자들은 〔왕실의〕 성은 바꾸더라도 그 권위는 사실은 전 임금에 의지하므로, 세습한 자들과 같은 예로 볼 수 있다. 외족이 나라를 빼앗은 경우에 대해서는 아래에서 논한다.) 저들은 이 기득의 권리에 기대고 〔권리를〕 남용한다. 그럼으로써 진화의 대법칙에 반항하며 그리하여 경쟁력은 정상궤도에 다다를 수 없게 되고, 이리 된 뒤에는 모든 권리와 의무는 상응하지 않게 된다. 그러므로 전제정치의 나라는 반드시 백성들을 마음과 생각, 재주와 힘을 다툴 만한 것이 없는 곳에 속박해 둔다. 중국이 과거제로 선비를 선발하면서 자격에 따라 관리로 임용한 일 같은 것은 모두 이것이다. 이런 방법이 아니라면 옳지 않은 권리를 보호할 방법이 없기 때문이다. 그러나 진화〔의 법칙〕에는 본래 오래 저항할 수 있는 것이 아니다. 물에 비유해 보자. 둑을 쌓아 막으면 늘 일정한 상태를 바꿀 수는 있지만, 잠깐 있으면 넘쳐 나오고, 혹 터져서 무너진다. 물의 성질은 결국 반드시 옛날로 돌아가려 한다. 권리와 의무는 양단이 평등하게 서로 상응하는 것이 본성이다. 그러므로 근래 구미 여러 나라에서 말하는 이른바 옳지 못한 권리와 의무는 이미 거의 자취가 끊어졌다. 이후의 중국 역시 어떻게 오래 저항하겠는가. 어떻게 오래 막겠는가. 신민자가 말한다. 지금 이후 진실로 의무를 다하는 자는 권리 없음을 근심하지 말라. 진실로 의무를 다하지 않는 자는 망령되이 권리를 바라지 말라.

難者曰, 天演力之行, 匪獨今也, 彼前此所謂有權利無義務有義務無權利者, 亦不可謂非優劣之結果也. 彼其未嘗爲人群盡絲毫義務, 而靦然擁其優勝之資格, 以睥睨一切者, 方充塞於歷史, 而子乃以義務爲優勝之因, 不亦迂乎. 應之曰, 不然. 凡天下無論正不正之權利, 當其初得之之始, 必其曾盡特別之義務, 而乃以相償者也. 卽如世襲之君權, 至不正者也, 然其始烏乎得之. 民初爲群, 散漫柔弱, 於是時也, 有能富於膂力, 爲衆人捍禽獸之患, 挫外敵之暴者, 乃從而君之. 又或紀綱混亂, 無所統一, 於是時也, 有能運其心思才力, 爲衆人制法立度, 調和其爭者, 乃從而君之. 又或前朝不綱, 海宇鼎沸, 於是時也, 有能以隻手削平大難, 使民安其業者, 乃從而君之. 若是夫彼所盡於一群之義務, 固有以異於常人也. 故推原其朔, 不得謂之不正. 不正者, 在後此之襲而受之者云爾. (簒弑得國者雖易姓, 而其威權實憑藉於前代, 故可視之與世襲者同例. 至外族奪國之事, 下文論之.) 彼憑藉此既得之權利而濫用之, 因以反抗天演大例, 使競爭力不能遵常軌, 然後一切權利義務, 乃不相應. 故專制政禮之國, 必束縛其民之心思才力於無可爭之地. 若中國之以科擧取士, 以資格任官, 皆是也, 非此則其不正之權利無由保也. 雖然, 天演固非可久抗者, 譬諸水然, 爲堤以障之, 固未嘗不可使之改其常度, 移時則或溢而出焉, 或決而潰焉, 而水之性, 終必復舊. 故夫權利義務, 兩端平等而相應者. 其本性也, 故近今歐美諸國所謂不正之權利義務, 殆旣絶跡, 而此後之中國, 亦豈能久抗焉, 豈能久障焉. 新民子曰, 自今以往, 苟盡義務者其勿患無權利焉爾, 苟不盡義務者其勿妄希冀權利焉爾.

(부기) 권리가 처음 일어날 때는 모두 의무〔를 다해〕 얻는다는 나의 주장에 대해 혹자는 군권론(君權論)이라고 비난하면서, 저 다른 민족들이 우리 국토를 빼앗는 것이 〔우리가〕 오랫동안 의무 없는 권리를 누려왔기 때문이라고 하는 것인가라고, 비난할 수도 있다. 대답한다. 여기에는 두 가지 설명이 있다. 첫째는 세습으로 인한 것으로, 대개 수천 년 동안의 옳지 않은 군권을 이어받아, 그 위력이 쌓여 점차 〔사람들을〕 제약하게 된 경우이다. 그 자리를 찬탈하여 얻었으면, 곧 그 나머지 음덕을 이어받는 것이다. 둘째는 국민의 의무사상이 너무 천박하여 남들이 그 빈틈을 타고 들어온 경우이다. 조정의 기강이 문란하면 그것을 바로잡는 것이 국민의 의무이다. 나라 안에 난이 있으면 그것을 제거하는 것이 국민의 의무이다. 그런데 그렇게 못하는 것은 온 나라가 모두 의무를 방기하기 때문이다. 의무를 방기했다면 그 권리는 저절로 회복할 수 없다. 이것이 진화의 대원칙이다. 저 외족이 들어와 오히려 우리를 대신해 안정시키고 정비했다면 그들이 비록 우리를 위해 의무를 다한 것은 아니지만 우리와 비교해 보면 그들이 다한 의무는 우리보다 낫다. 저들 외족이 중하(中夏)에 들어와 조

금 길게 세상을 장악할 수 있는 것은 모두 이 때문이다. 저들이 비록 옳지 않지만 우리들은 스스로를 원망할 수 있을 뿐 어떻게 남을 원망하겠는가!

(附記) 或難吾權利初起皆得自義務之說, 謂卽以君權論, 若彼外族之奪我國土, 而久享此無義務之權利者, 其謂之何. 應之曰, 此有兩說. (其一), 仍由於承襲者. 蓋承數千年不正之君權積威約之漸, 苟篡得此位, 卽承襲其餘蔭也. (其二), 則國民義務思想太淺薄, 故人得乘虛而入也. 夫朝綱紊亂, 從而正之者, 國民之義務也. 國中有亂, 從而戡之者, 國民之義務也. 而皆不能焉, 是擧國中皆放棄其義務矣. 旣放棄其義務, 自不能復有其權利, 正天演之公例也. 而彼外族者反入而代我還定安集之, 彼雖非爲我盡義務, 然與我比較, 其所盡抑猶優於我矣. 彼外族入主中夏而能卜世稍久者, 皆此之由也. 彼雖不正, 然我祇當自怨寧能怨人.

아, 슬프다! 우리 국민의 의무사상은 박약하구나! 나는 전에 권리사상이 절실함에 대해 논했는데, 그 말을 들은 사람은 반드시 기뻐하며 '우리는 권리를 쟁취해야겠다, 우리는 권리를 쟁취해야겠다'고 일어났다. 그러나 내가 권리사상을 강조한 것은 우리나라가 수천 년 동안 의무 없는 권리를 옹호해 온 것을 깊이 한탄해서 그것에 대항하기를 도모하려 한 것이었다. 그런데 내 말을 오해한 사람들은 간혹 스스로 저 의무 없는 권리를 얻으려고 하고, 나아가 나라 안의 모든 사람들을 이끌고 의무 없는 권리를 찾게 하였다. 이것이 기와를 갈아서 거울을 만들고 모래를 삶아서 밥을 지으려는 것과 무엇이 다른가! 권리와 의무가 서로 기대고 있는 뜻에 대해 더 말해 보겠다.

恫哉, 吾國民義務思想之薄弱也. 吾昔著論權利思想之切要, 吾知聞者必將喜焉, 則囂囂然起曰, 我其爭權利, 我其爭權利. 雖然, 吾所謂權利思想者, 蓋深恨吾國數千年來有人焉長擁此無義務之權利, 而謀所以抗之也. 而誤聽吾言者. 乃或欲自求彼無義務之權利, 且率一國人而胥求無義務之權利, 是何異磨磚以求鏡, 炊沙以求飯也, 吾請申言權利與義務相待之義.

부모는 자식에 대해, 자식이 어릴 때는 키워줄 의무가 있고, 그리하여 만년에는 자식에게 부양을 받을 권리가 있다. 남편은 아내에 대해, 아내를 보호해 줄 의무가 있고, 그리하여 아내가 자신에게 복종하도록 요청할 권리가 있다. 고용인은 주인에 대해, 심신을 다하여 일을 할 의무가 있고, 그리하여 급료를 요구할 권리가 있다. 이는 가장 얕은 〔의무-권리의 이치〕이다. 아들 된 자는 스스로 사람으로서의 의무를 다할 수 있어서 부모가 〔자기〕 대신 애쓰는 데 의지하는 일이 없어야, 부모에게 자유의 권리를 허락해 달라고 요구할 수 있다는 것 역시 이 뜻이다. 그러나 이는 한 사인(私人)과 한 사인의 교섭에 대해서만 말한 것이다. 개인이 모여서 한 사회(群)를 이루는 데 대해 말하자면, 사회가 있는 걸 기뻐하는 것은 사회가 성립하면 내가 사회의 힘에 의지해서 종종의 권리를 얻을 수 있기 때문이다. 그런데 사회가 와해되지 않고 성립할 수 있는 것은 반드시 경제학상의 분업이라는 대원칙을 따르며 한 사회의 사람들이 모두 각자 열심히 살기 때문이다. 사회에 결핍된 것은 내가 보충하고 사회의 위급한 일에는 내가 달려간다. 그리하여 사회의 안정과 부귀와 존귀와 영화는 본래 내가 스스로 향수하는 것이다. 이를 권리 없는 의무는 없다고 하는 것이다. 사회 안에서 한 사람이라도 놀면서 일을 하지 않는 일이 있다고 하자. 그러면 그 사회의 실력은 한 치 적어지는 것이다. 사회 안의 사람이 모두 그렇다고 한다면 이는 사회의 자살이다. 그러므로 사회 안에 일을 가진 자가 일 없이 음식을 먹는 사람의 권리를 모두 빼앗는다고 할지라도, 이는 이치가 아니라고 할 수 없다. 왜 그런가? 이것이 채권자가 채무자에게 집행할 수 있는 수단이기 때문이다. 사회의 산물을 먹고 사회의 흙을 밟으면서, 사회에 빚을 지고 갚지 않는다면, 사회 안에서의 권리를 어떻게 다시 따져 물을 수 있겠는가. 이를 의무 없는 권리는 없다고 하는 것이다.

父母之於子也, 蚤年有養子之義務, 故晩年有受養於子之權利. 夫之於妻也, 有保護之之義務, 故有使妻從我之權利. 傭之於主也, 有盡瘁執事之義務, 故有要求薪俸之權利, 此其最淺者也. 爲子者必能自盡其爲人之義務, 而無藉父母之代勞, 然後得要求父母許以自由之權利, 亦其義也. 然此不過就一私人與一私人之交涉言耳. 若夫相聚而成一群, 所以樂有群者, 爲群旣立, 而我可藉群之力, 以得種種之權利也. 然群非漫然而能立者也, 必循生計學上分勞任功之大例, 一群之人, 咸各亹亹焉. 群之匱乏, 我旣補之, 群之急難, 我旣赴之, 則群之安富尊榮, 我固得自享之. 是謂無無權利之義務. 使群中之人, 有一焉游手而無業者, 則其群之實力少一分, 使群中之人而皆爾焉, 則是群之自殺也. 故群中之有業者, 雖取彼無業者飮食之權利而幷奪之, 亦不得謂之非理, 何也. 是債主對於負債者所得行之手段也. 食群之毛, 踐群之土, 乃逋群負而不償, 則群中之權利, 豈復彼所得過問也. 是謂無無義務之權利.

나는 중국인에게는 의무사상이 없다고 말했는데, 그 예를 들어 보자. 정치학자들은 국민의 의무에는 중요한 두 가지가 있다고 말한다. 하나는 납세의 의무이고 하나는 병역의 의무이다. 나라는 스스로는 생업(恒産)을 가질 수 없으니, 백성이 조세를 납부하지 않으면 정치의 비용이 어디에서 나오겠는가! 한 나라를 구획지어 그 이름을 부른다는 것은 반드시 다른 나라와 대치하고 있다는 뜻이니, 백성이 병역을 이행하지 않는다면 국방이 어떻게 가능하겠는가! 그런데 우리 국민은 이 두 가지를 가장 두려워해서, 〔그 두 의무를〕 면할 수 있는 것을 큰 행운으로 삼았다. 이는 의지와 실천이 박약하다는 증거이다. 옛날 임금의 덕을 칭송하는 자들은 모두 징병을 면제하고 조세를 감면하는 것을 제일의 인정(仁政)이라고 여겼다. 송조(宋朝)가 징병을 용병으로 바꾸고 본조(本朝) 강희연간에 부(賦)를 부과하지 않는다는 명령에 대해, 백성들은 가장 칭송하고 가장 감격했다. 용병에게서 애국심의 발현을 기대할 수 없고, 내내 부세를 부과하지 않는다면 민사를 위해 새로운 일을 도모하려고 해도 비용이 나올 데가 없으니, 좋은 제안도 폐기되지 않을 수가 없다는 것을 〔백성들은〕 모른다. 서양의 여러 나라들은 이렇지 않다. 성인은 모두 2~3년의 병역의 의무를 이행하지만 백성은 회피하려는 이가 없다. 조세는 '택스'라는 명목으로 매해 내는 액수가 우리나라의 네다섯 배나 되지만 백성은 원망하는 이가 없다. 그들이 어찌 자신의 피와 살을 보배로 여기지 않고 자신들의 피와 땀을 아끼지 않겠는가. 그런데도 이와 같은 것은 그들 스스로 이 의무를 인정하며, 의무와 서로 의지하고 있는 것으로서 권리가 그 보상임을 알고 있기 때문이다. 헝가리는 오스트리아 정부의 압제를 받았는데, 끝에는 오스트리아와 프랑스가 교전할 때 오스트리아인은 헝가리의 병력을 빌릴 수밖에 없었고, 마침내는 〔헝가리의〕 자치헌법을 회복시켰다.(원주 — 1860년의 일) 서양 사람들이 항상 하는 말이 있다. 즉, "대의원을 배출하지 않으면 세금도 납부하지 않는다"는 것이다. 영국 '대헌장'(大憲章)의 권리법전은 모두 조세를 강제적으로 요구한다. 프랑스의 대혁명 역시 이 공례를 반영하여 만든 것이다. 그러므로 서구 인민들은 국가에 대한 의무가 무거워도 마다하지 않고 반드시 그에 상당한 권리를 그 보상으로 여겨 구한다.

吾言中國人無義務思想, 吾請擧其例. 政治學者言國民義務有兩要件, 曰納租稅也, 曰服兵役也. 夫國也非能自有恆産也, 民不納租稅, 則政費何所出. 劃而命之曰一國, 是必有他國與之對待也, 民不服兵役, 則國防何由立. 而吾國民最畏此二事, 若以得免之爲大幸者, 此最志行薄弱之徵也. 昔之頌君德者, 皆以免征減賦爲第一仁政, 若宋之改徵兵爲傭兵, 本朝康熙間下永不加賦之諭, 皆民間所最謳歌而最感戴者也. 而豈知兵由於傭者, 則愛國心必不可得發現, 而永不加賦者, 苟欲爲民事新有所興作, 費無所出, 而善擧亦不得不廢也. 泰西諸國則異是. 凡成年者皆須服二三年之兵役, 而民莫或避. 租稅名目如鯽, 其歲納之額, 四五倍於我國, 而民莫或怨. 彼寧不自寶其血肉, 自惜其脂膏也. 顧若此者, 彼自認此義務, 而知有與義務相對待之權利以爲之償也. 匈加利之被壓制於奧政府也, 卒以奧法交戰, 奧人不得不藉匈兵力而遂以恢復自治憲法, (千八百六十年事). 西人有一恆言曰, 不出代議士, 不納租稅. 英之大憲章權利法典, 皆挾租稅以爲要求者也. 法之大革命, 亦以反此公例而釀成者也. 故歐西人民對國家之義務, 不辭其重, 而必要索相當之權利以爲之償.

중국 인민은 국가에 대한 권리가 가벼운 것은 걱정하지 않고 오직 이행해야 할 의무를 피할 수 있는 방법을 찾을 뿐이다. 이러니 완고하고 어리석은 아이와 무엇이 다른가! 가정 안의 가르침에는 따르지 않은 채, "나는 부모가 나를 키우기를 바라지 않고 다만 부모가 나를 수고롭게 하지 않기를 바랄 뿐"이라고 말한다. 부모가 키워주지 않으면 스스로 생존할 수 없으며, 이미 〔부모가 나를〕 키웠다면 부모를 위해 수고하지 않을 수 없다. 이는 피할 수 없는 이치이다. 키우고 부양한 뒤에야 나와 부모의 관계가 날로 친밀해지고 서로 사랑하는 마음도 일어난다. 그러므로 권리와 의무 두 사상은 실로 애국심이 나오는 근거이다. 사람이 아무리 바보라도 누구나 부모에게 양육 받기를 바란다. 완고하고 어리석은 아이가 이 권리를 버리는 이유는 오로지 뒤의 수고를 싫어하는 한 가지 이유뿐이다. 지금 논자는 중국인이 권리사상이 없는 것이 병이라고 한다. 그러나 내가 생각하기에 권리사상이 없는 것은 나쁜 결과이고(惡果), 의무사상이 없는 것이 사실은 나쁜 원인이다(惡因). 우리 국민과 국가의 관계가 나날이 천박해져서 나라의 흥폐존망이 나와 어떤 관계도 없는 것처럼 되어 버린 것은 모두 이 때문이다.

> 中國人民對國家之權利不患其輕, 而惟欲逃應盡之義務以求自逸, 是何異頑劣之童, 不服庭訓, 乃曰吾不求父母之養我, 而但求父母之勿勞我也. 夫無父母之養, 則不能自存, 而旣養則不能勿勞, 此不可避之數也. 惟養且勞, 然後吾與父母之關系日益切密, 而相愛之心乃起. 故權利義務兩思想, 實愛國心所由生也, 人雖至愚, 未有不願受父母之養者, 頑童之所以寧棄此權利者, 不過其畏勞之一念使然耳. 今之論者, 每以中國人無權利思想爲病, 顧吾以爲無權利思想者, 乃其惡果,

而無義務思想者, 實其惡因也. 我國民與國家之關系日淺薄, 馴至國之興廢存亡, 若與己漠不相屬者, 皆此之由.

지금 우리가 의무사상을 키우는 것을 서두르지 않는다면, 날마다 권리사상에 대해 말해도 역시 불완전한 권리사상일 뿐이다. 이는 사리를 모르는 어린아이가 수고하려고 하지 않으면서 부모의 양육은 원하는 것과 같다. 이는 고용인이 게으름피우며 일은 하지 않으면서 주인에게 급료를 받으려는 것과 같다. 내가 보기에 오늘날 권리의 주장은 이러한 종류의 것들이 많다. 남의 자유민권(自由民權)은 부러워하면서도 그들이 그것을 어떻게 얻게 되었는지에 대해서는 생각하지 않는다. 남들은 구해서 얻는데 우리는 저절로 올 것을 바란다. 남들은 피와 눈물로써 얻는데 우리는 입과 혀로만 쉽다고 여긴다. 남들은 온 나라 안의 사람들이 대소, 귀천, 부귀, 빈천을 불문하고 모두 각자 자신에게 적당한 의무를 인정한다. 그러나 우리나라를 보라. 어떤 사람은 관리의 의무를, 어떤 사람은 사군자의 의무를, 어떤 사람은 농부와 공인, 상인의 의무를, 어떤 사람은 군인의 의무를, 어떤 사람은 보수당의 의무를, 어떤 사람은 유신당의 의무를, 어떤 사람은 온건파의 의무를, 어떤 사람은 급진파의 의무를, 어떤 사람은 청년의 의무를, 어떤 사람은 소년의 의무를, 어떤 사람은 부녀자의 의무를 다하고 있는가? 한 사람이라도 자신의 지위에 비추고 자신의 능력에 맞춰서 부족함 없이 자신의 의무를 다했다고 감히 자신할 수 있는가? 없다! 아들을 일곱 둔 어머니를 봉양할 자식은 한 사람도 없으니[2] 자식이 없는

2 『시』「국풍·패풍·개풍」(國風·邶風·凱風). 어머니를 수고롭게만 하고 위로하지 못하는

것이나 다름없다. 4억 인의 나라이지만 한 사람도 국가의 의무를 자신의 의무로 삼는 사람이 없으니, 국민이 없는 것이나 다름없다. 국민 없는 나라가 어떻게 나라일 수 있겠는가!

今吾不急養義務思想, 則雖日言權利思想, 亦爲不完全之權利思想而已, 是猶頑童欲勿勞而又貪父母之養也, 是猶惰傭不力作而欲受給於主人也. 吾見今之言權利者, 頗有類於是焉矣, 日歆羨他人之自由民權, 而不考其所以得此之由. 他人求之而獲之, 而我則望其自來, 他人以血以淚購之, 而我欲以口以舌爲易. 他人一國中無大無小無貴無賤無富無貧而皆各自認其相當之義務, 返之吾國, 若者爲官吏之義務, 若者爲士君子之義務, 若者爲農工商之義務, 若者爲軍人之義務, 若者爲保守黨之義務, 若者爲維新黨之義務, 若者爲溫和派之義務, 若者爲急激派之義務, 若者爲青年之義務, 若者爲少年之義務, 若者爲婦女之義務, 問有一人焉, 審諸自己之地位, 按諸自己之才力, 而敢自信爲已盡之而無所缺缺者乎. 無有也. 雖有七子之母, 而無一人顧其養焉, 雖謂之無子焉可也, 雖有四萬萬人之國, 而無一人以國家之義務爲義務, 雖謂之無民焉可也. 無民之國, 何以能國.

그런데 우리 중국 선철의 가르침 가운데 서양인들이 의무교육에 해당하는 것이라고 지적하는 것이 있다. 효(孝)이니 제(悌)이니 충(忠)이니 절(節)이니, 어느 하나 의무로써 서로 요구하지 않는 것이 있는가? 그러므로 중국인의 의무사상과 권리사상에 대해 상대적으

일곱 아들의 마음을 담은 시이다.

로 말하자면, 의무사상이 권리사상보다 훨씬 더 발달했다고 할 수 있다. 그러나 이것은 또한 불완전한 의무사상이다. 권리가 없는 의무는 보상 없는 노동과 같은 것으로, 그것이 불완전한 첫 번째 이유이다. 사인(私人)이 사인에 대한 의무는 있어도 사인이 단체에 대한 의무는 없다는 것이 효·제·충·절이 불완전한 두 번째 이유이다. 나는 지금 공적인 의무에 대해 말하려고 한다.[3]

> 抑吾中國先哲之敎, 西人所指爲義務敎育者也, 孝也弟也忠也節也, 豈有一焉非以義務相責備者. 然則以比較的言之, 中國人義務思想之發達, 宜若視權利思想爲遠優焉. 雖然, 此又不完全之義務思想也, 無權利之義務, 猶無報償之勞作也, 其不完全一也. 有私人對私人之義務, 無個人對團體之義務, 其不完全二也. 吾今將論公義務.

3 『신민총보』 제26호(1903. 2. 26)에 연재할 때는 여기까지 쓰고 '미완'으로 맺고 있으나, 이어지지 않았다. 한 호 뛰고 28호에 다음 절인 '상무'(論尙武)를 연재했다.

⭘ 해설

양계초는 의무'사상'이 무엇이라고 단정적으로 규정하지는 않지만 문맥으로 판단하면, 의무란 권리를 얻기 위한 전제이며 의무와 권리는 분리되지 않는 것을 깨닫고 실천하는 것 정도로 정리될 것이다. 이 장에서 양계초는 생존경쟁, 적자생존의 구호에 의해 문명화될수록 의무와 권리는 서로 균형을 이룬다고 주장한다. 가령 계급사회의 귀족은 의무 없는 권리를 누리고 노예는 권리 없는 의무를 다한다고 할 수 있을 것이다. 문명사회일수록 그 둘이 균형을 이룬다면, 자주독립국을 성취하여 자주독립국의 권리를 누리기 위해 무엇을 할 것인지 자각하고 실천하는 것이 의무사상이 될 것이다. 이처럼 권리와 의무가 균형을 이루지 않는다면 사회진화의 공리상 경쟁에서 뒤처질 수밖에 없다고 예측한다. 그에 의하면 "권리와 의무는 양단이 평등하게 서로 상응하는 것이 본성이다." 그의 판단에 의하면 구미 여러 나라에서는 불균형한 의무와 권리는 그 때문에 사라졌는데, 아직 문명화되지 않은 중국은 의무사상이 박약하다. 양계초는 중국의 의무사상 박약을 비판하면서 '인정'(仁政)을 평가하던 전통 역시 비판한다. 의무사상이 박약하기 때문에 자신들이 누릴 권리가 줄어들 걱정은 하지 못한 채, 세금을 줄여 주면 좋은 정치라고 찬양해 왔다는 것이다.

그렇다면 어떻게 해야 하는가? 의무사상은 어떻게 갖는가? 의무사상을 가진 사람의 행동은 어떤 것인가? 사상을 갖도록 하는 일, 양계초의 다른 용어로 하자면 공덕을 갖추는 일은 선각자들의 계몽과 그를 따르는 사람들의 자각에 의해 이루어질 것이라 기대한다. 그리하여 의무사상을 갖게 되면 "국가의 의무를 자신의 의무로 삼"아 국가의 독립과 번영을 위해 일할 것이라고 전망한다.

마지막에 양계초는 중국의 효제충절이 의무사상이라고 인정한다. 그러나 그것은 권리 없는 의무에 가깝다고 비판한다. 또한 사인과 사인 사이의 덕목일 뿐, 효제충절 자체는 단체에 향한 덕목은 아니므로 공덕이 아니라고 단정한다. 효제충절이 중요시되던 유가사회에서 이 덕목들이 가정뿐 아니라 사회에서의 상하관계를 유지하는 데 결정적인 역할을 한 것을 인정한다면, 이것이 어떻게 개인 사이에서 만의 덕목이었겠는가. 다만 양계초의 생각대로 그 '공'이 '천하'가 아니라 '국가'로 한정된다면, 공덕이 되는 데 부족할 수는 있을 것이다.

제17절 상무(尙武)[1]

세상 사람들이 항상 하는 말에, “야만인은 힘을 숭상하고 문명인은 지식을 숭상한다”는 것이 있다. 아아! 이는 2×5가 10이라는 것은 알면서 1×10이 10이라는 것은 모르는 소리이다. 세상의 추이에 대해 대략만 알고 자세하게는 모르는 것이다. 로마 문화가 대지에 찬란하여 차바퀴와 말 발자국이 전 유럽을 유린했지만, 한 번 산림 속의 야만족인 게르만을 만나게 되자 결국은 넘어져서 스스로 설 수 없게 되고 제국의 기강은 무너져 내렸다. 당시 로마의 지식 정도가 어찌 야만족보다 절대적으로 높지 않았겠는가만, 유약한 문명은 결국 야만의 무력을 당해 낼 수 없다. 그러므로 상무(尙武)라는 것은 국민의 원기이고, 국가가 의지해서 성립할 수 있는 기반이며, 문명이 의지해서 유지될 수 있는 근거이다. 비스마르크는 세상에서 믿고 의지할 수 있는 것은 공법(公法)이 아니라 검은 철과 붉은 피뿐이라고 말했다. 공법은 오히려 믿을 수 없으며, 나라를 세우는 데 상무의 국민과 철혈

1 이 절은 두 번에 나눠 연재되었다. 앞부분은 『신민총보』 제28호, 1903. 3. 27.

주의가 없으면, 문명이 있고 지식이 있고 많은 백성이 있고 넓은 영토가 있더라도, 분명 이 극렬한 경쟁의 무대에서 자립할 수 없다.

第十七節 論尙武

世人之恆言曰, 野蠻人尙力, 文明人尙智. 嗚呼, 此知二五而不知一十之言, 迂偏而不切於事勢者也. 羅馬文化, 燦爍大地, 車轍馬跡, 蹂躪全歐, 乃一遇日耳曼森林中之蠻族, 遂踣蹶而不能自立, 而帝國於以解綱. 夫當日羅馬之智識程度, 豈不高出於蠻族萬萬哉. 然柔弱之文明, 卒不能抵野蠻之武力. 然則尙武者國民之元氣, 國家所恃以成立, 而文明所賴以維持者也. 卑斯麥之言曰, 天下所可恃者非公法, 黑鐵而已, 赤血而已. 寧獨公法之無足恃, 立國者苟無尙武之國民, 鐵血之主義, 則雖有文明, 雖有智識, 雖有衆民, 雖有廣土, 必無以自立於競爭劇烈之舞臺.

그대는 스파르타를 보지 않았는가! 스파르타의 교육은 엄격하고 혹독하게 간섭하는 군인교육이다. 영아가 태어나면 반드시 관청에서 그 체격을 조사해서 규준에 미치지 못하는 아이는 없앤다. 7세가 되면 유년군대에 넣어 체육을 가르쳐서, 맨발과 나체에 나쁜 옷과 거친 음식으로 수고와 고통을 감당하며 추위와 더위에 맞서고 기갈을 인내하는 습관을 양성한다. 음식과 교육을 모두 국가에서 전담 담당자가 맡아 하며, 성년이 되어 결혼한 이후에도 역시 사적으로 집에 기거하는 것을 허락하지 않는다. 낮에는 공당(公堂)에 모여 밥을 먹고, 밤에는 천막에서 함께 잔다. 부녀자와 여자아이 역시 남자와 함께 엄격하고 준엄한 훈련을 받아, 나이든 부인이나 어린 여자아이라도 모두 민첩하고 용맹한 기풍이 있다. 어머니가 아들을 군대에 보낼 때에는 “방패를 지고 돌아오기를 축원한다. 그렇지 않으면 방패에 너를 싣고 돌아오게 될 것이다”라고 말한다. 온 나라 안의 남녀노소가 모두 죽음을 가벼이 보고 승리를 좋아하는 것이 익숙해져서, 그것이 성질이 되어 정벌에 나가 적을 대하기를 체조 연습하듯 하고 연회에 가듯 한다. 죽음을 무릅쓰고 피를 흘리면서, 겁내며 위축되어 물러나는 일은 모른다. 저 스파르타는 탄환과 같은 나라이다. 온 나라 민족이 만 명이 안 되는 적은 수의 〔나라지만〕, 안으로는 수십만 명의 이족을 제어할 수 있었고, 밖으로는 10여 만의 페르시아 군대를 꺾을 수 있었다. 그리하여 희랍에서 자웅을 겨루고 아테네와 맘껏 다퉈 번갈아 맹주가 되었으니, 오직 상무 때문이다.

而獨不見斯巴達乎. 斯巴達之教育, 一干涉嚴酷之軍人教育也. 嬰兒之生, 必由官驗其體格, 不及格者, 撲滅之, 生及七歲, 卽使入幼年軍隊, 教以體育, 跣足裸體, 惡衣菲食, 以養成其任受勞苦凌犯寒暑忍耐饑渴之習慣, 飮食教誨, 皆國家專司其事. 成年結婚而後, 亦不許私處家中. 日則會食於公堂, 夜則共寢於營幕. 乃至婦人女子, 亦與男子同受嚴峻之訓練, 雖老婦少女, 亦皆有剽悍勇俠之風. 其母之送子從軍也, 命之曰, 祝汝負楯而歸, 否則以楯負汝而歸. 擧國之男女老少, 莫不輕死好勝, 習以成性, 故其從征赴敵, 如習體操, 如赴宴會, 冒死喋血, 曾不知有畏怯退縮之一事. 彼斯巴達一彈丸之國耳, 擧國民族, 寥寥不及萬人, 顧乃能內制數十萬之異族, 外挫十餘萬之波軍, 雄霸希臘, 與雅典狎主齊盟也, 曰惟尙武故.

그대는 독일을 보지 않았는가! 19세기 중엽 게르만 민족은 나라가 나뉜 채 흩어져 위축되어 부진하다가, 나폴레옹에게 유린당하자 그 굴욕을 이기지 못하고 이에 병제를 개혁했다. 온 나라 국민이 모두 병사가 되는 법을 처음으로 만들어 국민이 20세가 되면 모두 병적에 올렸다. 이로써 온 나라 안 사람이 모두 군인의 교육을 받았고 군인의 자격을 갖췄다. 비스마르크[2]는 다시 철혈의 정책으로 민족주의를 달성했다. 날마다 나라 사람을 재촉하고 가르쳐서 침체되고 유약한 구습을 씻어 내고, 뛰어나고 예리하고 꺾이지 않는 정신을 양성해 냈다. 이어 지금의 황제[3]가 일어나 씩씩한 무용의 늠름한 자태로 힘써 그 민족제국주의를 확장했다. 그는 학교를 시찰하면서 내린 칙령에서 "한 나라의 소년을 훈련할 때는 짐이 세계에 웅비하는 것을 도울 수 있는 자격을 갖추게 하라"고 했다. 그리하여 그 국민의 용기와 강건함과 분발은 독일이 세계유일의 무국(武國)이 되게 했다. 저 독일은 새롭게 만들어진 나라로 지금 겨우 30년이 되었는데도, 오스트리아를 꺾고 프랑스를 넘어뜨리며 유럽에서 호방하고 도도하게 내려다보고 있다. 이는 오직 상무 때문이다.

而獨不見德意志乎. 十九世紀之中葉, 日耳曼民族, 分國散立, 萎靡不振. 受拿破侖之蹂躪, 旣不勝其屈辱, 乃改革兵制, 首創擧國皆兵之法. 國民歲及二十, 悉隷兵籍. 是以擧國之人, 無不受軍人之教育, 具軍人之資格. 卑斯麥復以鐵血之政略, 達民族之主義. 日討國人而訓

2 오토 폰 비스마르크(Otto Eduard von Bismarck, 1815~1898) 독일 제2제국의 건설자. 군비 확장으로 프로이센-오스트리아, 프로이센-프랑스 전쟁에서 대승하고 1871년 독일을 통일했다. 자본주의를 육성하고 사회주의 운동을 탄압했다.

3 빌헬름 2세(Wilhelm II, 1859~1941)이다. 1887년에 황제에 즉위하여, 곧 비스마르크를 해임하고, 해외로 적극적인 진출을 꾀하였다. 1918년 제1차 세계대전 중에, 국민의 원성으로 퇴위하였다.

之, 剗滌其渙漫萎靡之舊習, 養成其英銳不屈之精神. 今皇續起, 以雄武之英姿, 力擴其民族帝國之主義. 其視學之敕語曰, 務當訓練一國之少年, 使其資格可以輔朕雄飛於世界. 故其國民勇健奮發, 而德意志遂爲世界唯一之武國. 彼德新造之邦, 至今乃僅三十年, 顧乃能摧奧仆法, 偉然雄視於歐洲也, 曰惟尙武故,

그대는 러시아를 보지 않았던가! 러시아는 북쪽 끝의 추운 땅에 자리 잡고, 메마르고 척박한 광막한 평원에서 농사로 나라를 운영했다. 힘든 노동이 습관이 되어, 국민들에게는 어려움에 견디는 강인함이 있고, 야만적 힘이 풍부하며 비바람과 추위를 참고 견딘다. 고난에 견디는 참을성이 뛰어난 데다가 소박하고 씩씩한 습관이 기풍이 되어, 전체가 하나로 뭉쳐 명령에 복종하니, 그 성질은 군대에 가장 적합하다. 또 전 황제인 표트르의 유훈은 침략을 종지로 삼았는데, 그 사상이 국민들 뇌리에 깊이 뿌리내리고 있어, 사람마다 모두 전 지구의 땅을 밟고 유럽과 아시아를 유린하겠다는 웅장한 뜻이 있다. 그들의 완강하고 조야한 힘과 천성적으로 강인한 인내력은 수만 명의 〔적〕 앞에서도 그 예봉이 무뎌지지 않고 그 기개가 수그러들지 않는다. 러시아는 반개화국(半開化國)으로, 문화의 정도는 구미의 반에도 못 미친다. 그러나 서쪽으로 달리고 동쪽과 부딪히면서 유럽인들의 간담을 서늘하게 한다. 슬라브족의 세력이 날로 융성해서 앞으로 튜튼족의 패권을 대신하여 세계의 주인이 될 것이라고 예상하는 사람도 있다. 이럴 수 있는 것은 무엇 때문인가? 오직 상무 때문이다.

而獨不見俄羅斯乎. 俄國國於絶北苦寒之地, 擁曠漠磽确之平原, 以農爲國, 習於勞苦, 故其民獷悍堅毅, 富於野蠻之力, 觸冒風暑, 忍耐

艱苦, 堅朴雄鷙, 習爲風氣, 而又全體一致服從命令, 其性質最宜於軍隊. 且其先皇彼得遺訓, 以侵略爲宗旨, 其主義深入於國民心腦, 人人皆有蹴踏全球蹂躪歐亞之雄心. 彼其頑獷之蠻力, 鷙忍之天性, 雖有萬衆當前, 必不足遏其鋒而懾其氣. 夫俄羅斯半開之國耳, 文化程度, 不及歐美之半, 顧乃西馳東突, 能寒歐人之膽. 論者且謂斯拉夫民族, 勢力日盛, 將奪條頓人之統緖, 代爲世界之主人翁, 若是者何也. 曰惟尙武故.

또한 유럽 여러 나라들만 그런 것이 아니다. 우리 동쪽의 이웃 일본은 사람 수가 겨우 우리의 10분의 1이다. 그러나 그 사람들은 민첩하고 죽음을 가볍게 보아, 나날이 이른바 무사도와 야마토혼을 발휘하고 광대하게 키웠다. 그리하여 징병 당초에는 오히려 울며 도망하면서 뒤로 면피할 방법을 구했는데, 지금은 〔종군자는〕 입대의 깃발 아래에서 전쟁터에서 죽을 것을 기원하며, 〔보내는 사람은〕 종군하는 사람들이 살아 돌아오지 않기를 기원한다. 이처럼 무(武)를 좋아하는 강건한 기풍이 온 나라 사람이 한결같다. 또한 병자년의 전쟁[4] 때 그 군대의 용감함과 날카로움, 강력한 전투력은 연합군 가운데 가장 뛰어나 백인들이 머리를 숙이고 탄복하게 했다. 최근 체육 사업을 급무로 여겨 국민들이 모두 군인의 본령을 다해 군인의 정신을 기르도록 힘쓰고 있다. 저 일본은 작은 3개의 섬으로서 일어선 지 겨우 30

4 1900년 의화단 기의 때 8개국이 간섭하여 북경을 함락시켰다. 러시아제국, 독일제국, 대영제국, 미국, 이탈리아왕국, 오스트리아-헝가리제국, 프랑스와 함께 일본제국까지 8개 나라가 연합했다.

년 밖에 안 되었는데도, 우리와 싸워서 이긴 뒤에 위세를 얻어 패업을 세우고 동양(東洋) 위에 우뚝 웅비했으니, 오직 상무 때문이다.

且非獨歐洲諸國爲然也, 我東鄰之日本, 其人數僅當我十分之一耳, 然其人剽疾輕死, 日取其所謂武士道大和魂者, 發揮而光大之. 故當其徵兵之始, 尙有哭泣逃亡, 曲求避免者, 今則入隊之旗, 祈其戰死, 從軍之什, 祝勿生還, 好武雄風, 擧國一致. 且庚子之役, 其軍隊之勇銳, 戰鬪之强力, 且冠絶聯軍, 使白人俯首傾倒. 近日汲汲於體育之事, 務使國民皆具軍人之本領, 皆蓄軍人之精神. 彼日本區區三島, 興立僅三十年耳, 顧乃能一戰勝我, 取威定霸, 屹然雄立於東洋之上也, 曰惟尙武故.

트란스발[5]은 독립을 이루지 못하고 실패했다고 할 수 있다. 그러나 남몰래 독립을 도모하려던 당초에 이미 음으로 그 무력을 두텁게 쌓았다. 아동이 취학하면 엽총 쏘기를 가르쳐서 숲을 지나는 새들을 잡게 했다. 배운 뒤에는 많고 적음에 우열등급을 매겨 상과 벌을 주었으며, 강궁(强弓)을 당겨 명중하는 재주를 미리 키워 모두 창과 방패를 잡고 사직을 지키도록 하였다. 이에 일단 전쟁이 일어나면 그 정밀하고 날카로움을 당할 수 없으며, 소녀와 부녀자들 역시도 복장

5 트란스발 공화국(Transvaal Republic) 혹은 남아프리카 공화국(아프리칸스어: Zuid-Afrikaansche Republiek)은 발 강(Vaal) 북부에 건국되어 1852~1902년 동안 존속했다. 제1차 보어전쟁은 트란스발전쟁이라고도 불린다. 1880~1881년에 영국과 보어인 국가(트란스발 공화국과 오렌지 자유국) 사이에 전쟁이 발발했고, 1881년에는 평화조약에 의해 트란스발 공화국과 오렌지 자유국의 독립이 인정됐으나, 제2차 보어전쟁에 의해 영국의 식민지가 되었다.

을 바꿔 입고 창을 메고 군대를 따랐다. 그들 트란스발의 조그만 땅은 영국의 한 현보다도 작았지만, 전투병사들 수십만 명은 오히려 천하 막강의 영국에 대항할 수 있었다. 영국은 백만의 거금을 써서 30만 명의 정예병을 뽑아 〔트란스발과〕 수년 동안 혈전을 벌인 끝에 겨우 이길 수 있었다. 〔트란스발이〕 이렇게 할 수 있었던 것은 무엇인가? 오로지 상무 때문이다.

乃至脫蘭士哇爾, 獨立不成而可謂失敗者矣, 然方其隱謀獨立之初, 已陰厚蓄其武力. 兒童就學, 授以獵鎗, 使弋途過森林之飛鳥, 至學則殿最其多少以爲賞罰, 預養挽强命中之才, 使皆可以執干戈而衛社稷. 是以戰事一起, 精銳莫當, 乃至少女婦人, 亦且改易裝服, 荷戟從戎. 彼脫蘭士哇爾彈丸黑子, 不能當英之一縣, 勝兵者數萬人耳, 顧乃能抗天下莫强之英, 英人糜此百萬之巨費, 調三十萬之精兵, 血戰數年, 僅乃克服, 若是者何也. 亦曰惟尙武故.

이들 몇 나라들은 그 문화의 깊고 낮음이 한결같지 않고, 그 민족 〔구성원〕의 많고 적음도 한 가지가 아니며, 그 국토의 넓고 좁음도 일치하지 않지만, 요컨대 중앙(中原)으로 달려 나가 지구 위에 우뚝 설 수 있는 데는 모두 상무의 정신에 의지하지 않는 경우가 없다. 단단한 대지 위, 무성한 뭇 나라들의 성쇠의 이치를 여기에서 볼 수 있다.

此數國者, 其文化之淺深不一轍, 其民族之多寡不一途, 其國土之廣狹不一致, 要其能馳騁中原, 屹立地球者, 無不恃此尙武之精神. 摶摶大地, 莽莽萬國, 盛衰之數, 胥視此矣.

슬프다, 중국 민족의 굳세지 못함이여!(不武) 신명한 중화의 후예가 개화한 것은 〔세상에서〕 가장 먼저였다. 그러나 2천 년 동안 진출하여 다른 종족과 부딪혔을 때 좌절하고 패배해서 굴욕을 당하지 않은 적이 없으니, 이는 실로 중국 역사의 일대 오점이며 우리 국민의 백세에 걸쳐 하늘을 채울 대욕이다. 주(周)나라 이래 오랑캐의 화를 입었는데, 먼저 험윤(玁狁)[6]에게 압박당하고, 다시 견융[7]에게 모욕을 당했다. 진한 이래는 흉노가 흉포하고 사나왔지만 진시황의 용맹함과 강건함으로 겨우 장성 밖으로 몰아낼 수 있었고, 한고조의 호방함과 용맹으로 끝내는 백등산 사이에서 〔그들을〕 포위할 수 있었다. 한무제의 용감한 재능과 큰 방략은 나라 밖까지 크게 힘을 뻗었고, 위청(衛青)[8]과 곽거병(霍去病)[9]의 무리가 빈번하게 국경으로 정벌을 나갔다. 그리하여 광동의 남쪽(南粵)을 거두어 평정하고 서역에 위세를 떨쳤지만 끝내 철저하게 세력을 뿌리 뽑지는 못하였고 흉노의 수령(單于)[10]에게 매여 흉노의 화는 한대까지 계속되었다. 위진에 내려오면 오호(五胡)[11]가 난을 부채질하여, 개나 양처럼 하찮은 존재들이 종

---

6 험윤(玁狁)은 주(周)나라 때 북방의 흉노의 명칭이다. 하대(夏代)에는 훈육(獯鬻), 은대(殷代)에는 귀방(鬼方), 주대(周代)에는 험윤(玁狁), 춘추시대(春秋時代)에는 산융(山戎), 진(秦)·한(漢) 이후에는 흉노(匈奴)라 불렀다.

7 은(殷)·주(周) 시대, 서쪽 지방에 있던 융족(戎族)의 일파. 견이(犬夷)라고도 한다.

8 위청(衛青, ?~B.C. 106)은 전한 무제의 장군으로 장평후(長平侯)가 되었다. 한무제는 위청과 곽거병(霍去病) 등으로 하여금 흉노를 소탕시켰다.

9 곽거병(霍去病, B.C. 140~B.C. 117)은 전한 무제 시대의 무장으로 무제의 처조카이다. 흉노토벌에 공을 세웠다.

10 '선우'(單于)는 흉노족의 최고 우두머리를 부르는 칭호. 중국인은 부여와 고구려 임금도 이 이름으로 불렀다.

11 흉노(匈奴), 갈(羯), 선비(鮮卑), 저(氐), 강(羌).

주국을 바삐 돌아다니고, 돼지와 뱀과 같은 악당들이 중원을 마구 물어뜯었다. 강과 산에는 경계가 없었고 우주에는 노린내가 가득했다. 흉노, 선비, 강, 저, 호, 갈 등이 번갈아 일어나 융성하며 250여 년 동안 황하이북을 종횡무진하였다. 이씨 당조가 난을 평정하고 전쟁의 기운이 새로워지려고 할 때 이정(李靖)[12]이 음산에서 돌궐을 이기고 〔돌궐의 왕〕 힐리아한을 포로로 잡았다. 이는 실로 한족이 외족을 꺾은 첫 번째 쾌거였다. 그러나 몇 차례 고려[13]를 정복했는데 장수와 병졸들은 공을 세우지 못했다. 또한 돌궐과 거란, 토번, 회흘이 번갈아 서북쪽에서 변방의 환난거리가 되어 당조 끝까지 이어졌다. 오대[14]에는 석진(石晉)[15]이 연운 16의 주를 떼어 거란에게 주었으니, 이족 때문에 의관이 쇠망한 것이 수십 년이었으며, 〔거란의 왕에게〕 신하라 칭하고 아들이라 칭하고 조카라 칭하고 손자라 칭한 일(稱臣稱男, 稱姪稱孫)[16]에 이르자, 한족의 생사가 이족의 멍에에 의해 규제받게 되었다. 송(宋)이 일어나서는 처음으로 요(遼)의 난을 당하고, 휘종(徽宗)과 흠종(欽宗)의 시대에 여진이 발호했다. 이때를 당해 지모가 뛰어난 신하

12 이정(李靖, 571~649). 중국 당나라 때의 장수. 처음에는 수(隋)나라를 섬겼으나 반수(反隋)의 군사를 일으킨 이세민(李世民)에게 체포되어, 이세민에게 인정받고 돌궐 원정에 공을 세웠다.

13 삼국시대의 한반도를 말한다.

14 당송 사이의 후량, 후당, 후한, 후주의 5대.

15 후진(後晋, 936~946). 오대의 3번째 왕조. 후당의 실력자였던 석경당(石敬瑭)이 세운 국가. 국호는 진이나, 춘추시대와 위진남북조 시대의 진(晉)과 구별하기 위해 후진, 또는 창업자 석경당의 성을 따 석진(石晉)이라고 불렀다.

16 후진 석경당은 후당을 멸망시키는 데 원조해 준 대가로 연운 16주를 거란에게 넘겨주고, 그들을 아버지라 부르며 조공을 바쳤다. 공문서에는 '신'(臣), '자'(子)라고 썼다. 『신오대사』(新五代史) 「진본기제8」(晋本纪第八) 참조.

들이 구름같이 〔몰려들었고〕 용감한 장수가 비처럼 〔쏟아졌다〕. 그러나 한세충(韓世忠), 악비(岳飛), 장준(張俊), 오린(吳璘)[17] 등, 여러 무신들의 힘으로도 형편없는 올출(兀朮)[18]의 횡포함을 끝내 제어할 수 없었다. 금나라의 세가 이미 쇠퇴하고 몽골이 이어 일어나 송을 멸망시켜 폐허를 만들었다. 대단한 기백을 가진 신주(神州)의 귀한 종족이, 유목하던 이종족의 위세 아래에 머리를 숙이고 제어를 당한 지 백 년이 되었다. 명(明)이 일어난 뒤 세가 다시 약해졌고 〔몽골의〕 에센을 처음 만나서는 황제가 포로가 되고[19] 만주를 다시 만나서는 나라가 드디어 망했다.

> 恫夫, 中國民族之不武也. 神明華冑, 開化最先, 然二千年來, 出而與他族相遇, 無不挫折敗北, 受其窘屈, 此實中國歷史之一大汚點, 而我國民百世彌天之大辱也. 自周以來, 卽被戎禍, 一見迫於玁狁, 再見辱於犬戎. 秦漢而還, 匈奴凶悍, 以始皇之雄鷙, 僅乃拒之於長城之外, 以漢高之豪武, 卒至圍窘於白登之間. 漢武雄才大略, 大張兵力於國外, 衛霍之倫, 絡繹出塞, 然收定南粤, 威震西域, 卒不能犂庭掃穴, 組繫單于, 匈奴之患, 遂與漢代相終始. 降及魏晉, 五胡煽亂, 犬羊奔突於上國, 豕蛇橫噬於中原, 江山無界, 宇宙腥膻, 匈奴鮮卑, 羌氐胡羯, 迭興遞盛, 縱橫於黃河以北者二百五十有餘年. 李唐定亂, 兵氣方新, 李靖敗突厥於陰山, 遂俘頡利, 此實爲漢族破敗外族之創擧. 然屢征

---

17 한세충(韓世忠, 1089~1151), 악비(岳飛, 1103~1141), 장준(張俊, 1086~1154), 오린(吳璘, 1102~1167)은 모두 송대의 명장들이다.

18 금의 장수 종필(宗弼, ?~1148). 금의 개국공신이다. 금태조의 넷째 아들이다.

19 1449년 중국 명(明)나라 정통제 영종(英宗)이 몽골의 오이라트부장 에센(也先)과 하북(河北省)의 토목보(土木堡)에서 싸우다 포로가 되었다.

高麗, 師卒無功, 且突厥契丹, 吐蕃回紇, 迭爲西北之邊患, 以終唐世. 五李之間石晉割燕雲十六州以賂契丹, 衣冠之淪於異類者數十年, 且至稱臣稱男, 稱姪稱孫, 漢族之死命, 遂爲異族所鞭制. 宋之興也, 始受遼患, 徽欽之世, 女眞跳梁. 當是時也, 謀臣如雲, 猛將如雨, 然極韓岳張吳諸武臣之力, 卒不能制么麼小醜兀朮之橫行. 金勢旣衰, 蒙古繼起, 遂屋宋社而墟之. 泱泱之神州, 穰穰之貴種, 頫首受鞭於游牧異族威權之下, 垂及百年. 明興而後, 勢更弱矣, 一遇也先而帝見虜, 再遇滿洲而國遂亡.

아아! 진(秦)나라 이후 지금까지 2천여 년이 지났을 뿐인데, 황제(黃帝)의 자손이 타민족에게 굴복한 햇수는 3백여 년이 되며, 북방의 동포가 타민족에게 굴복한 햇수가 또 7백여 년이 된다. 변방에서의 충돌, 봉화를 올렸던 소동까지 합하면 편안한 해는 한 해도 없었다. 그런데도 끝내 분노하며 진격하여 그 흉악한 기세를 꺾은 적이 없으며, 분노하여 정벌에 나서 그들의 난폭한 세력을 꺾은 적이 없다. 아아! 신명한 중화의 후예로, 총명하고 뛰어난 인종, 개명된 문화, 어느 것 하나 야만족이 감히 바랄 수 있는 것이었겠는가! 그런데도 〔그들의〕 강한 기병의 말발굽 아래 짓밟히면서 고개를 들고 눈썹을 치켜뜨며 한 번을 그들에게 대항하지 못했다. 허약한 무력(武力)과 겁 많은 민기(民氣)가 아니라면, 어떻게 그들이 한 번 군사를 일으켰다고 바로 그 힘에 굴복하겠는가! 별 볼 일 없는 오랑캐에게도 저항하지 못했으니 어떻게 오늘날 우리를 압박해 오는 백인들에게 저항하겠는가! 그들은 문명의 이기를 끼고 완비된 훈련을 받아 제국주의를 민족의 운동으로 삼고 있다. 그들의 용감함과 강인함은 흉노·돌궐·여진·

몽골에 결코 비할 바가 아니니, 한 번 패하고 두 번 패하고 끝내 자립하지 못하는 것이 이상할 것도 없다. 중국은 문약하다고 세상에 소문났다. 유약하고 겁 많은 병이 뼈에 스며 있다. 심지어는 강인한 성격과 후퇴할 줄 모르고 돌진하는 야만족도 우리에게 동화되어, 마찬가지로 이 병에 전염되어 그 근력을 해이하게 해서 강인한 본성을 다 잃어버리게 된다. 아아! 강자는 하루아침에 강해지는 것이 아니고 약자는 하루아침에 약해지는 것이 아니다. 서리가 내리면 얼음 얼 때를 대비해야 하는 법이니 모든 것은 점차로 오는 것이다. 나는 〔우리의 상무정신이 약한〕 병의 근원을 살펴, 네 가지로 정리했다.

> 嗚呼. 由秦迄今, 二千餘歲耳, 然黃帝之子孫, 屈伏於他族者三百餘年, 北方之同胞, 屈伏於他族者且七百餘年, 至於邊塞之患, 烽燧之警, 乃更無一寧歲, 而卒不能赫怒震擊以摧其凶焰, 發憤撻伐以戢其淫威. 嗚呼. 我神明之華胄, 聰秀之人種, 開明之文化, 何一爲蠻族所敢望. 顧乃踐蹴於鐵騎之下, 不能一抑首伸眉以與之抗者, 豈不以武力脆弱, 民氣懦怯, 一動而輒爲力屈也. 藐玆小醜, 且不能抗, 況今日迫我之白人, 挾文明之利器, 受完備之訓練, 以帝國之主義, 爲民族之運動, 其雄武堅勁, 絶非匈奴突厥女眞蒙古之比, 曷怪其一敗再敗而卒無以自立也. 中國以文弱聞於天下, 柔懦之病, 深入膏肓, 乃至强悍性成馳突無前之蠻族, 及其同化於我, 亦且傳染此病, 筋弛力脆, 盡失其强悍之本性. 嗚呼. 强者非一日而强也, 弱者非一日而弱也, 履霜堅冰, 由來漸矣. 吾嘗察其受病之源, 約有四事.

첫째, 나라의 형세(國勢)가 하나로 통일되어 있었기 때문이다. 사람은 욕심 많고 이기기를 좋아하는 동물이다. 의복과 음식, 재화와 토지는 모두 사람이 살아가는 데 의지해서 스스로를 키우기 위해 필요하므로, 사람이라면 누구나 바라는 것이다. 사람마다 이 욕망을 갖고 있으므로 누구나 많이 가지려 한다. 그러므로 사람과 사람이 같이 있으면 반드시 그 권리를 신장하려 하고 타인의 경계를 침입하면서도 질릴 줄 모른다. 나라와 나라가 각을 세우고 서면, 또한 반드시 그 권리를 신장하려 하며 타인의 경계를 침입하면서 질릴 줄 모른다. 그런데 저쪽이 권리를 욕망하는 마음은 이쪽이 권리를 욕망하는 마음과 본래 다를 바가 없다. 그러므로 반드시 힘을 다해 항쟁하고 완력을 휘둘러 스스로를 지킨다. 조금이라도 겁을 먹고 조금이라도 후퇴해서 물러나면 실패하여 자존할 수 없다. 그러므로 열국이 병립하면 국방을 가장 중시하면서, 사람들은 용기와 힘에 힘쓰고 선비는 무공을 다툰다. 진정 이 권리를 보존하기를 바란다면 방패가 떠내려갈 정도로 피를 흘리고 수많은 사람의 뼈가 마르더라도 후회하지 않는다. 그때의 인사(人士)는 또한 무풍(武風)을 다시 익히다가 사소한 원한으로 서로를 노려보며 몸을 일으켜 싸우고, 뜻을 이루지 못해 술을 마시다가 칼날을 들이대며 서로 원수가 되고,[20] 몸을 빌려 원수를 갚고서도 편안히 여기며 괴이하게 생각하지 않는다. 〔이처럼〕 기개를 숭상하고 의협심이 강한 것이 어느 나라나 그렇지 않는 곳이 없다. 멀리는 전국시대를 보고 가깝게는 유럽에서 징험해 보면 또한 지난 일을 볼 수 있다. 만약 통일되어 있는 세상이라면, 생존에 필요한 것을 구하는데도 같이 경쟁할 상대가 없으며, 문을 닫고 베개를 높이 하고

20 포조(鮑照), 『대결객소년장행』(代結客少年場行): "失意杯酒間, 白刃起相仇."

자도 위협할 상대가 없다. 그 전의 용기와 무공을 다시 사용할 일이 없어지니 마음은 점점 해이해지고 기력은 점점 부드러워지며 뼈는 점점 물러지고 힘은 점점 약해진다. 전쟁시대에는 무를 숭상하고 통일시대에는 문을 숭상한다. 일의 추세가 필연적으로 그러해서 스스로는 그렇게 되는 것을 모른다. 우리 중국은 진 이래로 오랫동안 통일시대를 이루었다. 그 사이에 남과 북으로 나뉜 일도 있었지만 2~3백 년에 불과했고 결국에는 다시 통합되었다. 토지는 넓고 자원은 풍부했다. 그 주위를 이민족이 둘러싸고 있었어도, 그 땅은 군현으로 편입시킬 만하지 않았고 그 사람들은 신민(臣民)으로 삼을 만하지 않았으니, 오랑캐라 천시하여 경쟁하기를 달가워하지 않았다. 다만 고삐를 얽어매어 끊어지지 않게 하고 문을 닫아걸어 오지 못하게 했을 뿐, 전력을 다해 경쟁해서 이기려고 하지 않았다. 태평가무의 시대에 사해가 편안하면, 익히는 것은 예악과 예의동작이며, 서로 고상함과 우아함을 숭상하고, 좋아하는 것은 문장을 짓고 시를 짓고 노래를 짓고 훈고하고 고증하는 것이며, 거기에 그 재주와 힘을 쓴다. 재주와 무용이 빼어나고 날랜 사람이 있으면 〔등용하지 않고〕 내버려 두어 무용(武)이 쓸데가 없게 만들며, 또 거칠고 사나운 것은 상류사회 밖으로 배제된다. 문(文)을 중시하고 무(武)를 경시하는 습관이 형성되어, 이에 무에 관계된 일은 폐기되고 민기(民氣)는 유약해졌으니, 2천 년 동안 부패하고 패배적인 기운과 습관이 국민의 뇌에 깊이 파고들어, 온 단체(群)와 나라의 사람이 마치 병자처럼 되고 연약한 여자처럼 되고 온화한 보살처럼 되고 순한 양처럼 되었다. 아아! 누가 쟁란을 싫어하고 평화를 좋아하지 않겠는가! 그러나 평화가 나를 약하게 하고 나에게 독이 되는 것이 이처럼 혹독한지를 어찌 알겠는가!

一由於國勢之一統. 人者多欲而好勝之動物也, 衣服飮食, 貨物土地, 皆生人所藉以自養, 而爲人人所欲望之事. 人人同此欲望, 卽人人皆思多取, 故人與人相處, 必求伸張其權利, 侵他人之界而無所饜. 國與國角立, 亦必求伸張其權利, 侵他人之界而無所饜, 然彼之欲望權利之心, 固無以異於此也, 則必竭力抗爭, 奮腕力以自衛, 稍一恇怯, 稍一退讓, 卽失敗而無以自存. 是故列國幷立, 首重國防, 人騖於勇力, 士競於武功, 苟求保此權利, 雖流漂杵之血, 枯萬人之骨而不之悔. 而其時人士, 亦復習於武風, 眦睚失歡, 挺身而鬪. 杯酒失意, 白刃相仇, 借軀報讎, 恬不爲怪, 尙氣任俠, 靡國不然. 遠觀之戰國, 近驗之歐洲, 往事亦可觀矣. 若夫一統之世, 則養欲給求而無所與競, 閉關高枕, 而無所與爭, 向者之勇力武功, 無所復用, 其心漸弛, 其氣漸柔, 其骨漸脆, 其力漸弱. 戰國尊武, 一統右文, 固事勢所必至, 有不自知其然者矣. 我中國自秦以來, 久大一統, 雖間有南北分割, 不過二三百年, 則旋歸於統合. 土地遼廣, 物産豊饒, 雖有異種他族環於其外, 然謂得其地不足郡縣, 得其人不足臣民, 遂鄙爲蠻夷而不屑與爭, 但使其羈縻勿絶拒杜勿來而已, 必不肯萃全力而與之競勝. 太平歌舞, 四海晏然, 則習爲禮樂揖讓, 而相尙以文雅, 好爲文詞詩賦訓詁考據, 以奇耗其材力. 卽有材武桀勇者, 亦間置而無所用武, 且以粗魯莽悍, 見屛於上流社會之外. 重文輕武之習旣成, 於是武事廢墮, 民氣柔靡. 二千年之腐氣敗習, 深入於國民之腦, 遂使群國之人, 奄奄如病夫, 冉冉如弱女, 溫溫如菩薩, 戢戢如馴羊. 烏乎, 人孰不惡爭亂而樂和平. 而烏知和平之弱我毒我乃如是之酷也.

둘째, 유교가 〔후대로 갈수록〕 잘못되었기(流失) 때문이다. 종교가의 이론을 분석하면 모두 세계주의에 치우쳐 있다. 그들 〔종교가들은〕 지극한 인(仁)에 근본을 둔 열렬한 마음으로 고상한 철리를 발양하므로, 그들이 견지하는 이론은 모두 인류 전체의 행복을 도모한다. 그러므로 서방의 가르침은 '태평의 천국', '적을 보기를 스스로를 보는 것처럼 하라'는 것이고, 천축(天竺)의 가르침은 '원수와 내 편을 평등하게 대하라', '일체중생' 등과 같이, 한결같이 사소한 다툼을 혁파함으로써 황금세계를 귀착으로 삼는다. 유교는 본래 인사(人事)에 절실하고 가깝기는 하지만, 공자는 『춘추』를 지어 중화와 이적의 가깝고 먼 〔차이를〕 한결같이 여기고 문(文)으로써 태평에 이르기를 힘쓰게 했다. 「예운」은 성인 〔공자〕의 말을 전하며, 자기 어버이만을 사랑하지 말고 자기 자식만을 사랑하지 않아야 한다고 역설하며 대동에 이르기를 바란다. 이 역시 모두 국경을 깨뜨리고 지극한 인과 넓은 사랑을 종지로 한다. 이는 본래 모두 지극한 선을 제시하는 것을 표적으로 삼은 것으로서, 이론이 될 수는 되지만 실행될 수는 없었다.

二由於儒教之流失. 宗教家之言論, 類皆偏於世界主義者也. 彼本至仁之熱心, 發高尚之哲理, 故所持論, 皆謀人類全體之幸福. 故西方之教, 曰太平天國, 曰視敵如己, 天竺之教, 曰冤親平等, 曰一切衆生, 無不破蠻觸之爭戰, 以黃金世界爲歸墟. 儒教者固切近於人事者也, 然孔子之作春秋, 則務使諸夏夷狄, 遠近若一, 以文致太平. 禮運之述聖言, 則力言不獨親親, 不獨子子, 以蕲至大同, 亦莫不破除國界, 以至仁博愛爲宗旨. 斯固皆懸至善以爲的, 可爲理論而未能見之實行者也.

그런데 예수교를 신봉하는 백성은 모두 강인하고 호전적인 기풍이 있고, 불교를 믿는 백성 역시 생사를 경시하는 특성이 있다. 유독 유교의 나라만이 겁 많고 유약한 것은 무엇 때문인가? 『중용』에서는 "관대함과 부드러움을 가르치고 무도함에 보복하지 않는다"고 하며, 『효경』에서는 "신체와 머리털, 피부는 함부로 훼상하지 않는다"고 말한다. 그래서 전국시대에는 "유가는 나약하고 느슨하다"는 비난을 들었다. 그러나 공자는 본래 나약하고 느슨한 것만을 가르침으로 삼지 않았다. "의를 보고 실천하지 않는 것을 용기 없음"[21]이라 하였고, "전쟁에 나가 용기를 내지 않음은 효가 아니니"[22]라고 비난했으니, 어찌 강하고 민첩함으로 민기(民氣)를 용솟음치게 하지 않았겠는가. 후세의 천박한 유학자들은 몸을 숨기는 것을 편하게 여기며, 도탄을 번민하면서 잘못을 고치려다 바름을 지나쳐 버린 말들을 주워 모아, 그것을 구실삼아 강함을 본받지 않고 유약함을 본받고, 양을 본받지 않고 음을 본받으며, 음으로는 노자가 말하는 암컷의 유약함과 움직임 없는 종지를 본받으면서 공자[유학]의 정통을 빼앗으니, 가라지로 싹을 망치며 잘못된 것이 습관이 되어 옳은 것이 되어 버렸다. 강하고 용감한 것을 오락으로 여기고, 모험을 경박하게 여기고, 임협을 경계할 일로 삼고, 유약한 것을 선한 사람으로 여기고, 오로지 '참을 인(忍)'만을 최상의 법문으로 삼으니, 타인이 능욕하고 핍박하고 속이고 협박하고, 타민족이 발로 차고 짓밟고 목을 베며 그 권리를 빼

21 『논어』「위정」: "見義不爲, 無勇也."

22 『예기』「제의」(祭義): "거처를 꾸미지 않은 것도 효가 아니며, 임금을 섬기면서 불충하는 것도 효가 아니며, 윗사람에게 불경하는 것도 효가 아니며, 친구를 믿지 않는 것도 효가 아니며, 전쟁에 나가 용기를 내지 않는 것도 효가 아니다"(居處不莊, 非孝也. 事君不忠, 非孝也. 蒞官不敬, 非孝也. 朋友不信, 非孝也. 戰陣無勇, 非孝也).

앗고 국가를 모욕하고 이어 재산을 탈취하고 부녀자를 욕보여도, 역시 고개를 숙이고 순순히 받아들이며, 노예도 참을 수 없는 부끄러움과 모욕을 참으며, 소나 말도 참을 수 없는 고통을 참으면서도, 화를 내며 팔을 걷어붙이고 싸운 적이 한 번도 없다. 아아! 상대가 내게 무도한 짓을 해도 보복하지 않는다는 것은 옛날에는 현명하고 유덕한 일이었다. 그러나 그 도를 가지고 지금의 생존경쟁·약육강식의 세상에 임한다면, 그 도를 가지고 사납고 날쌔고 호랑이처럼 먹이를 노리는 사람들과 대적한다면, 이는 강도가 집에 들어와 목에 칼을 들이대는데도 그들과 도덕을 고담준론하려는 것과 같다. 생존할 수 없을 뿐 아니라 치욕을 가중시키는 것이 아니겠는가! 옛 현인의 성덕을 본받아, 이처럼 뼈대 없이 유약하고, 무너지도록 무기력하며, 칼에 찔려도 아파하지 않고, 불에 데어도 고통을 모르는 민족이 양성되었다는 것을, 옛날 현인이 어떻게 미루어 헤아릴 수 있었겠는가.

然奉耶敎之民, 皆有堅悍好戰之風, 奉佛敎之民, 亦有輕視生死之性, 獨儒敎之國, 奄然怯弱者何也. 中庸之言曰, 寬柔以敎, 不報無道. 孝經之言曰, 身體髮膚, 不敢毁傷. 故儒敎當戰國之時, 已有儒懦儒緩之誚. 然孔子固非專以懦緩爲敎者也. 見義不爲, 謂之無勇, 戰陣無勇, 斥爲非孝, 曷嘗不以剛强剽勁聳發民氣哉. 後世賤儒, 便於藏身, 摭拾其悲憫塗炭矯枉過正之言, 以爲口實, 不法其剛而法其柔, 不法其陽而法其陰, 陰取老氏雌柔無動之旨, 奪孔學之正統而纂之, 以莠亂苗, 習非成是, 以强勇爲喜事, 以冒險爲輕躁, 以任俠爲大戒, 以柔弱爲善人, 惟以忍無上法門, 雖他人之凌逼欺脇, 異族之蹴踐斬刈, 攫其權利, 侮其國家, 乃至掠其財産, 辱其妻女, 亦能俯首順受, 忍奴隸所不能忍之恥辱, 忍牛馬所不能忍之痛苦, 曾不敢怒目攘臂而一與之爭.

嗚呼, 犯而不校, 誠昔賢盛德之事, 然以此道處生存競爭弱肉强食之世, 以此道對鷙悍剽疾虎視鷹擊之人, 是猶强盜入室, 加刃其頸, 而猶與之高談道德, 豈惟不適於生存, 不亦更增其恥辱邪. 法昔賢盛德之事, 乃養成此柔脆無骨頽憊無氣刀刺不傷火爇不痛之民族, 是豈昔賢所及料也.

셋째, 패자가 꺾어 버리고 쓸어버렸기 때문이다.[23] 패자가 천하를 얻게 되면 평정한 당초에는 누구나 무를 누르고 문에 주력하는 정책을 가장 중요하게 여긴다. 문학을 진흥하는 것이 왜 나라를 운영하는 자의 급무가 아니겠는가만, 반드시 먼저 이른바 무를 잠재우는 것[24]은 이른바 말 위에서 얻은 것은 반드시 말 위에서는 다스리지는 못하기 때문이 아니겠는가. 또한 무기를 없애고 예악을 일으켜 문으로 태평을 이룩하는 것을 아름답게 여기기 때문이 아니겠는가. 패자들이 천하를 얻는 과정은 대개 초야에서 일어나서 고난의 전투를 통해 강한 완력을 얻고 영웅들을 굴복시켜 그들의 땅을 빼앗는 식이다. 그는 천하가 힘으로 정벌되고 경영될 수 있다는 것을 알며, 내가 무력으로 타인의 것을 빼앗았으면 타인 역시 무력으로 나의 것을 빼앗을 수 있다는 것을 안다. 그리하여 자루 끈을 단단히 매고 금궤에 자물쇠를 굳게 채우는 정책을 채택해서, 힘 있는 자들이 부담스러워 떠나도록 하기에 힘쓴다. 왕도(輦轂之下)에 날래고 용감한 선비나 강한 무를 갖춘

---

23 이 부분부터 『신민총보』 제29호, 1903. 4. 11.

24 '무를 잠재우는 것'은 '무자이언지'(武者而偃之)를 번역한 것으로 '문수'(文修)와 나란히 사용된다. 『상서』「무성」(武成): "왕은 상에서 돌아와 풍에 이르러, 무를 잠재우고 문을 닦았다"(王來自商, 至于豊, 乃偃武修文).

힘 있는 사람이 있어 그 영역 안(臥榻之側)에서 노려보고 있으면, 패자에게는 불리한 바가 있다. 나아가 재야에서 유협의 자유로운 기풍으로 재주가 걸출한 유순하지 않은 무리를 모아, 그들과 함께 대범하게 기탄없이 떠들고(上指天下畫地) 경박하게 재력과 무용을 다투면, 패자에게는 더욱 불리함이 있다. 불리하게 여기는 것이 있으면 그것을 없애지 않고서는 편안할 수 없다. 〔불리함을〕 제거하는 데 두 가지 방법이 있는데, 먼저 하나는 '족쇄'이다. 한 사람만 굳세고 나머지 모든 사람은 부드러우며, 한 사람만 강하고 나머지 천하 사람 모두 약한 것이 패자들이 천하를 차지했을 때의 실정이다. 감히 유약하기를 거부하는 자는 용서 없이 살해한다. 이전에는 건국의 공훈자이고 그에 의지해서 성을 지켰더라도, 가차 없이 삼족을 멸해 그 자손이 일으킬 소란까지 미리 제거한다. 감히 몰래 소리를 내며 비판하거나 비분강개하여 일터에서 비가(悲歌)를 부르는 사람은 더욱 금기를 어긴 자로서, 반드시 엄형을 적용해 목을 베어 다시는 비슷한 사람이 없도록 한다. 진시황이 병기를 녹여 없애고, 한의 경제(景帝)가 유협을 살육하고, 한의 고조와 명의 태조가 공신을 소금에 저린 일 등은 거의 '족쇄'의 기술을 사용한 것이다. 그러나 앞사람이 쓰러져 죽으면 뒷사람은 분해서 날뛰는 법이다. 족쇄의 힘이 다할 때가 되면, 그때는 '회유'의 방법으로 바꾼다. 율령제도로 회유하고, 시부와 사장으로 회유하고, 과거제도로써 회유하며, 정치적 시행으로써 회유한다. 재주를 유화(柔化)하고 근골을 유화하고 언론을 유화하고 사상을 유화하고 정신을 유화하기에 이른다. 천하의 인사들 가운데 간혹 걸출한 영웅이 있어도 모두 정신을 피폐하게 하고, 시와 문장을 읊으며 우환이 들어오고 나가는 것을 가늠하는 가운데 복잡한 마음으로 노래하고 울게 하니, 재주와 무력에서 다시 다툴 정신과 재능이 없다. 무기를 들어 베지 않고 칼을 갖고 위협하지 않아도 천하의 영웅이 모두 울타리 안으로 들어오니, 과거에 몰래 비판하거나 비분강개의 비가를 부르는 호기(豪氣)는 이제 없다. 패자가 일어나게 되면 이 기술을 써서 꺾어 버리고 쓸어버린다. 다른 패자가 일어나면 또 이 기술을 써서 꺾어 버리고 쓸어버린다. 이렇게 24왕조의 공략과 소탕을 겪고 나자 선비의 기운은 다하고 사람의 마음은 죽었으니, 패자의 기술이 먹힌 것이다. 아아, 우리를 피폐하게 한 것에, 이 사납고 난폭하고 모진 〔패자라는〕 다른 족속이 또 있었음을 어찌 생각했겠는가.

三由霸者之摧蕩. 霸者之有天下也, 定鼎之初, 卽莫不以偃武修文爲第一要義. 夫振興文學, 寧非有國之急務, 乃必先取其所謂武者而偃之, 彼豈果謂馬上得之者, 必不能馬上治之哉. 又豈必欲銷兵甲, 興禮樂, 文致太平以爲美觀也哉. 霸者之取天下, 類皆崛起草澤, 間關汗馬, 奮强悍之腕力, 屈服群雄而攫奪之. 彼知天下之可以力征經營, 我可以武力奪之他人者, 他人亦將可以武力奪之我也, 則日講滕緘扃鐍之策, 務使有力者不能負之而趨. 故輦轂之下, 有驍雄之士, 强武有力之人, 以睥睨其臥榻之側, 則霸者有所不利, 草澤之下, 有游俠任氣之風, 萃材桀不馴之徒, 相與上指天, 下畫地, 囂然以材武相競, 則霸者尤有不利. 旣所不利, 則不能不去之以自安. 去之之術有二, 其先曰鋤. 一人剛而萬夫皆柔, 一人强而天下皆弱, 此霸有天下者之恆情也. 其敢不柔弱者殺無赦, 雖昔日所視爲功狗, 倚爲長城者, 不惜翦薙芟荑, 以絶子孫之患. 其敢有暗嗚叱咤慷慨悲歌於田間隴畔者, 則尤觸犯忌諱, 必當嚴刑重誅, 無俾易種. 秦皇之銷鑄鋒鍉, 漢景之獮艾游俠, 漢高明太之菹醢功臣, 殆皆用鋤之一術矣. 然前者僵仆, 後者憤踊, 鋤之力亦將有所窮也, 乃變計而用柔之一術. 柔之以律令制策, 柔之以詩賦詞章, 柔之以帖括楷法, 柔之以簿書期會, 柔其材力, 柔其筋骨, 柔其言論, 乃至柔其思想, 柔其精神. 盡天下之人士, 雖間有桀驁梟雄者, 皆使之敝精疲神纏綿歌泣於諷誦揣摩患得患失之中, 無復精神材力以相競于材武. 不必戮以斧鉞, 威以刀鋸, 而天下英雄盡入彀中, 無復向者喑嗚叱咤慷慨悲歌之豪氣. 一霸者起, 用此術以摧蕩之, 他霸者起, 亦用此術, 以摧蕩之, 經二十四朝之摧陷廓淸, 士氣索矣, 人心死矣, 霸者之術售矣. 嗚呼, 又豈料承吾敝者別有此獰猛梟鷙之異族也.

넷째, 습속에 젖고 물들었기 때문이다. 천하에 사람을 바꾸는 힘 가운데 습관만큼 큰 것이 없다. 서진(西秦)이 〔전쟁에서의〕 공을 첫째로 치자 여자들 역시 적개심을 알았으며, 스파르타가 무를 중시하자 부인들 역시 죽음을 가볍게 볼 줄 알았다. 진과 스파르타 사람들이 반드시 날 때부터 사람마다 이러한 아름다운 성질을 갖고 있었겠는가. 기풍에 훈습되고 견문에 물들면서 나날이 쌓이고 다달이 쌓여 오래되면서 제2의 천성이 된 것이다. 우리 중국이 무를 경시하던 습속은 옛날부터 그러했다. 속담에 "좋은 쇠로는 못을 만들지 않고 좋은 사람은 군인(軍人)이 되지 않는다"는 말이 있다. 그러므로 이른바 군인은 악독하고 졸렬한 무뢰한의 대명사였을 뿐 아니라, 무사(武士)라는 호칭은 시골뜨기라는 호칭에도 못 미치는 것이었다. 동서 여러 나라에서는 군인을 대하기를 존경하고 중시하고 공경하고 예로 대하며 향을 피워 숭배한다. 일단 군적에 올리면 부모는 영광으로 여기고 동네 사람들은 행운으로 여기며, 종족은 교유하는 것을 은혜로 여기는 등, 모두들 인생 제일의 명예로 여긴다. 동서의 사람들이 이처럼 중시하므로 온 나라 안 사람들의 정신은 이 점에 모여지지 않을 수 없고, 일체의 문학이나 시가, 희곡, 소설, 음악 등이 모두 백성의 용기를 격양시키고 고무하고 격발시켜 국혼으로 키우려고 한다. 오직 우리 중국만이 저처럼 경시하므로 온 나라가 이것에 유의하기를 달가워하지 않고, 학자들이 의론하는 것과 문학가들이 노래하는 것 또한 모두 무를 좋아하고 공을 기뻐하는 것을 풍자하고, 변방의 땅을 개척하면서 충돌이 발생하는 것을 크게 경계한다. 이른바 이름난 작품, 아름다운 작품이라는 것은 모두 창을 메고 종군하는 고통스런 상황을 묘사하거나 전쟁의 유혈 참상을 노래한 것들로서, 읽는 사람들로 하여금 머리를 떨어뜨리고 상심하게 하여 기를 빼앗고 정신을 손상시킨다. 소설이나 희극 같은 것은 재자가인의 온화하고 아름답고 부드러운 마음을 묘사하고, 관현의 음악은 부드럽고 음란하면서도 아름답게, 나라 망한 것을 슬퍼하는 정성(鄭聲)을 베끼고 연주한다. 한 사회 안에서 이목에 접촉하는 것이 어느 하나 사람의 씩씩한 마음을 위축시키고 손상시키지 않는 것이 없고, 사람의 호탕한 기운을 없애 버리지 않는 것이 없다. 나쁜 풍조가 떠도니 이 나쁜 독에 중독되지 않은 사람이 없는 것이, 마치 역병이 전염되고 폐병이 전염되는 것과 같다. 씩씩한 모습의 뛰어난 청년이 있더라도 날마다 갈리고 달마다 깎여서 몇 년 안 가서 노인처럼 쇠락하고 약한 여자처럼 쓰러질 듯하다. 아아, 사회의 풍속이란 국민을 주조하는 화로인데, 퇴폐하고 부패한 사회의 풍속으로 어떻게 용감하고 침착하고 의연한 국민을 주조해 낼 수 있겠는가.

四由習俗之濡染. 天下移人之力, 未有大於習慣者也. 西秦首功, 而女子亦知敵愾, 斯巴達重武, 而婦人亦能輕死. 夫秦與斯巴達之人, 豈必生而人人有此美性哉. 風氣之所薰, 見聞之所染, 日積月累, 久之遂形爲第二之天性. 我中國輕武之習, 自古然矣. 鄙諺有之曰, 好鐵不打釘, 好人不當兵. 故其所謂軍人者, 直不啻惡少無賴之代名詞, 其號稱武士者, 直視爲不足齒之傖父. 夫東西諸國之待軍人也, 尊之重之, 敬之禮之, 馨香尸祝之. 一入軍籍, 則父母以爲榮, 鄰里以爲幸, 宗族交游以爲光寵, 皆視此爲人生第一名譽之事. 唯東西人之重視之也如此, 故舉國人之精神, 莫不萃於此點, 一切文學詩歌劇戲小說音樂, 無不激揚蹈厲, 務激發國民之勇氣, 以養爲國魂. 惟我中國之輕視之也如彼, 故舉國皆不屑措意, 學人之議論, 詞客所謳吟, 且皆以好武喜功爲諷刺, 拓邊開釁爲大戒. 其所謂名篇佳什, 類皆描荷戟從軍之苦況, 詠戰爭流血之慘態, 讀之令人垂首喪志, 氣奪神沮. 至其小說戲劇, 則惟描寫才子佳人旖旎冶猥之柔情, 其管絃音樂, 則惟譜演柔蕩靡曼亡國哀思之鄭聲. 一群之中, 凡所接觸於耳目者, 無一不頹損人之雄心, 銷磨人之豪氣. 惡風潮之所漂蕩, 無人不中此惡毒, 如疫症之傳染如肺病之遺種. 雖有雄姿英發之青年, 日摩而月刓之, 不數年間, 遂頹然如老翁, 靡然如弱女. 嗚呼, 群俗者冶鑄國民之爐火, 安見頹廢腐敗之群俗, 而能鑄成雄鷙沈毅之國民也.

이러한 여러 나쁜 원인이 모두 천년 이전에 씨가 뿌려져서 오늘에 이르러 하나의 커다란 악과(惡果)로 결실을 맺었다. 사람이 살 수 있고 나라가 성립할 수 있는 가장 중요한 근거로 자주지권(自主之權)을 꼽지 않는 경우가 없다. 그러나 그 자주지권이 보전되는 것은 언제나 자위권(自衛權)이 뒤에서 방패가 되어 주어야만 한다. 남이 내게 욕을 하면 나도 욕으로 돌려줘야 하며, 힘으로 나를 능멸하면 나도 힘으로 대항해야 한다. 이것이 외부의 모멸을 물리치고 호시탐탐 먹잇감을 노리는 맹수들 틈에서 자립할 수 있는 길이다. 그런데 타인에게 욕을 되갚고 강한 힘으로 대항하는 일은 공법(公法)에 의거해서 그들에게 벌을 주는 식으로는 절대 효과를 볼 수 없다. 반드시 내적으로 견인불발의 무력을 가진 후에야 스스로를 지키는 실권을 실행할 수가 있다. 나는 〔우리나라가〕 수족이 마비되어 움직이지 못하고 이미 방어하고 보호하는 기능을 상실하였다는 소문이 〔전 세계에〕 나서, 동서의 여러 나라들이 모두 번쩍번쩍 칼을 갈면서 우리를 향하여 우리를 고기로 먹으려고 할까 걱정이다. 우리의 문약한 나쁜 근원을 빨리 뽑아서 불무(不武)함으로써 쌓인 치욕을 설욕하지 않는다면, 20세기 경쟁의 장에서 어떻게 지나(支那) 인종이 다시 설 수 있겠는가. 그런데 나는 우리나라가 군사력을 키우려고 한다는 것을 수십 년 전에 들었다. 군함을 사들이고 병사를 훈련하고 공장을 만들어 무기를 제조하고 군대를 정비하는 데 힘쓴 지 오래되었다. 그러나 그 효과가 전혀 보이지 않는 것은 무엇 때문인가? 그들이 키우려는 군사력은 형식이고 내가 키우려는 군사력은 정신이기 때문이다. 정신이 없이 다만 형식만 있다면 이는 호랑이 가죽을 뒤집어쓴 양일 뿐으로, 그러한 〔사람〕을 맹수와 싸우게 하면 맹수의 먹이가 될 뿐이다. 정말로 상무정신을 키우려 한다면 세 가지 힘을 갖추지 않을 수 없다.

> 凡此數者之惡因, 皆種之千年以前, 至今日結此一大惡果者也. 且夫人之所以爲生, 國之所以能立, 莫不視其自主之權. 然其自主權之所以保全, 則莫不恃自衛權爲之後楯. 人以惡聲加我, 我能以惡聲返之, 人以强力凌我, 我能以强力抗之, 此所以能排禦外侮, 屹然自立於群

虎眈眈萬鬼睒睒之場也. 然返人惡聲, 抗人强力, 必非援據公法樽俎折衝之所能爲功, 必內有堅强之武力, 然後能行用自衛之實權. 我以病夫聞於世界, 手足癱瘓, 已盡失防護之機能, 東西諸國, 莫不磨刀霍霍, 內向而魚肉我矣. 我不速拔文弱之惡根, 一雪不武之積恥, 二十世紀競爭之場, 寧復有支那人種立足之地哉. 然吾聞吾國之講求武事, 數十年矣, 購艦練兵, 置廠製械, 整軍經武, 至勤日久, 然卒一熸而盡者何也. 曰彼所謂武, 形式也, 吾所謂武, 精神也, 無精神而徒有形式, 是蒙羊質以虎皮, 驅而與猛獸相搏擊, 適足供其攫啖而已. 誠欲養尙武之精神, 則不可不備具三力.

하나는 심력(心力)이다. 서양 학자의 말에 "여자는 약하지만 어머니는 강하다"는 것이 있다. 약한 여자가 홀연 어떻게 강해지는가? 그것은 그 사랑의 정신이 온통 아들 한 몸으로 모였기 때문이다. 아들에게 급한 일이 있으면 몸을 던져 달려간다. 극도로 고통스럽고 험난하고 무서운 곳에 처해도, 건장한 장부나 건강한 남자도 머뭇거리는 그러한 곳에서도, 그는 손을 흔들며 앞으로 달려간다. 이전의 겁많고 나약한 모습을 완전히 바꾸는 것이다. 그의 눈과 그의 마음속에 오직 아들만이 있을 뿐이다. 자신의 몸을 돌아보지 않으니 어떻게 험난한 것을 보겠는가, 어떻게 두려운 것을 보겠는가. 심력이 흐트러지면 용감한 자도 역시 겁을 먹고, 심력이 집중되면 약자라도 강해진다. 그러므로 원수를 갚고, 치욕을 갚고, 어려움을 견디고, 큰 계획을 세우고, 큰일을 맡는 등의 일이, 지혜로운 자도 도모하지 못하고 귀신도 알 수 없는 것이라 해도, 지극한 정성을 가진 사람의 심력에 의해서는 이루어지지 않는 것이 없다. 장자방(張子房)은 문약한 서생으로서 진시황을 쇠망치로 죽이려 했으며,[25] 신포서(申包胥)는 여기저기 떠다니며 도망 다니는 신하로서 초나라를 보존했으니,[26] 심력이 채찍질하고 다그쳐서 이룬 것이다. 월(越)나라가 오(吳)나라를 연못으로 만들고, 초(楚)나라가 진(秦)나라를 망하게 했으며, 희랍이 스파르타왕의 대군을 격파하고, 네덜란드가 스페인의 함대를 물리친 것은 모두 심력이 채찍질하고 다그쳐서 이루어진 것이다. 아아! 환경이 긴박하지 않으면 마음은 일어나지 않고, 감정이 급하지 않으면 힘은 극진해지지 않는다. 증문정 선생이 병사에 대해 다음과 같이 말했다. "관군이 도적을 공격할 땐 길마다 활로이고 오직 앞으로 나 있는 한 길만이 막다른 길이다. 도적이 관군을 막을 땐 길마다 막다른 길이고 오직 앞으로 나 있는 길만이 활로이다. 관군이 도적을 대적할 수 없는 것은 이 때문이다." 지금 외국인이 우리를 압박해 온다. 그 범위는 점점 좁혀 들고 그 세력은 날로 급박하게 압박해 온다. 백만의 무기와 군사들이 우리 고립된 군사들을 겹겹이 싸고 우리를 압박해 온다. 앞으로 돌파해 나가는 일 말고는 살 길이 없다. 뒤에는 호랑이가 쫓아오니 겁쟁이라도 계곡을 넘어 도망갈 만하다. 집에서는 불이 나고 있으니 약한 여자라도 담을 넘어 도망할 것이다. 나는 우리 동포들이 격렬한 열성을 발휘하고 용기를 고무하여, 묵묵히 양손을 끼고 죽음

---

25 장자방은 장량(張良, ?~B.C. 168). 한나라의 건국 공신. 진승(陳勝) 오광(吳廣)의 난이 일어났을 때 유방의 진영에 속하였으며, 고조 유방을 도와 한나라 창업에 힘썼다. 선견지명이 있는 책사(策士)로서 소하, 한신과 함께 한나라 창업의 삼걸(三傑)로 불린다.

26 신포서(申包胥)는 중국 춘추시대 초나라의 정치가. 오나라의 침공으로 초나라가 위태로울 때 진나라에 가서 7일 동안 먹지 않고 울며 원군을 요청했다.

을 기다리는 일이 없기를 바란다.

一曰心力. 西儒有言曰, 女子弱也, 而爲母則强. 夫弱女何以忽爲强母, 蓋其精神愛戀, 咸萃於子之一身, 子而有急, 則挺身赴之, 雖極人生艱險畏怖之境, 壯夫健男之所却顧者, 彼獨揮手直前, 盡變其嬌怯嬝娜弱不勝衣之故態. 彼其目中心中, 止見有子而已, 不見有身, 更安見所謂艱險. 更安見所謂畏怖, 蓋心力散渙, 勇者亦怯, 心力專凝, 弱者亦强. 是故報大仇, 雪大恥, 革大難, 定大計, 任大事, 智士所不能謀, 鬼神所不能通者, 莫不成於至人之心力. 張子房以文弱書生而椎秦, 申包胥以漂泊逋臣而存楚, 心力之驅迫而成之也. 越之沼吳, 楚之亡秦, 希臘破波斯王之大軍, 荷蘭却西班牙之艦隊, 亦莫非心力之驅迫而成之也. 嗚呼, 境不迫者心不奮, 情不急者力不摯. 曾文正之論兵也, 曰, 官軍擊賊, 條條皆是生路, 惟向前一條是死路. 賊禦官軍, 條條皆是死路, 惟向前一條是生路. 官軍之不能敵賊者以此. 今外人逼我, 其圈日狹, 其勢日促, 直不啻以百萬鐵騎, 蹙我孤軍於重圍之中矣, 舍突圍向前之一策, 更無所謂生路. 虎逐於後, 則懦夫可驀絶澗. 火發於室, 則弱女可越重簷. 吾望我同胞激其熱誠, 鼓其勇氣, 無奄奄斂手以待斃也.

하나는 담력이다. 세상 어디를 가나 어려운 환경이 있는데 오직 담력이 있는 자만이 어려운 환경이 없다. 세상 어디를 가나 무서운 길이 있지만 오직 담력을 가진 자만이 무서운 길이 없다. 하늘이 어찌 이 어려운 환경과 무서운 길을 그들만을 위해 사사롭게 없앴겠는가! 인간 세상의 모든 환경은 사람 마음이 스스로 만드는 것이다. 내가 스스로 어렵다고 여기고 무섭다고 여기면 마음이 먼저 굶주리고

기가 먼저 위축되어, 외부환경이 그 비고 약한 곳을 파고들어 막아버린다. 만약에 늠름한 태도로 뒤돌아보지 않는다면 그 기는 다시 살아나, 사지에 갖다 놓아도 살아남으며 망지에 갖다 놓아도 살아남는다. 항우(項羽)는 배를 가라앉히고 솥을 깨뜨리면서 진나라를 공격했으며,[27] 한후(韓侯)는 배수의 진을 치고 초(楚)나라를 패배시켰으니,[28] 저처럼 숫자의 많고 적음이 현저히 다른 것을 보면, 병력으로 대적할 수 없는 위험한 지경이 왜 없겠는가만, 마침내는 담력을 떨쳐 공을 이루었다. 넬슨[29]은 "나는 두려움이 어떤 것인지 모른다"고 했다. 그는 평생 세상을 돌아다녔으니 위협을 느끼고 떨리게 흔들리는 위험한 상황이 왜 없었겠는가. 그런데도 담력을 발휘하여 마침내 공을 이뤘다. 예부터 영웅호걸이 세상에 흔치 않은 공을 세워 건국의 위업을 달성하는 데는, 어느 하나 큰 위험을 무릅쓰고 큰 어려움을 이겨 내고 이루지 않은 것이 없으니, 이것은 담력에서 온 것이 아니겠는가. 그런데 담력이란 자신감에서 생긴다. 맹자는 "스스로 돌아보아 옳지 않다면 갈옷을 입은 일반 백성이라도 나는 두려워하며, 스스로 돌아보아 옳다면 천만인을 대적하는 일이라도 나는 하리라"[30]고 했다. 나라의 흥망 역시 마찬가지이다. 타인을 믿지 말고 자신을 믿으라. 국민이 나라가 흥할 것이라고 스스로 믿으면 나라는 흥하고, 국민이 나라가 망할 것이라고 스스로 믿으면 나라는 망한다. 영국인 장교 웨이슬리는 "중국인들은 전 세계를 유린할 자격이 있다"고 말한 적이 있다.

---

27 『사기』「항우본기」(項羽本紀) 참조.

28 『사기』「회음후열전」(淮陰侯列傳) 참조.

29 넬슨(Viscount Horatio Nelson, 1758~1805). 영국의 제독.

30 『맹자』「공손추상」2.

우리는 이러한 자격이 있는데도 스스로를 믿지 못하고 용기를 내지 못한다. 이러한 자격을 갖고 있는데도 경쟁의 전쟁터에서 열강과 마주해서는 날마다 외국인이 우리 땅을 분할할까봐 두려워하고 날마다 외국인들이 간섭할까봐 두려워한다. 스스로 분발하려는 생각은 하지 않고 다만 겁만 내니, 야수와 같은 저들 이민족들이 왜 우리 겁쟁이들을 분할하고 간섭하려 하지 않겠는가! 아아! 겁쟁이는 모욕의 모의를 부르고, 전쟁을 두려워하는 자는 반드시 전화를 입는다. 죽음을 두려워하는 자는 반드시 죽임을 당하니, 두렵고 겁 많은 자에게 무슨 행운이 있으랴! 맹자는 "천 리 땅을 갖고 남을 두려워하는 자는 들어보지 못했다"[31]고 했다. 나는 바란다. 우리 동포들이 웅심을 발휘하고 용기를 고무하여, 이것도 겁내고 저것도 겁내면서 스스로 〔기가〕 굶주리도록 하는 일이 없기를!

一曰膽力. 天下無往非難境, 惟有膽力者無難境, 天下無往非畏途, 惟有膽力者無畏途. 天豈必除此難境畏途以獨私之哉. 人間世一切之境界, 無非人心所自造, 我自以爲難以爲畏, 則其心先餒, 其氣先懾, 斯外境得乘其虛怯而窘之. 若悍然不顧, 其氣足以相勝, 則置之死地而能生, 置之亡地而能存. 項羽沈舟破釜以擊秦, 韓侯背水結陣以敗楚, 彼其衆寡懸殊, 豈無兵力不敵之危境哉. 然奮其膽力, 卒以成功. 訥爾遜曰, 吾不識畏爲何物. 彼其平生閱歷, 豈無危疑震撼之險象哉. 然奮其膽力, 卒以成功. 自古英雄豪傑, 立不世之奇功, 成建國之偉業, 何一非冒大險, 夷大難, 由此膽力而來者哉. 然膽力者, 由自信力而發生

31 『맹자』「양혜왕하」11.

者也. 孟子曰, 自反而不縮, 雖褐寬博, 吾不惴焉, 自反而縮, 雖千萬人, 吾往矣. 國之興亡亦然. 不信之人, 而信之己, 國民自信其興則國興, 國民自信其亡則國亡. 昔英將威士勒之言曰, 中國人有可以蹂躪全球之資格. 我負此資格而不能自信, 不能奮其勇力, 完此資格, 以與列强相見於競爭之戰場, 惟是日懼外人之分割, 日畏外人之干涉, 不思自奮, 徒爲恇怯, 彼獰猛梟鷙之異族, 寧以我之恇怯而輟其分割干涉邪. 嗚呼, 怯者召侮之媒, 畏戰者必受戰禍, 懼死者卒蹈死機, 恇怯豈有幸也. 孟子曰, 未聞以千里畏人. 吾望我同胞奮其雄心, 鼓其勇氣, 無畏首畏尾以自餒也.

하나는 체력이다. 육체(體魄)는 정신과 밀접한 관계가 있다. 건강하고 강건한 육체가 있어야 견인불굴의 정신이 있다. 옛날의 위인이 크고 어려운 짐을 지고 세계를 개척할 수 있었던 것은 그러한 사람들은 모두 뛰어난 특이함으로 평범하지 않은 어려움을 견뎌낼 수 있었기 때문이다. 도간(陶侃)은 수고로움을 습관화하여 벽돌 나르기를 아침저녁을 가리지 않았으며,[32] 사가법(史可法)이 독사(督師)였을 때 7일 동안 눈을 붙이지 못했다.[33] 나폴레옹이 군사를 다스릴 때 하

32 도간(陶侃, 259~334). 동진 사람. 광주자사(廣州刺史)로 좌천되었을 때, 고을에 일이 없을 때에는 아침에 벽돌 100장을 집 밖으로 옮기고 저녁에 이것을 다시 집 안으로 옮겼다. 중원을 회복할 때까지, 몸이 편안해서 해이해지는 것을 막기 위해서였다고 한다.

33 사가법(史可法, 1601~1645). 명 말의 정치가. 마사영(馬士英)의 전권(專權)을 싫어하여 양주(揚州)로 물러가 있다가 예친왕(豫親王) 도르곤(多爾袞)이 이끄는 청나라 군사의 공격을 받아 치열한 시가전을 벌인 끝에 붙잡혀 살해되었다. 양주(揚州) 사람들이 매화령(梅花嶺)에 그의 포홀(袍笏)을 매장했다.

루에 겨우 네 시간만 잤다. 글래드스턴[34]은 나이를 먹어도 걸어서 백 리를 넘게 갔다. 비스마르크의 체격은 280여 파운드[35]가 나갔다. 그 근골이 견고하므로 비바람을 이겨 내고, 더위와 추위를 무릅쓰고, 환난, 고난과 싸우기를 처음과 끝을 일관했다. 타타르족과 슬라브 민족도 역시 이 야만스런 체력에 의지해서 다른 종족을 제어할 수 있었다. 독일황제 빌헬름 2세는 베를린의 초등학교를 시찰하면서 다음과 같이 훈시했다. "우리 독일 신민은 모두 체육(體育)에 유의해야 한다. 체육을 하지 않으면 남자는 병역을 감당할 수 없고 여자는 우리 위대한 영웅을 잉태할 수 없다. 인종이 강하지 않으면 나라가 어디에 의지할 것인가!" 그러므로 유럽 여러 나라들은 체육에 대단히 열심히 종사한다. 체조 외에도 검도, 승마, 축구, 사격, 수영 등의 운동경기, 어느 것 하나 장려하지 않는 것이 없게 하여 온 국민이 모두 군국민(軍國民)의 자격을 갖추게 한다. 옛날에는 단지 한 〔나라만〕 스파르타였는데 지금은 온 유럽이 스파르타가 되었다.

一曰體力. 體魄者, 與精神有切密之關系者也, 有健康强固之體魄, 然後有堅忍不屈之精神. 是以古之偉人, 其能負荷艱鉅, 開拓世界者, 類皆負絶人之異質, 耐非常之艱苦. 陶侃之習勞, 運甓不間朝夕. 史可法之督師, 七日目不交睫. 拿破侖之治軍, 日睡僅四小時. 格蘭斯頓之垂老, 步行能逾百里. 俾斯麥之禮格, 重至二百八十餘磅. 其筋骸堅固, 故能凌風雨, 冒寒暑, 攖患難勞苦, 而貫徹初終. 彼韃靼之種人, 斯拉

34 윌리엄 글래드스턴(William Ewart Gladstone, 1809~1898). 영국 정치가. 자유당 당수를 지냈으며, 수상직을 네 차례 역임했다.

35 약 127kg이다.

夫之民族, 亦皆恃此野蠻體力, 而遂能鉗制他族者也. 德皇威廉第二之視學於柏林小學校, 其敕訓曰, 凡我德國臣民, 皆當留意體育. 苟體育不講, 則男子不能負兵役, 女子不能孕産魁梧雄偉之嬰兒. 人種不强, 國將何賴. 故歐洲諸國, 靡不汲汲從事於體育, 體操而外, 凡擊劍馳馬鞠蹴角抵習射擊鎗游泳競渡諸戲, 無不加意獎勵, 務使擧國之人, 皆具軍國民之資格. 昔僅一斯巴達者, 今且擧歐洲而爲斯巴達矣.

중국인들은 위생을 강구하지 않고 혼인 시기가 너무 빠르다. 이 때문에 씨를 전할 때 씨가 이미 허약하다. 전해진 뒤에는 하루 종일 책상 앞에 앉아 있으며, 문 닫고 방 안에만 있으면서 전혀 운동은 하지 않고, 눈의 힘을 써서 눈이 침침해지며 늙기도 전에 등이 굽는다. 또한 배운 것을 익히는 일에 게으르며, 스스로 일하여 스스로 사는 기풍은 전혀 없다. 모든 나약한 사람들은 의식과 거동에서 이 문약을 아름다운 이름으로 여기고 수척함을 소중한 것으로 여긴다. 팔랑거리는 젊은이들은 약해 빠져 바람도 이겨 내지 못하니, 장부라 이름하지만 소녀보다도 약하다. 약관 이후의 〔젊은이는〕 연애에 빠져 정력을 소모하고 아편을 피워 신체를 망치니, 관상을 보면 비틀거리는 걸음, 핏기 없는 얼굴색, 얼굴엔 죽음의 그림자, 병든 몸은 미약해서 호흡이 겨우 붙어 있다. 〔이러한〕 4억 인을 합해도 한 명의 완비된 몸을 얻을 수가 없다. 아아! 나라 안 사람이 모두 병자라면 그 나라가 어떻게 병든 나라가 안 되겠는가! 이런 나라 국민이 맹수와 같은 이민족을 만난다면 이는 난장이가 거인을 만나는 것과 같아서, 거인이 손에 아무 무기도 들지 않고 손 한 번 휘두르는 것으로도 난장이는 무너져 내릴 것이다. 아아! 생존경쟁, 우승열패여! 우리 동포는 근골을 단련하고 용기를 길러서, 멍하니 앉아서 망하는 일이 없기를 바란다.

> 中人不講衛生, 婚期太早, 以是傳種, 種已孱弱, 及其就傳之後, 終日伏案, 閉置一室, 絶無運動, 耗目力而昏眊, 未黃耇而駘背. 且復習爲嬌惰, 絶無自營自活之風, 衣食擧動, 一切需人, 以文弱爲美稱, 以羸怯爲嬌貴. 翩翩年少, 弱不禁風, 名曰丈夫, 弱於少女. 弱冠而後, 則又纏綿床第以耗其精力, 吸食鴉片以戕其身體, 鬼躁鬼幽, 躂步欹跌, 血不華色, 面有死容, 病體奄奄, 氣息才屬, 合四萬萬人, 而不能得一完備之體格. 嗚呼, 其人皆爲病夫, 其國安得不爲病國也. 以此而出與獰猛梟鷙之異族遇, 是猶驅侏儒以鬪巨無霸, 彼雖不持一械, 一揮手而我已傾跌矣. 嗚呼, 生存競爭, 優勝劣敗, 吾望我同胞練其筋骨, 習於勇力, 無奄然頽憊以坐廢也.

아아! 오늘날의 세계는 이른바 '무장평화'의 세계이다. 열강은 회의를 하면서 날마다 무장해제를 주장한다. 그러나 한쪽에서는 강화수호조약에 조인하면서 한쪽에서는 군비를 확장시킬 안을 모색한다. 강권(强權)의 세상에서는 오직 싸울 수 있는 자만이 평화로울 수 있다. 그리하여 미국이 다른 주를 독립시킬 때는 원하지 않는 주들은 배제했었는데, 최근에는 날로 군비를 증강시키고 또 먼로주의로 바꾸더니 그것이 제국주의로 일변했다. 유럽의 패기가 사방으로 넘쳐나서 대서양을 넘어 서쪽으로 흘러 미국이 평화를 유지하기 어렵게 되었기 때문이다. 그래서 어쩔 수 없이 먼저 그 내부를 단단히 함으로써 국외의 위협에 대비할 준비를 하는 것이다. 유럽 여러 나라들은 세력이 서로 균형을 이뤄 그 내부에서는 이미 무력이 쓸 곳이 없게 되었다. 그러나 내부의 힘이 팽창하면 그 넘쳐 나는 힘이 새어 나갈 데를 찾기 마련이다. 민족제국주의를 끼고 날로 다른 대륙으로 흐를 곳을 찾는다. 우리는 기름지고 비옥한 토양을 가진데다 적당한 요충지이므로, 만 마리의 말이 발을 맞추고 만 줄기의 물이 힘을 합하여 아시아 동쪽 대륙의 미려(尾閭)[36]로 몰려든다. 오늘날 여러 도둑이 집에 들어와 시퍼런 칼을 들고 문을 둘러싸고 있다. 내가 문약한 구습을 바꾸고 용맹한 힘을 일으켜서 국방을 공고히 하지 않는다면, 여러 호랑이들 사이에 야윈 양을 세워 놓은 것과 같으니, 어떤 방법으로 물어뜯기고 삼켜 먹임을 피할 수 있겠는가. 아아, 갑오년[37] 이래 한 번 지고 두 번 지면서, 형세가 열악해지자 외인들은 모두 전투력이 없다고 우리를 가볍게 여긴다. 그러나 말하지 않던가, 한 사람이 필사적이면 만 사람도 그를 당해 내지 못한다고. 저 19세기 초기에 프랑스는 한 나라로서 전 유럽의 적을 맞이하지 않았던가. 그러나 나폴레옹이 민첩하고 용맹한 국민을 이끌고 동쪽으로 정벌하고 서쪽으로 공격해서, 마침내 위엄을 얻고 패업을 평정하여 국위를 떨쳤다. 저들 4천여 만의 프랑스인은 전 유럽을 발로 찰 수 있었으나, 프랑스 민족의 열배인 우리는 외세를 몰아내고 나라를 세울 수 없으니, 쇠락함이 이처럼 심한 이유는 무엇인가? 『시』에 "하늘이 무너지려고 해도 아첨하며 굽신거리지 말라"[38]고 말한다. 유약한 뼈 없는 사람이 어떻

36 '미려'는 '귀착점'이라는 의미를 갖는다. 출전은 『장자』「추수편」: "바닷물이 빠져나오는 곳"이라는 뜻으로 사용되었다. "천하의 물은 바다만큼 큰 것이 없으니, 만 줄기의 하천이 여기로 모여드는 것이 언제 멈춰 가득하지 않게 될지 알 수 없으며, 미려로 빠져나오는 것이 언제 그쳐 비지 않게 되는지 알 수 없다"(天下之水, 莫大於海, 萬川歸之, 不知何時止而不盈, 尾閭泄之, 不知何時已而不虛).

37 1895년, 청일전쟁을 가리킨다.

38 『시』「대아·생민지십」(大雅·生民之什) 24.

게 하루라도 진화(天演)의 세계에 설 수 있겠는가? 우리나라 국민이 설사 문명의 지식이 결여되었다 해도 어떻게 야만의 무력까지 함께 그처럼 쇠퇴할 수 있었겠는가? 아아! 아아!

嗚呼. 今日之世界, 固所謂武裝和平之世界也. 列强會議, 日言弭兵, 然左訂媾和修好之條約, 右修擴張軍備之議案. 蓋强權之世, 惟能戰者乃能和. 故美國獨立他洲, 素不與聞外事者也, 然近年以來, 日增軍備, 且盡易其門羅主義, 一變而爲帝國主義. 蓋歐洲霸氣橫決四谿, 苟渡大西洋而西注, 則美國難保其和平, 故不能不先事預防厚內力以禦之境外. 夫歐洲諸國, 勢均力敵, 歐洲以內, 旣無用武之地矣, 然內力膨脹, 鬱勃磅礴而必求一洩, 挾其民族帝國主義, 日求灌而洩之他洲. 我以膏腴沃壤, 適當其衝, 於是萬馬齊足, 萬流匯力, 一洩其尾閭於亞東大陸. 今日群盜入室, 白刃環門, 我不一易其文弱之舊習, 奮其勇力, 以固其國防, 則立羸羊於群虎之間, 更何術以免其呑噬也. 嗚呼, 甲午以來, 一敗再敗, 形見勢絀, 外人咸以無戰鬪力輕我矣. 然語不云乎, 一人救死, 萬夫莫當. 彼十九世紀之初期, 法蘭西何嘗不以一國而受全歐之敵, 然拿破侖率其剽悍之國民, 東征西擊, 卒能取威定霸, 奮揚國威. 彼四十餘萬之法人, 乃能蹴踏全歐, 我以十倍法人之民族, 顧不能攘外而立國, 何衰憊若斯之甚也. 詩曰, 天之方蹶, 無爲誇毘. 柔脆無骨之人, 豈能一日立於天演之界. 我國民縱闕於文明之智識, 奈何幷野蠻之武力而亦同此消乏也. 嗚呼, 噫嘻.

○ 해설

이 편의 제목인 '상무'는 '무를 숭상한다'는 뜻이다. 이것이 공덕의 하나로 다뤄진 것이다. 양계초에게 가장 최상의 가치는 국가의 존속과 부강이며, 공덕이 그것을 가능하게 하는 덕이라면, 사실은 상무는 무엇보다 그에 가깝다. 무력 없이 국가의 유지가 불가능하다는 것은 설명을 필요로 하지 않는다. 양계초는 이 절 처음에서 심지어 "유약한 문명은 야만의 무력을 당해 낼 수 없다"고 말한다. 그러므로 상무는 "국가가 의지해서 성립할 수 있는 기반이며 문명이 의지해서 유지될 수 있는 근거이다."

이것이 단순히 '힘'이 아니라 '덕'인 이유는 양계초가 상무를 '정신적인 것'으로 다루고 있기 때문이다. 양계초는 중국의 문약함을 한탄하면서 그렇게 된 원인을 네 가지로 정리한다. 진나라 이후 하나로 통일되어 있었기 때문에 무가 쓸데가 없어진 것이 첫째이며, 후대로 갈수록 천박한 유학자들에게 잘못 이해된 유교가 유약함과 조용함을 종지로 삼은 게 둘째 원인이다. 셋째는 중원을 재패한 패자들이 채찍과 당근으로 백성들을 유화(柔化)시킨 것이며, 넷째는 예부터 무를 경시하던 습관 때문이다.

지금 상무의 '덕'을 키우려면 이러한 약점들을 자각하여 극복해야 한다. 양계초는 양무운동 때부터 주력해 오던 군사력 신장이 효과를 거두지 못한 이유는 그 군사력이 '형식'이었기 때문이라고 진단하며, 자신이 키우려는 군사력은 '정신'이라고 강조한다. 그 군사력의 정신, 즉 '상무정신'을 키우기 위해 양계초는 세 가지 힘을 갖춰야 한다고 소개한다. 즉 심력, 담력, 체력이다. 양계초의 설명에 의해 판단하자면, 심력은 열성과 집중력에서 오는 힘으로, 객관적인 열세를 극복할 수 있는 힘이다. 담력은 겁먹지 않는 용감함이다. 양계초는 담력은 자신감에서 오는 것이라면서, "스스로 돌아보아 옳다면 천만인을 대적하는 일이라도 나는 하리라"고 한 맹자의 예를 소개한다. 체력은 위생 소홀, 조혼, 과도한 독서, 문약, 아편 등의 이유에서 약해져 있는 중국인의 육체적 상황을 비판하며 제기되는 항목이다.

'정신'이라고 하기는 하지만, '상무'의 효력은 실질적인 군사력에 있다. 양계초는 세계열강이 한쪽에서는 무장해제를 주장하면서 한쪽에서는 군비증강을 모색하고 있음을 인식한다. 이 절 처음에서 "유약한 문명은 결국 야만의 무력을 당해 낼 수 없다"고 한탄한 양계초는 마지막에서 중국 인민은 문명의 지식도 결여되었으면서 야만의 무력까지도 결여되어 있다고 통탄한다. 이 말은 양계초의 공덕이 갖는 자기 모순성, 혹은 국민국가가 갖는 자기 모순성을 드러낸다. 공덕은 국민국가의 경쟁력 향상을 목표로 하는 것인데, 그것이 덕이라고 불리는 이유는 개인이 아니라 국가를 위하는 것이기 때문이다. 무력이 야만적이라면 어떻게 해도 문명의 공덕이 될 수 없다. 그러나 실제로 문명 역시 무력과 동행하며, 문명의 무력이란 "문명의 지식"에 의해 지지되는 것일 터이다. 양계초는 무력은 야만의 것이라는 것을 인정하면서도 무력을 요청하여, 정신적이라는 명분으로 그것을 덕이라고 부른다. 그러나 실제로 중국에 필요한 것은, 정신적 덕보다는 문명의 지식과 문명의 물질에 의해 지탱되는 문명의 무력이었을 것이다.

제18절 사덕(私德)[1]

나는 작년부터 『신민설』을 저술하고 있다. 가슴속에 품어 두며 표현하고 싶었던 것이 수십 조목(條目)을 넘는데, 그것을 「공덕」(公德) 편부터 시작했다. 덕에 대해 논하면서 따로 '공'(公)을 언급한 것은 '사덕'(私德)은 없어도 된다고 생각했기 때문은 아니었다. 사덕이라고 하는 것은 이미 오랫동안 모든 사람들이 이해하고 깨달을 수 있고 실천할 수 있는 것이기 때문이다. 더구나 옛 성인과 현인들이 이미 충분하고 자세하게 설명해 놓았으므로, 〔나 같은〕 말학의 젊은 것이 시끄럽고 장황하게 떠들 필요가 없었다. 그런데 최근 몇 년간 온 나라가 시끄럽게 떠들어 댔지만, 이른바 나라를 이롭게 하고 사회를 진보시키겠다는 사업은 하나도 보이지 않고, 말류의 행태는 도리어 완고한

1 이 「사덕」 편은 세 번으로 나뉘어 연재되었다. 첫 부분은 1903년 10월 4일자 『신민총보』 제38·39합호에, '3. 사덕의 필요'(三私德之必要)부터는 제40·41합호(1903. 11. 2)에, 마지막 부분은 제46·47·48합호(1904. 2. 14)에 실렸다. 1903년 2월부터 12월까지 양계초는 미국에 머물렀으며, 실제 제38·39호는 일본에 돌아온 후(1903년 12월 이후) 출간되었는데, 일자는 정해져 있던 이전 일자로 찍힌 것이다. 실제로 제40·41합호는 1904년 2월에 출간되었고, 제46·47·48합호는 1904년 6월에 출간되었다.

자들에게, 신학문(新學問), 신이상(新理想)이 아이들을 해치고 천하를 해친다고 비난할 구실을 주고 있다. 아아! 내가 잠자코 있을 수 있겠는가. 그래서 「사덕」 편을 쓴다.

第十八節 論私德

吾自去年著新民說, 其胸中所懷抱欲發表者, 條目不下數十, 而以公德篇託始焉. 論德而別擧其公焉者, 非謂私德之可以已. 謂夫私德者, 當久已爲盡人所能解悟能踐履, 抑且先聖昔賢, 言之旣已圓滿纖悉, 而無待末學小子之嘵嘵詞費也. 乃近年以來, 擧國囂囂靡靡, 所謂利國進群之事業, 一二未睹, 而末流所趨, 反貽頑鈍者以口實, 而曰新理想之賊人子而毒天下. 噫, 余又可以無言乎, 作論私德.

1. 사덕과 공덕의 관계

사덕과 공덕은 서로 대립적인 단어가 아니라 서로 맞물려 있는(相屬) 단어이다. 스펜서는 다음과 같이 말했다. "사회(群)란 하나하나가 쌓여서 이루어진 것이다. 그러므로 사회의 덕은 그 하나하나의 덕으로 결정된다. 사회란 토탈이고 하나는 유닛이다. 토탈의 성질과 형상은 유닛이 만든다. 유닛들이 본래 가지고 있지 않은 것이라면 토탈에서 있게 될 수 없다. 유닛들이 공동으로 갖추고 있는 것이라면 토탈에서 갑자기 없어질 수 없다."(원주 — 이상은 후관 엄복이 번역한 『군학이언』(群學肄言)에 보인다.[2] '토탈'이라고 하는 것은 일본역(東譯)으로는 '단체'이고

---

2 『군학이언』(群学肄言) 「서」(序).

'유닛'이라고 하는 것은 '개인'이다.) 얼마나 분명한 말인가! 이른바 공덕이라고 하는 것은 그 본체를 일컫는 것으로, 한 단체 안 사람들이 갖는 공공(公共)의 덕성이다. 이 본체의 작용을 구성하는 면에서 말하자면, 개인이 본래의 단체를 향한 공공관념에서 발휘되는 덕성이다. 맹인이 아무리 많이 모여도 한 사람이 눈 밝은 이루(離婁)가 되지 못하고, 귀머거리가 아무리 많이 모여도 한 사람의 귀 밝은 사광(師曠)이 되지 못한다. 겁 많은 사람이 아무리 많이 모여도 한 사람의 용맹한 오확(烏獲)이 되지 못한다.[3] 그러므로 한 사인(私人)이 사적으로 소유한 덕성이 없으면 그러한 사인이 수천, 수억이 모여도 공적으로 소유한 덕성을 이루지 못한다는 것은 명백한 이치이다. 맹인을 많은 사람들 앞에 내놓는다고 갑자기 눈이 밝아질 수는 없으며, 귀머거리를 많은 사람들 앞에서 듣게 한다고 갑자기 귀가 밝아질 수는 없으며, 겁쟁이가 많은 사람들 앞에서 싸운다고 갑자기 용감해질 수는 없다. 그러므로 내가 스스로를 대하면서 신의가 없는데 타인을 대하면서 신의가 있으려고 하며, 한 사인이 한 사인과 교섭하면서 충실하지 못하면서 단체에 충실하려고 해도, 그럴 수 있는 구석이 없다는 이치는 지극히 자명하다. 이처럼 오늘날 학자들이 날마다 공덕에 대해 얘기하는데도 공덕의 효과를 볼 수 없는 이유 역시 국민의 사덕에 큰 결점이 있기 때문이다. 그러므로 국민을 주조하려고 한다면 반드시 개인의 사덕배양을 가장 중요한 일로 삼아야 할 것이며, 국민을 주조하는 일에 종사하려고 한다면 반드시 그 개인의 사덕을 스스로 배양하

3 이루, 사광, 오확은 『맹자』「이루상」1에 등장하는 인물들이다.

는 것을 가장 중요하게 생각해야 할 것이다.

一, 私德與公德之關系

私德與公德, 非對待之名詞, 而相屬之名詞也. 斯賓塞之言曰, 凡群者皆一之積也. 所以爲群之德, 自其一之德而已定. 群者謂之拓都, 一者謂之么匿. 拓都之性情形制, 么匿爲之. 么匿之所本無者, 不能從拓都而成有, 么匿之所同具者, 不能以拓都而忽亡. (按, 以上見侯官嚴氏所譯群學肄言. 其云拓都者, 東譯所稱團體也, 云么匿者, 東譯所稱箇人也.) 諒哉言乎. 夫所謂公德云者, 就其本體言之, 謂一團體中人公共之德性也, 就其構成此本體之作用言之, 謂個人對於本團體公共觀念所發之德性也. 夫聚群盲不能成一離婁, 群聚聾不能成一師曠, 聚群怯不能成一烏獲. 故一私人而無所私有之德性, 則群此百千萬億之私人, 而必不能成公有之德性, 其理至易明也. 盲者不能以視於衆而忽明, 聾者不能以聽於衆而忽聰, 怯者不能以戰於衆而忽勇. 故我對於我而不信, 而欲其信於待人, 一私人對於一私人之交涉而不忠, 而欲其忠於團體, 無有是處, 此其理又至易明也. 若是乎今之學者日言公德, 而公德之效弗覩者, 亦曰國民之私德有大缺點云爾. 是故欲鑄國民, 必以培養個人之私德爲第一義, 欲從事於鑄國民者, 必以自培養其個人之私德爲第一義.

또한 공덕과 사덕이 어찌 하나의 경계선이 있어 서로 다른 물건처럼 나뉜 것이겠는가! 덕이 일어나는 연유를 보면, 사람과 사람이 교섭하는 데서 일어난다.(원주 — 가령 『로빈슨표류기』에서 말하듯, 혈혈단신으로 무인도에 혼자 있다면 덕이라는 것도 없고 부덕(不德)이라는 것도 없을 것이다.) 소수와 교섭하거나 다수와 교섭하거나, 사인(私人)과 교섭하거나 공인(公人)과 교섭하거나, 그 객체는 다르지만 그 주체는 같다. 그러므로 동양(泰東)과 서양(泰西)을 막론하고, 도덕이라는 것은 모두 공공의 안녕과 공공의 이익에 도움이 되는 것을 말하며, 부덕(不德)이라는 것은 모두 공공의 안녕과 공공의 이익을 해치는 것을 말한다. 공이라고 하고 사라고 하는 것은 임시로 정한 말로서, 체험과 실천을 위한 법문에 불과하다. 넓게 말하면 덕은 하나일 뿐, 공과 사가 따로 없다. 그러나 나누어서 말하면 사덕은 순수하고 아름다우면서도 공덕 면에서는 많이 부족한 사람이 있고, 사덕은 형편없이 하급이면서도 공덕 면에서는 배울 만한 사람이 있다. 맹자는 "옛사람이 지금 사람보다 뛰어난 점은 다른 것이 아니라 자신의 행동을 잘 미루어 간 점"[4]이라고 했다. 공덕이라는 것은 사덕을 미루어 간 것이다. 사덕만 알고 공덕을 모른다면 그 결함은 다만 미루어 감의 문제이다. 사덕을 멸시하고 공덕만을 꾸민다면 미루어 갈 수 있는 바탕의 도구도 없는 것이다. 그러므로 사덕을 양성하면 도덕교육의 일은 대부분 해결된다.

> 且公德與私德, 豈嘗有一界線焉, 區劃之爲異物哉. 德之所由起, 起於人與人之有交涉.(使如魯敏遜漂流記所稱以孑身獨立於荒島, 則無所謂德, 亦無所謂不德.)而對於少數之交涉與對於多數之交涉, 對於私人之交涉與對於公人之交涉, 其客體雖異, 主體則同. 故無論泰東泰西之所謂道德, 皆謂其有贊於公安公益者云爾. 其所謂不德, 皆謂其有戕於公安公益者云爾. 公云私云, 不過假立之一名詞, 以爲體驗踐履之

4 『맹자』「양혜왕상」7.

法門. 就泛義言之, 則德一而已, 無所謂公私. 就析義言之, 則容有私德醇美, 而公德尚多未完者, 斷無私德濁下, 而公德可以襲取者. 孟子曰, 古之人所以大過人者無他焉, 善推其所爲而已矣. 公德者私德之推也, 知私德而不知公德, 所缺者只在一推. 蔑私德而謬託公德, 則并所以推之具而不存也. 故養成私德, 而德育之事思過半焉矣.

2. 사덕이 타락한 원인

사덕의 타락은 오늘날의 중국에 이르러 극에 달했다. 이렇게 된 원인은 대단히 복잡해서 다 헤아릴 수 없으나, 그 큰 것만을 미루어 보면 다섯 가지를 들 수 있다.

二, 私德墮落之原因

私德之墮落, 至今日之中國而極. 其所以致此之原因, 甚複雜不得悉數, 當推論其大者得五端.

첫째, 전제정치 체제가 주조했다. 몽테스키외는 다음과 같이 말했다. "전제국에는 간혹 현명한 군주도 있지만 신민(臣民) 가운데 덕이 있는 자는 대단히 드물다. 역사에서 징험해 보면 군주국에서 대신(大臣)이나 근신(近臣)이라고 불리는 자는 대개 용렬하고 비겁하고 질투심 많고 음험한 인간이다. 이는 동서고금이 마찬가지이다. 이뿐만이 아니다. 위에 있는 자가 불의한 짓을 많이 하는데 아래 있는 자가 올바름을 지키면서 아부하지 않는다면, 또 귀족들은 오로지 거짓과 속임을 숭상하는데 평민만이 염치를 숭상한다면, 밑의 백성들은 장차 관리와 지도자들의 사기 행각에 어육이 되기 좋을 뿐이다. 그러므로 전제국에서 상하와 귀천을 막론하고 모두 한결같이 변칙과 사기와 술수만이 부딪히는 것은 그렇게 몰려갈 수밖에 없는 사정이 있기 때문이다. 이와 같다면 전제정치 체제하에서는 본래 덕의(德義)라는 것이 쓸모가 없다는 것은 너무나 분명하다." 생존경쟁(物競), 적자생존(天擇)의 공례에 의하면 적자만이 생존할 수 있다. 우리 민족은 수천 년 동안 전제의 공기 속에서 숨 쉬면서, 앞으로 나아가고자 하면 반드시 거짓과 허위를 수단으로 하고, 스스로를 보전하고자 하면 반드시 비굴함을 수단으로 해야 했다. 이 두 종류의 성질을 가장 풍부히 갖고 있는 사람이 사회에서 가장 우등하고 우월한 위치를 차지했고, 조금 모자라게 갖고 있는 사람은 뒤떨어져 소멸하여 결국에는 후세에 그 종자를 전할 수 없게 되었다. 그러므로 이처럼 선천적으로 유전된 것이 사회 안에 기반을 내려 공공으로 소유한 성질이 되고, 종자가 대대로 훈습하면서 날로 성해져서, 호걸이 있어도 스스로 빼어나기 어려운 것은 모두 이러한 이유 때문이다. 이뿐만이 아니다. 전제 밑에서 어깨를 움츠리고 살살 걸어 다니며 몸뚱이를 보전하고 은혜를 바라는 것으로 스스로 만족하고 사는 사람이야 말할 필요도 없다. 그러나 한두 명의 박식하고 열성적인 선비들이 팔을 걷어붙이고 백성들을 위해 관직을 원하는 일이 있으면, 때론 어쩔 수 없이 수상하고 은밀한 방법을 써야 하고, 때론 어쩔 수 없이 치우치고 격한 행동을 해야 했다. 그 사람이 참으로 지극히 성실하면 그러한 〔외적인 조건 때문에〕 변하지 않을 수도 있지만, 거듭 등용되면서 덕성이 옮어진 사람이 이미 많다. 이러니 근성이 조금 박약한 사람이라면 어떻게 시류를 따라 어두워지지 않을 수 있겠는가. 이른바 박식하고 열성적인 사람들로서 백성들을 위해 관직을 원하는 자들은 한 나라 안에서 많이 얻을 수 있는 인재가 아니다. 자유국 같으면 대정치가, 대교육가, 대자선가는 순수하고 완전한 덕성과 온화한 수단으로 그 사회를 이롭게 할 것이다. 그러나 지금 〔전제정치로 인한 길〕에서 빠져나올 수 없게 몰아간다면, 이 때문에 타락하는 이는 열에 여덟아홉일 것이다. 아! 〔사덕이 타락한 것을〕 다 사람의 허물로 돌릴 수는 없다.

(一) 由於專制政體之陶鑄也. 孟德斯鳩曰, 凡專制之國, 間或有賢明之主, 而臣民之有德者則甚希. 試徵諸歷史, 乃君主之國, 其號稱大臣近臣者, 大率皆庸劣卑屈嫉妬陰險之人, 此古今東西之所同也. 不寧惟是, 苟在上者多行不義, 而居下者守正不阿, 貴族專尙詐虞, 而平民獨崇廉恥, 則下民將益爲官長所欺詐所魚肉矣. 故專制之國, 無論上下貴賤, 一皆以變詐傾巧相遇, 蓋有迫之使不得不然者矣. 若是乎專制政體之下, 固無所用其德義, 昭昭明甚也. 夫既競天擇之公例, 惟適者乃能生存. 吾民族數千年生息於專制空氣之下, 苟欲進取, 必以詐僞, 苟欲自全, 必以卑屈. 其最富於此兩種性質之人, 卽其在社會上占最優勝之位置者也, 而其稍缺乏者, 則以劣敗而澌滅, 不復能傳其種於來裔者也. 是故先天之遺傳, 盤踞於社會中而爲其公共性, 種子相熏, 日盛一日, 雖有豪傑, 幾難自拔, 蓋此之由. 不寧惟是, 彼跼蹐於專制之下, 而全軀希寵以自滿足者不必道, 卽有一二達識熱誠之士, 苟欲攘臂爲生民請命, 則時或不得不用詭秘之道, 時或不得不爲偏激之行. 夫其人而果至誠也, 猶可以不因此而磷緇也, 然習用之, 則德性之漓, 固已多矣. 若根性稍薄弱者, 幾何不隨流而沈汨也, 夫所謂達識熱誠欲爲生民請命者, 豈非一國中不可多得之彥哉. 使其在自由國, 則大政治家, 大教育家, 大慈善家, 以純全之德性, 溫和之手段, 以利其

群者也, 而今乃迫之使不得不出於此途, 而因是墮落者十八九焉, 嘻. 是殆不足盡以爲斯人咎也,

둘째, 근대의 패자가 꺾어 버리고 없애 버렸기 때문이다. 수천 년 동안 유전으로 받은 것이 이미 이와 같은데다가, 또한 이 수천 년 동안 때때로 소소한 부침과 승강이 있었으니, 제왕이 주도하며 좌지우지한 것이 가장 힘이 있었다. 서양 철학자의 말에 "전제의 나라에서는 군주가 만능이다"라는 것이 있는데, 이는 빈말이 아니다. 고정림(顧亭林)[5]은 세풍을 논하면서 동한이 가장 아름답다고 했고 염송(炎宋)[6]이 그다음이라고 했으며, 그 공을 광무제(光武帝), 명제(明帝), 장제(章帝),[7] 예조(藝祖), 진종(眞宗), 인종(仁宗)[8]에게 돌렸다.(원주 — 『일지록』 권13에서 다음과 같이 말한다. "한나라 효무(孝武)제가 육경을 표장(表章)한 후에 유학을 스승으로 삼는 일이 성했으나 큰 뜻은 아직 밝혀지지 않았다. 그래서 신(新)의 왕망(王莽)이 섭정을 하게 되자, 그의 덕을 기리면서 부적을 바치는 자가 천하에 가득하게 되었다. 광무제가 이를 교훈 삼아, 절의를 존숭하며 명실을 다스렸고 등용하는 자는 모두 경학에 밝고 행실이 단정한 선비였다. 이에 풍속이 한 번 변하였다. 그 말세에 이르러 조정이 혼탁해지고 국사는 날로 그르게 되어도, 당고(黨錮)의 유파와 〔세속을 따르지 않는〕 독행(獨行)의 무리들은 인에 의거하고 의를 밟으며 목숨이 위태로워도 도를 지켰으니,[9]

---

5 고염무(顧炎武, 1613~1682). 명말청초의 학자.

6 중국 송(宋)의 별칭. 화덕(火德)으로 일어났다고 하여 화송(火宋) 또는 염송이라고 한다.

7 광무제, 명제, 장제는 각각 후한의 초대, 2대, 3대 황제이다.

8 차례로 송대의 초대, 3대, 4대 황제. '예조'는 역대의 태조(太祖)를 두루 일컫기도 하는데, 특히 송 태조 조광윤(趙匡胤)을 가리키기도 한다. 여기에서는 조광윤이다.

9 『시』「국풍·정풍」'羔裘': "염소가죽 옷이 반질반질하고 부드럽고 아름답도다. 그러나

비바람으로 어두워도 닭소리는 그치지 않는다.[10] 삼대 이하 풍속의 아름다움은 동경(東京)보다 나은 적이 없다." 또 다음과 같이 말했다. "『송사』(宋史)에서는 사대부의 충의의 기질이 오대십국에 이르러 변화해서 거의 없어졌다고 말한다. 예조(藝祖)는 한통(韓通)[11]을 가장 표장하고 다음으로 위융(衛融)[12]을 표장함으로써 의지를 보여 주었다. 진종(眞宗)과 인종(仁宗)의 때에는 전석(田錫),[13] 왕우칭(王禹稱),[14] 범중엄(范仲淹),[15] 구양수(歐陽修)[16] 등의 현자들이 직언과 옳은 논의를 조정에 주창하였고, 이에 중외(中外)의 관리들이 명예와 절조를 높이 여길 줄 알게 되고 염치를 서로 숭상함으로써 오대십국의 허물을 거의 없앴다. 그러므로 정강의 변(靖康之變)[17]에 선비들은 소매를 털고 일어나[18] 왕에

저 사람은 명을 따르고 변하지 않도다"(羔裘如濡, 洵直且侯, 彼其之子, 舍命不渝).

10 『시』「국풍·정풍」'風雨': "비바람으로 어두워도 닭소리는 그치지 않는다. 이미 군자를 보았으니 어찌 기쁘지 않으리오"(風雨如晦, 雞鳴不已. 旣見君子, 云胡不喜).

11 한통(韓通, 908~960). 후주(後周)의 장수. 조광윤의 군대를 막다 전사했다.

12 위융(衛融, 905~973). 후진(後晋)의 관료. 조광윤 군에게 포로로 잡혔으나 굽히지 않자, 조광윤이 충성스럽다고 풀어 주었다고 한다.

13 전석(田錫, 생몰연대 미상). 1221년 진사(進士)가 되고, 신채주부(新蔡主簿)를 역임했다.

14 왕우칭(王禹偁, 945~1001). 진종(眞宗)이 즉위하자 글을 올려 변방의 방어를 강화하고 불필요한 병사와 관원을 줄이며, 선거(選擧)를 엄격하게 시행하고 승려들을 환속시키며, 소인배들이 득세하는 일을 막을 것 등 다섯 가지 시무(時務)를 올렸다.

15 범중엄(范仲淹, 989~1052). 인종(仁宗) 때 간관(諫官)이었다. 1036년 곽황후(郭皇后)의 폐립 문제를 놓고 찬성파 여이간(呂夷簡)과 대립하다가 지방으로 쫓겨났다. 그 뒤 구양수(歐陽修)와 한기(韓琦) 등과 함께 여이간 일파를 비판했으며, 경력당의(慶曆黨議)라 불리는 당쟁을 주도했다.

16 구양수(歐陽修, 1007~1072). 인종(仁宗) 때 간원(諫院)을 맡았고, 신정(新政)을 도왔다. 신정이 실패하자 글을 올려 범중엄을 문책하는 일을 반대했다. 왕안석(王安石)의 신법(新法)을 반대하여 치사(致仕)했다.

17 북송(北宋)의 정강연간(靖康年間, 1126~1127)에 수도 개봉(開封)이 금(金)에 함락되어 북송이 멸망했다.

18 '소매를 털고 일어나다'는 정신차리고 어떤 일을 할 마음을 다잡는다는 의미이다.

게 충성하며 어려움을 마주하고도 꺾이지 않은 일이 도처에 있었다. 송이 망하자 충성하며 절개를 지키는 사람이 이어졌다.") 또 이어 다음과 같이 말했다. "〔전한 마지막 황제인〕 애제(哀帝), 평제(平帝)의 시대에서 〔후한의 수도인〕 동경(東京)의 시대가 될 수 있고, 오대가 변해서 송이 될 수 있는 것을 보니, 천하에 변할 수 없는 풍속이 없음을 알겠다." 이 말은 민덕이 부침하는 총체적 원인에 대해 말한 것이다. 혹 미진한 바가 있지만 중요한 관계의 일단이라고 하지 않을 수 없다.

(二) 由於近代霸者之摧鋤也. 夫其所受於數千年之遺傳者旣如此矣, 而此數千年間, 亦時有小小之汚隆昇降, 則帝者主持而左右之, 最有力焉. 西哲之言曰, 專制之國, 君主萬能. 非虛言也. 顧亭林之論世風, 謂東漢最美, 炎宋次之, 而歸功於光武明章藝祖眞仁. (日知錄卷十三云, 漢自孝武表章六經之後, 師儒雖盛而大義未明, 故新莽居攝, 頌德獻符者徧天下. 光武有鑒於此, 乃尊崇節義, 敦厲名實, 所擧用者莫非經明行修之士, 而風俗爲之一變. 至其末造, 朝政昏濁, 國事日非, 而黨錮之流獨行之輩, 依仁蹈義, 舍命不渝, 風雨如晦, 鷄鳴不巳, 三代以下, 風俗之美無尙於東京者. 又云, 宋史言士大夫忠義之氣至于五季變化殆盡. 藝祖首褒韓通, 次表衛融, 以示意嚮. 眞仁之世, 田錫王禹稱范仲淹歐陽修諸賢以直言讜論倡于朝, 於是中外薦紳知以名節爲高, 廉恥相尙, 盡去五季之陋. 故靖康之變, 士投袂起而勤王, 臨難不屈, 所在有之. 及宋之亡, 忠節相望.) 且從而論之曰, 觀哀平之可以變而爲東京, 五代之可以變而爲宋, 則知天下無不可變之風俗. 此其言雖於民德汚隆之總因, 或有所未盡乎, 然不得不謂爲重要關系之一端矣.

〔나는〕 3천 년간의 풍속의 차이에 대해 차례로 고찰한 적이 있

다. 삼왕 이전은 아득해서 깊이 고찰할 수 없었지만, 춘추시대는 선왕의 유민이 있었다. 전국시대에서 진나라를 거쳐 서한에 이르면서 아름다운 풍속이 갑자기 달라진 것은 집권전제가 세를 그렇게 몰아갔기 때문이었다. 즉, 당시의 군주는 그 백성을 추구(芻狗)로 여겨 달리 술책을 썼다. 전국시대는 비록 혼탁했지만 오히려 임협(任俠)의 고상한 기풍이 있었는데, 한초에 이르러서는 호족이 강성한 것을 억누르면서, 주가(朱家)[19]와 곽해(郭解)[20] 등의 무리는 점점 당시의 풍속에서 비웃는 바가 되었다. 그리하여 신의 왕망(新莽) 시대에는 부적을 바치며 아부하는 자가 천하에 가득하게 되었으니, 고조, 혜제, 문제, 경제[21]가 그 씨를 뿌린 것이다. 동한에 이르러 일보 전진했다는 것은 고정림이 논한 바이며, 그 이유를 깊이 밝혔다. 위무(魏武)[22]가 기주(冀州)를 차지했을 때, 〔규범에〕 매이지 않는 선비들을 숭상하며, 이에 이들이 번갈아 권세와 사기를 사용하여 진출하여, 간특함과 거짓의 싹이 생겼다.(원주 — 건안[23] 20년 8월 명령을 내려 오욕이나 비웃음 당할 만한 행실을 한 사람이나 불인하고 불효하더라도 나라를 다스리고 병사를 쓰는 재주가 있는 사람들을 구하였다.) 광무제, 명제, 장제의 은택이 모두 없어지고 상황은 갈수록 나빠져 오대에 극에 이르렀다. 천년 동안 민속이

---

19 주가(朱家). 전한 초 사람으로 임협(任俠)으로 명성을 얻었다. 그가 숨겨 주어 목숨을 건진 사람이 수백 명에 이르렀지만 공적을 자랑하지 않았다.

20 곽해(郭解). 전한 사람으로 협객(俠客)으로 유명했다.

21 고조는 전한 초대황제, 애제는 2대 황제, 문제는 5대 황제, 경제는 6대 황제이다.

22 조조(曹操, 155~220). 후한 헌제 때, 승상을 지냈으며 뒤에 위공(魏公)에 봉해졌는데, 뒤에 스스로 위왕(魏王)으로 봉했다. 아들 조비(曹丕)가 위나라 황제에 오른 뒤 무황제(武皇帝)로 추존되었다.

23 건안(建安). 후한(後漢) 헌제(獻帝)의 연호(196~220).

퇴폐한 것 또한 군주가 음란하여 그 여파가 미쳤기 때문이다.

嘗次考三千年來風俗之差異. 三代以前, 邈矣弗可深考, 春秋時猶有先王遺民, 自戰國涉秦以逮西漢, 而懿俗頓改者, 集權專制之趨勢, 時主所以芻狗其民者, 別有術也. 戰國雖混濁, 而猶有任俠尙氣之風, 及漢初而摧抑豪强, 朱家郭解之流, 漸爲時俗所姍笑, 故新莽之世, 獻符闒媚者徧天下, 則高惠文景之播其種也. 至東漢而一進, 則亭林所論, 深明其故矣. 及魏武旣有冀州, 崇獎跅弛之士, 於是權詐迭進, 奸僞萌生, (建安廿二年八月下令, 求負汚辱之名, 見笑之行, 不仁不孝而有治國用兵之術者.) 光武明章之澤, 掃地殆盡, 每下愈況, 至五季而極. 千年間民俗之靡靡, 亦由君主之淫亂有以揚其波也.

송대에 이르러 〔풍속이〕 일보 나아졌다. 예조(藝祖)는 검점(檢點)으로서 천자가 되었으며, 자주 전제적 힘을 사용하여 〔선비들의〕 명예와 절개를 꺾어 스스로를 단단하게 하였다.(원주 — 군주와 신하가 앉아서 도를 논하는 제도가 송에 이르러 처음으로 폐지되었다. 범질(范質)[24] 같은 사람은 예조와 함께 주(周)에서 벼슬했는데, 그때 지위가 예조보다 위였다. 송〔의 조정〕에 들어가서 재상이 되어 〔예조를 아래로 본다는〕 혐의를 피하며 스스로 아래에 처했다.) 진종(眞宗)과 인종(仁宗)은 문(文)을 지키며 자못 대체(大體)를 알아 선비의 기풍을 제창했다. 송대 풍속의 아름다움은 그 큰 원인이 본래 군주에게 있는 것은 아니지만, 군주 또한 힘을 보

---

24 범질(范質, 911~964). 후당(後唐)에서 진사(進士)가 되고, 지제고(知制誥)를 역임하고, 뒤에 후주(後周), 후진(後晉), 후한(後漢)에서도 벼슬을 했다. 송나라 초에 시중(侍中)을 겸하고, 이어 재상이 되었다. 황제와 재상이 앉아서 논의하는 '좌론'(坐論)의 예가 이때 폐지되었다.

탠 바가 있다.

오랑캐인 원이 〔중원을〕 찬탈하여 의관이 도탄에 빠졌다. 〔원은〕 순전히 물과 풀을 따라다니며 유목하던 성정으로 우리 백성을 몰아붙여, 90년간 하늘에 해가 없이 어두웠다.

명대에 이르러 〔풍속이〕 한 번 더 나아졌다. 명의 〔풍속〕이 나아진 것은 군주의 힘 때문이 아니다. 명 태조는 모질고 사나운 성정을 가진 사람으로, 민기를 억압하고 신료를 죽이고 모욕했다. 그 법률과 규정은 세웠지만 군주에게는 무용한 조항이었고, 선비와 백성들로 하여금 명예와 절개를 지켜서는 스스로를 지킬 수 없게 만들었다. 그리하여 〔명예와 절개 지키기는〕 이러한 전제력에 의해 좌절되어 당연히 그 악과(惡果)는 서한보다 더욱 심하였다. 동림(東林)의 복사(復社)[25]가 목숨을 걸고 변함없이 〔도를 지켰으며〕, 왕조가 바뀐 뒤 〔즉, 청조이후〕 〔풍속이 나빠지는〕 원인은 다른 곳에 있게 되었다.(원주 — 아래에서 상세히 논한다.)

及宋乃一進. 藝祖以檢點作天子, 頗用專制力, 挫名節以自固. (君臣坐而論道之制, 至宋始廢. 蓋范質輩與藝祖幷仕周, 位在藝祖上, 及入宋爲宰相, 而遠嫌自下也.) 而眞仁守文, 頗知大體, 提倡士氣. 宋俗之美, 其大原因固不在君主, 而君主亦與有力焉. 胡元之簒, 衣冠塗炭, 純以游牧水草之性馳驟吾民, 故九十年間, 暗無天日. 及明而一進. 明之進也, 則非君主之力也. 明太祖以刻鷙之性, 摧鋤民氣, 戮辱臣僚, 其定

25 '복사'(復社)는 명 말의 문학결사로, 1629년 전국적 조직으로서 결성되었다. 동림당(東林黨)의 흐름을 계승하여, 당시의 공소(空疎)한 학문적 경향을 비판하는 동시에, 현실 정치를 적극적으로 비판하고, 환관파(宦官派)와 이들과 결탁한 관료를 공격하였다.

律至立不爲君用之條, 令士民毋得以名節自保, 以此等專制力所挫抑, 宜其惡果更烈於西漢. 而東林復社, 舍命不渝, 鼎革以後, 忠義相屬者, 則其原因別有在也. (詳下節)

본조에 이르러 순치·강희 연간에는 먼저 '박학홍사'로 유노(遺老)들을 얽어매고 이어 『이신전』(貳臣傳)[26]으로 모욕했으니, 만명(晩明)의 사기는 흩어지고 점점 사라졌다. 옹정·건륭 연간의 권력자들은 음험하고 기이한 재주로써 〔선비들을〕 휘두르고 조종하고 달래는 묘술을 발휘했으며, 문자(文字)의 옥(獄)이라는 필화 사건을 일으켜 많은 학자들을 처형하였고, 조정은 대신(大臣)과 기숙(耆宿)을 모욕하며 염치를 멸시했다.(원주 — 건륭 〔재위〕 60년 동안[27] 대학사(大學士), 상시(尙侍), 봉공(供奉) 직의 모든 고관이 한 사람도 비난당하고 모욕당하지 않은 사람이 없었다.) 또 『사고제요』(四庫提要), 『통감집람』(通鑑輯覽) 등의 책을 편찬하여 도학을 배척하고 절의를 폄하하고 끊어 버렸으니, 위(魏)나라의 무제(武帝) 이래, 두려워할 줄 모르고 당당하게 흑백을 혼란시켰던 일이 이처럼 심한 적이 없었다. 그런데 오히려 〔무제의 경우에는〕 〔덕치를 추구하는 사람들을〕 여섯 종류의 이(虱)로 여기는 상앙(商鞅)과 한비(韓非)의 가르침을 바로 받들었으므로, 사람마다 모두 그 잘못된 것을 깨달을 수 있었다. 그러나 〔청조의 경우에는〕 유학에 음험하게 가

26 건륭제의 명령으로 명조와 청조 양쪽에서 관리를 지낸 인물 120여 인을 수록한 것으로 『청사열전』(淸史列傳)에 부록으로 붙었다.

27 건륭제의 재위기간은 1735년부터 1795년까지 60년이다. 그러나 60년째인 1795년 태상황제가 된 것은 강희제의 61년 재위기간을 넘기는 것을 꺼려서이며, 태상황제로서도 실권을 휘둘렀다.

탁한 쓸모없는 이론(芻狗之言)인데도, 한 세대가 이 갸르침을 따르면서 믿는 바가 어지러워졌다. 아아! 백번 달구어진 강철이 변해 손가락에 감기는 유약한 반지가 될 줄 어찌 알았겠는가! 백여 년 전에 뿌린 악과가 지금 바로 번성하고 불어나서 무르익었으니, 지금 우리 민족이 베어 버려야 할 때이다. 그 음란함이 아득하게 천년을 지나 오대주에서 가장 으뜸이 된 것이 어찌 우연이겠는가, 어찌 우연이겠는가.

下逮本朝, 順康間首開博學鴻詞以縶遺逸, 乃爲貳臣傳以辱之, 晚明士氣, 斫喪漸盡. 及夫雍乾, 主權者以悍鷙陰險之奇才, 行操縱馴擾之妙術, 摭拾文字小故以興冤獄, 廷辱大臣耆宿以蔑廉恥. (乾隆六十年中, 大學士尙侍供奉, 諸大員無一人不曾遭黜辱者.) 又大爲四庫提要通鑒輯覽等書, 排斥道學, 貶絶節義, 自魏武以後, 未有敢明目張膽變亂黑白如斯其甚者也. 然彼猶直師商韓六虱之敎, 而人人皆得喩其非, 此乃陰託儒術芻狗之言, 而一代從而迷其信. 嗚呼, 何意百煉鋼, 化爲繞指柔. 百餘年前所播之惡果, 今正榮滋稔熟, 而我民族方刈之. 其穢德之敻千古而絶五洲, 豈偶然哉, 豈偶然哉.

셋째, 누차에 걸친 전쟁의 패배로 인한 좌절 때문이다. 국가의 전란과 민족의 품성은 그 관계가 가장 밀접하다. 전란의 성질이 다르면 그 결과 역시 다르다. 지금 먼저 그 유형을 보자.

(三) 由於屢次戰敗之挫沮也. 國家之戰亂與民族之品性, 最有關系, 而因其戰亂之性質異, 則其結果亦異. 今先示其類別如下.

<table>
<tr><td rowspan="7">전란</td><td rowspan="4">전란 시</td><td rowspan="2">본국내란</td><td>잠시</td></tr>
<tr><td>오래</td></tr>
<tr><td rowspan="2">외국전쟁</td><td>주동자</td></tr>
<tr><td>피동자</td></tr>
<tr><td rowspan="3">전란 후</td><td>본국내란</td><td></td></tr>
<tr><td rowspan="2">외국전쟁</td><td>정복자</td></tr>
<tr><td>피정복자</td></tr>
</table>

내란은 가장 상서롭지 않은 것이다. 내란이 빈번하게 일어나는 나라는 반드시 뛰어나고 아름답고 순결한 백성이 없다. 내란 시에는 그 백성에게 반드시 여섯 종류의 나쁜 성질이 생긴다. 첫째, 요행을 바라는 성질이다. 재주와 지식이 있는 무리들이 사회를 이롭게 하는 데 힘쓰지 않고, 오직 음험하고 흉악한 심술(心術)을 써서 기회를 움켜쥐어 한때의 쾌락으로 삼으려고 한다. 둘째, 잔인한 성질이다. 풀을 베고 짐승을 사냥하는 일이 오래되면, 늘 보는 것이라 습관처럼 되어 〔어떤 잔인한 일에도〕 그 마음이 움직이지 않는다. 셋째, 배척하는 성질이다. 서로 노려보며 각자 자기가 얻어야만 만족하며, 술 마시다가도 창을 겨누니 경각에서 화복이 돌고 돈다. 이 셋은 흉포하고 교활한 백성이 갖는 성질이다. 넷째, 간교하고 거짓된 성질이다. 아침에는 맹호를 피하고 저녁에는 큰 뱀을 피하며, 3개의 굴을 파지 않으면 스스로를 보전할 수 없다. 다섯째, 각박하고 무정한 성질이다. 자기 한 몸 스스로 보존하지 못하는데 사랑하는 처자는 어떻겠는가. 친족도 사랑할 여유가 없는데 하물며 타인을 어떻게 사랑하겠는가. 그러므로 인(仁)의 성질은 베어지고 잃어버리고 깎이고 사라져, 모두 없어지기에 이른다. 여섯째 구차한 성질이다. "내 이럴 줄 알았다면

태어나지 않는 것보다 못하련만"[28] 〔하고 한탄하면서〕, 저녁에는 다음 날 아침에 어떤 일이 일어날지 모르니, 틈만 나면 쾌락을 탐하면서 사람마다 스스로 위태롭게 하며 멀리 보는 계획은 없으니, 야만인이 장래를 모르는 것과 다른 점이 없게 된다. 이 셋은 유순한 백성이 갖는 성질이다.

내란 후에는 그 백성에게 또 두 가지의 나쁜 성질이 생긴다. 첫째는 두려워하는 성질이다. 고통이 가라앉으면 다시 이전의 고통을 상기하고, 〔육체를 떠난〕 꿈속의 영혼도 놀라 담즙이 이미 파열되고 용기는 완전히 없어진다. 둘째는 안정되지 않는 성질이다. 오랫동안 생업을 잃고 의탁할 곳이 없어 질서가 완전히 파괴되어 옛날의 일상을 회복하기 어렵다.

그러므로 내란은 가장 상서롭지 못한 것이다. 프랑스 대혁명은 유사 이래 경천동지의 일대 사건이다. 그러나 그 결과는 전국의 백성으로 하여금 서로 배를 찌르게 만들었으며, 그 영향은 수십 년 이후의 국민들까지 그 정상의 궤도를 잃게 만들었다. 역사학자 폴은 프랑스가 지금까지도 완전한 민정을 이룰 수 없는 것은, 사실은 혁명이 원기를 너무 지나치게 베어 버리고 잃어버리게 만든 데서 연유한다고 말하는데, 아마 빈말이 아닐 것이다.

> 內亂者, 最不祥物也. 凡內亂頻仍之國, 必無優美純潔之民. 當內亂時, 其民必生六種惡性. 一曰僥倖性. 才智之徒, 不務利群, 而惟思用險鷙之心術, 攫機會以自快一時也. 二曰殘忍性. 草薙禽獮之旣久, 司

28 『시』「소아·어조지십」(小雅·魚藻之什) '苕之華'.

空見慣, 而曾不足以動其心也. 三曰傾軋性. 彼此相鬩, 各欲得而甘心, 杯酒戈矛, 頃刻倚伏也. 此三者桀黠之民所含有性也. 四曰狡僞性. 朝避猛虎, 夕避長蛇, 非營三窟, 不能自全也. 五曰凉薄性. 一身不自保, 何況戀妻子, 於至親者尙不暇愛, 而遑能愛人, 故仁質斫喪斲滅以至於盡也. 六曰苟且性. 知我如此, 不如無生, 暮不保朝, 假日偸樂, 人人自危, 無復遠計, 馴至與野蠻人之不知將來者無以異也. 此三者柔良之民所含有性也. 當內亂後, 其民亦生兩種惡性. 一曰恐怖性. 痛定思痛, 夢魂猶噩, 膽汁已破, 勇氣全銷也. 二曰浮動性. 久失其業, 無所依歸, 秩序全破, 難復故常也. 故夫內亂者最不祥物也. 以法國大革命, 爲有史以來驚天動地之一大事業, 而其結果乃至使全國之民, 互相剚刃於其腹, 其影響乃使數十年以後之國民, 失其常度. 史家波留謂法國至今不能成完全之民政, 實由革命之役, 斫喪元氣太過, 殆非虛言也.

내란의 영향에 대해서는 승패를 따지지 않는 것은 무엇 때문인가. 승리와 패배가 모두 그 민족에게 있기 때문이다. 그러므로 평화를 회복한 뒤에는 신정부, 구정부 할 것 없이 내란 뒤의 민덕의 차이는 오직 〔애쓴 자를〕 위로하고 〔오고자 하는 자를〕 오게 하고 〔돌아오고 싶어 하는 자를〕 돌아오게 하고 〔떠도는 자에게 살 곳을〕 정해 주면서,[29] 복구

29 『시』「소아·동궁지십」(小雅·彤弓之什) '鴻鴈三章'의 주: "주나라 왕실이 중간에 쇠퇴하여 만민이 흩어졌는데, 宣王이 〔수고로운 사람은〕 위로해 주고, 〔오고 싶어 하는 사람은〕 오게 하고, 〔멀리 떠난 사람은〕 돌아오게 하고, 〔떠돌아다니는 사람은 살 곳을〕 정해 주고, 〔불안에 떠는 사람은〕 안정시키고, 〔흩어져 있는 사람들은〕 모여서 살게 하였다."

하고 배양하는 것이 어떤지에 달려 있다. 잠깐의 내란이나 우연한 내란은 그 영향이 희미해서 복구하기 쉽지만, 장기적 내란과 빈번한 내란은 그 영향이 커서 복구하기 어렵다. 이는 분명하게 비교된다.

만약 외부와의 전쟁이라면 이와 다르다. 주동이 되어 타국을 정벌하는 경우, 움직이는 것은 전적으로 군대이며, 자기 터전에서 일상생활하는 사람들은 다만 상무의 혼을 발양하고 자존 의식을 고취할 뿐이다. 그러므로 서양 철학자 중에 "전쟁은 국민교육의 한 조건이다. 이는 기뻐할 일이지 슬퍼할 일이 아니다"라고 말한 사람도 있다. 피동적으로 정벌을 당하는 사람들의 경우 그 영향은 내란과 대단히 비슷하지만, 요행을 바라는 성질은 공명심으로 변하고, 잔인한 성질은 적개심으로 변하고, 배척하는 성질은 자각심으로 변하고, 간교한 성질은 적에 대한 대항심이 되며, 경박한 성질은 죽음을 불사하는 정신이 되며, 구차한 성질은 스스로를 보호하는 정신이 된다. 어째서 그런가? 내란의 경우에는 이미 나라 안에 도망할 곳이 없으므로 오직 변란 후에 제자리로 돌아가 안정될 수 있기만을 바란다. 외부와 전쟁한 경우에는 한 번에 생사가 결정되므로 이 뒤에 회복할 수 없음을 슬퍼한다. 그러므로 적국과의 외환을 이용하여 내 나라의 복으로 삼을 수 있으니 슬퍼할 일이기는 하지만 그렇게 심한 것은 아니다. 외부와의 전쟁을 통해 스스로 정복자가 되면, 전쟁을 한 번 할 때마다 민덕은 한층 높아진다. 독일인은 오스트리아와 전쟁을 치르고 애국심이 더해졌으며, 프랑스와의 전쟁을 겪고 애국심이 더 한층 강해졌다. 일본인이 조선과의 전쟁, 중국과의 전쟁을 치르면서 마찬가지였던 것이 모두 그 예이다.

內亂之影響, 則不論勝敗, 何也. 勝敗皆在本族也, 故恢復平和之後,無論爲新政府舊政府, 其亂後民德之差異, 惟視其所以勞來還定補救陶冶者何如. 而暫亂偶亂者, 影響希而補救易, 久亂頻亂者, 影響大而補救難, 此其大較也. 若夫對外之戰爭則異是. 其爲主動以伐人者, 則運用全在軍隊, 而境內安堵焉, 惟發揚其尙武之魂, 鼓舞其自尊之念. 故西哲曰, 戰爭者, 國民教育之一條件也, 是可喜而非可悲者也. 其爲被動而伐於人者, 其影響雖與內亂絶相類, 而可以變僥倖性爲功名心, 變殘忍性爲敵愾心, 變傾軋性而爲自覺心, 乃至變狡僞性而爲謀敵心, 變凉薄性而爲敢死心, 變苟且性而爲自保心. 何也. 內亂則已無所逃於國中, 而惟冀亂後之還定, 外爭則決生死於一髮, 而怵於後時之無可回復也. 故有利用敵國外患以爲國家之福者, 雖可悲而非其至也. 外爭而自爲征服者, 則多戰一次, 民德可高一級. 德人經奧大利之役, 而愛國心有加焉, 經法蘭西之役, 而愛國心益有加焉. 日本人於朝鮮之役中國之役亦然. 皆其例也.

전쟁에 패해서 정복당한 측은 그 국민들 고유의 본성이 갑자기 변하고 홀연히 낙후하여 흔적도 없어진다. 스파르타의 강무(强武) 정신이 역사책 속에서 밝게 빛나지만 페르시아에게 굴복한 이후 끝내는 다른 족속의 속국이 되어 이른바 군국민의 기념(紀念)이 될 만한 것을 결국 다시 볼 수 없게 된 것은 무슨 일인가? 네덜란드가 18세기 이전에 분할점령(瓜分)을 거친 후 그 백성에게 고유한 특성의 씨앗을 다시 뿌리는 일이 없어진 것은 무슨 일인가? 연(燕)과 조(趙) 지역은 옛날에는 세상을 한탄하며 비분의 노래를 읊는 선비들이 많았다. 지금 그 지역을 지나면 순종적인 백성들의 깃발이 바람에 펄럭일 뿐, 옛날의 협객에 대해 묻는 이가 없다. 왜 그런가? 오호(五胡), 북위(北

魏), 안록산(安祿山), 거란(契丹), 여진(女眞), 몽골, 만주 이래 수백 년 사이에 예닐곱 번의 정복을 당하면서 그러한 성질이 모두 없어져 버렸기 때문이다. 전제정치 체제하에서 이미 비굴과 거짓의 두 성질이 출세하는 데 둘도 없는 방법이 되어 버렸으니, 그 전제왕조가 우리 종족이 아닌 경우에는 얼마나 더 심하겠는가! 그러므로 내란과 정복당하는 것은 이 점에서 한가지로, 그 국민의 인격은 모두 날로 타락해간다. 중국은 수천 년 동안 습관적으로 내란의 국면이 쌓여 역사를 피고름으로 얼룩지게 했으며, 날마다 남에게 정복만 당하고 한 번도 남을 정복한 적이 없다. 수차례 정복당하고 스스로는 한 번도 정복하지 못했으니, 이러한 나쁜 원인이 쌓여서 만들어지고 전해진 각종의 나쁜 성질이 이미 사회에 만연하다. 지금은 10여 년에 걸친 경천동지(驚天動地)의 태평천국(太平天國) 내란 뒤인 데다가, 유럽세력이 동점한 이래 저들 정복자들은 또 정복자들을 불러 하나가 아니라 대여섯이 우리 앞에서 날마다 노리고 있으니, 국민들이 그 인성(人性)을 잃는 것 또한 이유가 있다.

> 若夫戰敗而爲被征服者, 則其國民固有之性, 可以驟變忽落而無復痕跡. 夫以斯巴達强武之精神, 照耀史乘, 而何以屈服於波斯之後, 竟永爲他族藩屬, 而所謂軍國民之紀念, 竟可不復睹也. 波蘭當十八世紀前, 泱泱幾霸全歐, 何以一經瓜分後, 而無復種民固有之特性也. 燕趙古稱多慷慨悲歌之士, 今則過於其市, 順民旗飄颭焉, 問昔時屠狗者, 闃如矣. 何也. 自五胡元魏安史契丹女直蒙古滿洲以來, 經數百年六七度之征服, 而本能湮沒盡矣. 夫在專制政體之下, 旣已以卑屈詐僞兩者爲全身進取之不二法門矣, 而況乎專制者之復非我族類也. 故夫內亂與被征服二者, 有一於此, 其國民之人格, 皆可以日趨卑下. 而中

國乃積數千年內亂之慣局, 以膿血充塞歷史, 日伐於人而未嘗一伐人, 屢被征服而不克一自征服, 此累變累下種種遺傳之惡性, 旣已彌漫於社會, 而今日者又適承洪楊十餘年驚天動地大內亂之後, 而自歐勢東漸以來, 彼征服者又自有其征服者, 且匪一而五六焉, 日躪眈於我前, 國民之失其人性, 殆有由矣.

넷째, 생계의 초췌함이 주는 압박 때문이다. 관자는 "창고가 채워져야 예절을 알며, 의식이 풍족해야 영예와 치욕을 안다"고 했다. 맹자는 "백성에게 안정된 산업이 없으면 안정된 마음이 없다. 안정된 마음이 없으면 방탕, 편벽, 사악, 사치를 〔안 하는 것 없이 다 하게 되며〕"[30] "죽음에서 면하려 해도 어려운데 어느 겨를에 예의를 익히겠는가"[31]라고 했다. 아아, 어찌 그렇지 않겠는가. 어찌 그렇지 않겠는가. 동시대에서 그 인격이 가장 완미한 국민 가운데 영국과 미국이 으뜸이며, 그다음이 게르만이다. 이 3국은 모두 전 지구 경제계에서 가장 높은 위치를 점하고 있다. 스페인, 포르투갈인은 수백 년 전에 강무(强武)하고 활발하고 침착하고 의연하고 엄정한 기풍을 풍부하게 갖고 있었는데, 지금은 하나하나 〔옛날과〕 상반된다. 이는 모두 경제가 날로 위축되어 가기 때문이다. 가장 열등한 것은 동양(泰東)의 조선인과 베트남인데, 이들은 경제가 가장 궁색하고 절박한 백성이다. 러시아 정부는 매의 눈과 호랑이 눈의 기운으로 오대륙을 떨게 했으나, 그 백성은 죄악의 곳간에 어울리는 자들로서 암흑에 빠져 다

30 『맹자』「등문공상」3.
31 『맹자』「양혜왕상」7.

시 하늘의 해를 보지 못했다.(원주 — 일본인의 책에 『러시아 망국론』이 있는데, 여기에서 자세히 묘사해 놓았다.) 역시 경제가 침체되고 궁색해진 영향이다. 저 허무당(虛無黨)은 해를 거듭한 유세 선동의 힘으로도 다수의 동정을 얻지 못하자, 독자적으로 위험한 수단을 쓰지 않을 수 없게 되었는데, 이 또한 이 문제〔생계의 초췌함〕 때문에 곤란하게 된 것이다. 일본의 정술(政術)은 거의 구미에 필적하지만, 사회도덕은 백분의 일에도 미치지 못한다. 이 또한 그 부유함의 진보와 정치의 진보가 상응하지 않기 때문이다.

(四) 由於生計憔悴之逼迫也. 管子曰, 倉廩實而知禮節, 衣食足而知榮辱. 孟子曰, 民無恆産, 斯無恆心. 旣無恆心, 放僻邪侈, 救死不贍, 奚暇禮義. 嗚呼, 豈不然哉, 豈不然哉. 幷世之中, 其人格最完美之國民, 首推英美, 次則日耳曼. 之三國者, 皆在全球生計界中, 占最高之位置者也. 西班牙葡萄牙人, 在數百年前, 深有强武活潑沈毅嚴整之氣度, 今則一一相反, 皆由生計之日蹙爲之也. 其最劣下者, 若泰東之朝鮮人安南人, 則生計最窮迫不堪之民也. 俄羅斯政府, 以鷹瞵虎視之勢, 震慴五陸, 而其人民稱罪惡之府, 黑暗無復天日. (日本人有露西亞亡國論窮形盡相) 亦生計沈窘之影響也. 彼虛無黨以積年游說煽動之力, 而不能得多數之同情, 乃不得已而出於孤往凶險之手段, 亦爲此問題所困也. 日本政術, 幾匹歐美, 而社會道德, 百不逮一, 亦由其富力之進步, 與政治之進步不相應也.

세상에서 어느 시대, 어느 나라든 소수의 비범하고 뛰어한 선비는 전제의 마력에 속박당하지 않고 곤궁한 생업 때문에 피폐해지지 않는다. 그러나 대중이 모두 그렇게 할 수는 없다. 인민의 다수는 반드시 부모를 부양하고 자식을 양육할 수 있고, 여기에서 나아가 조금 여유가 있어야 스스로를 존중하고 명예를 생각하며 이웃을 사랑하고 기꺼이 자선도 할 수 있다. 머리와 근육에 여유가 있어야 학문에 종사해서 조금 고상한 이상을 키운다. 시간에 여유가 있어야 관심을 자기 몸에서 넓혀 단체의 정신을 발휘한다. 그렇지 못하고 아침을 먹고 나면 저녁 걱정을 하고 가을바람이 아직 불지도 않는데 겨울옷 걱정에 운다면, 비록 인(仁)한 바탕을 가지고 있다 하더라도 자기가 얼어 죽고 굶어 죽는데 어떻게 중생 걱정을 할 것이며, 비록 원대한 사명을 갖고 있다 하더라도 어떻게 현재를 떠나 미래를 도모하겠는가! 서양의 사회학자(群學家)가 문명인과 야만인의 차이는 공공사상의 유무와 미래관념의 풍부 여부라고 했다는데, 이 사이의 차이가 발생하는 것은 경제상의 안락과 빈곤이 가장 두드러진 이유이다. 그러므로 비굴한 성격, 편협한 성격, 매정한 성격, 허위적 성격, 아부하는 성격, 자포자기하는 성격, 구차한 성격 등은 모두 거지반 경제의 취약함에서 오는 것이다. 경제와 민덕(民德)의 관계는 이처럼 밀접하다.

> 夫世無論何代, 地無論何國, 固莫不有其少數畸異絶俗之士, 旣非專制魔力所能束縛, 亦非恆產困乏所能銷磨. 雖然, 不可以律衆人也. 多數之人民, 必其於仰事俯蓄之外, 而稍有所餘裕, 乃能自重而惜名譽, 泛愛而好慈善, 其腦筋有餘力以從事於學問, 以養其稍高尙之理想. 其日力有餘暇以計及於身外, 以發其顧團體之精神. 而不然者, 朝饔甫畢, 而憂夕飧, 秋風未來, 而泣無褐, 雖有仁質, 豈能自凍餒以念衆生, 雖有遠慮, 豈能舍現在以謀將來. 西人群學家言, 謂文明人與野蠻人之別, 在公共思想之有無, 與未來觀念之豐缺, 而此兩者所以差異之由, 則生計之舒蹙, 其尤著者也. 故貪鄙之性, 褊狹之性, 凉薄之性,

虛僞之性, 諂阿之性, 暴棄之性, 偸苟之性, 强半皆由生計憔悴造之. 生計之關系於民德, 如是其切密也.

우리 국민은 수천 년 동안 요역에 시달리고 천재지변에 시달리고 병역에 시달렸으니, 편안하게 거처하면서 걱정 없이 생업을 영위하는 사람은 이미 세상에서 만날 수 없게 되었다. 이른바 허위, 편협, 비굴, 매정, 아부, 포기, 구차 등의 악덕은 이미 십수 세기를 지나면서 마치 사회의 교육을 받듯이 조상에게서 물려받았다. 현대에 와서는 나라의 밑천(母材)이 해마다 불어나지는 않고, 궁정의 토목공사나 관리의 임금으로 나가는 돈이 항상 정부의 수입보다 수 배나 되었다. 국민평균총생산액은 7각(角) 1분(分)에 불과한데,(원주 — 일본의 요코야마 마사오(橫山雅男) 씨[32]의 통계조사에 의하면, 일본돈 70전(錢)이 조금 넘는다.) 꾸어 쓴 외채는 이미 10만 량(兩)이 되어 간다.(원주 — 이자는 별도이다.) 지극히 유한한 재화가 모두 증식되지 않는 밑천으로 변해 버리니, 이렇다면 어떤 나라의 백성이 연명할 수 있겠는가! 게다가 세계 경제상 경쟁의 풍조가 밀려들 것이니, 지금은 바로 그 시작이다. 국민의 부패와 타락은 점점 심해질 것인데, 아아, 그 끝이 어디일지 나는 모르겠다.

我國民數千年來, 困於徭役, 困於災癘, 困於兵燹, 其得安其居樂其業者, 旣已間代不一觀. 所謂虛僞褊狹貪鄙凉薄諂阿暴棄偸苟之惡德, 旣已經數十世紀, 受之於祖若宗社會之敎育. 降及現世, 國之母財, 歲

32 요코야마 마사오(橫山雅男, 1861~1943). 일본의 통계학자.

不增殖, 而宮廷土木之費, 官吏苞苴之費, 恆數倍於政府之歲入. 國民富力之統計, 每人平均額不過七角一分有奇. (據日本橫山雅男氏之統計調查, 日幣七十錢有奇) 而外債所負, 已將十萬萬兩, (利息在外). 以至有限之物力, 而率變爲不可復之母財, 若之何民之可以聊其生也. 而況乎世界生計競爭之風潮, 席捲而來, 而今乃始發軔也. 民國之腐敗墮落, 每下愈況, 嗚呼, 吾未知其所終極矣.

다섯째, 학술이 세상을 구하는 데 무력하기 때문이다. 〔앞에서 설명한〕 저 네 가지 단서는 국민 대다수의 악덕을 초래하는 원천이다. 그런데 예부터 풍속을 바꾸는 일의 목적은 다수인(多數人)에게 있지만, 그 주동자는 항상 소수인(少數人)이다. 만약 저쪽이 결핍되었더라도 이쪽에서 보충해 주면 극단적으로 피폐해지지는 않을 것이다. 동한(東漢) 시대 절의가 융성했던 것은 광무제(光武帝), 명제(明帝), 장제(章帝)의 공이 열에 셋이고, 유학의 효과가 열에 일곱이었다. 당과 송은 그 전제의 능력은 비슷했고 군주의 현명함 또한 크게 차이가 없었지만, 선비의 습속은 하늘과 땅처럼 달랐다. 당의 유학자들은 사장의 허황된 것을 숭상했고, 송의 선비들은 도학의 청렴절의를 숭상했기 때문이다. 위진육조가 부패했던 원인은 매우 복잡하지만 노장의 청담학이 그 허물의 반을 차지한다. 명조 때는 각박하고 은혜도 적었으며 단정하고 강직한 사람을 억압하는 것이 극에 달했지만, 만명(晩明) 선비들의 기상이 전보다 특히 뛰어났던 것은 왕학(王學)의 공이 우(禹)임금보다 못하지 않았기 때문이다.

그렇다면 근래 2백 년간 민덕이 타락한 근원을 볼 수 있다. 강희 때 박학홍사(博學鴻詞)의 여러 현자들은 모두 기숙(耆宿)을 천하에서 존경의 대상으로 삼으면서 스스로를 폄하했다.〔명청 교체의〕 전쟁 뒤에, 백 년 동안 인심을 지배했던 왕학은 모두 사라지고 남지 않았다. 선산(船山)[33]과 이주(梨洲),[34] 하봉(夏峯),[35] 이곡(二曲)[36]의 무리들이 끊어진 학문을 품고 동굴에서 늙어 갔으니 큰 줄기는 마침내 끊어졌다. 이광지(李光地)[37]와 탕빈(湯斌)[38]은 주자학으로 이름이 났다. 이광지는 어버이를 잊고 교우를 배신하였으며 아첨을 일삼았다.(원주 — 이광지는 정성공(鄭成功)[39]의 명의 후사를 끊었다.〔이는〕 앞사람들은 몰랐는데, 전사산(全謝山)[40]이 처음으로 비난했다.) 탕빈은 부드러움으로 환심을 사서 세상 풍속을 현혹했다.(원주 — 탕빈은 신분은 높았지만 구운 닭고기를 가까이 하지 않았으며, 휘장은 모시 홑감에 불과했다. 일찍이 천자에게 응대하고 밖에 나와서, 평생 이처럼 사람을 속이는 말을 해 본 적이 없다고 말했다. 뒤에 강희제(聖祖)에게 눈치채였으니 대략 공손홍(公孫弘)[41]의 부류이다.) 그

---

33 왕부지(王夫之, 1619~1692) 명말청초의 사상가. 명이 망한 후 고향(湖南省, 衡陽) 석선산에 집을 짓고 독서와 저작으로 일생을 마쳤다.

34 황종희(黃宗羲, 1610~1695). 망해 가는 명을 살리기 위해 가산을 털어 군대를 조직해 항거했다. 결국 명이 망하자 산림에 은둔하여 저술에 몰두하였다.

35 손기봉(孫奇逢, 1584~1675). 명이 멸망하자 하남성(河南省) 하봉(夏峯)으로 들어가 강학하며 생애를 마쳤다.

36 이옹(李顒, 1627~1705). 명말청초 때 사람. 이곡선생(二曲先生)이라 불린다.

37 이광지(李光地, 1642~1718). 경학(經學)과 악률(樂律), 역산(曆算), 음운(音韻) 등에 정통했으며, 황제의 칙명으로 『성리정의』(性理精義)와 『주자대전』(朱子大全) 등을 편수했다.

38 탕빈(湯斌, 1627~1687). 강희(康熙) 연간에 박학홍사(博學鴻詞)로 천거되었다.

39 1624년, 중국인 아버지와 일본인 어머니 사이에서, 일본에서 출생했다. 타이완을 근거지로 청에 대항해 싸우다 죽었다.

40 전조망(全祖望, 1705~1755). 청대의 학자.

41 공손홍(公孫弘, B.C. 200~B.C. 121). 한무제 때의 재상이다. 황제에게 제안하고 결정하도록 하고 토론은 피했다고 하여. 곡학아세(曲學阿世)의 무리로 비난당한다.

런데도 한 시대에서 나라를 연 큰 유학자라고 평가되어 공묘에 배향되었으니, 말류들이 주조해 냈다는 것은 물을 필요도 없다. 이 뒤로 육롱기(陸隴其), 육세의(陸世儀),[42] 장이상(張履祥),[43] 방포(方苞),[44] 서건학(徐乾學)[45]의 무리들은 주관 없이 아부하는 학술을 하여, 문학은 간계가 되기에 이르렀고, 그 인격은 거의 원대의 허형(許衡)이나 오증(吳澄)[46]보다 아래였다. 이른바 『국조송학연원기』(國朝宋學淵源記)[47]는 거의 이런 내용으로 다한다.

(五) 由於學術匡救之無力也. 彼四端者, 養成國民大多數惡德之源泉也. 然自古移風易俗之事, 其目的雖在多數人, 其主動恆在少數人, 若缺於彼而有以補於此, 則雖敝而猶未至其極也. 東漢節義之盛, 光武明章之功, 雖十之三, 而儒學之效, 實十之七也. 唐之與宋, 其專制之能力相若, 其君主之賢否亦不甚相遠, 而士俗判若天淵者, 唐儒以詞章浮薄相尚, 宋儒以道學廉節爲坊也. 魏晉六朝之腐敗原因, 雖甚雜複, 而老莊淸談宗派, 半尸其咎也. 明祖刻薄寡恩, 挫抑廉隅, 達於極點, 而晩明士氣, 冠絶前古者, 王學之功, 不在禹下也. 然則近今二百年來民德汚下之大原, 從可睹矣. 康熙博學鴻詞諸賢, 率以耆宿爲海

42 육롱기(陸隴其, 1630~1692)와 육세의(陸世儀, 1611~1672))은 청대의 성리학자로, 이륙(二陸)으로 일컬어졌다.

43 장리상(張履祥, 1611~1674). 명이 망하자 은거해 강하게 전념했다. 젊어서는 육왕심학을 공부했으나 이후에 정주성리학으로 돌아섰다.

44 방포(方苞, 1688~1749). 정주성리학자로, 청조에서 벼슬하였다.

45 서건학(徐乾學, 1631~1694). 정주성리학자. 고염무의 생질로서, 청조에서 벼슬하였다.

46 허형과 오증은 한족의 정주성리학자로서, 원조에서 벼슬했다.

47 강번(江藩, 1761~1831)이 지은 책. 『국조한학사승기』(國朝漢學師承記)를 써서 고증학의 원류를 밝혔으며, 『국조송학연원기』(國朝宋學淵源記)를 써서 청대 이학의 원류를 밝혔다.

內宗仰, 而皆自汚貶, 玆役以後, 百年來支配人心之王學, 掃蕩靡存. 船山梨洲夏峯二曲之徒, 抱絶學, 老巖穴, 統遂斬矣, 而李光地湯斌, 乃以朱學聞. 以李之忘親背交, 職爲奸諛, (李紿鄭成功以覆明祀, 前人無譏, 全謝山始訶之.) 湯之柔媚取容, 欺罔流俗. (湯斌雖貴, 而食不御炙鷄, 帷帳不過枲絅. 嘗奏對出語人曰, 生平未嘗作如此欺人語, 後爲聖祖所覺, 蓋公孫弘之流也.) 而以爲一代開國之大儒, 配食素王, 末流所鼓鑄, 豈待問矣. 後此則陸隴其陸世儀張履祥方苞徐乾學輩, 以𡟯婀夸毗之學術, 文致其奸, 其人格殆猶在元許衡吳澄之下, 所謂國朝宋學淵源記者, 殆盡於是矣.

건륭, 가경 이후 염약거, 왕염손 부자, 단옥재, 대진 등의 무리들은 이른바 한학(漢學)이라는 것을 표방하며 서로 자랑하며 숭상하고 힘을 다해 송명학을 배척했다.[48] 송명의 학이 왜 지적할 만한 결점이 없겠는가. 그러나 나는 단지 경솔하며 지리멸렬할 뿐인 한학가들이 이래저래 말하는 것은 용납하지 못하겠다. 저 한학은 무엇을 배운다는 것인가. 옛날 건륭연간에 궁정의 연극과 희곡의 대부분은 문란함을 가르치고 음란함을 가르쳐, 모두 금기(忌諱)를 건드려 비난을 받아 감히 〔무대에〕 내어 놓을 수 없었다. 이에 오로지 신선이나 요괴, 유령, 소귀신, 뱀귀신 등의 일을 공연하며, 기분 전환이라고 빙자하고 허물하는 일도 없었다. 내가 보기에 청조 2백 년 동안 학자들이 배운 것은 모두 소귀신이나 뱀귀신과 같은 종류로, 그들이 마음을 쓰는

48 청대의 이들 학자들에 관해서는 뒤에 양계초가 간행한 『청대학술개론』(1920, 『전집』 권34 수록)을 참고하라. 전인영 역, 『중국 근대의 지식인』, 혜안, 2005 참조.

것 또한 꼭 그것에 상응하는 것이었다. 왕학이 사람의 마음을 격양시키고 고무해서 당시 임금들이 가장 싫어하는 것이었다. 그래서 바꿔서 주자학을 했는데, 주자학의 엄정함과 충실함 또한 당시 임금들이 좋아하는 것은 아니었다. 그래서 바꿔서 한학을 했다. 한학 같으면 인간 사회의 밖에 서서, 2천 년 전 땅속에 파묻힌 돌을 늘어놓는 것으로서, 저술이 수백 권 쌓여도 시대를 비판하는 말은 하나도 없으며, 천만 마디의 논변을 해도 모두 본심에서 나온 말은 없으니, 몸을 단단히 숨기는 데 이보다 더 좋은 묘책이 없었다. 재주 있는 선비들은 이를 세상에 아부하고 명예를 도둑질하는 비책으로 삼았으니, 명예와 절개, 아름다움과 검소함은 모두 다시 돌아보지 않게 되었다.

而乾嘉以降, 閻王段戴之流, 乃標所謂漢學者以相誇尙, 排斥宋明, 不遺餘力. 夫宋明之學, 曷嘗無缺點之可指摘, 顧吾獨不許鹵莽滅裂之漢學家容其喙也. 彼漢學則何所謂學. 昔乾隆間內廷演劇, 劇曲之大部分, 則誨亂也, 誨淫也, 皆以觸忌諱, 被呵譴, 不敢進, 乃專演神怪幽靈牛鬼蛇神之事, 旣藉消遣, 亦無愆尤. 吾見夫本朝二百年來學者之所學, 皆牛鬼蛇神類耳, 而其用心亦正與彼相等. 蓋王學之激揚蹈厲, 時主所最惡也, 乃改而就朱學, 朱學之嚴正忠實, 猶非時主之所甚喜也, 乃更改而就漢學. 若漢學者, 則立於人間社會以外, 而與二千年前地下之僵石爲伍, 雖著述累百卷, 而決無一傷時之語, 雖辯論千萬言, 而皆非出本心之談, 藏身之固, 莫此爲妙. 才智之士, 旣得此以爲阿世盜名之一秘鑰, 於是名節閑檢, 蕩然無所復顧.

그러므로 송학이 타락해도 오히려 위선자들은 있었으나, 한학이 타락하자 위선자들마저도 없게 되었다. 왜 그런가? 이름을 날리던

쟁쟁한 선배들이 '동네에서 자기 절조만 지키는 사람들'도 하지 않던 일들을 공공연하고 대담하게 해도 사회의 숭배를 받고 학계의 명사 자리를 향유한다. 그러니 무엇 때문에 힘들여 우임금처럼 일해서 순임금의 인정을 받을 필요가 있었겠는가! 옛날 왕명성(王鳴盛)(원주 — 『상서후안』(尙書後案), 『십칠사상각』(十七史商榷) 등의 책을 지은 한학의 거두이다.)은 일찍이 다음과 같이 말했다. "내가 재물을 탐한다는 오명은 오십 년을 가는 것에 불과하지만, 내가 지은 책의 높은 명성은 오백 년이 간다"고. 이 두 마디는 전체 한학가의 마음을 직접적으로 대표한다. 장자는 "마음이 죽는 것보다 더 큰 슬픔은 없다"고 했다.[49] 〔한학의〕 학문을 하는 사람들은 천하를 이끌어 마음을 죽게 하는 자이다. 이러한 잘못된 씨앗은 팔고와 같은 독과 더불어 2백여 년 동안 학계의 중심에 둥지를 틀었다. 1895~1896년 이후에야 그 기세가 처음으로 쇠했다. 아프지도 않고 가렵지도 않은 〔핵심에 닿지 않은〕 이러한 세계는 이미 조성되었으며 지금은 바야흐로 그 업보를 받는 때이니, 허무하고 슬프다.

故宋學之敝, 猶有僞善者流, 漢學之敝, 則幷其僞者而亦無之. 何也. 彼見夫盛名鼎鼎之先輩, 明目張膽以爲鄕黨自好者所不爲之事, 而其受社會之崇拜享學界之尸視自若也, 則更何必自苦以强爲禹行舜趨之容也. 昔王鳴盛 (著尙書後案, 十七史商榷等書, 漢學家之巨子也,) 嘗語人曰, 吾貪贓之惡名, 不過五十年, 吾著書之盛名, 可以五百年. 此二語者, 直代表全部漢學家之用心矣. 莊子曰, 哀莫大於心死. 漢學家

49 『장자』「전자방」(田子方).

者率天下而心死者也，此等謬種，與八股同毒，盤踞於二百餘年學界之中心，直至甲午乙未以後，而其氣焰始衰．而此不痛不癢之世界，既已造成，而今正食其報，耗矣哀哉．

5년 전부터 해외의 신사상이 열강의 침략 세력을 타고 중국에 들어왔고, 처음에는 한두 사람이 주장하다가 이어 수천 명이 화답하게 되었다. 그 주창자는 본래 반드시 구학(舊學)을 멸시했던 것은 아니고, 구학의 단순함이 시세에 적응하지 못하기 때문에 신사상을 보조로 삼을 생각을 했다. 또 많은 사람들의 사고를 넓혀 사상의 자유가 발달하도록 촉진하여 배우는 자들이 스스로 선택하기를 바랐다. 그런데 부패한 지 오래된 이 사회에 문명의 학설이 갑자기 이식될 수 없다는 것은 생각하지 못했다. 그러니 자유의 이론이 들어오자 행복을 증진시키는 일은 없이 질서를 파괴하게 되고, 평등의 이론이 들어오자 의무를 부과하는 일은 없이 규제를 멸시하게 되었으며, 경쟁의 이론이 들어오자 외국을 적으로 삼지는 않고 국내의 단체만을 흩어 놓았다. 권리의 이론이 들어오자 공익을 도모하지는 않고 개인적 견해만 수식하게 되고, 파괴의 이론이 들어오자 숨어 있는 썩은 곳을 경계하지는 않고 국수(國粹)를 없애 버렸다. 스펜서는 다음과 같은 말을 했다. 즉, "쇠퇴의 시기에는 경장(更張)을 해도 이쪽에서 곪은 것이 저쪽에서 터진다. 갑에게서는 해소된 문제가 을에게서는 심해진다. 사회(群)를 전체적으로 보면 부패한 정치의 나쁜 요소들은 늘 이런 식이다. 그러므로 백성의 자질이 어느 수준에 도달하지 못하면 나쁜 요소들이 쉽게 실마리가 되어 막고 끊을 방법이 없어진다." 아아! 최근 몇 년 동안 우리 청년들에게 미친 신학설의 영향을 보면 스펜서의 실제 경험에서 나온 이 말에 감복하지 않을 수 없으며, 우리 국민들을 생각하면 끝없는 침통함이 증폭된다. 〔신사상을 취하는 것이〕 어찌 열 개를 뽑아 버리고 하나를 얻는 것이 아니겠는가! 신사상의 이점을 섭취하면서 그 폐단을 상쇄할 만한 사람은 거의 없다. 『예기』에 "단맛은 다른 맛과 조화하기 쉽고 흰색은 어떤 색과도 어울릴 수 있다. 성실하고 신의 있는 사람이라야 예를 배울 수 있다"[50]고 했다. 또 "귤이 강남에서는 귤인데 강을 건너 강북으로 가면 탱자가 된다"는 말도 있다. 최고로 고상하고 순수하여 사회를 이롭게 하고 진화시키는 저 학설들이 일단 중국에 들어오자 저 위대한 동화력에 의해 무참히 사라질 줄 누가 알았겠는가!

> 五年以來, 海外之新思想隨列强侵略之勢力以入中國, 始爲一二人倡之, 繼焉千百人和之. 彼其倡之者, 固非必盡蔑舊學也, 以舊學之簡單而不適應於時勢也, 而思所以補助之, 且廣陳衆義, 促思想自由之發達, 以求學者之自擇. 而不意此久經腐敗之社會, 遂非文明學說所遽能移植, 於是自由之說入, 不以之增幸福, 而以之破秩序. 平等之說入, 不以之荷義務, 而以之蔑制裁. 競爭之說入, 不以之敵外界, 而以之散內團. 權利之說入, 不以之圖公益, 而以之文私見. 破壞之說入, 不以之箴膏肓, 而以之滅國粹. 斯賓塞有言, 衰世雖有更張, 弊泯於此者, 必發於彼, 害消於甲者, 將長於乙, 合通群而覈之, 弊政害端常自若也. 是故民質不結, 禍害可以易端, 而無由禁絶. 嗚呼, 吾觀近年來新學說之影響於我青年界者, 吾不得不服斯氏實際經驗之言, 而益爲我國民增無窮之沈痛也. 夫豈不拔十得一, 能食新思想者之利者, 而

50 『예기』「예기」(禮器).

所以償其弊殆僅矣. 記曰, 甘受和, 白受采. 忠信之人, 可與學禮. 又曰, 橘在江南爲橘, 過江北則爲枳. 夫孰意彼中最高尙醇美利群進俗之學說, 一入中國, 遂被其偉大之同化力汨沒而去也.

요컨대, 위진의 청담, 건가의 고거학과 지금 학자들이 입버릇처럼 말하는 자유·평등·권리·파괴는, 그 주장은 전혀 다르지만 그 성질은 동일하다. 지금의 병이 더 깊은 것은 최신의 가장 유력한 학설이, 가까운 과거부터 유전되고 먼 과거에서부터 유전된 각종의 나쁜 성질과 악습에 붙어 그것들을 보호하고 키우기 때문이다. 그러므로 2백년 동안 민덕의 변천을 보면, 송학시대에는 위선자가 있었지만 그들은 나쁜 짓이 부끄러운 것이라는 것은 알았다. 〔청대의〕 한학 시대에는 짐짓 꾸미는 일도 없었으니 그들은 나쁜 짓을 하고도 부끄러워할 만한 것이 없다고 여겼다. 그리고 오늘날에 이르도록 고쳐지지 않았으니, 앞으로 이 유럽 학문의 시대에는 반드시 나쁜 짓을 하는 것을 영예로 여기는 사람이 있을 것이니, 지금 이미 일부분의 청년 사이에서 그 싹이 보인다. 나쁜 짓을 하는 것을 영예로 여긴다면, 홍수와 맹수가 이 비참함을 비유하기에 족할 것인가. 군자가 이를 생각하면 피부에 소름이 일고 다리가 후들거릴 것이다.

要而論之, 魏晉間淸談, 乾嘉間之考據, 與夫現今學子口頭之自由平等權利破壞, 其挾持絶異, 其性質則同. 而今之受痼愈深者, 則以最新最有力之學理, 緣附其所近受遠受之惡性惡習, 擁護而灌漑之. 故有淸二百年間民德之變遷, 在朱學時代, 有僞善者, 猶知行惡之爲可恥也. 在漢學時代, 幷僞焉者而無之, 則以行惡爲無可恥也. 及今不救, 恐後此歐學時代, 必將有以行惡爲苛者, 今已萌芽於一小部分之

부록: 중국 역대 민덕 승강표

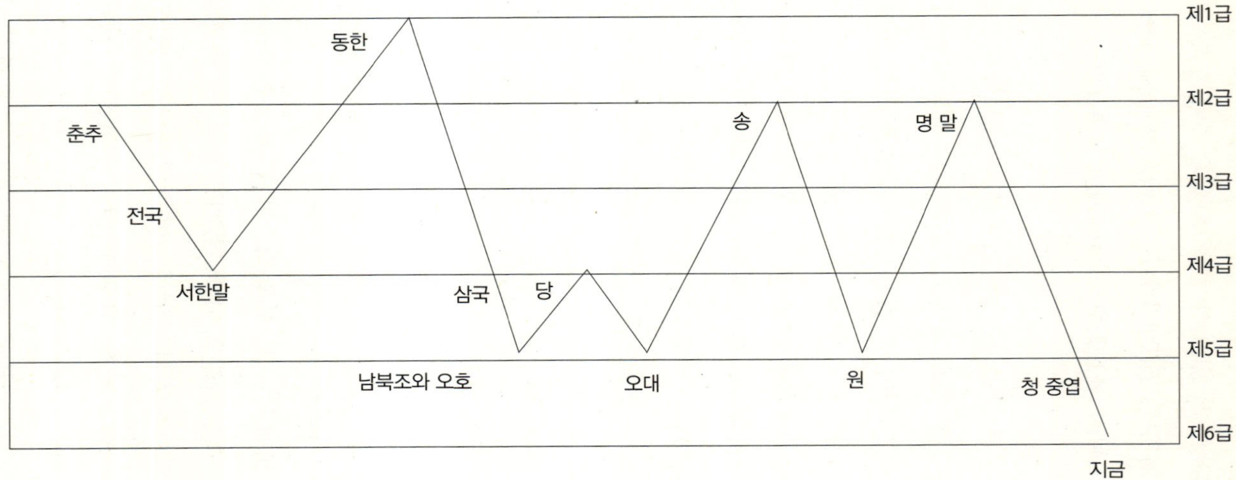

부록: 중국 역대 민덕 승강 원인표

(계속)

	국세	군주	전쟁	학술	경제	민덕
춘추	열국 병립, 귀족전제	권력은 그다지 중대하지 않고, 영향력도 비교적 작다.	많지만 격심하지 않음	각 학파의 맹아는 있으나 발달하지는 않았으며, 선왕의 유풍을 많이 계승	교통이 처음 열리고, 경쟁은 극렬하지 않음	순박, 충실
전국	열국 병립, 집권전제 점차 공고화	대략 상무정신, 외교수단 둘을 신하에게 장려	매우 심함	자유사상 대발달. 유, 묵, 도, 법, 종횡 여러파의 호각지세, 그 가운데 법가와 종횡가가 가장 실권을 장악	상업 점차 일어나고 겸병이 크게 성행. 가혹한 세금과 병난으로 백성의 곤궁이 특히 심함	장점은 임협의 기상, 단점은 경박함과 거짓으로 질서를 파괴
진	중앙집권, 전제력 강화	민지를 막고 민기를 꺾는 것을 주로 삼음	계속	여러 학문을 막고, 법가에 점차 맡김	크게 궁함	비굴하고 흔들림
서한	중앙집권, 전제력 강화	고조는 진의 법을 이어 사용, 임협을 꺾고, 각박하고 매정	적음	유가, 도가 병행	문제, 경제 때는 집집마다 풍족했으나, 무제 소제 이후 조금 곤궁해짐	비굴함이 진대보다 심해짐
동한	중앙집권, 전제력 강화	광무, 명제, 장제, 명예와 절의 장려	적음	유학이 가장 번성한 시대, 공교의 좋은 결과를 거둬들임	조금 좋아짐	기개와 절개, 염치를 숭상하는 풍속이 가장 아름다웠다.
삼국	본족의 분열	위무는 나쁜 풍속을 제창했고, 오촉 역시 권모술수를 장려	뜨거움	결핍	자못 곤궁함	타락
육조	외족 침입	허영과 사치를 장려하는 풍조	매우 많았으며 본족은 거의 패함	불교와 노장은 사장과 청담을 이용하는 것이 극성함	초췌	혼탁하고 허약함

	국세	군주	전쟁	학술	경제	민덕
당	본족이 중앙집권을 회복, 다시 분열	방자하고 사치함	상반기 평화, 하반기 대란	유학자는 사장 외에 하는 일이 없음. 불교가 조금 발달	상반기 조금 회복, 하반기 크게 곤궁	상반기 허약비굴, 하반기 혼탁
오대	나라를 이루지 못함	군주 없음	외족에 패함	없음	백성은 연명하지 못함	최하
송	주권은 미약하고 외족은 빈번히 침입	진종, 인종, 백성을 사랑하고 예를 숭상	외족에 패함	도학의 발달이 가장 전성. 주륙이 중심	조금 회복	절의를 숭상하였으나 조금 문약
원	외족, 주권전제력 가장 강함	유목성으로, 본족을 발로차고 짓밟음	본족, 전쟁에 전패, 국민은 함께 하지 않음	주자학 말류를 주워 모았으나 정신은 없어짐	곤궁	비굴하고 염치 적음
명	본족의 전제력 회복, 최강	태조, 잔인하고 각박. 민기 억압	전승 후 평화시대 조금 장기	왕학 대흥, 사상 고상	조금 회복	명예와 절개를 발양하고 존숭한 것이 동한에 비견
청	외족동화, 주권전제력 최강	옹정, 건륭, 각박하고 음험함으로 아래를 제압	전패 후 평화시대 조금 장기	선비는 고거와 사장으로 스스로 달아나고, 학문을 다시 알지 못함. 교활한 자들은 부패하고 왜곡된 주자학으로 간교함을 수식	자못 회복	용렬, 나약, 비겁, 교활
현재	문명의 외족 침입, 주권이 없음	근 40년간, 주권자는 억압하고 얼버무리는 것을 일로 삼았으며, 최근에는 더욱 심해짐	내란은 끊나지 않았는데 외환이 또 일어남. 몇 번 패한 뒤에 사해가 시끄러움	구학은 소멸했고, 신학은 아직 이루어지지 않음, 보릿고개, 잘못된 생각이 중첩	손실이 이미 심하고 세계의 경제경쟁 풍조가 침입하고 전국이 초췌	혼탁함이 극에 달하고, 여러 악이 다 갖춰짐

青年矣. 夫至以行惡爲榮, 則洪水猛獸, 足喩斯慘耶, 君子念此, 膚粟股栗矣.

3. 사덕의 필요[51]

사덕이란 사람의 식량과 같은 것으로 잠시도 떠날 수 없는 것이다. 그런데 지금 내가 〔이에 대해〕 논하는 것은, 책을 읽지 않고 글을 읽지 못하는 대다수의 사람들에게 말해서 깨닫게 하려는 것도 아니고, 옛날 책을 읽고 글을 읽는 소수의 사람들에게 말해서 〔그들에게〕 관여하려는 것도 아니다. 내가 충심으로 하는 얘기가 미칠 수 있는 대상은 소수의 국민 가운데서도 극소수의 사람들로 한정할 수밖에 없다. 나는 이 극소수의 사람들이 장차 세력이 충만하면 저 대다수의 사람들을 좌지우지하고도 남을 만하다고 믿는다. 나는 이 때문에 기뻐하고 이 때문에 두려워하니, 말에서 그칠 수만은 없다.

三, 私德之必要

私德者, 人人之糧, 而不可須臾離者也. 雖然, 吾之論著, 以語諸大多數不讀書不識字之人, 莫予喩也, 卽以語諸少數讀舊書識舊字之人, 亦莫予聞也. 於是吾忠告之所得及, 不得不限於少數國民中之最少數者. 吾信夫此最少數者, 其將來勢力所磅礴, 足以左右彼大多數者而有餘也. 吾爲此喜, 吾爲此懼, 吾不能已於言.

---

51 이 부분부터 『신민총보』 제40·41합호, 1903. 11. 2.

지금 남다르게 뛰어남을 발휘하는, 굳센 기개와 왕성한 혈기를 지닌 선비들의 눈을 가장 사로잡고 마음을 취하게 하는 것은 파괴주의가 아닌가! 파괴가 오늘날 중국에 틀림없이 행해질 수 있는가 여부는 별개의 문제이므로 잠시 옆으로 치워 놓고 자세히 논하지 말자. 지금 극단으로 달리는 자들은 오직 건설하는 데에만 도덕이 필요하고 파괴에는 도덕이 필요하지 않다고 하는데, 이는 잘못되었다고 생각한다. 예나 지금이나 건설의 위대한 사업은 본래 파괴의 성질을 함유하기 마련이며, 예나 지금이나 파괴를 담당했던 위인들은 건설의 정신 역시 갖추지 않은 적이 없었다. 사실은 파괴와 건설은 서로 의지해서 떨어질 수 없으며, 거기에 필요한 능력 또한 둘에 똑같다. 그리하여 결함이 있으면, 건설만 기대할 수 없는 것이 아니라 파괴 역시 기대할 수 없다. 지금 파괴를 주장하는 자들은 걸핏하면 경제학(生計學)상의 분업의 예를 들어, 우리의 작은 몸으로는 세상의 모든 일을 다 맡아서 할 수는 없으니 시세의 요구에 따라 파괴사업을 전담해서 맡고 파괴 뒤의 건설의 책무는 뒤의 군자를 기다리면 되니, 지나치게 염려할 것이 없지 않은가 하고 말한다. 〔그렇게 말하는〕 마음은 도량이 크고 공평무사한 것이 왜 아니겠는가.

今日踸踔俊發有骨鯁有血性之士, 其所最目眩而心醉者, 非破壞主義耶. 破壞之必能行於今之中國與否, 爲別問題, 姑勿具論. 而今之走於極端者, 一若惟建設爲需道德, 而破壞則無需道德, 鄙人竊以爲誤矣. 古今建設之偉業, 固莫不含有破壞之性質, 古今破壞之偉人, 亦靡不饒有建設之精神, 實則破壞與建設, 相倚而不可離, 而其所需之能力, 二者亦正相等, 苟有所缺, 則靡特建設不可得期, 卽破壞亦不可得望也. 今之言破壞者, 動引生計學上分勞之例, 謂吾以眇眇之躬, 終不能取天下事而悉任之，吾毋寧應於時勢而專任破壞焉，旣破壞以後，則建設之責，以俟君子，無待吾過慮也. 此其心豈不廓然而大公也耶.

그러나 나는 파괴 후에 건설이 있어야 할 뿐 아니라 파괴 전에도 역시 건설이 있어야 한다고 생각한다. 그렇지 않다면 날마다 파괴를 말해도 파괴의 목적은 끝내 달성할 수 없을 것이다. 왜 그런가? 사회학(群學)의 공례에 의하면 반드시 안으로 공고한 존재라야 밖으로 경쟁을 할 수 있다. 한 사회와 다른 사회가 경쟁하고 한 국민과 다른 국민이 경쟁할 때는, 그 사회와 그 나라의 기틀이 아직 성립하지 않고 경영이 아직 완비되지 않았다면, 적을 만나면 반드시 패하거나 혹 적을 만나기 전이라도 먼저 스스로 패할 것이다. 파괴주의의 성질은 이 사회와 이 나라에서 새롭게 뭔가를 만들어 낼 힘이 박약한 소수들이, 오랜 세월 지지력이 두터운 다수자들을 서슴없이 괴롭히는 것이다. 그러므로 적의 강함을 걱정하지 않고 오로지 자신의 약함을 걱정한다. 내가 적을 이길 수 있는 바탕은 어디에 있는가? 견고하고 힘 있는 기틀로 일치단결하는 데 있을 뿐이다. 그런데 한 사회, 한 국가에서는 해를 거듭하고 세대를 거듭하면서 전해 내려온 습관을 이어받아, 그 기틀은 자연적으로 발달해 간다. 그러므로 그 성립이 오히려 쉽다. 그러나 당파에서는 이와 반대이다. 선구자들은 의지할 데가 없고 또한 세상에서는 쓰일 데가 없어, 그 기틀은 전적으로 인위적으로 발달하므로 성립하기 가장 어렵다. 이른바 파괴 전에 건설해야 한다는 것은 이것을 건설해야 한다는 것이다. 진실로 〔건설할 수 있기를〕 바란다면 도덕이 아니면 무엇으로 하겠는가!

顧吾以爲不惟於破壞後當有建設，卽破壞前亦當有建設. 苟不爾者，則雖日言破壞, 而破壞之目的終不得達. 何也. 群學公例, 必內固者乃能外競, 一社會之與他社會競也, 一國民之與他國民競也, 苟其本社會本國之機體未立之營衛未完, 則一與敵遇而必敗, 或未與敵遇而先自敗. 而破壞主義之性質, 則以本社會本國新造力薄之少數者, 而悍然與彼久據力厚之多數者爲難也. 故不患敵之强, 而惟患我之弱, 我之所恃以克敵者何在. 在能團結一堅固有力之機體而已. 然在一社會, 一國家, 承累年積世之遺傳習慣, 其機體由天然發達, 故成之尙易. 在一黨派則反是, 前者無所憑藉, 幷世無所利用, 其機體全由人爲發達, 故成之最難. 所謂破壞前之建設者, 建設此而已. 苟欲得之, 舍道德奚以哉.

오늘날 파괴를 주장하는 사람들은 걸핏하면 모든 것을 파괴하라고 하는데, 이는 헛소리이다. 우리는 왜 파괴를 말해야 하는가 물으면 우리 사회를 병들게 하는 것을 없애기 위해서라고 말한다. 만약 모든 것을 파괴한다면 이는 사회까지도 파괴한다는 것이다. 신체에 비유해도 그렇다. 몸에 고질병이 있으면 약과 침을 쓰지 않을 수 없다. 만약 병이 든 곳이나 들지 않은 곳을 막론하고 몸 전체에 침을 놓고 뜸을 뜨고 약을 먹여 설사하게 한다면 이는 단지 스스로를 죽이는 것일 뿐이다. 나는 인인·지사(仁人志士)가 말하는 파괴의 목적이 사회 전체를 파괴하는 데 있지 않다는 것은 잘 안다. 그러나 '일체를 파괴하라'는 말이 이미 입에 습관이 되고 뇌리에 각인이 되어서, 도덕의 제재가 이미 효력을 발휘하지 못해 사회가 반드시 멸망에 이르지 않는다고는 자신할 수 없다. 나는 또한 인인·지사들이 말하는 파괴가 오늘날 사회 전체에 거의 병들지 않은 곳이 없는 것을 보고 너무

분개한 나머지 반드시 근본을 뒤엎어 개조하려는 것임을 잘 안다. 그건 정말 그렇다. 그러나 병을 치료할 때는 아무리 독한 약을 쓰더라도 반드시 이른바 '원신'(元神)의 진화(眞火)[52]에 의지해서 부여잡고, 그것을 병을 몰아내는 토대로 삼아야만 하는 법이다. 그렇지 않으면 병 하나가 물러가기도 전에 다른 병이 올 것이며, 뒤에 온 병은 앞의 병보다 더 고치기 어려울 것이다. 그러므로 '일체를 파괴하자'는 주장으로는 폐단은 수없이 많지만 거둘 수 있는 효과는 결국 하나도 없을 것이다. 왜 그런가? 파괴하는 것이 있고 파괴하지 않는 것이 있다면 파괴되어야 할 부분이 오히려 파괴의 이익을 증가시킬 것이지만, 만약 일체를 파괴한다면 장래에 성립해야 할 것이 성립할 수 없을 뿐 아니라, 당장 파괴해야 할 것도 끝내는 파괴하지 못하게 될 것이다. 이는 내가 감히 단언한다.

今之言破壞者, 動曰一切破壞, 此讆言也. 吾輩曷爲言破壞. 曰去其病吾社會者云爾. 如曰一切破壞也, 是將并社會而亦破壞之也. 譬諸身然, 沈痾在躬, 固不得不施藥石, 若無論其受病不受病之部位, 而一切鍼灸之攻洩之, 則直自殺而已. 吾亦深知夫仁人志士之言破壞者, 其目的非在破壞社會, 而不知一切破壞之言, 旣習於口而印於腦, 則道德之制裁, 已無可復施, 而社會必至於滅亡. 吾亦深知夫仁人志士之言破壞者, 實鑒於今日之全社會, 幾無一部分而無病態也, 憤慨之極, 必欲翻根柢而改造之. 斯固然也. 然療病者無論下若何猛劑, 必須恃有所謂元神眞火者, 以爲驅病之原. 苟不爾者, 則一病未去, 他病復

52 '원신'(元神)은 한의학 용어로, 사람 정신 활동의 원동력으로, 선천의 정기를 받아 갖게 되어 생명의 근본이 된 것이며, '진화'(眞火)는 그것의 알맹이라는 의미이다.

來, 而後病必更難治於前病. 故一切破壞之言, 流弊千百, 而收效卒不得一也. 何也. 苟有破壞者有不破壞者, 則其應破壞之部分, 尙可食破壞之利. 苟一切破壞, 則不惟將來宜成立者不能成立, 卽目前宜破壞者亦卒不得破壞, 此吾所敢斷言也.

나는 전에 중국의 구도덕이 앞으로의 인심을 포괄하기에 부족할 것이라고 생각해서, 새로운 도덕을 만들어 내어 이를 보충하기를 갈망했다.(원주 — 제5장「공덕」편 참조) 지금 생각해 보면 이는 다만 이상적인 말일 뿐, 결코 오늘날 실제로 실현할 수 있는 일이 아니다. 군치(群治)에 대해 말하는 사람들은 반드시 덕(德)과 지(智)와 힘(力)에 대해 말한다. 그런데 지와 힘은 성취하기가 매우 쉬운데, 오직 덕만이 대단히 어렵다. 지금 새로운 도덕을 가지고 국민을 바꾸려고 한다면 다만, 서양(泰西)의 학설을 줄줄이 늘어놓는 것으로써는 할 수 없는 일이다. 즉 소크라테스, 플라톤, 칸트, 헤겔의 책을 다 읽어도, '신도덕학'을 한다고는 할 수 있지만, '신도덕'이라고는 할 수 없다. 왜 그런가? 도덕이란 실행(行)이지 말이 아니다. 도덕에 대해 논하고자 한다면 그 본원이 양심의 자유에서 나오는 것이어야 한다는 것은 동서고금을 막론하고 마찬가지이다. 신구(新舊)를 가지고 이야기할 것도 없다. 도덕을 실행하려고 한다면 사회의 성질이 다르므로 각각 가지고 있는 독특한 것에 따라야 할 것이다. 선철의 미언(微言), 조상의 업적, 먼 조상에서 내 몸에까지 전해 내려온 것, 이런 것들이야말로 그 사회의 자양물이 될 것이다. 어느 날 갑자기 다른 사회의 자양물을 가지고 나를 키우려고 한다면, 말이야 얼마나 쉬운가.

吾疇昔以爲中國之舊道德, 恐不足以範圍今後之人心也, 而渴望發明一新道德以補助之. (參觀第五節論公德篇) 由今以思, 此直理想之言, 而決非今日可以見諸實際者也. 夫言群治者, 必曰德曰智曰力, 然智與力之成就甚易, 惟德最難. 今欲以一新道德易國民, 必非徒以區區泰西之學說所能爲力也. 卽盡讀梭格拉底, 柏拉圖, 康德, 黑智兒之書, 謂其有 "新道德學"則可, 謂其有"新道德"也則不可. 何也. 道德者行也, 而非言也, 苟欲言道德也, 則其本原出於良心之自由, 無古無今無中無外, 無不同一, 是無有新舊之可云也. 苟欲行道德也, 則因於社會性質之不同, 而各有所受. 其先哲之微言, 祖宗之芳躅, 隨此冥然之軀殼, 以遺傳於我躬, 斯乃一社會之所以爲養也, 一旦突然欲以他社會之所養者義我, 談何容易耶.

내가 서양 도덕의 바탕을 분석해 보니, 종교의 제재에서 얻은 것이 약간 있고, 법률의 제재에서 얻은 부분이 약간 있으며, 사회적 명예의 제재에서 나오는 부분이 약간 있다. 이 세 가지를 오늘날의 중국에 가져올 수 있는가? 나는 전혀 그럴 수 없음을 안다. 그럴 수 없는데도 신도덕으로 국민을 바꾸겠다고 한다면 이는 벽돌을 갈아서 거울을 만들겠다는 것이고 모래를 쪄서 밥을 만들겠다는 것이다. 나는 덕육(德育)의 문제에서 끝내는 서양의 신도덕을 받아들여 보조로 삼지 않을 수 없다는 것을 잘 안다. 그러나 이는 반드시 국민교육이 흥성한 뒤를 기다려야 하는 것이지, 하루아침에 얻을 수 있는 일이 절대 아니다. 지금은 보릿고개 같은 시기라서, 남이 밥 먹는다는 소리를 날마다 듣는다 해도 자기 배가 부를 수는 없다. 하물며 지녀서 의지할 것도 없이 과도기를 보내려 한다면 국민교육이라는 말은 또한 쓸모없는 빈말에 불과할 것이며, 실행될 날은 끝내 기약할 수 없을 것이다. 이렇다면 신도덕의 수입은 절망적이다. 그렇다면 오늘날 우리가 의지하여 사회를 하나의 선(線)으로 유지할 수 있도록 해 줄 수 있는 것은 어디에 있을까? 우리 선조들이 전해 준, 본래부터 가지고 있는 구도덕일 뿐이다.(원주 — 도덕과 윤리는 다르다. 도덕은 윤리를 포괄할 수 있지만 윤리로는 도덕까지 포괄할 수 없다. 윤리는 시세에 따라 조금씩 해석이 달라지기도 하지만, 도덕은 사해에 비춰 보아도 옳고 백세 뒤를 기다려도 의혹이 없는 것이다. 임금을 협박하는 것은 죄이고[53] 처를 많이 두는 것이 부덕이 아닌 그런 윤리는 오늘날에는 적절하지 않다. 한편 충성의 덕이나 사랑의 덕은 고금과 동서를 통틀어 한가지이다. 이러한 종류는 일일이 열거할 수 없다. 그러므로 중국의 윤리에 결점이 있다고 말할 수는 있지만 중국의 도덕에 결점이 있다고는 말할 수 없다.) 그런데 '모든 것을 파괴하라'고 하는 주장이 일어나 구도덕까지도 함께 꺾어 버릴 기세이다. 아아! "시작은 간단하지만 마지막은 거대할 것이다." "이천에서 머리 풀어헤친 것을 보니 백 년 뒤엔 오랑캐가 될 것을 알겠다."[54] 내가 한때 좋자고 이렇게 말한다고 하지 말라! 그대의 말이 힘이 없다면 〔이토록〕 많은 말은 어쩌자는 것인가? 그대의 말이 힘이 있다면 장차 천하를 해롭게 할 것이다. 언론의 책임이 있는 사람은 깊이 오래 생각하길 바란다.

---

53 『효경』「오형장」(五刑章): "오형에 속하는 것은 삼천 개가 되는데, 그 가운데 불효보다 큰 죄는 없다. 임금을 협박하는 것은 위가 없는 것이고, 성인을 비난하는 것은 법도가 없는 것이며, 효를 비난하는 것은 부모가 없는 것이다. 이는 대란의 근원이다"(五刑之属三千, 而罪莫大于不孝. 要君者, 無上, ; 非聖人者, 無法, 非孝者, 無親, 此大亂之道也).

54 『좌전』, '희공 22년': 신유가 이천에 갔다가 머리를 풀어헤치고 들에서 제사를 지내는 것을 보고 "백 년이 안 되어 이 땅은 오랑캐 땅이 될 것이다. 그 예가 먼저 없어졌구나"라고 했다.

竊嘗擧泰西道德之原質而析分之, 則見其得自宗敎之制裁者若干焉, 得自法律之制裁者若干焉, 得自社會名譽之制裁者若干焉, 而此三者, 在今日之中國能有之乎. 吾有以知其必不能也. 不能而猶云欲以新道德易國民, 是所謂磨磚爲鏡炊沙求飯也. 吾固知言德育者, 終不可不求泰西新道德以相補助, 雖然, 此必俟諸國民敎育大興之後, 而斷非一朝一夕所能獲. 而在今日靑黃不接之頃, 則雖日日聞人說食, 而己終不能飽也. 況今者無所挾持以爲過渡, 則國民敎育一語, 亦不過託諸空言, 而實行之日, 終不可期, 是新道德之輸入, 因此遂絶望也. 然則今日所恃以維持吾社會於一線者何在乎. 亦曰吾祖宗遺傳固有之舊道德而已. (道德與倫理異, 道德可以包倫理, 倫理不可以盡道德. 倫理者, 或因於時勢而稍變其解釋, 道德則放諸四海而皆準, 俟諸百世而不惑者也. 如要君之爲有罪, 多妻之非不德, 此倫理之不宜於今者也. 若夫忠之德愛之德, 則通古今中西而爲一者也. 諸如此類, 不可枚擧. 故謂中國言倫理有缺點則可, 謂中國言道德有缺點則不可.) 而一切破壞之論興, 勢必將并取舊道德而亦摧棄之. 嗚呼, 作始也簡, 將畢也鉅. 見披髮於伊川, 知百年而爲戎. 毋曰吾姑言之以快一時云爾. 汝之言而無力耶, 則多言奚爲. 汝之言而有力耶, 遂將以毒天下. 吾願有言責者一深長思也.

오늘날 나라를 구하느라 겨를이 없는데 시끄럽게 성(性)이니 리(理)니 얘기해서 어디에 쓰겠는가라고, 독자들은 말하지 말라. 여러분들이 구국의 책임을 스스로 인정하지 않는다면, 4억 인민이 부패한지 너무 오래되었는데 내가 어떻게 소수의 여러분과 구구하게 말다툼하려 하겠는가. 다만 중국의 전도는 여러분에게 달려 있으므로 여러분이 도덕을 중시하느냐 도덕을 멸시하느냐는 나라의 존망이 달려 있는 문제이다. 지금 파괴사업을 가지고 말해 보자. 여러분은 2백 년 전 영국 혁명의 호걸이 어떤 사람이었는지 아는가? 저 크롬웰은 가장 순결한 청교도였다. 백 년 전 미국 혁명의 호걸이 어떤 사람이었는지 아는가? 저 워싱턴이 이끌었던 사람들은 가장 질박하고 정직하고 선량한 시민이었다. 또한 30년 전 일본 혁명의 호걸이 어떤 사람인지 아는가? 요시다 쇼인(吉田松陰),[55] 사이고 난슈(西鄕南洲)[56] 등은 모두 주자학과 양명학의 대가들이다. 그러므로 큰 불인지심(不忍人之心)[57]을 가진 사람이 아니면 파괴를 말할 수 없으며, 고상하고 순결한 본성을 가진 사람이 아니면 파괴를 말할 수 없다. 그러나 이와 같은 것들은 말하기는 매우 쉬우나 실행하기는 매우 어렵다. 어렵다는 것을 알고 날마다 부지런히 노력하는 자세를 견지하고, 힘써 실천하고자 스스로를 독려하고, 서로를 성실과 믿음으로 대하고, 친구 사이에 서로 선을 권하고 경계해 준다면, 구제될 수 있을 것이다.

讀者其毋曰, 今日救國之不暇, 而嘵嘵然談性說理何爲也. 諸君而非自認救國之責任也, 則四萬萬人之腐敗, 固已久矣, 而豈爭區區少數之諸君. 惟中國前途懸於諸君, 故諸君之重視道德與蔑視道德, 乃國之存亡所由繫也. 今卽以破壞事業論. 諸君亦知二百年前英國革命之

55 요시다 쇼인(吉田松陰, 1830~1859). 일본 에도시대 존왕파(尊王派)의 사상가이자 교육자로 메이지 유신의 정신적 지도자이다. '정한론'(征韓論)과 '대동아공영론'(大東亞共榮論) 등을 주장해, 일본의 제국주의 팽창에 공헌했다.

56 사이고 다카모리(西鄕隆盛, 1828~1877). 사쓰마번 출신 무사로, 에도막부를 타도하고 메이지 유신을 이끌었다. 뒤에 메이지 정부와의 갈등이 격화되어 세이난 전쟁(西南戰爭)을 일으켰다.

57 타고난 선한 마음을 말한다. 『맹자』「공손추상」6.

豪傑爲何如人乎. 彼克林威爾實最純潔之淸敎徒也. 亦知百年前美國革命之豪傑爲何如人乎. 彼華盛頓所率者皆最質直善良之市民也. 亦知三十年前日本革命之豪傑爲何如人乎. 彼吉田松陰西鄕南洲輩皆朱學王學之大儒也. 故非有大不忍人之心者, 不可以言破壞, 非有高尙純潔之性者, 不可以言破壞. 雖然, 若此者, 言之甚易, 行之實難矣. 吾知其難而日孜孜焉兢業以自持, 困勉以自勗, 以忠信相見, 而責善於友朋, 庶幾有濟.

만약 의지해서 파괴의 도구로 삼아야 할 것마저도 파괴한다면 나는 파괴의 앞길을 축하해 줄 수 없다. 세상의 논자 가운데, 혁명의 열기를 크게 일으킨 사람으로 신성(神聖) 홍수전(洪秀全)과[58] 영웅 장헌충(張獻忠)[59]을 꼽는 사람이 있다. 나 역시 그것이 의도가 있어 나온 말임을 알지만, 이러한 재앙의 원인을 많이 만들어서 되겠는가? 원인을 만들 때는 대단히 통쾌해도, 그 결과를 씹을 때는 그 고통을 이길 수 없다. 장헌충은 더욱 말할 필요도 없지만, 홍수전 같은 사람은 혹 그가 내걸었던 기치가 민족주의에 합한다고 하며 칭송하고 받들지만, 과연 홍수전이 민족주의를 위해 움직인 것인가 여부에 대해서는 논자들이 감히 보증인이 되지 못할 것이다. 왕망(王莽)이 일찍이 이윤과 주공의 명예를 왜 빌리지 않았겠으며 조비가 우와 순의 〔선

58 홍수전(洪秀全, 1814~1864). 태평천국의 창시자. 1851년에 평화롭고 평등한 지상천국을 수립할 것을 목적으로 군사를 일으켜 태평천국을 세우고 자신을 천왕이라 칭했다. 청나라 군사가 남경을 함락하기 직전에 사망했다.

59 장헌충(張獻忠, 1606~1646). 명 말, 민란의 지도자. 1644년 사천〔四川〕을 근거지로 '대서(大西)'를 세워 황제가 되었지만, 1646년 청(淸)의 군대에게 패배하여 전사하였다.

양)을 왜 본받지 않았겠는가. 역시 그 사람이 어떤지를 볼 뿐이다. 대개 사람을 평가할 때는 반드시 심술(心術)의 은미한 부분을 살핀다. 그 사람이 소인이라면 나의 주장과 우연히 같다고 해서 그 사람을 군자라 할 수는 없다. 가령 한탁주(韓侂胄)가[60] 금(金)을 치자고 주장한 것은 우리들이 모두 찬성하는 바다. 그러나 그 주장을 찬성하더라도 그 사람을 긍정하는 것은 아니다. 그 사람이 군자라면 나의 주장과 우연히 어긋날지라도 그 사람을 소인이라고 배척할 수는 없다. 가령 왕맹(王猛)이[61] 진(秦)을 도왔던 것을 우리는 대단히 비루한 일이라고 생각한다. 그러나 그 일은 비루하게 생각해도 그 사람을 말살할 수는 없다. 옛일을 논평하는 자(尙論者)가 심술(心術)을 소략하게 여기고 그것이 〔사람을 평가하는〕 경중과는 무관하다고 생각한다면 누가 말릴 수 있겠는가. 다만 그러한 생각이 사회에서 중요하게 여겨진다면 사회 전체의 심술에 미치는 영향이 어떨지 모를 뿐이다. 이뿐만이 아니다. 혁명을 고취하는 것은 구국을 위한 것이 아닌가. 사람이 나라를 구하고자 하는 마음이 누가 나만 못하겠는가마는, 나라는 끝내 이 '막가파'(瞎鬧派)의 혁명으로 구할 수 있는 것이 아니다. 구하지 못할 뿐 아니라, 또한 망하는 속도를 재촉할 뿐이니, 이에 대해 또한 평정심을 가지고 기를 고요히 하여 깊이 숙고할 일이다.

若乃幷其所挾持以爲破壞之具者而亦破壞之, 吾不能爲破壞之前途

---

60 한탁주(韓侂胄, ?~1207). 주희(朱熹)와 그 학파를 위학(僞學)으로 몰아 추방함으로써 '경원(慶元)의 당금(黨禁)'을 일으켰다. 1206년 권세 확장을 위하여 금(金)을 토벌하는 군대를 일으켰다가 실패하자 문책을 받고 사미원(史彌遠)에게 살해당하였으며, 그 수급(首級)은 금나라로 보내졌다.

61 왕맹(王猛, 325~375). 16국 시대 전진(前秦) 사람.

賀也. 吾見世之論者, 以革命熱之太盛, 乃至神聖洪秀全而英雄張獻忠者有焉矣, 吾亦知其爲有爲而發之言也, 然此等孽因, 可多造乎. 造其因時甚痛快, 茹其果時有不勝其苦辛者矣. 夫張獻忠更不足道矣, 卽如洪秀全, 或以其所標旗幟, 有合於民族主義也, 而相與頌揚之, 究竟洪秀全果爲民族主義而動否, 雖論者亦不敢爲作保證人也. 王莽何嘗不稱伊周, 曹丕何嘗不法禹舜. 亦視其人何如耳. 大抵論人者必於其心術之微. 其人而小人也, 不能以其與吾宗旨偶同也, 而謂之君子. 如韓侂胄之主伐金論, 我輩所最贊者, 然贊其論不能贊其人也. 其人而君子也, 不能以其與吾宗旨偶牾也, 而竟斥爲小人. 王猛之輔苻秦, 我輩所最鄙者, 然鄙其事不能抹煞其人也. 倘論者如略心術而以爲無關重輕也, 夫亦誰能尼之. 但使其言而見重於社會也, 吾不知於社會全體之心術, 所影響何如耳. 不寧惟是而已, 夫鼓吹革命, 非欲以救國耶, 人之欲救國, 誰不如我. 而國終非以此瞎鬧派之革命所可得救, 非惟不救, 而又以速其亡, 此不可不平心靜氣而深察也.

논자의 취지는 분명 다음과 같을 것이다. 막가파가 그 처음을 열지 않았으면 실력파(實力派)도 성공을 거둘 수 없었을 것이라고. 이 논의의 옳고 그름은 다른 문제에 속하므로 여기에서는 깊이 논하지 않는다. 다만 지금 묻고자 하는 것은, 논자의 취지는 스스로도 막가파가 되려 하고, 또 자기 말을 듣는 사람들도 모두 막가파가 되게 하려는 것인가? 그대 자신은 스스로를 폄하하고 낮추어 〔막가파인 양 해도〕 그대의 지위는 본래 〔높은 데서 벗어날〕 수 없는 바가 있다. 설령 그럴 수 있어서 온 나라 안에 막가파가 될 수 있는 사람이 정말 많아서, 현재와 미래 막가파의 거동 또한 저절로 적지 않게 된다면, 왜 그

대가 그 사이에 끼어 사족 붙이기를 기다리겠는가. 더욱이 왜 그대가 옆에서 권하기를 기다리겠는가. 하물며 그대의 말은 모두 막가파의 자격이 없는 사람에게 하는 것이고, 막가파의 자격을 갖춘 사람은 또한 그대의 필설의 힘이 미칠 수 있는 범위가 아니다. 그러니 우리들이 오늘날 진정 구국의 사업에 힘쓰려면 진정으로 구국할 수 있는 인재를 양성해야 할 따름이다. 진정 이와 같으면 이러한 재간 있는 말주변으로 사람 마음을 유쾌하게 하는 그러한 말은 그만둘 수 있다고 생각한다. 옛날 조조(曹操)가 하교를 내려, 불인불효(不仁不孝)하더라도 정치와 군사의 기술을 가진 자를 찾았다. 역시나 그의 취지는 "한 때를 구제하려고 한 것"이 왜 아니었겠는가만, 풍습을 번잡하게 하고 결국은 진조(晉朝) 이래 염치의 도가 사라지게 할 줄 몰랐던 것이다. 오호(五胡)가 번갈아 침입하고 위(魏)의 원(元)씨가 제멋대로 권력을 휘두르게 되어, 우리 황제(黃帝) 자손의 세력이 땅에 떨어진 것은 이때부터였다. 이 안의 이치는 거의 "서쪽에서 동산(銅山)이 무너졌는데 동쪽에 있는 미양궁의 종이 울린 것"과 거의 비슷하다.[62] 서로 부르고 감응하는 기틀이 조금도 어긋나지 않으니, 아아 몹시 두렵지 않은가, 두렵지 않은가. 아버지가 금을 도둑질하면 그 아들은 필시 사람을 죽인다. 높은 머리를 또 높이 올리면, 사방에서는 반드시 일척이나 높이는 자가 있다.[63] 지금 한 나라의 극소수의 선각자를, 풍기를 만드

62 한 효무제(漢孝武帝) 때 미앙궁(未央宮) 앞 전각의 종이 아무 까닭 없이 저절로 울어서 3일간 그치지 않으므로, 동방삭(東方朔)에게 물으니 "구리(銅)는 산에서 나왔으니 비한다면 자식이 되고 산은 구리를 생산했으니 어머니가 된다. 자식과 어미는 서로 감응이 되니, 산이 무너질까 두려워 종이 먼저 우는 것이다"라고 했다 한다.

63 『후한서』「마료전」(馬廖傳): "성안에서 높은 상투를 좋아하자 사방에서 그 높이를 한

는 선지자라 부르며 뒤에 나오는 영웅호걸이 모두 바라본다. 만약 제창자가 한 번 길을 잘못 안내하면, 그 공으로 그 죄를 보상하기에 만부족이다. 옛 철인이 말하지 않는가. 두 군대가 상대하면 〔신중해하며〕 슬퍼하는 쪽이 이긴다고![64]

論者之意, 必又將曰, 非有瞎鬧派開其先, 則實力派不能收其成. 此論之是否, 屬於別問題, 玆不深辯. 今但問論者之意, 欲自爲瞎鬧派, 且使聽受吾言者悉爲瞎鬧派乎. 恐君雖欲自貶損, 而君之地位, 固有所不能也. 卽使能焉, 而擧國中能瞎鬧之人正多, 現在未來瞎鬧之擧動亦自不少, 而豈待君之入其間而添一蛇足也. 而更何待君之從旁勸駕也. 況君之言, 皆與彼無瞎鬧之資格者語, 而其有瞎鬧之資格者, 又非君之筆墨勢力範圍所能及也. 然則吾儕今日, 亦務爲眞救國之事業, 且養成可以眞救國之人才而已. 誠如是也, 則吾以爲此等利口快心之言, 可以已矣. 昔曹操下敎, 求不仁不孝而有治國用兵之術者, 彼其意, 豈不亦曰吾以救一時云爾, 而不知流風所播, 遂使典午以降, 廉恥道喪. 五胡迭侵, 元魏憑陵, 黃帝子孫勢力之墜地, 卽自玆始. 此中消息, 殆如銅山西崩, 洛鐘東應, 感召之機, 銖黍靡忒. 嗚呼, 可不深懼耶, 可不深懼耶. 其父攫金, 其子必將殺人, 高中高髻, 四方必高一尺. 今以一國最少數之先覺, 號稱爲得風氣之先者, 後進英豪, 具爾瞻焉,

---

척이나 올렸으며, 성안에서 넓은 눈썹을 좋아하자 사방에서 또한 이마가 반이 되었다. 성안에서 넓은 소매를 좋아하자 사방에서 소매가 한 필이 되었다”(城中好高髻, 四向高一尺, 城中好廣眉, 四方且半額, 城中好廣袖, 四方且匹帛).

64 『노자』 69장: “적을 깔보는 것보다 더 큰 화는 없으니, 적을 업신여기면 내가 말하는 보물을 잃게 된다. 그러므로 군대가 서로 대치하면 슬프게 여기는 사람이 승리하게 된다”(禍莫大於輕敵, 輕敵幾喪吾寶. 故抗兵相加, 哀者勝矣).

苟所以爲提倡者一誤其途, 吾恐功之萬不足以償其罪也. 古哲不云乎, 兩軍相對, 哀者勝矣.

오늘날 조금이라도 지식이 있고 조금이라도 혈기가 있는 선비라면 정부를 중대한 적으로 여기고 또 열강을 중대한 적으로 여기면서, 성실하고 부지런하게 세력을 키우는 이유는 무엇인가? 실제의 힘은 어디에 있는가? 나는 학식이 통하고 실천이 갖춰지는 일은 모두 부차적이고, 오직 도덕이 지도할 수 있느냐에 달려 있다고 생각한다. 도덕관념이 없이 서로 만나면 두 사람도 무리(群)를 이루지 못할 것인데, 무슨 일을 도모할 수 있겠는가? 〔파괴가는〕 자신이 세운 집을 자신이 태우고 자신이 뿌린 씨를 자신이 짓밟으면서, 파괴할 수 있으면 진정으로 얻게 된다고 말한다. 그러나 안타깝게도 파괴된 것은 결국 나의 것이지 적의 것이 아니다. 증문정 선생은 최근에 배만가(排滿家)들이 가장 욕하는 사람이 되었다. 그러나 나는 일을 겪을수록 그 사람을 숭배하게 된다. 나는 증문정 선생이 오늘날 장년으로 다시 산다면 중국은 반드시 그의 손에 의해 구제될 것이라고 생각한다. 그는 천성이 대단히 순후한 사람이므로 파괴를 한다 해도 괜찮다. 그는 수행이 대단히 엄격하고 근엄한 사람이므로 권(權)의 도를 써도 괜찮다. 그는 다음과 같은 말들을 했다. "요새를 견고히 하고 죽을 각오로 싸우라", "일의 조리는 많이 세우되 큰소리는 적게 하라", "성현이 되지 않는다면 금수가 되는 것이다. 수확에 대해서는 감히 묻지 말고 밭 가는 일에 대해서만 물어라." 그가 사업을 성취하는 데에는 스스로를 키우는 방법이 있었다. 그가 여러 현명한 사람들을 이끌고 단련해서 사업의 성공을 도모하는 데에는, 사람들에게 미덥게 행동하며 사람들을 잘 인도하는 방법이 있었다. 우리 당이 천하를 맑게 하려는 것이 아니라면 그만이지만, 그러한 뜻을 갖고 있다면 증문정 선생의 전집을 날마다 세 번씩 반복해 보지 않을 수 없다. 영국, 미국, 일본의 호걸들에게서 징험하면 저와 같고 우리 조국의 호걸들에게 징험하면 이와 같다. 나라를 구할 책임을 인정하는 자들이 스승으로 삼을 만하다.

今日稍有知識稍有血性之士, 對於政府而有一重大敵, 對於列强而復有一重大敵, 其所以兢兢業業蓄養勢力者宜何如. 實力安在. 吾以爲學識之開通, 運動之預備, 皆其餘事, 而惟道德爲之師. 無道德觀念以相處, 則兩人且不能爲群, 而更何事之可圖也. 自起樓而自摧燒之, 自蒔種而自踐踏之, 以云能破壞則誠有矣, 獨惜其所破壞者, 終在我而不在敵也. 曾文正者, 近日排滿家所最唾罵者也, 而吾則愈更事而愈崇拜其人. 吾以爲使曾文正生今日而猶壯年, 則中國必由其手而獲救矣. 彼惟以天性之極純厚也, 故雖行破壞可也. 惟以修行之極嚴謹也, 故雖用權變可也. 故其言曰, 扎硬寨, 打死仗, 曰多條理, 少大言, 曰不爲聖賢, 便爲禽獸, 莫問收獲, 但問耕耘. 彼其事業之成, 有所以自養者在也. 彼其能率厲群賢以共圖事業之成, 有所以孚於人且善導人者在也. 吾黨不欲澄淸天下則已, 苟有此志, 則吾謂曾文正集, 不可不日三復也. 夫以英美日本之豪傑證之則如彼, 以吾祖國之豪傑證之則如此, 認救國之責任者, 其可以得師矣.

파괴가가 파괴하는 것은 왕왕 나의 것이지 적의 것이 아니라고 하는 나의 말을 듣고, 사람들은 혹 좋아하지 않을 것이다. 파괴를 주장하는 자들이 처음부터 스스로 파괴하려는 생각이 있었던 것은 결코 아니다. 그러나 그 세가 흘러가는 것은 대부분 그와 같다. 이는 다른 당과의 사이에서만 그런 것이 아니라 같은 당 안에서도 그렇다. 왜 그런가? 나는 다음과 같은 얘기를 한 적이 있다. 즉, 함께 배우는 것과 함께 일하는 것은 그 길이 매번 상반된다. 이는 뜻이 있어 무리를 이룬 자들도 두려워하지 않을 수 없는 일이다. 함께 공부할 때는 처지도 같고 지향도 같고 사상도 같고 언어도 같으니, 나란히 함께하며 시기하는 것도 없이 서로 손을 잡고 세상을 바꿔 보자고 한다. 그러나 일단 〔사회에〕 나와서 함께 일을 하게 되면 각자가 각자의 성질이 있고 각자가 각자의 지위가 있어서, 실제로 교섭하기에 이르면 의견은 반드시 다 같을 수 없고 수단도 반드시 다 같을 수 없다. 처음에는 서로 고쳐주다가 이어서 서로 다투다가 이어서는 서로 원망하고 끝내는 원수가 되는 일도 종종 있다. 이것은 실제로 중국과 서양의 역사에서 늘 보이는 일로, 호걸도 면하지 못한 일이다. 속담에도 "서로 만나는 것은 좋지만 같이 사는 것은 어렵다"라는 말이 있다. 가정에서 부자·형제·부부 사이에도 그렇고 친구 사이에는 더욱 그렇다. 이때 오직 피차 도덕의 감정이 깊은 자만이 선을 독려하면서 헤어지지 않을 수 있다. 증문정이 왕박산(王璞山)과 이차청(李次靑), 이 두 사람과 교섭한 역사를 보면 그 까닭을 알 수 있다. 독자가 여전히 내 말을 의심한다면, 그대가 실제 일을 만나, 반드시 그 감개무량함을 이기지 못할 날이 있을 때까지 기다려 보기 바란다. 지금 뜻있는 선비들이 개개인이 나뉘어 고립되어서는 위험에 처한 이 나라를 결코 구할 수 없다는 것은 분명하다. 반드시 협동하여 움직여서, 분업이 정밀하고 단결이 공고한 기틀을 조직해야 구제할 수 있을 것이다. 나는 생각하고 또 생각한다. 이 기제를 성립시킬 수 있는 것은 도덕의 감정

말고 어떤 것이겠는가! 어떤 것이 있겠는가!

吾謂破壞家所破壞者, 往往在我而不在敵, 聞者或不慊焉. 蓋倡破壞者, 自其始斷未有立意欲自破壞焉者也, 然其勢之所趨多若是. 此不徒在異黨派有然也, 卽同黨派亦然. 此其何故歟. 竊嘗論之, 共學之與共事, 其道每相反, 此有志合群者所不可不兢兢也. 當其共學也, 境遇同, 志趣同, 思想同, 言論同, 耦俱無猜, 謂相將携手以易天下. 及一旦出而共事, 則各人有各人之性質, 各人有各人之地位, 一到實際交涉, 則意見必不能盡同, 手段必不能盡同. 始而相規, 繼而相爭, 繼而相怨, 終而相仇者, 往往然矣. 此實中西歷史上所常見, 而豪傑所不免也. 諺亦有之, 相見好, 同住難. 在家庭父子兄弟夫婦之間, 尙且有然, 而朋友又其尤甚者也. 於斯時也, 惟彼此道德之感情深者, 可以有責善而無分離. 觀曾文正與王璞山李次青二人交涉之歷史, 可以知其故矣. 讀者猶疑吾言乎, 請懸之以待足下實際任事之日, 必有不勝其感慨者. 夫今之志士, 必非可以個個分離孤立, 而能救此瀕危之國, 明也, 其必協同運動, 組成一分業精密團結鞏固之機體, 庶幾有濟. 吾思之, 吾重思之, 此機體之所以成立, 舍道德之感情, 將奚以哉, 將奚以哉.

또한 일에 임해서는 덕성과 유리되기 가장 쉽고, 파괴의 일에 임해서는 더더욱 심하다. 오늘날 인심이 최고도로 부패한 때에, 서로 교묘한 임기응변을 번갈아 내면서 상대하니 태항(太行)과 맹문(孟門) 같은 높은 산도 어찌 높다고 할 수 있겠는가! 증문정 선생이 그 제자에게 보낸 편지에서 "나는 스스로를 믿으며 타인에게도 신실했는데, 단지 세상일을 경험하고 여러 일들을 질리게 겪다 보니 여러 임기응

변의 작용들도 엿보게 되어 오히려 스스로의 학문을 망치게 되었다"고 말한 적이 있다. 증문정 선생 같은 현명한 사람도 면하지 못하는데 다른 사람은 말해 무엇하랴. 그러므로 학당 안에서 도덕을 얘기하는 것은 오히려 쉽고, 세상 속에서 도덕을 얘기하는 것은 가장 어렵다. 파괴주의를 견지하는 자의 경우에는 시시각각 대적을 눈앞에 두고 있으므로, 일거수일투족 움직일 때마다 군사적 전략을 내야 한다. 그런데 군사적 전략이라는 것이 두 나라가 서로 교전을 하는 것을 말하는 것이 아니라, 적이라면 무궁한 위력으로 임하고, 우리 편이라면 몰래 밀약을 맺으면서 이쪽에서 옮겨서 저쪽으로 붙으니, 극도로 교묘한 술수를 쓰지 않으면 열등한 채 패배하는 데로 귀결된다. 그러므로 파괴주의자라는 입장의 성질은 도덕과 가장 용납되지 않는다. 그러므로 몸소 그 역할을 맡은 사람은 처음에는 혹 본래 대단히 순박하고 현명한 사람이었을지라도, 처한 지위와 습관이 된 성질 때문에 부지불식간에 점차 똑같이 변하는 것이다. 채 1~2년도 되지 않아 각박하고 매정하고 기계적인 사람이 속출한다. 이는 실로 정말 두려운 시험장이다. 그 궁극을 말하자면 각박하고 속임수를 능란하게 쓰는 길로 들어선 사람은 결코 한 가지 일도 제대로 성취할 수 없다. 이는 내가 『송원학안』에서 심오한 이치를 논하는 공담을 주워 모은 것이 아니라, 실제 문제상에서 본 것과 겪은 것을 가지고 징험하여 그 결과가 반드시 이와 같으리라고 믿게 된 것이다. 일에 임하는 사람이 도덕을 수양하기는 이미 저처럼 어렵고, 일에 임하는 사람이 반드시 도덕을 갖춰야 한다는 것은 이처럼 급박하다. 그렇다면 무성하게 뒤얽혀 있는 이 사태를 맞이하고 있으니 두려워하지 않을 수 있겠는가, 부지런하지 않을 수 있겠는가. 시에 "원숭이에게 나무에 오르는 법을 가르치지 말라. 마치 진흙에 진흙을 바르는 것과 같을 것이다[65]라고 했다. 시시각각 스스로를 극복하며 오히려 만에 하나 구제받지 못할까 두려워해야 한다. 조금이라도 스스로 방심하고 조금이라도 스스로 꾸민다면, 한순간에 천 길 낭떠러지로 떨어질 뿐이다.

且任事者, 最易漓汨人之德性, 而破壞之事, 又其尤甚者也. 當今日人心腐敗達於極點之時, 機變之巧, 迭出相嘗, 太行孟門, 豈云巉絶. 曾文正與其弟書云, 吾自信亦篤實人, 只爲閱歷世途, 飽更事變, 略參些機權作用, 倒把自家學壞了. 以文正之賢, 猶且不免, 而他更何論也. 故在學堂裏講道德尚易, 在世途上講道德最難. 若夫持破壞主義者, 則更時時有大敵臨於其前, 一擧手, 一投足, 動須以軍略出之. 而所謂軍略者, 又非如兩國之交綏云也, 在敵則挾其無窮之威力以相臨, 在我則偸期密約, 此遷彼就, 非極機巧, 勢不能不歸於劣敗之數. 故破壞家之地位之性質, 嘗與道德最不能相容者也. 是以躬親其役者, 在初時或本爲一極朴實極光明之人, 而因其所處之地位所習之性質, 不知不覺, 而漸與之俱化, 不一二年, 而變爲一刻薄寡恩機械百出之人者有焉矣. 此實最可畏之試驗場也. 然語其究竟, 則凡走入刻薄機詐一路者, 固又斷未有能成一事者也. 此非吾摭拾宋元學案上理窟之空談, 實則於事故上證以所見者所歷者, 而信其結果之必如是也. 夫任事者修養道德之難旣若彼, 而任事者必須道德之急又若此,

---

65 『시』「소아·어조지십」(小雅·魚藻之什) '角弓': "원숭이에게 나무 오르는 법을 가르치지 말아라. 진흙에 진흙을 바르는 듯한 일이다. 군자에게 빛나는 방법이 있으면 소인은 더불어 따르리라"(毋敎猱升木, 如塗塗附. 君子有徽猷, 小人與屬). 쓸데없는 것을 가르치기보다는 솔선수범하라는 의미이다.

然則當茲衝者, 可不栗栗耶, 可不孳孳耶. 詩曰, 毋敎猱升木. 如塗塗附, 息息自克, 猶懼未能挽救於萬一, 稍一自放, 稍一自文, 有一落千丈而已.

누군가 묻는다. "오늘날 나라 안의 온갖 노후한 집단들이 도덕적으로 암흑인 것은 불가사의하다. 지금 당신이 말하는 것은 오히려 신학문을 하는 청년들에게 치우친 책임을 묻는 것인데, 신학문을 하는 청년은 간혹 부덕한 자가 있더라도 저들 〔노후한 자들〕보다는 낫지 않은가?" 하고. 나는 대답한다. "그렇지 않다. 저들 〔노후한 자들〕에게는 더 이상 기대할 것도 없고 책임을 물을 것도 없다. 그들은 또한 우리들의 필묵의 힘이 영향을 미칠 수 없는 범위의 자들이 아니다. 중국은 이미 저들의 손에서 망했으니, 오직 새로운 학문을 하는 청년들이 죽음을 각오하며 살려 내기를 바랄 뿐이다. 만약 청년들이 조금도 신중하지 않고 저들과 같은 부류가 된다면 중국은 끝내 구제되지 못할 것이다. 이것이 내가 시끄럽게 떠들며 얘기하는 속뜻이다.

問者曰, 今日國中種種老朽社會, 其道德上之黑暗, 不可思議, 今子之所論, 反乃偏責備於新學之青年, 新學青年, 雖或間有不德, 不猶愈於彼等乎. 答之曰, 不然. 彼等者無可望無可責者也, 且又非吾筆墨之勢力範圍所能及也. 中國已亡於彼等之手, 而惟冀新學之青年, 致死而之生之, 若青年稍不愼, 而至與彼等同科焉, 則中國遂不可救也, 此則吾嘵音瘏口之微意也.

경서에 "군자는 〔좋은 점이〕 자신에게 있고 나서야 사람에게 요구하며,[66] 〔나쁜 점이〕 자신에게 없어야지 남을 비난한다"[67]라는 말이 있다. 이 뜻에 따르면, "덕을 지닌 것이 넓지 못하고 도를 믿는 것이 독실하지 않으며"[68] 더욱이 비루한 사람처럼 허물과 후회가 몸에 쌓이고 남을 해치면서 탐하는 마음이 습관이 되었다면, 스스로를 책망하는 것 외에 또 어떻게 태연하게 천하의 선비들과 도의를 말하겠는가. 그러나 불교의 가르침(西方之敎) 가운데 또 다음과 같은 것이 있다. "먼저 스스로를 구제하고 돌아와 타인을 구제한 것은 부처의 실천이다. 스스로를 구제하지 못한 채 먼저 타인을 구제하는 것은 보리의 발심이다." 나의 도력이 박약함을 스스로 살피고 좋은 친구와 좋은 말을 갈망하여 서로 돕는 것을 즐거움으로 삼는 일이라면, 남이 이를 바라는 것이 누가 나만 못하겠는가. 위로는 타산지석으로 인을 보충하고 아래로는 서신(書紳)[69]으로 스스로를 돕는 가르침을 삼는다면, 내가 말하는 것이 비록 부끄럽더라도 어떻게 그만둘 수 있겠는가.

> 記曰, 君子有諸己而后求諸人, 無諸己而后非諸人. 率斯義也, 則以執德不宏信道不篤, 尤悔積躬忮求成習如鄙人者, 舍自責之外, 更何敢靦然與天下之士說道義. 雖然, 西方之敎亦有言, 己先自度, 回向度他, 是爲佛行, 未能自度, 而先度人, 是爲菩薩發心. 以吾之自審道力薄弱而渴思得良友善言以相夾輔而爲吾藥也, 則人之欲此, 誰不如我. 上附攻錯輔仁之義, 下惟書紳自助之訓, 吾言雖慚, 烏可以已.

---

66 이 부분부터 『신민총보』 제46·47·48합호, 1904. 2. 14.

67 『대학』.

68 『논어』「자장」: "子張曰, 執德不弘, 信道不篤, 焉能爲有, 焉能爲亡."

69 '서신': 잊지 않게 띠에 적어 둔다는 뜻. 출전은 『논어』「위령공」.

최근의 신학계에서 앞다투어 덕육(德育)에 대한 논의를 주도하는 것을 보면, 〔덕육에 주의했던〕 사람이 처음에 없었던 것이 아닌데, 끝내 그 효과는 보이지 않는다. 그것은 다른 이유 때문이 아니라, 저들이 말하는 덕육이란 시종 지육(智育)을 벗어나지 않기 때문이다. 〔수레에 실으면〕 소가 땀을 흘릴 정도이고 〔집에 쌓으면〕 들보에 닿을 정도로 수많은 분량의 『송원학안』 『명유학안』 같은 책을 수달이 〔사냥한〕 물고기를 〔먹지 않고〕 늘어놓듯이 열거하거나, 맛도 모른 채 질리도록 먹으면서, 그것만을 믿고 다른 것들은 배척하는 태도로 영국이나 프랑스, 독일의 윤리학사를 받아들인다. 박식하다면 박식하겠지만 덕과는 무슨 상관인가! 누구는 리를 말하고 누구는 기를 말하고 누구는 태극무극(太極無極)을 말하고 누구는 이발미발(已發未發)을 말하고, 누구는 직각주의(直覺主義)를 말하고 누구는 쾌락주의를 말하고 누구는 진화주의를 말하고 누구는 공리주의를 말하고 누구는 자유주의를 말한다. 그 영역에 발을 담그고 그 깊은 곳을 건드려서 파악했다면 파악했겠지만 덕과는 또한 무슨 상관이랴! 나는 이들 학설을 연구할 필요가 없다고 말하는 것이 아니다. 그러나 내가 배우는 것은 다만 하나의 과학이라고 봐야 할 것이다. 물리와 화학을 배우고 기술을 배우고 법률을 배우고 경제를 배우는 것은 내 지식의 일단을 보탤 뿐이다. 만약 덕육이 여기 〔지식교육〕에 있다고 한다면 이른바 "남이 먹는 얘기하는 것을 아무리 들어도 배부를 리 없고, 가난한 사람이 아무리 돈 얘기를 해도 자기 돈이 되는 것은 아닌" 것과 마찬가지이다. 이 방법으로 간다면 어찌 오늘에서 그치겠는가! 아마도 수십 년 수백 년 후에도 지금과 마찬가지로 효과는 볼 수 없을 것이다.

竊嘗觀近今新學界中, 其斷斷然提絜德育論者, 未始無人, 然效卒不睹者, 無他焉, 彼所謂德育, 蓋始終不離乎智育之範圍也. 夫其獺祭徧於汗牛充棟之宋元明儒學案, 耳食飫乎入主出奴之英法德倫理學史, 博則博矣, 而於德何與也. 若者爲理, 若者爲氣, 若者爲太極無極, 若者爲已發未發, 若者爲直覺主義, 若者爲快樂主義, 若者爲進化主義, 若者爲功利主義, 若者爲自由主義, 涉其藩焉, 抵其奧焉, 辨則辨矣, 而於德又何與也. 夫吾固非謂此等學說之不必硏究也, 顧吾學之也, 只當視之爲一科學, 如學理化, 學工程, 學法律, 學生計, 以是爲增益吾智之一端而已. 若曰德育而在是也, 則所謂聞人談食, 終不能飽, 所謂貧子說金, 無有是處. 率斯道也以往, 豈惟今日, 吾恐更閱數十年百年, 而效之不可睹如故也.

아아! 서양(泰西)에서는 지와 덕의 진보가 정비례하는데, 동양(泰東)에서는 지와 덕의 진보가 반비례한다. 오늘날 중국의 현상은 나쁜 일이 일어나기 전의 기미가 이미 움직인다. 이렇다면 지육은 장차 덕육의 좀벌레가 될 것이며, 이름은 덕육이지만 실상은 지육인 것이 더욱 덕육의 장애가 될 것이다. 지육이 덕육을 좀먹는다면 천하는 지육을 탓할 것이지만, '실상은 지육인 덕육'이 덕육의 장애가 되면 천하는 덕육마저도 비난할 것이니, 이것이 어찌 작은 일이겠는가. 세상을 구원하려는 뜻을 가진 사람은 덕육이란 무엇인가에 대해 깊이 신중하게 생각해야 할 것이다.

嗚呼. 泰西之民, 其智與德之進步爲正比例, 泰東之民, 其智與德之進步爲反比例. 今日中國之現象, 其月暈礎潤之幾旣動矣. 若是乎則智育將爲德育之蠹, 而名德育而實智育者, 益且爲德育之障也. 以智育蠹德育, 而天下將病智育, 以[智育的德育]障德育, 而天下將幷病德育, 此寧細故耶. 有志救世者, 於德育之界說, 不可不深長思矣.

"학문을 하면 날마다 늘어나고 도를 닦으면 날마다 줄어든다"[70]는 말은 정말 좋은 말이다. 지금 우리 가운데 날마다 늘어나는 일을 부지런히 하는 사람은 오히려 있지만, 날마다 줄어드는 일에 뜻을 두는 사람은 거의 없는 것 같다. 아아! 이것이 도가 날로 없어지는 이유이다. 배우는 사람들이 도를 구하는 마음이 없다면 또한 어쩔 수 없다. 그러나 그렇지 않다면 많은 말에서 취할 것은 아니다. 옛사람의 한두 마디 말이 충분히 나를 훈계하여 나를 돕도록 해서 종신토록 그것에 의지할 수 있다면, 안신입명의 큰 근원이 여기에 있다. 황이주(黃梨洲)[71]는 "학문의 도는 각자 힘을 얻는 곳이 참된 것이다"라고 말했다. 또 "대개 학문에는 종지가 있다. 이것이 사람들이 힘을 얻는 곳이고, 또한 배우는 자들이 입문하는 곳이다. 천하의 의리는 무궁하니, 한두 자의 글자로 정하지 말고 〔요령을〕 간략히 하여 내 〔마음〕 안에 두는 것은 어떤가!"라고도 말했다. 이는 참으로 배우는 자들에게는 도를 찾는 데 둘도 없는 법문이다. 이왕 각자가 스스로의 방법을 사용한다면 또한 각자 스스로 선택할 것이므로 내가 시끄럽게 떠들 필요는 없을 것이다. 그러나 이왕 내가 언책(言責)으로써 국민들에게 스스로의 할 바를 다하려고 한 이상, 내가 삼가 배우려고 하면서 미처 이르지 못한 것에 대해 동지의 것과 한 번 비교해 보지 않겠는가!

爲學日益, 爲道日損. 斯語至矣. 今吾儕於日益者尚或孳孳焉, 而於日

70 『노자』 48장.

71 황종희(黃宗羲, 1610~1695)의 호.

損者莫或厝意. 嗚呼, 此道之所以日喪也. 吾以爲學者無求道之心則亦已耳, 苟其有之, 則誠無取乎多言, 但使擇古人一二語之足以針砭我而夾輔我者, 則終身由之不能盡, 而安身立命之大原在是矣. 黃梨洲曰, 學問之道, 以各人自用得著者爲眞. 又曰, 大凡學有宗旨, 是其人之得力處, 亦是學者之入門處, 天下之義理無窮, 苟非定以一二字, 如何約之使其在我. 此誠示學者以求道不二法門哉. 夫旣曰各人自用得著, 則亦聽各人之自爲擇, 而吾寧容嘵嘵焉. 雖然, 吾旣欲以言責自效於國民, 則以吾願學焉而未能至者, 與同志一商搉之可乎.

첫째, '근본을 바르게 한다.' 나는 전에 왕〔양명〕선생의 '발본색원론'(拔本塞原論)에 관해 읽은 적이 있다. 선생은 다음과 같이 말했다. "성인의 학문은 나날이 멀어지고 나날이 어두워지며 〔이익을 추구하는〕 공리(功利)의 습속은 갈수록 점점 심해진다. 그 사이에서 불교와 노장에 미혹된 적도 있었지만, 불교와 노장의 이론도 끝내 공리의 마음을 이기지는 못했다. 또 여러 학자의 설을 절충해 본 적도 있으나, 여러 학자의 이론도 결국 공리의 견해를 깨뜨리지는 못했다. 오늘날 공리의 독은 사람의 마음 깊은 곳까지 스며들어 습관이 되고 성(性)이 된 지 몇 천 년이 되었다. 암송한 것이 많을수록 오만을 부리기에 딱 좋고 지식이 많은 것이 악행하기에 딱 좋다. 보고 들은 것이 넓은 것이 변론을 방자하게 하는데 딱 좋고, 풍부한 문장력이 거짓을 수식하는 데 딱 좋다. 명목상으로는 모두 자신은 천하의 일을 함께 이루기 위해서라고 하지만, 진짜 이유는 그렇게 하지 않으면 사사로움을 이루고 욕망을 채울 수 없기 때문이다. 이러한 쌓인 더러움으로 이러한 뜻을 가지고 또 이러한 학술을 한다면, 우리 성인의 가르침을 듣고 쓸모없는 것으로 취급하는 것도 당연하다.(원주 — 하략)"[72] 아아! 한 글자, 한 문장이 모두 오늘날 우리들을 오싹하게 하는 설법이다. 공리주의는 오늘날 무성한 대국(大國)을 이루고 하나의 학설로 성립하기에 이르렀다. 배우는 자들은 그것을 부끄러움으로 여기기는커녕 오히려 고상하다고 여긴다. 양명학은 당시에도 오히려 쓸모없는 것으로 취급을 받았는데, 오늘날 양명의 설교를 듣고 달아나면서 침을 뱉지 않는 사람이 몇이나 될까?

> 一曰正本. 吾嘗誦子王子之拔本塞原論矣, 曰聖人之學, 日遠日晦, 而功利之習, 愈趨愈下. 其間雖嘗瞽惑於佛老, 而佛老之說, 卒亦未能有以勝其功利之心. 雖又嘗折衷裏於群儒, 而群儒之論, 終亦未能有以破其功利之見. 蓋至於今, 功利之毒, 淪浹於人之心髓而習以成性也, 幾千年矣. 記誦之廣, 適以長其敖也, 智識之多, 適以行其惡也. 聞見之博, 適以肆其辯也. 辭章之富, 適以飾其僞也. 其稱名借號, 未嘗不曰吾欲以共成天下之務, 而其誠心實意之所在, 以爲不如是則無以濟其私而滿其欲也. 以若是之積染, 若是之心志, 而又講之以若是之學術, 宜其聞吾聖人之教, 而以爲贅疣枘鑿. (下略) 嗚呼, 何其一字一句, 皆凜然若爲今日吾輩說法耶. 夫功利主義, 在今且蔚成大國, 昌之爲一學說, 學者非惟不羞稱, 且以爲名高矣. 陽明之學在當時猶曰贅疣枘鑿, 其在今日, 聞之而不却走不唾棄者幾何.

그러나 나는 지금 여기에 하나의 기준을 표시해 놓는다. 같은

72 『전습록』 143.

일이라도 의도를 가지고 하는 것과 의도를 갖지 않고 하는 일은, 외형은 같더라도 그 성질과 결과는 크게 다르다. 애국이라는 한 가지를 두고 말해 보자. 애국이란 절대적인 것이며 순결한 것이다. 만약 애국이라는 이름을 빌어 사사로움을 이루고 욕망을 채우려 한다면, 차라리 애국을 모르고 애국에 대해 논하지 않는 사람보다 못하다. 왕선생이 말한 공리와 비공리가 갈라지는 곳은 여기에 있다. 우리들은 왕선생이 말하는 공리의 마음을 모면하고 있는지 어떤지, 청명한 새벽녘에 스스로의 마음을 비춰보아야 한다. 이것은 남이 들여다볼 수 있는 것이 아니다. 우리들의 마음이 발하는 처음에는, 시국의 변화에 자극을 받고 시대의 현자들의 말에 영향을 받아, 그 최초의 일념인 애국심은 절대적이고 순결하지 않은 것이 없다. 이는 모든 사람이 마찬가지이다. 그러나 점점 시간이 지나면서 그 마음이 갈라지는 사람도 있고 시간이 지나면서 그 마음을 잃어버리는 사람도 있다. 이미 잃어버렸다면 더 이상 애국심이 있다고 말할 수 없다. 이름의 아름다움이 탐나 사람들을 속일 수 있다. 처음에 잠깐 빌린 것을 오래도록 돌려주지 않으니 스스로도 갖고 있지 않는다는 것을 어떻게 알겠는가! 처음에는 진심일 작정이었으나 뒤에는 허위를 면하지 못하니, 그렇다면 본성이 악한 것이 아니라 배움이 아직 모자란 것이다. 이른바 발본색원의 공부를 뼈를 깎는 고통으로 해 본 적이 없는 것이다.

雖然, 吾今標一鵠於此. 同一事也, 有所爲而爲之, 與無所爲而爲之, 其外形雖同, 而其性質及其結果乃大異. 試以愛國一義論之. 愛國者, 絶對者也, 純潔者也, 若稱名借號於愛國, 以濟其私而滿其欲, 則誠不如不知愛國不談愛國者之爲猶愈矣. 王子所謂功利與非功利之辨, 卽在於是. 吾輩試於淸夜平旦, 返觀內照, 其能免於子王子之所訶與否,此則非他人所能窺也. 大抵吾輩當發心伊始, 刺激於時局之事變, 感受乎時賢之言論, 其最初一念之愛國心, 無不爲絶對的純潔的, 此盡人所同也. 乃浸假而或有分之者, 寖假而或有奪之者, 旣已奪之, 則謂猶有愛國心之存, 不可得矣. 而猶貪其名之嫩而足以炫人也, 乃姑假焉, 久假不歸, 則亦烏自知其非有矣. 夫其自始固眞誠也, 而後乃不免於虛僞, 然則非性惡也, 而學有未至也, 亦於所謂拔本塞源者, 未嘗一下刻苦工夫焉耳.

왕선생은 또 "사람을 죽이려면 목을 칼로 찔러야 하고 학문을 하려면 마음 깊은 곳으로 들어가는 일부터 힘을 써야 한다"[73]고 말했다. 우리들이 기꺼이 자포자기한다면 그만이지만, 그렇지 않다면 마음 깊은 곳에서 진실로 통절하게 스스로를 다스리는 힘쓰기를 멈추지 말아야 한다. 요사이 어떤 신문에서 나의 구도덕론을 배척하는 기사를 보았다. 즉, 다음과 같다. "오늘날은 다만 자신을 잊고 애국하는 영웅을 찾아야 할 뿐, 자기 한 몸 깨끗이 하며 허물을 줄이는 우원한 선비를 원해서는 안 된다. 이미 영웅이라면 조금 결점이 있더라도 우리는 그 작은 절개〔를 지키지 못한 것〕에 대해서는 용서하고 그 뜨거운 마음을 존경해야 한다." 또 다음과 같이도 말했다. "스스로를 추동하여 용쟁호투에 임할 뜨거운 피를 가진 남자가 되고자 하면서도, 일일이 법도에 따르고 규칙을 밟아 '〔내면이〕 맑은 얼굴로 드러나고 등에 가득차게 하여' 기력이 끊어질 듯한 길로 들어서자고 한다. 망국의

73 『왕문성전서』(王文成全書) 권4, 「여황종현·오·계유」(與黃宗賢·五·癸酉): "殺人須就咽喉上著刀, 吾人為學當從心髓入微處用力."

참화가 목전에 있는데 부패하고 우원한 이러한 인격을 가지고 무엇을 할 수 있겠는가." 나는 이 말이 스스로를 꾸미는 것이 심하다고 생각한다.

王子又言, 殺人須在咽喉處下刀, 爲學須從心髓入微處用力. 我輩而甘自暴棄也, 則亦已耳, 苟不爾者, 則於心髓入微處痛下自治力, 其眞不容已也. 頃見某報有排斥鄙人奮道德之論者, 謂今日祇當求愛國忘身之英雄, 不當求束身寡過之迂士. 旣爲英雄矣, 卽稍有缺點, 吾輩當恕其小節, 而敬其熱心. 又曰, 欲驅發揚蹈厲龍拏虎擲之血性男子, 而一一循規蹈矩粹而盎背, 以入於奄奄無氣之途, 吾不知亡國之慘禍, 旣在目前, 安用此等腐敗迂闊之人格爲也. 吾以爲此言又與於自文之甚者也.

작은 절개에 구애받지 않을 수 있는 영웅이 있을 수 있다고 한다면, 영웅은 백에 한 사람 얻을까 말까인데, 〔영웅이 아니면서〕 작은 절개에 구애받지 않는 99명이 있게 된다. 나는 여기 한 사람에 속하는가, 저쪽 99명에 속하는가? 나만이 알 수 있을 것이다. 만약 왕선생이 말하는 발본색원 같은 것을 하지 않는데도 영웅이 될 수 있다고 말한다면, "성실하지 않으면 어떤 존재도 없으니,"[74] 성실하지 않으면서 뭔가를 제대로 성취한 사람을 본 적이 없다〔고 나는 응답하겠다〕. 만약 자신의 본원은 이미 순결하고 아름다워서 발본색원의 노력이 필요 없다고 한다면, 당신은 혹 그렇다고 해도 우리처럼 나쁜 습관의

74 『중용』: "성실함(誠)은 존재(物)의 처음이자 끝이니, 성실하지 않으면 어떤 존재도 없다"(誠者 物之終始 不誠無物).

영향이 깊고 근기가 천박한 사람들은 바랄 수 있는 바가 아니니, 어떻게 이처럼 전전긍긍하지 않을 수 있겠는가? 더구나 내가 말하는 구도덕은 자기 한 몸 단속하면서 과실을 적게 하거나 규칙만을 따르자는 것이 아니다. 자기 한 몸 단속하면서 과실을 적게 하고 규칙만을 지키는 것을 도덕의 지극함으로 삼는다면, 이는 우리 왕선생이 말하는 끊어진 웅덩이이며 도랑일 뿐으로, 〔흘러〕가 봤자 〔바다까지〕 도달하지 못할 것이다. 진정으로 마음 깊은 곳의 은미한 곳에 이르는 것을 스스로의 교과로 삼지 않는다면, 자기 한 몸 단속하며 허물을 적게 하는 허위나 자신을 잊고 애국하는 허위, 규칙만을 따르는 허위, 용이나 호랑이를 때려잡는 허위는 모두 꼭 같은 종류의 일일 뿐이다. 왜 그런가? 본원의 땅과는 털끝만큼도 관계가 없기 때문이다. 애국이라는 한 뜻으로 얘기해 보면 이러하며, 그 밖의 여러 덕 역시 그러할 뿐이다.

夫果爲不拘小節之英雄, 猶可言也, 特恐英雄百不得一, 而不拘小節者九十九焉. 我躬之在此一人之內耶, 抑在彼九十九人之內耶. 則惟我乃能知之. 如曰無須如王子所謂拔本塞原者而亦可以爲英雄也, 則不誠無物, 吾未見有能成就者也. 如曰吾之本原本已純美, 而無所用其拔與塞之功也, 則君雖或能之, 而非所可望於我輩習染深重根器淺薄之人, 夫安得不於此兢兢也. 況吾之所謂舊道德者, 又非徒束身寡過循規蹈矩之云也, 以束身寡過循規蹈矩爲道德之極則, 此又吾子王子所謂斷潢絶港, 行焉而不能至者也. 苟不以心髓入微處自爲課程, 則束身寡過之虛僞, 與愛國忘身之虛僞, 循規蹈矩之虛僞, 與龍拏虎擲之虛僞, 正相等耳. 何也. 以其於本原之地, 絲毫無與也. 以愛國一義論之既有然, 其他之諸德, 亦例是而已.

둘째는 신독(愼獨)이다. 발본색원론은 도를 배우는 첫 번째 착수처이다. 만약 이러한 뜻이 없고 이러한 용기가 없다면 자포자기이니, 그 밖은 더 말할 필요도 없다. 그런데 뜻이 서고 용기가 고무되었어도 이미 수천 년 동안 사회에서 훈습된 것과 내가 도에 뜻을 두기 전에 만들어진 습관 등은, 내 의식 깊은 곳에 엎드려 있다가 시시때때로 슬며시 고개를 든다. 하나의 간이(簡易)한 법을 잡아 제어하고 함양하지 않는다면, 중간에 변하는 일 없이 보존할 수 없을 것이다. 이와 같은 것은 오직 신독(愼獨)이 아니겠는가! 신독의 뜻은 우리들이 어려서 처음 배우기 시작한 『대학』『중용』에서 신물 나도록 듣던 것이 아닌가! 그러나 실제로 사용한 것은 만분의 일도 되지 않으니, 정말로 뜻이 아직 서지 않으면 그것을 구해야 할 이유도 아직 모르는 것이다.

> 二曰愼獨. 拔本塞原論者, 學道之第一著也. 苟無此志, 苟無此勇, 則是自暴自棄, 其他更無可復言矣. 然志旣立, 勇旣鼓, 而吾所受於數千年來社會之薰染, 與夫吾未志道以前所自造之結習, 猶盤伏於吾腦識中, 而時時竊發, 非持一簡易之法以節制之涵養之, 不能保其無中變也. 若是者, 其惟愼獨乎. 愼獨之義, 吾儕自束髮受大學中庸, 誰不飫聞. 顧受用者萬不得一, 固由志之未立, 亦所以講求者有未瑩也.

나는 또 "신독(謹獨)이 바로 양지를 발휘하는 것(致良知)"[75]이라

---

75 '치양지'(致良知)에 대한 양명의 설명은 다음과 같다. "내가 致知는 格物하는 데서 발생한다고 했는데, 그 의미는 내 마음의 良知를 事事物物에서 발휘한다는 것이다. 내 마음의 양지는 '天理'라고 부르는 바로 그것이다. 내 마음의 天理를 사사물물에서 발휘하게 되면 사사물물은 모두 그 리를 얻는다. 내 마음의 양지를 발휘하는 것

는 왕선생의 말씀을 들었다.(원주 ―「황면지(黃勉之)에게 주는 편지」) 그렇다면 왕선생의 양지의 가르침은 또한 신독을 다하는 것이다. 배우는 자가 혹 왕선생에게 묻는다. "근래 공부하여 핵심(頭腦)을 조금 알게 되었습니다. 그러나 안정처(穩當處)를 찾는 것은 어렵습니다." 선생이 "다만 앎(知)을 발휘할(致) 뿐이다"라고 대답하시자 〔학생은 다시〕 묻는다. "어떻게 발휘하는(致) 것입니까?" 대답한다. "한 점 양지(良知) 이것은 너 스스로의 준칙이며 네 뜻이 가는 곳(意志着處)이다. 그것은 옳음을 아는 것이지 그름을 아는 것이 아니다. 더욱이 조금도 속일 수 없다. 너는 다만 그것을 속이지 말고 의젓하고 솔직하게 그것에 의지해서, 선이면 보존하고 악이면 물리치면 되니, 무슨 안정처(穩當)가 필요하겠는가."[76] 이는 진실로 급소를 찌르는 말이다.(원주 ― 사실은 『대학』에서 말하는 '그 뜻을 성실히 하라'(誠意)와 '스스로를 속이지 말라'(毋自欺)는 두 마디는 이미 그 핵심을 시원하게 지적하여 남김없이 한 것이다.) 그의 문하 전서산(錢緖山)이 이를 인용하면서 다음과 같이 풀이했다. "양지가 핵심임을 알겠다. 천 사람, 백 사람이라도 공부는 다만 일념의 은미한 곳에 있을 뿐이다. 비록 홀로 묵묵히 앉아있다고 해도 공

이 바로 致知이다. 사사물물이 모두 리를 얻게 되는 것이 格物이다. 이로써 마음과 리가 합하여 하나로 된다"(『전습록』 135: 若鄙人所謂致知在格物者, 致吾心之良知於事事物物也. 吾心之良知, 卽所謂天理也. 致吾心良知之天理於事事物物, 則事事物物皆得其理矣. 致吾心之良知者, 致知也. 事事物物皆得其理者, 格物也. 是合心與理而爲一者也).

76 『명유학안』 권10, 「요강학안」(姚江學案): 問近來工夫稍知頭腦, 然難尋個穩當處. 曰只是致知. 曰如何致. 曰一良知, 是爾自家的準則, 你意念著處. 他是便知是, 非便知非, 更瞞他一些不得. 爾只不要欺他, 實實落落依著他做去, 善便存, 惡便去, 何等穩當. 此便是致知的實功.

부(할 곳)은 또한 다만 일념의 은미한 곳일 뿐이다."[77] 그러므로 양지를 본체로 삼고 신독을 치지의 공부로 삼는다. 이는 동양(泰東)의 양명(姚江), 서양(泰西)의 칸트가 전후 백여 년의 차이를 두고, 장구채와 장구처럼 상응하며 부절처럼 들어맞는다. 이는 이른바 동해와 서해에 성인이 있어 이 마음이 같고 이 리(理)가 같은 것이다. 그러나 도를 구하는 방도는 토막말로도 핵심을 얻고 상하를 관철하는 것이므로, 우리들이 종신토록 말미암아도 다하지 못한다.

> 吾又聞諸子王子曰, 謹獨卽是致良知. (與黃勉之書) 然則王子良知之敎, 亦愼獨盡之矣. 學者或問王子, 近來工夫稍知頭腦, 然難尋個穩當處. 子曰, 只是致知. 曰, 如何致. 子曰, 一點良知, 是爾自家的準則, 爾意志着處. 他是便知是, 非便知非, 更瞞他一些不得. 爾只不要欺他, 實實落落依着他做去, 善便存, 惡便去, 何等穩當. 此眞一針見血之言哉. (實則大學所謂誠其意者, 毋自欺也二語, 已直捷指點無餘蘊矣.) 其門下錢緖山引申之曰, 識得良知是一個頭腦. 雖在千百人中, 工夫只在一念微處, 雖獨居冥坐, 工夫亦只在一念微處. 故以良知爲本體, 以愼獨爲致之之功. 此在泰東之姚江, 泰西之康德, 前後百餘年間, 桴鼓相應, 若合符節. 斯所謂東海西海有聖人, 此心同, 此理同. 而求道之方, 片言居要, 徹上徹下, 眞我輩所終身由之而不能盡者也.

그런데 우리가 이 뜻을 따르려고 해도 오히려 때때로 따를 수 없는 것은 무엇 때문인가? 왕선생은 또 다음과 같은 말도 했다. "도

---

77 『명유학안』 권11, 「절강상전학안」(浙江相傳學案): 知得良知是一個頭腦. 雖在千百人中, 工夫只在一念微處, 雖獨居冥坐, 工夫亦只在一念微處.

가 변하여 움직이며 머무르지 않고 종으로 횡으로 뒤집어지는 것은 모두 미루어서 알 수 있다. 〔그런데〕 세상의 유학자들은 각자 하나의 치우친 견해만을 취하고 또 글로 꾸미니, 그것이 습관으로 익어 이미 스스로 믿기에도 충분하게 되고 조목 또한 스스로 편안히 여기기에 충분하게 되어, 이에 자신을 속이고 타인을 속이며, 끝내는 수레가 깊이 빠지는데도 깨닫지 못한다. 진실로 성인이 되기를 바라는 뜻이 없다면, 병을 얻은 근원을 찾아 간악함이 엎드려 있는 곳을 건드릴 수 없을 것이다."[78] 〔왕선생은〕 또 말했다. "내가 어리석어서 일찍이 그 사이에 몇 년 빠졌었다가, 하늘의 영험함에 기대어 양지를 깨닫게 되어, 예전에 했던 일들을 뉘우치게 되었다. 〔예전에는〕 재앙의 기틀을 단단히 감추고 있었으며, 겉으로는 거짓 행위를 꾸미느라 갖은 잔꾀를 다 부려 날로 궁지에 빠졌다. 10여 년 전부터 괴로웠지만 스스로 두려움과 경고를 쓸어버리고 없애 버림으로써 병의 뿌리가 고질이 되었고 나쁜 싹이 이에 돋아난 것이다."[79] 왕선생의 학문은 고상하고 순수하게 아름다우며 성인의 영역에 들어갔는데도, 효과가 있었음을 스스로 서술하면서는 오히려 "재앙의 기틀을 단단히 감추고 있었으며, 겉으로는 거짓 행위를 꾸"몄다고 말하고, "병의 뿌리가 고질이 되었고 나쁜 싹이 이에 돋아났다"고 말했다. 그러니 아직 도에 대해 물

---

78 『왕문성전서』 권6, 「문록·서3·4·병술」(文錄·書三·四·丙戌): 양계초가 빠트린 부분이 있다. 왕수인의 전문은 다음과 같다. "以此道之無二, 而其變動不拘, 充塞無間, 縱橫顛倒, 皆可推之. 而通世之儒者, 各就其一偏之見, 而又飾之, 以比擬放像之功文之以章句假借之訓, 其為習熟既足以自信, 而條目又足以自安, 此其所以誑已誑人, 終身沒溺而不悟焉耳. 然其毫釐之差而乃致千里之謬, 非誠有求為聖人之志, 而從事於惟精惟一之學者, 莫能得其受病之源, 而發其神奸之所由伏也."

79 『왕문성전서』 권6, 「문록·서3·4·병술」.

어본 적이 없고 도에 뜻을 두어 본 적이 없고 도를 배워 본 적이 없는 우리들에게, 사람을 해치는 귀신이 엎드려 있다 나오는 일에 어찌 끝이 있겠는가. 이 발본색원론은 그래서 반드시 먼저 〔공부〕해야 한다. 왕선생은 이미 돌아가시고 미언(微言)은 점점 희미해졌다. 절중(浙中)파[80]는 본체를 너무 중요하게 살폈고, 명 말에 이르러 그 폐해를 이기지 못했다. 유즙산(劉蕺山)[81]이 다시 오직 신독을 내세우며 왕학의 말류를 구제했는데, 실은 진정한 왕학으로 거짓 왕학을 교정한 것에 불과했다. 마음에 깊이 새겨 간직할 것은 시종 이 한 뜻일 뿐, 더 이상 다른 것은 없다.

顧我輩於此一義, 猶往往欲從之而末由者何也. 王子又言, 以道之變動不居, 縱横顚倒, 皆可推之而通. 世之儒者, 各就其一偏之見, 而又文飾之, 其爲習熟旣足以自信, 而條目又足以自安, 以是誑己誑人, 終車沒溺而不悟. 非誠有求爲聖人之志者, 莫能得其受病之源, 而發其神奸所攸伏也. 又言, 以某之不肖, 蓋亦嘗陷溺其間者有年, 賴天之靈, 偶悟[82]良知, 乃悔其向之所爲者, 固包藏禍機, 作僞於外, 而心勞日拙者也. 十餘年來, 雖痛自洗剔創艾, 而病根深痼, 萌蘖時生. 夫以子王子之學, 高尙純美, 優入聖域, 而自敍得力, 猶曰包藏禍機, 作僞於外, 猶曰病根深痼, 萌蘖時生, 然則我輩之未嘗問道未嘗志道未嘗學道者, 其神奸之所由伏, 寧有底極耶. 此拔本塞原論, 所以必當先有

---

80 황종희(黃宗羲)가 『명유학안』에서 왕수인의 제자를 지역에 따라 분류한 것 가운데 한 파이다. 절중(浙中)파의 대표적 학자는 왕기(王畿)와 전덕홍(錢德洪)이다.

81 유종주(劉宗周, 1578~1645). 명 말의 유학자. 정주성리학에서 양명학으로 전향하여 '신독'(愼獨)을 강조하였다. 황종희의 스승이다.

82 『신민설』에는 '悞'로 되어 있는데 『왕문성전서』에 의거하여 '悟'로 고쳤다.

事也. 王子旣沒, 微言漸湮, 浙中一派, 提挈本體過重, 迨於晚明, 不勝其敝. 而劉蕺山乃復單標愼獨以救王學末流, 實則不過以眞王學矯僞王學, 其拳拳服膺者, 始終仍此一義, 更無他也.

오늘날 학계의 수독(受毒)은 그 원인이 만명(晩明)과 다르면서도 분방하고 광란함(猖狂)은 그 열 배이다. 명 말에는 거리에 꽉 찬 사람이 모두 성인이었으며 주색(酒色)과 재물이 진리의 길에 장애가 되지 않았다. 지금은 거리를 채운 사람이 모두 지사(志士)이고 주색과 재물 외에도 음험함과 변덕, 간사함과 냉혹함이 영웅에게는 당연한 것처럼 되어 버렸다. 명 말에 분방하고 광란했던 이유는 양명선생의 단도직입적이고 간단명료한 가르침을 호신부로 삼을 수 있었기 때문인데, 오늘날 분방하고 광란한 이유는 자신의 생사를 돌보지 않는 애국, 자유와 평등 등의 구두선을 호신부로 하기 때문이다. 그러므로 부끄러움이 있는 사람은 군자이고 부끄러움이 없는 사람은 소인인데, 〔오늘날은〕 공개적으로 당당하게 소인이 된다. 그러나 또한 천하 누구도 비난하지 못하고 또 서로 저희들끼리 숭배한다고 하며 하늘이 내게 부여한 권리가 이와 같아야 한다고 생각한다. 그러니 내가 입을 크게 벌리고 떠들어 대는 것이 저 숨어 있는 귀신 때문에 죽을힘을 다하는 것인 줄 알겠는가! 아아! 내가 사람을 천지 사이에 세우려 하는데 그 누가 나를 도울 수 있을 것인가? 누가 나를 바로잡을 수 있을 것인가? 신독 외에 또 무엇에 의지할 것인가! 무엇에 의지할 것인가!

今日學界之受毒, 其原因與晩明不同, 而猖狂且十倍. 其在晩明, 滿街皆是聖人, 而酒色財氣不碍菩提路, 其在今日, 滿街皆是志士, 而酒色財氣之外, 更加以陰險反覆奸黠凉薄, 而視爲英雄所當然. 晚明之所以猖狂者, 以竊子王子直捷簡易之訓以爲護符也, 今日所以猖狂者, 則竊通行之愛國忘身自由平等諸口頭禪以爲護符也. 故有耻爲君子者, 無耻爲小人者, 明目張膽以作小人, 然且天下莫得而非之, 且相率以互相崇拜, 以爲天所賦與我之權當如是也. 夫寧知吾之所哆然自恣者, 乃正爲攸伏之神奸效死力耳. 嗚呼, 吾人而欲求爲人以立於天地間也, 則亦誰能助我. 誰能規我. 舍息息愼獨之外, 更何恃哉, 更何恃哉.

전에 나는 기독교(景敎)가 서양 덕육의 원천이라고 말한 적이 있다. 그 작용은 어디에 있는가? 기도에 있다. 기도는 복을 바라는 것을 말하는 것이 아니다. 새벽에 일어나 기도하고 점심을 먹으며 기도하며 저녁에 잘 때 기도하며, 또 모두 불러 모아 함께 기도한다. 그 기도는 반드시 시선을 내부로 거둬들이고 청각을 안으로 돌리는 것(收視返聽)이며, 마음을 맑게 하여 신명에 제사 지내는(對越) 것이며, 또한 반드시 그날에 했던 일, 했던 생각을 하나하나 되새기는 것이다. 평상시에는 혹 그 불선한 부분을 가리고 선한 부분을 드러내지만, 기도할 때는 전지전능한 신(上帝)에게는 속임수가 통하지 않는다고 생각한다. 그러므로 의도하지 않아도 정직하고 순결한 사상이 저절로 나오니, 이에 함양(涵養), 성찰(省察), 극치(克治) 세 가지의 공부 모두가 〔기도로부터〕 가장 큰 도움을 얻는다. 〔이것은〕 일반적으로 통용되는 '신독'(愼獨)의 법이다. 매일매일 이와 같으면 개인의 덕은 점차 진보한다. 사람마다 이와 같으면 사회의 덕은 점차 진보한다. 이른바 서양(泰西) 문명의 정신은 여기에 있을 뿐이다. 『시』에 "상제가 네게 임했으니 의심의 마음을 갖지 말라"[83]고 하며 또 "네가 집에 있음을 보니 구석에서도 부끄럽게 행동하지 말라"[84]고 한다. 동양과 서양의 가르침에 다른 점이 있는가? 요컨대 천 명의 성인, 만 명의 철인이 사람을 헤아리는 방법은 형이상학적인 것을 말하는지 형이하학적인 것을 말하는지의 차이가 있고, 돈오법인지 점진법인지의 차이가 있지만, 그 본원의 터전을 말한다면 하나로 일관된다. 신독 외에 다른 법문은 없다. 누구는 영웅이 되기 위해, 누구는 우원한 선비가 되기 위해, 나아가고 물러나는 데 다른 길을 택한다고 어떻게 말할 수 있겠는가. 속담에 "영웅은 남을 속인다"는 말이 있다. 남을 속이는 영웅은 혹 있을 수 있지만, 스스로를 속이는 영웅이 있다는 소리는 들어 본 적이 없다. 또한 왕선생은 "산 속의 적을 물리치기는 쉬우나 마음속의 적을 물리치기는 어렵다"[85]는 말도 했다. 우리들 스스로 뜻을 품은 선비를 자처하면서도 모두 가슴속에 간교한 귀신이 엎드려 있는 것을 스스로 이겨 낼 수 없다면, 한 나라의 간교한 귀신은 영원히 나라 안에 엎드려 이겨 낼 방법이 없을 것 역시 당연하다.

昔吾常謂景教爲泰西德育之原泉, 其作用何在. 曰在祈禱. 祈禱者, 非希福之謂也. 晨起而祈焉, 晝餐而祈焉, 夕寢而祈焉, 來復乃合稠衆而祈焉. 其祈也, 則必收視返聽, 淸其心以對越於神明, 又必擧其本日中所行之事所發之念, 而一一紬繹之. 其在平時, 容或厭然掩其不善而著其善, 其在祈禱之頃, 則以爲全知全能之上帝, 無所售其欺也, 故正

83 『시경』「대아·문왕지십·대명」(大雅·文王之什·大明).

84 『시경』「대아·탕지십·억」(大雅·蕩之什·抑).

85 『왕문성전서』 권4, 「여양사덕설상성·정축」(與楊仕德薛尚誠·丁丑). 양계초가 '去'라고 쓴 것의 원문은 '破'이다. "破山中賊易, 破心中賊難."

直純潔之思想, 不期而自來, 於涵養省察克治三者之功, 皆最有助力. 此則普通之愼獨法也. 日日如是, 則個人之德漸進. 人人如是, 則社會之德漸進. 所謂泰西文明之精神者, 在是而已. 詩曰, 上帝臨汝, 無貳爾心. 又曰, 相在爾室, 尙不愧於屋漏. 東西之敎, 寧有異耶. 要之千聖萬哲之所以度人者, 語上語下, 雖有差別, 頓法漸法, 雖有異同, 若夫本原之地, 一以貫之, 舍愼獨外, 無他法門矣. 此寧得曰某也欲爲英雄, 某也欲爲迂士, 而趨舍因之異路耶. 諺曰, 英雄欺人. 欺人之英雄, 容或有之, 自欺之英雄, 則吾未之前聞也. 抑王子又曰, 去山中賊易, 去心中賊難. 吾儕自命志士者, 而皆有神奸伏於胸中而不能自克, 則一國之神奸, 永伏於國中而末由相克, 其亦宜矣.

셋째, 작은 일에 조심하라. “큰 덕은 〔경계를〕 넘나들 수 없지만 작은 덕은 드나들 수도 있다”[86]는 말은 앞선 성인이 남긴 교훈이다. 그러나 우리들은 근기가 본래 박약하고 또 자치력이 항상 스스로를 지키기에는 부족해서 늘 훈습된 것에 따라 휩쓸린다. 작은 덕을 넘나드는 일이 이미 많으면 큰 덕의 경계를 넘는 일이 뒤따르기 마련이다. 이른바 졸졸 흐르는 물을 막지 않으면 장차 강을 이룰 것이며, 미약할 때 끊지 않으면 장차 도끼를 써야 할 것이다.

三曰謹小. 大德不逾閑, 小德可出入, 此固先聖之遺訓哉, 雖然, 以我輩之根器本薄弱, 而自治力常不足以自衛也, 故常隨所薰習以爲遷流. 小德出入旣多, 而大德之逾閑, 遂將繼之矣, 所謂涓涓不塞將成江河,

86 『논어』「자장」: “子夏曰, 大德不踰閑, 小德出入可也.”

綿綿不絶將尋斧柯也.

전서산(錢緖山)이 말했다. "배우는 자들의 공부가 영리하지 못하고 간단명쾌하지 못하면, 다만 '근심할 우(虞)' 자에 사로잡힐 뿐이다. 양지의 옳고 그름, 따름과 거스름이 언제 밝지 않은 때가 있던가. 다만, 한때 결단하지 못하고 스스로 근심하며 날을 보내니, 이는 혹 리(理)에 해가 없는 것인가, 있는 것인가. (1) 혹시 세속과 같아지려고 구차해지지 않는가. (2) 혹 사람을 속이고도 모르는 것이 아닌가. (3) 혹 한때의 시의에 따라 고치려고 하는 것이 아닌가. (4) 다만 하나의 우(虞) 자는 후회를 부르는 단서가 아닌가."[87] 또 다음과 같이 말했다. "평상시에 일종의 잠시 용인하고 인순하는 생각은 늘 스스로는 도에 해를 입힐 만하지는 않다는 것이다. 지금 보면 티끌 하나도 눈을 어둡게 할 수 있고 손가락 하나도 하늘을 가릴 수 있으니, 진실로 두려운 일이다."[88] 아아, 이 또한 한 자 한 구 모두 우리들이 받들어야 할 말이다. 내가 스스로 증험해 본 것에 의하면 평생 덕업이 진보하지 않는 것은 모두 이 네 종류의 근심(虞法)이 그 사이에 가로놓여 있기 때문이다.

錢緖山云, 學者工夫不得伶俐直截, 只爲一虞字作祟. 良知是非從違, 何嘗不明, 但不能一時決斷, 如自虞度日, 此或無害於理否. (一) 或可苟同於俗否. (二) 或可欺人於不知否. (三) 或可因循一時以圖遷改否. (四) 只此一虞便是致吝之端. 又曰, 平時一種姑容因循之念, 常自

87 『명유학안』 권11, 「절강상전학안」(浙江相傳學案). 번호는 양계초가 붙인 것이다.
88 『명유학안』 권11, 「절강상전학안」.

以爲不足害道, 由今觀之, 一塵可以蒙目, 一指可以蔽天, 良可懼也. 嗚呼, 此又不啻一字一句, 皆爲吾徒棒喝也. 以鄙人之自驗, 生平德業所以不進者, 皆此四種虞法梗乎其間.

도심과 인심이 서로 싸울 때, 저 인심은 늘 온갖 종류의 변호사를 불러들여 온갖 교묘한 이론을 세운다. 일찍이 시에도 다음과 같은 것이 있다. "도를 들었으면 또한 늦지 않은가, 왜 뜻을 세우지 않는가? 우유부단은 이미 사악함을 키우는 것인데다, 말재주 좋은 변명은 적을 풀어놓는 것이다. 이 작은 규칙이라 하는가? 그러나 얼마나 급하게 제어해야 하는지. 장차 경계하려 한다고 하는가? 그러나 지금 그 하나를 없애야 한다." 이는 실로 작은 뜻을 실천하는 일에 취약하다는 증거로서, 감히 감출 수도 없는 일이다. 우리 당 안에 나와 같은 병을 앓는 자가 또한 적지 않으니, 이는 우리 모두 힘써야 할 일이다.

蓋道心與人心交戰之頃, 彼人心者, 常能自聘請種種之辯護士, 設無量巧說以爲之辭. 昔嘗有時曰, 聞道亦不遲, 其奈志不立. 優柔旣養奸, 便佞更縱敵. 謂玆小節耳, 操之何太急. 謂是戒將來, 今且月攘一. 此實區區志行薄弱之徵驗, 不敢自諱. 而吾黨中之與吾同病者, 當亦不乏人, 斯乃不可不共勉也.

일전에 증문정이 금연, 일찍 일어나기, 일기쓰기의 세 가지에 대해 자술한 것을 본 적이 있다. 실행하기가 그렇게 어려운가 하고 처음에는 대략 의심했는데, 한번 스스로 시험해 보고 난 뒤에야 사소한 일들이 과연 쉽지 않음을 알게 되었다. 우리들은 그 기량과 실천이 문정에 미치지 못하다면 여기에서 가늠해 볼 수 있을 것이다. 이는 사소한 것들이 기량과 사업의 원천이라는 것이 아니다. 문정은 자치력이 강한 것이 우리들보다 뛰어나므로 작은 일로 큰 일을 미루어 알 수 있다. 즙산선생은 다음과 같이 말했다. "우리들의 습속이 이미 깊으면 평소에 하는 일이 모두 악인 것이지 허물이 아니다. 배우는 자들은 다만 악을 없앤다고 할 수 있을 뿐, 허물을 고치는 공부는 오히려 소용이 없다." 또 말했다. "불선을 행하고도 스스로 용서하며 무해하다고 하는 것은, 우주가 무궁히 넓어 만물을 포용할 수 있으나, 나 한 사람은 받아들일 수 없음을 모르는 것이다."[89] 또 다음과 같은 말도 했다. "우리들이 우연히 하나의 잘못을 드러내면 사람들은 해로움이 없다고 생각하는데, 이 허물로부터 따져 물으면 이에 앞서서 10층의 허물이 있음을 알지 못하며, 이 허물로부터 궁구해 가면 뒤에 10층의 허물이 있음을 알지 못한다. 그러므로 허물을 그치지 않으면 반드시 악이다. 나오는 곳에 원천이 있으면 그 흐름은 끝이 없다."[90] 이러한 말들은 진정 이른바 "몽둥이로 한 번 내려치면 한 가닥의 맷자국이 남고, 손바닥으로 한 번 후려치면 한 줌의 핏자국이 남는다"[91]는 것이다. 새벽의 종소리를 깨닫고자 하여 조금 머리가 있는 자가 읽는다면 모두 깊이 돌아보아 마땅하다. 내가 말하는 작은 허물이 과연 독립적으로 있을 뿐이고 그 인과가 없다면, 구구한 작은 절개는 진정 병으로 삼을 만하지 않을 것이다. 이 앞에 10층의 허물이 있고 이 뒤에 10층의 허물이 있어서 서로 연이 되어 있는 것이 아니라면,

89 『명유학안』 권62, 「즙산학안」(蕺山學案).

90 『명유학안』 권62, 「즙산학안」.

91 『금강경』 '持經功德分' 원인은 반드시 결과를 낳는다는 의미를 강조하기 위해 인용하였다.

또한 작은 것이지 큰 것이 아니다.

> 曩見曾文正自述戒烟蚤起日記三事, 其實行之難也如彼, 初蓋疑焉, 及一自試驗, 然後知戔戔者之果不易也. 而吾輩將來道行功業之不能及文正者, 卽可於此焉卜之. 非謂此戔戔者足爲道行事業之源泉也, 文正自治力之强, 過於吾輩, 卽小可以喩大也. 蕺山先生曰, 吾輩習俗旣深, 平日所爲, 皆惡也, 非過也. 學者只有去惡可言, 改過工夫, 却用不著. 又曰, 爲不善却自恕爲無害, 不知宇宙盡寬, 萬物可容, 容我一人不得. 又曰, 吾輩偶呈一過, 人以爲無傷, 不知從此過而勘之, 先尙有幾十層. 從此過而究之, 後尙有幾十層. 故過而不已必惡, 謂其出有源, 其流無窮也. 此等語眞所謂一棒一條痕, 一摑一掌血, 欲覺晨鐘, 稍有腦筋者讀之, 皆宜發深省焉矣. 夫使吾之所謂小過者, 果獨立焉而無其因果, 則區區一節, 誠或不足以爲病, 而無如有前乎此者數十層, 有後乎此者數十層, 以相與爲緣, 若是乎則亦何小之非大也.

나라 다스리는 일에 비유해 보자. 일부 지역의 기아와 도적은 아주 작은 일이다. 그러나 왜 그렇게 되었는가를 따져 보면 반드시 정부의 실정이 있으며 사회진보의 부조화가 있다. 이 폐단이 극단화되면, 한 지역이 이렇고 또 다른 지역이 이와 같아 그 화와 난이 드디어는 전국에 넘치게 된다. 몸을 다스리는 일에 비유해 보자. 하루 이틀 가는 감기와 종기는 아주 작은 일이다. 그러나 이렇게 된 원인을 따져 보면 반드시 기혈의 흐름이 좋지 않고 위생상으로 좋지 않은 환경 때문이다. 이 폐단이 극단화되면, 하루는 이처럼 드러나고 다른 날은 저처럼 드러나지만, 결국 그 고질은 치료하기 어려워질 것이다. 지금 우리들이 작은 행동에 대해서도 스스로를 용서하지 않으려는 그 뜻은 어디에 있는가? 작은 행동들에 대해 거듭 점검을 하지 못하고 실수하는 이유는 분명 그 나쁜 습관이 깊은 것이며, 분명 그 자치의 능력이 박약하고 무력하기 때문일 것이다. 스스로 용서하려는 생각은 내 몸이 인과 의에 따라 행동할 수 없다고 하는 것일 뿐 아니라, 이는 또한 칸트가 말하는 양심의 자유를 방기하는 것이다. 필시 이러한 종종의 원인이 합해졌다는 것을 〔깨달은〕 뒤에야 작은 행위들에 스스로 편안하려고 하지 않는 것이니, 어떻게 작은 이야기라 하겠는가! 하물며 서로 접하면서 얽혀들고 날마다 서로 옮기니, 순수한 덕성이 있더라도 형세상 날마다 〔아름다운 나무가〕 베어지는 것을 감당할 수 없다.[92] 맹자는 "남의 담에 구멍을 내거나 넘어가 남의 것을 훔치지 않으려는 마음을 확충하면 의는 넘치게 된다"[93]고 했다. 이를 거꾸로 적용하면, 작은 냉혹한 마음이 확충되어 아버지를 죽일 수 있고, 작은 음험한 마음이 확충되어 나라를 팔 수도 있다. 미워해야 할 것은 이미 드러난 형적에 있지 않고 그것을 드러내는 근원에 있다. 작은 절의에 구애되지 않는 것을 영웅이라고 여기는 사람은 생각해 봐야 할 것이다.

譬諸治國, 一偏區之饑寒盜賊, 其事甚小也, 而推其何以致此之由, 則必其政府施政之有失也, 社會進步之不調也, 極其流弊, 一偏區如此, 他偏區如此, 其禍亂遂將蔓及全國也. 譬諸治身, 一二日之風寒疥癬, 其事甚小也. 而推其何以致此之由, 則必其氣血稍虧之感召也, 衛生不協之釀成也, 極其流弊, 一日如此, 他日如此, 其痼疾或乃入於膏肓

92 『맹자』「고자상」8, '우산지목'의 이야기를 가리킨다.

93 『맹자』「진심하」31.

也. 今吾輩之以不矜細行自恕者, 其用心果何居乎. 細行之所以屢屢失檢, 必其習氣之甚深者也, 必其自治之脆薄而無力者也. 其自恕之一念, 卽不啻曰, 吾身不能居仁由義. 是幷康德所謂良心之自由而放棄之也. 必合此數原因, 然後以不矜細行自安焉, 是烏得更以小論也. 而況乎以接爲構, 而日與相移, 純粹之德性, 勢不能敵旦旦之伐也. 孟子曰, 能充無欲穿窬之心, 而義不可勝用. 以反比例觀之, 則知充纖毫凉薄之心, 可以弑父, 充纖毫險黠之心, 可以賣國也. 所惡者不在其已發之跡象, 而在其所從發之根原也. 以不拘小節之英雄自命者, 其亦可以思矣.

이상 셋은 내가 스스로를 책려하고자 하는 말을 서술한 것이다. 천하의 의리는 무궁한데 단지 세 가지 뜻만을 들은 것은 이주(梨洲)의 가르침을 따라 간략한 것을 지키는 것을 귀하게 여기기 때문이다. 앞선 현인들의 가르침을 많이 서술하는 것은 말학의 천박함과 비루함 때문에, 드러내 밝히려는 것이 앞선 현인들만 못하기 때문이다. 오로지 왕선생과 그 문하의 말만 적었다. 배우기를 원하는 것이 여기에 있으며, 다른 정밀한 논의들도 있지만 전수받지 못했기 때문이다. 그러나 옛날 강학자들은 반드시 마음에서 얻은 것이 매우 깊었고 몸으로 힘써 실천하는 것 또한 매우 돈독했다. 말은 없지만 이미 충분히 천하의 표준이 되어 변화시킬 수 있었으니, 말은 그 부속에 불과할 뿐이었다. 나는 〔말학이여서〕 차라리 말을 해야만 하는지도 모르겠다. 그러나 본래 나는 "스스로는 구제할 수 없고 먼저 남을 구제해 주라"는 말을 보살의 발심이라고 혼자서 자부하고 있다. 만약 내게 이 세 가지 가운데 스스로 힘을 얻은 곳이 있는가 묻는다면, 조심스러워

대답을 못할 것이다. 독자들은 '저 사람은 자기는 실행하지 못하면서 말만 뱉어 버리는구나'라고 말하지 말라. 그 말에 하나 둘이라도 쓸 만한 것이 있으면, 내게는 그러한 점이 없더라도 또한 사람 때문에 말을 버리지 않는다면, 이것이 내가 말로써 사회에 공헌하고자 하는 작은 뜻이다.

以上三者, 述鄙人所欲自策厲之言也. 天下之義理無窮, 僅擧三義者, 遵梨洲之敎, 以守約爲貴也. 多述前賢訓言者, 末學譾陋, 所發明不能如前賢也. 專述子王子與其門下之言者, 所願學在是, 他雖有精論, 未嘗能受也. 抑古之講學者, 必其心得也甚深, 而身體力行也甚篤, 雖無言焉, 已足以式化天下, 而言論不過其附庸耳. 不知道如鄙人, 寧當有言. 顧吾固云未能自度而先度人, 竊自附於菩薩之發心矣. 若問鄙人於此三者能自得力與否, 固踧然無以爲對也. 願讀者毋曰, 彼固不能實行也, 而遂吐棄之. 苟其言有一二可採者, 則雖無似如鄙人, 猶勿以人廢言, 則鄙人以此言貢獻於社會之微意也.

어떤 신문이 내가 사람들을 책망하는 것이 끝이 없다고 했는데, 나는 나의 죄를 안다. 맹자는 "선을 가지고 책망하는 것은 붕우의 도"[94]라고 했다. 나는 언론으로써 천하의 선비를 벗하고자 하는데, 스스로 이 뜻에 붙인다면 또한 괜찮지 않겠는가. 독자 또한 서로 책망하는 데 인색하지 말라. 항상 나를 돕고 나를 지탱해, 스스로 부끄러워하고 스스로 분발하고 스스로 바라게 하라. 하나 둘 장래에 성취된

---

94 『맹자』「이루하」30.

다면, 내가 은혜를 입은 사람의 양을 헤아릴 수 없을 것이다. 양을 헤아릴 수 없을 것이다.

至如某報謂鄙人責人無已時, 則吾知罪矣. 孟子曰, 責善朋友之道. 吾以言論友天下士, 自附斯義, 毋亦可乎. 讀者亦毋吝相責, 常夾輔我挾持我, 使自愧自厲而冀, 一二成就於將來, 則所以恩我者, 無量也夫, 無量也夫.

○ 해설

이 절에서는 제5절「공덕」편(1902. 3. 10)에서 공덕과 사덕의 관계, 공덕과 비교되는 사덕의 위상 등에 대해 논했던 것과 다른 입장을 피력하고 있다.「공덕」편에서 양계초가 판단했던 바에 의하면, 사덕만 있고 공덕이 없다면 단체를 이룰 수 없다. 즉, "자기만을 단속하며 스스로 만족하고 겸손하고 깨끗한 사람들이 아무리 많아도 나라를 이루지 못한다"고 말했다.

약 2년 가까이 뒤에 발표된 본 절「사덕」편에서 양계초는 "공덕이라는 것은 사덕을 미루어 간 것이다"라고 말한다. 즉, 사덕은 공덕의 근원이 된 것이다. 그러므로 "한 사인이 사적으로 소유한 덕성이 없으면 그러한 사인이 수천, 수억이 모여도 공적으로 소유한 덕성을 이루지 못한다." 양계초는 몇 년 동안 온 나라가 사회와 나라의 진보를 위해 떠들어 댔지만 효과는 보이지 않는다고 진단하면서 그 이유로 사덕의 타락을 문제 삼는다. 그리고 많은 지면을 할애하여 중국에 사덕이 타락한 원인에 대해 설명한다. 그에 의하면, 전제정치 체제, 패자의 정치, 전쟁에서의 잦은 패배, 경제적 열악함, 중국의 학술이 사덕의 타락에 기여했다. 특히 전쟁과 관련한 것과 학술과 관련한 것은 주목할 만하다. 양계초는 내란과 외부와의 전쟁을 구별하는데, 내란은 승패와 관계없이 가장 악영향을 미치는 것이지만 승리로 끝난 외부와의 전쟁은 "민덕을 고양시킨다"고 평가한다. 학술에서 양계초는 위진시대의 노장이나 청담학이 민덕을 타락시켰다고 지적하는 한편, 만명의 왕학에 대해서는 긍정적으로 평가한다. 이어 청대의 고증학에 대해서는 "천하를 이끌어 마음을 죽게 한 학"이라고 악평한다. 고증학, 즉 청대의 한학은 "인간 사회의 밖에 서서 … 저술이 수백 권 쌓여도 시대를 비판하는 말은 하나도 없으며, 천만 마디의 논변을 해도 모두 본심에서 나온 말은 없으니, 몸을 단단히 숨기는 데 이보다 더 좋은 묘책이 없다"고 비난한다. 그런 한편으로 신사상 역시 양계초의 눈에는 그것이 낳는 폐단이 우려스럽다. 가령 "자유의 이론이 들어오자 행복을 증진시키는 일은 없이 질서를 파괴하게 되고, 평등의 이론이 들어오자 의무를 부과하는 일은 없이 규제를 멸시하게 되었"다는 식이다.

이상이 사덕이 부패한 이유인데, 이어서 양계초는 사덕이 필요한 이유에 대해 설명한다. 요는 당시 가장 중요하고 뜨거운 이슈는 '파괴주의'인데, 양계초의 생각에는 파괴주의가 진정 긍정적인 역할을 하려면 '도덕' 특히 '사덕'과 동행해야 한다는 것이다. 왜냐하면 "분업이 정밀하고 단결이 공고한 기틀을 조직해야" 나라를 구제할 수 있을 것인데, "이 기제를 성립시킬 수 있는 것은 도덕의 감정" 말고 없다고 생각하기 때문이다. 또한 그 도덕이란 도덕이니 윤리에 관한 책을 학습하는 것과 관계가 없다고 말한다. "도덕이란 실행이지 말이 아니"기 때문이다. 양계초는 도덕이란 "양심의 자유"에서 나오는 것이어야 한다고 말한다. 그것은 어느 날 갑자기 다른 사회에서 들여온 것일 수는 없고, "선철의 미언, 조상의 업적" 등 그 사회의 풍토에 뿌리내린 것이어야 한다고 주장한다.

양계초가 사덕을 재평가한 것은 유용성과 관계없는 인격의 중요성을 재평가한 것이 아니라, 공덕의 성취를 위해 보다 효과적인 방법을 찾기 위한 것이고, 사덕이 바탕에 있어야 공덕이 자라고 작동할 수 있다고 판단해서이다. 양계초는 공덕의 구조상 배제했던, 인격, 자발성을 다시 살려낸 것이다. 그것은 양계초가 자신의 사덕 함양의 방법으로 제시한데서 볼 수 있듯이, 실제로 유학의 재소환을 의미한다. 사덕의 재등장으로 양계초의 '계몽'은 유럽의 그것과 다른 모습을 분명하게 드러낸다.

제19절 민기(民氣)[1]

국가의 존영과 공중(公衆)의 권리를 심각하고 중대하게 보장해야 하는 것에 대해서는, 나라 안 대다수의 사람들은 항상 늠름하게 철갑을 두른 듯 감히 범할 수 없는 낯빛을 한다. 이러한 것을 민기(民氣)라 한다. 민기란 국가가 자존(自存)할 수 있는 하나의 요소이다. 그러나 단지 민기만 있다면 국가는 자존하기에 충분한가? 반드시 그렇지 않다고 대답한다. 왜 그런가? 민기는 반드시 다른 어떤 것에 기대야 비로소 그 효력을 드러내기 때문이다.

第十九節 論民氣

一國中大多數人, 對於國家之尊榮及公衆之權利, 爲嚴重之保障, 常凜然有介冑不可犯之色, 若是者謂之民氣. 民氣者, 國家所以自存之一要素也. 雖然, 僅以民氣而國家遂足以自存乎. 曰, 必不可. 何以故. 以民氣必有所待而始呈其效力故.

1 실제로는 가장 마지막에 연재된 장이다. 『신민총보』 제72호, 1906. 1. 6.

(1) 민기는 반드시 민력(民力)과 서로 기대야 한다. 민력이 없는 민기는 반드시 결과가 없다. 나를 침범하는 자가 있으면 나는 그에게 "너는 이러지 말라"고 명백히 말하는데, 이것이 이른바 '기'(氣)이다. 내가 이렇게 명백히 말할 수 있는 것은 무엇 때문인가? 그 내용에는 반드시 다하지 않은 말을 함유하고 있다. 즉, 만약 "네가 이런다면 나는 … 하겠다"고 한다는 말이다. '나는 … 하겠다'는 것은 그가 나를 두려워해 다시 내게 그처럼 함부로 하지 못하게 하려는 것이다. 그러므로 내가 이 말을 분명히 하기 전에 반드시 이른바 '나는 … 하겠다'라는 말을 과연 실행할 수 있는지, 실행할 수 있다면 그를 두렵게 만들 수 있는지를 먼저 살펴봐야만 한다. 충분히 살핀 후에야 당당하게 '너는 이러지 말라'고 말한다. 이렇다면 나의 말은 빈말이 아닌 것이다. 이렇게 되면 그가 또 나를 탐색하면서 "저 사람이 '… 하겠다'라고 하는데 실행할 수 있을까, 실행한다면 내게 위협이 될까"를 생각한다. 만약 그가 내가 실행할 수 있고 위협적이라고 생각한다면 내게 굴복하지 않을 수 없고, 나의 목적은 달성된다. 그가 만약 내가 실행할 수 없고 또 실행해도 위협적이지 않다고 생각하면 반드시 내게 다시 "나는 그렇게 할 것이고, 네가 만약 … 한다면, 나도 … 하겠다"라고 할 것이다. 이렇게 되면 내가 말한 '나는 … 하겠다'는 실행하지 않을 수 없게 된다. 실행해서 내가 말한 '나는 … 하겠다'가 저 사람이 말한 '나는 … 하겠다'를 압도할 수 있을지를 보면, 내 목적이 달성될 수 있을지 없을지가 여기에서 판가름 난다. 저 사람이 '나는 … 하겠다'라고 말한다는 것은 또한 분명 내게 위협적임을 보여 주려는 것이다. 저 사람이 가진 나를 위협하는 수단과 내가 가진 저 사람을 위협하는 수단, 이것을 '힘'(力)이라고 한다. 내가 그를 위협할 수단이

있고 그가 나를 위협하는 것을 내가 꺼리지 않는다면 이것을 '기'(氣)라 한다. 기란 본래 처음을 이루고 끝을 이루는 것이지만, 힘이 없으면 시작될 수 없고 끝을 낼 수도 없다. 기란 실질적인 힘(實力)의 보조품이다.

(一) 民氣必與民力相待. 無民力之民氣, 則必無結果. 有侵犯我者, 我對之而宣言曰, *汝毋許爾爾*, 是卽所謂氣也. 夫我之所以能爲此宣言者何也. 其內容必尙含有未盡之詞, 若曰, "汝果爾爾者, 則吾將…," '吾將…' 云者, 是使彼憚我而果不復敢爾爾也. 故當吾將發此宣言之先, 必預審夫所謂, '吾將…' 云者, 果能實行與否, 能實行矣, 而遂足以憚彼否. 審之既熟, 然後乃昂然曰, '*汝毋許爾爾*,' 夫如是而我之宣言, 非戲言矣. 於彼時也, 彼則又詗我曰, "彼云將…, 能實行歟, 苟實行, 斯可憚歟." 彼若認我爲能實行而可憚也, 則不得不屈於我, 而我之目的達矣. 彼若認我爲不能實行, 卽實行矣而非可憚, 則必將復於我曰, "吾固爾爾矣, *汝*如將…, 吾亦將…," 於是乎吾之所謂, '將…' 者, 遂果不得不實行. 既實行, 則視吾之所謂 '將…' 者, 能否壓伏彼之所謂 '將…,' 而我目的之能達與不能達, 從玆解決焉. 夫彼之所謂 '將…' 云者, 亦必其示我以甚可憚者也. 彼固有所以憚我, 而我亦有所以憚彼, 是之謂力. 我既有所以憚彼, 而遂不憚彼之憚我, 是之謂氣. 氣者固所以成始而成終也, 然非有力則不能始之, 不能終之. 氣實力之補助品耳.

만약 내가 처음부터 바로 생각 없이 "너는 이러지 말라"고 선언했는데, 저 사람이 결국 그것을 했다면 나는 어떻게 대응해야 하는가? 처음에 고려하지 않았던 것인데 고려하게 되어, 그 일이 내가 실행할 수 없는 일인데 실행한다면, 그의 호기를 손상시키기에 부족하고 심지어는 그에게 손해를 주지 못할 뿐 아니라 내게 손해를 입히는 일까지 있다. 이렇다면 나의 선언은 어떤 반향도 없고, 그는 나를 보기를 연극무대에서 대사하는 걸 보듯 할 것이다. 혹 그가 나의 내부 실정을 파악하지 못하고서, 내가 이런 말을 할 수 있는 것은 이 말 뒤에 반드시 방패가 있을 것이라 생각하여 내게 굴복하고 나를 따를 수도 있다. 그러나 이는 기뻐할 만한 일이 아니다. 왜 그런가? 저 사람이 지금은 〔사태를〕 파악하지 못하지만 결국 파악하게 될 때가 반드시 오고, 파악하게 되면 내가 이 뒤에 비슷한 선언을 하는 것은 전혀 효과가 없어진다. 이것이 기뻐할 만하지 않은 첫째 이유이다. 실질적 힘이 없는 선언이 간혹 승리하기도 하는 걸 보기도 한다. 〔그런데 그렇게 우연히 승리한 사람들은〕 이내 스스로 얽매여서 '〔저 사람 정도라면〕 몽둥이를 만들어 제어할 수 있다'라고 〔방심하게 되어〕 오히려 실력을 쌓아 대비하는 데에 더욱 태만하게 된다. 그리하여 이후에 또 비슷하게 침범당하는 일을 만나거나 혹 더 강도 높은 침범을 당하게 되면, 끝내 거기에 대응할 방법이 없다. 이것이 기뻐할 만하지 않은 두 번째 이유이다. 그러므로 민력(民力)이 없는 민기(民氣)는 이처럼 함부로 사용할 수 없다. 그렇다면 힘이 부족하면 소나 말과 같은 노예의 처지도 받아들여야 하는가라고 누군가 묻는다. 그렇다고 대답하겠다. 누가 당신을 무력하게 했는가? 무력하다면 받아들이지 않으려 해도 어떻게 그럴 수 있겠는가? 그러나 받아들일 수는 있지만 편안히 여겨서는 안 된다. 편안하지 않으면 어떻게 하는가? 물러나 그 힘을 증가시킬 방법을 찾아야 할 뿐이다. 힘이 미치지 못하면 분명 기(氣)를 쓸 때가 아닌 것이다.

使我自始輒貿貿然宣言曰, *汝毋*許爾爾, 然彼果爾爾者, 我將何以待之. 未始計及焉. 卽計及矣, 而其事非我所能實行, 卽實行矣, 而曾不足以損彼之豪末, 甚或非徒無損於彼, 而且有損於我. 若是乎, 則我之宣言, 必毫無反響, 彼之視我, 直劇場中一科白耳. 卽彼或未審於我之內情, 以爲我之敢爲此言, 其必有盾乎此言之後者, 而因屈而從我, 雖然, 此又未足爲喜也. 何也. 彼今雖不察, 而終必有察之之時, 及其察之, 而我後此同類之宣言, 壹歸於無效也, 其不足喜者一也. 我見此無實力之宣言之偶一制勝也, 乃自狃焉, 謂卽此可以制梃撻人矣, 乃益怠於實力之頂備, 此後若更遇同類之侵犯, 或加等之侵犯, 而我終無待之之道, 其不足喜者二也. 故夫無民力之民氣, 其不可濫用也, 有如此. 問者曰, 然則力不足者, 雖牛馬奴隸, 其受之矣. 曰然也. 夫孰使汝無力也. 旣無力矣, 雖欲不受, 庸安能也. 雖然, 受之可也, 安之不可也. 不安之奈何. 則亦歸而求所以增其力而已. 力之未逮, 其必非用氣之時也.

〔내 말을〕 듣고 내 말을 의심하는가? 일본을 보라. 일본이 처음 우리와 사신을 교환할 때 영사재판권은 아직 우리 손에 없었다. 우리나라 최초의 요코하마 영사였던 범씨(范氏)는 정말 명민한 수완으로 우리 국민의 권리를 주장해서 때때로 일본인들이 감당할 수 없게 만들었다. 지금 요코하마에 오래 살았던 사람들은 오히려 묻혀 있던 이야기들을 꺼내 들며 미담으로 여긴다. 〔이를〕 저 일본인들이 즐겁게 받아들였겠는가. 〔저들은〕 몇 년을 참았다. 류큐(琉球) 사건[2]으로 교섭

2 1874년 류큐인(琉球人)이 타이완인(臺灣人)에 의해 살상된 사건을 계기로, 류큐를 청

하는 중에 우리의 북양함대가 나가사키를 순항하며 시위운동을 하였다. 우리 수병과 저들 경찰이 싸우고, 그 교섭의 결과는 나가사키 경찰이 칼을 차지 못하게 재갈을 물리는 것으로 끝났다. 일본은 이를 부끄럽게 여겨 스스로 전국 경찰 모두에게 칼을 차지 말라는 명령을 내려 사람들의 조소를 벗어났다.(원주 — 갑오전쟁[3] 후부터 전국 경찰은 다시 칼을 차기 시작했다.) 저들이 즐겁게 받아들였겠는가? 〔저들은〕 몇 년을 참았다. 저들이 참고 있었을 때는 바로 부지런히 갖가지 방법으로 실력을 갖추려고 한 때이다. 그들은 결국 갑오전쟁에서 20년 전에 중국에게 입은 치욕을 마침내 설욕했다. 또한 그들은 러시아와 교섭할 때 유신의 초기였는데 가라후토(樺太)와 치시마(千島)를 교환했다.[4] 저 일본인들이 즐겁게 받아들였겠는가. 〔저들은〕 몇 년을 참았다. 갑오년 전쟁 때 우리의 요동을 할양받았는데 삼국 간섭 때 품었던 것을 빼앗겼다.[5] 저 일본인들이 즐겁게 받아들였겠는가? 몇 년을 참았다. 그들이 참고 있을 때는 또한 부지런히 각종의 방식으로 실력을 쌓고 있는 때였다. 그리하여 결국은 갑진년의 전쟁에서 30년 전 러시아에게 당했던 치욕을 설욕했다.[6] 참고 있던 당시의 일본인에게 민기

의 간섭을 받지 않고 일본의 세력권 하에 두게 된 사건이다. 1879년에 종래 청·일 양국이 종주권을 주장해 오던 류큐를 병합하여 오키나와현(沖繩縣)을 설치하였다.

3 1894년 청일정쟁.

4 1875년 '치시마 가라후토 교환조약'. 러시아와 일본의 국경을 확정하기 위한 조약이었다. 러일 주민의 분쟁이 끊어지지 않았던 가라후토(현 사할린)를 러시아령으로 하고, 쿠릴 열도 전역을 일본령으로 하였다.

5 1895년 청일전쟁에서 승리한 일본은 요동 할양을 약속받았으나, 러시아, 프랑스, 독일이 이를 저지했다.

6 갑진년은 1904년. 러일전쟁에서 일본의 승리를 가리킨다.

가 없었다고 할 수 있겠는가. 분명 그렇게 말할 수 없다. 그들은 갖고 있으면서도 쓰지 않은 것이기 때문이다. 자벌레가 몸을 굽히는 것은 펴기 위해서이며 맹금류(鷙鳥)는 공격하기 전에 몇 달을 엎드려 있다.

聞者疑吾言乎. 請觀日本. 日本之初與我通使也, 領事裁判權未收回, 我最初之橫濱領事范氏, 以最敏活之手腕, 主張我國民之權利, 往往有使日人不能堪者, 至今老橫濱者, 猶擧其佚事以爲美談. 彼日人豈其樂受也. 而忍之若干年. 琉球事件交涉中, 我北洋艦隊游弋長崎, 爲示威運動, 我水兵與彼警察鬩, 其交涉之結果乃至勒使長崎警察不得帶刀. 日本恥之, 乃自下令全國警察不帶刀以解嘲. (自甲午戰勝後全國警察始復帶刀.) 彼豈其樂受也, 而忍之若干年. 彼其忍之之時, 正其汲汲焉於種種方而預備實力之時也. 果也甲午一役, 而二十年來對於中國之恥辱, 乃盡雪也. 又其與俄交涉也, 維新之始, 以樺太與千島交換, 彼日人豈其樂受也, 而忍之若干年. 甲午戰勝, 割我遼壤, 三國干涉, 奪諸其懷, 彼日人豈其樂受也, 而忍之若干年. 彼其忍之之時, 又其汲汲焉於種種方面預備實力之時也, 果也甲辰一役, 而三十年來對於俄國之恥辱, 乃盡雪也. 當其忍也, 而曰日本無民氣可乎. 必不可, 彼蓋有之而不用也. 尺蠖之屈, 以求伸焉, 鷙鳥將擊, 而伏且累月也.

그래도 그렇지 않다고 생각한다면 조선을 보라. 저 조선은 민기를 떨치지 못하는 나라가 아니다. 10여 년 전에 혁명사상이 풍부한 동학당이 있어, 크게 팔을 휘저으며 일어나서 전국에 만연했었다. 그 일어난 원인을 미루어 보면 정치문제 때문이다. 내가 일본에 머문 7~8년 동안 신문지상에 실린 조선인들의 폭발폭탄 사건이 20~30건이었다. 그 백성들이 종로(원주 — 조선의 지명이다.)에 모여 시위운동을 하며 정부와 맞선 일 또한 거의 없는 해가 없었으니, 그들의 대내적 인 민기는 이와 같다. 그들이 일본을 대하는 것을 보면 은행권 사건을 막아 내기 위해 전국공상동맹이 실제로 움직이는 데 이르렀다.(원주 — 일본인이 설치한 제일은행이 조선에서 발행한 지폐가 점차 통행되기 시작했고, 메이지 36년 봄에 이르러 조선인이 이권이 너무 밖으로 흐르는 것을 두려워해서, 한두 명의 뜻있는 사람이 제지하려는 의론을 제창하여 각 행상들에게 그 지폐를 사용하지 않는 데 서명하게 했고, 온 나라가 하나가 되어 찬성했다. 얼마 안 있어 일본은 인천에서 군함 츠쿠시(筑紫)로 위세를 보였고, 또 수 개의 군함을 이어서 끌고 와 지사들의 운동은 결국 자취가 끊어졌다.)[7] 그들의 대외적인 민기는 이와 같다. 최근 일본과 한국이 새로운 협약[8]을 맺은 뒤에 조선의 원로대신 가운데 자살한 사람이 또한 뒤를 이었다. 이로 보면 한국 백성이 모두 지조 없고 나약한 사람이라고 할 수 있겠는가. 그러나 오늘날 한국은 결국 어떤가. 30년 전에 일본과 한국은 차이가 멀지 않았으며, 한국의 민기가 일본의 노예와 같은 확증은 본 적이 없는데, 결국 이렇게 되었다. 이것은 무엇 때문인가? 한국인은 가장 귀중하게 힘을 비축해야 할 시기를 알지 못하고, 가장 의미 없는 경쟁의 활동으로 〔기를〕 잘못 소모했기 때문이다. 한국인의 기는 날로 새어 나가고 위축되는데, 일본인의 힘은 날로 쌓이고 팽창하니, 최후의 우승열패는 마침내 영원히 정해졌다. 그래서 나는 민기

7 일본은 1897년 10월 1일 금본위제도를 채택했다. 일본의 제일은행은 금융거래의 원활화 및 무역거래를 활성화시킨다는 명분 아래 대한제국의 사전 양해 없이 사설은행 입장에서 일본의 대장성의 허가만 받은 채 1902년 5월 부산을 시작으로 목포, 인천, 서울에서 화폐를 발행하였다.

8 1905년 을사조약을 가리킨다.

는 반드시 민력에 기댄 뒤에야 쓸 수 있다고 말한다. 대내적으로도 그러하고 대외적으로도 또한 그러하다.

> 而不然者, 請觀朝鮮, 彼朝鮮非民氣不振之國也. 十餘年前, 卽有富於革命思想之東學黨, 振臂一呼, 蔓延全國. 推其起因, 則政治問題也. 以吾居日本七八年間, 見其報紙所記朝鮮爆裂彈事件以二三十計矣. 其民之聚於鐘路, (朝鮮地名) 爲示威運動以對彼政府者, 亦幾於無歲無之, 其對內之民氣如此. 卽彼之對於日本, 因抵制銀行劵事件, 至於全國工商同盟實行. (日本人所設之第一銀行在朝鮮發行紙幣漸已通行, 至明治三十六年春間, 朝鮮人見利權外溢之可懼也, 乃有一二有志者倡抵制之議, 令各行商簽名不用彼紙幣, 擧國一致贊成. 未幾, 日本以軍艦筑紫示威於仁川, 復以數軍艦繼之, 志士之運動遂成絶影.) 其對外之民氣如此. 卽至最近日韓新協約成立之後, 其元老大臣, 以身殉之者且踵相接. 由此觀之, 夫寧得曰韓民皆夸毘無骨者流也. 而今日之韓, 竟何如矣. 夫三十年前, 日與韓不相遠也, 卽韓之民氣, 吾亦未見其有與優於日之確證也, 而結局乃若此. 此何以故. 則韓人誤以其最可貴重之蓄力的時日, 而濫費之以爲最無謂之競氣的擧動. 韓人之氣, 日洩而日癟, 日人之力, 日積而日張, 而最後之優勝劣敗, 遂永定矣. 吾故曰, 民氣必待民力而後可用. 對內有然, 對外亦有然.

(2) 민기는 반드시 민지(民智)와 서로 기대야 한다. 민지 없는 민기는 가치가 없다. 기(氣)란 서로 다투는 데 사용하므로, 말이 '기'라는 한 글자에 이르면 그 안에는 모두 전쟁의 성질을 함유한다. 광의의 전쟁인지 협의의 전쟁인지를 막론하고 그 성질은 본래 서로 멀지 않다.(원주 — 협의의 전쟁은 병사를 쓰는 것을 말하고, 광의의 전쟁은 기타

상호 적대하는 행위를 말한다.) 협의의 전쟁으로 말하자면, 첫째, 전쟁을 선포해야 하는 이유가 없으면 안 된다. 만약 내가 흠 없는 이유를 갖고 전쟁에 종사한다면, 의로운 전쟁의 관념으로써 스스로 믿는 힘에 의해 나의 적개심을 증가시킬 수 있으므로, 승리를 얻게 할 수 있는 한 가지 〔원인이〕 된다. 〔나는〕 스스로 돌아보아 부끄럽지 않은 이유로 적에게 임하고, 〔적의 기(氣)를〕 "굶주려 지탱할 수 없게" 할 수 있다면,[9] 승리를 얻게 할 수 있는 두 번째 〔원인이〕 된다. 중립의 사람으로 하여금 내게 동정을 표할 수 있게 한다면 간접적으로 나의 힘을 증가시키고 적의 힘을 감소시키는 것이므로, 승자가 될 수 있는 세 번째 〔원인이〕 된다. 둘째는 전쟁을 하는 데 계획이 없을 수 없다. 나의 힘이 본래 적과 싸울 자신이 있지만, 이 전쟁으로 인해 내가 입을 손실은 얼마이고 적이 입을 손실은 얼마인가, 내가 싸우지 않을 경우 그 손실은 얼마이며, 내가 싸울 경우 그 손실은 얼마인가, 전쟁했을 때의 손실에서 전쟁하지 않았을 때의 손실을 빼면 그 나머지는 얼마인가 등, 하나하나 깊이 생각하지 않을 수 없다. 또 같은 전쟁이라도 어떤 전술이라야 적을 굴복시키기에 최적으로 좋아서 나의 목적을 관철시킬까, 어떤 전술이라야 본래의 전쟁 외에 다른 종류의 지장을 초래하지 않을 수 있을까 등을 하나하나 깊이 생각하지 않을 수 없다. 이러한 것들은 협의의 전쟁에서만 그래야 하는 것이 아니라 광의의 전쟁에서도 또한 모두 그렇다.

(二) 民氣必與民智相待. 無民智之民氣, 則無價值. 氣也者, 用之以相

9 『맹자』「공손추상」의 '호연지기'의 맥락에서의 비유이다.

競者也, 故語及氣之一字, 其中總含有戰爭的性質, 無論爲廣義的戰爭狹義的戰爭, 其性質固不相遠. (狹義的戰爭謂用兵, 廣義的戰爭謂其他互相抗敵之行爲.) 以狹義的戰爭言之, 則第一, 不可無宣戰的理由. 苟我挾完滿之理由以從事戰爭, 則以義戰的觀念能使我之敵愾力隨自信力而增加, 其可以取勝者一. 能使敵人以自反不縮之故, 餒而不支, 其可以取勝者二. 能使中立者表同情於我, 間接以增我之力而殺敵之力, 其可以卽勝者三. 第二, 不可無作戰的計畫. 我之力固自信足以與敵戰矣, 然以此戰之故, 我之損失當幾何敵之損失當幾何, 我而不戰, 其所損失當幾何, 我而戰, 其所損失當幾何, 戰之所損失, 以除以償不戰所損失, 其贏得者幾何, 不可不一一熟計之. 又同一戰也, 以若何之戰術, 最足以使敵屈伏, 而貫徹我之目的, 以若何之戰術, 而使不至於本戰之外, 生出他種支障, 又不可不一一熟計之. 凡玆所擧, 不獨於狹義之戰爭宜然, 卽廣義之戰爭亦皆有然.

이것의 이름을 붙여 기(氣)라 하는데, 그 성질이 영구적이지 않다는 것을 알 수 있다. 『좌전』은 "〔병사의 기(氣)〕는 북을 한 번 울릴 때 일어나고 두 번 울리면 쇠하고 세 번 울리면 사그러든다"[10]고 말한다. 이는 기의 상태를 가장 잘 설명한 것이다. 기라는 것은 꺾을 수 없으며, 저 기라는 것은 꺾으면 꺾을수록 더욱 왕성해지니, 분명 그

10 『좌전』 '장공 10년'조: "전쟁은 용기(勇氣)에 의존해 한다. 〔용기는〕 북을 처음 울릴 때 가장 왕성하고, 두 번째 울릴 때면 조금 쇠퇴하며, 세 번째 울릴 때면 이미 사그러든다. 적군이 〔북을 세 번 두드려〕 사기가 사그러들 때, 아군은 〔첫 번째 북을 울려〕 사기가 왕성했으므로, 이길 수 있었던 것이다"(夫戰, 勇氣也. 一鼓作氣, 再而衰, 三而竭. 彼竭我盈, 故克之).

바깥에 기를 끼고 기를 움직이는 어떤 것이 있다. 만약 기뿐이라면 한 번 좌절을 겪으면 그 전보다 굶주리고, 또다시 한 번 좌절을 겪으면 그 전보다 더욱 더 굶주릴 것이니, 이 뒤에 기를 써야 할 때에는 다시 떨쳐 발휘할 수 없을 것이다. 만약 이유 없이 기를 남용한다면 어렵게 이기더라도 예외적인 일일 뿐이다. 이기지 못한다면 일이 상황에 따라 변해 가면서 끝내는 스스로 〔기를 사용할〕 이유가 없음을 깨닫는 날이 있을 것이고, 마침내 스스로 뉘우치고 후회하여 이로 인해 그 자신력은 감소할 것이고, 마침내 기는 천 길 아래로 곤두박질 칠 것이다. 계획 없이 기를 잘못 사용하여 좌절과 패배를 맛본다면, 그 모험심이 감소하는 것 역시 이와 꼭 같다. 그런데 어떤 이유를 찾고 어떤 계획을 잘 세울 것인가의 문제는 전체 인민의 수평선을 넘는 상식이 있지 않으면 해결할 수 없다. 민기라는 것은 왕왕 맹종하는 다수로 인해 성대함을 이루며, 또한 맹종하는 다수로 인해 좌절하게 된다. 요컨대 맹종하는 백성은 외부세계에 대한 견고한 단결력과 외부세계에 대해 지구력 있는 저항력을 갖지 못한다. 그러므로 나는 민기는 반드시 민지에 기댄 뒤에야 사용할 수 있다고 하는 것이다. 대내적으로도 그렇고 대외적으로도 그렇다.

夫命物之名而謂之氣, 則其性質之非永久的可知. 傳曰, 一鼓作氣, 再而衰, 三而竭, 此最能說明氣之情狀者也. 故氣之爲物也, 不可挫, 彼氣之愈挫而愈盛者, 必其有所挾持焉以運乎氣之外者也. 苟惟氣也, 則遇一度挫折, 而餒於其前, 更遇一度之挫折, 而益餒於其前, 則有後此遇當用氣之時, 而不復能振者矣. 夫以無理由而濫用其氣, 幸而勝, 則例外之事也. 若其不勝, 則事過境遷, 終必有自悟其爲無理由之一日, 遂自怨自艾, 而因以減殺其自信力, 而氣乃一落千丈强矣. 以無計畫而誤用其氣以取挫敗者, 則滅殺其冒險心也, 亦正與此同. 而何以能審其理由, 能善其計畫. 則非全體人民有水平線以上之常識不能也. 民氣之爲物, 往往以盲從者之多數而致盛大, 亦往往以盲從者之多數而致挫跌. 要之, 盲從之民必非能對於外界而有堅牢之團結力, 對於外界而有持久之抵抗力者也. 吾故曰, 民氣必待民智而後可用. 對內有然, 對外亦有然.

(3) 민기는 반드시 민덕(民德)과 서로 기대야 한다. 민덕 없는 민기는 이익이 없을 뿐만 아니라 해롭기까지 하다. 다수의 사람이 서로 모여 한 가지 일을 도모하면 그 가운데 반드시 다소의 권력이 있다.(원주 — 권력의 대소와 그 지속성은 잠시 접어 두자.) 그러면 이 권력을 노리고 단체에 가입하는 사람이 있다. 또한 일이 하나 성사되면 그 뒤에는 반드시 다소의 명예가 있다. 그러면 그 명예를 좋아해서 단체에 가입하는 사람이 있다. 또 한 사건이 일어나면 그 사건의 간접적 영향으로 어떤 종류의 사람들은 특별한 이익을 얻으리라 예측할 수 있다. 이러면 이 사사로운 의도를 달성하려고 단체에 가입하는 사람이 있다.(원주 — 가령 혁명군이 일어난 것은 본래 노략질을 위해서가 아니지만, 비밀결사(會匪)나 도적 떼(綠林)들에게는 이 형세를 타고 이 이름을 빌려 노략질을 하기에 실로 좋은 기회가 된다. 그러므로 혁명군은 간접적으로 비밀결사나 도적 떼들에게 특별한 이익을 줄 수 있다. 또 한 달 전 동경학계에 논쟁이 된 이른바 '단속문제'[11]는 본래 학문을 게을리 하자는 게 아니었다. 그 가

11 1905년, 재일 중국 유학생이 일본정부가 반포한 "단속규칙"에 항의하여 단체행동을 했다. 실제로 이 규칙은 일본의 유학생 교육을 정비하기 위한 것이었는데, 당시 러

운데 방탕하게 놀면서 학업에 힘쓰지 않던 사람이거나 오래된 객이 이 형세를 타고 이 이름을 빌려서 당당하게 뜻있는 선비의 무리에 의탁해서 귀국하는 것이 〔문제〕였다. 그러므로 단속문제는 저들 〔방탕하게 노는〕 무리에게 간접적으로 특별한 이익을 줄 수도 있다. 이 밖에 수많은 사건이 모두 이러한 현상을 보이지 않는 것이 없다.) 또 한 사건이 일어나면 그 사건의 간접적, 직접적 결과로 한 사람 혹은 한 당원의 사업이 좌절하게 되는 일이 늘 있다. 그러면 그 한 사람 혹은 그 한 당원에게 유감이 있는 사람이 알력을 이용하기 위해 단체에 가입하는 경우가 있다.(원주 — 구미에서 정당의 득실을 말할 때 항상 이것을 엄금한다. 대개 사인(私人)의 관계를 공공문제에 끌고 들어가는 것은 가장 해서는 안 될 일이다.)

(三) 民氣必與民德相待. 無民德之民氣, 則不惟無利益而更有禍害. 凡多數人相集而圖一事, 則其中必有多少之權力, (權力之大小及其久, 暫姑勿論) 於是有覬覦此權力而加入團體者. 又凡一事之成, 則其後必有多少之名譽, 於是有歆羡此名譽而加入團體者. 又凡一事件之起, 其事件間接之影響, 或可予一種人以特別之利益, 於是有取便私圖而加入團體者. (如革命軍之起本非爲擄掠也, 而會匪綠林乘此勢, 假此名以行擄掠, 實爲一好機會. 故革命軍可以間接予會匪綠林以特別之利益也. 又如一月前東京學界爭所謂取締問題者, 本非爲惰學也, 而其中有游蕩不事學業者或久客思家者乘此勢, 假此名堂堂然自託於志士之林以歸國, 故取締問題可以間接予彼輩以特別之利益也. 其他凡百事件莫不有此現象.) 又凡一事件之起, 其事件直接或間接之結果, 常可以敗一人

일전쟁 중에 중국이 겪은 수모 때문에 반일민족주의가 팽배해 있었던 것이 큰 원인이 되었다.

或一黨人之事業, 於是有有憾於彼一人或彼一黨人, 利用傾軋而加入團體者. (歐美言政黨之得失者常懸此爲厲禁, 蓋以私人之關系而牽及於公共問題最不可也.)

여기에서 한 가지 예를 보자. 어떤 단체가 표면상으로 보면 대단히 크고 견고하지만 실상은 그 안에 각종의 다른 성질을 가진 요소들을 포함하고 있고 〔그 분자들이〕 각자 특별한 목적을 향해 가고 있다면, 일이 성사되고 성사되지 않고를 불문하고, 모두 나쁜 결과를 산출할 수 있다. 이러한 불량분자들은 어떤 단체든지를 막론하고 본래 많아서 끊어지지 않는다. 그러나 민덕이 고상한 나라에서는 그 〔불량분자의〕 수가 적고 민덕이 타락한 나라에서는 그 수가 많다. 만약 한 단체 안에 이러한 종류의 사람들이 다수를 점한다면 그 폐해는 상상초월이다. 모든 단체의 다수를 점하지 않더라도 단체의 주동자 다수를 점한다면 그 폐해 역시 상상초월이다. 이러한 종류의 사람들은 반드시 다소 교활하고 다소 사나운 사람들이다. 그러므로 많은 사람들이 모여 하나의 일을 도모할 때 그 무리들은 왕왕 주동자의 지위를 얻게 되어 추세가 그렇게 되어 가므로, 그 폐해가 마침내 상상을 초월하게 되는 것이다. 이상 〔예로〕 들은 일들은 모두 공을 빙자해 사를 채우기 위해 민기를 선동하는 것을 하나의 수단으로 여기는 것이므로, 진정한 민기라고 할 수 없다.

有一於此, 則其團體自表面上視之, 雖若甚大且堅, 實則其內容含有種種不同性質之分子, 各向於其特別之目的而進行, 無論事之成不成, 而皆可以生出惡果. 此等敗類, 無論何種團體, 固萬難絶無, 而民德高尙之國, 其數寡, 民德汚下之國其數衆. 若一團體中而此種類之人占多數, 則其敝不可思議. 卽非占全團體之多數, 而在團體主動者之中占多數, 則其敝亦不可思議. 夫此種類之人, 必其稍黠而稍悍者也, 故衆人相集以圖一事, 而彼輩往往得占主動之地位, 勢則然也, 而其敝遂不可思議. 以上所擧, 皆假公濟私, 以煽動民氣爲一手段者也, 不可謂之眞民氣.

그러므로 다 논하지는 않겠지만, 진정한 민기에 속하는 것이려면 반드시 여러 덕을 갖추어 벼리로 삼아야 한다. 첫째는 견인(堅忍)의 덕이다. 어떤 목적을 위해 항쟁할 때, 그 목적은 단걸음에 도달할 수 없으므로, 이 덕이 없으면 왁자지껄한 뜨거운 열정 같고 폭풍이나 세찬 비와 같아, 아침 내내 내리지는 못한다. 둘째는 친선의 덕이다. 단체가 클수록 그 분자들은 더욱 복잡하다. 하나의 큰 목적을 향해 한 방향으로 향하더라도 그 안에 사소한 일에 대해서는 늘 의견이 다양한 것을 면할 수 없다. 그러므로 이 덕이 없으면 단체는 순식간에 분열된다. 셋째는 복종의 덕이다. 단체는 반드시 지휘하는 사람이 있고 지휘를 받는 사람이 있다. 이 덕이 없으면 사람마다 지휘자가 되고 싶어 하고 지휘를 받길 원하지 않는다. 용의 무리에도 머리가 없으면 순간에 무너진다. 넷째는 박애의 덕이다. 기가 자라려고 할 때는 반드시 파괴가 뒤따른다. 파괴는 때로는 그만둘 수 없지만 그 정도가 있어야 한다. 이 덕이 없으면 파괴할 필요가 없는 것, 파괴할 수 없는 것까지도 파괴하여 전 국면이 또한 수습할 수 없게 된다.

그리하여 앞에서 열거했던 네 종류의 사람들은 도덕과는 정반대의 지위에 있다. 이런 사람들이 민기를 이용하면 그 폐해는 극심하다. 뒤에 열거한 네 종류의 사람들은 〔도덕과〕 정반대의 지위에 있지는 않지만 합당한 도덕이 많이 결여되어 있는 자들이다. 이러한 사람들이 민기를 남용하면 그 폐해 역시 얕지 않다. 중국의 의화단과 프랑스의 대혁명을 보라. 그래서 나는 말한다. 민기는 반드시 민덕에 기댄 뒤에야 사용할 수 있다고. 대내적으로도 그렇고 대외적으로도 그렇다.

故勿具論, 卽屬於眞民氣矣, 而猶必須有諸德以綱維之. 一曰堅忍之德. 凡所抗爭之目的, 不能一蹴而達, 苟無此德, 則一哄熱狂若暴風疾雨, 不能終朝也. 二曰親善之德. 凡團體愈大, 則其分子愈雜, 雖同向於一大目的, 其中小節, 總不免意見參差, 苟無此德, 則團體瞬息分裂也. 三曰服從之德. 凡團體必有指揮者, 有受指揮者, 苟無此德, 則人人欲爲指揮者, 不願爲受指揮者, 群龍無首, 頃刻而潰也. 四曰博愛之德. 氣之方張, 必繼之以破壞, 破壞有時固非得已, 然當有其程度, 苟無此德, 將幷其不必破壞不可破壞者而亦破壞之, 而全局且不可收拾也. 故由前所擧之四種, 是與道德立於正反對之地位者也. 以此等人而利用民氣, 其爲害極深. 由後所擧之四種, 雖非立於正反對之地位, 而於應有之道德多所缺闕者也. 以此等人而濫用民氣, 其爲害亦不淺, 吾於中國之義和團見之, 吾於法國之大革命見之. 吾故曰, 民氣必待民德而後可用. 對內有然, 對外亦有然.

나는 민기는 무엇이고 그 응용은 어떤가를 연구하여, 다음의 공례(公例)를 얻었다.

(1) 그것은 보조의 성질이지 절대적으로 독립적인 성질이 아니다. 그러므로 그것을 유일한 수단으로 삼을 수 없다.

(2) 그것을 자주 사용하면 쉽게 쇠하고 고갈되지만, 오래 쌓을

수록 팽창력은 더욱 커진다. 그러므로 어쩌다 사용해야 하며 상용해서는 안 된다.

(3) 그것은 잘 사용하면 막대한 좋은 결과를 거둘 수 있고, 오용하면 막대한 나쁜 결과를 거둘 수 있다. 그러므로 어쩌다 사용하는 것 역시 신중하지 않을 수 없다.

(4) 그것의 발생은 비교적 쉽다. 그러므로 적절하게 사용할 만하지 않은 평상시에는 선동해서는 안 된다.

吾於是研究民氣之爲物及其應用, 得公例曰,

(一) 其物爲補助的性質, 而非絶對獨立的性質. 故不可以之爲唯一之手段.

(二) 其物屢用之, 則易衰而竭, 蓄之愈久, 則其膨脹力愈大. 故宜偶用而不宜常用.

(三) 其物善用之可以收莫大之良果, 誤用之可以收莫大之惡果. 故卽偶用之亦不可不愼.

(四) 其物之發生比較的易. 故常未適用時, 無取煽動之.

이상 네 법칙 가운데 앞의 세 항목은 앞에서 논한 것으로 충분히 증명하고도 남으며, 네 번째 법칙에 대해서는 지금 한 마디 덧붙이겠다. '민기는 격려할 필요가 없고 다만 방임하면 자유롭게 발생한다'는 말은 적절한 논의가 아니다. 그러나 〔민기를〕 민력, 민지, 민덕, 이 셋과 비교해 보면 〔민기는〕 그 발생이 비교적 쉽다. (1) 정당한 민기는 스스로를 지키려는 마음에서 나오며 스스로를 지키려는 마음은 모든 사람들이 공통으로 갖추고 있어 일단 이끌어 내면 깨어난다. (2) 민기는 대단히 간단한 것이어서 다른 종류의 예비수양에 의해 비로소 성립하는 것이 아니다. 그러므로 때에 임해서 갑작스럽게 힘을 쓸 수도 있다. (3) 민력, 민지, 민덕, 이 셋이 이미 진보했다면 그 백성은 스스로 그 천직을 인식하고 실천할 수 있어서 스스로 그 권리를 주장한다. 그러므로 민기는 진보하기를 기대하지 않아도 진보한다. 이러한 이유들 때문에 우리들은 대내적인지 대외적인지를 불문하고, 오늘날 민기를 사용할 수 있는 시대인지 여부를 먼저 검토해야 한다. 아직 때가 아니라면 새어 나가게 하는 것보다는 쌓아 가는 것이 낫지 않겠는가. 가장 발생하기 어렵고 가장 성립하기 어려운 민력, 민지, 민덕의 셋에 집중하는 것은 잠시 접어 두자. 〔민기를〕 사용하기에 적합한 때에 이르러 백수십 명의 소년이 부르고 서너 신문사가 고취하면, 한 달이 못가 온 나라가 미친 듯 〔민기를〕 고취할 것이다. 내 말을 믿지 못하겠다면 최근 동경의 집단등교거부(罷學) 사건과 상해의 상인동맹철시(罷市) 사건을 보라. 그러므로 아직 민기를 사용할 수 없는 때에 오로지 민기를 선동하는 것을 일삼는다면, 이는 시간과 재주를 낭비하는 것일 뿐이다.

以上四例, 其前三項則前文所論, 足以證明之而有餘, 其第四項, 今更附一言. 謂民氣無須激厲, 但放任之而可以自由發生者, 非篤論也. 雖然, 與民力民智民德三者相比較, 則其發生也較易. (一) 正當之民氣, 生於自衛心, 而自衛心爲盡人所同具, 一提便醒. (二) 民氣之爲物極簡單, 不須有他種之預備修養而始成立, 故臨時可以猝辦. (三) 民力民智民德三者旣進, 則其民自能自認其天職, 自主張其權利, 故民氣不期進而自進. 以此諸理由, 故吾輩無論對內對外, 當先審今日爲可用民氣之時代與否. 如其未也, 與其洩之, 毋寧蓄之, 姑於其最難發生最難成立之民力民智民德, 三致意焉. 迨適用之時, 以百數十少年號呼焉, 以三數報館鼓吹焉, 不一月而擧國狂矣. 謂余不信, 盍觀最近東京罷學事件與上海罷市事件也. 故當未可用民氣之時, 而專以煽動民氣爲事者, 是濫費其日力與其才力而已.

누군가 묻는다. 그렇다면 당신은 오늘날 아직 민기를 사용할 수 있는 때가 아니라고 생각하는가? 대답한다. 전체적인 국면으로 논하면 대외적인가 대내적인가를 막론하고 나는 아직 민기를 사용할 수 있는 때가 아니라고 생각한다. 부분적으로 논하자면 사건의 성질 여하에 따라 적용할 수 있는 것도 있고 적용할 수 없는 것도 있다고 생각한다. 적용할 수 있는 사건에도 사용하는 데는 도량과 한계가 있다고 생각한다. 만약 날마다 소 잡는 칼로 닭을 잡는다면, 나는 감히 〔그들과〕 구차하게 같아지려고 하지 않겠다. 그러나 이는 한 마디로 다할 수 있는 것이 아니다.

問者曰, 然則子認今日爲未可用民氣之時乎. 曰, 以全局論, 無論對外對內, 吾皆認爲未可用民氣之時. 以一部分論, 則因於其事件之性質如何, 吾認爲有適用者, 有不適用者. 卽認爲適用之事件, 其用之也, 亦有度量分界, 若日日以牛刀割鷄, 則亦吾之所不敢苟同. 雖然, 此非可以一言盡也.

○ 해설

양계초에 의하면, 기(氣)는 "스스로를 지키는 마음에서 나오며," 또한 "경쟁하는 데 사용하므로, 말이 기라는 한 글자에 이르면 그 안에는 모두 전쟁의 성질을 함유한다." 그 경쟁은 일상의 경쟁에서부터 국가 간의 전쟁까지 포괄한다. 양계초는 '민기'를 중국 국민이 자신의 나라를 지키기 위해 발휘하는 용기나 기개의 의미로 사용한다. 그러나 민기가 단독적으로 힘을 발휘한다고 생각하지는 않는다. 앞에서 양계초는 신민이 되기 위해서는 지, 덕, 체를 갖춰야 한다고 말했다. 그 가운데 『신민설』이 '덕'만을 집중적으로 다룬 이유는 다른 둘에 비해 '덕'의 성취가 더 어려운 일이라고 판단해서였다. '민기'를 논하면서 양계초는 민기는 민덕, 민지, 민력에 동반되어야 그 진가를 발휘하는 것이라고 말한다. 그러므로 "민력, 민지, 민덕, 이 셋이 이미 진보했다면 그 백성은 스스로 그 천직을 인식하고 실천할 수 있어서 스스로 그 권리를 주장한다. 그러므로 민기는 진보를 기대하지 않아도 진보" 하는 것이라고 기대할 수도 있다.

그러므로 '민기'를 기르는 별도의 방식은 제시되지 않는다. 마지막 부분에 양계초는 민기의 성격과 그 쓰임에 대해 정리하고 있는데, 이에 의하면 민기는 "대단히 간단한 것이어서 다른 종류의 예비 수양 없이도 성립한다." 다만 그것을 사용할 수 있는 시기인지에 대해서는 신중한 자세가 필요하다고 말한다. 왜냐하면 그것은 상용할 수 없는 성질의 것이기 때문이다. 때가 아닌 때에 오용하면 그 싹이 죽어 버릴 수도 있다는 염려가 있기 때문이다.

이러한 것들을 종합하여 판단하면, 민기는 지금까지 양계초가 열거해 왔던 다른 '공덕'들과는 달리, 고취나 결단, 혹은 각성에 의해 얻을 수 있는 간단한 '덕'이 아니다. 민덕, 민지, 민력을 갖춘 개인이 자신의 나라를 지키기 위해 자연스럽게 갖게 되는 용기 같은 것이다. 본문에서 예로 등장하듯이 전쟁, 기의 등에서 추진력과 지구력으로 작용할 응축된 힘이다. 기개에 가까운 말인데, 자신이 처한 상황을 알고 어디에 어떻게 힘을 써야 하는지 아는 위에 이러한 기개까지 있으면, 싸워야 할 때에 싸울 수 있고, 나아가 이기기를 기대할 수 있을 것이다. 상무(尙武)가 노골적으로 강한 군사력을 요청한 것이라면, '민기'는 생활 일반에서의 투쟁력을 요구한 것이라 할 수 있다.

제20절　정치능력[1]

지금 나라를 걱정하는 사람은 매양 흘겨보며 슬퍼하며 탄식하기를, "아아 중국인에게는 정치사상이 없다"라고 말한다. 이는 정말 그렇다. 그러나 나는 오늘날 이후의 중국은 사상이 없는 것이 걱정이 아니라 능력이 없는 것이 걱정이라고 생각한다. 모든 일이 그렇지만, 정치는 더욱 중요한 것이다. 보통의 사상은 남의 말을 듣고(言論聽受) 얻을 수 있으며, 실제의 사상은 학문을 강구해서 얻을 수 있다. 말을 들어 얻는 것이면 수개월이면 그 효과를 볼 수 있고, 학문의 강구는 수년이면 그 효과를 볼 수 있다. 그러므로 사상이 없는 자가 사상을 가진 자가 되고자 한다면, 그 일은 오히려 쉽다. 능력 없는 자가 능력이 있는 자가 되고자 하는 일, 그 일이 실로 어렵다.

第二十節 論政治能力

今之憂國者, 每睊睊而悲哀, 哀而號曰, "嗚呼, 中國人無政治思想." 斯固然矣, 雖然, 吾以爲今後之中國, 非無思想之爲患, 而無能力之爲

---

1 이 절은 단행본으로 편집될 때 앞의 「민기」 편과 순서가 바뀌었다. 실제로 연재된 것은 『신민총보』 제49호(1904. 6. 28)와 제62호(1905. 2. 4)이다.

患. 凡百皆然, 而政治尤其重要者也. 普通之思想, 由言論聽受可以得之, 實際之思想, 由學問講求可以得之. 言論聽受者, 數月而其效可睹矣. 學問講求者, 數年而其效可睹也. 故欲進無思想者爲有思想者, 其事猶易, 欲進無能力者爲有能力者, 其事實難.

10년 전 조선의 동학당과 30년 전 일본의 존양가(尊攘家)는 무엇이 다른가? 왜 일본은 개혁할 수 있었고 조선은 할 수 없었는가를 보면, 조선인의 능력이 일본인의 능력보다 열등해서이다. 19세기 초 남미 여러 나라의 독립과 18세기 말 미합중국의 독립은 무엇이 다른가? 왜 북미는 질서가 발달할 수 있었고 남미는 그렇지 못한가를 보면, 남미 여러 나라 국민의 능력이 북미보다 열등하기 때문이다. 루이 16세 시대의 프랑스 혁명과 찰리 1세 시대의 영국 혁명은 무엇이 다른가? 왜 영국인은 입헌정치 체제를 완전하게 할 수 있었고 프랑스인들은 할 수 없었는가를 보면, 프랑스인의 능력이 영국인의 능력보다 떨어지기 때문이다. 만약 단지 사상에 의지해 자립할 수 있었다고 한다면, 고대 페르시아인의 사상의 힘은 아라비아인보다 뒤처진 점이 없었으며, 중세 로마인의 사상의 힘은 고트족보다 뒤처진 데가 없었고, 인도인의 사상의 힘은 심리학가의 주장에 따르면 영국인과도 서로 비슷했거나 혹은 영국을 능가했다.(원주 — 프랑스 학자 Le Bon의 설이다.) 그런데 하나는 흥하고 하나는 망하는 형세가 왜 이와 같은가? 만약 단지 사상의 힘에 의지해 자립할 수 있다고 한다면, 구미의 대학에서 흑인들이 완전한 교육을 받고 박사학위, 석사학위를 취득하여 법학, 의학, 이학, 교육의 전문가가 되어 백인과 동등하게 학계에서 활약하는 사람이 적지 않을 것이며, 유대 종족의 저서와 발의가 모여 대가를 이룬 자가 잉어보다 더 많을 것이다. 그러나 왜 흑인의 건국은 끝내 기약할 수 없으며 유대인이 한 번 망한 뒤에 오래도록 다시 회복하지 못하는가? 그러므로 사상은 믿을 만하지 못하며, 오직 능력만이 믿을 만한 것이다.

十年前朝鮮之東學黨, 與三十年前日本之尊攘家, 何所異. 顧何以日本能改革, 而朝鮮不能. 則朝鮮人之能力劣於日本之爲之也. 十九世紀初, 南美諸國之獨立, 與十八世紀末, 北美合衆國之獨立, 何所異. 顧何以北美能秩序發達而南美不能. 則南美諸國民之能力劣於北美之爲之也. 路易十六時代法國之革命, 與查里第一時代英國之革命, 何以異. 顧何以英人能得完全立憲政禮, 而法人不能. 則法人之能力劣於英人之爲之也. 如曰徒恃思想而可以自立也, 則古代波斯人之思想力, 非有遜於阿剌伯人, 中世羅馬人之思想力, 非有遜於峨特狄人, 卽印度人之思想力, 據心理學家所論, 猶謂其足與英人相頡頏, 或乃駕英而上之,〔法儒李般之說〕顧何以一興一亡之數, 竟若彼也. 如曰徒恃思想力而可以自立也, 則歐美大學中, 其黑人之受完全敎育, 獲博士學士之學位, 成法醫理敎之專家, 與白人同馳騁於學界者, 固不乏人, 而猶太種族之著書發論裒然成巨子者, 尤多於鲫魚矣, 顧何以黑人之建國, 終不可期, 而猶太一亡之後, 竟萬劫不復也. 故思想不足恃, 惟能力爲足恃.

우리 중국인은 황제 이래 나라를 세운 지 수천 년이 되었지만, 지금까지 격식에 맞고 유기적인 완전한 질서를 갖추고 순리적으로 발달한 정부를 조직할 수 없었다. 그 이유는 어디에 있는가? 한마디로 하면 역시 정치능력이 없기 때문이다. 누군가는 우리 국민이 오랫

동안 전제정치 체제에 묶여 있어서, 정치능력이 있었더라도 발달할 수 없었다고 말하는데, 이는 정말 그렇다. 그러나 전제정치 체제가 미칠 수 없는 때와 미칠 수 없는 땅, 미칠 수 없는 일도 역시 있었는데도, 우리 국민이 스스로 정치능력을 발휘할 수 없었던 것은 이전과 같았으니, 이는 크게 통탄할 일이다.

我中國自黃帝以來, 立國數千年, 而至今不能組織一合式有機完全秩序順理發達之政府者, 其故安在. 一言以蔽之, 亦曰無政治能力而已. 或曰, 吾國民以久困專制政體之故, 雖有政治能力不能發達. 斯固然矣. 雖然, 亦有在專制政體不能及之時不能及之地不能及之事, 而吾民不克自發揮其政治能力如故也, 是乃大可痛者也.

무엇을 전제의 힘이 미칠 수 없는 때라고 하는가? 매 조정마다 왕조의 교체기(鼎革)에 중앙정부의 권력은 땅에 떨어지고 군웅이 동시에 일어났으니, 진의 말이나 서한 말, 동한 말, 당 말, 원 말, 명 말의 선례에서 보듯, 그때 이른바 중앙정부의 채찍이 미치는 곳은 중앙으로부터 천리 밖을 넘어가지 못했다. 백성들 사이에 만약 조금이라도 스스로 수립하는 자가 있어 한 번 일어나 자유와 자치의 행복을 얻으려 했다면, 아마도 어려운 일은 아니었을 것이다. 그런데도 호랑이를 막으니 이리를 들이는 격이어서, 천년 동안 망망했던 것이 이와 같다. 이것이 정치능력이 없는 징험의 하나이다.

何謂專制力所不能及之時. 如每朝當鼎革之交, 中央政府權力墜地, 群雄幷起, 若秦末西漢末東漢末唐末元末明末之故事, 彼時所謂中央政府者, 其鞭箠所及, 不能出邦畿千里外, 民間若稍自樹立者, 一擧而得自由自治之幸福, 抑非難也, 而拒虎迎狼, 莽莽千載也若彼, 是其無政治能力之證驗一也.

무엇을 전제의 힘이 미칠 수 없는 땅이라고 하는가? 우리나라 역사를 살펴보면 각 성과 지방에 중앙정부에서 이탈하여 별도로 행정구역을 이루었던 시대가 없던 것이 아니다. 춘추전국시대는 말할 것도 없이 이 뒤에 진 말의 남월(南越)이나 민월(閩越), 한 말의 촉과 오, 당 말의 오와 월, 복건(福建), 호남(湖南), 촉당(蜀唐)에서 송(宋)에 걸친 서하(西夏) 등이 모두 중원이 극도로 어지러웠을 때 의연히 스스로 서서, 다소 자치력이 풍부한 백성들이 일종의 정치체제를 별도로 구성하여 우리 역사를 빛나게 했으니, 어려운 일은 아니었던 것이다. 그런데도 같은 언덕에 사는 너구리와 같이 〔한결같이 어리석고 무사안일했던 것이〕 이와 같았다.[2] 행정구역은 비록 달랐지만 끝내 호걸강호들에게 협박당해 스스로 헤어날 수 없었다고도 할 수 있겠다. 명 말 이래 수백 년 동안 우리 백성이 스스로 남양군도에 이주해서 수백만을 헤아리게 된 경우를 보자. 오늘날 태국(暹羅) 한 나라만 갖고 말해 보면 노예 가운데 중국 국적의 사람이 이미 백여 만이며, 싱가포르, 페낭,[3] 갈라파 등의 땅도 여기에 필적한다. 이들에 대해 우리 중앙정부는 이들은 벽촌외지로서, 우리 권력이 바로 미칠 수 없을 뿐 아니라 또한 〔우리 정부가 권력을〕 행사하는 것이 달가운 일도 아니라고 생각한다. 그러나 왜 소나 말처럼 순순히 속박을 받아야

---

2 '같은 언덕에 사는 너구리'는 '一丘之貉'의 번역. 출전은 『한서』 「양운전」(楊惲傳). 같은 부류임을 나타내는 말이다.

3 페낭(Penang). 인도양 말레이시아 서북북에 위치한 섬. 18세기 영국 동인도회사의 요충지가 되어 주목받기 시작했다.

하는가? 더 심한 것은 네덜란드에 속하고 프랑스에 속하는 교민들로, 그들은 매질당하고 사육당하고 잘리고 깎이며 짐승만도 못한 대접을 받는다. 해협의 식민지 군도의 경우, 우리 백성이 섶나무로 만든 초라한 수레와 누더기 옷을 입고 천기(天氣)와 싸우고 야수와 싸우고 토착야만인과 싸우며 쓴맛 매운맛 다보며 그 땅을 열어 갔다. 그러나 스스로 건설하고 스스로 기약할 수는 없었고 서방의 강자들이 〔우리가 일으킨 난을〕 평정하고 우리를 어루만지기를 기다려야만 했다. 그 이유는 또 무엇인가? 지난 일을 다 말할 필요는 없다. 오늘날 편안한 침상은 이미 남의 것이고 편안한 방은 벼슬아치들을 편안히 품으니, 우리 백성은 저 땅에서 정치단체를 실현하지 못했다고 말할 수 있다. 지금 미주와 오주 여러 땅에 퍼져 살고 있는 우리 백성이 수십만을 넘는다. 그 땅의 법률은 본디 자유이고 평등이며, 우리 백성 또한 그 국민과 같은 법률 아래 있다. 집회, 언론의 자유는 전혀 금지되지 않는다. 상해의 영국인들이 4천을 넘지 않는데, 백폐를 모두 들어내고 순수하게 하나의 소정부 형태를 이루었다. 그러나 샌프란시스코의 중국인은 3만을 넘는데, 끝까지 서로 창과 방패를 겨누면서, 조금이라도 힘 있는 단체를 조직하지 못한다. 이것이 정치능력이 없다는 징험 두 번째이다.

何謂專制力所不能及之地. 稽諸我國歷史, 其各省地方, 固非無脫離中央政府別成一行政區域之時代, 春秋戰國, 不必論矣, 後此如秦末之南越閩越, 漢末之蜀吳, 唐末之吳越, 福建湖南蜀唐迄宋之西夏, 皆於中原極棼亂之際, 而屹然能自樹立, 使其民稍富於自治力者, 則別構成一種政體以光我歷史, 抑非難也, 而一丘之貉, 又旣若此. 此猶得曰, 行政區域雖別, 然終爲豪强所脇迫, 不能自拔也. 若夫自明末以來，數百年間，我民自殖於南洋群島者，以數百萬計，至今日卽以暹羅一國論，而隸華籍[4]者已百餘萬，新嘉坡庇能噶羅巴等處稱是，若此者，我中央政府視爲化外，其權力非直不能及，抑亦不屑加也，顧何以戢戢受羈軛若牛若馬．其甚者荷蘭屬法屬之僑民，笞畜刲割，曾羊豕之不若也．抑海峽殖民地諸島，多由我民篳路藍縷，與天氣戰，與野獸戰，與土蠻戰，停辛貯苦，以啓其地，顧不能自建設自約束，而必迎西方之强者以鎭撫我，則又何也．夫前事不必道矣，其在今日，臥榻已屬他人，座間寧容卿輩，吾民不能以政治團體自見於彼地，猶可言也．若夫今日美洲澳洲諸地，吾民散居者亦不下數十萬，其地之法律，固自由也，平等也，而吾民又與彼之國民同受治於一法律之下者也，集會言論之自由，一無所禁者也，顧何以英人不滿四千之上海，百廢具擧，純然爲一小政府之形，而華人逾三萬之舊金山，竟終歲干戈相尋，不能組成一稍有力之團體也．是其無政治能力之證驗二也．

무엇을 전제의 힘이 미칠 수 없는 일이라고 하는가? 이른바 정치적 조직이란 꼭 정치에만 속하는 이름은 아니다. 구미에서는 하나의 시, 구, 촌, 회사, 학교를 막론하고 모든 공적이고 사적인 결집이 있으면 정부의 축소판 아닌 것이 없다. 그러므로 한 국민의 정치능력의 강약을 시험해 보려면 모두 여기에서 살필 수 있다. 대개 근대 자유정치체제의 발원지로 많은 역사가들이 중세의 이탈리아 시 정부를 지목한다.(원주 — 베니스, 플로렌스 등의 여러 도시) 저들 시 정부는

4 원문에는 '藉'로 되어 있다. 오자라고 판단되어 '籍'으로 고쳤다.

처음에는 모두 경제적 이유로 결집했는데, 후에 정치상의 결집으로 변했다. 중국 전제의 독은 극렬하기는 하지만 중앙 행정 기관이 정비되지 않았기 때문에 직접 민간사업에 간섭할 수 있는 경우는 거의 드물었다. 만약 우리 백성이 상업상 어떤 종류의 단체를 결집하려고 한다면 꼭 정부가 문제 삼아 금지하는 것은 아니다. 그런데도 수천 년간 서양인의 유한공사나 상업회의소와 같은 것은 찾으려고 해도 하나도 찾을 수 없다. 더 가깝고 쉬운 곳에서도 볼 수 있는 예는 교육사업이다. 교육사업은 근 수년 동안 자주 〔백성들에게〕 설명하고 알리고 장려하고 격려한 분야이다. 전제의 힘이 다른 일에는 미쳐도 이 일에는 결코 미치지 않았다. 시험 삼아 경신(庚申)년[5] 이래 지금까지 각 성의 교육의 발달이 결국 어떤지를 보라. 사립학교가 하나 둘 있긴 하지만, 그 성적이 왕왕 관립학교에도 미치지 못하니, 우리 백성은 어떤 안목이 있어 정부를 질책하고 대비시킬 것인가? 이것이 정치능력이 없다는 징험 세 번째이다. 그러므로 나는 말한다. 지금 이후의 중국은 사상이 없는 것이 걱정이 아니라 능력이 없는 것이 걱정이라고.

何謂專制力所不能及之事. 夫所謂政治的組織者, 非必爲關於政治上之專名也, 其在歐美無論一市一區一村一公司一學校, 凡一切公私之結集, 無不爲政府之縮影. 故欲驗一國民政治能力之强弱者, 皆當於此焉察之. 夫近代自由政體之發源, 史家多以歸諸中世之意大利市府, (俾尼士佛羅諸市也) 而彼諸市府者, 其始皆爲經濟上結集, 而後乃變

---

5 1860년. 1860년은 제2차 아편전쟁이 일어난 해이다. 이 무렵부터 청일전쟁이 일어나는 1894년까지를 통상 양무운동기라고 한다.

爲政治上結集者也. 中國專制之毒雖劇烈, 而以中央行政機關不整備之故, 其能直接以干涉民間事業者殆稀, 若吾民於商務上思結何等之團體, 必非政府所懸以爲禁也. 而數千年來欲求一如西人之有限公司及商業會議所者, 何不一觀也. 其尤淺而易見者, 若敎育事業, 近數年來所屢下明詔奬厲者也, 專制力卽及他事, 而斷不至及此事, 而試觀庚辛以來迄今日, 各省敎育之發達, 竟何似也. 雖有一二, 而私立學校之成績, 往往視官立者猶不逮焉, 而吾民更何顔目以責備政府也. 是其無政治能力之證驗三也. 吾故曰, 今後之中國, 非無思想之爲患, 而無能力之爲患.

아리스토텔레스는 사람은 정치의 동물이라고 말했다. 그러니 인류가 반드시 정치능력을 갖는 것은 천성이다. 〔그처럼 천성적으로〕 있던 것이 없어지게 된 데에는 두 가지 경우에서 벗어나지 않는다. 하나는 엎드려 숨어 있어서 발달하지 못한 경우이고, 둘째는 발달했는데 거듭 꺾인 경우이다. 지금 우리 중국인이 〔정치능력이 없어지는 상황에〕 이르게 된 원인을 분석해 보자.

亞里士多德曰, 人也者, 政治之動物也. 然則人類之必有政治能力, 其天性矣, 至其何以自有而之無, 則不出兩途, 一曰隱伏而不能發達, 二曰發達而旋復摧夷. 今試卽吾中國人所以致此之原因而析分之.

첫째는 전제정치 체제 때문이다. 전제정치 체제가 직접적으로 정치능력을 억압하는 무기라는 것은 조금 아는 것이 있는 사람은 다 안다. 진화론자들은 생물의 공례를 논하면서, 몸을 가진 존재(物體) 가운데 어떤 기관의 능력인가를 막론하고 방치하고 쓰지 않은 지 오래되면 그 본성은 날로 쇠퇴해 간다고 말한다. 저 이탈리아 동굴의 맹어(盲魚)는 예전에는 본래 눈이 있었는데 동굴 안 어두운 곳에 있다 보니 눈을 쓰지 않게 되어 오늘날의 형태가 되었다고 한다. 척추동물류는 옛날에는 본래 아가미가 있었는데(원주 — 인류 역시 있었다.) 공기가 가볍고 맑아지자 아가미는 소용이 없게 되었기 때문에 지금의 형태가 되었다. 이와 같은 것들은 일일이 열거할 수 없다. 백수십세대 유전되고 적응하는 과정에서 한 부분이 치우치게 발달하면 다른 부분은 위축되어 〔기능이〕 없어지기에 이른다. 이러한 일들은 생리와 심리에도 적용되어 양쪽 부분이 모두 마찬가지이다. 전제의 나라에서는 그 백성이 정치능력을 사용할 수 있는 여지가 없기 때문에, 사용한다면 필시 강자들에게 유린당하며 열등해서 패배하는 형세로 귀결되어, 그 뒤에 다시는 그 씨앗을 남기지 못하게 된다. 굽은 싹도 다 나오지 못하고 뾰족한 싹도 다 나오지 못한다.[6] 싹이 자라지 않으니, 그 천부의 본능이 엎드려 나오지 못하는 것이 쌓여 오래되면, 드디어는 〔없는 것이〕 제2의 천성이 된다. 일단 방임하게 되면 그 본능을 회복하는 일은 일조일석에 효과를 물을 수 없게 된다. 부녀의 전족에 비유해 보자. 전족한 지 이미 10~20년이 되었다면, 하루아침에 풀어놓는다고 보통 발처럼 될 수 없다는 것은 너무나 분명하다.(원주 — 지금 중국인에게는 이미 입헌의 자격이 없으므로 폭동과 파괴로 양성하자고 하는 주장이 있다. 이는 전족한 부인들을 모아 맨발로 달리게 하여 경주하도록 몰

6 '굽은 싹도 다 나오지 못하고 뾰족한 싹도 다 나오지 못한다'는 다음의 패러디이다. 『예기』「월령」 '月令第六': "굽은 것도 다 나오고 뾰족한 것도 다 나온다"(句者畢出, 萌者盡達).

아가면 이로써 다리의 힘을 기를 수 있다고 하는 것과 다르지 않다.) 그러므로 전제의 힘이 미칠 수 없는 때와 땅과 일이라고 해도 자치할 수 없는 것이 저처럼 분명한 것은 모두 이 때문이다.

則其第一事, 卽由於專制政體也. 專制政體爲直接以摧鋤政治能力之武器, 此稍有識者所能知矣. 進化學者論生物之公例, 謂物體中無論何種官能, 苟廢置不用之旣久, 則其本性遂日漸澌滅. 如彼意大利洞中之盲魚, 昔本有目, 因洞居黑暗, 目無所用, 故爲今形. 又如脊椎動物類, 昔本有顋, (人類亦有之) 因空氣輕淸, 顋無所用, 故爲今形. 諸如此者, 不可枚擧. 經百數十代之遺傳順應, 其本能之發達毘於一端, 而他端遂朘縮以至於盡. 此其例通於生理心理, 兩部分而皆同者也. 專制之國, 其民無可以用政治能力之餘地, 苟有用之者, 則必將爲强者所蹂躪, 使之歸於劣敗之數, 而不復得傳其種於後者也. 以故勾者不得出, 萌者不得達, 其天賦本能, 隱伏不出, 積之旣久, 遂爲第二之天性, 就使一旦放任之, 而其本能之回復, 固非可以責效於一朝一夕. 譬諸婦女纏足者, 纏之旣二三十年, 雖一旦釋之, 而不能如常足, 明甚也. (今有持論謂中國人旣無立憲資格, 卽當以暴動破壞養成之者, 是無異集纏足婦人驟赤其足, 卽驅之以競走, 謂是可以養足力也.) 以故雖在專制力所不及之時之地之事, 而其渙然不能自治也如故, 皆此之由.

유럽의 여러 나라들이 이전에 전제의 압제하에 신음한 것은 우리와 마찬가지인데, 그 정치력의 손상 정도가 우리처럼 심하지 않은 것은 무엇 때문인가, 하고 어떤 사람이 묻는다. 대답한다. 전제는 같지만 전제가 된 이유의 성질이 같지 않기 때문이다. 저들은 봉건제의 귀족들이 전제의 주체였는데, 우리는 꼭 그것과 상반된다.(원주 — 상세한 것은 졸저 『중국전제정체진화사론』의 여러 편에서 볼 수 있다.) 실제로 말한다면 저들은 소수의 전제이고 우리는 한 사람의 전제이다. 소수의 전제라는 것은 소수의 사람은 자유이고 다수의 사람은 자유롭지 않다는 뜻이다. 소수 사람이 자유로운 데서부터 다수 사람이 자유로운 데로 점차 진보해 가는 것과 전체 인민이 모두 자유가 없는 상태에서 갑자기 자유로 진보하려고 하는 것의 그 어려움과 쉬움은 본래 다르다. 그러므로 서양의 전제는 항상 정치능력의 매개였지만,(원주 — 영국대헌장과 헝가리의 황금송아지 헌법의 기원으로 이 주장이 틀리지 않음을 증명할 수 있다. 다른 나라들 역시 대개는 이와 같다.) 그러나 중국의 전제는 전적으로 정치능력을 해치는 것이었다.(원주 — 이 논의의 논리는 꽤 길기 때문에 정밀하고 자세한 분석은 다른 날을 기약하자.)

> 或曰, 歐西諸國, 前此之呻吟於專制軛下, 與我等耳, 何以其政治能力之摧殘, 不若我之甚. 曰, 專制同而所以專制之性質不同. 彼蓋以封建專制貴族專制爲主體, 而我適與之相反者也. (其詳迭見於拙著中國專制政體進化史論諸篇) 質而言之, 則彼乃少數之專制, 而我則一人之專制也. 少數專制者, 卽少數人自由, 而多數人不自由之意也. 夫由少數人之自由, 以漸進於多數人之自由, 其視全體人民悉無自由而驟欲進於自由者, 其難易固有分矣. 故泰西之專制, 常爲政治能力之媒, (觀英國大憲章與匈牙利金牛憲法之起原可以證此說之不謬矣. 他國亦大率類是.) 而中國之專制, 全爲政治能力之賊也. (此論理甚長, 精細剖辨俟諸異日.)

둘째는 가족제도 때문이다. 구미각국에서 통치의 객체는 개인을 단위(unit)로 하는데, 중국통치의 객체는 가족을 단위로 한다. 그러므로 구미의 인민은 직접적으로 나라에 예속되며, 중국의 인민은 간접적으로 나라에 예속된다. 앞선 성인은 "나라의 근본은 가(家)에 있다"[7]고 했으며, 또 "가가 가지런한 뒤에 나라가 다스려진다"[8]고도 했다. 대개 이러한 종류의 사회에서는 진실로 가족을 버리고는 다른 단체가 될 만한 것이 없다. 중국 과거의 각종 제도를 세밀히 관찰해 보면 모두 족제(族制)를 정신으로 삼았다. 교육에 대해 말하자면, 부형의 가르침이 엄격하지 않아도 자제의 학문을 이루는 일은 애쓰지 않고 가능하며, 여러 학교들은 모두 국로(國老), 서로(庶老)를 부양하는 것을 가장 중요한 규범으로 여긴다. 그러므로 족제의 교육이라고 부를 수 있다. 부세에 대해 말하자면, 상고시대에는 정전제로서, 아홉 가(家)가 '정'(井)을 이뤄, '정'에서 소통하고 이루고 마치니, 전적으로 가족(家族)을 버리로 삼고 있음은 말할 필요가 없다. 봉건제가 폐지된 이후, 한대에는 호부(戶賦)(원주 — 이것으로 군(郡)과 나라의 행정비용을 충당했다.)가 있었고 당대에는 조(調)가 있었고,(원주 — 조용조 셋은 각각, 조는 밭에 부과하고 용은 사람에 부과하고 조는 집에 부과한다. 당의 제도는 호적법이 가장 상세하다. 재산을 계산하여 9등급으로 나누고 매 호에 정, 중, 노, 소, 황 등의 이름을 붙였다.) 양세법(원주 — 양세는 장정으로 호의 등급을 매기지 않고 장정을 호에 종속시켰다.)이 있었다. 명 후에는 일조편법을 시행하긴 했지만 여전히 호에서 거둬들이는 것은 수호(收戶), 해호

---

7 『맹자』「이루상」5: "천하의 근본은 나라에 있고, 나라의 근본은 가에 있으며 가의 근본은 자기 몸에 있다"(天下之本在國, 國之本在家, 家之本在身).

8 『대학』: "格物而後知至, 知至而後意誠, 意誠而後心正, 心正而後身修, 身修而後家齊, 家齊而後國治, 國治而後平天下."

(解戶), 마호(馬戶), 조호(竈戶), 능호(陵戶), 원호(園戶), 해호(海戶) 등의 여러 이름이 있었다. 그러므로 서양에서 백성을 헤아릴 때는 단지 머리를 세는데, 중국은 호와 머리를 같이 계산했다.(원주 — 『신민총보』 앞 호의 「중국 사상 인구통계」 편을 참조하라.)[9] 호(戶)라는 것은 참으로 중국에서 단체를 구성하는 하나의 요소이다. 통계의 소소한 것을 보면 입법의 근본관념을 여기에서 징험할 수 있다.(원주 — 재부와 민사를 담당하는 곳을 호부라고 하는데, 역시 가족사상에 근거를 두고 있다.) 그러므로 족제의 재정(財政)이라 할 수 있다. 형법에 대해 말하자면, 죄인은 〔처자를〕 연좌하고 심하게는 삼족을 멸했다. 이러한 풍속은 바로 본조 옹정에서 건륭 간에도 고쳐지지 않았다. 그러므로 족제의 법률이라 할 수 있다. 병역에 대해 말해 보면, 봉건시대 구승(丘乘)[10]과 정전이 서로 연관되어 있었음은 말할 것도 없다. 전국시대에서 당조에 이르기까지 늘 삼정추일(三丁抽一)제가 있었으며, 송대 이후에는 보갑제가 있어 열 가구마다 두 사람의 장정을 호적에 올렸으니, 모두 족제의 군정이라 할 수 있다.

> 其第二事, 則由於家族制度也. 歐美各國統治之客體, 以個人爲單位 Unit, 中國統治之客體, 以家族爲單位, 故歐美之人民, 直接以隸於國, 中國之人民, 間接以隸於國. 先聖曰, 國之本在家, 又曰, 家齊而後國治. 蓋在此種社會之下, 誠哉舍家族外無所以爲團也. 細察中國過去種種制度, 無不以族制爲之精神. 言夫教育, 則曰父兄之敎不肅, 而成子弟之學不勞而能, 凡庠序學校, 皆以養國老庶老爲最重之典. 故可

9 『신민총보』 제46·47·48합본호(1904. 2. 14)에 실렸다.

10 고대 농지구획과 행정구획의 단위 이름이다. 『주례』 「지관·소사도」(地官·小司徒) 참조.

謂之族制的敎育. 言夫賦稅, 上古井田之制, 九家爲井, 由井而通而成而終, 全以家族爲綱, 不俟言矣. 卽封建旣廢以後, 如漢有戶賦 (以充郡國行政費也), 唐有調, (租庸調三者, 租課田, 庸課人, 調則課戶也. 唐制戶籍法最詳, 計其貲產定爲九等, 每戶有丁中老小黃等名號), 有兩稅(兩稅不以丁第戶而以丁從戶也), 明後雖行一條鞭法, 然仍有收戶解戶馬戶竈戶陵戶園戶海戶諸名. 故泰西料民只計口, 而中國則戶口幷計, (參觀前號中國史上人口之統計篇). 誠以戶也者, 中國構成團體之一要素也. 觀其統計之小節, 而立法之根本觀念, 於玆可徵矣 (掌財賦及民事者謂之戶部, 亦根於家族思想也). 故可謂之族制的財政. 言夫刑法, 則罪人及孥, 甚者乃夷三族, 此風直至本朝雍乾間, 猶未能改. 故可謂之族制的法律. 言夫兵役, 則封建時代, 丘乘與井田相屬, 無論矣. 自戰國至李唐, 常爲三丁抽一之制, 宋後行保甲, 每十家籍二丁, 皆可謂之族制的軍政.

그 나머지 모든 제도도 대략 이와 같다. 하나하나 세세히 살펴보면 그 입법의 원천은 거미줄과 말 발자국에서도 모두 찾을 수 있다.(원주 — 이는 모두 열거할 수 없으니, 다른 날 이에 대해 논하는 편을 지어 연구해 보겠다.) 요컨대, 가족이 서로 붙잡아 주고 서로 유지해 주는 것 외에는, 담당관이 다스린다고 할 만한 것이 없었다. 지방자치제도에서 이른바 갑수(甲首), 보정(保正), 이장(里長), 사장(社長) 등은 모두 하나같이 일족의 노인(耆老)으로 충당하지 않는 일이 없다. 이를 빼면 자치단체는 성립할 수 없었다. 그러므로 나는 항상 중국에는 족민(族民)의 자격은 있지만 시민의 자격(원주 — 졸저, 『신대륙유기』 186쪽을 참조하라.)은 없다고 말한다. 대개 서양어로 이른바 시민(Citizen)이란 한 단어는 우리 중국에는 없었다. 시민과 족민은 그 상이점이 어디에 있는가? 시민은 현명한 사람을 존중해서 투표로 선거해서 그 책임을 맡긴다. 족민은 나이 많은 사람을 존중해서 근속 연수에 따라 천거하여 뽑는다. 이리하여 서양의 자치제도는 정치능력의 기원이 되었고, 중국의 자치제도는 정치능력이 〔녹아 없어지는〕 용광로가 되었다. 이로써 한 마을 한 족 사이에서는 간혹 질서 있는 단체의 모습이 있기도 하지만, 도시에 이르면 유기체의 발달은 끝내 볼 수 없었다.

其餘一切制度, 大率類是. 苟一一細按之, 則其立法之源泉, 皆有蛛絲馬跡之可尋. (此不能徧擧, 他日當著專篇硏究之.) 要之, 舍家族相維相繫之外, 有司無以爲治也. 卽其地方自治之制, 有若所謂甲首所謂保正所謂里長所謂社長者, 皆無不以一族之耆老充之, 舍是則自治團體不能立也. 故吾常謂中國有族民資格, 而無市民資格, (參觀拙著新大陸游記, 第百八十六葉). 蓋西語所謂市民Citizen一名詞, 吾中國亘古未嘗有也. 市民與族民, 其相異之點安在. 市民之長尙賢, 其任之也以投票選擧. 族民之長尙齒, 其任之也, 以年資荐升. 投票選擧, 則物競行, 而被選者自必立於有責任之地位, 年資荐升者反是. 夫是以泰西之自治制度, 爲政治能力之濫觴. 中國之自治制度, 爲政治能力之煬竈也. 夫是以在一鄕一族間, 尙或秩然有團體之形, 一至城市, 則有機體之發達, 永不可見也.

세 번째는 경제(生計)문제 때문이다. 맹자는 "백성의 도는 항산이 있어야 항심이 있으며 항산이 없으면 항심이 없다"[11]고 했다. 왜

---

11 『맹자』「등문공상」3.

안 그렇겠는가. 왜 안 그렇겠는가. 지리학자는 "완비된 정치단체가 발생하는 곳은 반드시 온대지역"이라고 말한다. 대개 열대 지역은 천혜를 대단히 두텁게 입었기 때문에 그 백성이 나태하고 뒤떨어져서 경제가 발달하지 않았다. 한대 지역은 자연이 혹심하기 때문에 그 백성들은 야위고 고통스러워 경제가 발달하지 않았다. 경제가 위축되어 정치의 진보를 바라도 말미암을 길이 없다. 인도(人道)가 진보하는 이유는 모두 욕망이 있어서, 부지런하게 법을 만들고 일관되게 도달하려고 하는 데서 일어난다. 욕망의 종류는 매우 많지만, 항상 그 사회 수준의 높고 낮음의 차등에 응해서, 반드시 그 가장 급한 것을 먼저 처리하고 그 뒤 그다음 급한 것을 처리하고 그 뒤 또 그다음 급한 것을 처리한다. 의식주와 같은 것은 가장 급한 것이다. 이것들이 없으면 하루도 자존할 수 없다. 조금 진보하면 간접적으로 생명과 재산의 안전 보호를 추구하니, 정치의 일이 이것이다.(원주 — 경제학 책 첫머리에서는 요지를 밝히는데, 제1장에서는 반드시 욕망에 대해 논하면서 이를 근본의 관념이라고 말한다. 여러 학자들이 욕망을 논할 때 매번 필요의 욕망과 정도를 벗어난 욕망 등으로 분류한다. 그러나 나는 그렇게 말하지 않는다. 빈곤한 국민이 밥 한 공기와 누추한 집을 구하는 것은 반드시 필요해서이다. 부강한 국민이 위생적인 음식, 잘 닦인 도로, 화려한 집을 강구하는 것 역시 필요하기 때문이다. 야만의 국민이 날래고 용감한 우두머리에게 맹수와 외적을 막아주기를 바라는 것은 그것이 반드시 필요하기 때문이다. 문명의 국민이 완비된 정부와 건실한 권리를 갖춰 공과 사의 진보를 도모하고자 하는 것 또한 그것이 반드시 필요하기 때문이다. 그렇다면 욕망은 모두 필요에서 생겨날 뿐이며, 필요한 일과 물건이 많을수록 그 욕망 역시 왕성하며, 문명의 정도도 더욱 높다. 이것이 민족의 진화가 성공하고 실패하는 숲이다.) 또한 만약 가장 급한 것을 위해 일 년 내내 부지런히 일했는데도 얻지 못한다면, 백성들로 하여금 여유를 가지고 그다음 급한 것, 또 그다음 급한 것을 바라게 하여도, 이는 반드시 가능하지 않은 형세이다. 그러므로 정치, 도덕, 학술의 모든 진보가 경제상의 진보와 비례하는 것은 이 때문이다.

其第三事, 則由於生計問題也. 孟子曰, 民之爲道也, 有恆産者有恆心, 無恆産者無恆心. 豈不然哉, 豈不然哉. 地理學家言, 完備政團之發生, 必在溫帶. 蓋熱帶浴天惠太厚, 故其民偸窳, 而生計不發達. 寒帶蒙天行太酷, 故其民瘠苦, 而生計不發達. 生計蹙而欲政治之進, 其道無由. 蓋人道之所以進步, 皆起於有所欲望, 而汲汲設法貫達之. 欲望之種類甚多, 恆應於其社會之程度高下爲等差, 必先急其所最急者, 乃及其所次急者, 更及其所又次急者. 如衣食住, 最急者也, 無之則一日不能自存也. 稍進焉, 乃更求間接以保生命財産之安全者, 則政治之業是已. 益進焉, 乃更求其軀殼及靈魂之特別愉快者, 則奢侈品物及學問之硏究, 道德之實行是已. (凡生計學書, 開宗明義, 第一章必論欲望, 謂是爲根本的觀念也. 惟諸家之論欲望每分爲必要之欲望度外之欲望等類. 鄙人竊不謂然. 夫貧瘠國民之求一粗糲一蓬蓽, 其必要者也. 富强國民之講衛生的飮食, 修潔的道路, 華美的宮室, 亦其必要者也. 野蠻國民之求一驍勇酋長以禦猛獸禦外敵, 其必要者也. 文明國民之求一完備之政府, 穩實之權利, 以謀公私之進步, 亦其必要者也. 然則凡欲望皆生於必要而已, 而其必要之事物愈多, 則其欲望愈繁, 而文明之程度愈高, 此民族進化得失之林也.) 且使於其所最急者, 猶終歲勤動不能獲焉, 而欲民之有餘裕以謀其所次急者, 所又次急者, 此必不可得之數也. 故政治道德學術一切之進步, 悉與生計之進步成比例, 皆此之由.

수천 년 동안 우리 중국의 경제계의 역사는 어떠한가? 우리 중국의 오늘날 경제계의 현상은 어떠한가? 여기에서 보면 그 정치능력이 결핍된 근원을 생각할 수 있다. 바로 맹자가 말한 대로 "죽음을 면하는 것도 어려울까 두려워"한다면, 가장 협의의 '소아'(小我) 외에, 어느 겨를에 '대아'(大我)에 생각이 미치겠는가. 가장 협의의 '현재'(現在) 외에 어느 겨를에 '장래'에 생각이 미치겠는가. 이 역시 이상할 것이 없다. 힐난하는 자는 다음과 같이 말한다. "한나라의 문제나 경제 때, 당나라의 개원이나 천보 때, 청나라의 강희나 건륭 때, 집집마다 넉넉하고 사람마다 풍족했고, 집집마다 표창할 만한 덕행가가 있었다고 할 수 있다. 만약 지금 둘〔경제와 정치능력〕이 정말 밀접하게 비례한다고 하면, 저 때의 정치능력이 마땅히 발달했어야 하는데 사실은 도리어 상반되는 것은 왜인가?" 대답한다. 이는 유전의 이치에 의해 탐구할 수 있다. 저 조종(祖宗)부터 백수십 대가 이미 그 본래의 능력을 묻어 버렸는데, 수십 년의 단기간에 갑자기 그 원래대로 돌아가려고 한다면 가능하겠는가. 하물며 저런 종류의 근원을 〔나무 베듯이〕 매일매일 찍어 내버린 것이 또한 한 가지에 그치지 않는다. 또한 이른바 집집마다 풍족하고 사람마다 넉넉한 것도 역사 위에 하나의 미담에 불과할 뿐이지, 당시의 실제 상태는 반드시 그런 것은 아니었다. 그러므로 우리나라 수천 년 동안 사회의 정력은 전적으로 가장 급한 것을 급하게 처리하는 데 소모했고, 하급의 직접적인 욕망을 충족시키려고 하는데도 오히려 충분하지 않았으니, 또 간접적인 고급의 욕망으로 진전하려고 해도 또한 스스로 도달할 방법이 있었겠는가? 어떻게 할 수 있었겠는가. 어떻게 할 수 있었겠는가.

吾中國數千年生計界之歷史何如. 吾中國今日生計界之現狀何如. 觀

於此, 則其政治能力缺乏之根原, 從可想矣. 正乃孟子所謂救死惟恐不贍者也, 故其於最狹義的小我之外, 不遑念及大我. 於最狹義的現在之外, 不遑念及將來, 亦奚足怪. 難者或曰, 若漢之文景間, 唐之開元天寶間, 本朝之康熙乾隆間, 號稱家給人足, 比戶可封, 今使兩者果爲切密之比例也, 則彼時之政治能力, 宜若發達, 而事實顧相反, 何也. 應之曰, 是宜詗之於遺傳之理. 彼自祖若宗百數十代, 既已汨沒其本能, 而欲以數十年之短日月遽還其原, 烏可得也. 而況乎他種原因之旦旦而伐者, 尙不止一端也. 而況乎所謂家給人足者, 又不過歷史上一美談, 而當時實狀, 正未必爾爾也. 故吾國數千年社會之精力, 全銷磨焉以急其所最急者, 欲求達下級直接之欲望而猶不給, 而欲其進焉以懷間接高級之欲望, 且有術焉以自達之, 安可得耶, 安可得耶.

넷째는 재난과 재앙이 빈발했기 때문이다. 유기체의 발달은 반드시 자연의 순서를 거치며, 이러한 세월을 지나면서 중도에서 길을 방해하는 다른 종류의 장애가 없어진 뒤에야, 계속 자라고 높이 자라 크게 성장한다. 내게 동생이 하나 있는데 어렸을 때는 일찍부터 총명함이 으뜸이어서 무리들이 따랐다. 8세 때에 괴질을 얻었는데 고향에서 돌팔이 의사에게 잘못 치료를 받아 몇 년이 지나 병이 나은 뒤엔 영명함을 잃은 듯했다. 지금 다시 고쳐보려고 하지만 효과는 아득하다. 나는 여기에서 우리 민족의 정치능력이 상실된 것 역시 같은 종류라고 홀연히 느꼈다. 전제의 수레 아래 엎드리고 가족의 영역에 갇히고 경제의 노예로 부림당해서, 본능이 손상된 것이 열에 예닐곱이다. 거기에 오히려 혹은 어두운 곳에서 부지불식간에 자라서 싹이 없지 않은데, 안타깝게도 다시 수십 년이 지나 한 차례의 재난을 겪고 나면 이전에 쌓아 두었던 근저 역시 전부 쓸려 버렸을 것이다. 프랑스 왕 루이 14세는 자신이 죽은 뒤에 큰 홍수가 있을 것이라고 말했다. 중국의 역사가들 역시, 요임금 때 홍수시대를 지나 황제가 전래한 문명이 태반이 소실되었으며, 진한 이래 수천 년간 우리 선민이 홍수와 액운을 만난 것이 10여 차례 이상이었음을 안다. 당나라 사람의 시에 다음과 같은 것이 있다. "전란을 겪은 노쇠한 늙은이가 무너진 마을에 살고 있네. 마을 안에 어떤 일인들 마음의 상처가 아니랴. 울타리를 치느라 뽕나무가 남아나지 않고 징병 때문에 자손이 끊어졌네."[12] 또 다음과 같은 말도 있다. "그대는 듣지 못했는가. 한나라 산동의 이백 개 고을에서 천 개의 마을과 만 개의 촌락이 가시덤불이 되었다는 소리를!"[13] 이들 몇 마디 말들로는 〔전쟁〕 참상의 억만 분의 일도 묘사할 수 없지만, 문명과 전란이 함께 없어진다는 것을 대략 볼 수 있다.

其第四事, 則由於喪亂頻仍也. 凡有機體之發達必經自然之順序, 歷爾許之歲月, 又無他種故障以夭摧之於中途, 夫然後繼長增高以底大成. 吾有一弟, 總角早慧, 冠絶群從, 及八歲, 得怪病, 鄕居誤於庸醫, 經年病瘥, 而靈明若失, 今謀補救, 後效茫茫. 吾觀於此, 而忽有感於吾民族政治能力之喪失, 亦類是焉矣. 夫其伏於專制之羈軛, 困於家族之範圍, 役於生計之奴隸, 蓋本能之斫喪者, 既已十六七矣, 而猶或潛滋暗長, 萌蘖非無, 無如更數十年, 必經一次喪亂, 輒取其前此所積累之根柢而一掃之. 法王路易十四言, 朕死之後, 有大洪水來. 而中國

12 당, 두순학(杜荀鶴, 846~907)의 시.

13 두보, 「병거행」(兵車行).

歷史家亦往往知陶唐經洪水時代, 將黃帝傳來之文明消失大半, 曾亦思秦漢以來數千年間, 我先民遭洪水厄者, 不啻十餘度也. 唐人詩曰, 經亂衰翁居破村, 村中何事不傷魂, 因供寨木無桑柘, 爲著鄕兵絶子孫. 又曰, 君不聞漢家山東二百州, 千村萬落生荊杞. 此等單語片詞, 曾未能寫其慘狀億萬之一, 然文明與喪亂俱盡, 可概見矣.

지금 나라와 백성을 걱정하는 자가 걸핏하면 "그 본성은 비굴하고 그 마음은 교활하고 그 욕망은 열등하고 그 단체는 흩어진다"고 말하는데, 백성이 저러한 시대에 살며 저러한 처지에 처해서 비굴하고 교활하지 않으면 어떻게 스스로를 보전할지 생각해 보라. "내 한 몸도 용납되지 못하는데 어떻게 뒷일까지 걱정하랴"[14]라는 사상은 이미 사람마다의 의식 속에 깊이 들어가 있으니, 다시 어떤 마음으로 동류(同類)를 사랑하고 장래를 계획하겠는가. 서양의 역사가들은 프랑스 혁명의 시대 때 전국에 태어난 영아가 대부분 간질이었다고 말한다. 사회(社會)의 현상이 그 무리(群)의 심리 안에 유전되는 것이 이처럼 두렵다. 우리나라가 전란을 당하면, 저들 비겁하고 교활하고 열등하고 흩어지는 부류들은 자연도태(天行淘汰)의 혹독함을 피해 그 씨앗을 후세에 전하는 일이 거의 어려울 것이다. 앞선 시대의 국민은 이미 죽어서 끊어지고, 뒤에 따르는 국민은 저절로 그 태중에서 이미 공포와 우울의 교육에 절린다. 어려서는 가정에 있으면서 또 커서는 사회에 나아가서 익히고 듣고 보고 배운 좋은 말과 훌륭한 행실

14 『시』「국풍·패풍」'곡풍'.

이라는 것이, 어떻게 하면 내 몸을 온전히 하고 화를 면할 것인가, 어떻게 하면 윗사람의 마음에 들고 환심을 살 것인가 하는 것이다. 천하가 다시 정해진 후, 위로는 군주와 재상, 아래로는 스승과 선비들이 전력을 다해 염치를 기르고 성정을 도야하면, 본능이 회복할 것을 한두 세대 뒤에는 기대할 수도 있다. 그러면 패자(霸者)가 다시 양으로는 심되 음으로는 뽑아 버리면서 영원히 싹이 나길 기약할 수 없게 만들면, 한두 세대 가지 않아 앞의 재난과 재앙이 실을 뽑듯이 다시 펴지는 것을 볼 수 있을 것이다. 전란으로 인한 소진이 한 차례 늘어나면 해독의 유전 또한 한층 더해지니, 어떻게 그 정치능력이 점점 소멸하지 않을 수 있겠는가. 아아! 일조일석에 〔이리〕된 것이 아니라 그 기원이 멀구나.

今之憂國民者, 動曰其性卑屈, 其心狡詐, 其欲望劣下, 其團體渙離, 曾亦思民之生彼時代處彼境遇者, 非卑屈狡詐, 何以自全. 而我躬不閱, 遑恤我後之思想, 旣深入於人人腦識中, 復更何心以愛同類而計將來也. 泰西史家言法蘭西當大革命時代, 全國所產嬰兒, 率多癲癎. 蓋社會之現象, 遺傳於其群之心理中者, 如是其可畏也. 吾國當喪亂之際, 惟彼卑屈狡詐劣下渙離者流, 差得避天行淘汰之酷, 以遺其種於來祀. 夫前輩之國民, 旣已死絶矣, 後輩之國民, 自其在胎中, 已飽受恐怖憂鬱之敎育, 及其幼而處家庭, 長而入社會, 所習見習聞之嘉言懿行, 則若何而可以全軀免禍也, 若何而可以希寵取容也. 就使天下復定之後, 上而君相, 下而師儒, 竭全力以養其廉恥, 陶其性情, 而本能之回復, 猶且待諸一二世以後也, 乃霸者復陽植之而陰鋤之, 使永無發生之期, 未及一二世, 而前度之喪亂, 復繅演再見矣. 喪亂之繅演多一次, 則毒害之遺傳加一層, 如之何其政治能力不澌滅以盡也,嗚呼, 非一朝一夕之故, 所從來遠矣.

나는 이미 사상과 능력, 양자를 비교하여 능력과 사상이 상응하지 않는 것은 중국의 앞날에 가장 우려할 만하고 위급한 일이라고 말했다.[15] 그렇다면 오늘날 구국을 논하는 자에게는 마땅히 국민능력을 양성하는 것보다 더 급한 것이 없다. 그러나 국민이란 길러져야 할 객체이니, 기를 수 있는 주체가 또 반드시 있어야 한다. 그렇지 않다면 기르자, 기르자, 말만 늘어지게 해도 말미암을 방법이 없다. 주체는 어디에 있는가. 강한 힘을 가진 권력자에 있는 것도 아니며, 대다수 일반 백성에게 있는 것도 아니다. 그것은 이미 사상을 가진 중등사회에 있다. 이는 온 나라가 다 아는 바이므로 더 이상 말을 낭비할 필요가 없다. 국민이 능력이 없는 이유는 실제로 중등사회가 능력이 없기 때문에 초래한 일이다. 그러므로 본론에서 연구할 범위는 "우리들이 어떤 길을 가야 비로소 〔나의〕 능력을 미루어 다른 사람들도 구제할까"라는 것이 아니라, "우리들이 어떤 길을 가야 비로소 능력을 쌓아 자신에게 〔능력이〕 있게 할까"일 뿐이다. 그것은 능력이 있는 것을 〔사람들이〕 부러워하게 하여 스스로를 이롭게 하려는 것이 아니다. 실은 우리가 정말 능력이 있다면 국민이 능력이 있는 것이고, 국민이 정말 능력이 있다면 국가가 능력이 있는 것이다. 이러한 인(因)과 연(緣)이기 때문에 정치능력을 배양하는 것은 반드시 우리에게서 시작해야 한다. 아래에서 몇 가지 뜻을 풀어놓으니, 서로 책려하고 독려해 주길 바란다.

---

15 이 부분부터 『신민총보』 제62호, 1905. 2. 4.

吾旣以思想能力兩者相比較, 謂能力與思想不相應, 爲中國前途最可憂危之事. 然則今日談救國者, 宜莫如養成國民能力之爲急矣. 雖然, 國民者其所養之客體也, 而必更有其能養之主體. 苟不爾者, 漫言曰養之養之, 其道無由. 主體何在. 不在强有力之當道, 不在大多數之小民, 而在旣有思想之中等社會. 此擧國所同認, 無待詞費也. 國民所以無能力, 則由中等社會之無能力, 實有以致之. 故本論所硏究之範圍, 不曰吾輩當從何途始可推能力以度諸人也, 曰吾輩當從何途始可積能力以有諸己而已. 非有所歆於能力以自私, 實則吾輩苟有能力者, 則國民有能力, 國民苟有能力者, 則國家有能力. 以此因緣, 故養政治能力, 必自我輩始. 請陳數義, 相策督焉.

첫째는 분업하고 〔분업한 담당을〕 옮기지 않는 것이다. 문명 정도의 높고 낮음과 분업의 정밀함과 조잡함이 비례한다는 것은 경제학의 통설이며, 사회상 모든 현상은 여기에서 벗어날 수 없다. 서양인들은 항상 "성공의 요소에는 셋이 있다. 첫째는 하늘이 준 재주, 둘째는 기회와 인연, 셋째는 경험과 수련이다"라고 말한다. 하늘이 준 재주도 일마다 다 뛰어날 수는 없어서, 잘하는 것이 있으면 또 못하는 것이 있다. 기회와 인연도 일마다 다 좋을 수는 없어서, 맞아떨어지는 때가 있으면 또 막히는 때가 있다. 경험과 수련도 일마다 다 할 수는 없어서, 익숙한 것이 있으면 또 성긴 것도 있다. 그러므로 일을 잘 하는 사람은 반드시 자신의 성격에 가까운 것을 살피고 상황의 마땅함을 살펴서 하나를 선택하여 날마다 익힌 연후에야 성취하는 데 가까워진다.

一曰分業不遷. 文明程度之高下, 與分業之精粗成比例, 此生計學之通義, 而社會上一切現象, 擧莫能外者也. 西人恆言曰, 成功之要素有三, 一天才, 二機緣, 三歷練. 夫天才不能事事而優也, 有所長斯有所短. 機緣不能事事而應也, 有所適斯有所障. 歷練不能事事而徧也, 有所習斯有所疏. 故善任事者, 必自審其性之所近, 地位之所宜, 擇其一焉, 日日而肄之, 然後庶底於成.

오늘날 중국에서 나라 일에 뜻을 두지 않는 사람의 경우는, 모든 것을 진나라 사람이 〔자신과 관계없는〕 월나라 사람이 살쪘는지 말랐는지 보듯이 하므로,[16] 이들에 대해서는 말할 필요가 없다. 그런데 뜻이 있는 사람이라면 대세가 이처럼 위급하고 응해야 할 일이 이처럼 번다한 것을 보고, 또 소리와 기운이 서로 상응하는 사람이 또한 이처럼 드물기 때문에, 웅장한 뜻을 품고 어려움 속에서도 절개를 닦아 모든 것을 작은 극소수 몇 명의 양 어깨에 짊어지려 한다. 근 수년 동안 보면 정치개혁을 주창한 사람이 바로 교육개혁을 주창한 사람이 아닌가! 교육개혁을 주창한 사람이 바로 실업개혁을 주창한 사람이 아닌가! 실업개혁을 주창한 사람이 바로 사회개혁을 주창한 사람이 아닌가! 실업에 대해 말해 보자면, 길의 권리를 다투는 사람이 이들이고, 광산의 권리를 다투는 사람이 이들이고, 기타 상공업을 제창하는 사람이 이들이다. 교육에 대해 말하자면, 학교를 조직하는 사람이 이들이고, 교과서를 편찬하는 사람이 이들이고, 교수를 맡는 사람이 이들이다. 정치에 대해 말해 보면, 혁명을 말하는 사람이 이들이

16 '진나라 사람이 〔자신과 관계없는〕 월나라 사람이 살쪘는지 말랐는지 보듯이'는 '視一切皆如秦越人之肥瘠'을 번역한 것으로, 한유, 「쟁신론」(爭臣論)에 나오는 말이다.

고, 암살을 말하는 사람이 이들이며, 지방자치를 말하는 사람 역시 이들이다. 기타 많은 일들이 대략 이와 같다. 〔이들의 생각은 다음과 같다.〕 이렇게 여러 일들이 있는데 한 가지는 처리하고 다른 일은 처리하지 않아도 된다는 것인가? 그럴 수 없다! 급한 일은 급히 처리하고 다른 일은 느슨하게 처리해도 된다는 것인가? 그럴 수 없다! 이에 뜻을 가진 선비는 열렬한 마음의 극점으로서, 백 가지 일을 다 하지 못하는 것을 한스럽게 여겨 한 번에 모든 일을 하고, 백 가지 일을 다 하지 못하는 것을 한스럽게 여겨 한 몸으로 다 맡는다. 그 처지는 가련하고 그 뜻은 존경할 만하다. 그러나 그 능력이 이것이 인연이 되어 진보하는가에 대해서는 나는 감히 말하지 못하겠다. 이와 같은 것은 아름다운 이름을 붙이면 '대강을 총람한다'고 하고 '모든 것에 두루 대비한다'고 하겠지만, 실제를 말하면 겉핥기이고 표면적인 사랑이다.

今日之中國, 其無志國事者, 視一切皆如秦越人之肥瘠, 斯不必論矣. 若乃有志者, 見夫大局如此其危急也, 應擧之事如此其繁多也, 而聲氣相應之人又如此其寥落也, 乃抱雄心, 厲苦節, 欲取一切而悉荷諸區區最少數人之雙肩. 試觀數年以來, 倡政治改革之人, 非卽倡教育改革之人乎. 倡教育改革之人, 非卽倡實業改革之人乎. 倡實業改革之人, 非卽倡社會改革之人乎. 以實業論, 則爭路權者此輩人, 爭礦權者亦此輩人, 提倡其他工商業者亦此輩人也. 以教育論, 則組織學校者此輩人, 編教科書者此輩人, 任教授者亦此輩人也. 以政治論, 則言革命者此輩人, 言暗殺者此輩人, 言地方自治者亦此輩人也. 其他百端, 大率類是. 夫此諸事者, 謂其一當辦, 而其他可無辦焉. 不得也. 謂其一當急辦, 而其他可緩辦焉, 不得也. 於是志士熱心之極點. 恨不得取百事而一時悉擧之, 恨不得取百事而一身悉任之. 其遇可憐, 其志可敬, 雖然, 謂其能力得緣此而獲進步, 非吾所敢言也. 若此者, 美其名則曰總攬大綱, 曰纖悉周備, 若語其實際, 其淺嘗而已, 浮慕而已.

"사람은 하지 않는 일이 있고 나서야 하는 일이 있을 수 있다"[17] 고 맹자는 말했다. 이른바 '하지 않는 일'이라는 것은 꼭 할 수 없는 일이라는 것은 아니다. 할 수 있는 일이 천만이라면 그것을 하는 사람도 천만이어야 한다. 그렇지 않고 한 사람이 천만인이 할 수 있는 일을 해서 결과를 얻는 것을 본 적이 없다. 뜻있는 선비가 하고자 하는 일은 그 일이 크고 작고를 막론하고, 보편적인 것인가 국한된 것인가를 막론하고, 요컨대 정부가 펴는 주장과는 반대의 성질을 갖고 있다. 정부가 반대한다면 국민의 동정을 모아서 후원으로 삼지 않으면 안 된다. 그러나 국민은 대개는 〔뜻있는 선비와〕 함께 즐거워하면서 성취할 수는 있지만, 함께 시작을 헤아리기는 어렵다.[18] 시작부터 지위가 취약한, 뜻있는 선비에게 갑자기 동정을 보이려고 하지 않는 것은 형세가 그렇기 때문이다. 그러므로 일을 담당한 사람은 본원의 지평에서 말을 하고, 성공과 실패를 눈앞에 두고 있지 않는 것은 본래 그럴 수밖에 없다. 그러나 발단의 시작에서 마음이 편히 여기는 것을 좇아 실패하는 것을 염려하지 않는 것보다는, 형세가 이끄는 바를 따라 반드시 성공을 구하는 것이 낫지 않겠는가.

孟子曰, 人有不爲也, 然後可以有爲. 夫所謂不爲云者, 非必其不可爲者也. 可爲之事千萬, 則爲之之人亦宜千萬, 以一人而欲爲千萬人之

17 『맹자』「이루하」8.

18 『사기』「상군열전」(商君列傳): "民可以樂成, 不可與慮始."

所可爲未見其能有功也. 夫志士之欲有所爲也, 無論其事或大或小, 或偏或局, 要之與政府所持主義, 含反對之性質者也. 政府反對, 則不可不結國民之同情以爲後援. 然國民又大率可與樂成, 難與慮始, 自其初不肯遽表同情於地位脆弱之志士, 勢使然也. 故夫任事者, 語於本原之地, 不可有成敗之見存, 固也. 然發端伊始, 與其徇心之所安而不恤敗, 毋寧因勢之所導而必求成.

옛사람의 말에 "민병을 거느리면 이길 수 있을 뿐 질 수 없다"는 것이 있다. 지금 일을 맡는 것은 대개 이와 같은 종류이다. 일의 범위가 작더라도 진실로 한둘의 현저한 효험이 있다면 사회 일반의 신용을 불러일으킬 수 있고, 다른 날 다른 일을 맡으면 방해하는 힘은 줄어서 반이 되고, 다른 사람이 다른 일을 맡으면 방해하는 힘 또한 반으로 줄어든다. 이와 같이 연쇄적으로 진보하면, 이에 마음을 함께하는 이들이 모이고 능력은 강해진다.(원주 — 최근 월한철로안(粵漢鐵路案)을 발의한 사람은 백성들 사이에서 세력이 박약한 몇 명이었는데, 점차 전국의 유력자를 움직이게 되었다. 이는 국민이 정부에게 호소해서 외인과 권리를 다투게 한 효시이다. 이와 같은 일로 시종하게 할 수 있다면, 정부는 백성의 힘(民力)을 모욕할 수 없음을 알고 다른 일 또한 앞으로 후원을 끌어낼 수 있을 것이다. 또한 우리 백성 역시 자신들의 힘이 진정 정부를 움직이고 외인을 물리치기에 족하다는 것을 스스로 믿게 되고, 이 이후 다른 일에 대해서도 대세를 따라 스스로 무리를 이루어 능력은 날로 생긴다. 만약 이 일이 실패하면 나라 사람들 모두 다툼이 해를 거듭하면서 결과는 겨우 이와 같음을 보고, 이 이후에 다른 일들은 위축될 것이다.) 그러므로 민병을 거느리는 자는 작은 것을 취하고 큰 것을 취하지 않으며 빈틈을 치고 견고한 곳을 치지 않는다. 지금 허약한 민력과 싹이 나쁜 민기를 사용하여 천년 동안 위엄을 쌓은 정부에 전쟁을 선포한다면, 이 〔방법을〕 버리고 어떻게 하겠는가. 이와 같이 믿는다면 "마음을 어지럽게 하지 않아야 하며, 〔이렇게 하면〕 정신이 집중될 것이다."[19] 어떤 일을 주창하지 않는다면 그만이지만, 주창한다면 반드시 약간의 사람이 있어야 하며, 총명하고 똑똑한 재주를 가진 사람들을 모아 이 한 길에 집중시켜야 한다. 다른 일이 다시 출현하고 그 중대함이 이 일의 수십 배가 넘더라도, 포기할지언정 관여하지 말아야 한다. 무엇 때문인가? 이렇지 않으면 이 일은 성취할 수 없기 때문이다.

> 昔人有言, 帶鄕兵者, 可以勝不可以敗. 今之任事, 蓋有類於是矣. 事之範圍雖小, 苟有一二明效大驗, 則可以起社會一般之信用, 他日任他事, 而阻力消其半矣, 他人任他事, 而阻力亦消其半矣. 如是相引遞進, 夫乃同情衆而能力强. (如近日粤漢鐵路案發起之者, 在民間勢力綿薄之數人, 漸以動全國之有力者, 此爲國民號召政府與外人爭權利之嚆矢. 使此事而能始終之, 則政府知民力之不可侮, 他事且將引爲後援. 而吾民亦自信其力之果足以動政府, 足以拒外人也, 此後有他事附和自衆而能力日成, 若此事失敗, 國人共見夫爭之累歲而結果僅如是也, 此後有他事餒而已.) 故帶鄕兵者, 取小不取大, 攻瑕不攻堅. 今欲用脆弱之民力, 萌茁之民氣, 以與千年積威之政府宣戰者, 舍此奚以哉. 信如是也, 則用志不紛, 乃凝於神. 不倡一事則已, 苟其倡之, 則必有若干人焉, 萃其聰明才力以專向於此一事. 雖更有他事出焉, 其重大過此數倍者, 寧割棄之勿過問. 何也. 非此而此一事必不能就也.

19 『장자』「달생」.

증문정이 군대를 다스릴 때 “요새를 견고히 하고 죽을 각오로 싸우라”라고 하며 차츰차츰 나아갔고 조금씩 조금씩 얻어 나갔다. 일본군이 여순(旅順)에서 러시아를 포위했을 때 전력을 다해 한 요새를 함락시키자 이에 차례대로 다른 요새에 미쳤다. 오늘날 우리 당의 큰 근심은 요새마다 흔들면서 백 개의 요새를 일시에 해결하려고 하다, 결국에는 하나의 요새도 함락시키지 못한다는 것이다. 그 능력이 진보할 수 없는 것과 마찬가지 〔이유〕이다. 지금의 뜻있는 선비들에게는 두 가지 폐단이 있다. 갑이 “일이 많아 다 못하겠어. 어쩌지?”라고 하고, 을은 “일을 하고 싶어도 할 수 있는 일이 없어, 어쩌지?”라고 한다. 그 말이 심하게 상반되지만 병의 근원은 하나이다. 사람마다 스스로를 워싱턴이라 하고 나폴레옹이라 하며, 집집마다 스스로를 루소라 하고 몽테스키외라고 하는데, 사실은 내가 하고 싶은 일은 때론 나의 지위와 상응하지 않는다. 그래서 “못하겠다”고 말한다. 일과 지위가 상응하지 않는데 다른 일은 달가운 게 없으며 또 상응하는 것을 찾아 스스로 맡지도 않는다. 그래서 “할 일이 없다”고 말한다. 한 가지 일을 맡는데, 모두 그 대강은 말할 수 있는데, 만약 그 첩첩이 쌓인 자세한 사정, 뼈 사이를 가르고 틈을 따르는 일[20]에 이르면 익히지 않았거나 궁구하지 않았기 때문에, “할 수 없다”고 하고 또 “할 수 있는 일이 없다”고 한다.

曾文正之治軍也, 扎硬寨, 打死仗, 節節進取, 得寸進寸. 日軍之圍俄於旅順也, 以全力陷一壘, 乃次及他壘. 今日吾黨之大患, 在壘壘而撼

20 『장자』「양생주」. 『장자』에서 전하는 메시지와는 상관없이, 양계초는 구체적이고 실용적인 기술을 의미하려고 사용했다.

之, 欲百壘一時俱下, 而終至於無一壘之能下也. 其能力所以難進步者一也. 今之志士有二蔽. 甲曰, 事多, 辦不了, 奈何乙曰, 欲辦事, 無事可辦, 奈何. 其論若甚相反, 而受病乃同一源. 人人自謂華拿, 家家自況盧孟, 實則我所欲辦之事, 時或與我之地位不相應, 故曰, 辦不了. 事與地位不相應, 而於他無所屑焉, 不復擇其相應者以自任, 故曰無事可辦. 任擧一事, 皆能言其概, 若其層累曲折, 批却導窾, 則未或習焉, 未或究焉, 故既曰辦不了, 亦曰無事可辦.

한 나라 안에 사람마다 워싱턴이나 나폴레옹, 루소, 몽테스키외가 될 수 없다는 것은 말할 필요도 없다. 또한 한 나라 안 사람들이 과연 사람마다 워싱턴, 나폴레옹이고, 사람마다 루소, 몽테스키외라면 그 나라는 오히려 나라를 이룩할 수 있을까? 나는 분명 그렇지 못하리라는 것을 안다. 일찍이 수 명의 일본인 인물들을 보면 꼭 사이고[21]나, 기도,[22] 오쿠보,[23] 이토,[24] 오쿠마,[25] 후쿠자와[26] 같은 사람이 아니

21 사이고 다카모리(西鄕隆盛, 1828~1877). 메이지 유신의 지도자. 정한론(征韓論)을 주장하였으나 받아들여지지 않아 귀향하였다가 정부와의 갈등이 심화되어 세이난 전쟁(西南戰爭)을 일으켰다.

22 기도 다카요시(木戸孝允, 1833~1877). 메이지 유신의 지도자.

23 오쿠보 도시미치(大久保利通, 1830~1878) 메이지 유신의 지도자.

24 이토 히로부미(伊藤博文, 1841~1909) 일본제국의 정치가, 조선에 을사조약을 강요하고 헤이그 사건을 빌미로 고종을 강제로 퇴위시켰다. 1909년 중국 하얼빈에서 안중근에게 살해당했다.

25 오쿠마 시게노부(大隈重信, 1838~1922) 입헌개진당을 조직하여 민권운동을 추진. 두 차례에 걸쳐 내각총리대신을 역임하였다. 와세다 대학 전신인 동경전문대학을 설립했다.

26 후쿠자와 유키치(福澤諭吉, 1835~1901) 메이지 유신의 지도자.

더라도 그 사회에서 존중받는다. 마에지마 히소카[27] 같은 사람이 아는 것은 우편이며, 시부사와 에이이치[28] 같은 사람이 아는 것은 은행과 회사(會社)이며, 이노우에 마사루[29]같은 사람이 아는 것은 철도이다. 오우라 가네타케[30]의 경우에 아는 것은 경찰이며, 이사와 슈지[31]의 경우 아는 것은 음악이다. 오치아이 나오부미[32]가 아는 것은 국문(國文)이며, 이시구로 다다아츠[33]가 아는 것은 적십자사이다. 이치카와 단주로[34]가 아는 것은 연극이다. 일본에서 그들의 공덕(功德)이 사이고 같은 사람에게 뒤떨어지는지 〔일본〕 사람들에게 물어보라! 그러나 우리나라의 오늘날 뜻있는 선비는 하나같이 정치문제가 아니면 애국을 말하기에 부족하고, 군대에 들어가고 사회에 들어가는 것이 아니면 위인이라고 하기에 부족하다고 여기고, 착수할 수 없으면 "사회가 나를 쓰지 않는다"고 말하며 이 때문에 스스로 방탕하게 된다.

---

27 마에지마 히소카(前島密, 1835~19919). 일본 근대 우편제도의 창설자 중 한 사람. '우편'(郵便), '우표'(切手), '엽서'(葉書) 등의 이름을 정했다.

28 시부사와 에이이치(澀澤榮一, 1840~1931). 제일국립은행(第一國立銀行), 도쿄증권교역소(東京證券交易所) 등을 설립했다. 일본자본주의의 아버지라 불린다.

29 이노우에 마사루(井上勝, 1843~1910). 철도 발전에 기여해 일본철도의 아버지라 불린다.

30 오우라 가네타케(大浦兼武, 1850~1918). 메이지의 경찰관료.

31 이사와 슈지(伊沢修二, 1851~1917). 근대 일본의 음악교육의 일인자.

32 오치아이 나오부미(落合直文, 1861~1903). 일본의 '국문학', 즉 일본문학자.

33 이시구로 다다아츠(石黒忠篤, 1884~1960) 농림관료. '농정(農政)의 신'으로 불린다. 그가 농상부(農商務省), 농림부(農林省) 간부로 정책에 관여한 시기의 농정은 '이시구로 농정'(石黒農政)이라고 불린다.

34 이치카와 단주로(市川團十郎) 이치카와는 17세기부터 이어진 가부키 가문의 이름이며, 그 친자나 양자가 선조의 계승자가 될 만한 기예를 갖추었을 때 '단주로'라는 예명을 받게 된다. 양계초가 당대에 만났을 법한 사람은 이치카와 단주로 9세(1838~1903)일 듯.

이러한 사람은 흔하디흔하니, 그 능력이 진보하기 어려운 또 다른 이유이다.

夫一國之中, 不能人人而華拿而盧孟, 無待言也. 且使一國之中, 而果人人華拿, 人人盧孟, 則其國尙可以成國乎. 吾有以知其必不能矣. 嘗數日本之人物, 不必西鄕木戶大久保伊藤大隈福澤, 乃見重於其社會也. 若前島密, 所知者郵便耳, 若澀澤榮一, 所知者銀行會社耳. 若井上勝, 所知者鐵道耳. 若大浦兼武, 所知者警察耳. 若伊澤修二, 所知者音樂耳. 若落合直文, 所知者國文耳. 若石黑忠德, 所知者赤十字社耳. 若市川團十郞, 所知者演劇耳. 試問彼諸人者, 其功德之在日本, 視西鄕輩又何多讓也. 乃我國今日之志士, 一若非言政治問題, 不足云愛國, 非投軍人社會, 不足稱偉人, 旣乃不可藉手, 則曰社會不我庸也, 而因以自放, 若此者比比然也, 其能力所以難進步者又一也.

요점을 논하자면, 나라를 세울 때 필요한 요소가 많은데, 하나라도 결여되면 국가는 자존할 수 없다. 사람의 몸이 그러한 것과 같아서, 일부분이 약하면 전체 몸이 약하고, 일부분이 강하면 전체 몸이 강하다. 기관, 사지, 오장육부, 혈관이 각각 영양분을 받아 자라서 각자 발달하면 건전한 위생을 기대할 수 있다. 오늘날 중국의 인격은 초보자에 비유할 수 있다. 우리들은 〔국가〕 안에서 가장 중요한 부분을 점하는 한 분자인데, 기관의 능력이 맡은 바를 충실히 이행해 스스로 효과를 거두는 데 힘쓰지 않고, 나날이 전체의 조장(助長)을 거스른다면 어떻게 〔자존을〕 이룰 수 있겠는가. 어떻게 이룰 수 있겠는가. 내가 분업이 능력의 큰 근원이라고 하는 것은 이 때문이다.

要而論之, 立國之要素多端, 缺一焉則國家無以自存. 如人體然, 分子弱斯全體弱, 分子强斯全體强, 官支藏府血脈, 各自榮養, 各自發達, 而健全之衛生乃可期. 今者中國之人格, 譬諸猶初摶土也, 我輩居其中爲重要之一分子者, 不務充其官能之所職以自效, 而日冀全體之助長, 其安能致哉, 其安能致哉. 吾所謂以分業爲能力之大原者此也.

둘째, 상호협조이다. 협조에는 적극적인 것과 소극적인 것 두 가지 뜻이 있다. 적극적인 협조는 서로 돕는 것을 작용으로 하며, 소극적인 협조는 서로 방해하지 않는 것을 경계로 삼는다. 이 뜻에 밝으면 천하를 가득 채운 것이 모두 내 친구라고 해도 좋다. 허무하고 슬프다, 우리나라 사람은 배척하고 부딪히는 것이 천성이 되었구나. 옛날 명 말의 이른바 사군자들은 의기(意氣)를 우선시하고 국가를 뒷전으로 두었다. 내부의 싸움이 끝나지 않았는데 적의 기병은 강을 건너왔다. 역사를 읽는 사람은 여기에 이르면 고통을 견뎌야 한다. 오늘날의 뜻있는 선비들은 어째서 또 이 부류와 닮았는가! 다른 것은 구체적으로 논하지 말고, 정치문제의 경우만 들어 보자. 이른바 입헌주의와 혁명주의의 두 주의가 서로 싸우는데, 나는 그 악감정이 어디에서 오는 것인지 전혀 모르겠다. 구두선에 거짓으로 위탁하여 이기적인 목적을 추구하는 사람들에 대해서는 말할 필요가 없다. 혈기에 뿌리를 두고 진정 이 두 주의에 열심히 진력하는 자들이 서로 원수로 여기는 자취가 나날이 접촉할수록 격렬해진다. 서로 원수로 보는 이유를 미루어 보면 두 가지 원인이 있다. 하나는 상대의 주의를 성공이라고 인정한다면 나의 주의는 소멸로 귀결되기 때문이다. 또 하나는 상대의 주의가 광대해진다면 나의 주의는 앞으로 나아갈 수 없기 때문이다.

二曰, 互相協助. 協助有積極消極兩義. 積極的協助, 以相扶掖爲用, 消極的協助, 以不相妨碍爲界. 明乎此義, 則雖盈天下皆吾友焉可也. 耗矣哀哉, 吾國人之以排擠軋轢爲天性也. 昔在晚明, 所謂士君子者, 先意氣而後國家, 訌哄未已, 而敵騎渡河, 讀史者至今茹痛焉. 還觀夫今日之志士, 抑何其復相類也. 他勿具論, 卽如政治問題, 所謂立憲革命兩主義之交哄, 吾壹不知其惡感情之何自而生也. 其僞託口頭禪以自營北私者微論矣, 卽其根於血性, 眞懃懃焉盡瘁於此兩主義者, 其相仇之跡, 且日接而日厲也. 推其相仇之故, 殆有兩因. 其一則謂彼主義成功, 而我主義將歸消滅也. 其二則謂彼主義光大, 而我主義不能進行也.

나는 첫 번째 경우는 정말 그렇다고 생각한다. 중국이 훗날 망국이 되면 그만이지만, 망하지 않는다고 한다면 결국 이 두 주의 가운데 하나를 취할 수밖에 없다. 그러면 나머지 하나는 반드시 열패의 처지로 떨어질 것이니, 이는 이른바 소멸이다. 그런데 만약 이 때문에 서로 원수로 여긴다면 하나의 주의를 가진 사람들은 우리나라를 보존하고자 하는 것인지 자기의 주의를 보존하고자 하는 것인지 물어보자. 만약 자신의 주의를 보존하고자 하는 것이라 한다면, 그 주의가 나라에 부적합해서 나라가 망해 가는 것을 구제하기에 부족한 경우, 나라가 망하면 주의 또한 어떻게 아름답겠는가? 만약 나라를 보존하고자 한다면, 이 나라는 마땅히 어떤 주의에 의해 구제될 수 있는지는 지금은 정해지지 않은 문제에 속한다. 내가 갑주의로 이 나라를 구할 수 있다고 자신해서 거기에 힘쓰는 거라면, 〔그 믿음을〕 가볍게 버리고 남을 따를 필요는 본래 없다. 저 사람은 을주의로 이 나라를 구할 수 있다고 자신해서 힘쓰는 거라면, 또한 쉽게 〔그 믿음을〕 버리고 나를 따를 필요가 있겠는가. 기회가 무르익는다면 적합한지 적합하지 않은지는 이미 모습을 드러내고, 나와 그 가운데 하나는 열등해서 패하는 자가 되는 것은 정말 그렇다. 나와 그 가운데 또한 하나는 우월해서 승자가 된다. 그런데 하나가 우월한 승자가 되면 우리나라는 이미 이 때문에 생존할 수 있게 된다. 나라가 생존하면 나의 주의는 비록 소멸하더라도 나라를 보존하겠다는 나의 목적은 이미 달성된 것이 아닌가? 그러면 처음부터 무엇 때문에 꼭 서로 원수가 되어야 하겠는가?

> 吾以爲由前之說誠哉然也, 中國他日而亡國則已耳, 苟不亡者, 則結局於此兩主義必取一焉, 而其他之一, 亦必歸劣敗之數, 此所謂消滅者也. 雖然, 若因此而相仇也, 則試問持一主義者, 爲欲保存我國耶, 抑欲保存我主義耶. 如欲保存我主義者, 苟其主義不適於國而不足以救國之亡, 則國亡而主義亦安麗也. 如欲保存我國者, 則此國當由何主義以獲救, 今方屬未定之問題, 我而自信甲主義可以救此國也, 我從而亹亹焉, 固不必輕棄以徇人, 彼而自信乙主義可以救此國也, 彼從而亹亹焉, 又何必其輕棄以徇我. 若夫機會之既熟, 適不適之形成, 我與彼必有一焉劣而敗者, 固也, 而我與彼又必有一焉優而勝者. 但使有一優勝, 則吾國既已緣此而獲存. 國存, 則我主義雖或消滅, 而於吾保國之目的, 不已達乎. 乃必於始焉而相仇何爲者.

두 번째 경우라면, 그 뜻은 대개 나의 주의가 정말로 부적합하다고 한다면 소멸해도 본래 유감으로 여길 것이 없다. 그러나 우리가 오늘날 나의 주의가 가장 적합하고 여기에 필적할 만한 다른 주의가 없다고 정말로 믿기 때문에, 나의 주의가 발달하지 않는 것은 상대의 주의가 다른 의견을 갖고 그 사이에 끼어들어 천하의 눈과 귀를 어지럽히기 때문이라고 생각한다. 나는 나의 나라를 사랑하므로 나의 주의를 사랑하지 않을 수 없고, 나의 주의에 불리한 것이 있으면 나는 내 주의의 자위권을 발동하여 그것을 적대한다. 이 이론은 그럴듯하지만 이로움과 불리함의 정의에서 밝지 않은 바가 있음이 안타깝다. 세상일에는 본래 극단적으로 상반되면서도 서로 이루어 주는 관계가 있다. 군주전제와 공화혁명이라면 양극단이다. 공화혁명은 매번 군주전제가 극에 이른 시점에 성취된다. 전제란 각종의 축적된 권위와 각종의 음모가 모두 마치 혁명을 위한 예비의 자료가 되는 듯하다. 이는 서양사상에서 익히 들은 바이다. 그러니 입헌과 혁명의 싸움은 이와 다르겠는가.(원주 — 입헌과 혁명은 본래 대립하는 명사일 수 없다. 입헌은 여전히 군주통치이지만 혁명이라고 하지 않을 수 없다. 혁명은 군주통치를 단절시키지만 결국 또한 입헌을 추구하는 것에 지나지 않는다. 그러므로 대립시켜 거론하는 것은 실제 논리학상으로는 허용되지 않는다. 지금 말하는 것은 일반적인 명칭에 의한다.) 그 일이 본래 상반되는 것이 아니고 그 효과는 곧 서로 이루어 준다. 내가 진정 혁명을 원한다면 영국이 1646년 어떻게 혁명할 수 있었는지를 생각해야 한다. 런던의 국회군에 의지하지 않았던가! 미국이 1775년 어떻게 혁명할 수 있었는가? 필라델피아의 13주 동맹회에 의지하지 않았는가! 프랑스는 1791년 어떻게 혁명할 수 있었는가? 파리의 국민의회에 의지하지 않았던가! 그리하여 세워진 헌법은 국민의 바람에 부합할 수 있었다.

由後之說, 其意蓋謂苟吾主義而誠不適, 則消滅固無所憾. 顧吾今者實信吾主義之最適, 而無他主義焉可以媲也, 而吾主義之所以不發達則由有他主義焉, 持異論於其間, 以淆天下之視聽也. 吾愛吾國, 故不得不愛吾主義, 其有不利於吾主義者, 吾得行吾主義之自衛權以敵視之. 此其說似也, 雖然, 惜其於利不利之界說, 有所未瑩也. 天下事固有極相反而適相成者. 若君主專制與共和革命, 兩極端也, 而共和革命, 每成就於君主專制極點之時. 專制者種種積威, 種種陰謀, 皆不啻爲革命者作預備之資料, 此泰西史上所習聞也, 而況乎立憲革命之爭, 乃與此異. (立憲革命本不能爲對待之名詞. 立憲者, 雖君統依然, 已不得不謂之革命. 革命者, 雖絶君統, 然結局亦不過求立憲. 故以對擧實論理學所不許也. 今云云者, 從普通稱謂耳.) 其事本非相反, 其效乃眞相成. 我而誠欲革命也, 當思英國一六四六年何以能革命, 非藉倫敦之國會軍乎. 美國一七七五年何以能革命, 非藉費城之十三州同盟會乎. 法國一七九一年何以能革命, 非藉巴黎之國民議會乎. 夫使所立之憲而能副國民之願望也.

그렇다면 우리가 추구해야 할 것은 무엇인가? 〔다음과 같은 것이다. 즉〕 우리의 혁명주의는 바로 포기해도 좋다.(원주 — 혹 극단의 배만주의를 지지하는 사람은 오늘날 황실이 설사 영국이나 일본처럼 헌정이 완비되었다고 해도 민족의 악감정 때문에 끝내 인정하지 않고, 차라리 무질서한 한(漢)족으로 망하는 것이 능력 있는 만(滿)족으로 생존하는 것보다 낫다고 말한다. 이는 의기(意氣)에서 하는 말인데, 진정 나라를 사랑하고 진정 혁명을 주장한다면 반드시 취해선 안 될 생각이다.) 만약 〔혁명〕할 수 없더라도 이 한 번의 입헌을 지나면 민간에서 혁명에 동정을 표하는 사람이 장차 전염병처럼 늘어가 가득 차게 되어 제어할 수 없게 될 것이라 단언할 수 있다. 왜 그런가? 좋은 것을 향해 가는 마음은 인간 본성의 공통된 바이다. 어두운 방에 있는 자에 비유해 보자. 종신토록 하늘의 해를 본 적이 없는데 세계에 암흑 외에는 다른 것은 없다고 하면 편안해한다. 옆에서 지켜보던 사람이 찬란하고 복잡한 햇빛의 모습에 관해 혀가 헤지도록 말해줘도 부러워할 줄 모른다. 그러나 일단 벽을 뚫고 문을 열고 창문을 열어 하루걸러 이끌어서 밖에 나가 놀게 하면 광선이 날로 그 뇌를 얽을 것이다. 다시 가두어 묶어 둔다고 해도 어떻게 받아들일 수 있겠는가. 그러니 조정에서 거짓으로 내린 한 장의 개혁 조서가 수십만 단어의 책이나 수백 차례의 연설보다 그 효과가 종종 더 낫다. 다 이야기하지는 말고, 오늘날 가장 극단의 혁명을 주장하는 사람들은 마음을 가라앉히고 자문해 보라. 수년 전 나의 사상은 어떤 것이었으며, 오늘날 어떻게 이런 사상을 갖게 되었는지. 그러면 신축년 환궁(辛丑回鑾)[35] 이후 이른바 과거를 바꾸고 학교를 열고 유학을 장려하는 등의, 여러 거짓 개혁 사업이 간접적으로 나의 발달을 도운 것이 얼마나 얕고 작은지 보라. 이 예에 견주어 미루어 보면 입헌주의가 진일보하면 혁명주의도 반드시 진일보한다는 것을 안다. 내가 진정 혁명론이 나라를 구할 수 있다고 믿는다면 바로 밤낮으로 입헌론의 발달이 내게 도움이 되기를 빌어야 하는데도, 서로 원수가 되지 않을 수 없는 이유는 과연 어디에 있는가? 이탈리아의 헌법은 혁명론이 극성할 때 비로소 성립한 것이 아닌가. 기타 여러 헌법을 가진 나라가 혁명 전후에 결과를 거두지 않은 것이 하나라도 있는가.

35 '신축년 환궁'은 의화단운동으로 8개 연합군이 베이징을 점령했을 때 광서제가 피난했다가 1901년 환궁한 것을 말한다.

則吾復何求. 吾之革命主義, 直抛棄焉可耳. (或持極端之排滿主義, 謂今之皇室雖使其憲政之完備能如英如日, 然以民族之惡感情, 終不認之, 寧以無秩序之漢而亡, 不以有能力之滿而存. 此自是意氣之言, 眞愛國眞言革命者必所不取.) 使其不能也, 則經此一度之立憲, 而民間之表同情於革命者, 將益如傳染病, 彌漫而不可制, 可斷言也. 何也. 向上之心, 人性所同, 譬諸處暗室者, 終身未睹天日, 謂世界除黑暗外, 更無他物, 則亦安焉, 旁觀者語以光華糺縵之象, 雖舌敝不能生其歆也. 一旦穿壁爲闢戶牖焉, 間日爲導出游焉, 則光明線日縈其腦識, 復囚梏之, 安能受也. 故朝廷一紙僞改革之詔書, 以視民黨數十萬言之著書, 數十百次之演說, 其效力往往過之. 他勿具論, 卽今日持最極端之革命論者, 試撫心自問. 吾數年前之思想何如. 今日何以能有此. 則辛丑回鑾以後所謂變科擧開學堂獎游學諸僞改革事業, 其間接以助我發達者, 豈淺尠也. 比例以推, 知立憲主義進一步, 則革命主義必進一步. 我而眞信革命論之可以救國也, 則正宜日夕禱祀, 蘄立憲論之發達, 以爲我助力, 而其不得不相仇之理由, 果何在也. 我而誠欲立憲也, 當思日本之憲法, 非以革命論極盛時始成立乎. 意大利之憲法, 非以革命論極盛時始成立乎. 其他諸有憲法之國, 豈有一焉不收功於革命前革命後者.

그러므로 헌법이라는 것은 상하가 서로 양보한 결과이다. 서로 양보하려면 반드시 먼저 서로 싸워야 한다. 서로 싸우고 있는 두 나라에 비유하자면, 그 궁극은 반드시 조화(和)에서 나온다. 그러나 싸울 수 없으면서 조화할 수 있는 일은 없었다. 싸우지 않는 조화는 굴복일 뿐이다. 싸운 뒤의 조화란 양쪽 모두 화약(和約)에 따라 얻는 이익을 챙기는 것이며, 또한 전투력의 강약에 비춰 균형을 맞추는 것이다. 헌법은 화약과 같다. 민간이 정부에 대해 그 바라는 것을 피력하려면, 반드시 전투력으로 정부를 굴복시켜야 한다. 전투력이 상대를 굴복시킬 수 있다면 싸워도 되고 싸우지 않아도 된다. 지금 문명국가가 전쟁을 꺼리지 않는 것은 전비를 갖추었기 때문이다. 혁명이란 전비이다. 가볍게 혁명을 말하는 것은 무력을 남용하는 것에 비유할 수 있다. 무력을 남용하는 것은 계략이 아니다. 입헌을 주장하기 때문에 혁명을 원수로 삼는 것은 무장해제(弛兵)에 비유할 수 있다. 무장해제는 더욱 계략이 아니다. 근 수년 동안 정부가 누차 거짓 개혁을 시행한 동기가 어디에서 온 것인지 생각해 본 적이 있는가? 민심이 고르지 않은 것을 두려워해, 하나 둘을 위해 잠시 그 바람을 막은 것이 아니겠는가. 안타깝게도 인민의 전투력은 정부가 두려워하기에 충분한 적이 없었다. 정말 〔두려워하게 할 수〕 있었다면, 10년 전 러시아인이 요동을 돌려 달라고 압박했을 때 싸우지도 않고 일본에게 굴복하는 것이 가능했겠는가? 이 예를 미루어 가면 혁명주의가 진일보하면 입헌주의 역시 반드시 진일보함을 알 수 있다. 내가 진정 입헌주의로 나라를 구할 수 있다고 믿는다면, 마땅히 아침 저녁으로 혁명론의 발달이 내게 도움이 되기를 기도해야 하지, 서로 원수를 삼지 않으면 안 될 이유는 과연 어디에 있는가.

故夫憲法者, 上下交讓之結果也. 交讓必先以交爭, 譬諸兩交戰國, 其究必出於和, 顧未有不能戰而能和者. 不戰之和, 屈服而已. 卽戰後之和, 其兩造從和約上所得之利益, 又必視其戰鬪力之强弱以爲衡. 憲法如和約然, 民間對於政府而欲申其願望者, 必其戰鬪力可以使政府屈服者也. 戰鬪力能使人屈服者, 則戰可也, 無戰亦可也. 今文明國家不憚戰, 而莫不修戰備. 革命者戰備也, 輕言革命, 譬猶黷武, 黷武非計也. 以主立憲故而仇革命, 譬猶弛兵, 弛兵尤非計也. 抑曾思數年來政府所以屢有僞改革之擧者, 其動機果何自乎. 豈不以民嵒可畏, 姑爲一二以塞其望也. 惜也人民之戰鬪力, 曾不足以生政府之嚴憚也, 苟能之, 則如十年前俄人之迫還遼東, 不戰而屆日本焉可也. 比例以推, 知革命主義進一步, 則立憲主義必進一步. 我而眞信立憲論之可以救國也, 則正宜日夕禱祀, 蘄革命論之發達, 以爲我助力, 而其不得不相仇之理由果又何在也.

내가 이 말을 하는 것은 입헌주의자가 자기의 믿음을 버리고 혁명을 따르라고 말하려는 것도 아니고, 혹은 혁명주의자가 자기의 믿음을 버리고 입헌을 따르라고 말하려는 것도 아니다. 애매한 말을 해서 양쪽 주의를 제멋대로 절충하려는 것은 더욱 아니다. 나는 천지가 대단히 크고 앞길이 대단히 넓으므로, 실로 이 두 주의를 함께 용납하여 서로 거슬리지 않는 여지가 있음을 본다. 각자 연구한 것을 발표하고 각자 실행할 것을 준비하며 서로 경멸하지도 말고 스승으로 여기지도 않는다면, 〔상대에게〕 냉소와 욕설을 퍼붓는 것을 기분 좋게 여길 이유가 무엇이며, 음모와 알력으로 서로 이기려고 할 이유가 무엇이겠는가. 저들 문명국은 정당이 있는데, 각각 주의를 지니며 서로 아래에 처하려고 하지 않는다. 그러나 다른 당이 나와 병립하고 있는 것을 질투하여 없애 버리려고 급급해하는 일은 없다. 이뿐만이 아니다. 평소에 싸울 때에는 조금도 양보하지 않지만 일단 적국의 외환이 있으면 서로 제휴하여 당의 경계는 옆으로 치워 둔다. 왜 그런가? 내부가 다투면 대외적인 힘은 분명 강할 수 없기 때문이다. 앞에 마주한 공공의 적이 없다면 자기 당을 내부로 여기고 남의 당을 외부로 여기는 것이 가능하지만, 공공의 적이 있다면 갑과 을의 양당이 서로를 외부로 여기면 이는 적에게 이로우니, 갑과 을 모두에게 결국 무슨 이득이 있는가. 오늘날의 중국은 전국의 상하가 합하여 열강과 대적해야 한다. 만약 그럴 수 없다면 전 국민은 합하여 정부와 대적해야 한다. 입헌과 혁명 양당은 따르는 수단이 비록 다르지만 요점은 현 정부에게 반대한다는 점에서 한가지이다. 정부가 천균의 힘으로 임하면 이른바 입헌주의자와 혁명주의자는 모두 막 올라오는 싹과 같아서, 세의 강약이 저 공공의 적과는 큰 차이가 난다. 장생이 말하지 않던가. "물고기가 육지에 나오면 거품을 내어 서로를 마시게 하고 거품을 내어 서로를 적셔 준다"고.[36] 아침에 마시게 하고 저녁에 적셔 주면서 오히려 제대로 못할까 걱정하면서도, 〔물에 들어가면〕 이내 서로 낭자하게 손상하는 것을 일로 삼는다. 함께 이기는 것이 왜 쉬운 일이 아니겠는가? 〔이렇지 못하면〕 오직 나를 대적할 자는 편안히 누워 살며시 웃는다. 수년 동안 민당의 능력이 왜 부진한지 보면, 정부에게 억압받은 것이 〔그 원인의〕 열에 하나에 불과하며, 다른 당에게 꺾인 것이 열에 아홉이라고 생각한다. 이것이 정말 길게 통곡할 일이 아닌가. 한마디로 하면 소극적인 협조의 뜻에 대해서는 아직 분명하게 모르는 것이다.

吾之爲此言, 非謂欲使言立憲者舍己之所信以從革命, 或使言革命者舍己之所信以從立憲也, 更非爲模棱之言, 與彼兩主義作調人也. 吾

36 『장자』「대종사」.

見夫天地甚大, 前途甚寬, 實有容此兩主義并行不悖之餘地, 各發表其所研究, 各預備其所實行, 不相非薄不相師, 而豈必爲冷嘲熱罵以快意, 爲陰謀傾軋以求勝也. 彼諸文明國之有政黨也, 各持主義, 莫肯相下, 顧未有妬他黨之與己并立而汲汲摧滅之者. 不寧惟是, 平居抗爭, 寸黍不讓, 一旦有敵國外患, 則相與提攜, 而黨界悉置度外矣. 何也. 內競者其對外之力必不能强. 使無公敵臨於其前, 則內其黨而外他黨焉可也, 苟有公敵, 而甲乙兩黨猶自相外, 則敵之利耳, 而甲乙究皆何利焉. 今日之中國, 宜合全國上下以對列强者也, 藉曰未能, 則亦宜合全國民以對政府. 立憲革命兩者, 其所遵之手段雖異, 要其反對於現政府則一而已. 政府方以千鈞之力相臨, 而所謂立憲者革命者, 皆如方抽之萌孽, 勢之强弱, 與彼公敵固相萬也. 莊生不云乎, 魚處於陸, 相呴以濕, 相濡以沫. 旦旦而呴焉, 昔昔而濡焉, 猶懼不暨, 而乃互以摧殘狼藉爲事. 相勝豈不甚易, 獨敵我者則晏然以臥, 竊竊焉以笑耳. 吾實見夫數年來民黨能力之所以不進, 其被壓抑於政府者不過十之一, 其被摧夷於異黨者乃十之九也, 是眞可爲長慟者也. 一言蔽之, 則亦未明消極的協助之義而已.

○ 해설

이 절에서 다룬 '정치능력'은 '정치사상'과 비교되어 그 중요성이 부각되는 방식으로 등장한다. 그러나 실제로 '정치능력'이 어떤 것인지는 잘 드러나지 않으며 '능력'과 호환되어 사용되기도 한다.

먼저 양계초는 '사상'은 쉽게 성취할 수 있지만 '능력'은 훨씬 성취하기 어려운 것이라고 운을 뗀다. 양계초는 수천년 동안 중국은 "격식에 맞고 유기적인 완전한 질서를 갖추고 순리적으로 발달한 정부를 조직할 수 없었다"고 평하며, 그 이유는 '정치능력'이 없기 때문이라고 말한다. 그 정치능력이 실제로 무엇인지 명확하게 설명하고 있지는 않지만, 전제의 힘이 미치지 않는 때에도, 전제의 힘이 미치지 않는 땅에서도, 전제의 힘이 미치지 않는 사안에 대해서도 정치능력을 발휘하지 못했다고 드는 예를 보면, 자유와 자치, 단체조직의 능력, 정책의 실행 등을 포괄적으로 지칭하는 것으로 보인다. 양계초는 "사람은 정치의 동물"이라는 아리스토텔레스의 말을 근거로 "인류는 천성적으로 정치능력을 갖는다"고 주장한다. 그러므로 중국이 그 천성을 잃어버렸다면, 잠복해 있을 뿐 들어나 있지 않거나 외적에 의해 꺾여 버렸거나일 것이다. 양계초는 그렇게 짐작하면서 중국이 정치능력이 상실하게 된 원인을 열거한다.

그가 드는 네 가지의 첫째는 전제정치이며, 둘째는 가족제도이며, 셋째는 경제문제이며, 넷째는 재난과 재앙의 빈발이다. 셋째 경제문제와 관련하여 "인도(人道)가 진보하는 이유는 모두 욕망이 있어서 급급하게 법을 만들고 일관되게 도달하려는 데"서 일어난다고 하며 중국은 "생계가 위축되어 정치의 진보를 바라도 말미암을 길이 없다"고 진단한다. 나아가 그는 "정치, 도덕, 학술의 모든 진보가 전부 경제상의 진보와 비례"한다고 말한다. 경제상으로 열악하면 개인은 "가장 협의의 소아(小我) 외에 어느 겨를에 대아(大我)에 생각이 미치겠는가"라는 결론에서, 양계초가 정치능력을 왜 덕과 연결했는지 이해하는 데 실마리를 얻을 수 있다.

이 연재의 초기에 양계초는 "'신민'이란 새로워지는 자가 따로 있고 새롭게 만드는 자가 따로 있는 것이 아니다. 우리 백성 각자가 스스로 새로워지는 것일 뿐이다"(제2절)라고 했었다. 지금은 "국민이란 길러져야 할 객체이니, 기를 수 있는 주체가 또 반드시 있어야 한다"고 말한다. 공화국의 건설을 보류하고, '대아'를 위해 '소아'를 희생할 줄 아는 도덕적 엘리트들의 책임을 촉구하는 것이며, 그런 면에서 정치능력이란 천성적인 것이면서 대아를 위한 것이며, 유학자들의 정치적 자세와 분명 닮은 것이다.

양계초는 마지막 부분에서 정치능력을 배양하기 위한 두 가지 방안을 제안한다. 하나는 분업의 전문화이고, 또 하나는 상호협조이다. 특히 양계초는 협조와 관련하여 혁명파와 입헌파의 협조를 강조한다. 이 절이 발표된 1904~1905년은 손문을 필두로 하는 혁명파의 대결이 치열했던 시기이다. 「사덕」 편을 비롯해 양계초가 반복적으로 피력하듯이 그가 '혁명'을 반대하는 이유는 자신의 터전을 파괴하는 혁명이란, 진보를 위한 최선의 방법이 아니기 때문이다. 이 편에서 보여 주는 혁명파와의 협업 가능성도 그러한 기본 입장에서 나온 것이다.

❁ 찾아보기

[ㄴ]

[ㄷ]

[ㄹ]

[ㅁ]

[ㅎ]

양계초(梁啓超, 1873~1929)

광동성(廣東省) 신회현(新會縣) 남단의 섬에서 태어났다. 아편전쟁을 두 차례나 치른 심상하지 않은 시대였지만, 과거시험 공부를 하며 유년기를 보냈다. 12세에 수재(秀才)가 되었고, 17세에는 거인(擧人)이 될 정도의 신동이었다. 그러나 18세에 강유위(康有爲, 1858~1927)의 학생이 되면서 인생의 전환기를 맞이한다. 강유위에게서 입헌군주제의 개혁안을 비롯해 공양학과 대동사상, 양명학에 이르기까지 폭넓게 배우고, 1898년 '무술신정'(戊戌新政)의 개혁의도와 방향을 담은 「변법통의」(變法通議)를 연재하면서 계몽사상가로서 필명을 알리기 시작했다. 무술신정의 실패 후 일본에 망명하여 중화민국이 출범할 때까지 요코하마에서 활동했다. 일본에서 발행한 『청의보』, 『신민총보』 등을 통해 그는 시대에 적응할 새로운 국가의 '국민', 즉 '신민'을 제시했다. 중국의 수많은 젊은이들이 그의 글을 읽으며 격동의 시대에 휘청거리는 중국을 다시 일으켜 세우고 세계에 웅비하기를 꿈꿨다. 동시대의 한국 청년에게도 그는 같은 역할을 했다.

그는 자신의 주장을 쉽게 그리고 자주 번복한 사람으로도 유명하다. 온 힘을 다해 노력해도 해결책이 보이지 않는 문제 상황에 장기적으로 놓여서, 반복적으로 밀려오는 절망감을 이겨 내고 새로운 활로 찾기를 계속한 결과라고 평가할 수도 있다. 그는 이론을 위한 이론을 추구한 사람이 아니었다. 그에게 가장 중요한 것은 중국의 존립이었고, 중국인의 자주독립과 번영이었다. 그는 누구보다도 헌신적이었으며, 한순간도 게으른 적이 없었다. 그리고 57세의 나이로 신장병으로 죽었다. 평생을 쉬지 않고 수십 인분의 정신을 쓰고 수십 인분의 글을 쓰며 신장을 혹사한 결과일 것이다.

이혜경(李惠京)

서울대학교 인문학연구원 부교수. 중국근대 세계관의 동요와 그에 따른 윤리의식의 동요에 관한 논문으로 일본 교토대학에서 박사학위를 받았다. 이후 동아시아 3국의 근대로 그 연구범위를 넓혀 가고 있다. 그동안 쓴 책으로 『천하관과 근대화론: 양계초를 중심으로』, 『량치차오: 문명과 유학에 얽힌 애증의 서사』, 『맹자, 진정한 보수주의자의 길』 등이 있으며, 『역사 속에 살아 있는 중국 사상』, 『송명유학사상사』(공역), 『맹자사설』 등의 번역·주해서를 출간했다.

문명총서 발간사

서울대학교 인문학연구원은 2007년 11월 한국연구재단의 인문한국(HK) 사업을 수탁하여 HK문명연구사업단을 출범시켰다. 한국과 아시아, 세계를 향한 문명연구의 허브를 구축하기 위해 '한국 인문학'의 정립을 목표로 인문학 제 분야는 물론 인근 분야의 전공자들까지 한 지붕 아래 모였다.

인문학연구원이 한국 인문학의 도약을 위해 핵심과제로 주목한 것은 문명에 대한 새로운 이해이다. 문명이란 장구한 세월 동안 인류가 일구어낸 정신적·물질적 성과들의 종합이며, 타 문명들과 서로 영향을 주고받으며 진화해 온 복합적 실체이다. 이에 대한 심층적인 이해가 선행되지 않는다면, 현재와 미래에 대한 유효적절한 준비와 대응은 불가능하다.

'문명텍스트총서'는 인문학 안팎의 다양한 전공을 가진 우리 연구원의 연구자들이 자신의 영역에서, 과거와 현재 문명의 정수와 그에 대한 인식을 담은 중요한 텍스트를 선정하여 번역하고 주해한 결과물이다. 이는 긴 시간의 노동을 요하면서도 성취가 단기간에 가시화되지 않는 우직한 작업이지만, 인류의 유산을 한국화하는 이 같은 작업이 주체적으로 세계문명을 사유하고 새로운 문명을 개척하는 데 발판이 되리라고 믿는다. 문명텍스트총서가 현재와 과거를 엮는 씨줄 놓기 작업이라면, 문명공동연구총서는 인간과 세계를 총체적으로 이해하려는 날줄 얽기라고 할 수 있다. 오랫동안 자신의 분야에서 전문화를 추구했기에 공동연구가 쉬운 일은 아니지만, 문명 이해의 융합적 시각뿐만 아니라 한국 인문학의 새로운 전망을 써 내려가는 방법론을 제시할 수 있기를 희망한 결과물이다. 또한 문명지평총서는 연구원 안팎의 연구자들이 참여한 연구서와 교양서를 아우르고 있다.

아무쪼록 문명총서 시리즈가 동서고금의 문명을 더 깊고 더 넓게 이해하는 창발의 효과를 가져오길 기대하며, 국내외의 학자들이 참여하고 교류하는 열린 연구공간이 되길 바란다.

2014년 4월

서울대학교 인문학연구원 원장